ES V
1924 – 1999
75 JAHRE
ERICH SCHMIDT VERLAG

Umwelt- und Technikrecht

Schriftenreihe des Instituts für Umwelt- und Technikrecht
der Universität Trier

Herausgegeben von
Prof. Dr. Reinhard Hendler
Prof. Dr. Peter Marburger,
Prof. Dr. Michael Reinhardt, LL.M.
und Prof. Dr. Meinhard Schröder

Band 51

Kommunale Regelungskompetenzen für Indirekteinleitungen

Von Dr. Stefan Zajonz

ERICH SCHMIDT VERLAG

Die Deutsche Bibliothek – CIP-Einheitsaufnahme

Zajonz, Stefan:
Kommunale Regelungskompetenzen für Indirekteinleitungen /
Stefan Zajonz. - Berlin : Erich Schmidt, 2000
　(Umwelt- und Technikrecht ; Bd. 51
　Zugl.: Trier, Univ., Diss., 1999
　ISBN 3-503-05817-6

ISBN 3 503 05817 6

Dieses Papier erfüllt die Frankfurter Forderungen der Deutschen Bibliothek
und der Gesellschaft für das Buch bezüglich der Alterungsbeständigkeit
und entspricht sowohl den strengen Bestimmungen
der US Norm Ansi/Niso Z 39.48-1992 als auch der ISO-Norm 9706

Druck: Regensberg, Münster

Vorwort

Die vorliegende Arbeit wurde im Wintersemester 1998/99 vom Fachbereich Rechtswissenschaft der Universität Trier als Dissertation angenommen. Sie entstand während meiner Teilnahme am Graduiertenkolleg "Umwelt- und Technikrecht" im Institut für Umwelt- und Technikrecht der Universität Trier, die von der Deutschen Forschungsgemeinschaft großzügig unterstützt wurde.

Danken möchte ich an erster Stelle meinem Betreuer und Lehrer Herrn Prof. Dr. Michael Reinhardt, dessen konstruktive Kritik die zügige Fertigstellung der Arbeit ermöglichte. Herrn Prof. Dr. Meinhard Schröder bin ich zu Dank für die Erstellung des Zweitgutachtens verpflichtet. Den Gutachtern sowie Herrn Prof. Dr. Peter Marburger bin ich für die Aufnahme der Arbeit in diese Schriftenreihe sehr verbunden.
Herr Rechtsanwalt Martin Schulte, Köln, hat wertvolle Anregungen aus der Sicht der Praxis gegeben.

Für die kritische Durchsicht des Manuskripts danke ich Frau Kathrin Herold und Frau Stefanie B. Tull. Die Herren Renke Holert, Ralf Knips und Axel Ruscher haben bei der Korrektur geholfen. Die Erstellung der Druckvorlage wurde durch Boesebeck Droste, Rechtsanwälte, Frankfurt am Main, ermöglicht.

Nicht zuletzt meine Eltern Agnes und Alexander Zajonz, meine Familie und meine Freundin Barbara Ziegler haben mir die Unterstützung und den Hintergrund gewährt, ohne die diese Arbeit nicht hätte entstehen können.

Meiner Großmutter Maria Engelmann ist dieses Buch gewidmet.

Frankfurt am Main, im Juli 1999

Stefan Zajonz

Inhaltsverzeichnis

ERSTER TEIL: EINLEITUNG

ZWEITER TEIL: DAS NATIONALE REGIME DER INDIREKTEINLEITUNGEN

VIII

DRITTER TEIL: GEMEINSCHAFTSRECHTLICHE
DETERMINIERUNGEN FÜR DAS RECHT DER
INDIREKTEINLEITUNGEN

VIERTER TEIL

Erster Teil: Einleitung

§ 1 Einleitung

A. Problemstellung

Diese Untersuchung befaßt sich mit einem Teilbereich des Abwasserrechts, der trotz seiner großen praktischen Bedeutung nur eine unzureichende rechtswissenschaftliche Bearbeitung erfahren hat. Es handelt sich hierbei um das Recht der Indirekteinleitungen. Abwasserproduzenten lassen sich in zwei Gruppen einteilen: Direkteinleiter einerseits leiten das anfallende Abwasser unmittelbar in ein Gewässer ein, während Indirekteinleiter andererseits dieses einer öffentlichen Abwasseranlage zuführen, über die es in die regelmäßig nachgeschaltete Kläranlage und von dort aus schließlich in die Gewässer gelangt.[1]

Die Abwasseranlagen werden von den Gemeinden als öffentliche Einrichtungen betrieben. Grundlage hierfür ist die kommunale Selbstverwaltungsgarantie des Art. 28 Abs. 2 S. 1 GG, da die Abwasserbeseitigung eine Angelegenheit der örtlichen Gemeinschaft darstellt. Darauf aufbauend haben die Landesgesetzgeber die Abwasserbeseitigungspflicht in aller Regel den Gemeinden als Pflichtaufgabe der Selbstverwaltung zugewiesen. Dies ist in Ausfüllung der rahmenrechtlichen Vorschrift des § 18a Abs. 2 S. 1 WHG geschehen, wonach die Länder regeln, welche Körperschaften des öffentlichen Rechts zur Abwasserbeseitigung verpflichtet sind. Die Abwasseranlagen und damit auch die Indirekteinleitungen unterliegen einer öffentlich-rechtlichen Benutzungsregelung durch sog. kommunale Entwässerungs- oder Abwassersatzungen. Diese enthalten Einleitungsbeschränkungen und -verbote für Indirekteinleitungen in die kommunalen Abwasseranlagen mit Abwasser bestimmter Qualität oder mit besonderen Abwasserinhaltsstoffen.

Das staatliche Wasserrecht hatte sich bis zur Fünften Novelle zum WHG[2] 1987 einer Regelung der Indirekteinleitungen weitgehend enthalten.[3]

---

1   *Nisipeanu*, Abwasserrecht, S. 241; *Henseler*, DVBl. 1981, S. 668.
2   Fünftes Gesetz zur Änderung des Wasserhaushaltsgesetzes v. 25. 07. 1986 (BGBl. I, S. 1165).
3   *Breuer*, Umweltschutzrecht, Rn. 147.

§ 2 Abs. 1 WHG begründete eine Erlaubnis- oder Bewilligungspflicht für die Benutzung eines Gewässers im Sinne von § 1 WHG. Eine Gewässerbenutzung i. S. d. § 3 WHG war und ist aber nur die direkte Einleitung in ein Gewässer, nicht aber die indirekte Einleitung über die gemeindliche Kanalisation.[4] Die Vierte Novelle zum WHG[5] 1976 hatte mit der Einführung des § 7a WHG spezifische emissionsbezogene Anforderungen an Direkteinleiter gestellt.[6] Danach durfte eine Erlaubnis für das Einleiten von Abwasser nur dann erteilt werden, wenn Menge und Schädlichkeit des Abwassers so gering gehalten wurden, wie dies bei Anwendung der jeweils in Betracht kommenden Verfahren nach den allgemein anerkannten Regeln der Technik möglich war. Der Standard der allgemein anerkannten Regeln der Technik wurde durch Verwaltungsvorschriften der Bundesregierung konkretisiert. Obwohl § 7a WHG in der Fassung der Vierten Novelle bereits eine Teilstromregelung enthielt, blieb sein Anwendungsbereich auf Direkteinleiter beschränkt.[7] Lediglich die abwasserbeseitigungspflichtige Gemeinde bedurfte einer Erlaubnis nach §§ 2 Abs. 1, 6, 7, 7a Abs. 1 WHG, wenn sie das gesammelte und gereinigte Abwasser in ein Gewässer einleitete.[8]

Mit der Fünften Novelle zum WHG 1987 hat das staatliche Wasserrecht auf der Grundlage von Art. 75 Abs. 1 S. 1 Nr. 4 Alt. 3 GG, der dem Bund die Rahmengesetzgebungskompetenz für den "Wasserhaushalt" zuweist, und aufgrund der entsprechenden Ausfüllungskompetenz der Länder nach Art. 70 Abs. 1 GG, durch § 7a Abs. 3 WHG und die entsprechenden Vorschriften der Landeswassergesetze ebenfalls Zugriff auf die Indirekteinleitungen durch die Begründung einer wasserrechtlichen Genehmigungspflicht genommen.
Der neu gefaßte § 7a WHG[9] sah in § 7a Abs. 1 S. 3 WHG eine Verschärfung des bis dahin geltenden Standards für die Erlaubnisfähigkeit direkter Einleitungen in Gewässer vor, indem er bei gefährlichen Stoffen im Abwasser bestimmter Herkunft über die Einhaltung der allgemein anerkannten Regeln der Technik hinaus eine Minimierung der Schadstofffracht nach dem Stand der Technik verlangte.[10] Der Stand der Technik wurde gemäß dieser Vorschrift

---

4   *Lübbe-Wolff*, NVwZ 1989, S. 205 (206); *Breuer*, Wasserrecht, Rn. 102.

5   Viertes Gesetz zur Änderung des Wasserhaushaltsgesetzes v. 26. 04. 1976 (BGBl. I, S. 1109).

6   *Breuer*, NuR 1987, S. 49 (50).

7   *E. Sander*, WuB 1993, S. 961 (962).

8   *Breuer*, Wasserrecht, Rn. 102.

9   Zur Systematik des § 7a WHG i. d. F. der Fünften Novelle vgl. *Driewer*, Verhältnis von Wasserrecht und Satzungsrecht, S. 15 (20 ff.).

10   *Breuer*, NuR 1987, S. 49 (51 ff.).

weiterhin in den Verwaltungsvorschriften der Bundesregierung[11] konkretisiert. Diese wurde darüber hinaus in § 7a Abs. 1 S. 4 WHG ermächtigt, durch Rechtsverordnung[12] die Herkunftsbereiche zu bestimmen, in denen Abwasser mit gefährlichen Stoffen anfällt.

An diese Regelung anknüpfend verpflichtete § 7a Abs. 3 WHG die Länder sicherzustellen, daß vor dem Einleiten von Abwasser mit gefährlichen Stoffen in eine öffentliche Abwasseranlage die erforderlichen Maßnahmen entsprechend § 7a Abs. 1 S. 3 WHG durchgeführt werden.[13] Die Mehrzahl der Länder hat in Ausfüllung dieser Bundesrahmengesetzgebung auf der Grundlage einer Musterverordnung der Länderarbeitsgemeinschaft-Wasser (LAWA) Indirekteinleiterverordnungen geschaffen, die eine Genehmigungspflicht für Indirekteinleitungen begründen.[14] Eine Genehmigung für die Indirekteinleitung kann danach im Kern nur erteilt werden, wenn die Emissionsgrenzwerte der Verwaltungsvorschriften der Bundesregierung nach § 7a Abs. 1 S. 3 WHG als Mindestvoraussetzung eingehalten werden.

Inzwischen ist die Sechste Novelle zum WHG 1996 in Kraft getreten.[15] Nach § 7a Abs. 1 WHG darf eine Erlaubnis für das Einleiten von Abwasser für alle Abwässer nur noch erteilt werden, wenn die Schadstofffracht des Abwassers so gering gehalten wird, wie es dem Stand der Technik entspricht. Damit ist die durch die Fünfte Novelle eingeführte Differenzierung der Anforderungen für "normales" Abwasser und solches bestimmter Herkunft mit gefährlichen Stoffen entfallen. Die Konkretisierung des Stands der Technik erfolgt nunmehr nach § 7a Abs. 1 S. 3 WHG durch die Abwasserverordnung (AbwV) der Bundesregierung, die mit Zustimmung des Bundesrates erlassen worden ist.[16] Die Abwasserverordnung ist weiterhin nach Herkunftsbereichen gegliedert. In § 7a Abs. 5 WHG hat der Stand der Technik durch diese Novelle erstmals eine eigenständige wasserrechtliche Definition erfahren. Indirekteinleitungen werden jetzt von § 7a Abs. 4 WHG erfaßt. Danach haben die Länder sicherzustellen, daß bei dem Einleiten von Abwasser in eine öffentliche Abwasseran-

---

11 Allgemeine Rahmen-Verwaltungsvorschrift über Mindestanforderungen an das Einleiten von Abwasser in Gewässer -Rahmen-AbwasserVwV- v. 08. 09. 1989 (GMBl., S. 518).

12 Abwasserherkunftsverordnung v. 03. 07. 1987 (BGBl. I S. 1578).

13 Vgl. *Lübbe-Wolff*, NVwZ 1989, S. 205 (208).

14 *E. Sander*, Indirekteinleiterverordnungen, Rn. 64 ff.

15 Sechstes Gesetz zur Änderung des Wasserhaushaltsgesetzes v. 11. 11. 1996 (BGBl. I, S. 1690).

16 Artikel 1 der Verordnung über Anforderungen an das Einleiten von Abwasser in Gewässer und zur Anpassung der Anlage des Abwasserabgabengesetzes v. 21. 03. 1997 (BGBl. I, S. 566).

lage die Anforderungen der Abwasserverordnung für Teilströme nach § 7a Abs. 1 S. 4 WHG eingehalten werden.

Durch das staatliche Wasserrecht werden über die Herkunftsbereiche neben dem kommunalen auch gewerbliche und industrielle Abwässer erfaßt, während das kommunale Abwasserrecht seinerseits über gewerbliches und industrielles Abwasser hinaus auch häusliches Abwasser regelt. Damit unterliegen gewerbliche und industrielle Indirekteinleitungen einem Doppelregime durch das kommunale Satzungsrecht und das staatliche Wasserrecht. Dabei stellen die beiden Regelungsbereiche zum Teil divergierende Anforderungen. Elf Jahre nach dem wasserrechtlichen Zugriff auf die Indirekteinleitungen ist das Verhältnis wasserrechtlicher und kommunaler Anforderungen noch immer nicht hinreichend geklärt.[17] Rechtswissenschaftliche Äußerungen zu diesem Thema sind nur vereinzelt anzutreffen.

Dabei haben gewerbliche und industrielle Indirekteinleitungen eine große praktische Bedeutung. Ein Großteil der Betriebe beseitigt sein Abwasser nicht über eigene, sondern über die öffentlichen Abwasseranlagen.[18] So ging man 1985 davon aus, daß etwa 50% der gewerblichen und industriellen Abwässer indirekt eingeleitet werden.[19] Der Anteil von indirekt eingeleiteten Abwässern ist heute nur schwer einzuschätzen. Die Zahlen reichen von 44%[20] bis 80%.[21] Der umweltrelevante Stellenwert der Indirekteinleitungen ist jedenfalls nach wie vor hoch.

Zu dem skizzierten Doppelregime der Indirekteinleitungen kommen noch Regelungen auf europäischer Ebene hinzu.
Den Anstoß zu der Erfassung der Indirekteinleitungen durch das staatliche Wasserrecht gab im wesentlichen die Richtlinie des Rates vom 4. Mai 1976 betreffend die Verschmutzung infolge der Ableitung bestimmter gefährlicher Stoffe in die Gewässer der Gemeinschaft (76/464/EWG).[22] Nach Art. 3 Nr. 2 GewSchRL bedarf jede Ableitung von Abwasser mit Stoffen der Liste I GewSchRL in die Kanalisation einer Genehmigung.
Daneben enthält auch Art. 11 der Richtlinie des Rates vom 21. Mai 1991 über die Behandlung von kommunalem Abwasser (91/271/EWG),[23] Anforderun-

---

17 *Reichert*, ZfW 1997, S. 141.
18 *Dippel*, KA 1997, S. 1394.
19 Vgl. Amtliche Begründung zur Fünften Novelle zum WHG, BT-Ds. 10/3973, S. 11.
20 *Dohmann*, Erfassung und Überwachung, S. 7.
21 *Delwing*, Umsetzungsprobleme, S. 180.
22 ABl. EG Nr. L 129, S. 23; im folgenden GewSchRL.
23 ABl. EG Nr. L 135, S. 40; im folgenden KomAbwRL.

gen an das Regime der Indirekteinleitungen. Danach müssen die Mitgliedstaaten industrielle Indirekteinleitungen einer Regelung und/oder Erlaubnis
unterwerfen, die die Erreichung einer Reihe von Zielsetzungen gewährleisten
muß.

B. Gang der Untersuchung

Ziel dieser Untersuchung ist es, die kommunalen Kompetenzen zur Regelung
der Indirekteinleitungen herauszuarbeiten und auf dieser Grundlage eine Abgrenzung von kommunalem Satzungsrecht und staatlichem Wasserrecht im
Bereich der Indirekteinleitungen zu leisten. "Kommunale Regelungskompetenzen" als Gegenstand dieser Untersuchung meint damit die Befugnis der
Gemeinden, Regelungen auf der Grundlage des Art. 28 Abs. 2 S. 1 GG und
der ihnen zugewiesenen Abwasserbeseitigungspflicht hinsichtlich der Einleitung von Abwasser in die gemeindlichen Abwasseranlagen treffen zu können.
Hierzu wird im zweiten Teil der Arbeit Art. 28 Abs. 2 S. 1 GG als die verfassungsrechtliche Kompetenzgrundlage des kommunalen Abwasserrechts und
als Ausgangsbasis dieser Untersuchung eingehend betrachtet.[24] Darauf aufbauend werden die positiven Ausgestaltungen des kommunalen Abwasserrechts auf der Grundlage einiger Mustersatzungen der kommunalen Spitzenverbände dargestellt und an Art. 28 Abs. 2 S. 1 GG gemessen.[25]
Im Anschluß daran wird Art. 75 Abs. 1 S. 1 Nr. 4 Alt. 3 GG als die kompetenzielle Grundlage des staatlichen Regimes der Indirekteinleitungen ins
Blickfeld gerückt.[26] Dabei wird auf das Verhältnis von Bundesrahmenrecht
und ausfüllender Landesgesetzgebung einzugehen sein. Auch hier werden die
geltenden Regelungen des Bundes- und Landesrechts, unter denen der novel-
lierte § 7a Abs. 4 WHG[27] besondere Bedeutung hat, an den Kompetenzvorga-
ben gemessen.[28]
Hieraus ergibt sich der verfassungsrechtliche Rahmen für das Recht der Indirekteinleitungen. Auf dieser kompetenziellen Grundlage erfolgt dann ein Vorschlag zur Abgrenzung der beiden Regelungsbereiche unter kritischer Würdigung der hierzu bisher geäußerten Literaturstimmen.[29]

---

24 Vgl. unten § 2 I.
25 Vgl. unten § 2 II 3, 4.
26 Vgl. unten § 3 I 1.
27 Dazu unten § 3 I 2.
28 Vgl. unten § 3 I 3.
29 Vgl. unten § 4.

Im Anschluß daran werden im dritten Teil der Untersuchung die gemeinschaftsrechtlichen Determinierungen für das nationale Regime der Indirekteinleitungen dargestellt.

Zunächst werden die für Indirekteinleitungen relevanten Bestimmungen des Gemeinschaftsrechts und ihre Kompetenzgrundlagen betrachtet.[30] Anschließend wird untersucht, wie die Umsetzungskompetenz sowohl aus der Sicht des deutschen Verfassungsrechts als auch aus der Sicht des Gemeinschaftsrechts zu beurteilen ist.[31] Problematisch ist in diesem Zusammenhang, ob die Kompetenzvorschriften des Grundgesetzes durch das Gemeinschaftsrecht beeinflußt werden. Dabei geht es zum einen um die Frage, ob die Kompetenzverteilung für den Wasserhaushalt, also die Rahmengesetzgebungskompetenz des Bundes und die Ausfüllungskompetenz der Länder, bei der Umsetzung von Richtlinien der Gemeinschaft modifiziert wird.[32] Zum anderen und vor allem ist zu klären, ob die Gemeinden für die Umsetzung der Gemeinschaftsrichtlinien zuständig sind und ob das kommunale Satzungsrecht ein taugliches Umsetzungsinstrument darstellt.[33] Abschließend muß untersucht werden, inwieweit das nationale Indirekteinleiterregime den gemeinschaftsrechtlichen Anforderungen bereits entspricht und ob weitere Umsetzungsmaßnahmen erforderlich sind.[34]

Hieraus wird bereits deutlich, daß sich die kommunalen Kompetenzen gegenüber den Ländern, dem Bund und nicht zuletzt der Europäischen Gemeinschaft behaupten müssen. Gerade im Rahmen der fortschreitenden europäischen Integration ist die Diskussion über die Stellung der Gemeinden in der Gemeinschaft virulent. Aber auch im nationalen Bereich sei auf die vielfältigen Stimmen verwiesen, die vor einer zunehmenden Aushöhlung der kommunalen Selbstverwaltung warnen.[35] Insofern mag diese Arbeit als konkreter Beispielsfall herangezogen werden.

Die Untersuchung bewegt sich im Bereich des Wasserrechts, der nationalen Kompetenzordnung sowie des europäischen Gemeinschaftsrechts. Alle diese Bereiche befinden sich im Umbruch. Für den Bereich des Wasserrechts gilt diese Feststellung nicht nur im Hinblick auf die bereits erwähnte Sechste Novelle zum WHG, sondern auch im Hinblick auf die Diskussion über die Schaffung eines Umweltgesetzbuchs des Bundes, die mit der Vorlage des Be-

---

30 Vgl. unten § 5.
31 Vgl. unten § 6 I, II.
32 Vgl. unten § 6 II 2.
33 Dazu unten § 6 II 3b cc.
34 Vgl. unten § 7.
35 Vgl. nur den viel beachteten Bericht von *Blümel*, VVDStRL 36 (1978), S. 171 (188 ff.).

richts der Unabhängigen Sachverständigenkommission[36] einen neuen Höhepunkt erreicht hat. Auch die nationale Kompetenzordnung hat im hier interessierenden Zusammenhang in der jüngeren Vergangenheit Modifikationen erfahren. Dabei ist neben der sog. Rastede-Entscheidung des BVerfG[37] zu Art. 28 Abs. 2 S. 1 GG aus dem Jahr 1988 vor allem auf die Novellierung der Art. 72 Abs. 2, 75 GG durch die Verfassungsänderung von 1994[38] hinzuweisen. Und auch die europäische Integration hat mit dem Vertrag von Amsterdam[39] eine neue Stufe erreicht. Zusätzlich befindet sich das europäische Gewässerschutzrecht selbst mit dem Entwurf für eine Wasserrahmenrichtlinie[40] und mit der Verabschiedung der IVU-Richtlinie[41] im Umbruch.

Es wird versucht, diese Neuerungen im rechtlichen Umfeld der kommunalen Regelungskompetenzen für Indirekteinleitungen hinreichend zu würdigen. Gleichzeitig soll der Blick nach vorne gewagt werden, um die weitere Entwicklung grob abschätzen zu können. In diesem Sinne kann die vorliegende Untersuchung kaum mehr als eine Momentaufnahme sein. Gleichwohl sollen die maßgeblichen Grundstrukturen dieses Rechtsgebiets herausgearbeitet werden.

C. These

Der Arbeit sei eine These vorangestellt: Die Gemeinden haben eine eigenständige Regelungskompetenz für Indirekteinleitungen, die durch das Merkmal der Angelegenheiten der örtlichen Gemeinschaft des Art. 28 Abs. 2 S. 1 GG umrissen ist. Hierunter fällt ein Bündel von Regelungszielen, die mit kommunalen Indirekteinleiterregelungen verfolgt werden können. Dies sind insbesondere der Schutz der kommunalen Abwasseranlagen im Hinblick auf Bestand und Funktionsfähigkeit, der Schutz des in den Anlagen tätigen Per-

---

36 Bundesministerium für Umwelt, Naturschutz und Reaktorsicherheit (Hrsg.), Umweltgesetzbuch (UGB-KomE), Entwurf der unabhängigen Sachverständigenkommission, Berlin 1998.

37 BVerfGE 79, 127.

38 Gesetz zur Änderung des Grundgesetzes v. 27. 10. 1994 (BGBl. I, S. 3146).

39 ABl. EG Nr. C, S. 1; ratifiziert durch Gesetz v. 08. 04. 1998 (BGBl. II, S. 386).

40 Vorschlag für eine Richtlinie des Rates zur Schaffung eines Ordnungsrahmens für Maßnahmen der Gemeinschaft im Bereich der Wasserpolitik (97/C 184/02; ABl. EG Nr. C 184, S. 20).

41 Richtlinie des Rates v. 24. 09. 1996 über die integrierte Vermeidung und Verminderung der Umweltverschmutzung (96/61/EG; ABl. EG Nr. L 257, S. 26).

sonals, die Erfüllung der eigenen Direkteinleiterpflichten sowie der Verwertbarkeit des Klärschlamms.

Der Kompetenztitel des Wasserhaushalts in Art. 75 Abs. 1 S. 1 Nr. 4 GG ermächtigt den Bund zu einer Regelung der Indirekteinleitungen aus Gründen des Gewässerschutzes, des Schutzes der kommunalen Abwasseranlagen und der Angleichung der Wettbewerbsbedingungen für Indirekteinleiter. Im Bereich des Schutzes der kommunalen Abwasseranlagen überschneiden sich die kommunalen Regelungskompetenzen für Indirekteinleitungen mit den staatlichen Kompetenzen. Insofern begründet das in Art. 28 Abs. 2 Satz 1 GG angelegte materielle Aufgabenverteilungsprinzip, so wie es im Rastede-Beschluß des BVerfG verstanden worden ist, einen Zuständigkeitsvorrang der Gemeinden. Dieses Prinzip kann als Konkretisierung des Subsidiaritätsprinzips im Verhältnis Gemeinden - Staat verstanden werden. Der Staat hat in diesem Kompetenzkonflikt nur eine subsidiäre Zuständigkeit. Damit spielt das Subsidiaritätsprinzip bei der Bestimmung der kommunalen Regelungskompetenzen für Indirekteinleitungen eine zentrale Rolle.

Darüber hinaus haben besitzen die Gemeinden eine eigene Umsetzungskompetenz im Hinblick auf Art. 11 KomAbwRL. Sie sind unmittelbare Adressaten des gemeinschaftsrechtlichen Umsetzungsbefehls aus Art. 249 Abs. 3, 10 (Art. 189 Abs. 3, 5) EGV.[42] Die kommunalen Entwässerungssatzungen stellen dabei ein taugliches Umsetzungsinstrument dar, das sowohl den Anforderungen des gemeinschaftlichen Primärrechts als auch der Rechtsprechung des EuGH genügt.

---

42 Gem. Art. 12 des Amsterdamer Vertrags, der am 01. 05. 1999 in Kraft getreten ist (http://europa.eu.int/geninfo/key_de.htm), wurden die Numerierungen der Bestimmungen des EG-Vertrags und des EU-Vertrags geändert. Die alten Artikelbezeichnungen werden im folgenden noch in Klammern den neuen Bezeichnungen hinzugefügt.

Zweiter Teil: Das nationale Regime der Indirekteinleitungen

§ 2 Kommunales Satzungsrecht

Die Einleitung von Abwasser in Abwasseranlagen war bis zur Fünften Novelle zum WHG 1987 in erster Linie Gegenstand des kommunalen Satzungsrechts. Auf Bundesebene wurden Indirekteinleitungen bis zu diesem Zeitpunkt nicht erfaßt, nur auf Landesebene bestanden zum Teil diesbezügliche Regelungen.[1] Das landesrechtliche Indirekteinleiterregime diente der Umsetzung der Gewässerschutzrichtlinie, ohne daß hierzu eine bundesgesetzliche Regelung erforderlich gewesen wäre.[2] Grundlage für die Erfassung der Indirekteinleitungen durch das kommunale Satzungsrecht ist die kommunale Selbstverwaltungsgarantie aus Art. 28 Abs. 2 S. 1 GG. Im folgenden wird diese Kompetenzgrundlage einer näheren Betrachtung unterzogen, um den sich hieraus ergebenden Inhalt und Umfang der kommunalen Kompetenz zur Regelung der Indirekteinleitungen zu ermitteln. Darauf aufbauend werden die einfachgesetzlichen und satzungsrechtlichen Regelungen mit Bezug zu Indirekteinleitungen betrachtet.

A. Kompetenzgrundlage: Art. 28 Abs. 2 S. 1 GG

In Art. 28 Abs. 2 S. 1 GG ist das Recht der Gemeinden gewährleistet, "alle Angelegenheiten der örtlichen Gemeinschaft im Rahmen der Gesetze in eigener Verantwortung zu regeln."[3]

Diese Norm ist Grundlage der Bestimmung der kommunalen Kompetenzen, obwohl sie ihrem Wortlaut nach zunächst nur eine Verpflichtung der Länder begründet, eine dem Art. 28 Abs. 2 S. 1 GG entsprechende Garantie der kommunalen Selbstverwaltung in den Landesverfassungen zu schaffen. Denn die Länder sind nach Art. 70 Abs. 1 GG für die Gesetzgebung auf dem Gebiet

---

1   *Dahme*, in: Sieder/Zeitler/Dahme/Knopp, WHG, § 7a Rn. 2; zur heutigen Situation vgl. bereits oben § 1 I, ausführlich unten § 3.

2   *Lübbe-Wolff*, NVwZ 1989, S. 205 (208) m. w. N; vgl. unten § 6 I, II; G II 2.

3   Zu den historischen Grundlagen der kommunalen Selbstverwaltung vgl. *Pohl*, Wurzeln und Anfänge der Selbstverwaltung, S. 3 ff. und *Menger*, Entwicklung der Selbstverwaltung im Verfassungsstaat der Neuzeit, S. 25 ff.

des Kommunalrechts zuständig.[4] Dennoch ist diese Bundesverfassungsnorm die maßgebende Bestimmung, weil die Länder hieran unmittelbar gebunden sind und die Gemeinden sich hierauf nach Art. 93 Abs. 1 Nr. 4b GG direkt berufen können.[5] Dabei legt Art. 28 Abs. 2 S. 1 GG nur einen Minimalstandard fest, die Länder können der kommunalen Selbstverwaltung einen breiteren Raum einräumen.[6]

Über die rechtsdogmatische Struktur der gemeindlichen Selbstverwaltungsgarantie besteht in weiten Bereichen Uneinigkeit.[7] Gegenstand der Diskussion ist insbesondere der aus dem Jahr 1988 stammende sog. Rastede-Beschluß des BVerfG,[8] der eine Grundsatzentscheidung bezüglich der kommunalen Selbstverwaltungsgarantie darstellt. Hierin ist das Gericht von der herkömmlichen Sichtweise teilweise abgewichen. Schien damit zunächst eine Klärung der dogmatischen Grundlagen des Art. 28 Abs. 2 S. 1 GG eingetreten zu sein, wurden im Laufe der Erörterung dieser Entscheidung weitere Meinungsverschiedenheiten deutlich.[9] Bevor die Rastede-Entscheidung analysiert wird, wird zunächst kurz das herkömmliche Verständnis der kommunalen Selbstverwaltungsgarantie umrissen.

---

4   Vgl. *Doemming/Füsslein/Matz*, JöR n. F. 1 (1951), S. 1 (253); *Pagenkopf*, Kommunalrecht I, S. 65.

5   *Schmidt-Jortzig*, DÖV 1993, S. 973 (974); *Püttner*, in: HStR IV, § 107 Rn. 11.

6   *Löwer*, in: v. Münch/Kunig, GG, Art. 28 Rn. 34; *Gern*, Kommunalrecht, Rn. 52; vgl. auch *Schwarz*, Finanzverfassung und kommunale Selbstverwaltung, S. 149 ff.

7   Vgl. nur die Übersicht bei *Knemeyer*, Verfassungsrechtliche Gewährleistung, S. 209 (215 ff.).

8   BVerfGE 79, 127; aus der Literatur vgl. hierzu etwa *Clemens*, NVwZ 1990, S. 834 ff.; *Erlenkämper*, NVwZ 1991, S. 325 ff.; *Frenz*, Die Verwaltung 28 (1995), S. 33ff.; *Frers*, DVBl. 1989, S. 449 ff.; *Henneke*, ZG 1994, S. 212 (236 ff.); *Hohmann*, UPR 1989, S. 413 ff.; *Ipsen*, ZG 1994, S. 194 ff.; *Knemeyer*, Der Staat 29 (1990), S. 406 ff.; *Schink*, VerwArch 81 (1990), S. 385 ff.; *Schmidt-Aßmann*, Kommunale Selbstverwaltung nach "Rastede", S. 122 ff.; *Schmidt-Jortzig*, DÖV 1993, S. 973 ff.; *Schoch*, VerwArch 81 (1990), S. 18 ff.; *Schwarz*, NVwZ 1996, S. 1182 (1184); *Haaß*, Handlungsspielräume, S. 87 ff.; *Kronisch*, Aufgabenverlagerung, S. 37 ff.

9   Vgl. nur *Kronisch*, Aufgabenverlagerung, S. 66 f.; *Loschelder*, der landkreis 1989, S. 380; zuletzt *Kenntner*, DÖV 1998, S. 701 ff.

I. Herkömmliches Verständnis

Nach herrschender Auffassung in Lehre[10] und Rechtsprechung[11] ist die verfassungsrechtliche Gewährleistung der kommunalen Selbstverwaltung eine institutionelle Garantie. Ausgangspunkt ist dabei die Lehre *Carl Schmitts* zu Art. 127 WRV.[12] Danach gewährleistet die institutionelle Garantie die Einrichtung der kommunalen Selbstverwaltung nur als solche, ohne subjektive Rechtspositionen einzelner Gemeinden oder deren Bestand zu gewährleisten.[13]

In Fortentwicklung dieser Lehre gewährt Art. 28 Abs. 2 S. 1 GG nicht nur objektivrechtlich die Einrichtung der kommunalen Selbstverwaltung als solche, sondern vermittelt darüber hinaus auch subjektive Rechtspositionen der Gemeinden zur Abwehr von Eingriffen in den Garantiebereich.[14]

Dementsprechend wird in Anlehnung an *Klaus Stern*[15] die gemeindliche Selbstverwaltung in drei Garantieelemente aufgegliedert:[16]

* die institutionelle Rechtssubjektsgarantie gewährleistet die Institutionen "Gemeinde" und "Gemeindeverband" und erweist sich in Verbindung mit

---

10 *Löwer*, in: v. Münch/Kunig, GG, Art. 28 Rn. 41; *Maunz*, in: Maunz/Dürig/Herzog/Scholz, GG, Art. 28 Rn. 45; *Nierhaus*, in: Sachs, GG, Art. 28 Rn. 33 ff.; *Gönnenwein*, Gemeinderecht. S. 28; *Gern*, Kommunalrecht, Rn. 49; *Schmidt-Jortzig*, Kommunalrecht, Rn. 512 f.; *Bethge*, Selbstverwaltungsrecht, S. 149; *Schwarz*, NVwZ 1996, S. 1182; *Stober*, Kommunalrecht, S. 63; *Erlenkämper*, NVwZ 1996, S. 534 (535); *ders.*, NVwZ 1998, S. 354 (355); a. A. *Kronisch*, Aufgabenverlagerung, S. 71 ff.; *Ipsen*, ZG 1994, S. 194 (195 f.); *Waechter*, Die Verwaltung 29 (1996), S. 46 ff.; *Kenntner*, DÖV 1998, S. 701 (702 ff.) versteht Art. 28 Abs. 2 S. 1 GG als subjektives Recht; kritisch auch *Faber*, in: AK-GG, Art. 28 Rn. 26.

11 BVerfGE 1, 167 (174 f.); 59, 216 (227); 79, 127 (143).

12 *Carl Schmitt*, Verfassungslehre, S. 170 ff.; vgl. dazu *Kronisch*, Aufgabenverlagerung, S. 76 ff.

13 *Maunz*, in: Maunz/Dürig/Herzog/Scholz, GG, Art. 28 Rn. 45; *Maunz/Zippelius*, Staatsrecht, § 16 III 2; *Ipsen*, ZG 1994, S. 194 (195 f.).

14 *Maunz*, in: Maunz/Dürig/Herzog/Scholz, GG, Art. 28 Rn. 46 ff.; *Nierhaus*, in: Sachs, GG, Art. 28 Rn. 34 ff.; *Haaß*, Handlungsspielräume, S. 81; *Blümel*, Wesensgehalt und Schranken, S. 265 (268); *Korte*, VerwArch 61 (1970), S. 3 (54).

15 *Stern*, Staatsrecht I, § 12 II 4 (S. 409); *ders.*, in: BK-GG, Art. 28 Rn. 66.

16 Vgl. *Löwer*, in: v. Münch/Kunig, GG, Art. 28 Rn. 41 ff.; *Nierhaus*, in: Sachs, GG, Art. 28 Rn. 34 ff.; *Schmidt-Aßmann*, Kommunalrecht, S. 14 ff.; *Knemeyer*, Verfassungsrechtliche Gewährleistung, S. 209 (211); *Schwarz*, Finanzverfassung und kommunale Selbstverwaltung, S. 22 ff.

Art. 28 Abs. 1 S. 2 und Abs. 3 GG als staatsorganisatorisches Aufbauprinzip;

- die objektive Rechtsinstitutionsgarantie gewährleistet einen Bestand gemeindlicher Aufgaben zur eigenverantwortlichen Erledigung;
- die subjektive Rechtsstellungsgarantie bietet als Abwehrrecht Rechtsschutz der Gemeinde gegen rechtswidrige Beeinträchtigungen der Rechtsinstitutionsgarantie, verwirklicht in Art. 93 Abs. 1 Nr. 4b GG durch die Kommunalverfassungsbeschwerde.

Die institutionelle Garantie steht unter einem Gesetzesvorbehalt.[17] Die Ausgestaltungsbefugnis des Gesetzgebers ist aber ihrerseits Schranken unterworfen. Auf der Ebene der objektiven Rechtsinstitutionsgarantie schützt Art. 28 Abs. 2 S. 1 GG den Kernbereich oder Wesensgehalt der kommunalen Selbstverwaltung gegen jede gesetzliche Einschränkung.[18] Die Bestimmung dieses unantastbaren Kernbereichs stellt eines der Hauptprobleme dieser Kernbereichslehre dar.[19] Das BVerfG legte bei der Bestimmung des Kernbereichs eine historische Betrachtungsweise zugrunde, wonach der geschichtlichen Entwicklung und den verschiedenen historischen Erscheinungsformen der Selbstverwaltung Rechnung zu tragen ist.[20] Demgegenüber hat das BVerwG nach der sog. Subtraktionsmethode danach gefragt, was nach dem Eingriff noch an substantiellem Gehalt der Selbstverwaltungsgarantie verbleibt.[21]

Aber auch außerhalb des Kernbereichs wurden im Rahmen des Gesetzesvorbehalts des Art. 28 Abs. 2 S. 1 GG Gegenschranken entwickelt. Nach Ansicht des BVerfG wäre es der Bedeutung des Art. 28 Abs. 2 S. 1 GG im Verfassungsgefüge nicht gerecht geworden, wenn die Reichweite der Selbstverwaltungsgarantie im Einzelfall jeder beliebigen Willensentscheidung des Gesetzgebers überlassen wäre. Vielmehr müsse "der Gesetzgeber dabei den aus Art. 28 Abs. 2 GG folgenden Beschränkungen für staatliche Eingriffe unter dem

---

17 *Maunz*, in: Maunz/Dürig/Herzog/Scholz, GG, Art. 28 Rn. 52; *Stern*, in: BK-GG, Art 28 Rn. 113 ff.

18 *Maunz*, in: Maunz/Dürig/Herzog/Scholz, GG, Art. 28 Rn. 53; *Blümel*, Wesensgehalt und Schranken, S. 265 (269).

19 Vgl. die Kritik von *Burmeister*, Neukonzeption, S. 29 ff., 95 ff. und *Faber*, in: AK-GG, Art. 28 Rn. 28.

20 BVerfGE 7, S. 358 (364); 23, S. 353 (356 f.); 50, S. 195 (201); 59, S. 216 (226); vgl. dazu *Löwer*, in: v. Münch/Kunig, GG, Art. 28 Rn. 44; zur Kritik etwa *Schmidt-Aßmann*, Grundfragen des Städtebaurechts, S. 172.

21 BVerwGE 6, 19 (25); 6, 342 (345); vgl. dazu *Roters*, in: v. Münch, GG (2. Aufl. 1983), Art. 28 Rn. 53.

Gesichtspunkt der Verhältnismäßigkeit Rechnung tragen."[22] Daneben sei das aus dem Rechtsstaatsprinzip abzuleitende Willkürverbot auch im Verhältnis zwischen Hoheitsträgern zu beachten.[23] Das Schrifttum ist dieser Auffassung weitgehend gefolgt.[24]

II. Der Rastede-Beschluß des BVerfG

Der Rastede-Beschluß markierte das Ende eines 15-jährigen Rechtsstreits[25] der Gemeinde Rastede gegen den niedersächsischen Landkreis Ammerland. Dabei ging es um die Frage, ob die landesgesetzliche[26] Verlagerung der Zuständigkeit für die Abfallbeseitigung von den kreisangehörigen Gemeinden auf die Landkreise mit Art. 28 Abs. 2 GG vereinbar war.[27]

Konkret war also das Verhältnis einer kreisangehörigen Gemeinde zu dem Landkreis angesprochen.[28] Das BVerfG hat in dieser Entscheidung jedoch grundsätzliche Aussagen über die verfassungsrechtliche Selbstverwaltungsgarantie der Gemeinden gemacht, die sowohl gegenüber dem Staat als auch ge-

---

22 So im Fluglärm-Beschluß, BVerfGE 56, 298 (315).

23 BVerfGE 56, 298 (315).

24 So etwa *Püttner*, in: HStR IV, § 107 Rn. 21; *Löwer*, in: v. Münch/Kunig, GG, Art. 28 Rn. 50; *Pagenkopf*, Kommunalrecht I, S. 67; *v. Mutius*, Gutachten, S. E 42 ff.; *Schoch*, VerwArch 81 (1990), S. 18 (25); *Blümel*, Wesensgehalt und Schranken, S. 265 (285 ff.).

25 Fachgerichte waren OVG Lüneburg, DVBl. 1980, 81 ff. und BVerwG, NVwZ 1984, 176 ff., nachdem bereits eine Verfassungsbeschwerde der Gemeinde Rastede aus dem Jahre 1974 vom BVerfG nicht zur Entscheidung angenommen worden war (Beschluß v. 10. 09. 1976 - 2 BvR 826/76); vgl. dazu *Schoch*, VerwArch 81 (1990), S. 21 m. w. N.

26 Durch § 1 Abs. 1 und 2 des niedersächsischen Ausführungsgesetzes zum Abfallbeseitigungsgesetzes v. 9. 4. 1973 (GVBl., S. 109).

27 BVerfGE 79, 127 (129 ff.); vgl. zu den Hintergründen des Prozesses *Ullrich*, VR 1989, S. 289; *Ipsen*, Kommunale Selbstverwaltung im Spannungsfeld, S. 193 f.

28 Zu diesem im Vorfeld der Entscheidung viel diskutierten Verhältnis vgl. *Stober*, Kommunalrecht, S. 70 f.; *Knemeyer*, Verfassungsrechtliche Gewährleistung, S. 209 (218). Zur Theorie der Verbundverwaltung vgl. *Pappermann*, DÖV 1975, S. 181 ff.; *Roters*, in: v. Münch, GG (1. Aufl. 1976), Art. 28 Rn. 61a; *Scheuner*, AfK 1973, S. 1 ff.. Vgl. weiterhin die Neukonzeption der Selbstverwaltungsgarantie von *Burmeister*, Neukonzeption, 1977; dazu *Kronisch*, Aufgabenverlagerung, S. 50 f.; *Blümel*, VVDStRL 36 (1978), S. 171 (185); *Haaß*, Handlungsspielräume, S. 85 f.

genüber den Kreisen als Selbstverwaltungskörperschaften nach Art. 28 Abs. 2 S. 2 GG gelten.[29]

1. Institutionelle Garantie

Zunächst bestätigt das BVerfG den institutionellen Charakter des Art. 28 Abs. 2 S. 1 GG. Die Gewährleistung des Art. 28 Abs. 2 S. 1 GG sichere den Gemeinden einen grundsätzlich alle Angelegenheiten der örtlichen Gemeinschaft umfassenden Aufgabenbereich sowie die Befugnis zu eigenverantwortlicher Führung der Geschäfte in diesem Bereich zu.[30] Unter Anknüpfung an den Wortlaut stellt das Gericht fest: "Die darin liegende Garantie der gemeindlichen Selbstverwaltung bedarf der gesetzlichen Ausgestaltung und Formung."[31]

Die Ausgestaltungsfreiheit des Gesetzgebers ist dabei umfassend in dem Sinne, daß sie sowohl den gemeindlichen Aufgabenbestand als auch die Modalitäten der Ausführung betrifft.[32] Jedoch ist sie nicht unbegrenzt. Das Gericht unterscheidet insofern zwischen einem Kernbereich und einem Randbereich der gemeindlichen Selbstverwaltungsgarantie.[33]

2. Kernbereich

Der Kernbereich setzt dem Gesetzgeber eine Grenze. Die Kernbereichsgarantie[34] schützt das Essentiale, die struktur- und typusbestimmenden Merkmale der Institution.[35] Hierzu führt das Gericht allgemein aus, der Gesetzgeber dürfe das Selbstverwaltungsrecht nicht dadurch faktisch beseitigen, daß er die gemeindliche Selbstverwaltung innerlich aushöhle, und die Gemeinden da-

---

29 BVerfGE 79, 127 (127 LS 3a; 147 f.; 150); kritisch insofern *Loschelder*, der landkreis 1989, S. 380 (381) mit dem Hinweis auf den spezifischen Charakter der Kreisaufgaben.

30 BVerfGE 79, 127 (143) unter Berufung auf BVerfGE 26, 228 (237 f.); 56, 298 (312); 59, 216 (226); vgl. auch *Maurer*, DVBl. 1995, S. 1037 (1043).

31 BVerfGE 79, 127 (143).

32 BVerfGE 79, 127 (143).

33 BVerfGE 79, 127 (146 f.).

34 Zum Begriff vgl. *Clemens*, NVwZ 1990, S. 834 (837); *Ipsen*, Kommunale Selbstverwaltung im Spannungsfeld, S. 33 (38): das BVerfG verwendet die Begriffe Kernbereich und Wesensgehalt synonym.

35 *Stern*, Staatsrecht I, § 12 II 4 (S. 416).

durch die Gelegenheit zu kraftvoller Betätigung verlören und nur noch ein Schattendasein führen könnten.[36]

Die typusbestimmenden Merkmale sind die Allzuständigkeit und die Eigenverantwortlichkeit.[37] Eigenverantwortlichkeit meint die Fähigkeit, die zugewiesenen Aufgaben im Rahmen der Rechtsordnung frei von Zweckmäßigkeitserwägungen anderer Hoheitsträger, insbesondere des Staates wahrzunehmen.[38] Dieses Merkmal wurde in früheren Entscheidungen mit den sog. Hoheitsrechten der Gemeinden positiv zu umschreiben versucht.[39]

In der Rastede-Entscheidung macht das Gericht konkrete Ausführungen zum zweiten essentialen Strukturmerkmal der Allzuständigkeit. Nach dem Hinweis, daß bei der Bestimmung des Kernbereichs die geschichtliche Entwicklung und die verschiedenen Erscheinungsformen zu berücksichtigen seien, gehöre zum Wesensgehalt "kein gegenständlich bestimmter oder nach feststehenden Merkmalen bestimmbarer Aufgabenkatalog, wohl aber die Befugnis, sich aller Angelegenheiten der örtlichen Gemeinschaft, die nicht durch Gesetz bereits anderen Trägern öffentlicher Verwaltung übertragen sind, ohne besonderen Kompetenztitel anzunehmen ("Universalität" des gemeindlichen Wirkungskreises)."[40] Gemeint ist damit die Befugnis der Gemeinden, bislang "unbesetzte" Aufgaben in ihrem Bereich an sich zu ziehen.[41]

Die Kernbereichsgewährleistung biete keinen Schutz gegen den sog. "Entörtlichungsprozeß", also die zunehmende Verlagerung gemeindlicher Aufgaben auf eine höhere Ebene. Sie käme allenfalls dann zum Tragen, wenn sich positiv feststellen ließe, daß der nach einem Aufgabenentzug verblei-

---

36 BVerfGE 79, 127 (155).

37 BVerfGE 79, 127 (147); 91, 228 (236); *Schoch*, VerwArch 81 (1990), S. 18 (29); *Schmidt-Aßmann*, Kommunale Selbstverwaltung nach "Rastede", S. 121 (133).

38 *Maunz*, in: Maunz/Dürig/Herzog/Scholz, GG, Art. 28 Rn. 44; *Löwer*, in: v. Münch/Kunig, GG, Art. 28 Rn. 61; *Schmidt-Aßmann*, Kommunale Selbstverwaltung nach "Rastede", S. 121 (132); *ders.*, Kommunalrecht, Rn. 19; *Schmidt-Jortzig*, Kommunalrecht, Rn. 480.

39 Etwa BVerfGE 52, 95 (117); BVerfG, BayVBl. 1987, 556; vgl. dazu *Nierhaus*, in: Sachs, GG, Art. 28 Rn. 44;. *Löwer*, in: v. Münch/Kunig, GG, Art. 28 Rn. 61 ff; *Pieroth*, in: Jarass/Pieroth, GG, Art. 28 Rn. 7; *Stern*, in: BK-GG, Art. 28 Rn. 97 ff.; *Pagenkopf*, Kommunalrecht, S. 67 ff.; *Schwarz*, Finanzverfassung und kommunale Selbstverwaltung, S. 29 ff.; *Schaffarzik*, DÖV 1996, S. 152 ff. Zur Satzungshoheit vgl. unten B II 3a.

40 BVerfGE 79, 127 (146).

41 BVerfGE 79, 127 (147); vgl. dazu *Schmidt-Aßmann*, Kommunalrecht, Rn. 18; zur Kritik an dieser Kernbereichsbestimmung vgl. *Haaß*, Handlungsspielräume, S. 89 f.

bende Aufgabenbestand der Betätigung der Selbstverwaltung generell keinen hinreichenden Raum mehr beließe.[42]

3. Randbereich

Auch im Randbereich gemeindlicher Aufgabenerfüllung ist die Ausgestaltungsfreiheit des Gesetzgebers begrenzt.[43] In diesem Bereich weichen die Ausführungen des Gerichts von der bisherigen Dogmatik deutlich ab. Nach herkömmlicher Auffassung wurden die Grenzen hier insbesondere anhand des Grundsatzes der Verhältnismäßigkeit bestimmt.

Das BVerfG führt aus, die Aufgabenverteilung zwischen Staat und Kommune sowie im innerkommunalen Bereich stehe im Spannungsverhältnis zwischen Verwaltungseffizienz und Bürgernähe.[44] Das Grundgesetz habe sich aber als Gegenpunkt zu den zentralistischen Tendenzen während des nationalsozialistischen Regimes für einen nach Verwaltungsebenen gegliederten, auf Selbstverwaltungskörperschaften ruhenden Staatsaufbau entschieden.[45] Vor diesem Hintergrund führt das Gericht nunmehr unter Hervorhebung der politisch-demokratischen Funktion[46] der kommunalen Selbstverwaltung ein materielles Aufgabenverteilungsprinzip ein, das der zuständigkeitsverteilende Gesetzgeber zu berücksichtigen habe.[47] Durch dieses materielle Aufgabenverteilungsprinzip begründe die Verfassung eine Zuständigkeitsregel zugunsten der Gemeinden, die alle Aufgaben mit relevantem örtlichen Charakter grundsätzlich der gemeindlichen eigenverantwortlichen Erfüllung zuordne.[48] Zur Begründung wird darauf verwiesen, daß die Länderverfassungen[49] vor Inkrafttreten des Grundgesetzes den Aufgabenentzug an erschwerte materielle Voraussetzungen geknüpft hätten und daß der Parlamentarische Rat dieses Prinzip für das Grundgesetz habe übernehmen wollen. Diesem Prinzip habe

---

42 BVerfGE 79, 127 (148); zur Kritik hieran vgl. *Haaß*, Handlungsspielräume, S. 89 f. m. w. N.

43 BVerfGE 79, 127 (147).

44 BVerfGE 79, 127 (148).

45 BVerfGE 79, 127 (148 f.) unter Hinweis auf BVerfGE 52, 95 (111 f.).

46 Vgl. dazu *Stern*, Europäische Union und kommunale Selbstverwaltung, S. 15 (23); *Haaß*, Handlungsspielräume, S. 62 ff.

47 BVerfGE 79, 127 (150).

48 BVerfGE 79, 127 (152).

49 Vgl. hierzu *Maurer*, DVBl. 1995, S. 1037 ff.

der Parlamentarische Rat in Art. 28 Abs. 2 S. 1 GG bezogen auf die Angelegenheiten der örtlichen Gemeinschaft Ausdruck verliehen.[50]

Generell sei ein Aufgabenentzug nur zulässig, wenn die den Aufgabenentzug tragenden Gründe gegenüber dem verfassungsrechtlichen Aufgabenverteilungsprinzip überwiegen.[51] Dieses Abwägungserfordernis wird dahingehend konkretisiert, daß Aufgaben den Gemeinden nur dann generell entzogen werden dürften, wenn Gründe des Gemeininteresses dies erforderten, d. h. wenn anders eine ordnungsgemäße Aufgabenerfüllung nicht sicherzustellen wäre.[52] Ziele der Verwaltungsvereinfachung oder der Zuständigkeitskonzentration reichten insofern nicht aus, da diese der grundgesetzlich gewollten dezentralen Aufgabenansiedlung widersprechen würden.[53] Auch Gründe der Wirtschaftlichkeit und Sparsamkeit rechtfertigten eine "Hochzonung" nicht schon aus sich heraus, sondern erst dann, wenn ein Belassen der Aufgabe bei den Gemeinden zu einem unverhältnismäßigen Kostenanstieg führen würde.[54] Der Effizienz einer zentralistisch organisierten Verwaltung setze die Verfassung unter politisch-demokratischen Gesichtspunkten die Teilnahme der Bürger an der Erledigung ihrer öffentlichen Aufgaben entgegen und gebe letzterer den Vorzug.[55]

4. Angelegenheit der örtlichen Gemeinschaft

Sowohl die Kernbereichsgewährleistung als auch das materielle Aufgabenverteilungsprinzip greifen nur dann, wenn die betreffende Aufgabe eine Angelegenheit der örtlichen Gemeinschaft ist. Aufgaben ohne eine solche Radizierung fallen aus dem Gewährleistungsbereich des Art. 28 Abs. 2 S. 1 GG heraus.[56]

Hierzu führt das Gericht aus, die Bestimmung dessen, was zu den Angelegenheiten der örtlichen Gemeinschaft gehört, habe nach der doppelten Funktion dieses Begriffs zu erfolgen, nämlich einerseits die gemeindliche Allzuständigkeit gegen den Zuständigkeitsbereich der allgemeinen Politik abzugrenzen,

---

50   BVerfGE 79, 127 (149).
51   BVerfGE 79, 127 (154).
52   BVerfGE 79, 127 (153).
53   BVerfGE 79, 127 (153).
54   BVerfGE 79, 127 (153).
55   BVerfGE 79, 127 (153).
56   BVerfGE 79, 127 (152).

andererseits aber der grundgesetzlich gewollten Teilnahme der Bürger an der öffentlichen Verwaltung ihr Betätigungsfeld zuzuordnen.[57] Hiernach seien Angelegenheiten der örtlichen Gemeinschaft diejenigen Bedürfnisse und Interessen, die in der örtlichen Gemeinschaft wurzeln oder auf sie einen spezifischen Bezug haben, die also den Gemeindeeinwohnern gerade als solchen gemeinsam sind, indem sie das Zusammenleben und -wohnen der Menschen in der (politischen) Gemeinde betreffen.[58] Einerseits soll es hierfür, entgegen der früheren Rechtsprechung,[59] auf die Verwaltungskraft der einzelnen Gemeinde nicht ankommen,[60] andererseits soll bei der Prüfung, ob und inwieweit sich eine Aufgabe als Angelegenheit der örtlichen Gemeinschaft darstellt, nach der Größe der betroffenen Gemeinde differenziert werden.[61] Die Prüfung habe anhand von Sachkriterien unter Orientierung an den Anforderungen zu erfolgen, die an eine ordnungsgemäße Aufgabenerfüllung zu stellen sind.[62] Zu den Angelegenheiten der örtlichen Gemeinschaft gehöre zum einen kein feststehender Aufgabenkreis, zum anderen sei dieser nicht für alle Gemeinden ungeachtet ihrer Einwohnerzahl, flächenmäßigen Ausdehnung und Struktur gleich.[63] Der Gesetzgeber dürfe insoweit typisieren.[64]

5. Justitiabilität

Bei der so vorzunehmenden Prüfung der Determinanten für die örtliche Radizierung der Aufgabe wird dem Gesetzgeber ein Einschätzungsspielraum zuerkannt. Das BVerfG beschränkt die Kontrolldichte darauf, ob die gesetzliche Einschätzung von Maß und Gewicht der örtlichen Bezüge einer Aufgabe vertretbar ist. Dabei ist die Prüfung um so intensiver, je stärker die Selbstverwaltung der Gemeinden infolge der gesetzlichen Regelung an Substanz verliert.[65] Auch hinsichtlich der Zuordnung einer Aufgabe zu einer bestimmten Ebene hat der Gesetzgeber einen Entscheidungsspielraum, der aber insoweit normativ gebunden ist, als die den Aufgabenentzug tragenden Gründe gegen-

---

57 BVerfGE 79, 127 (151).
58 BVerfGE 79, 127 (151 f.).
59 BVerfGE 8, 122; (134); 50, 195 (201); 52, 95 (120).
60 BVerfGE 79, 127 (152).
61 BVerfGE 79, 127 (153).
62 BVerfGE 79, 127 (153).
63 BVerfGE 79, 127 (152).
64 BVerfGE 79, 127 (154).
65 BVerfGE 79, 127 (153 f.).

über dem verfassungsrechtlichen Aufgabenverteilungsprinzip des Art. 28 Abs. 2 S. 1 GG überwiegen müssen. Auch hier nimmt das Gericht eine Vertretbarkeitsprüfung vor.[66] Dabei bedeute Vertretbarkeit jedenfalls mehr als das Fehlen sachfremder Erwägungen.[67]

6. Nachfolgende Entscheidungen

Die in der Rastede-Entscheidung entwickelte Konzeption der kommunalen Selbstverwaltung hat das BVerfG in den nachfolgenden Entscheidungen zur Krankenhausfinanzierungsumlage,[68] zur Rück-Neugliederung[69] und zu den Gleichstellungsbeauftragten[70] beibehalten,[71] so daß von einer gefestigten Rechtsprechung ausgegangen werden kann.

III. Bewertung der Rastede-Entscheidung

Der Rastede-Beschluß hat, wie bereits erwähnt, ein umfangreiches Echo ausgelöst. Zunächst wird die Diskussion um diesen Beschluß in der Literatur skizziert, bevor der Versuch einer eigenen Analyse unternommen wird.

1. Stellungnahmen in der Literatur

Gingen erste Stellungnahmen noch dahin, durch diese Entscheidung sei "der Rechtsunsicherheit und Rechtsunklarheit in weiten Bereichen ein Ende be-

---

66 BVerfGE 79, 127 (154).

67 BVerfGE 79, 127 (154). Zur Justitiabilität vgl. BVerfGE 50, S. 290 (232 ff.) -Mitbestimmung-; *Benda/Klein*, Verfassungsprozeßrecht, Rn. 215 f.; *Hoppe*, DVBl. 1995, S. 179 ff.; *Salzwedel/Reinhardt*, NVwZ 1991, S. 946 (952) zu VerfGH N-W, NWVBl. 1991, 187 (189). Zur Kontroverse um die materiell-rechtliche oder funktionell-rechtliche Beschränkung der verfassungsgerichtlichen Kontrolldichte vgl. nur *Schlaich*, BVerfG, Rn. 501; *Heun*, Funktionell-rechtliche Schranken, S. 34 ff.; *Hesse*, Grundzüge, Rn. 568; *Schuppert*, Self-restraints in der Rechtsprechung, S. 129 ff.

68 BVerfGE 83, 363 (381 ff.).

69 BVerfGE 86, 90 (107).

70 BVerfGE 91, 228 (238 ff.).

71 Dem BVerfG folgend BVerwGE 98, 273 (276 f.); vgl. auch *Maurer*, DVBl. 1995. S. 1037 (1044).

reitet"[72] worden, so ist die Bewertung insgesamt doch uneinheitlich. Diskussionsschwerpunkte sind dabei die rechtsdogmatische Struktur des Art. 28 Abs. 2 S. 1 GG, das materielle Aufgabenverteilungsprinzip sowie die Bestimmung der Angelegenheiten der örtlichen Gemeinschaft.

a) Rechtsdogmatische Struktur des Art. 28 Abs. 2 S. 1 GG

Bereits vor der Rastede-Entscheidung bestand Streit darüber, ob Art. 28 Abs. 2 S. 1 GG eine Ähnlichkeit mit der allgemeinen Grundrechtsdogmatik aufweise. *Carl Schmitt* sah institutionelle Garantien ihrer Struktur nach als von den Freiheitsrechten verschieden an, da diese nicht auf der Vorstellung einer prinzipiell unbegrenzten Freiheitssphäre beruhten, sondern rechtlich anerkannte Institutionen beträfen, die als solche immer etwas Umschriebenes und Umgrenztes, bestimmten Aufgaben und bestimmten Zwecken Dienendes seien.[73] Insbesondere aber verbürgten institutionelle Garantien keine subjektiven Rechtspositionen für einzelne Gemeinden.[74] Aus diesem Grunde ist die Kernbereichslehre entwickelt worden, die die schleichende Aushöhlung der kommunalen Selbstverwaltung verhindern sollte, ohne aber dem Gesetzgeber eine Schranke für den Zugriff auf einzelne Aufgaben oder Gemeinden selbst zu setzen.[75]

Unter dem Grundgesetz wurden den Gemeinden jedoch jedenfalls über die Kommunalverfassungsbeschwerde nach Art. 93 Abs. 1 Nr. 4b GG auch subjektive Rechtspositionen zuerkannt. Hieraus wurde teilweise eine grundrechtsähnliche Struktur der kommunalen Selbstverwaltungsgarantie abgeleitet.[76]

Der Rastede-Beschluß hat insofern nicht zur Einigkeit beigetragen. Während einerseits hieraus der Abschied von der grundrechtsähnlichen Dogmatik[77] und

---

72 *Clemens*, NVwZ 1990, S. 834 (843).
73 *Schmitt*, Verfassungslehre, S. 170 f.
74 *Schmitt*, Verfassungslehre, S. 171.
75 *Ipsen*, ZG 1994, S. 194 (196).
76 Vgl. nur *Blümel*, Wesensgehalt und Schranken, S. 265 (268) m. w. N.; *Bethge*, Selbstverwaltungsrecht, S. 149 (164 ff.); zu den strukturellen Gemeinsamkeiten gemeindlicher Freiräume mit individuellen Freiheiten auch *Frenz*, Die Verwaltung 28 (1995), S. 33 (37 ff.).
77 *Haaß*, Handlunsspielräume, S. 92 ff.

eine Betonung des institutionellen Charakters[78] gefolgert wird, wird andererseits der Beschluß gerade als Annäherung an die grundrechtsähnliche Dogmatik verstanden.[79]

Für die Grundrechtsähnlichkeit wird (nach wie vor) insbesondere die subjektive Rechtsstellung der Gemeinden[80] sowie die Gewährleistung eines unantastbaren Kernbereichs[81] ins Feld geführt. Auch wird auf die Parallelen zu Art. 14 Abs. 1 GG hingewiesen.[82]

Dagegen sprächen (nach wie vor) die systematische Stellung des Art. 28 Abs. 2 S. 1 GG außerhalb des Grundrechtsabschnitts im Abschnitt "Der Bund und die Länder", der entstehungsgeschichtliche Hintergrund sowie das gegenüber der Grundrechtsverfassungsbeschwerde eigenständige prozessuale Instrument der Kommunalverfassungsbeschwerde.[83]

b) Materielles Aufgabenverteilungsprinzip

Hinsichtlich des vom BVerfG im Randbereich eingeführten[84] materiellen Aufgabenverteilungsprinzips rankt die Auseinandersetzung um die Frage, ob damit die Geltung des Verhältnismäßigkeitsgrundsatzes aufgegeben worden ist.

Einerseits wird argumentiert, bei dem materiellen Aufgabenverteilungsprinzip handele es sich der Sache nach um nichts anderes als eine konkrete Anwendung des Verhältnismäßigkeitsprinzips.[85] Bei der Frage, ob die den Aufga-

---

78 *Clemens*, NVwZ 1990, S. 834 (835, 843); *Frenz*, Die Verwaltung 28 (1995), S. 33 (41); *Petz*, DÖV 1991, S. 320; *Nierhaus*, in: Sachs, GG, Art. 28 Rn. 47.

79 *Schoch*, VerwArch 81 (1990), S. 18 (26 f.); *Frers*, DVBl. 1989, S. 449; *Loschelder*, der landkreis 1989, S. 380; *Henneke*, ZG 1994, S. 212 (241 f.); *Ipsen*, ZG 1994, S. 194 ff.; *Maurer*, DVBl. 1995, S. 1037 (1041 ff.); *Manssen*, Die Verwaltung 24 (1991), S. 33 (38); *Kenntner*, DÖV 1998, S. 701 (707).

80 *Bethge*, Selbstverwaltungsrecht, S. 149 (164).

81 *Bethge*, Selbstverwaltungsrecht, S. 149 (165) unter Hinweis auf die Wesensgehaltsgarantie des Art. 19 Abs. 2 GG.

82 Insbesondere *Schoch*, VerwArch 81 (1990), S. 18 (26f.).

83 *Clemens*, NVwZ 1990, S. 834 (835); *Schwarz*, Finanzverfassung und kommunale Selbstverwaltung, S. 21 f.

84 *Schoch*, VerwArch 81 (1990), S. 18 (33) weist darauf hin, daß dieses Prinzip jedenfalls in dieser Form neu ist.

85 *Kronisch*, Aufgabenverlagerung, S. 68 ff.; *Ipsen*, ZG 1994, S. 194 (205); *ders.*, Kommunale Selbstverwaltung im Spannungsfeld, S. 193 (205); *Maurer*, DVBl. 1995, S. 1037 (1044); *Manssen*, Die Verwaltung 24 (1991), S. 33 (38); *Kenntner*, DÖV 1998, S.

benentzug tragenden Gründe gegenüber dem verfassungsrechtlichen Aufgabenverteilungsprinzip überwiegen, handele es sich, ohne daß das Gericht dies ausdrücklich erwähne, um die klassische Angemessenheitsprüfung.[86] Teilweise wird auch auf ein Erforderlichkeitskriterium abgestellt, das am Grundsatz der Verhältnismäßigkeit orientiert ist.[87]

Andererseits wird daraus, daß das Gericht gerade nicht auf die Verhältnismäßigkeit abstelle, gefolgert, es habe das Übermaßverbot zugunsten eines neuartigen Regel-Ausnahme-Verhältnisses aufgegeben.[88] Dies sei, so wird vorgetragen, vor dem Hintergrund zu sehen, daß das Verhältnismäßigkeitsprinzip ein Essential des Freiheitsschutzes, nicht aber des staatlichen Funktionsschutzes sei, wobei letzterer hier anwendbar sei, weil die Gemeinden in den staatlichen Organisationsaufbau eingebunden seien.[89]

c) Angelegenheit der örtlichen Gemeinschaft

Der geschilderte Verzicht auf die Verwaltungskraft als Determinante für die Angelegenheit der örtlichen Gemeinschaft ist auf Kritik gestoßen.[90] So sei aus einem organisatorischen Optimierungsgebot abzuleiten, daß der den Gemeinden verbürgte Aufgabenbereich an der Grenze der eigenen Leistungsfähigkeit der einzelnen Gemeinde ende.[91] Auch das Merkmal der Eigenverantwortlichkeit setze voraus, daß die betreffende Aufgabe noch selbständig und ohne Mitwirkung anderer erledigt werden kann.[92]

---

701 (712); so wohl auch *Henneke*, ZG 1994, S. 212 (239 f.) und *Loschelder*, der landkreis 1989, S. 380.

86　*Kronisch*, Aufgabenverlagerung, S. 68 f. m. w. N.; *Schink*, VerwArch 81 (1990), S. 385 (401).

87　*Waechter*, Die Verwaltung 29 (1996), S. 46 (64 ff.), der einen eigenständigen Erforderlichkeitsbegriff entwickelt und sich insofern an die Bedürfnisklausel des Art. 72 Abs. GG a. F. anlehnt.

88　*Schoch*, VerwArch 81 (1990), S. 18 (28, 33 f.); *Clemens*, NVwZ 1990, S. 834 (835); *Frenz*, Die Verwaltung 28 (1995), S. 33 ff. (63) entwickelt ein eigenständiges, auf die kommunale Selbstverwaltung zugeschnittenes Kontrollschema; *ders.*, VerwArch 86 (1995), S. 378 (381); *Löwer*, in: v. Münch/Kunig, GG, Art. 28 Rn. 50.

89　*Schmidt-Aßmann*, Kommunale Selbstverwaltung nach "Rastede", S. 121 (135 f.) unter Hinweis auf BVerfGE 79, 311 (341); *Haaß*, Handlungsspielräume, S. 94: "Verbannung des Übermaßverbots aus dem Staatsorganisationsrecht."

90　*Loschelder*, der landkreis 1989, S. 380 (381).

91　*Schink*, VerwArch 81 (1990), S. 387 (404 f.).

92　*Schink*, VerwArch 81 (1990), S. 387 (405).

Dem wird entgegengehalten, daß es der Staat sei, der die Verwaltungs- und Finanzkraft der Gemeinden durch Bemessung der staatlichen Finanzzuweisungen steuere. Würde man also das Leistungsvermögen als Determinante des Begriffs der Angelegenheiten der örtlichen Gemeinschaft anerkennen, so stünde deren Umfang zur staatlichen Disposition.[93] Eine vermittelnde Ansicht von *Maurer* differenziert: Was die Gemeinden bei entsprechender Ausstattung leisten könnten, sei eine Angelegenheit der örtlichen Gemeinschaft, was sie ohne Rücksicht auf ihre Verwaltungskraft und Ausstattung dagegen sachlich nicht sinnvoll bewältigen könnten, falle aus dem Gewährleistungsbereich heraus.[94]

In diesem Zusammenhang wird noch darauf hingewiesen, daß weitgehend dem Gesetzgeber durch die Zuerkennung eines Entscheidungsspielraums bei der Bewertung der örtlichen Radizierung, der insofern neu ist,[95] und der gerichtlichen Vertretbarkeitskontrolle der Schutz der kommunalen Selbstverwaltung überantwortet ist.[96] Er hat die Befugnis, eine Aufgabe einheitlich als örtlich oder überörtlich zu qualifizieren, oder aber nach Gemeindegrößen zu differenzieren, solange die entsprechende Einschätzung nur vertretbar ist.[97] Kritisch wird schließlich noch angemerkt, das BVerfG habe sich mit der Anerkennung des Einschätzungsspielraums der Diskussion darüber, was zu den Angelegenheiten der örtlichen Gemeinschaft gehöre,[98] entzogen.[99]

2. Eigene Bewertung

Das BVerfG hat in der Rastede-Entscheidung Art. 28 Abs. 2 S. 1 GG im Sinne eines materiellen Aufgabenverteilungsprinzips als Regel-Ausnahme-Verhältnis ausgelegt. Die wissenschaftliche Diskussion hat sich in dieser Hinsicht fast ausschließlich mit der Ausnahme beschäftigt, also mit der Frage, wann ein Aufga-

---

93 *Clemens*, NVwZ 1990, S. 834 (840) unter Hinweis auf Art. 104a Abs. 4, 106 Abs. 5-8 GG und den landesgesetzlichen kommunalen Finanzausgleich; so auch *Maurer*, DVBl. 1995, S. 1037 (1043).

94 *Maurer*, DVBl. 1995, S. 1037 (1043).

95 *Frers*, DVBl. 1989, S. 449 (450); *Schoch*, VerwArch 81 (1990), S. 18 (37).

96 *Schoch*, VerwArch 81 (1990), S. 18 (38); kritisch *Loschelder*, der landkreis 1989, S. 380 (381), der die Letztentscheidung von den Parlamenten wegverlagert sieht.

97 BVerfGE 79, 27 (153 f.); vgl. *Clemens*, NVwZ 1990, S. 834 (841).

98 Vgl. dazu etwa die Übersicht von *Schmidt-Jortzig*, DÖV 1989, S. 142 (144 ff.) m. w. N.

99 *Frers*, DVBl. 1989, S. 449 (450).

benentzug zulässig ist. Nicht ausreichende Berücksichtigung hat dabei die Regel gefunden, wonach Art. 28 Abs. 2 S. 1 GG eine Kompetenzzuweisung für die Angelegenheiten der örtlichen Gemeinschaft an die Gemeinden enthält, die einen prinzipiellen Vorrang vor der staatlichen und kreiskommunalen Aufgabenwahrnehmung genießt.

a) Kompetenzzuweisung

Die kommunale Selbstverwaltungsgarantie wurde bisher in erster Linie als Schutz vor staatlichen Ingerenzen in den gemeindlichen Wirkungskreis verstanden.[100] Dies lag an der Auslegung als institutionelle Garantie, deren Idee die Begrenzung der mit der institutionellen Garantie an sich gegebenen Ausgestaltungsbefugnis der Legislative ist,[101] und an der Eigenverantwortlichkeit der Aufgabenerfüllung, die sich durch die Freiheit vor Einflußnahmen anderer Hoheitsträger auszeichnet.[102] Neben dieser Schutzfunktion wurde Art. 28 Abs. 2 S. 1 GG aber auch bisher schon teilweise eine Kompetenzfunktion entnommen.[103] Diese Kompetenzfunktion wird durch die Rastede-Entscheidung in den Mittelpunkt gerückt: Der "Verfassungsgeber hat die Institution gemeindliche Selbstverwaltung mit eigenen Aufgaben in den Aufbau des politischen Gemeinwesens nach der grundgesetzlichen Ordnung eingefügt."[104] Mit dieser Grundaussage betont das BVerfG, daß Art. 28 Abs. 2 S. 1 GG nicht nur schützende Garantienorm ist, sondern auch die Zuweisung einer Verbandskompetenz an die Gemeinden enthält. Verbandskompetenz meint dabei die staatsorganisationsrechtliche Kategorie, in der sich die Aufgabenverteilung und Aufgabenzuordnung innerhalb eines Staatswesens ausdrückt, das in rechtlich selbständige Verwaltungsträger gegliedert ist.[105] Den Gemeinden

---

100 BVerfGE 26, 228 (237); *Roters*, in: v. Münch, GG (2. Aufl. 1983), Art. 28 Rn. 55; *Faber*, in: AK-GG, Art. 28 Rn. 37; *Pieroth*, in: Jarass/Pieroth, GG, Art. 28 Rn. 6; *Manssen*, Die Verwaltung 24 (1991), S. 33 (35).

101 *Faber*, in: AK-GG, Art. 28 Rn. 37.

102 *Maunz*, in: Maunz/Dürig/Herzog/Scholz, GG, Art. 28 Rn. 44.

103 *Löwer*, in: v. Münch/Kunig, GG, Art. 28 Rn. 37; *Stern*, in: BK-GG, Art. 28 Rn. 92; *ders.*, Europäische Union und kommunale Selbstverwaltung, S. 21 (27); *Erichsen*, Kommunalrecht N-W, S. 43; *Achterberg*, Allgemeines Verwaltungsrecht, S. 234; *Schmidt-Eichstaedt*, Bundesgesetze und Gemeinden, S. 132 ff.; *Schink*, VerwArch 81 (1990), S. 387 (396); *Oldiges*, DÖV 1989, S. 873 (881); *Waechter*, Die Verwaltung 29 (1996), S. 47 (63 ff.); *Mombaur/v. Lennep*, DÖV 1988, S. 988 (991).

104 BVerfGE 79, 127 (143).

105 *Oldiges*, DÖV 1989, S. 873.

wird im Grundsatz die Verbandskompetenz zugewiesen, alle Angelegenheiten der örtlichen Gemeinschaft in Abgrenzung gegenüber dem Staat in eigener Verantwortung zu regeln.[106] Das Merkmal der Angelegenheiten der örtlichen Gemeinschaft ist dabei eine verfassungsunmittelbare Aufgabendefinition.[107] Art. 28 Abs. 2 S. 1 GG reiht sich damit in den Kanon der kompetenzverteilenden Artikel des Grundgesetzes, hierzu zählen insbesondere Art. 30, 70 ff., 83 ff., 92 ff., 105 GG, ein.

Dabei gehören die Gemeinden grundsätzlich zum Verfassungsraum der Länder,[108] sie stellen nicht eine "dritte Säule" im Staatsaufbau der Bundesrepublik dergestalt dar, daß sie prinzipiell gleichrangig neben dem Bund und den Ländern stehen.[109] Vielmehr stellt Art. 30 GG klar, daß das Grundgesetz nur zwei Ebenen der Staatlichkeit zuläßt, die durch den Bund und die Länder gebildet werden.[110] Die Kommunalebene gehört insgesamt der Landesexekutive an.[111] Die staatsrechtliche Zuordnung der Gemeinden zu den Ländern wird letztlich durch die Staatsaufsicht der Länder sichergestellt.[112] Durch die Staatsaufsicht wird die Gesetzmäßigkeit der kommunalen Selbstverwaltung sichergestellt, die das "verfassungsrechtlich gebotene Korrelat der Selbstverwaltung" ist.[113]
Für den Bereich der Verwaltungszuständigkeiten[114] stellt Art. 28 Abs. 2 S. 1 GG aber eine spezielle Regelung dar.[115] Hierdurch wird den Gemeinden eine autonome, also nicht vom Staat abgeleitete Verwaltungskompetenz zugewie-

---

106 *Oldiges*, DÖV 1989, S. 873 (881), dort auch zur Beurteilung bei Auftragsangelegenheiten.

107 *Nierhaus*, in: Sachs, GG, Art. 28 Rn. 41.

108 *Pieroth*, in: Jarass/Pieroth, GG, Art. 30 Rn. 6.

109 Zu dieser sog. "Theorie der dritten Säule" vgl. *Faber*, in: AK-GG, Art. 28 Rn. 19 m. w. N.; *Schaffarzik*, DÖV 1996, S. 152 (153).

110 *Isensee*, in: HStR IV, § 98 Rn. 161 ff.; *Maunz*, in: Maunz/Dürig/Herzog/Scholz, GG, Art. 28 Rn. 79; *Löwer*, in: v. Münch/Kunig, GG, Art. 28 Rn. 8; *Roters*, in: v. Münch, GG (2. Aufl. 1983), Art. 28 Rn. 7.

111 *Waechter*, Die Verwaltung 29 (1996), S. 46 (65).

112 *Isensee*, in: HStR IV, § 98 Rn. 171.

113 BVerfGE 78, 331 (341) unter Hinweis auf E 6, 104 (118).

114 Hierunter fällt auch die Rechtsetzung der Gemeinden, die zwar legislatorischen Charakter hat, aber dennoch dem Bereich der Verwaltung zuzuordnen ist, BVerfGE 65, 283 (289); vgl. unten § 2 II 3a.

115 *Pieroth*, in: Jarass/Pieroth, GG, Art. 30 Rn. 6.

sen.[116] Sie sind insofern als "Träger öffentlicher Gewalt selbst ein Stück Staat".[117] Ähnlich wie Art. 30 GG den Ländern die grundsätzliche Kompetenz zur Wahrnehmung der staatlichen Aufgaben zuweist,[118] weist Art. 28 Abs. 2 S. 1 GG den Gemeinden die grundsätzliche Kompetenz zur Wahrnehmung der Angelegenheiten der örtlichen Gemeinschaft zu.[119] Zwar steht diese Kompetenz unter Gesetzesvorbehalt, sie kann und muß auch durch den Gesetzgeber im Sinne einer institutionellen Garantie ausgeformt werden. Jedoch stößt der Gesetzgeber auf verfassungsrechtliche Grenzen. Der Kernbereich als absoluter Kompetenzbereich der Gemeinden stellt eine unüberwindbare Schranke dar.[120] Aber auch im Randbereich ordnet das materielle Aufgabenverteilungsprinzip des Art. 28 Abs. 2 S. 1 GG die Zuständigkeit grundsätzlich den Gemeinden zu, eine Aufgabenwahrnehmung ist nur ausnahmsweise unter den oben genannten verfassungsrechtlichen Voraussetzungen möglich.[121] Maßstab ist dabei das Gemeinwohl, d. h. die ordnungsgemäße Erfüllung der betreffenden Aufgabe. Damit hat Art. 28 Abs. 2 S. 1 GG nicht primär die Abwehr staatlicher Eingriffe zum Thema, sondern eine funktionsgerechte Aufgabenverteilung zwischen Gemeinden und Staat.

Obwohl in einzelnen Punkten "Anleihen bei der Grundrechtsdogmatik" gemacht werden können,[122] steht die kommunale Selbstverwaltungsgarantie als staatsorganisatorische Kompetenznorm nicht im Zusammenhang mit den Grundrechten.[123] Anders als bei der Rundfunk- oder Hochschulselbstverwaltung geht es bei der kommunalen Selbstverwaltung nicht um die organisatori-

---

116 Diese autonome Kompetenz bedarf einer eigenen demokratischen Legitimation, die durch die Kommunalwahlen nach Art. 28 Abs. 1 S. 2 GG vermittelt wird, vgl. *Isensee*, in: HStR IV, § 98 Rn. 169.

117 BVerfGE 73, 118 (191).

118 Für die Gesetzgebung konkretisiert in Art. 70 ff. GG, für die Verwaltung in Art. 83 ff. GG und für die Rechtsprechung in Art. 93 ff.

119 Vgl. *Oldiges*, DÖV 1989, S. 873 (881). Als Unterschiede zwischen Gemeinde und Staat sind insbesondere die vollständige Staatsaufsicht, der die Gemeinden unterliegen, die Begrenztheit auf Verwaltungsfunktionen und der unpolitische Charakter der Gemeinden zu nennen, vgl. *Isensee*, in: HStR IV, § 98 Rn. 170; *Schröder*, Parlamentsrecht, S. 27 ff., 337 ff.; *Maurer*, Allgemeines Verwaltungsrecht, § 21 Rn. 3.

120 *Isensee*, in: HStR IV, § 98 Rn. 170.

121 Insofern besteht eine Parallele zur konkurrierenden Gesetzgebungskompetenz des Bundes nach Art. 72, 74 GG. Anders noch *Schmidt-Jortzig*, Subsidiaritätsprinzip, S. 24.

122 *Nierhaus*, in: Sachs, GG, Art. 28 Rn. 47, etwa im Hinblick auf die Kernbereichslehre.

123 So auch *Haaß*, Handlungsspielräume, S. 93 f.; *Frenz*, Die Verwaltung 28 (1995), S. 33 (41); *Stern*, Staatsrecht I, § 12 II 1 (S. 405).

sche Fassung grundrechtlicher Freiheit, sondern um die Verbürgung von Hoheitsfunktionen.[124] Die Gemeinden sind in den Staatsaufbau integriert und stellen keine gesellschaftlichen Zusammenschlüsse dar, die in einer grundrechtsähnlichen Abwehrposition dem Staat gegenüberstehen.[125] Das Selbstverwaltungsrecht ist ausschließlich kompetenziell garantiert, um die Wahrnehmung öffentlicher Aufgaben zu gewährleisten.[126] Die subjektive Wehrfähigkeit der kommunalen Selbstverwaltung stellt insofern auch keine Besonderheit dar, als auch die Länder ihre Rechtsstellung, etwa ihre Gesetzgebungs- oder Verwaltungskompetenzen, verfassungsgerichtlich nach Art. 93 Abs. 1 Nr. 3 GG, §§ 13 Nr. 7, 68 ff. BVerfGG (Bund-Länder-Streit) verteidigen können.[127]

b) Konkretisierung des Subsidiaritätsprinzips

Das materielle Aufgabenverteilungsprinzip statuiert einen prinzipiellen Zuständigkeitsvorrang der Gemeinden bei der Wahrnehmung von Angelegenheiten der örtlichen Gemeinschaft gegenüber dem Kreis, dem Bund und den Ländern.[128] Solche Aufgaben können den Gemeinden nur dann entzogen werden, wenn anders die ordnungsgemäße Aufgabenerfüllung nicht sicherzustellen wäre. Diese Formulierung des materiellen Aufgabenverteilungsprinzips weist eine auffallende Ähnlichkeit mit einer Definition des Subsidiaritätsprinzips auf, die das BVerfG in anderem Zusammenhang aufgestellt hat. Danach bedeutet das Subsidiaritätsprinzip, "daß in erster Linie die kleinere Gemeinschaft wirken soll und mit staatlichen Mitteln erst dann einzugreifen ist, wenn es unausweichlich wird."[129] Es stellt sich damit die Frage, ob und in welcher Weise durch die Rastede-Entscheidung eine Betonung des Subsidiaritätsprinzips im Rahmen des Art. 28 Abs. 2 S. 1 GG erfolgt ist. Sie ist in einer neueren Entscheidung des VerfG Brandenburg, allerdings ohne nähere Begründung,

---

124 *Isensee*, in: HStR IV, § 98 Rn. 166. Anders noch *Schmidt-Jortzig*, Subsidiaritätsprinzip, S. 18.

125 *Stern*, in: BK-GG, Art. 28 Rn. 70; *Löwer*, in: v. Münch/Kunig, GG, Art. 28 Rn. 8, 39.

126 *Bethge*, Selbstverwaltungsrecht, S. 161.

127 *Korte*, VerwArch 61 (1970), S. 3 (55) mit dem Hinweis auf die gewaltenhemmende Funktion der Subjektivierung von Kompetenznormen.

128 *Schmidt-Aßmann*, Kommunale Selbstverwaltung nach "Rastede", S. 121 (135) hat die Bezeichnung "Vorrangprinzip" vorgeschlagen.

129 BVerfGE 10, 59 (83); hier ging es um das Verhältnis von Eltern zum Vormundschaftsgericht in bezug auf die Entscheidungszuständigkeit für das Kind in Konfliktfällen, Art. 6 Abs. 2 GG.

bejaht worden und erhält damit zusätzliche Aktualität.[130] Würde diese Frage bejaht, könnte das Subsidiaritätsprinzip als hinter Art. 28 Abs. 2 S. 1 GG stehender Leitgedanke zu dessen Auslegung herangezogen werden.[131] Darüber hinaus könnte das Subsidiaritätsprinzip bei der Beurteilung nicht voll determinierter Bereiche helfen, etwa bei der Frage, in welchem Umfang im Verhältnis Gemeinden - Staat bei der Ausübung einer Kompetenz auf die Belange anderer Kompetenzträger Rücksicht genommen werden muß.[132] Hieraus können dann möglicherweise auch Rückschlüsse für die kommunalen Regelungskompetenzen für Indirekteinleitungen und damit für das Verhältnis von staatlichem Wasserrecht und kommunalem Satzungsrecht gezogen werden.

aa) Inhalt und Herkunft des Subsidiaritätsprinzips

Der normative Inhalt des Subsidiaritätsprinzips ist, daß der untergeordneten Ebene der Vorrang im Handeln nach Maßgabe ihrer Leistungsfähigkeit zugesprochen werden soll.[133]

Der Begriff "Subsidiarität" wird von der lateinischen Vokabel "subsidium" abgeleitet, die mit "Hilfeleistung, Unterstützung" übersetzt werden kann.[134] Subsidium bezeichnete ursprünglich diejenigen militärischen Kräfte, die als Reserveeinheiten erst dann zum Einsatz kamen, wenn es notwendig war.[135]

Als "Prinzip" unterscheidet sich das Subsidiaritätsprinzip durch seine unzureichende Bestimmtheit von Normen im rechtstechnischen Sinne. Es stellt den

---

130 VerfG Brandenburg, DVBl. 1994, 857 (858); zustimmende Anmerkung von *Nierhaus*, EWiR 1994, S. 1105 (1106), der diese Interpretation als "geradezu sensationell" bezeichnet.

131 Vgl. *Stewing*, Subsidiarität, S. 44; *Lecheler*, Subsidiaritätsprinzip, S. 54.

132 Vgl. *Heintzen*, JZ 1991, S. 317 für das Subsidiaritätsprinzip als Begriff des Gemeinschaftsrechts; dazu unten § 5 I 4.

133 *Isensee*, Subsidiaritätsprinzip, S. 71 f.; *Maunz*, in: Maunz/Dürig/Herzog/Scholz, GG, Art. 28 Rn. 6; *Roters*, in: v. Münch, GG, Art. 28 Rn. 6; *Schink*, Kreiszuständigkeiten, S. 25 (45); *Wolff/Bachof*, Verwaltungsrecht III, § 138 II a Rn. 11; *Calliess*, Subsidiaritäts- und Solidaritätsprinzip, S. 22; *Döring*, Subsidiarität, S. 33; *Stern*, Europäische Union und kommunale Selbstverwaltung, S. 21 (35).

134 *Pieper*, Subsidiarität, S. 30.

135 *Schmidt-Jortzig*, Subsidiaritätsprinzip, S. 5; *Calliess*, Subsidiaritäts- und Solidaritätsprinzip, S. 21; *Döring*, Subsidiarität, S. 28.

leitenden Gedanken dar, der hinter einer positiven Konkretisierung steht.[136] Die Konkretisierung wird erst in ihrer sinnhaften Verbindung mit dem Prinzip deutlich und dieses erst aus seinen Konkretisierungen.[137] Der konkrete Inhalt des Subsidiaritätsprinzips hängt damit davon ab, in welchem Kontext es verwendet wird und auf welches Ziel es hingeordnet ist.[138] Dies bedingt vielfältige Definitions- und Interpretationsmöglichkeiten.[139] So kann das Subsidiaritätsprinzip etwa die Funktion einer Kompetenzverteilungsregel oder die einer Kompetenzausübungsregel haben.[140]

Das Prinzip selbst eignet sich nicht zum Obersatz eines juristischen Subsumtionsschlusses. Es ist kein möglicher Rechtssatz, sondern ein mögliches Rechtsprinzip.[141] Seine Funktion besteht mithin nicht darin, unmittelbare Lösungen zu bieten, sondern nur wegweisend die Richtung zu einer Lösung aufzuzeigen.[142] Die Lösung eines konkreten Kompetenzkonfliktes hat auf der Ebene der konkreten Norm stattzufinden, da das Subsidiaritätsprinzip als solches eben kein taugliches Abgrenzungskriterium ist,[143] sondern nur einen als solchen unanwendbaren[144] Leitgedanken darstellt.

Die Weite und Unbestimmtheit, die dem Subsidiaritätsprinzip als Prinzip zunächst eigen sind, sprechen weiterhin nicht a priori gegen seinen möglichen Charakter als Rechtsprinzip. Denn diese Offenheit teilt das Subsidiaritätsprinzip mit Verfassungsprinzipien oder Staatszielbestimmungen wie etwa dem Rechsstaatsprinzip des Art. 20 Abs. 3 GG oder dem Staatsziel Umweltschutz des Art. 20a GG, bei denen es sich trotz aller Schwierigkeiten der Konkretisierung im Einzelfall um operable Rechtsprinzipien handelt.[145] Und schließlich ist das Subsidiaritätsprinzip jedenfalls kein oberstes, absolutes Prinzip,

---

136 *Larenz*, Methodenlehre, S. 459; vgl. auch *Alexy*, Theorie der Grundrechte, S. 71 ff.; *Di Fabio*, Jura 1996, S. 566 (571 f.).

137 *Larenz*, Methodenlehre, S. 459.

138 *Calliess*, Subsidiaritäts- und Solidaritätsprinzip, S. 23 m. w. N.

139 *Baumgartner*, Gesellschaftstätigkeit, S. 11 (14); *Döring*, Subsidiarität, S. 27, 34 (Schematische Übersicht), 36 ff. mit dem Hinweis, daß es daher keine ''richtige'' oder ''falsche'' Interpretation von Subsidiarität gibt.

140 *Döring*, Subsidiarität, S. 33 f.; vgl. etwa *Rojahn*, in: v. Münch/Kunig, GG, Art. 23 Rn. 30, 33 für das Gemeinschaftsrecht.

141 *Isensee*, Subsidiaritätsprinzip, S. 73; *Döring*, Subsidiarität, S. 36 f.

142 *Calliess*, Subsidiaritäts- und Solidaritätsprinzip, S. 23; *Baumgartner*, Gesellschaftstätigkeit, S. 11 (16, 18); *v. Nell-Breuning*, Stimmen der Zeit 1955/56, S. 1 (7, 10 f.).

143 *Schink*, Kreiszuständigkeiten, S. 25 (121) m. w. N.

144 Vgl. *Häberle*, AöR 119 (1994), S. 169 (197).

145 *Oppermann*, Subsidiarität, S. 215 (223); vgl. auch *Kretschmer*, ZRP 1994, S. 157 (158).

sondern es kann in Konkurrenz zu anderen Prinzipien wie etwa dem Rechtsstaatsprinzip oder dem Demokratieprinzip stehen.[146]

Eine "klassische Formulierung"[147] hat das Subsidiaritätsprinzip in der Enzyklika "Quadragesimo Anno" Papst Pius XI. aus dem Jahr 1931 erfahren, die heute weitgehend als gültige Fassung des Subsidiaritätsprinzips verstanden wird:[148] "Wenn es nämlich zutrifft, was ja die Geschichte deutlich bestätigt, daß unter den veränderten Verhältnissen manche Aufgaben, die früher leicht von kleineren Gemeinwesen geleistet wurden, nur mehr von großen bewältigt werden können, so muß doch allzeit unverrückbar jener höchst gewichtige sozialphilosophische Grundsatz festgehalten werden, an dem nicht zu rütteln noch zu deuteln ist: Wie dasjenige, was der Einzelmensch aus eigener Initiative und mit seinen eigenen Kräften leisten kann, ihm nicht entzogen und der Gesellschaftstätigkeit zugewiesen werden darf, so verstößt es gegen die Gerechtigkeit, das, was die kleineren und untergeordneten Gemeinwesen leisten und zum guten Ende führen können, für die weitere und übergeordnete Gemeinschaft in Anspruch zu nehmen: zugleich ist es überaus nachteilig und verwirrt die ganze Gesellschaftsordnung. Jedwede Gesellschaftstätigkeit ist ja ihrem Wesen und Begriff nach subsidiär; sie soll die Glieder des Sozialkörpers unterstützen, darf sie aber niemals zerschlagen oder aufsaugen."[149]

Hier fungiert das Subsidiaritätsprinzip in der Gestalt eines sozialphilosophischen Grundsatzes als gesellschaftliches Aufgabenverteilungsprinzip.[150] Dabei geht es um eine gesamtgesellschaftliche Aufgabenverteilung zwischen verschiedenen Ebenen, von denen der Staat nur eine ist. Es gilt eine Vermutung der Primärzuständigkeit der jeweils unteren Ebene. Aufgaben können aber dann von einer höheren Ebene wahrgenommen werden, wenn die untere Ebene nicht zur selbständigen Aufgabenwahrnehmung in der Lage ist.[151] Daneben besteht eine Verpflichtung der höheren Ebene zur Unterstützung der

---

146   *Riklin*, Schlußwort, S. 441 (446).
147   *Herzog*, Der Staat 2 (1963), S. 399 (401).
148   *Schmidt-Jortzig*, Subsidiaritätsprinzip, S. 5; *Calliess*, Subsidiaritäts- und Solidaritätsprinzip, S. 25; *Schima*, Subsidiaritätsprinzip, S. 2 f.
149   Zitiert nach *Isensee*, Subsidiaritätsprinzip, S. 19 Fn. 2. Der Entwurf der Enzyklika wurde von *Oswald von Nell-Breuning* und *Gustav Gundlach* verfaßt, vgl. *Baumgartner*, Gesellschaftstätigkeit, S. 11 (21); *Höffe*, Subsidiarität, S. 49 (51). Zum kirchengeschichtlichen Kontext vgl. *Lecheler*, Subsidiaritätsprinzip, S. 30 ff.
150   Vgl. *Stewing*, Subsidiarität, S. 17.
151   Sog. negative Funktion, vgl. *v. Nell-Breuning*, Stimmen der Zeit 1955/56, S. 1 (4 f.).

unteren Ebene,[152] um die selbständige Aufgabenwahrnehmung der unteren Ebene zu gewährleisten.[153]

Es wäre aber verfehlt, die Herkunft des Subsidiaritätsprinzips allein in der katholischen Soziallehre zu sehen. Es lassen sich vielmehr weitere Wurzeln nachweisen, von denen nur die des Föderalismus und Liberalismus als die wesentlichen hier kurz umrissen werden können.[154]

Föderalismus bedeutet die Anerkennung politischer und kultureller Verschiedenartigkeit, die sich in Gliedstaaten und den durch verfassungsrechtlichen und völkerrechtlichen Verkehr die nationale Einheit darstellenden Staat verkörpert.[155] Er stellt einen Zusammenschluß von Gemeinschaften im Wege freier Einigung dar, der die individuellen Eigenarten respektiert. Im staatsrechtlichen Sinn beschreibt er das Zusammenwirken staatlicher Entscheidungsebenen als staatliches Struktur- und Organisationsprinzip.[156] Die Verbindung der verschiedenen Glieder zielt nicht auf Vereinheitlichung ab, sondern betont die Förderung und den Erhalt der Vielfalt.[157] Somit ist ein System föderal, wenn es auf den Freiheitserhalt des Individuums abzielt und die Machtverteilung auf dieses oberste Prinzip gründet. Föderalismus ist nicht denkbar ohne den Einsatz des Individuums, dessen Einflußnahme etwa durch die kommunale Selbstverwaltung oder durch die Länder erfolgt.[158] Maßgebend für die föderalen Lehren ist es, die einzelnen Glieder eines föderativen Systems zu integrieren und sie zu einer Einheit zusammenzufassen. Hier geht es um die vertikale Aufgabenverteilung auf die verschiedenen Ebenen der Staatlichkeit. In diesem Sinne enthalten die verschiedenen föderalen Lehren Aspekte des Subsidiaritätsprinzips.

Subsidiäre Ansätze sind beispielsweise in der föderalen Staatstheorie von *Johannes Althusius* enthalten, der davon ausgeht, daß die jeweils kleinere Gemeinschaft (Familie, Korporationen, Lebenskreise, Gemeinden, Provinzen, Staat) im Stufenbau der politischen Ordnung zur Regelung ihrer Angelegenheiten berufen ist und nur jene Angelegenheiten von den übergeordneten Gemeinschaften wahrgenommen werden, die von der kleineren Gemeinschaft

---

152 Sog. positive Funktion, vgl. *v. Nell-Breuning*, Stimmen der Zeit 1955/56, S. 1 (2).

153 *Pieper*, Subsidiarität, S. 33 ff. (86); *Baumgartner*, Gesellschaftstätigkeit, S. 11 (15).

154 Auf die umfassenden Untersuchungen von *Isensee*, Subsidiaritätsprinzip, S. 35 ff.; *Pieper*, Subsidiarität, S. 45 ff. und *Lecheler*, Subsidiaritätsprinzip, S. 33 ff. wird verwiesen.

155 *Badura*, Staatsrecht, D Rn. 69.

156 *Pieper*, Subsidiarität, S. 54.

157 *Millgramm*, DVBl. 1990, S. 740 (741); *Isensee*, Subsidiaritätsprinzip, S. 35.

158 *Stewing*, Subsidiarität, S. 23.

nicht sachgerecht bewältigt werden können.[159] Auch die Genossenschaftslehre *Otto von Gierkes* betrachtet die Freiheit als ein entscheidendes Merkmal einer föderalen Gesellschaftsordnung, wobei allen in der höheren Einheit zusammenströmenden geringeren Einheiten das Recht auf Selbständigkeit zu eigen sein sollte.[160] Mit der "föderalistischen Formel", jeder Verband dürfe nur Aufgaben übernehmen, denen er gewachsen sei und die seinem Sinn entsprächen, sowie, der größere Verband dürfe nicht Aufgaben an sich ziehen, die dem kleineren sinnvoll zugehören, umschrieben die neuen föderalen Vorstellungen der Bismarckzeit das Subsidiaritätsprinzip.[161]

Der Zusammenhang zwischen Föderalismus und Subsidiarität läßt sich so beschreiben, daß Subsidiarität die Erkenntnis der Notwendigkeit ist, eine Aufgabenzuweisung an die kleinste dazu fähige Einheit zu treffen, während Föderalismus die dafür am ehesten geeignete Staatsform der Durchsetzung dieser Erkenntnis ist.[162] Subsidiarität kann die Föderalismusidee materiell ausfüllen, da der Föderalismus selbst keine materielle Zuständigkeitsverteilung impliziert.[163]

Auch die liberalen Staatstheorien des 19. Jahrhunderts haben deutliche Subsidiaritätsvorstellungen. Wesentliches Merkmal des Liberalismus war es, den Staat der bürgerlichen Gesellschaft entgegenzusetzen und ihn als ein Werkzeug der Gesellschaft aufzufassen. Der Staat hatte zunächst nur die Funktion, Freiheit und Eigentum der Bürger zu sichern. Er entwickelte aber als geschichtliche Erscheinung ein Eigenleben, indem er normativ und institutionell selbständig wurde.[164] Da der Staat aber ein Geschöpf der Freiheit war, hatte dies zur Konsequenz, daß Staatlichkeit nur dann legitim war, wenn sie subsidiär gegenüber der freien Individualität war.[165] Dem Staat wird das unerläßliche Minimum, dem Individuum das mögliche Maximum überlassen, wobei die Aufteilung nach der Notwendigkeit erfolgt.[166] Das aber ist der Kernge-

---

159 *Würtenberger*, StWiss u. StPrax 1993, S. 621; vgl. dazu auch *Hüglin*, Althusius, S. 97 (103 ff.); *Pieper*, Subsidiarität, S. 47 f., 54; *Isensee*, Subsidiaritätsprinzip, S. 37 ff.; *Höffe*, Subsidiarität, S. 49 (53, 58).

160 *Stewing*, Subsidiarität, S. 24; *Lecheler*, Subsidiaritätsprinzip, S. 40 f.

161 *Isensee*, Subsidiaritätsprinzip, S. 134; *Stewing*, Subsidiarität, S. 25.

162 *Stewing*, Subsidiarität, S. 25.

163 *Pieper*, Subsidiarität, S. 56 f.; *Isensee*, Subsidiaritätsprinzip, S. 35; vgl. dazu *v. Nell-Breuning*, Stimmen der Zeit 1955/56, S. 1 (6 f.); *v. Nell-Breuning/Sacher*, Staatslehre, Sp. 104; *Knemeyer*, Subsidiarität - Föderalismus - Regionalismus, S. 37 (50).

164 *Stewing*, Subsidiarität, S. 20.

165 *Isensee*, Subsidiaritätsprinzip, S. 44 ff.; *Lecheler*, Subsidiaritätsprinzip, S. 33.

166 *Isensee*, Subsidiaritätsprinzip, S. 50; vgl. auch *Döring*, Subsidiarität, S. 31.

danke der Subsidiarität.[167] Die Subsidiarität war zunächst auf ein bipolares Verhältnis von Individuen und Staat beschränkt, später wirkte es auf den drei Stufen der Rechtfertigung der staatlichen Existenz, der Zuweisung staatlicher Kompetenzen und der Regulierung der staatlichen Kompetenzausübung.[168]

Daher hat die katholische Soziallehre das Subsidiaritätsprinzip nicht erfunden, sondern auch als ein Ergebnis nicht nur der deutschen Staatslehre in ihren föderalen und liberalen Ausprägungen bereits vorgefunden.[169] Es hängt damit nicht von spezifischen Prämissen der katholischen Soziallehre ab, so daß Kritik, die an einer ideologischen Verhaftung des Prinzips festmacht, nicht überzeugen kann.[170] Die Formulierung in Quadragesimo Anno kann aber jedenfalls als Kristallisationspunkt, als Begriffskern des Subsidiaritätsprinzips angesehen werden.[171]

bb) Subsidiaritätsprinzip und Grundgesetz: Eingrenzung des Untersuchungsgegenstands

Aus den bisherigen Ausführungen zum Subsidiaritätsprinzip folgt bereits, daß im vorliegenden Zusammenhang das Subsidiaritätsverständnis eingegrenzt werden muß. Aus der Vielzahl möglicher Interpretationen und Wirkrichtungen ist die hier in Frage kommende zu spezifizieren.

Die Frage, ob das Subsidiaritätsprinzip als Verfassungsprinzip[172] eine das Grundgesetz bestimmende Aufbauregel sei, begleitet die verfassungsrechtliche Diskussion[173] seit der Schaffung des Grundgesetzes selbst, wobei sich

---

167 *Stewing*, Subsidiarität, S. 21.

168 *Isensee*, Subsidiaritätsprinzip, S. 46, 60 unter Hinweis auf die Staatslehre *Robert von Mohls*; *Pieper*, Subsidiarität, S. 50; *Stewing*, Subsidiarität, S. 22; *Lecheler*, Subsidiaritätsprinzip, S. 34 f.

169 *Merten*, Subsidiarität, S. 77 (91); *Isensee*, Subsidiaritätsprinzip, S. 71; *Baumgartner*, Gesellschaftstätigkeit, S. 13 (14); *Herzog*, Der Staat 2 (1963), S. 399.

170 So aber *Herzog*, Der Staat 2 (1963), S. 399 (415); wie hier *Lecheler*, Subsidiaritätsprinzip, S. 33.

171 *Schima*, Subsidiaritätsprinzip, S. 2 ff. mit dem Hinweis, daß aus der Ableitung des Subsidiaritätsprinzips aus den genannten anderen Wurzeln keine abweichenden Schlußfolgerungen für die Anwendung des Prinzips gemacht würden.

172 Vgl. zu den Verfassungsprinzipien BVerfGE 2, 380 (381).

173 Überblick über die Diskussion bei *Pieper*, Subsidiarität, S. 61 ff., S. 78 ff.

ablehnende[174] und befürwortende[175] Auffassungen gleichermaßen gegenüber stehen. Einigkeit besteht wohl nur insoweit, als der Subsidiaritätsgedanke dem Grundgesetz mittelbar zugrunde liegt.[176] Ausgangspunkt des Streits ist die fehlende Positivierung[177] des Subsidiaritätsprinzips im Grundgesetz gewesen. Im Verfassungskonvent von Herrenchiemsee ist seine Aufnahme gefordert worden, konnte aber nicht durchgesetzt werden.[178] Hieraus folgt aber nicht zwingend die Ablehnung durch das Grundgesetz. Die Entstehungsgeschichte läßt ebensogut den Schluß zu, daß insbesondere durch die personalistische Staatszielbestimmung des Art. 1 Abs. 1 GG[179] und den bundesstaatlichen Staatsaufbau unter Anerkennung der kommunalen Selbstverwaltungsgarantie[180] das Subsidiaritätsprinzip durch das Grundgesetz rezipiert worden ist.[181]

Einen neuen Impuls hat die Diskussion durch die ausdrückliche Aufnahme des Subsidiaritätsprinzips in Art. 5 Abs. 2 (Art. 3b Abs. 2) EGV erhalten, wobei sie sich aber weitgehend auf die Ebene des Gemeinschaftsrechts verlagert hat.[182] Im Zusammenhang mit der Ratifikation des Vertrages von Maastricht

---

174 Vgl. etwa *Roters*, in: v. Münch, GG (2. Aufl. 1983), Art. 28 Rn. 6; *Stern*, in: BK-GG, Art. 28 Rn. 2; *Klein*, Teilnahme, S. 161 ff. (165); *Schmidt-Jortzig*, Subsidiaritätsprinzip, S. 7 ff.; *Lecheler*, Subsidiaritätsprinzip, S. 49; *Krüger*, Staatslehre, S. 772 ff. (775); *Gruson*, Bedürfnisklausel, S. 81; *Herzog*, Der Staat 2 (1963), S. 399 ff.; *Scheuner*, AfK 1973, S. 1 (25); *Rendtorff*, Der Staat 1 (1962), S. 405 (428 f.); *v. Mutius*, Gutachten, S. E 28; BVerwGE 39, 329 (338) unter Verweis auf E 23, 304 (306 f.). Unentschieden *Hesse*, Grundzüge, Rn. 219; *Stewing*, Subsidiarität, S. 52 f.

175 Vgl. etwa *Isensee*, Subsidiaritätsprinzip, S. 318; *Maunz/Zippelius*, Staatsrecht, § 11 III 5; *Dürig*, in: Maunz/Dürig/Herzog/Scholz, GG, Art. 1 I Rn. 54, Art. 2 I Rn. 52; *ders.*, Diskussionsbeitrag, in: VVDStRL 21 (1964), S. 114 (115); *Pieper*, Subsidiarität, S. 290; *Küchenhoff*, BayVBl. 1958, S. 65 ff.; *Korte*, VerwArch 61 (1970), S. 3 (13 ff).

176 *Dürig*, in: Maunz/Dürig/Herzog/Scholz, GG, Art. 1 I Rn. 54; *Stern*, in: BK-GG, Art. 28 Rn. 2; *Würtenberger*, StWiss u. StPrax 1993, S. 621 (623); vgl. auch *Wolff/Bachof*, Verwaltungsrecht III, § 138 II b Rn. 12.

177 *Pieper*, Subsidiarität, S. 84; *Schmidt-Jortzig*, Subsidiaritätsprinzip, S. 7.

178 Vgl. *Herzog*, Der Staat 2 (1963), S. 399 (412); *Schmidt-Jortzig*, Subsidiaritätsprinzip, S. 8.

179 Vgl. hierzu *Korte*, VerwArch 61 (1970), S. 3 (15 ff.); *Schmidt-Jortzig*, Subsidiaritätsprinzip, S. 10 f., 14 ff.

180 Vgl. hierzu *Pieper*, Subsidiarität, S. 118 ff.; *Isensee*, Subsidiaritätsprinzip, S. 223 ff.

181 *Isensee*, Subsidiaritätsprinzip, S. 143 ff.

182 Übersicht bei *Oppermann*, Subsidiarität, S. 215 ff.; vgl. dazu unten § 5 I 4.

über die Europäische Union[183] ist Art. 23 GG neu gefaßt worden.[184] Art. 23 Abs. 1 S. 1 GG lautet nunmehr: "Zur Verwirklichung eines vereinten Europas wirkt die Bundesrepublik Deutschland bei der Entwicklung der Europäischen Union mit, die demokratischen, rechtsstaatlichen, sozialen und föderativen Grundsätzen und dem Grundsatz der Subsidiarität verpflichtet ist und einen diesem Grundgesetz im wesentlichen vergleichbaren Grundrechtsschutz gewährleistet." Damit hat das Subsidiaritätsprinzip zum erstenmal ausdrückliche Aufnahme in das Grundgesetz gefunden. Gesetzestechnisch handelt es sich hierbei um eine Verweisungsnorm auf die notwendigen Verfassungsstandards der EU. Das Subsidiaritätsprinzip wird dadurch als verfassungsrechtlich gebotenes Strukturprinzip *der EU* festgeschrieben.[185]

Diese sog. Struktursicherungsklausel des Art. 23 Abs. 1 S. 1 GG hat aber die Funktion, die genannten Prinzipien analog der deutschen Staatsstruktur auch für die supranationale Ebene der Europäischen Union zu gewährleisten, also die grundlegenden Strukturen des Grundgesetzes nach Europa zu transportieren.[186] Die ausdrückliche Nennung des Subsidiaritätsprinzips an dieser Stelle, d. h. in einer Reihe mit zweifelsfrei innerstaatlichen Verfassungsprinzipien läßt den Schluß zu, daß die Subsidiarität ein fundamentales Rechtsprinzip ist, das auch für den Staatsaufbau nach Maßgabe des Grundgesetzes konstitutiv ist.[187] Wenn es die vorderste Funktion des Art. 23 Abs. 1 S. 1 GG ist, Subsidiarität als Strukturprinzip der Europäischen Union einzufordern, so wird damit bezweckt, ein Auseinanderklaffen der deutschen und der europäischen Verfassungsstruktur zu vermeiden. *Oppermann* hat Art. 23 Abs. 2 S. 1 GG als "umgekehrtes Homogenitätsgebot" bezeichnet: "Während Art. 28 GG die verfassungsmäßige Ordnung des deutschen Gesamtstaates "von oben" innerhalb der Bundesländer garantiert, verlangt Art. 23 GG "von unten" für Deutschland die Anerkennung seiner wichtigsten nationalen Verfassungsgrundsätze von jenem Europa, dem Deutschland die Erfüllung eines guten Teils seiner staatlichen Aufgaben anvertraut hat."[188] Auch der Sonderausschuß "Europäische Union (Vertrag von Maastricht)" des Deutschen Bundestages

---

183   Vertrag von Maastricht über die Europäische Union vom 07. 02. 1992 (ABl. EG Nr. C 19, S. 1; BGBl. II, S. 1251).

184   Gesetz zur Änderung des Grundgesetzes vom 21. 12. 1992 (BGBl. I, S. 2086).

185   *Oppermann*, Subsidiarität, S. 215 (218 f.); vgl. dazu *Scholz*, NJW 1992, S. 2593 (2599).

186   *Ossenbühl*, DVBl. 1993, S. 629 (633); *Breuer*, NVwZ 1994, S. 417 (421) m. w. N. in Fn. 50.

187   *Oppermann*, Subsidiarität, S. 215 (222); *Blumenwitz*, Subsidiaritätsprinzip, S. 1 (14 f.); vgl. auch *Kretschmer*, ZRP 1994, S. 157 (158).

188   *Oppermann*, Subsidiarität, S. 215 (226); vgl. hierzu auch *Würtenberger*, StWiss u. StPrax 1993, S. 621 (622 f.).

geht von der Geltung des Grundsatzes der Subsidiarität in der Bundesrepublik Deutschland aus.[189]

Dieser Frage soll aber im Rahmen der vorliegenden Untersuchung nicht weiter nachgegangen werden. Denn hier geht es in bezug auf Art. 28 Abs. 2 S. 1 GG um die geltende Aufgabenverteilung zwischen Staat und Gemeinden, nicht dagegen um die Frage, ob das Subsidiaritätsprinzip als Verfassungsprinzip in der gesamten Gesellschaftsordnung des Grundgesetzes verwirklicht ist.[190] Es geht hier auch nicht um ein dynamisches Verständnis von Subsidiarität. Das Grundgesetz wäre danach darauf hin zu untersuchen, ob es eine Bildung von verschiedenen Ebenen nach Maßgabe des Subsidiaritätsprinzips fordert.[191] Letztlich würde die Anwendung eines solchen Subsidiaritätsprinzips die geltende Ordnung und schließlich den Staat selbst in Frage stellen.[192] Auch ist nicht das bipolare Verhältnis von bürgerlichen Freiheiten, verkörpert in den Grundrechten, und Staatshandeln im Sinne der liberalen Staatslehren gemeint, denn die Gemeinden sind selbst, wie bereits gezeigt werden konnte, Teile des Staates und damit nicht dem Bereich bürgerlicher Freiheiten zuzuordnen.

Ziel dieser Untersuchung ist, die kommunalen Regelungskompetenzen für Indirekteinleitungen heraus zu arbeiten. Das Regime der Indirekteinleitungen wird durch kommunale Satzungsregelungen sowie durch Bundes- und Landesgesetze gebildet. Daher kann es hier nur um Subsidiarität im Verhältnis dieser verschiedenen Organisationsebenen des Staates gehen. Insofern könnte von einem "intrastaatlichen Subsidiaritätsprinzip" gesprochen werden.[193] Das

---

189 BT-Ds. 12/3896, S. 17.

190 So ist etwa untersucht worden, ob die grundgesetzliche Anerkennung verschiedener gesellschaftlicher und staatlicher Ebenen (etwa Art. 1 Abs. 1, 6, 9 Abs. 1, 9 Abs. 3, 28 Abs. 2, 30, 140 GG) den Subsidiaritätsgedanken widerspiegelt; vgl. *Roters*, in: v. Münch, GG (2. Aufl. 1983), Art. 28 Rn. 6; *Oppermann*, Subsidiarität, S. 215 (219 ff.); *Würtenberger*, StWiss u. StPrax 1993, S. 621 (623) m. w. N.; *Herzog*, Der Staat 2 (1963), S. 399 (411 ff.) m. w. N.; *Lecheler*, Subsidiaritätsprinzip, S. 48 ff. Hieraus kann aber nicht auf ein materielles System ihrer Zuordnung geschlossen werden, vgl. *Schmidt-Jortzig*, Subsidiaritätsprinzip, S. 8.

191 *Herzog*, Der Staat 2 (1963), S. 399 (405, 413); *Baumgartner*, Gesellschaftstätigkeit, S. 11 (17); *Döring*, Subsidiarität, S. 33; *Höffe*, Subsidiarität, S. 49 (55). Das statische Subsidiaritätsverständnis setzt dagegen bereits bestehende Einheiten voraus.

192 *Herzog*, Der Staat 2 (1963), S. 399 (407).

193 *Pieper*, Subsidiarität, S. 118; vgl. zur innerstaatlichen Geltung des Subsidiaritätsprinzips auch *v. Nell-Breuning*, Stimmen der Zeit 1955/56, S. 1 (2).

so verstandene Subsidiaritätsprinzip behandelt den Staatsaufbau und sichert speziellen staatlichen Strukturen spezifische Aufgabenkreise und damit eine eigene Existenz.[194] Es gilt danach ein Zuständigkeitsvorrang des niederen Trägers öffentlicher Verwaltung gegenüber einem höheren.[195] Dabei ist einerseits die Kompetenz der Gemeinden in Abgrenzung zur staatlichen Kompetenz von Bund und Ländern betroffen. Hier geht es um die Subsidiarität im Verhältnis Gemeinde - Staat auf der Grundlage des Art. 28 Abs. 2 S. 1 GG. In diesem Verhältnis soll die Rastede-Entscheidung des BVerfG fruchtbar gemacht werden.

Andererseits wird das staatliche Regime der Indirekteinleitungen vom Spannungsverhältnis von Bundesrahmenvorschriften und ausfüllender Landesgesetzgebung beherrscht. Grundlage ist die Bundeskompetenz aus Art. 75 Abs. 1 S. 1 Nr. 4 Alt. 3 i. V. Art. 72 Abs. 2 GG. Auch dieses Verhältnis von Bund und Ländern kann unter Subsidiaritätsgesichtspunkten betrachtet werden. Hierauf wird später noch zurückzukommen sein.[196]

Zusammenfassend wird die Untersuchung im Rahmen des Art. 28 Abs. 2 S. 1 GG darauf beschränkt, ob das intrastaatliche Subsidiaritätsprinzip im Verhältnis von den Gemeinden zu den höherrangigen Ebenen Kreis, Bundesland und Bund gilt. Dabei kann sich dem Prinzip auf dem Weg des Induktionsschlusses genähert werden.[197]

cc) Art. 28 Abs. 2 S. 1 GG und Subsidiaritätsprinzip

Art. 28 Abs. 2 S. 1 GG spielt seit jeher in der Diskussion über das Subsidiaritätsprinzip eine zentrale Rolle.[198] Ausgehend von der Kernbereichsgarantie,

---

194 *Pieper*, Subsidiarität, S. 86; vgl. auch *Merten*, Subsidiarität, S. 77 (93): "staatsorganisatorische Subsidiarität"; *Wolff/Bachof*, Verwaltungsrecht III, § 138 II a Rn. 11; *Korte*, VerwArch 61 (1970), S. 11 ff.; zweifelnd *Maunz*, in: Maunz/Dürig/Herzog/Scholz, GG, Art. 28 Rn. 6.

195 Vgl. *Wolff/Bachof*, Verwaltungsrecht III, § 138 II a Rn. 11.

196 Vgl. unten § 3 I 1d aa.

197 Zu dieser Methode *Isensee*, Subsidiaritätsprinzip, S. 107; *Larenz*, Methodenlehre, S. 411 unter Hinweis auf *Esser*, Grundsatz und Norm, S. 53; *Lecheler*, Subsidiaritätsprinzip, S. 47; kritisch *Schmidt-Jortzig*, Subsidiaritätsprinzip, S. 7, 18 f. Der andere Weg wäre der des Deduktionsschlusses von noch allgemeineren Wertungen der Verfassung auf das stärker konkretisierte Prinzip, *Isensee*, a. a. O.

198 Vgl. etwa *v. Nell-Breuning*, Stimmen der Zeit 1955/56, S. 1 (2); *Schmidt-Jortzig*, Subsidiaritätsprinzip, S. 18 f; *Stewing*, Subsidiarität, S. 45 ff.; *Korte*, VerwArch 61 (1970), S.

die die Allzuständigkeit und Eigenverantwortlichkeit umfaßt, wird ein Vorrang der Gemeinden gegenüber dem Staat erkannt und hierauf aufbauend die kommunale Selbstverwaltungsgarantie als normative Verwirklichung des Subsidiaritätsgedankens angesehen.[199] Dies gilt in besonderem Maße für das Verhältnis der kreisangehörigen Gemeinde zu dem Landkreis.[200] Art. 28 Abs. 2 S. 1 GG weise den Gemeinden die Zuständigkeit für alle Angelegenheiten der örtlichen Gemeinschaft zu, gleichwohl könne aber der Staat den Gemeinden einzelne Aufgaben entziehen. Dadurch sei aber ein Regel-Ausnahme-Verhältnis begründet, das den Gemeinden den Vorrang der Aufgabenerfüllung sichere.[201] Weiterhin wird argumentiert, durch die Relevanz des Kriteriums der Leistungsfähigkeit bei der Bestimmung der Angelegenheiten der örtlichen Gemeinschaft würde die Verantwortlichkeit des Trägers eines engeren Lebenskreises im Vergleich mit dem Träger eines weiteren Bereiches klargestellt. Auch hieraus folge, daß der Staat keine Aufgaben für sich in Anspruch nehmen dürfe, die die Gemeinde selbständig ausführen könne.[202] Auch die insoweit bestehende Forderung nach einem örtlichen und sachlichen Gemeindebezug stelle einen Bezugspunkt zum Subsidiaritätsprinzip her.[203]

Hiergegen wird eingewandt, daß der kommunale Vorrangbereich des Art. 28 Abs. 2 GG gerade von der Seite gewährleistet wird, der gegenüber er bestehen soll. Die Angelegenheiten der örtlichen Gemeinschaft seien staatliche Aufgaben, deren Wahrnehmung ohne weiteres dem Staat oblägen, wenn sie nicht

---

3 (14) m. w. N.; *v. Borries*, EuR 1994, S. 263 (287); *Häberle*, AöR 119 (1994), S. 169 (188).

199 *Isensee*, Subsidiaritätsprinzip, S. 240 m. w. N.; *Pieper*, Subsidiarität, S. 125; *Lecheler*, Subsidiaritätsprinzip, S. 50; *Maunz/Zippelius*, Staatsrecht, § 11 III 5; *Pagenkopf*, Kommunalrecht I, S. 167; *Dürig*, JZ 1953, S. 193 (198); *Barion*, Der Staat 3 (1964), S. 1 (15); *v. Unruh*, DÖV 1974, S. 649 (653); *Heberlein*, NVwZ 1995, S. 1052 (1054 f.); *Knemeyer*, Subsidiarität - Föderalismus - Regionalismus, S. 37 (39); *Lenz*, DVBl. 1990, S. 903; *v. Mutius*, Gutachten, S. E 28 f.; *Württenberger*, StWiss u. StPrax 1993, S. 621 (628).

200 Vgl. *Knemeyer*, DVBl. 1984, S. 23 (26 f.); ausführliche Diskussion bei *Schink*, Kreiszuständigkeiten, S. 25 ff. m. zahlr. N.; VerfGH N-W, DÖV 1980, S.691 (692); *Püttner*, in: HStR IV, § 107 Rn. 29; *Blümel*, VerwArch 75 (1984), S. 197 (208 f.); *Schmidt-Jortzig*, Subsidiaritätsprinzip, S. 20 ff., *Kronisch*, Aufgabenverlagerung, S. 59 ff., jeweils m. w. N.

201 *Isensee*, Subsidiaritätsprinzip, S. 243 ff.

202 *Küchenhoff*, BayVBl. 1958, S. 65 (66).

203 *Stewing*, Subsidiarität, S. 46.

der Gemeindeebene zugewiesen wären.[204] Daher gehe es nicht um einen originären, vorrangig gemeindlichen Wirkungsbereich, sondern um eine aus dem Schoß des Staates herrührende Kompetenz. Der Staat könne schließlich den Vorrangbereich bis auf den letzten Kern regulieren.[205]

Bevor nun der Frage nachgegangen wird, ob die Rastede-Entscheidung in dieser Diskussion neue Impulse gesetzt hat, muß vorab geklärt werden, ob im Rahmen des Art. 28 Abs. 2 S. 1 GG überhaupt die wesensmäßigen Grundvoraussetzungen für die Anwendung des Subsidiaritätsprinzips, die losgelöst vom konkreten Zusammenhang sind, vorliegen. Es müssen zwei Ebenen gegeben sein, die in einem Über-/ Unterordnungsverhältnis stehen und die prinzipiell denselben Aufgabenkreis haben. Und beide Ebenen müssen auf das gemeinsame Ziel des Gemeinwohls (bonum commune) bezogen sein.[206] Lägen diese Voraussetzungen nicht vor, käme eine Interpretation der Rastede-Entscheidung als Bestätigung des Subsidiaritätsprinzips von vornherein nicht in Betracht.

Das Über-/ Unterordnungsverhältnis von Gemeinden und Staat findet in dem Vorrang des Gesetzes Ausdruck, an den die Gemeinden als Verwaltungseinheiten nach Art. 20 Abs. 3 GG gebunden sind.[207] Die verfassungsmäßigen Gesetze des Bundes und der Länder gehen dem kommunalen Satzungsrecht vor; die kommunale Selbstverwaltung hat sich im Rahmen der von der staatlichen Legislativgewalt vorgegebenen Gesetze zu bewegen.[208] Darüber hinaus konnte bereits gezeigt werden, daß Art. 28 Abs. 2 S. 1 GG den Gemeinden zwar eine originäre, nicht vom Staat abgeleitete Kompetenz zuordnet. Gleichwohl stehen die Gemeinden aber nicht gleichrangig neben Bund und Ländern, sondern sind staatsrechtlich über die Staatsaufsicht den Ländern zugeordnet.[209] Durch die kommunalaufsichtsrechtlichen Mittel der

---

204 *Schmidt-Jortzig*, Subsidiaritätsprinzip, S. 18 m. w. N. Ablehnend auch *Herzog*, Der Staat 2 (1963), S. 399 (412 f.); *Stern*, in: BK-GG, Art. 28 Rn. 2.

205 *Schmidt-Jortzig*, Subsidiaritätsprinzip, S. 18; vgl. auch *Pieroth*, in: Jarass/Pieroth, GG, Art. 28 Rn. 15, wonach aus Art. 28 Abs. 2 GG kein Vorrang der Gemeinden abzulesen sei.

206 *Isensee*, Subsidiaritätsprinzip, S. 71; *Schima*, Subsidiaritätsprinzip, S. 19 f.; vgl. dazu auch *Herzog*, Der Staat 2 (1963), S. 399 (402 f.), der insofern von homogenen Gemeinschaften spricht.

207 Vgl. dazu *Schmidt-Jortzig*, Kommunalrecht, § 4 Rn. 77.

208 *Vogelsang/Lübking/Jahn*, Kommunale Selbstverwaltung, Rn. 496.

209 Vgl. oben § 2 I 3b aa.

Information, Beanstandung, Anordnung und Ersatzvornahme,[210] die die Gesetzmäßigkeit des kommunalen Handelns sicherstellen, wird das Über-/ Unterordnungsverhältnis transparent. Gleiches gilt für die institutionelle Garantie der kommunalen Selbstverwaltung, die der Ausgestaltung durch den Gesetzgeber, also insbesondere der Länder, bedarf. Das für die Anwendung des Subsidiaritätsprinzips notwendige Über-/Unterordnungsverhältnis der Gemeinden gegenüber dem Staat ist damit gegeben.

Weiterhin müssen die Gemeinden und der Staat prinzipiell dieselben Aufgaben haben. Die Aufgaben der Gemeinden sind auf die Angelegenheiten der örtlichen Gemeinschaft beschränkt. Damit stellt sich die Frage, ob diese Aufgaben eigentlich auch durch den Staat wahrgenommen werden könnten. Ausgangspunkt ist, daß die Gemeinden dem staatlichen Bereich angehören. Bei den "Angelegenheiten der örtlichen Gemeinschaft" handelt es sich damit um öffentliche, dem staatlichen Bereich zugehörige Aufgaben.[211] Ihre Wahrnehmung könnte ohne weiteres durch den Staat erfolgen, wenn sie nicht durch Art. 28 Abs. 2 S. 1 GG den Gemeinden zugewiesen wären.[212] Diese Aufgaben sind aus dem Aufgabenbereich von Bund und Ländern herausgelöst und werden von den Gemeinden dezentral erledigt.[213] Die prinzipielle Aufgabenidentität ist als Grundvoraussetzung für die Anwendung des Subsidiaritätsprinzips gegeben und steht seiner Anwendung nicht entgegen.[214]

Schließlich müßte eine identische Zielbestimmung hin auf das Gemeinwohl bestehen. Als Glied des Staates nimmt die Gemeinde an dessen sozial-rechtsstaatlicher Zielbestimmung des Art. 20 GG teil, soziale Bedürfnisse zu befriedigen.[215] Da die Gemeinden staatliche Aufgaben wahrnehmen, haben sie die gleiche Zielrichtung wie der Staat auch. Sie stehen damit unter der gleichen Zielbestimmung wie die gesamte staatliche Verwaltung, das Gemeinwohl nach den Prinzipien des sozialen Rechtsstaates zu verwirklichen.[216]

---

210 Vgl. dazu *Waechter*, Kommunalrecht, Rn. 216 ff.; *Schmidt-Jortzig*, Kommunalrecht, § 4 Rn. 86 ff.

211 *Korte*, VerwArch 61 (1970), S. 3 (41); BVerfGE 79, 127 (153).

212 *Schmidt-Jortzig*, Subsidiaritätsprinzip, S. 18; vgl. auch *Stern*, in: BK-GG, Art. 28 Rn. 86; *v. Unruh*, DÖV 1974, S. 649 (650).

213 Vgl. *Vogelsang/Lübking/Jahn*, Kommunale Selbstverwaltung, Rn. 44.

214 So aber *Schmidt-Jortzig*, Subsidiaritätsprinzip, S. 18.

215 Vgl. *Pagenkopf*, Kommunalrecht I, S. 4.

216 *Korte*, VerwArch 61 (1970), S. 3 (40); vgl. insofern auch *Höffe*, Subsidiarität, S. 49 (56).

Damit ist die Grundkonstellation für die Anwendung des Subsidiaritätsprinzips gegeben.

dd) Rastede-Entscheidung und Subsidiaritätsprinzip

Es soll nun geklärt werden, ob in der Rastede-Entscheidung eine Anerkennung des Subsidiaritätsprinzips für das Verhältnis der Gemeinden zum Staat gesehen werden kann. Dabei wird die Auslegung von Art. 28 Abs. 2 S. 1 GG durch das BVerfG auf strukturelle Kongruenz mit dem Subsidiaritätsprinzip überprüft.

Indem das Subsidiaritätsprinzip den Vorrang im Handeln der untergeordneten Einheit nach Maßgabe ihrer Leistungsfähigkeit postuliert, hat es die Funktion zu bestimmen, welche von beiden Einheiten für eine Aufgabe zuständig ist. Hierdurch werden die für die Zuständigkeitsverteilung relevanten Kriterien aufgezeigt. Art. 28 Abs. 2 S. 1 GG normiert ebenfalls die für die Zuständigkeitsverteilung zwischen Gemeinden und übergeordneten Hoheitsträgern maßgeblichen Kriterien. Nach zutreffender Ansicht des BVerfG enthält diese Norm ein verfassungsrechtliches Aufgabenverteilungsprinzip, das der zuständigkeitsverteilende Gesetzgeber zu berücksichtigen habe.[217] Es konnte bereits gezeigt werden, daß Art. 28 Abs. 2 S. 1 GG primär die funktionsgerechte Aufgabenverteilung zwischen Gemeinden und Staat betrifft.[218]

Soweit das BVerfG aber zwischen einem Kernbereich und einem Randbereich unterscheidet, lassen sich inhaltliche Parallelen mit dem Subsidiaritätsprinzip nur für den Randbereich konstatieren. Denn im Kernbereich besteht ein absoluter Zuständigkeitsvorrang der Gemeinden gegenüber dem Staat. Im Kernbereich anzusiedelnde Tätigkeiten der Gemeinde können vom Staat schlicht nicht wahrgenommen werden. Ein solcher absoluter Vorrang ist dem Subsidiaritätsprinzip aber fremd. Dieses postuliert stets den Vorrang der unteren gegenüber der höheren Ebene unter dem Vorbehalt der ausreichenden Leistungsfähigkeit der unteren Ebene.[219] Die Berufung auf das Subsidiaritätsprinzip im innerstaatlichen Bereich ist eben nur dann möglich, wenn eine Kompetenz nicht ausschließlich einer bestimmten Einheit zugesprochen wor-

---

217 BVerfGE 79, 127 (150).
218 Vgl. oben § 2 I 3b aa.
219 *Isensee*, Subsidiaritätsprinzip, S. 71 f.; *Döring*, Subsidiarität, S. 35; *Korte*, VerwArch 61 (1970), S. 3 (46 f.); a. A. *Pieper*, Subsidiarität, S. 125.

den ist. Bei einer feststehenden Kompetenzverteilung hat von vornherein nur eine Ebene Handlungsmöglichkeiten.[220]

Einen dem Subsidiaritätsprinzip entsprechenden Inhalt enthält nur das im Randbereich angesiedelte materielle Aufgabenverteilungsprinzip: Für die Wahrnehmung der Angelegenheiten der örtlichen Gemeinschaft sind grundsätzlich die Gemeinden zuständig, aber eben nur vorbehaltlich einer ausreichenden Leistungsfähigkeit. Dies umschreibt das BVerfG mit den Worten, daß ohne einen Aufgabenentzug die ordnungsgemäße Aufgabenerfüllung nicht sicherzustellen wäre.[221] Sind die Gemeinden nicht in der Lage, die Aufgabe ordnungsgemäß wahrzunehmen, und ist die Aufgabenwahrnehmung im Allgemeininteresse geboten, kann die Aufgabe durchaus von der höheren Ebene wahrgenommen werden.[222] Daher besteht nur hier eine "konkurrierende" Kompetenz.

Die Zielbezogenheit auf das Gemeininteresse gilt sowohl für das Subsidiaritätsprinzip als auch für das materielle Aufgabenverteilungsprinzip. Der Vorrang der unteren Ebene bleibt nur dann bestehen, wenn das Gemeinwohl, bezogen auf die konkret zu erfüllende Aufgabe, nicht entgegensteht.[223] Das Subsidiaritätsprinzip und die aus Gründen des Gemeinwohls erforderliche Aufgabenerfüllung stehen insofern in einem Spannungsverhältnis.

Damit ist das Kriterium der ordnungsgemäßen Aufgabenerfüllung aber noch nicht vollständig erfaßt. Das BVerfG konkretisiert dieses Kriterium dahingehend, daß eine größere Wirtschaftlichkeit der Aufgabenwahrnehmung auf einer höheren Ebene den Aufgabenentzug nicht per se rechtfertigt.[224] Das bedeutet, daß der Vorrang der Aufgabenwahrnehmung auf kommunaler Ebene auch dann bestehen bleibt, wenn die höhere Ebene die Aufgabe wirtschaftlicher und sparsamer erfüllen könnte. Grenze ist dabei allerdings ein unverhältnismäßiger Kostenanstieg durch Verbleiben der Aufgabe auf kommunaler

---

220 Vgl. *Schima*, Subsidiaritätsprinzip, S. 13.
221 BVerfGE 79, 127 (153).
222 Vgl. BVerfGE 79, 127 (153). Nicht zu verwechseln ist diese Feststellung mit der Aussage, auf die Verwaltungskraft der Gemeinde komme es nicht an. Dies bezieht sich auf die Frage, ob es sich überhaupt um eine Angelegenheit der örtlichen Gemeinschaft handelt, BVerfGE 79, 127 (125); erst wenn diese Frage bejaht ist, kommt das Aufgabenverteilungsprinzip zum Tragen.
223 BVerfGE 79, 127 (153); vgl. zu Solidaritäts- und Subsidiaritätsprinzip *v. Nell-Breuning/Sacher*, Gesellschaftslehre, Sp. 34; *dies.*, Staatslehre, Sp. 4 ff.; ausführlich *Calliess*, Subsidiaritäts- und Solidaritätsprinzip, S. 167 ff.
224 BVerfGE 79, 127 (153).

Ebene. Hierdurch wird das materielle Aufgabenverteilungsprinzip von dem Effizienzprinzip als einem weiteren möglichen Zuständigkeitsverteilungsprinzip[225] abgegrenzt, das hinter den Grundsätzen der Wirtschaftlichkeit und Sparsamkeit steht.[226] Effizienz bedeutet, daß eine vorgegebene Aufgabe, hier die Angelegenheiten der örtlichen Gemeinschaft, mit einem möglichst geringen Aufwand erfüllt wird.[227] Das Effizienzprinzip fordert, der höheren Ebene immer schon dann die Kompetenz zuzuweisen, wenn sie die Aufgabe besser, d. h. mit einem geringeren Aufwand an Ressourcen, bewältigen kann.[228] "Die Verfassung setzt diesen ökonomischen Erwägungen jedoch den politisch-demokratischen Gesichtspunkt der Teilnahme der örtlichen Bürgerschaft an der Erledigung ihrer öffentlichen Aufgaben entgegen und gibt ihm den Vorzug."[229] Defizite in der Verwaltungseffizienz bedingen Defizite in der Sache. Die Zuständigkeit verbleibt dennoch gemäß dem materiellen Aufgabenverteilungsprinzip auf der unteren Ebene, wenn die höhere Ebene die Aufgabe besser, effizienter wahrnehmen könnte. Voraussetzung ist die noch ordnungsgemäße, wenn auch weniger effiziente, Aufgabenerfüllung durch die Gemeinden. Auch eine Verwaltungsvereinfachung oder Zuständigkeitskonzentration als weitere Kriterien der Verwaltungseffizienz rechtfertigen einen Aufgabenentzug nicht.[230]

Das Subsidiaritätsprinzip postuliert ebenfalls den Vorrang der unteren Ebene nach Maßgabe ihrer Leistungsfähigkeit. Hierbei ist aber auch nicht die Leistungsfähigkeit der beiden Ebenen zu vergleichen und die Aufgabe derjenigen anzuvertrauen, die ein Plus an Effizienz aufweisen kann.[231] Bis zu einer gewissen Grenze streitet das Subsidiaritätsprinzip dafür, die Aufgabe auch dann auf der unteren Ebene zu belassen, wenn sie die geringere Leistungsfähigkeit besitzt.[232] Denn das Subsidiaritätsprinzip hat die weitestmögliche Entfaltung

---

225 Dessen Rechtscharakter muß offenbleiben, vgl. dazu nur *Leisner*, Effizienz, S. 8; umfassend *Eidenmüller*, Effizienz als Rechtsprinzip, 1995.

226 *Isensee*, Subsidiaritätsprinzip, S. 311.

227 *Eidenmüller*, Effizienz, S. 55; *Leisner*, Effizienz, S. 6 f., dort auch. zu den Bedeutungsvarianten des Effizienzbegriffs.

228 *Faber*, DVBl. 1991, S. 1128 (1134); *Heberlein*, NVwZ 1995, S. 1052 (1053); vgl. auch BVerfGE 68, 1 (86); *Schmidt-Aßmann*, NVwZ 1987, S. 265 (267); aus der Sicht der ökonomischen Theorie des Föderalismus *Döring*, Subsidiarität, S. 47 f.

229 BVerfGE 79, 127 (153).

230 BVerfGE 79, 127 (153).

231 *Schima*, Subsidiaritätsprinzip, S. 11; vgl. auch *Rothschild*, Subsidiarität, S. 193 (197).

232 *Stewing*, Subsidiarität, S. 15; *Schima*, Subsidiaritätsprinzip, S. 11; *Isensee*, Subsidiaritätsprinzip, S. 312; unklar insofern *Pieper*, Subsidiarität, S. 72.

der unteren Ebene zum Ziel. Die erlebte Mitverantwortung und unmittelbare Beteiligung der Bürger auf der kommunalen Ebene überwiegen einen Mangel an der Effizienz der Aufgabenerfüllung.[233]
Im übrigen ist der Zusammenhang von zentralen Entscheidungen und größerer Effizienz nicht zwingend. Vielmehr wird auch betont, daß die Effizienz eines Entscheidungsprozesses durch dezentrale Entscheidungen verbessert werden könnte, da Lösungen den konkreten Problemen vor Ort besser angepaßt werden könnten.[234] Hierauf kommt es aber nicht an. Denn kommunale Selbstverwaltung erscheint als Organisationsform, bei der Leistungsfähigkeit und administratives Optimum zurücktreten müssen.[235]

Der Freiheitsschutz stellt eine weitere Verbindungslinie zwischen dem materiellen Aufgabenverteilungsprinzip und dem Subsidiaritätsprinzip her. Der Geltungsgrund beider Prinzipien ist die Vermeidung von Machtkonzentration, die das Gemeinwohl und die individuelle Freiheit bedroht, durch vertikale Gewaltenteilung.[236] Der Grundsatz der vertikalen Gewaltenteilung erfaßt die Streuung der Herrschaftsbefugnisse auf der Ebene der Über- und Unterordnung zwischen Zentral- und Gliedstaaten, zwischen unmittelbarer und mittelbarer Staatsverwaltung sowie zwischen staatlichen und gesellschaftlichen Kräften.[237] Art. 28 Abs. 2 S. 1 GG und mit ihm das materielle Aufgabenverteilungsprinzip stellt eine Antwort des Verfassungsgebers auf den zentralistischen Staat des Nationalsozialismus dar. Denselben Hintergrund hat die Formulierung des Subsidiaritätsprinzips in "Quadragesimo Anno" aus dem Jahre 1931. Die Staaten sahen sich in der damaligen Zeit kommunistischen und faschistischen Ideologien ausgesetzt, die einen totalitären und damit zentralisti-

---

233 Vgl. *Schima*, Subsidiaritätsprinzip, S. 12 unter Hinweis auf *v. Nell-Breuning*, Baugesetze, S. 103; *Faber*, DVBl. 1991, S. 1128 (1134); *Heberlein*, NVwZ 1995, S. 1052 (1053).

234 *Calliess*, Subsidiaritäts- und Solidaritätsprinzip, S. 26 f. m. w. N.; *Würtenberger*, StWiss u. StPrax 1993, S. 621 (626); *Fleiner-Gerster*, Gemeindeautonomie, S. 321 (339); vgl. auch *Döring*, Subsidiarität, S. 31 f. für die privatwirtschaftliche vor der öffentlichen Aufgabenerfüllung; *Bauer/Hauff*, DIE ZEIT Nr. 45 v. 31. 10. 1997, S. 8.

235 *Leisner*, Effizienz, S. 28; vgl. auch *Isensee*, Subsidiaritätsprinzip, S. 312.

236 Vgl. *Korte*, VerwArch 61 (1970), S. 1 (9); *Pieper*, Subsidiarität, S. 39, 42; *Herzog*, Der Staat 2 (1963), S. 399 (411); hierdurch wird noch einmal der beiderseitige Bezug zum Gemeinwohl sichtbar.

237 *Isensee*, Subsidiaritätsprinzip, S. 95.

schen Anspruch stellten.[238] Die Funktion der beiden Prinzipien, die Restriktion des Staates, stimmt damit überein.

Diese freiheitssichernde Funktion des Subsidiaritätsprinzips wird als seine negative Seite bezeichnet.[239] Daneben wird ihm eine positive Seite entnommen, da die übergeordnete Gemeinschaft verpflichtet ist, das zu tun, was die untere Gemeinschaft nicht zu tun imstande ist, resp. der unteren Gemeinschaft zu helfen, wenn sie allein zur Aufgabenerfüllung nicht in der Lage ist.[240] Der Rastede-Beschluß enthält auch diesen Aspekt des Subsidiaritätsprinzips. Der Staat wird, so das BVerfG, zunächst darauf beschränkt sicherzustellen, daß die Gemeinden ihre Angelegenheiten nach den Grundsätzen der Wirtschaftlichkeit und Sparsamkeit erfüllen.[241] Es muß also durch den Staat Hilfestellung geleistet werden, wenn die Aufgabenwahrnehmung auf der Gemeindeebene defizitär ist. Letztlich muß der Staat die Aufgabe einer übergeordneten Ebene zuweisen, wenn sonst die ordnungsgemäße Aufgabenerfüllung nicht sicherzustellen wäre. Es kommt also auf die tatsächliche Erfüllung der Aufgabe an. Auch hierin liegt eine weitere Parallele zum Subsidiaritätsprinzip.[242]

ee) Ergebnis

Als Ergebnis der Analyse der Rastede-Entscheidung läßt sich damit festhalten, daß das materielle Aufgabenverteilungsprinzip für den Randbereich der kommunalen Selbstverwaltungsgarantie, so wie das BVerfG sie ausgelegt hat, eine strukturelle Kongruenz mit dem Subsidiaritätsprinzip aufweist, das hier in einem innerstaatlichen Sinne als Kompetenzverteilungsregel zwischen verschiedenen Organisationsstufen des Staates verstanden wird. Das materielle Aufgabenverteilungsprinzip ist eine Konkretisierung des Subsidiaritätsprin-

---

238 Zum zeitgeschichtlichen Umfeld der Formulierung in Quadragesimo Anno vgl. *v. Nell-Breuning*, Stimmen der Zeit 1955/56, S. 1 (10); *Stewing*, Subsidiarität, S. 13; *Pieper*, Subsidiarität, S. 37 f.; *Baumgartner*, Gesellschaftstätigkeit, S. 11 (21); *Döring*, Subsidiarität, S. 31; vgl. auch *v. Nell-Breuning/Sacher*, Staatslehre, Sp. 73 ff.

239 *Pieper*, Subsidiarität, S. 37; *Schima*, Subsidiaritätsprinzip, S. 5.

240 *Schima,* Subsidiaritätsprinzip, S. 5. m. w. N.

241 BVerfGE 79, 127 (153).

242 Vgl. dazu und den daraus resultierenden Problemen *Herzog*, Der Staat 2 (1963), S. 399 (408).

zips für das Verhältnis Gemeinden - Staat. Seine normative Geltung steht damit in diesem Zusammenhang außer Frage.[243]

Allerdings hat das Bundesverfassungsgericht das Subsidiaritätsprinzip nicht ausdrücklich erwähnt. Die Fachgerichte haben sich damit noch im Verhältnis Gemeinde - Landkreis auseinandergesetzt, wobei das OVG Lüneburg dessen Geltung bejahte,[244] das BVerwG dagegen verneinte.[245] Aufgrund der strukturellen Kongruenz des materiellen Aufgabenverteilungsprinzips mit dem Subsidiaritätsprinzip muß die Entscheidung als Bestätigung der Geltung des Prinzips im Verhältnis von Gemeinde - Staat unter Vermeidung des Begriffs Subsidiarität verstanden werden.[246] Nicht überzeugend wäre die Auffassung, den Beschluß im Sinne eines "beredten Schweigens" zu verstehen und damit als Ablehnung des Subsidiaritätsprinzips. Dem gefundenen Ergebnis stehen andere Entscheidungen des Bundesverfassungsgerichts nicht entgegen. Soweit in diesen das Subsidiaritätsprinzip eine Rolle spielte, wurde dessen Geltung ausdrücklich offengelassen[247] oder bis auf die Erwähnung in der Antragsbegründung[248] nicht weiter behandelt.[249]

Schließlich stellt das materielle Aufgabenverteilungsprinzip zwar eine Konkretisierung des Subsidiaritätsprinzips dar, jedoch vermag es letztlich wie das Subsidiaritätsprinzip auch[250] nicht aus sich selbst heraus konkrete Kompetenzkonflikte zu lösen, da es keine Aussagen darüber enthält, wann die klei-

---

243 Vgl. *Schmidt-Jortzig*, Subsidiaritätsprinzip, S. 17; *Lecheler*, Subsidiaritätsprinzip, S. 52; kritisch *Herzog*, Der Staat 2 (1963), S. 399 (422); vgl. im europäischen Zusammenhang *Schima*, Subsidiaritätsprinzip, S. 19.

244 OVG Lüneburg, DVBl. 1980, 81 (82); so auch *Knemeyer*, DVBl. 1984, S. 23 (26 f.) unter ausdrücklicher Beschränkung auf das innerkommunale Verhältnis von Gemeinde und Kreis; *ders.*, Der Staat 29 (1990), S. 406 (413), hier allerdings ohne diese Beschränkung.

245 BVerwG, NVwZ 1984, 176 (178).

246 *Nierhaus*, in: Sachs, GG, Art. 28 Rn. 52; vorsichtig diese Richtung andeutend auch *Kronisch*, Aufgabenverlagerung, S. 133.

247 BVerfGE 10, 59 (83 ff.) für das Verhältnis Familie - Staat; E 58, 233 (253) für das Verhältnis von Staat - tariffähigen Koalitionen.

248 Die Antragsteller machten das Subsidiaritätsprinzip des thomistischen Naturrechts geltend, vgl. BVerfGE 22, 180 (191); vgl. dazu *Pieper*, Subsidiarität, S. 46.

249 BVerfGE 22, 180 für das Verhältnis von freier zu öffentlicher (kommunaler) Wohlfahrts- und Jugendpflege.

250 *Schink*, Kreiszuständigkeiten, S. 25 (121); *Krüger*, Staatslehre, S. 772 ff.

nere Einheit eine Aufgabe noch ordnungsgemäß erfüllen kann.[251] Es ist ein Rechtsprinzip, nicht ein Rechtssatz. Das materielle Aufgabenverteilungsprinzip befindet sich aber auf der Ebene der konkreten Norm des Art. 28 Abs. 2 S. 1 GG, und auf dieser Ebene hat die Entscheidung eines konkreten Problems zu erfolgen. Die Lösung eines Zuständigkeitsproblems kann also nur aus der jeweiligen Aufgabe und ihren Sacherfordernissen unter Berücksichtigung der Vorgaben des materiellen Aufgabenverteilungsprinzips abgeleitet werden.[252] Damit wird nur ein sehr weiter verfassungsrechtlicher Rahmen vorgegeben, an den der zuständigkeitsverteilende Gesetzgeber gebunden ist. Entsprechend beschränkt sich die gerichtliche Kontrolle auf eine Vertretbarkeitsprüfung.

Für das kommunale Regime der Indirekteinleitungen folgt daraus: Soweit das staatliche Wasserrecht hierzu in Konkurrenz tritt, streitet das Subsidiaritätsprinzip für einen Vorrang der kommunalen vor der staatlichen Zuständigkeit. Der Vorrang steht, um dem Gemeininteresse Rechnung zu tragen, unter dem Vorbehalt der Leistungsfähigkeit der Gemeinden, diese Aufgabe zu erfüllen. Hierbei kommt es auf die Handlungsmöglichkeiten der Gemeinden, die ihnen für diese Aufgabenerfüllung zur Verfügung stehen, und auf die Sacherfordernisse der Reglementierung der Indirekteinleitungen an. Auf diesen Punkt wird bei der Bestimmung der kommunalen Regelungskompetenzen für Indirekteinleitungen zurückzukommen sein.[253]

c) Grundsatz der Verhältnismäßigkeit

Aus diesen Überlegungen ergeben sich auch Schlußfolgerungen für die Frage, ob es sich bei dem materiellen Aufgabenverteilungsprinzip lediglich um eine Anwendung des Grundsatzes der Verhältnismäßigkeit, genauer der Angemessenheitsprüfung, handelt.[254]

---

251 Vgl. insofern auch *Baumgartner*, Gesellschaftstätigkeit, S. 11 (18); *Herzog*, Der Staat 2 (1963), S. 399 (408).

252 Vgl. *Schink*, Kreiszuständigkeiten, S. 25 (125). Kritisch *Fleiner-Gerster*, Gemeindeautonomie, S. 321 ff., der dem Subsidiaritätsprinzip die Fähigkeit zur Problemlösung im modernen Staat abspricht.

253 Vgl. unten § 4 II 3.

254 Übermaßverbot und Verhältnismäßigkeitsgebot werden synonym verwandt, vgl. *Stern*, Entstehung und Ableitung des Übermaßverbots, S. 165 (166).

Das Übermaßverbot, das aus dem Rechtsstaatsprinzip abgeleitet wird,[255] hatte seinen eigentlichen Anwendungsbereich, nachdem es aus dem Polizeirecht kommend im Verfassungsrecht rezipiert wurde, in der Beschränkung staatlicher Eingriffe in individuelle grundrechtliche Freiheiten.[256] Im Laufe der Verfassungsentwicklung wurde der Anwendungsbereich von den Grundrechtseingriffen ausgehend erweitert, und weitere Felder wie etwa das Staatsorganisationsrecht wurden erschlossen.[257] Denn der Grundgedanke des Übermaßverbots, wonach staatliche Gewalt grundsätzlich an Begründungen zu binden ist, um sie dadurch meßbar zu machen, habe, so die Vertreter dieser Richtung, auch Berechtigung jenseits der Freiheitsrechte, etwa bei staatlichen Leistungen, bei Maßnahmen des Bundes gegenüber den Ländern oder bei Maßnahmen des Staates gegenüber Selbstverwaltungsträgern wie den Gemeinden.[258] Damit wurde der Grundsatz zum zentralen Ordnungsprinzip des Grundgesetzes.[259]

In seiner neueren Rechtsprechung hat das BVerfG das Übermaßverbot aber wieder auf Eingriffe in Rechts- und Freiheitsbereiche beschränkt und im Bereich des Staatsorganisationsrechts nicht mehr angewandt.[260] Aus dem Rechtsstaatsprinzip abgeleitete Schranken für Einwirkungen des Staates in den Rechtskreis des Einzelnen wie der Grundsatz der Verhältnismäßigkeit sind danach im kompetenzrechtlichen Bund-Länder-Verhältnis nicht anwendbar. Das Übermaßverbot habe eine die individuelle Rechts- und Freiheitssphäre verteidigende Funktion. Das damit verbundene Denken in den Kategorien von Freiraum und Eingriff könne weder speziell auf die von einem Konkurrenzverhältnis zwischen Bund und Land bestimmte Sachkompetenz des Landes noch allgemein auf Kompetenzabgrenzungen übertragen werden.[261] Insofern wurde von der "Verbannung des Übermaßverbots"[262] aus dem

---

255 BVerfGE 57, 250 (270); 59, 275 (278); BVerwGE 38, 68 (70 f.); *Schmidt-Bleibtreu/Klein*, GG, Art. 20 Rn. 13 m. w. N.; *Herzog*, in: Maunz/Dürig/Herzog/Scholz, GG, Art. 20 VII Rn. 72.

256 *Stern*, Entstehung und Ableitung des Übermaßverbots, S. 165 (166 f.).

257 Vgl. *Stettner*, Kompetenzlehre, S. 397 ff.

258 *Herzog*, in: Maunz/Dürig/Herzog/Scholz, GG, Art. 20 VII Rn. 72.

259 *Ossenbühl*, Maßhalten mit dem Übermaßverbot, S. 151 (155).

260 BVerfGE 79, 311 (341); 81, 310 (338).

261 BVerfGE 81, 310 (338); vgl. dazu auch *Jarass*, in: Jarass/Pieroth, GG, Art. 20 Rn. 57: Beschränkung auf Staat-Bürger-Verhältnis. In dieser Entscheidung ging es um die Rechtmäßigkeit einer Weisung nach Art. 85 Abs. 3, 87c GG i. V. m. § 24 Abs. 1 AtomG.

262 *Schoch*, VerwArch 81 (1990), S. 18 (27); *Haaß*, Handlungsspielräume, S. 91.

Staatsorganisationsrecht gesprochen.

Die Kritiker der allgemeinen Geltung des Grundsatzes der Verhältnismäßigkeit hatten angemerkt, daß durch einen einheitlichen Prüfungsmaßstab für das gesamte staatliche Handeln[263] die Spezifika der einzelnen Sachbereiche nicht mehr hinreichend berücksichtigt werden könnten und dadurch eine generelle Nivellierung der Prüfungsmaßstäbe eintrete.[264]

Dieser Kritik ist zwar zuzustimmen, es sind aber weitere Differenzierungen notwendig, die den Anwendungsbereich des materiellen Aufgabenverteilungsprinzips einerseits und des Übermaßverbots andererseits im Bereich des Art. 28 Abs. 2 S. 1 GG betreffen. Das materielle Aufgabenverteilungsprinzip, das eine Konkretisierung des Subsidiaritätsprinzips darstellt, hat der die Institution kommunale Selbstverwaltung ausgestaltende Gesetzgeber zu berücksichtigen.[265] Hierbei geht es abstrakt und typisierend um das verfassungsrechtliche Aufgabenverteilungssystem zwischen den Gemeinden und dem Staat.[266] Bei dieser organisationsrechtlichen Verteilung der Zuständigkeiten spielt das Übermaßverbot in der Konzeption der Rastede-Entscheidung des BVerfG keine Rolle mehr. Denn danach fallen Angelegenheiten der örtlichen Gemeinschaft an sich in den Kompetenzbereich der Gemeinden. Die Zuständigkeit kann nur dann generell entzogen werden, wenn die tragenden Gründe gegenüber diesem Vorrangprinzip überwiegen, wenn also anders eine ordnungsgemäße Aufgabenerfüllung nicht sicherzustellen wäre. Bei der Angemessenheitsprüfung nach dem Übermaßverbot wäre demgegenüber danach zu fragen, ob die Bedeutung des zur Geltung zu bringenden Rechtsgutes nicht außer Verhältnis zu dem Rechtsgut steht, welches zurücktreten muß.[267] Bei der Anwendung des Übermaßverbots kommt der prinzipielle Zuständigkeitsvorrang der Gemeinden, der normative Gehalt des Aufgabenverteilungsprin-

---

263 In diesem Sinne etwa *Bleckmann*, JuS 1994, S. 177 ff.; vgl. auch *Erichsen*, Kommunalrecht N-W, S. 333 m. w. N. auf die ältere Literatur.

264 *Ossenbühl*, Maßhalten mit dem Übermaßverbot, S. 151 (161) m. w. N.; *ders.*, Diskussionsbeitrag, in: VVDStRL 39 (1981), S. 189: "Gleich- und Weichmacher der Verfassungsmaßstäbe"; *Schmidt-Aßmann*, in: HStR I, § 24 Rn. 87 fordert eine normative Rückbindung auf die Grundrechte und Garantien geschlossener Kompetenzräume wie Art. 28 Abs. 2 GG.

265 BVerfGE 79, 127 (150).

266 *Nierhaus*, in: Sachs, GG, Art. 28 Rn. 56.

267 *Herzog*, in: Maunz/Dürig/Herzog/Scholz, GG, Art. 20 VII Rn. 76; vgl. zu den Unterprinzipien der Geeignetheit, Erforderlichkeit und Angemessenheit etwa auch *Maunz/Zippelius*, Staatsrecht, § 13 III 6; *Maurer*, Allgemeines Verwaltungsrecht, § 10 Rn. 17; *Görisch*, JuS 1997, S. 988 (991).

zips, also nicht zum Tragen.[268] Das Übermaßverbot ist ein rein formales Prinzip, während das materielle Aufgabenverteilungsprinzip bereits eine inhaltliche Grundentscheidung enthält. Das gleiche gilt für die Ausklammerung bestimmter Ziele wie etwa die der Verwaltungsvereinfachung oder Wirtschaftlichkeit. Für die besondere Wertigkeit der dezentralen Aufgabenwahrnehmung[269] ist beim Übermaßverbot kein Raum.[270] Der oben angeführten Kritik ist also insofern zuzustimmen, als auf der abstrakt-generellen Ebene der Grundsatz der Verhältnismäßigkeit die Spezifika der kommunalen Selbstverwaltung nicht hinreichend berücksichtigt. An seine Stelle ist hier das materielle Aufgabenverteilungsprinzip getreten. Da es hierbei um die generelle Kompetenzverteilung zwischen Gemeinden und Staat geht, stimmt die Rastede-Entscheidung insofern mit der neueren Rechtsprechung des BVerfG zum Anwendungsbereich des Verhältnismäßigkeitsgrundsatzes überein.[271]

Das bedeutet aber nicht, daß das Übermaßverbot im Rahmen des Art. 28 Abs. 2 GG gar keine Bedeutung mehr hat. Es ist vielmehr immer noch dann anwendbar, wenn es nicht um die abstrakte Ausgestaltungsbefugnis des Gesetzgebers im Hinblick auf die institutionelle Garantie und damit um die grundsätzliche Kompetenzverteilung zwischen Gemeinden und Staat geht, sondern um gezielte, konkret-individuelle Maßnahmen des Gesetzgebers und insbesondere der Exekutive gegenüber einzelnen Gemeinden.[272] Eine solche Maßnahme muß dann geeignet, erforderlich und angemessen im Sinne des Übermaßverbots sein. Andernfalls würde die rechtsstaatlich gebotene Beschränkung der Staatsgewalt, deren Zuständigkeit sich nach dem materiellen Aufgabenverteilungsprinzip ja durchaus ergeben kann, bei konkret-individuellen Beschränkungen der Rechtsposition einzelner Gemeinden leerlaufen. Die einzelne Gemeinde hat auch die erforderliche subjektive Rechtsposition, da die subjektive Rechtsstellungsgarantie, wie dargelegt, Teil der kommunalen

---

268 Vgl. für das Subsidiaritätsprinzip *Isensee*, Subsidiaritätsprinzip, S. 92.

269 So auch *Löwer*, in: v. Münch/Kunig, GG, Art. 28 Rn. 51.

270 Im Ergebnis ebenso *Frenz*, Die Verwaltung 28 (1995), S. 33 ff.; *Haaß*, Handlungsspielräume, S. 91; a. A. *Ipsen*, ZG 1994, S. 194 (208 f.).

271 A. A. *Vietmeier*, Staatliche Aufgaben der Kommunen, S. 84 ff.

272 *Clemens*, NVwZ 1990, S. 834 (835 f.); *Nierhaus*, in: Sachs, GG, Art. 28 Rn. 56; vorsichtig diese Richtung andeutend auch *Schmidt-Aßmann*, Kommunale Selbstverwaltung nach "Rastede", S. 121 (135 f.); vgl. auch den Hinweis bei *Schoch*, VerwArch 81 (1990), S. 18 (27 Fn. 51); *Pieroth*, in: Jarass/Pieroth, GG, Art. 28 Rn. 13, wonach das Übermaßverbot generell gilt; *Püttner*, in: HStR IV, § 107 Rn. 24, der das Übermaßverbot jedenfalls nicht für überholt hält.

Selbstverwaltungsgarantie ist.[273] Die neuere Rechtsprechung des BVerfG zum Anwendungsbereich des Übermaßverbots läßt sich damit nur auf die Ebene der institutionellen Garantie übertragen, nicht aber auf das Verhältnis der einzelnen Gemeinde zum Staat.

Eine entsprechende Abgrenzung findet sich, nach hier vertretener Auffassung folgerichtig, auch im Verhältnis von Subsidiaritätsprinzip und Übermaßverbot. Obwohl hier auch Gemeinsamkeiten bestehen, insbesondere stecken beide Regeln dem staatlichen Handeln Grenzen unter dem Leitgedanken "So wenig Staat wie möglich",[274] hat das Übermaßverbot isolierend-individualisierenden Charakter, während das Subsidiaritätsprinzip in erster Linie objektive Lebensbereiche in einem Instanzzug, für die vorliegende Untersuchung auf das innerstaatliche Verhältnis beschränkt, schützt und damit nur mittelbar die einzelnen Glieder eines Bereiches berücksichtigt.[275] Auch hier stehen sich wieder die abstrakt-generelle und die konkret-individuelle Wirkrichtung der beiden Prinzipien gegenüber.

Zusammenfassend läßt sich jedenfalls für die kommunale Selbstverwaltungsgarantie sagen, daß nur dort, wo der Staat in die Sphäre der Gemeinden als eigenständige Rechtssubjekte eingreift oder diese beschränkt, Raum für die Verhältnismäßigkeitsprüfung ist, nicht aber dort, wo der Staat die institutionelle Garantie der kommunalen Selbstverwaltung ausgestaltet oder Regelungen nur innerhalb des allgemein-staatlichen Bereichs trifft.[276] Aus der Sicht des Subsidiaritätsprinzips läßt sich das Verhältnis so beschreiben, daß hiernach bestimmt werden kann, welche Ebene handeln soll, während das Übermaßverbot die Art und Weise bestimmt, in der in einem konkreten Fall gehandelt werden darf.[277] Das materielle Aufgabenverteilungsprinzip und das Übermaßverbot stehen damit im Rahmen der kommunalen Selbstverwaltungsgarantie in einem Ergänzungsverhältnis. Dadurch wird der Zuständigkeitsvorrang der Gemeinden organisationsrechtlich berücksichtigt, und zudem wird dem erhöhten Schutzbedürfnis der einzelnen Kommunalkörperschaft[278]

---

273   Vgl. oben § 2 I 1; auf die subjektive Rechtsposition stellt auch *Jarass*, in: Jarass/Pieroth, GG, Art. 20 Rn. 57 ab.

274   *Isensee*, Subsidiaritätsprinzip, S. 88 f.; *Schima*, Subsidiaritätsprinzip, S. 17.

275   *Isensee*, Subsidiaritätsprinzip, S. 90 f.

276   *Clemens*, NVwZ 1990, S. 384 (386) unter Hinweis auf BVerfGE 79, 311 (341 ff.).

277   Vgl. *Schima*, Subsidiaritätsprinzip, S. 18; *Schmidt-Aßmann*, Kommunale Selbstverwaltung nach "Rastede", S. 121 (136 Fn. 85); BVerwG, NVwZ 1994, 900 (901).

278   *Schmidt-Aßmann*, Kommunale Selbstverwaltung nach "Rastede", S. 121 (136).

gegenüber der Institution der gemeindlichen Selbstverwaltung Rechnung getragen.

d) Zusammenfassung

Art. 28 Abs. 2 S. 1 GG weist den Gemeinden die Kompetenz zu, grundsätzlich alle Angelegenheiten der örtlichen Gemeinschaft in eigener Verantwortung zu regeln. Die neben der Schutzfunktion bestehende Kompetenzfunktion dieser Norm ist vom BVerfG in der Rastede-Entscheidung stärker betont worden. Die kommunale Selbstverwaltungsgarantie beinhaltet ein materielles Aufgabenverteilungsprinzip, das einen prinzipiellen Zuständigkeitsvorrang der Gemeinden gegenüber staatlicher Aufgabenwahrnehmung begründet. Dieses materielle Aufgabenverteilungsprinzip stellt eine Konkretisierung des Subsidiaritätsprinzips im Verhältnis der Gemeinden zum Staat dar. Der Zuständigkeitsvorrang der Gemeinden kann aber aus Gründen des Allgemeinwohls durchbrochen werden, insbesondere dann, wenn anders die ordnungsgemäße Erfüllung der betreffenden Aufgabe nicht sicherzustellen wäre. Konkrete Maßnahmen gegenüber einzelnen Gemeinden sind weiterhin am Grundsatz der Verhältnismäßigkeit zu messen, während für die abstrakte Kompetenzverteilung zwischen Gemeinden und Staat das materielle Aufgabenverteilungsprinzip maßgebend ist.

B. Kompetenzinhalt

In sachlicher Hinsicht erfaßt die Kompetenz der Gemeinden aus Art. 28 Abs. 2 S. 1 GG alle Angelegenheiten der örtlichen Gemeinschaft. Für den Gegenstand der vorliegenden Untersuchung ist damit die Frage aufgeworfen, ob die Regelung der Indirekteinleitungen eine solche Angelegenheit darstellt. Nur soweit das der Fall ist, können entsprechende kommunalrechtliche Regelungen auf Art. 28 Abs. 2 S. 1 GG gestützt werden.

I. Regelung der Indirekteinleitungen als Angelegenheit der örtlichen Gemeinschaft

Zunächst erscheint zweifelhaft, ob die Regelung der Indirekteinleitungen als einem Teilbereich der Abwasserbeseitigung eine Angelegenheit der örtlichen Gemeinschaft darstellt.

Zwar wurzelt die Beseitigung des auf dem Gemeindegebiet anfallenden Abwassers in der örtlichen Gemeinschaft und betrifft auch das Zusammenleben der Menschen in eben dieser Gemeinschaft. Denn das Abwasser muß aus hygienischen Gründen aus den kommunalen Siedlungsgebieten abgeleitet, d. h. dem Vorfluter zugeführt werden.

Jedoch hat der Bereich Abwasser zumindest auch indirekt Auswirkungen außerhalb des Gemeindegebiets, indem die ableitenden Gewässer das Gemeindegebiet verlassen. Folgen einer unzureichenden Abwasserreinigung treffen damit ganz überwiegend nicht die Gemeinde, in deren Gebiet entwässert wird, sondern die Gemeinden, die sich als Unterlieger an demselben Vorfluter befinden; gleichzeitig können ganze ökologische Systeme betroffen sein.[279]

Zweifel an der örtlichen Radizierung können jedoch beseitigt werden, wenn man der Auslegung des BVerfG folgt, die in derartigen Fällen in einer zurückblickenden Betrachtungsweise danach fragt, ob das in Frage stehende Aufgabenfeld zum überkommenen Bild gemeindlicher Selbstverwaltung gehört.[280] Dies ist nach der oben beschriebenen Rechtsentwicklung zu beja-

---

279 VerGH N-W, NWVBl. 1991, 187 (189 f.). Vgl. unten E I 4b.

280 St. Rspr.: BVerfGE 7, 358 (364); 26, 172 (180); 50, 195 (201); 79, 127 (146); zu diesem "phänomenologischen Ausweg" *Schmidt-Jortzig*, DÖV 1989, S. 142 (145); *Gern*, Kommunalrecht, Rn. 60.

hen.[281] Sowohl die Abwasserbeseitigung als solche als auch die Regelung der Indirekteinleitungen gehören traditionell zum gemeindlichen Aufgabenbestand.[282]

Ein weiterer Punkt kommt hinzu. Die kommunalen Abwasseranlagen, also in erster Linie das Kanalnetz und die Kläranlage, stellen öffentliche Einrichtungen der Gemeinde dar.[283] Solche Einrichtungen sind selbständige Zusammenfassungen von sachlichen und persönlichen Verwaltungsressourcen zur Bereitstellung einer Leistung zwecks Benutzung durch die Einwohner oder Grundstückseigentümer der Gemeinde.[284] Im Bereich der Abwasserbeseitigung handeln die Gemeinden auf dem Gebiet der Daseinsvorsorge.[285] Die Gemeinden sind nach Art. 28 Abs. 2 S. 1 GG befugt, die Benutzung ihrer öffentlichen Einrichtungen als Angelegenheit der örtlichen Gemeinschaft selbst zu regeln.[286] Diese Kompetenz fließt unmittelbar aus Art. 28 Abs. 2 S. 1 GG. Auf eine entsprechende Ermächtigung durch das Landesrecht kommt es daher nicht an.[287] Gleichwohl bestehen noch landesgesetzliche Ermächtigungen, die allgemein für die Regelung kommunaler öffentlicher Einrichtungen,[288] die aber auch teilweise speziell die kommunale Abwasserbeseitigung bestehen.[289] Diese Regelungen haben also nur deklaratorische Bedeutung und geben nur wieder, was ohnehin Bestandteil der durch Art. 28 Abs. 2 S. 1 GG begründeten Kompetenz der Gemeinden ist.

---

281 Vgl. oben § 1 I.

282 *Fathmann*, Überwachung der Indirekteinleitungen, S. 117; *Doose*, ZfW 1975, S. 157 ff.; vgl. auch *Nisipeanu*, Abwasserrecht, S. 447; *Dahme*, in: Sieder/Zeitler, BayWG, Art. 41b Rn. 1; *Kollmann*, WG S-H, § 31 Nr. 1; *Rüttgers*, ZfW 1987, S. 1; *v. Mutius*, JuS 1977, S. 455 (459); *Schleifenbaum/Kamphausen*, VR 1983, S. 9 (12); *Czychowski*, WHG, § 7a Rn. 12 unter Hinweis auf § 12 Abs. 1 BSeuchenG; dazu auch *Beile*, WG R-P, § 52 Nr. 1.

283 *Kollmann*, WG S-H, § 31 Nr. 3; § 1 Abs. 1 Abwassermustersatzung des Gemeindetages B-W.

284 *Waechter*, Kommunalrecht, Rn. 531; vgl. etwa § 14 Abs. 2 GemO R-P.

285 *Waechter*, Kommunalrecht, Rn. 527.

286 *Driewer*, KA 1993, S. 200 (202); *Schmidt-Aßmann*, NVwZ 1987, S. 265 (268); *Reichert*, ZfW 1997, S. 141 (143); *Hendler*, VBlBW 1992, S. 401 (403); *Dippel*, KA 1997, S. 1394 (1395); *Lübbe-Wolff*, NVwZ 1989, S. 205 (207).

287 *Henseler*, Abwasserbeseitigung, S. 282; *Hendler*, VBlBW 1992, S. 401 (402 f.) m. w. N.; *Lübbe-Wolff*, Abwassersatzung, Rn. 353.

288 §§ 18, 19 GemO N-W; §§ 14 Abs. 2, 24 Abs. 1 GemO R-P.

289 Vgl. etwa § 52 Abs. 3 S. 1 WG R-P; § 45b Abs. 3 S. 1 WG B-W; Art. 41 b Abs. 2 BayWG; vgl. auch *Riegel*, DVBl. 1977, S. 82 (86).

II. Abwasserbeseitigungspflicht der Gemeinden

Dieser verfassungsrechtliche Befund wird noch dadurch untermauert, daß die Landesgesetzgeber nicht nur durch Regelungen bezüglich der kommunalen öffentlichen Einrichtungen im allgemeinen und für die Abwasserbeseitigung im besonderen eine Wertung der örtlichen Radizierung dahingehend vorgenommen haben, daß es sich bei der Abwasserbeseitigung um eine Angelegenheit der örtlichen Gemeinschaft handelt. Vielmehr haben sie die Abwasserbeseitigung grundsätzlich den Gemeinden als Pflichtaufgabe der Selbstverwaltung zugewiesen und damit ebenfalls eine entsprechende Wertung vorgenommen.[290] Teilweise finden sich auch ausdrückliche Bestimmungen, daß die Abwasserbeseitigung und -reinigung zu den Selbstverwaltungsaufgaben der Gemeinden gehört.[291]

Durch die Zuweisung der Abwasserbeseitigungspflicht an die Gemeinden wird die rahmenrechtliche Vorschrift des § 18a Abs. 2 S. 1 WHG ausgefüllt, wonach die Länder regeln, welche Körperschaften des öffentlichen Rechts zur Abwasserbeseitigung verpflichtet sind. Die Länder regeln daneben die Voraussetzungen, unter denen anderen die Abwasserbeseitigung obliegt. Die Abwasserbeseitigungspflicht der Gemeinden ist dabei der Regelfall,[292] es können aber auch andere Körperschaften des öffentlichen Rechts abwasserbeseitigungspflichtig sein. Eine solche abweichende Regelung kann in einem für verbindlich erklärten Abwasserbeseitigungsplan (§ 18 Abs. 2 S. 2, Abs. 3

---

290 § 45b Abs. 2 S. 1 WG B-W; Art. 41b Abs. 1 S. 1 BayWG; § 66 Abs. 1 S. 1 BbgWG; § 133 Abs. 1 S. 1 BremWG; § 52 Abs. 1 S. 1 HessWG; § 40 Abs. 1 S. 2 WG M-V; § 149 Abs. 1 S. 1 NdsWG; § 53 Abs. 1 S. 1 WG N-W; § 52 Abs. 1 S. 1 WG R-P: kreisfreie Städte, verbandsfreie Gemeinden und Verbandsgemeinden; § 50 Abs. 1 S. 1 SaarlWG; § 63 Abs. 2 S. 1 SächsWG; § 151 Abs. 1 S. 1 WG S-A; § 31 Abs. 1 S. 1 WG S-H; § 58 Abs. 1 S. 1 ThürWG; § 2 S. 1 HbgAbwG: Freie und Hansestadt Hamburg. So auch OVG Koblenz, NVwZ-RR 1991, 38 (39).

291 Art. 41b Abs. 1 S. 2 BayWG; §2 Abs. 2 KV M-V; § 149 Abs. 1 S. 2 NdsWG; § 52 Abs. 1 S. 1 WG R-P; § 2 Abs. 2 S. 1 i. V. m. Abs. 1 S. 1 ThürKO. Vgl. dazu auch *Klein*, WuB 1992, S. 677 (678).

292 Vgl. *Nisipeanu*, Abwasserrecht, S. 199; *Breuer*, Wasserrecht, Rn. 303; *Dahme*, in: Sieder/Zeitler/Dahme/Knopp, WHG, § 18a Rn. 15; *Beile*, WG R-P, § 52 Nr. 4. 1; *Thiem*, WG S-H, § 35 Rn. 3; BMU (Hrsg.), UGB-KomE, S. 1133; *Lübbe-Wolff*, NWVBl. 1989, S. 353 (358); *Berendes*, Wasserwirtschaftsrecht nach der 6. WHG-Novelle, S. 13 (24).

WHG)[293] oder in den Landeswassergesetzen getroffen werden. So ist insbesondere die Beseitigung des Abwassers durch Abwasserverbände[294] oder im Hinblick auf das anfallende Niederschlagswasser durch die jeweiligen Träger der Straßenbaulast[295] vorgesehen. Auch eine Abwasserbeseitigung durch die Kreise ist möglich.[296] Die Abwasserbeseitigungspflichtigen können sich zur Erfüllung ihrer Pflichten Dritter bedienen, § 18a Abs. 2 S. 3 WHG, und es kann die Abwasserbeseitigungspflicht nach § 18a Abs. 2a WHG auf Dritte übertragen werden.[297] Im folgenden wird von der Abwasserbeseitigungspflicht der Gemeinden als dem Regelfall ausgegangen.

---

293 Vgl. dazu *Czychowski*, WHG, § 18a Rn. 26 ff.; *Dahme*, in: Sieder/Zeitler/Dahme/Knopp, WHG, § 18a Rn. 21 ff.

294 Vgl. dazu *Czychowski*, WHG, § 18a Rn. 18; umfassend *Rapsch*, Wasserverbandsrecht, 1993; *Habel/Kuckuck*, WG B-W, § 45b Rn. 16; *Dahme*, in: Sieder/Zeitler, BayWG, Art. 41b Rn. 12 ff; *Driewer*, Verhältnis von Wasserrecht und Satzungsrecht, S. 15 (26); NRWVerfGH, NVwZ 1997, 467 ff. Grundlage können das Wasserverbandsgesetz v. 12. 08. 1991 (BGBl. I, S. 403), die Zweckverbandsgesetze der Länder oder landesrechtliche Sondergesetze sein. In N-W besteht die Besonderheit, daß nach § 54 Abs. 1 WG N-W die Abwasserbeseitigungspflicht ab einer bestimmten Größenordnung generell einem Abwasserverband obliegt. Gleichwohl bleibt es insofern bei dem beschriebenen Regel-Ausnahme-Verhältnis, also der grundsätzlichen Abwasserbeseitiugungspflicht der Gemeinden nach § 53 Abs. 1 WG N-W, *Honert/Rüttgers/Sanden*, WG N-W, § 54 Nr. 3; vgl. dazu auch VerfGH N-W, NWVBl. 1991, 187 ff.; *Salzwedel/Reinhardt*, NVwZ 1991, S. 946 (952).

295 Vgl. dazu *Dahme*, in: Sieder/Zeitler/Dahme/Knopp, WHG, § 18a Rn. 16; *ders.*, in: Sieder/Zeitler, BayWG, Art. 41b Rn. 34 ff.; *Czychowski*, WHG, § 18a Rn. 19; OVG Münster, NWVBl. 1997, 220; *Poymann*, BWGZ 1996, S. 271 (275).

296 Vgl. § 2 Abs. 2 LKO R-P; dazu *Beile*, WG R-P, § 52 Nr. 4. 2; *Dahme*, in: Sieder/Zeitler/Dahme/Knopp, WHG, § 18a Rn. 15.

297 Dazu *Dahme*, in: Sieder/Zeitler/Dahme/Knopp, WHG, § 18a Rn. 14a; *Czychowski*, WHG, § 18 Rn. 23a ff.; *Kummer/Giesberts*, NVwZ 1996, S. 1166 ff.; *Schulz*, ZfW 1998, S. 277 ff.; *Aegerter*, Auswirkungen der WHG-Novelle, S. 89 (92 f.). Zu den Voraussetzungen der Freistellung einer Gemeinde von der Abwasserbeseitigungspflicht vgl. OVG Koblenz, ZfW 1997, 47 ff.

1. Pflichtaufgabe der Selbstverwaltung

Die Gemeinden haben dabei die Abwasserbeseitigung als Pflichtaufgabe der Selbstverwaltung (Pflichtaufgabe im eigenen Wirkungskreis) wahrzunehmen.[298]
Im Gegensatz zu den freiwilligen Selbstverwaltungsaufgaben, die die Gemeinden nach dem Prinzip der Universalität wahrnehmen,[299] sind die Gemeinden hierbei zur Erledigung gesetzlich, hier durch die Landeswassergesetze, verpflichtet. Sie haben kein Entschließungsermessen hinsichtlich des "Ob" der Aufgabenerfüllung, sondern sind grundsätzlich nur noch frei hinsichtlich des "Wie", also der Art und Weise der Durchführung der ihnen gesetzlich zugewiesenen Aufgaben.[300] Durch die Einstufung als Pflichtaufgabe soll im Wege der Staatsaufsicht sichergestellt werden, daß die betreffende Aufgabe auch tatsächlich erfüllt wird, ohne daß dadurch an der Zurechnung zum eigenen Wirkungsbereich der Gemeinde etwas geändert werden soll.[301] Damit handelt es sich auch bei pflichtigen Selbstverwaltungsangelegenheiten um Selbstverwaltungskompetenzen, die dem Anwendungsbereich des Art. 28 Abs. 2 S. 1 GG unterfallen.[302] Stellt die betreffende Aufgabe eine Angelegenheit der örtlichen Gemeinschaft dar, so wie die Abwasserbeseitigung, hat die Einstufung als Pflichtaufgabe hinsichtlich der Aufgabe selbst keine konstitutive, sondern nur deklaratorische Wirkung.[303]

---

298 So ausdrücklich § 45b Abs. 2 S. 1 WG B-W; Art. 41b Abs. 1 S. 2 BayWG; § 133 Abs. 1 S. BremWG; § 40 Abs. 1 S. 1 WG M-V; § 149 Abs. 1 S. 2 NdsWG; § 53 Abs. 1 WG N-W; § 52 Abs. 1 S. 1 WG R-P; § 50 Abs. 1 S. 1 SaarlWG; § 31 Abs. 1 S. 1 WG S-H. *Breuer*, Wasserrecht, Rn. 303 Fn. 778: soweit es an ausdrücklichen Bestimmungen fehlt, ist der Selbstverwaltungscharakter der Aufgabe zu vermuten; *Rüttgers*, ZfW 1987, S. 1 (2); vgl. auch BGHZ 115, 311 (317); VGH B-W, ZfW 1987, S. 163 (167).

299 Vgl. oben § 2 I 2b.

300 *Habel/Kuckuck*, WG B-W, § 45b Rn. 15; *Haupt*, in: Haupt/Reffken/Rhode, NdsWG, § 151 Rn. 10; *Himmel*, WG R-P, § 52 Rn. 8; *Vogelsang/Lübking/Jahn*, Kommunale Selbstverwaltung, Rn. 272; *Rüttgers*, ZfW 1987, S. 1 (2).

301 *Gönnenwein*, Gemeinderecht, S. 89.

302 *Schmidt-Jortzig*, Kommunalrecht, Rn. 530; *Waechter*, Kommunalrecht, Rn. 159; *Rüttgers*, ZfW 1987, S. 1 (2).

303 *Henneke*, ZG 1994, S. 212 (231).

2. Verfassungsrechtliche Zulässigkeit

Gleichwohl wird durch die Umwandlung der Aufgabe von einer freiwilligen zu einer pflichtigen Selbstverwaltungsaufgabe die kommunale Selbstverwaltungsgarantie betroffen, da das geschilderte Entschließungsermessen der Gemeinde eingeschränkt ist.[304] Nach den vom BVerfG entwickelten und oben dargelegten Maßstäben ist diese Maßnahme der Landesgesetzgeber dann verfassungsrechtlich gerechtfertigt, wenn Gründe des Gemeinwohls gegenüber dem Selbstverwaltungsrecht überwiegen und die entsprechende Einschätzung des Gesetzgebers vertretbar ist. Diese für den Randbereich der kommunalen Selbstverwaltung geltenden Kriterien sind hier anzulegen, da der Kernbereich nicht betroffen ist. Denn die Gemeinden haben weiterhin insgesamt einen hinreichenden Aufgabenbestand, und weder die Universalität noch die Eigenverantwortlichkeit der Aufgabenerfüllung als solche stehen in Frage.

Im Hinblick auf die hohe Umweltrelevanz der Abwasserbeseitigung sprechen Gründe des allgemeinen Wohls dafür, daß die Aufgabe der Abwasserbeseitigung auch tatsächlich wahrgenommen wird.[305] Nicht zuletzt gemeinschaftsrechtliche Anforderungen an die kommunale Abwasserbeseitigung in der Kommunalabwasserrichtlinie[306] erfordern eine Sicherstellung der Aufgabenwahrnehmung. Denn gem. Art. 4, 5 KomAbwRL werden die Mitgliedstaaten verpflichtet, in bestimmten Gemeinden grundsätzlich eine biologische Abwasserreinigung vorzunehmen. Eine weitergehende Reinigung wird bei eutrophierungsgefährdeten Gewässern verlangt.[307]

Die gleichen Gründe sprechen auch für die verfassungsrechtliche Zulässigkeit der wasserrechtlichen Regelungen, die die Art und Weise der Aufgabenerfüllung näher umschreiben. Hinzu kommt, daß solche Regelungen auch die Funktion haben, den Inhalt der zugewiesenen Aufgabe näher zu definieren.[308] So wird die Abwasserbeseitigungspflicht auf Bundesebene durch § 18a Abs. 1 WHG näher konkretisiert.[309] § 18a Abs. 1 S. 1 WHG legt zunächst fest, daß Abwasser so zu beseitigen ist, daß das Wohl der Allgemeinheit nicht beeinträchtigt wird.[310] Im Anschluß wird ausgeführt, wie dieser Verpflichtung

---

304 BVerfGE 83, 363 (384).
305 Im Ergebnis ebenso *Beile*, WG R-P, § 52 Nr. 4. 1
306 Richtlinie des Rates vom 21. 05. 1991 über die Behandlung von kommunalem Abwasser (91/271/EWG; ABl. EG Nr. L 135, S. 40).
307 Vgl. im einzelnen *Schulte*, Kommunalabwasserrichtlinie, S. 47 und unten § 5 II 3.
308 BVerfGE 83, 363 (384); vgl. auch *Waechter*, Kommunalrecht, Rn. 151.
309 Vgl. *Rüttgers*, ZfW 1987, S. 1; *Dippel*, KA 1997, S. 1394 (1395).
310 Vgl. *Dahme*, in: Sieder/Zeitler/Dahme/Knopp, WHG, § 18 Rn. 13a.

nachgekommen werden kann, und was unter Abwasserbeseitigung zu verstehen ist. Abwasserbeseitigung umfaßt danach das Sammeln, Fortleiten, Behandeln, Einleiten, Versickern, Verregnen und Verrieseln von Abwasser sowie das Entwässern von Klärschlamm im Zusammenhang mit der Abwasserbeseitigung. Hervorzuheben ist der Punkt des Behandelns, der jeden Vorgang umfaßt, der dazu dient, die Schädlichkeit des Abwassers zu vermindern oder zu beseitigen, namentlich die Schadstofffracht des Abwassers zu reduzieren.[311] Die Abwasserbeseitigungspflicht umfaßt daher auch eine Reinigungsleistung.

Die Abwasserbeseitigungspflicht der Gemeinden wird darüber hinaus auf der Ebene des Landesrechts noch näher bestimmt. Die Landeswassergesetze bestimmen, daß die Gemeinden die Einzelheiten zur Durchführung der Abwasserbeseitigung, also insbesondere die Voraussetzungen der Vorhaltung und der Benutzung ihrer Einrichtungen zur Abwasserbeseitigung, durch Satzung zu regeln haben.[312] Sie können insbesondere eine Vorbehandlung des Abwassers vor der Einleitung in die öffentliche Kanalisation verlangen[313] oder Abwasser von der Beseitigung ausschließen, das zur einer gemeinsamen Fortleitung oder Behandlung in einer öffentlichen Abwasseranlage ungeeignet ist oder nach Maßgabe technischer Regeln zweckmäßiger getrennt beseitigt wird.[314] Soweit Abwasser von der Beseitigung durch die Gemeinde ausgeschlossen wird, kann die Abwasserbeseitigungspflicht auf die Abwasserproduzenten übertragen werden. Werden einem Indirekteinleiter Vorbehandlungsmaßnahmen auferlegt, ist er insoweit ebenfalls abwasserbeseitigungspflichtig.[315] Für den Ausschluß resp. die Vorbehandlungspflicht für Abwasser ist teilweise die Zustimmung der Wasserbehörde erforderlich.[316]

---

311 *Czychowski*, WHG, § 18a Rn. 5. Hierunter fallen insbesondere die physikalische, biologische und chemische Abwasserbehandlung.

312 § 45b Abs. 3 S. 1 WG B-W; § 52 Abs. 3 WG R-P; § 50 Abs. 5 S. 1 SaarlWG; § 31 Abs. 4 S. 1 WG S-H; § 63 Abs. 2 ThürWG; vgl. *Schmidt-Aßmann*, Rechtsetzungsbefugnis, S. 607 (609); *Czychowski*, WHG, § 18a Rn. 17; *Haupt*, in: Haupt/Reffken/Rhode, NdsWG, § 149 Rn. 11 ff.

313 § 45b Abs. 3 S. 2 WG B-W; § 133 Abs. 9 Nr. 3 BremWG; § 52 Abs. 2 S. 3 HessWG; § 40 Abs. 2 S. 2 WG M-V; § 52 Abs. 3 S. 2 Nr. 1 WG R-P; § 50 Abs. 5 Nr. 1 SaarlWG; § 58 Abs. 2 S. 3 ThürGW.

314 § 45b Abs. 3 S. 2 WG B-W; Art. 41b Abs. 2 S. 1 Nr. 1 BayWG; § 50 Abs. 5 S. 3 Nr. 2 lit. a SaarlWG; § 31 Abs. 4 Nr. 1 WG S-H.

315 § 53 Abs. 2 WG N-W; § 53 Abs. 2 WG R-P. Vgl. zu § 53 Abs. 2 WG N-W OVG Münster, NVwZ-RR 1994, 642 (643); OVG Münster, NWVBl. 1995, 138.

316 Vgl. *Czychowski*, WHG, § 18a Rn. 21; *Kollmann*, WG S-H, § 31 Nr. 14; *Lübbe-Wolff*, Abwassersatzung, Rn. 396; *Habel/Kuckuck*, WG B-W, § 45b Rn. 27 ff.; *Hendler*,

Damit die Gemeinden die Beseitigungspflicht erfüllen können, bestimmen die meisten Landeswassergesetze, daß das Abwasser von demjenigen, bei dem es anfällt, der Gemeinde überlassen werden muß.[317] Soweit eine solche Vorschrift fehlt, kann es erforderlich sein, daß die Gemeinde, etwa im Wege des Anschluß- und Benutzungszwangs, in ihrer Entwässerungssatzung eine solche Pflicht für den Abwasserproduzenten begründet.[318] Entsprechende Ermächtigungen finden sich in den Gemeindeordnungen der Länder.[319]

Insgesamt steht den Gemeinden bei der Entscheidung, wie sie ihrer Abwasserbeseitigungspflicht genügen und die öffentliche Einrichtung ausgestalten wollen, ein weiter Ermessensspielraum zu.[320] Denn bei der Abwasserbeseitigung handelt es sich ja um eine Pflichtaufgabe der Selbstverwaltung, bei deren Wahrnehmung die Gemeinden hinsichtlich der Art und Weise der Aufgabenerfüllung grundsätzlich frei sind.

VBlBW 1992, S. 401 (403); *Henseler*, DVBl. 1981, S. 668; VGH Mannheim, NVwZ-RR 1992, 656.

317　§ 45b Abs. 1 S. 1 WG B-W; Art. 41b Abs. 7 BayWG; § 133 Abs. 8 S. 1 BremWG; § 2 S. 2 HbgAbwG; § 52 Abs. 2 S. 1 HessWG; § 40 Abs. 2 S. 1 WG M-V; § 149 Abs. 7 NdsWG; § 52 Abs. 4 WG R-P; § 50 Abs. 1 S. 3, Abs. 3 SaarlWG; § 63 Abs. 4 S. 1 SächsWG; § 151 Abs. 7 WG S-A; § 31 Abs. 2 WG S-H; § 58 Abs. 2 S. 1 ThürWG.

318　*Czychowski*, WHG, § 18a Rn. 15.

319　So etwa in § 19 GO N-W; § 26 Abs. 1 GemO R-P nennt ausdrücklich die Abwasserbeseitigung.

320　*Czychowski*, WHG, § 18a Rn. 17 unter Hnweis auf OVG Lüneburg, DÖV 1994, 702.

III. Abwassersatzungen/Entwässerungssatzungen

Die gemeindliche Abwasserbeseitigung ist eine öffentliche Einrichtung im gemeinderechtlichen Sinne, deren Benutzung in aller Regel öffentlich-recht lich durch eine Entwässerungs- oder Abwassersatzung[321] ausgestaltet wird.[322]

1. Satzungshoheit

Die durch Art. 28 Abs. 2 S. 1 GG verliehene Kompetenz zur eigenverantwortlichen Aufgabenerfüllung wird durch die Satzungshoheit umgesetzt und mittels der kommunalen Satzungen instrumentalisiert.[323] Die Gemeinden sind bei der Ausübung des Selbstverwaltungsrechts auf den Erlaß von Satzungen angewiesen, da Selbstverwaltung nicht nur konkretes Verwalten, sondern auch generell-abstraktes Ordnen voraussetzt.[324] Satzungen sind Rechtsvorschriften, die selbständige in den Staat eingeordnete juristische Personen des öffentlichen Rechts im Rahmen der ihnen verliehenen Autonomie mit Wirksamkeit für die ihnen angehörigen und unterworfenen Personen erlassen dürfen.[325] Das Satzungsrecht wird unmittelbar durch die Verfassung gewährleistet und ist damit Ausfluß der verfassungsrechtlich normierten Selbstverwal-

---

321 Es können hier natürlich nicht sämtliche kommunalen Entwässerungssatzungen berücksichtigt werden. Im folgenden werden daher beispielhaft die Mustersatzungen der kommunalen Spitzenverbände in B-W (BWGZ 1997, S. 247 ff.), N-W (http://www.nwstgb.de/data/veroeff/S./satz2.htm) und M-V (http://mvnet.de/inmv/stgt/S.-abw.html) sowie die Mustersatzung des Bayerischen Staatsministeriums des Innern (AllMBl. 1988, S. 562, geändert AllMBl. 1990, S. 60), abgedruckt bei Sieder/Zeitler, BayWG, Anh. II 41b. 1, zugrundegelegt. Übersicht über weitere Mustersatzungen bei *Lübbe-Wolff*, Abwassersatzung, S. 237 ff.

322 *Dippel*, KA 1997, S. 1394 (1395); *Rosenzweig*, Kommunale Abwassersatzungen, S. 37; *Doose*, ZfW 1975, S. 157; § 1 Abs. 1 BayMustersatzung. Möglich ist auch eine Regelung in privatrechtlicher Form, vgl. *Czychowski*, WHG, § 18a Rn. 23 f.; *Waechter*, Kommunalrecht, Rn. 538 ff.

323 Vgl. bereits oben unter § 2 I 2b, 3b aa.

324 *Schmidt-Jortzig*, DVBl. 1990, S. 920 (921); *Schmidt-Aßmann*, Rechtsetzungsbefugnis, S. 607.

325 BVerfGE 10, 20 (49 f.); NJW 1972, 1504 (1506); vgl. auch *Schmidt-Aßmann*, Kommunale Rechtsetzung, S. 4 f.

tungsgarantie.[326] Die Vorschriften in den Gemeindeordnungen der Länder,[327] die den Gemeinden das Satzungsrecht verleihen, bestätigen daher nur die verfassungsrechtliche Satzungsautonomie. Damit ist die Satzungsgewalt ein wesentliches Element kommunaler Selbstverwaltung.[328]

Es ist dabei nicht ganz klar, ob die Satzungsgebung der Gemeinden der Exekutive oder Legislative zuzurechnen ist.[329] Während das BVerfG ursprünglich den Gemeinderat als demokratisch gewähltes Beschlußorgan bei der Satzungsgebung dem Bereich der Legislative zugeordnet hat,[330] hat es später die Rechtsetzungstätigkeit der Gemeinden ungeachtet ihres "in mancherlei Hinsicht legislatorischen Charakters" dem Bereich der Verwaltung zugeordnet.[331]

Eingriffe in Freiheit und Eigentum sind durch Art. 28 Abs. 2 S. 1 GG allein nicht gerechtfertigt.[332] Für den Bereich des Gesetzesvorbehalts ist also eine besondere gesetzliche Grundlage erforderlich. Es konnte bereits gezeigt werden, daß die Landeswassergesetze und Gemeindeordnungen der Länder entsprechende Ermächtigungsgrundlagen, etwa für den Anschluß- und Benutzungszwang, die Vorbehandlung des Abwassers oder den Ausschluß bestimmter Abwasserarten vorsehen.[333] Denn die ordnungsgemäße Erfüllung der Abwasserbeseitigungspflicht setzt satzungsrechtliche Einwirkungsmöglich-

---

326 *Vogelsang/Lübking/Jahn*, Kommunale Selbstverwaltung, Rn. 335. *Gern*, Kommunalrecht, Rn. 248; Zu den verschiedenen Theorien zur Legitimation der Satzungsautonomie vgl. *Ossenbühl*, in: HStR IV, § 66 Rn. 24 f.

327 Etwa § 4 Abs. 1 S. 1 GemO B-W; Art. 23 S. 1 BayGemO; § 5 Abs. 1 S. 1 HessGemO; § 5 Abs. 1 KV M-V; § 6 Abs. 1 S. 1 NdsGemO; § 4 Abs. 1 S. 1 GemO N-W; § 24 Abs. 1 S. 1 GemO R-P; § 12 Abs. 1 S. 1 SaarlKSVG; § 6 Abs. 1 S. 1 GemO S-A; § 4 Abs. 1 S. 1 SächsGemO; § 4 Abs. 1 S. 1 GemO S-H; § 19 Abs. 1 S. 1 ThürKO.

328 BVerfGE 12, 319 (325).

329 Vgl. *Waechter*, Kommunalrecht, Rn. 466.

330 BVerfGE 32, 346 (361).

331 BVerfGE 65, 283 (289); so auch BVerwG, NJW 1993, 411 (412); zu den Parallelen zwischen Satzungsrecht und Parlamentsrecht vgl. *Schröder*, Parlamentsrecht, S. 27 ff.; *Schmidt-Aßmann*, Rechtsetzungsbefugnis, S. 607; *Stern*, Staatsrecht II, § 37 II 2 (S. 588 f.).

332 *Manssen*, Die Verwaltung 24 (1991), S. 33 (34) m. w. N. Vgl. unten B II 5a.

333 Vgl. auch *Rosenzweig*, Kommunale Abwassersatzungen, S. 37 (38). Zwar ist Art. 80 GG nicht auf die Satzungsautonomie anwendbar, jedoch ist die Bestimmtheit der zu Eingriffen ermächtigenden einfachen Gesetze etwa an den Anforderungen des Art. 80 Abs. 1 S. 2 GG zu messen, vgl. *Stern*, Staatsrecht II, § 37 II 2 (S. 588); *Waechter*, Kommunalrecht, Rn. 473, 475.

keiten der Gemeinden auf die Anschlußnehmer voraus.[334] Daher können die Entwässerungssatzungen grundsätzlich Beschränkungen für die Einleitung von Stoffen sowie Einleitungsverbote enthalten.[335]

2. Anschluß- und Benutzungszwang

Als Benutzungsordnung für die kommunalen Abwasseranlagen muß die Entwässerungssatzung insgesamt für einen wirtschaftlichen, sicheren und auch sonst den rechtlichen Anforderungen entsprechenden Betrieb der Einrichtung sorgen.[336] Die wesentlichen Inhalte der Entwässerungssatzungen sollen im folgenden kurz umrissen werden.

Es wurde bereits gezeigt, daß der Abwasserinhaber verpflichtet ist, das Abwasser der abwasserbeseitigungspflichtigen Gemeinde zu überlassen. Diese Überlassungspflicht wird durch die Normierung eines Anschluß- und Benutzungszwangs in den Entwässerungssatzungen umgesetzt.[337] Gleichsam als Kehrseite begründen die Entwässerungssatzungen in aller Regel ein unmittelbares, von keiner zusätzlichen Genehmigung abhängiges Anschluß- und Benutzungsrecht für Abwassereinleitungen in die öffentliche Kanalisation in dem Umfang, in dem die Gemeinde abwasserbeseitigungspflichtig ist.[338] Danach ist jeder Eigentümer eines im Gebiet der Gemeinde liegenden Grundstücks vorbehaltlich abweichender Regelungen in der Entwässerungssatzung berechtigt, von der Gemeinde zu verlangen, daß sein Grundstück an die bestehende öffentliche Abwasseranlage angeschlossen wird ("Anschlußrecht"), und der Anschlußberechtigte hat das Recht, die auf seinem Grundstück an-

---

334 *Lübbe-Wolff*, Abwassersatzung, Rn. 346; *Rosenzweig*, Kommunale Abwassersatzungen, S. 37 (39).

335 *Lübbe-Wolff*, NVwZ 1989, S. 205 (207); *dies.*, Abwassersatzung, Rn. 371; *Doose*, ZfW 1975, S. 157 (159).

336 *Lübbe-Wolff*, NVwZ 1989, S. 205 (207).

337 § 5 BayMustersatzung; §§ 6, 7, 8 Entwässerungsmustersatzung des Städte- und Gemeindetages M-V; § 3 Abs. 1 Abwassermustersatzung des Gemeindetages B-W; § 9 Entwässerungsmustersatzung des Nordrhein-Westfälischen Städte- und Gemeindebundes. Die Satzungen sehen jeweils die Möglichkeit der Befreiung vom Anschluß- und Benutzungszwang vor. Vgl. auch OVG Münster, NWVBl. 1996, S. 434 ff.

338 *Nisipeanu*, Abwasserrecht, S. 448.

fallenden Abwässer in die öffentliche Abwasseranlage einzuleiten ("Benutzungsrecht").[339]
Eine gesonderte Genehmigung ist nur dann erforderlich, wenn das Anschluß- und Benutzungsrecht durch die Satzung selbst beschränkt oder ausgeschlossen ist (hierzu sogleich im Anschluß). Von diesen Beschränkungen kann dann, wenn die insofern maßgeblichen satzungsrechtlichen Voraussetzungen vorliegen, eine Ausnahmegenehmigung erteilt werden.[340] Es kann aber auch grundsätzlich jede Einleitung in die Abwasseranlagen von einer vorherigen Genehmigung abhängig gemacht werden.[341]
In sachlicher Hinsicht sind häusliches und nicht häusliches (Gewerbe, Industrie) Abwasser durch die kommunalen Entwässerungssatzungen erfaßt.[342]

3. Benutzungsregelungen

Es wurde bereits dargelegt, daß die Gemeinde zur Erfüllung ihrer Abwasserbeseitigungspflicht Einfluß auf die Indirekteinleitungen nehmen muß. Die Entwässerungssatzungen enthalten daher im Kern identische Kataloge, die umschreiben, welches Abwasser nicht eingeleitet werden darf, sowie Grenzwertfestsetzungen für bestimmte gefährliche Inhaltsstoffe im Abwasser. Diese Anforderungen orientieren sich am Arbeitsblatt 115 der Abwassertechnischen Vereinigung e. V. (ATV- A 115: "Einleiten von nicht häuslichem Abwasser in eine öffentliche Abwasseranlage").[343]

---

339 § 4 BayMustersatzung; §§ 3, 6 Entwässerungsmustersatzung des Nordrhein-Westfälischen Städte- und Gemeindebundes; § 3 Entwässerungsmustersatzung des Städte- und Gemeindetages M-V; § 3 Abwassermustersatzung des Gemeindetages B-W.

340 Vgl. *Nisipeanu*, Abwasserrecht, S. 449.

341 *Lübbe-Wolff*, Abwassersatzung, Rn. 443; *Henseler*, Abwasserbeseitigung, S. 282; *ders.*, DVBl. 1981, S. 668 (672); vgl. auch *Waechter*, Kommunalrecht, Rn. 533 mit dem Hinweis, daß es sich bei den kommunalen Abwasseranlagen um öffentliche Sachen in Sondernutzungen handelt, deren Nutzung einer Zulassung bedarf.

342 Vgl. nur § 2 Nr. 1, 2 Entwässerungsmustersatzung des Nordrhein-Westfälischen Städte- und Gemeindebundes.

343 *Kollmann*, WG S-H, § 33 Nr. 2; *Dippel*, KA 1997, S. 1394 (1396); *Driewer*, KA 1993, S. 200 (204); *Haupt*, in: Haupt/Reffken/Rhode, NdsWG, § 149 Rn. 11. Vgl. hierzu sogleich unten cc.

B. Kompetenzinhalt

a) Einleitungsverbote

So darf in die öffentliche Abwasseranlage solches Wasser nicht eingeleitet werden, das aufgrund seiner Inhaltsstoffe

- das in der öffentlichen Abwasseranlage beschäftigte Personal gefährdet oder gesundheitlich beeinträchtigt oder
- die Abwasseranlage in ihrem Bestand angreift oder ihre Funktionsfähigkeit oder Unterhaltung gefährdet, erschwert oder behindert oder
- den Betrieb der Abwasserbehandlung erheblich erschwert oder verteuert oder
- die Klärschlammbehandlung, -beseitigung oder -verwertung beeinträchtigt oder
- die Funktion der Abwasseranlage so erheblich stört, daß dadurch die Anforderungen der wasserrechtlichen Einleitungserlaubnis nicht eingehalten werden können oder
- die Vorfluter über das zulässige Maß hinaus belastet oder sonst nachteilig verändern kann.[344]

Die hierin zum Ausdruck kommenden Regelungsziele der kommunalen Entwässerungssatzungen werden noch daraufhin zu untersuchen sein, ob sie von der kommunalen Kompetenz zur Regelung der Indirekteinleitungen umfaßt sind.[345]

Weiterhin enthalten die Entwässerungssatzungen "Positivkataloge" mit Abwassern oder Stoffen, welche nicht in die Abwasseranlagen eingeleitet werden dürfen. Hierunter fallen insbesondere

- feste Stoffe, die zu Ablagerungen oder Verstopfungen in den Kanälen führen können, auch in zerkleinertem Zustand,
- feuergefährliche, explosive, giftige, fett- und ölhaltige Stoffe,
- flüssige Stoffe, die im Kanalnetz erhärten oder sonst zu Abflußbehinderungen führen können,
- Jauche, Gülle, Abgänge aus Tierhaltungen, Silosickersaft und Molke,
- faulendes oder sonst übelriechendes Abwasser,
- Abwasser, das schädliche oder belästigende Dämpfe verbreiten kann oder

---

344 Vgl. § 15 Abs. 1 BayMustersatzung; § 7 Abs. 1 Entwässerungsmustersatzung des Nordrhein-Westfälischen Städte- und Gemeindebundes; § 5 Abs. 1 Entwässerungsmustersatzung des Städte- und Gemeindetages M-V; § 6 Abs. 1 Abwassermustersatzung des Gemeindetages B-W; entsprechende Anforderungen enthält Ziff. 4. 1 ATV-A 115.
345 Vgl. unten § 2 II 4.

• radioaktives Abwassser.[346]

Einleitungsverbote können entweder durch generelles Verbot in der Satzung selbst oder durch eine gemeindliche Einleitungsuntersagung im Einzelfall, etwa bei Überschreitung der noch näher zu betrachtenden Einleitungsgrenzwerte, begründet werden.[347] Ein Verbot im Einzelfall kann die Gemeinde mit einer Verfügung auf der Grundlage der Entwässerungssatzung durchsetzen, da es sich bei dem Verhältnis Gemeinde-Anschlußnehmer um ein öffentlich-rechtliches Benutzungsverhältnis handelt.[348] Die Abwasserbeseitigungspflicht bleibt von Einleitungsverboten unberührt. Die Gemeinde hat daher auch "satzungswidriges" Abwasser zu beseitigen, solange sie nicht von der Abwasserbeseitigungspflicht freigestellt ist.[349]

b) Einleitungsbeschränkungen

Neben Einleitungsverboten werden bestimmte Beschaffenheitsanforderungen an das Abwasser gestellt, so im Hinblick auf die Temperatur oder den pH-Wert.[350] Und es werden Grenzwerte für bestimmte Stoffe in der Satzung festgesetzt.[351] Auch die Grenzwertfestsetzungen orientieren sich am Arbeitsblatt

---

346 Vgl. § 15 Abs. 2 BayMustersatzung; § 7 Abs. 2 Entwässerungsmustersatzung des Nordrhein-Westfälischen Städte- und Gemeindebundes; § 5 Abs. 2 Entwässerungsmustersatzung des Städte- und Gemeindetages M-V; § 6 Abs. 2 Abwassermustersatzung des Gemeindetages B-W. Entsprechende Anforderungen enthält Ziff. 3 ATV-A 115.

347 OVG Münster, ZfW 1997, 327; OVG Münster, NWVBl. 1995, 138 unter Hinweis auf *Gieseke/Wiedemann/Czychowski*, WHG (6. Aufl. 1992), § 7a Rn. 40; *Lübbe-Wolff*, NVwZ 1989, S. 205 (207); *Rüttgers*, ZfW 1987, S. 1 (7); *Henseler*, Abwasserbeseitigung, S. 282. Vgl. auch *Lübbe-Wolff*, Abwassersatzung, Rn. 447 ff.

348 OVG Münster, ZfW 1997, 327; NWVBl. 1996, 340 (343); NWVBl. 1995, 138 f.; GewArch 1994, 120 (121); NVwZ-RR 1994, 642. Es handelt sich damit nicht um eine Maßnahme der Gefahrenabwehr, die auf die polizeiliche Generalklausel gestützt werden könnte. Vgl. dazu auch *Lübbe-Wolff*, Abwassersatzung, Rn. 447 f.

349 *Haupt*, in: Haupt/Reffken/Rhode, NdsWG, § 149 Rn. 12.

350 Vgl. nur § 5 Abs. 5 Nr. 1 der Entwässerungsmustersatzung des Städte- und Gemeindetages M-V. Zur Zulässigkeit von Grenzwerten für den biologischen oder chemischen Sauerstoffbedarf (BSB5 und CSB) vgl. *Lübbe-Wolff*, Abwassersatzung, Rn. 383 ff. und *Dippel*, KA 1997, S. 1394 (1396 f.).

351 Vgl. etwa § 5 Abs. 5 Nr. 1, 2 der Entwässerungsmustersatzung des Städte- und Gemeindetages M-V. Übersicht über die Grenzwerte verschiedener kommunaler Entwäs-

ATV-A 115.[352] Neben einer eigenständigen Aufnahme der Grenzwerte des Arbeitsblatts in der Satzung selbst wird auch teilweise auf das Arbeitsblatt ATV-A-115 verwiesen.[353]

Schließlich kann auch eine Vorklärung oder eine sonstige Vorbehandlung des Abwassers verlangt werden.[354] Bereits durch die Grenzwertfestsetzungen können Vorbehandlungsmaßnahmen der Einleiter erforderlich werden, es können aber auch entsprechende ausdrückliche Regelungen in der Entwässerungssatzung enthalten sein.[355]

Im Zusammenhang mit den Grenzwertfestsetzungen enthalten die Entwässerungssatzungen auch Festlegungen über deren Bezugspunkt, Verdünnungsverbote, damit die Grenzwerte nicht umgangen werden können, sowie Regelungen über die anzuwendenden Meß- und Analyseverfahren, da die Messungen in bezug auf ein und denselben Parameter je nach verwendetem Meß- und Analyseverfahren stark voneinander abweichen können.[356]

c) Arbeitsblatt ATV-A 115

Wegen der besonderen Relevanz des ATV-A 115 für die kommunalen Entwässerungssatzungen werden die damit zusammenhängenden Fragen hier kurz näher dargestellt.

Die Abwassertechnische Vereinigung (ATV)[357] ist ein privatrechtlicher eingetragener Verein, der das Ziel verfolgt, die auf dem Gebiet des Abwasser- und Abfallwesens tätigen Fachleute zusammenzuführen, um so das gesamte

---

serungssatzugen bei *Lahl/Hillebrand/Wende,* gwf Wasser/Abwasser 1991, S. 432 (433); allgemein zu Grenzwerten in Satzungen *Hendler,* DÖV 1998, S. 481 (484 ff.).

352 Anlage I ATV-A 115 enthält allgemeine Richtwerte für die wichtigsten Beschaffenheitskriterien.

353 § 6 Abs. 3 der Abwassermustersatzung des Gemeindetages B-W.

354 *Doose,* ZfW 1975, S. 157 (159 f.); Gemeindetag B-W, BWGZ 1997, S. 261 (268).

355 *Fathmann,* Anforderungen an Indirekteinleitungen, S. 117 (118); *Lübbe-Wolff,* Abwassersatzung, Rn. 399.

356 *Lübbe-Wolff,* Abwassersatzung, Rn. 391 ff.

357 Vgl. zum Folgenden ATV, http://www.atv.de/D_ATV/W1_1.HTM; Satzung der Abwassertechnischen Vereinigung e. V., gültig ab 01. 10. 1986 in der Fassung vom 30. 9. 1997 (Hennef 1998); ferner *Marburger,* Regeln der Technik, S. 488; *Nickusch,* Normativfunktion, S. 62; *Nisipeanu,* Abwasserrecht, S. 39 ff.

Abwasser- und Abfallwesen zu fördern.[358] Persönliche Mitglieder sind Fachleute aus dem Bereich der Abwasser- und Entsorgungstechnik. Fördernde Mitglieder sind Verwaltungen des Bundes, der Länder, Kreise, Städte- und Gemeinden sowie Universitäten, Industrieunternehmen, Ingenieurbüros und Abwasserverbände.[359]

Das technische ATV-Regelwerk Abwasser-Abfall, bestehend aus Arbeits- und Merkblättern, wird von etwa 1.000 Experten erarbeitet, die sich ehrenamtlich für die ATV engagieren und die in einem der ca. 200 Fachausschüsse und Arbeitsgruppen mitarbeiten.[360] Das Regelwerk beschreibt die den neuesten Erkenntnissen entsprechenden und in der Praxis bewährten Verfahren der Abwasser- und Abfalltechnik.

Das Arbeitsblatt ATV-A 115 "Einleiten von nicht häuslichem Abwasser in eine öffentliche Abwasseranlage"[361] gibt die allgemein anerkannten Regeln der Technik im Hinblick auf Indirekteinleitungen wieder und soll Hinweise insbesondere für Regelungen in kommunalen Entwässerungssatzungen geben.[362] Das Arbeitsblatt präzisiert die Einleitungsstandards, die die Gemeinde vorschreiben und durchsetzen muß, um einen rechtlich ordnungsgemäßen Betrieb der Abwasserbeseitigungsanlagen zu gewährleisten.[363] Dabei ist das Arbeitsblatt so angelegt, daß bei der Ausgestaltung einzelner Satzungsregelungen auch die jeweiligen örtlichen Verhältnisse in technischer, ökologischer und ökonomischer Hinsicht entsprechend berücksichtigt werden können.[364]

Das ATV-Regelwerk ist rechtlich unverbindlich. Es ist kein Gesetz, da es nicht von den für die Verabschiedung von Gesetzen vorgesehenen Organen in der notwendigen Form erlassen und verkündet worden und auch nicht auf dem in der Verfassung dafür vorgesehenen Weg zustande gekommen ist.[365] Ebensowenig handelt es sich um Rechtsverordnungen, da in Art. 80 GG eine Delegation an private Vereine nicht vorgesehen ist, und ebenso wenig handelt

---

358 § 3 ATV-Satzung; *Hanning*, Umweltschutz und überbetriebliche technische Normung, S. 126 f.

359 § 4 Abs. 2, 3 ATV-Satzung.

360 Vgl. ATV, Jahresbericht 1994, S. 10 f.

361 V. Oktober 1994, Hennef 1994.

362 Präambel ATV-A 115; vgl. auch *Ilic*, Das neue Arbeitsblatt ATV-A 115, S. 47 (48, 51).

363 *Lübbe-Wolff*, Abwassersatzung, Rn. 369.

364 *Ilic*, Das neue Arbeitsblatt ATV-A 115, S. 47 (48).

365 *Hanning*, Umweltschutz und überbetriebliche technische Normung, S. 61. *Marburger*, Regeln der Technik, S. 330 f.; vgl. auch *Hendler*, DÖV 1998, S. 481 (490).

es sich um Gewohnheitsrecht, da es an der langandauernden Übung und der allgemeinen Überzeugung rechtlicher Gebotenheit fehlt.[366] Rechtliche Verbindlichkeit erhalten die Normen der ATV erst durch Rezeption in eine Rechtsvorschrift, also in eine Entwässerungssatzung.[367] Die Rezeption kann, wenn nicht die Werte in die Satzung selbst übernommen werden, durch Verweisung auf das ATV-A 115 erfolgen. Hierbei ist zwischen statischen und dynamischen Verweisungen zu unterschieden. Eine statische Verweisung bezieht sich auf eine technische Norm in einer bestimmten Fassung, während mit der dynamischen Verweisung auf technische Normen in ihrer jeweiligen, auch zukünftigen, Fassung verwiesen wird.[368] Die dynamische Verweisung begegnet verfassungsrechtlichen Bedenken. Denn das Demokratieprinzip fordert eine ausdrückliche Rezeptionsentscheidung des Satzungsgebers, durch die er nach inhaltlicher Prüfung auch die volle inhaltliche Verantwortung für den rezipierten Standard übernimmt.[369] Während bei der statischen Verweisung die Bezugsnorm vorliegt und geprüft werden kann, ist bei einer dynamischen Verweisung das Verweisungsobjekt (die zukünftige technische Regel) im Zeitpunkt des Satzungserlasses noch nicht bekannt. Der Inhalt der verweisenden Norm steht damit noch nicht fest, er kann vielmehr unabhängig vom Willen des Satzungsgebers durch den privaten Regelgeber verändert werden. Dadurch erhielte dieser gesetzgeberische Befugnisse, zu denen er nicht legitimiert ist. Die dynamische Verweisung ist daher grundsätzlich wegen Verstoßes gegen das Demokratieprinzip, gegen die Gewaltenteilung sowie gegen das Rechtsstaatsprinzip, genauer des Grundsatzes der Gesetzesklarheit und -bestimmtheit, verfassungswidrig.[370] Die Rezeption des ATV-A 115 muß daher im Wege der statischen Verweisung erfolgen, auch wenn diese Gesetzestechnik den Nachteil birgt, daß bei einer Änderung der technischen Norm eine Änderung der Satzung geprüft und gegebenenfalls durchgeführt werden muß.[371]

---

366 *Hanning*, Umweltschutz und überbetriebliche technische Normung, S. 62. *Marburger*; Regeln der Technik, S. 333 f., 337 f.

367 *Ilic*, Das neue Arbeitsblatt ATV-A 115, S. 47 (50); *Lübbe-Wolff*, Abwassersatzung, Rn. 360; umfassend *Marburger*, Regeln der Technik, S. 379 ff. Vgl. hierzu auch *Nicklisch*, NJW 1982, S. 2633 ff.

368 *Kloepfer*, Umweltrecht, § 3 Rn. 77; *Marburger*, Regeln der Technik, S. 387 ff.

369 *Kloepfer*, Umweltrecht, § 3 Rn. 80.

370 *Kloepfer*, Umweltrecht, § 3 Rn. 80; eingehend *Marburger*, Regeln der Technik, S. 390 ff., der noch zwischen normergänzenden und normkonkretisierenden dynamischen Verweisungen unterscheidet.

371 *Rosenzweig*, Kommunale Abwassersatzungen, S. 37 (40); *Lübbe-Wolff*, Abwassersatzung, Rn. 361; Gemeindetag B-W, BWGZ 1997, S. 261 (266).

Aus der rechtlichen Unverbindlichkeit der technischen Norm folgt, daß auch über die Regelanforderungen des ATV-A 115 hinausgehende Anforderungen gestellt werden können, soweit es zur Gewährleistung eines normalen Betriebs der Abwasseranlagen erforderlich ist.[372]

4. Überwachungsregelungen

Um die praktische Durchsetzbarkeit der materiellen Anforderungen der Entwässerungssatzung zu gewährleisten, enthalten diese auch Regelungen, die der Überwachung und Durchsetzung der satzungsrechtlichen Pflichten dienen. Auch hier hat die ATV mit dem Arbeitsblatt A 163 "Indirekteinleiter" (Teil 1: Erfassung, Teil 2: Bewertung und Überwachung)[373] für die Abwasserbeseitigungspflichtigen den notwendigen Hintergrund mit der Festlegung der allgemein anerkannten Regeln der Technik geliefert.

Hierzu gehören insbesondere Betretungsrechte in bezug auf die Betriebsgrundstücke, soweit dies zur Erfüllung der gemeindlichen Abwasserbeseitigungspflicht oder zum Vollzug der Entwässerungssatzung notwendig ist,[374] Abwasseruntersuchungen der Gemeinde zur Überwachung der satzungsrechtlichen Grenzwerte,[375] Auskunfts- und Meldepflichten der Anschlußnehmer und Einleiter in bezug auf die satzungsrechtlich relevanten Sachverhalte (Zustand und Benutzung der Anlagen, Menge, Beschaffenheit und Inhalt des einzuleitenden Abwassers),[376] sowie Eigenkontrollpflichten des Einleiters.[377]

---

372 Vgl. Gemeindetag B-W, BWGZ 1997, S. 261 (266).

373 ATV Arbeitsblatt A 163: "Indirekteinleiter", Teil 1: Erfassung, St. Augustin 1992; Teil 2: Bewertung und Überwachung (Entwurf), St. Augustin 1994.

374 § 16 Abs. 2 Entwässerungsmustersatzung Städte- und Gemeindebundes M-V; § 18 Abs. 2 Entwässerungsmustersatzung des Nordrhein-Westfälischen Städte- und Gemeindebundes; § 21 Abs. 2 Abwassermustersatzung des Gemeindetages B-W. Zur verfassungsrechtlichen Zulässigkeit i. H. a. Art. 13 GG vgl. *Dippel*, KA 1997, S. 1394 (1397 f.) unter Hinweis auf BVerfGE 32, 54 (77); *Lübbe-Wolff*, Abwassersatzung, Rn. 424 ff.

375 OVG Koblenz, NVwZ-RR 1991, 38 ff; vgl. dazu *Ilic*, Das neue Arbeitsblatt ATV-A 115, S. 47 (58 ff.).

376 § 16 Abs. 1 Entwässerungsmustersatzung des Städte- und Gemeindebundes M-V; § 16 Abs. 1, 2 Entwässerungsmustersatzung des Nordrhein-Westfälischen Städte- und Gemeindebundes. Dazu *Lübbe-Wolff*, Abwassersatzung, Rn. 430 ff. und *Dippel*, KA 1997, S. 1394 (1398).

377 Die Eigenkontrollpflicht des Indirekteinleiters verstößt nicht gegen Art. 14 Abs. 1, 2 GG, BVerwG, NVwZ-RR 1994, 172 ff. § 9 Abwassermustersatzung des Gemeindetages B-W sieht die Verpflichtung zur Installation von Meß- und Registrierungsgeräten

B. Kompetenzinhalt

5. Bußgeldbewehrung

Die Entwässerungssatzungen können bei Verstößen gegen satzungsrechtliche Pflichten eine Bußgeldbewehrung vorsehen.[378] Entsprechende Ermächtigungsgrundlagen finden sich in den Gemeindeordnungen der Bundesländer.[379] Bei solchen mit Bußgeld bedrohten Handlungen handelt es sich um Ordnungswidrigkeiten.[380] Die Höhe der Geldbuße richtet sich damit nach § 17 OWiG, wonach Geldbußen zwischen 5 und 1000 DM angedroht werden können, § 17 Abs. 1 OWiG. Besondere gesetzliche Regelungen sind zulässig. Am weitestgehenden ist § 161a WG N-W, der abwasserrechtliche Bußgeldandrohungen bis 100. 000 DM zuläßt.

IV. Zielsetzungen der Indirekteinleiterregelungen

Es wurde bereits angedeutet, daß mit den kommunalen Entwässerungssatzungen traditionell eine Reihe von Zielen verfolgt werden.[381] Diese Zielsetzungen spielen in der Auseinandersetzung um die Abgrenzung von kommunalem Satzungsrecht und staatlichem Wasserrecht und damit bei der Bestimmung der kommunalen Regelungskompetenzen für Indirekteinleitungen eine zentrale Rolle. Denn nach herrschender Auffassung stehen diese beiden Regelungsbereiche gerade unabhängig nebeneinander, weil sie unterschiedliche Zielsetzungen verfolgen.[382] Um die Tragfähigkeit dieses Arguments beurteilen zu können, ist es notwendig, danach zu fragen, ob diese Ziele von der kommunalen Selbstverwaltungsgarantie resp. in deren Ausgestaltung von der Abwasserbeseitigungs-

---

vor, die die Beschaffenheit des Abwassers überwachen, sowie die Führung und Aufbewahrung eines Betriebstagebuches vor. Vgl. hierzu *Lübbe-Wolff*, Abwassersatzung, Rn. 433 ff.; *Reinhardt*, AöR 121 (1996), S. 617 (640); *Dohman*, Erfassung und Überwachung, S. 7 (11). Zur Erstellung eines Indirekteinleiterkatasters vgl. *Mumm*, Indirekteinleiterüberwachung, S. 81 ff.; *Fathmann*, Anforderungen an Indirekteinleitungen, S. 117 ff.

378 *Lübbe-Wolff*, Abwassersatzung, Rn. 450 ff.; *Horst P. Sander*, Haftung des Kanalisationsbenutzers, S. 179 (141); vgl. auch OLG Düsseldorf, ZMR 1996, 146 ff.

379 Etwa Art. 24 Abs. 2 BayGemO; § 4 Abs. 2 GemO N-W; § 24 Abs. 5 GemO R-P.

380 § 20 BayMustersatzung; § 19 Entwässerungsmustersatzung des Städte- und Gemeindebundes M-V; § 48 Abwassermustersatzung des Gemeindetages B-W.

381 Vgl. oben § 2 II 3b; *E. Sander*, Indirekteinleiterverordnungen, Rn. 124; *Spilleke*, Erfassung und Kontrolle der Indirekteinleitungen, S. 125 (134).

382 Vgl. hier nur *Lübbe-Wolff*, NVwZ 1989, S. 205 ff.; ausführlich unten § 3 I 3.

pflicht gedeckt sind.[383] Allgemein sind Einleitungsbeschränkungen in kommunalen Entwässerungssatzungen über die bereits beschriebenen Anforderungen[384] hinaus rechtlich zulässig, wenn sie der Kompetenz der Gemeinden aus Art. 28 Abs. 2 S. 1 GG unterfallen und die Gemeinden dadurch ihre wasserrechtlichen und sonstigen rechtlichen Verpflichtungen, die grundsätzlich zulässige Ausgestaltungen der institutionellen Selbstverwaltungsgarantie sind,[385] erfüllen können.[386] Erst wenn feststeht, daß die Gemeinden diese Ziele auch in kompetenziell rechtmäßiger Weise verfolgen dürfen, kann die Zielsetzung des kommunalen Indirekteinleiterregimes zur Grundlage einer Abgrenzung gemacht werden. Hierauf wird im Verlauf der Untersuchung dann noch einzugehen sein.[387]

1. Schutz der Abwasseranlagen als öffentliche Einrichtung

Ein zentrales Ziel des kommunalen Indirekteinleiterregimes ist der Schutz des Bestands und der Funktionsfähigkeit der kommunalen Abwasseranlagen sowie des Betriebs der Abwasserbehandlung. Es konnte bereits gezeigt werden, daß es sich bei den kommunalen Abwasseranlagen um öffentliche Einrichtungen handelt. Die Gemeinden sind unmittelbar aus Art. 28 Abs. 2 S. 1 GG befugt, die Benutzung dieser Einrichtungen durch Satzung zu regeln. Die kommunale Kompetenz aus Art. 28 Abs. 2 S. 1 GG umfaßt daher als Grundanliegen Indirekteinleiterregelungen zur Sicherung des Bestands und des Betriebs der Abwasseranlagen als öffentliche Einrichtungen der Gemeinden.[388]

---

383 Vgl. auch *Rosenzweig*, Kommunale Abwassersatzungen, S. 37 ff.
384 § 2 II 3a.
385 Vgl. oben § 2 I 2; II 2b.
386 *Nisipeanu*, Abwasserrecht, S. 447; *Lübbe-Wolff*, Abwassersatzung, Rn. 347, 367; *dies.*, NVwZ 1989, S. 205 (207); *Rüttgers*, ZfW 1987, S. 1 (7); *Driewer*, KA 1993, S. 200 (202); *ders.*, Abgrenzung von Wasserrecht und Satzungsrecht, S. 15 (27); *Dippel*, KA 1997, S. 1394 (1398).
387 Vgl. unten § 4 II.
388 OVG Münster, NWVBl. 1995, 138; *Driewer*, Verhältnis von Wasserrecht und Satzungsrecht, S. 15 (27); *Rosenzweig*, Kommunale Abwassersatzungen, S. 37 (38); *Lübbe-Wolff*, NVwZ 1989, S. 205 (207); *Reichert*, ZfW 1997, S. 141 (143); *Ilic*, Das neue Arbeitsblatt ATV-A 115, S. 47 (51); *Czychowski*, WHG, § 7a Rn. 40; *Kollmann*, WG S-H, § 31 Nr. 11; *Nisipeanu*, Abwasserrecht, S. 447; *E. Sander*, Indirekteinleiterverordnungen, Rn. 124.

Die gleiche Befugnis ergibt sich auch aus der Abwasserbeseitigungspflicht der Gemeinde. Die Gemeinde kann Anforderungen stellen, die für eine ordnungsgemäße Abwasserbeseitigung erforderlich sind. Sie muß sicherstellen, daß durch das Abwasser die kommunalen Anlagen nicht beschädigt und der Klärprozeß sowie die Betriebssicherheit nicht beeinträchtigt werden.[389] Darüber hinaus stellt § 18b Abs. 1 WHG Anforderungen an die Errichtung und den Betrieb der Abwasseranlagen. Nach § 18b Abs. 1 S. 1 WHG sind die Anlagen so zu errichten und zu betreiben, daß die Anforderungen nach § 7a Abs. 1 WHG eingehalten werden, und gem. § 18b Abs. 2 S. 2 WHG gelten im übrigen die allgemein anerkannten Regeln der Technik. Die rahmenrechtliche Vorschrift des § 18b Abs. 1 S. 2 WHG wird durch Vorschriften des Landeswasserrechts ausgefüllt.[390] Damit sind die Gemeinden als Betreiberinnen der Abwasseranlagen wasserrechtlich verpflichtet, Vorkehrungen gegen Beschädigungen der Abwasseranlagen durch Indirekteinleitungen mit entsprechenden Stoffen zu treffen. Die allgemein anerkannten Regeln der Technik werden insbesondere durch das ATV-Regelwerk Abwasser/Abfall, aber auch durch andere technische Regeln festgelegt.[391] Wie aber die jeweilige Gemeinde die Anforderungen erfüllt, bleibt ihr selbst überlassen.[392] Hierin kommt zum Ausdruck, daß es sich bei der Abwasserbeseitigung um eine Pflichtaufgabe der Selbstverwaltung handelt, bei der das "Wie" der Aufgabenerfüllung der Eigenverantwortung der Gemeinde obliegt.

Damit wird die Funktionsfähigkeit der Abwasseranlagen und damit auch der zentralen Kläranlage gewährleistet, etwa im Hinblick auf die empfindliche Biologie der zweiten Reinigungsstufe oder im Hinblick auf eine befürchtete Korrosion von Dichtungen im Kanalnetz.[393]

---

389 *Rosenzweig*, Kommunale Abwassersatzungen, S. 37 (38 f.).

390 §§ 45c, 83 WG B-W; Art. 41e BayWG; §§ 70, 75 BbgWG; §§ 137 ff. BremWG; §§ 49, 53 HessWG; §§ 153, 155 NdsWG; §§ 57, 61 WG N-W; §§ 56 f. WG R-P; §§ 53 f. SaarlWG; §§ 154, 156 WG S-A; §§ 34, 36 WG S-H; §§ 55, 60 ThürWG. Zur Einführung von technischen Regeln durch Verwaltungsvorschriften vgl. *Dahme*, in: Sieder/Zeitler/Dahme/Knopp, WHG, § 18b Rn. 15.

391 Übersicht bei *Czychowski*, WHG, § 18b Rn. 5.

392 *Czychowski*, WHG, § 18b Rn. 1.

393 *Beile*, WG R-P, § 52 Nr. 5; *Lahl/Hillebrand/Wende*, gwf Wasser/Abwasser 1991, S. 432; *Reichert*, ZfW 1997, S. 141 (147) m. w. N.; VGH Mannheim, NVwZ 1996, 200 f.; NVwZ-RR 1991, 325.

2. Schutz des in den Abwasseranlagen tätigen Personals

Von der Kompetenz zur Regelung der gemeindlichen öffentlichen Einrichtungen sind auch Bestimmungen zum Schutz der in den Abwasseranlagen arbeitenden Personen umfaßt.[394]
Der Gemeinde als Arbeitgeber obliegt als Nebenpflicht aus dem Arbeitsvertrag eine Fürsorgepflicht.[395] Allgemein hat der Arbeitgeber seine Verpflichtungen aus dem Arbeitsverhältnis so zu erfüllen, seine Rechte so auszuüben und die im Zusammenhang mit dem Arbeitsverhältnis stehenden Interessen des Arbeitnehmers so zu wahren, wie sie unter Berücksichtigung der Belange des Betriebes und der Interessen der anderen Arbeitnehmer des Betriebes nach Treu und Glauben billigerweise verlangt werden können.[396] Daneben ist die spezielle Fürsorge für Leben und Gesundheit des Arbeitnehmers gesetzlich ausgestaltet. Wesentliche Grundlagen sind einerseits §§ 617, 618 BGB, wonach der Arbeitgeber verpflichtet ist, Räume, Vorrichtungen und Gerätschaften, die er zur Verrichtung der Dienste zu beschaffen hat, so einzurichten und zu unterhalten, daß der Arbeitnehmer gegen Gefahren für Leben und Gesundheit soweit geschützt ist, wie die Natur des Betriebs und der Arbeit es gestatten.[397] Daneben gelten die zahlreichen speziellen Bestimmungen des öffentlichen Arbeitnehmerschutzrechtes, wozu insbesondere das Arbeitsschutzgesetz gehört.[398]
Hieraus folgt, daß die Gemeinde dafür Sorge zu tragen hat, daß kein Abwasser den Abwasseranlagen zugeleitet wird, bei dem eine Gesundheitsgefährdung des in der Kanalunterhaltung und auf den Kläranlagen tätigen Personals

---

394 *Czychowski*, WHG, § 7a Rn. 40; *Habel/Kuckuck*, WG B-W, § 45b Rn. 24; *Nisipeanu*, Abwasserrecht, S. 447; *Henseler*, Abwasserrecht, S. 282; *Driewer*, Verhältnis von Wasserrecht und Satzungsrecht, S. 15 (27); *E. Sander*, Indirekteinleiterverordnungen, Rn. 124; *Lübbe-Wolff*, NVwZ 1989, S. 205 (207); *dies.*, Abwassersatzung, Rn. 366; *Reichert*, ZfW 1997, S. 141 (143); *Kollmann*, WuB 1992, S. 321 (322); *ders.*, WG S-H, § 31 Nr. 11; *Rosenzweig*, Kommunale Abwassersatzung, S. 37 (38); *Ilic*, Das neue Arbeitsblatt ATV-A 115, S. 47 (50).

395 Vgl. *Zöllner/Loritz*, Arbeitsrecht, § 16 III.

396 *Schaub*, Arbeitsrechtshandbuch, § 108 II 4.

397 Vgl. dazu *Putzo*, in: Palandt, BGB, § 611 Rn. 98; § 618 Rn. 1.

398 Gesetz über die Durchführung von Maßnahmen des Arbeitsschutzes zur Verbesserung der Sicherheit und des Gesundheitsschutzes der Beschäftigen bei der Arbeit (ArbSchG) v. 07. 08. 1996 (BGBl. I, S. 1246). Nach anderen Gesetzen bestehende Fürsorgepflichten bleiben hiervon aber unberührt, vgl. *Vogl*, NJW 1996, S. 2753 (2754); im Einzelnen *Schaub*, Arbeitsrechtshandbuch, § 154; zu den Unfallverhütungsvorschriften vgl. ATV-A 115, Nr. 7. 5 m. w. N. in Anlage III 2; 2. 3.

zu besorgen ist.[399] Um dieser Fürsorgepflicht zu genügen, kann die Gemeinde Einleitungsbeschränkungen zum Schutz ihrer Arbeitnehmer normieren.

3. Erfüllung der eigenen Direkteinleiterpflichten

Ein weiteres Ziel der kommunalrechtlichen Regelung der Indirekteinleitungen ist es, Schadstoffeinträge in die öffentlichen Abwasseranlagen so zu begrenzen, daß die Gemeinde als Direkteinleiter ihrerseits die wasserrechtlichen Anforderungen erfüllt.

Die Gemeinden sind nach § 18a Abs. 2 S. 1 WHG i. V. m. den landesgesetzlichen Regelungen abwasserbeseitigungspflichtig. Dabei besteht das Gebot der schadlosen Abwasserbeseitigung. Aus der Abwasserbeseitigungspflicht selbst folgt aber noch nicht die Befugnis, das kommunale Abwasser in ein Gewässer einzuleiten. Die Gemeinden bedürfen vielmehr zur Einleitung des von ihnen behandelten Abwassers einer Erlaubnis nach §§ 2 Abs. 1, 6, 7, 7a Abs. 1 WHG.[400] Danach kann eine solche Erlaubnis nur erteilt werden, wenn die Schadstofffracht des Abwassers so gering gehalten wird, wie dies bei Einhaltung der jeweils in Betracht kommenden Verfahren nach dem Stand der Technik möglich ist. Gem. § 7a Abs. 1 S. 3 WHG wird der Stand der Technik, der in Abs. 5 legaldefiniert ist, durch die Abwasserverordnung der Bundesregierung resp. die Abwasserverwaltungsvorschriften nach § 7a Abs. 1 WHG a. F. konkretisiert.[401] In der Einleitungserlaubnis werden dann die hierin bestimmten Emissionswerte gegenüber der Gemeinde außenverbindlich festgesetzt. Da die kommunalen Kläranlagen regelmäßig nicht in der Lage sind, das Abwasser von den betreffenden Stoffen zu reinigen, können die Gemeinden ihre rechtlichen Verpflichtungen durch Einleitungsbeschränkungen und -verbote der Indirekteinleitungen erfüllen.[402]

Mit der Erfüllung der eigenen Direkteinleiterpflichten hängt auch die Vermeidung strafrechtlicher Konsequenzen zusammen. So kommt beispielsweise eine Strafbarkeit des Entscheidungsträgers der kommunalen Entwässerungsanlagen aus § 324 StGB in Betracht, wenn dieser es unterläßt zu verhindern,

---

399 *Dippel*, KA 1997, S. 1394 (1395); *Lübbe-Wolff*, Abwassersatzung, Rn. 366.

400 *Czychowski*, WHG, § 18 Rn. 9. Vgl. zu § 7a WHG unten § 3 I 2.

401 Ausführlich unten § 3 I 2a.

402 *Lübbe-Wolff*, NVwZ 1989, S. 205 (207); *dies.*, Abwassersatzung, Rn. 367; *Henseler*, DVBl. 1981, S. 668 (672); *Driewer*, KA 1993, S. 200 (202); *ders.*, Verhältnis von Wasserrecht und Satzungsrecht, S. 15 (27); *E. Sander*, Indirekteinleiterverordnungen, Rn. 124; *Rosenzweig*, Kommunale Abwassersatzungen, S. 37 (41).

daß durch Indirekteinleiter unzulässige Schadstoffe der Kläranlage zugeführt und letztlich die in der Einleitungserlaubnis der Gemeinde festgesetzten Grenzwerte überschritten werden, so daß eine Gewässerverunreinigung oder sonstige nachteilige Veränderung des Gewässers eintritt.[403] Auf die in diesem Zusammenhang vielfältig bestehenden strafrechtlichen Probleme kann an dieser Stelle nicht näher eingegangen werden.[404] Die Gemeinden sind aber jedenfalls befugt, auch zur Vermeidung strafrechtlicher Konsequenzen Einleitungsbeschränkungen gegenüber Indirekteinleitern festzulegen.

4. Verwertbarkeit des Klärschlamms

Die Minimierung der Schadstoffbelastung des Klärschlamms ist ein weiteres Regelungsziel der kommunalen Entwässerungssatzungen.

Klärschlamm ist der ungelöste Teil des Abwassers, der bei der Abwasserbehandlung durch Sedimentation oder auf andere Weise aus dem Abwasser abgetrennt wird und mit variierendem Wassergehalt als Rückstand der Abwasserbehandlung anfällt.[405] Gem. § 18a Abs. 1 S. 3 WHG umfaßt die Abwasserbeseitigungspflicht der Gemeinden auch die Entwässerung des Klärschlamms im Zusammenhang mit der Abwasserbeseitigung.[406] Hierunter fällt in Abgrenzung zur Abfallbeseitigung die Absonderung des Rohschlamms, die Entwässerung sowie die Aufbereitung für die ordnungsgemäße Beseitigung, nicht aber die endgültige Ablagerung oder Verwertung des nach Abschluß der Be-

---

403 *Stange*, Strafrechtliche Verantwortung von Klärwerksbetreibern, S. 65 (72 ff.); *Schmeken/Müller*, Umweltstrafrecht in den Kommunen, S. 64 unter Hinweis auf AG Hechingen, NJW 1976, 1222 f.

404 Vgl. hierzu etwa *Schmeken/Müller*, Umweltstrafrecht in den Kommunen, S. 24 ff.; *Salzwedel/Reinhardt*, NVwZ 1991, S. 946 (951); *Cramer*, in: Schönke/Schröder, StGB, § 324 Rn. 1 ff. m. zahlr. N.; *Kloepfer/Vierhaus*, Umweltstrafrecht, Rn. 77 ff.; *Kloepfer/Brandner*, ZfW 1989, S. 1 (9 ff.); *Nisipeanu*, Abwasserrecht, S. 326 ff.; *Gürbüz*, Strafbarkeit von Amtsträgern, 1997; *Hüting*, Wirkung der behördlichen Duldung im Umweltstrafrecht, 1996; *Rudolphi*, Probleme der strafrechtlichen Verantwortung, S. 561 ff; *Papier*, Strafrechtliche Probleme des Gewässerschutzes, S. 61 ff.; *Pfohl*, NJW 1994, S. 418 ff.; *Hohmann*, NuR 1991, S. 8 ff.; *Himmel/Sanden*, ZfW 1994, S. 448 zum strafrechtlichen Risiko undichter Abwasserkanäle.

405 *Czychowski*, WHG, § 18a Rn. 7; *Kollmann*, WG S-H, § 31 Nr. 6; *Nisipeanu*, Abwasserrecht, S. 185; vgl. auch die Legaldefinition in § 2 Abs. 2 S. 1 AbfKlärV.

406 Zu den technischen Verfahren der Klärschlammentwässerung vgl. *Nisipeanu*, Abwasserrecht, S. 187 f.

handlung und Entwässerung verbleibenden Restschlamms.[407] Zulässigkeit sowie Art und Weise der Verwertung oder Beseitigung des Klärschlamms fallen unter das Abfallrecht.[408]

Es wurde bereits gezeigt, daß kommunalrechtliche Beschränkungen der Indirekteinleitungen dann rechtlich zulässig sind, wenn dies zur Erfüllung bestehender rechtlicher Pflichten der Gemeinden erforderlich ist. Die Regelungsbefugnis hängt damit davon ab, welche Pflichten die Gemeinden über die geschilderte Entwässerung hinaus im Hinblick auf den bei der Abwasserbeseitigung anfallenden Klärschlamm haben.

Gem. §§ 5 Abs. 2, 15 Abs. 1 KrW-/AbfG[409] obliegt die Entsorgungspflicht von Abfällen aus öffentlichen Einrichtungen grundsätzlich dem jeweiligen Abfallbesitzer oder -erzeuger. Da es sich bei Klärschlamm um Abfall aus öffentlichen Einrichtungen handelt, haben die Gemeinden als Betreiber der Abwasseranlagen die Verwertung als Grundpflicht der Kreislaufwirtschaft zu übernehmen, §§ 5 Abs. 2, 6 KrW-/AbfG.[410] Diese Pflicht können sie insbesondere durch Abgabe der Klärschlämme in die Landwirtschaft zum Zweck der Düngung oder Bodenverbesserung erfüllen.[411]

---

407 *Breuer*, Wasserrecht, Rn. 301; *Czychowski*, WHG, § 18a Rn. 7; *Dahme*, in: Sieder/Zeitler/Dahme/Knopp, WHG, § 18a Rn. 13.

408 *Czychowski*, WHG, § 18a Rn. 8; *Reis*, in: Birn, KrW-/AbfG, 3.1.1.6, S. 4; *Breuer*, Wasserrecht, Rn. 301 noch in bezug auf § 15 AbfG und die darauf gestützte Klärschlammverordnung; ebenso *Nisipeanu*, Abwasserrecht, S. 189; *Hahn*, KA 1990, S. 175 ff.

409 Gesetz zur Förderung der Kreislaufwirtschaft und Sicherung der umweltverträglichen Beseitigung von Abfällen v. 27. 09. 1994 (BGBl. I, S. 2705), geändert durch Gesetz v. 12. 09. 1996 (BGBl. I, S. 1354).

410 *Reis*, in: Birn, KrW-/AbfG, 3.1.1.6, S. 5; *Melsa*, KA 1997, S. 1752 (1756). Eine entsprechende gemeinschaftsrechtliche Determinierung enthält Art. 14 Abs. 1 i. V. m. Art. 2 Nr. 10 KomAbwRL, wonach Klärschlamm "nach Möglichkeit" wiederzuverwenden ist, vgl. dazu *Schulte*, Kommunalabwasserrichtlinie, S. 69 f. mit dem Hinweis, daß hiernach neben der landbaulichen auch eine thermische Verwertung in Betracht kommt. Zur Umsetzung von Richtlinien der Gemeinschaft vgl. allgemein unten § 6.

411 Die Beseitigung des Klärschlamms als Abfall wurde für die Gemeinden bei steigenden Verbrennungskosten und knapper werdendem Deponieraum zu einem immer größerem Problem. Als Ausweg bot sich wegen seines Gehalts an organischer Substanz und Pflanzennährstoffen die landwirtschaftliche Verwertung des Klärschlamms als Dünger an, vgl. *Driewer*, Verhältnis von Wasserrecht und Satzungsrecht, S. 15 (28); *ders.*, KA 1993, S. 200 (202); *Sproll*, NVwZ 1993, S. 1140; *Lübbe-Wolff*, IUR 1992, S. 156; *dies.*, NVwZ 1989, S. 205 (206). Vgl. zu den verschiedenen Entsorgungswegen für den Klär-

Soweit eine Verwertung durch Aufbringung auf landwirtschaftliche, forstwirtschaftliche oder gärtnerisch genützte Böden in Frage steht, greift § 8 KrW-/AbfG. Danach können durch Rechtsverordnung des Bundesministers für Umwelt, Naturschutz und Reaktorsicherheit Anforderungen an die Kreislaufwirtschaft im Bereich der landwirtschaftlichen Düngung gestellt werden. Bis zum Erlaß einer solchen Verordnung gilt die Klärschlammverordnung (AbfKlärV)[412] auf Grundlage des § 15 AbfG[413] fort.[414] Diese geht im Kern davon aus, daß das Aufbringen von Klärschlamm auf Nutzböden grundsätzlich untersagt, bei Einhaltung bestimmter Voraussetzungen aber zulässig ist.[415] Dabei werden generelle flächen- und bodenqualitätsbezogene Aufbringungsverbote und -beschränkungen normiert, § 4 Abs. 1 bis 9 AbfKlärV. Das Aufbringen von Klärschlamm ist des weiteren untersagt, wenn der Klärschlamm selbst bestimmte Belastungswerte überschreitet, § 4 Abs. 10 bis 12 AbfKlärV.[416]

Daneben unterliegen Klärschlämme als Sekundärrohstoffdünger gem. § 1 Nr. 2a DMG[417] auch den Vorgaben des Düngemittelrechts. Während das Abfallrecht Regeln für den Schadstoffgehalt des für die landwirtschaftliche Düngung vorgesehenen Klärschlamms enthält, regelt das Düngemittelrecht die Anwendung des Klärschlamms für landwirtschaftliche Zwecke einschließlich des Inverkehrbringens.[418] So unterfällt Klärschlamm der auf § 2 Abs. 2 DMG

---

schlamm auch *Böhme*, KA 1989, S. 414 ff; *Möller*, KA 1988, S. 24 (25 ff.); *ders.*, KA 1989, S. 482 (488 ff.); *Lahl/Zeschmar-Lahl*, KA 1990, S. 164 (165 ff.); *Jacobsen*, KA 1995, S. 1285 ff.

412 Klärschlammverordnung (AbfKlärV) v. 15. 04. 1992 (BGBl. I, S. 912); diese Verordnung dient der Umsetzung der Richtlinie 86/278/EWG des Rates vom 12. 06. 1986 über den Schutz der Umwelt und insbesondere der Böden bei der Verwendung von Klärschlamm in der Landwirtschaft (ABl. EG Nr. L 181, S. 6). Zu dieser und weiteren für die Klärschlammentsorgung relevanten Richtlinien vgl. *Lindner*, KA 1995, S. 1272 (1275 ff.).

413 Abfallgesetz v. 27. 08. 1986 (BGBl. I, S. 1410).

414 *Reis*, in: Birn, KrW-/AbfG, 3.1.1.6, S. 4; *Fluck*, in: Fluck, KrW-/AbfG, § 8 Rn. 90; *Nisipeanu*, Abwasserrecht, S. 192.

415 *Sproll*, NVwZ 1993, S. 1141. Zu den möglichen Einsatzgebieten der landwirtschaftlichen Klärschlammverwertung vgl. *Nisipeanu*, Abwasserrecht, S. 191 f.

416 Vgl. dazu *Friege/Buysch/Leuchs/Hembrock/König*, KA 1989, S. 601 (602 ff.).

417 Düngemittelgeseez v. 15. 11. 1977 (BGBl. I, S. 2134), geändert durch Gesetz v. 27. 09. 1994 (BGBl. I, S. 2705).

418 *Reis*, in: Birn, KrW-/AbfG, 3.1.1.6, S. 6; vgl. auch *Lindner*, KA 1995, S. 1272.

gestützten Düngemittelverordnung.[419] Schließlich findet über § 3 Abs. 1 S. 2 AbfKlärV die Düngeverordnung[420] Anwendung.

Neben der landwirtschaftlichen Verwertung kommen aber auch andere Verwertungsarten wie der Landschafts- und Straßenbau in Betracht.[421] Auch eine thermische Verwertung des Klärschlamms ist nach Maßgabe des § 6 Abs. 2 KrW-/AbfG möglich.[422] Für das Verhältnis von stofflicher und energetischer Verwendung gilt § 6 Abs. 1 S. 2 KrW-/AbfG, wonach der Vorrang der besser umweltverträglichen Verwendungsart gebührt.[423] Nach § 5 Abs. 2 S. 1 KrW-/AbfG hat die Verwertung von Abfällen grundsätzlich Vorrang vor der Beseitigung. Das bedeutet, daß nur dann, wenn eine landbauliche oder sonstige Verwertung aus rechtlichen oder tatsächlichen Gründen ausscheidet, die entsorgungspflichtige Gemeinde zur Überlassung des Klärschlamms an den öffentlich-rechtlichen Entsorgungsträger berechtigt ist, der seinerseits die Verwertungsmöglichkeiten prüfen muß und erst nach deren Verneinung die Beseitigung des Klärschlamms (Deponierung) betreiben darf.[424]

Hieraus[425] folgt, daß die Gemeinden abfallrechtlich verpflichtet sind, eine Verwertung des Klärschlamms zu ermöglichen.[426] Damit sind sie aber auch berechtigt, Anforderungen an Indirekteinleitungen zu stellen, um eine solche,

---

419 Vom 09. 07. 1991 (BGBl. I, S. 1450), zuletzt geändert durch VO v. 22. 08. 1995 (BGBl. I, S. 1060).

420 Verordnung über die Grundsätze der guten fachlichen Praxis beim Düngen (Düngeverordnung) v. 26. 01. 1996 (BGBl. I, S. 118).

421 *Reis*, in: Birn, KrW-/AbfG, 3.1.1.6, S. 5; *Lübbe-Wolff*, NVwZ 1989, S. 205 (206).

422 Dazu *Nisipeanu*, Abwasserrecht, S. 194; *Dorschel*, KA 1996, S. 1788 (1792 ff.); *Wiebusch/Seyfried/Johnke/Credo*, KA 1997, S. 473 ff. Ökobilanz der verschiedenen Entsorgungspfade bei *Tetzlaff/Form/Näher/Seydler*, KA 1993, S. 990 ff.

423 Eine Rechtsverordnung nach § 6 Abs. 1 S. 3 KrW-/AbfG ist noch nicht erlassen, vgl. *Melsa*, KA 1997, S. 1752 (1757).

424 *Reis*, in: Birn, KrW-/AbfG, 3.1.1.6, S. 5. Zur Deponierung vgl. *Nisipeanu*, Abwasserrecht, S. 195 f.

425 Eine Pflicht zur Klärschlammverwertung folgt dagegen nicht aus der TA Siedlungsabfall (3. AVwV zum AbfG v. 4. 5. 1993, Beilage zum Bundesanzeiger Nr. 99a); ein entsprechender Entwurf wurde nicht übernommen, vgl. dazu *Lübbe-Wolff*, Abwassersatzung (1. Aufl. 1993), Rn. 311. Vgl. auch *Dierkes*, NVwZ 1993, S. 951 ff.; *Kromer*, NVwZ 1995, S. 975 ff.; *Beckmann*, DVBl. 1997, S. 216 ff.

426 So auch *Reichert*, ZfW 1997, S. 141 (150).

insbesondere landwirtschaftliche Verwertung des Klärschlamms nach Maßgabe des § 8 KrW-/AbfG i. V. m. der AbfKlärV zu ermöglichen.[427]

Daneben wird auch die Auffassung vertreten, die ordnungsgemäße, umweltgerechte und wirtschaftliche Beseitigung des Klärschlamms gehöre bereits zum Betrieb der Abwasseranlagen als gemeindliche öffentliche Einrichtung. Bereits hieraus, d. h. aus Art. 28 Abs. 2 S. 1 GG, ergebe sich eine Befugnis der Gemeinde, Indirekteinleitungen zu begrenzen, deren Inhaltsstoffe den Klärschlamm derart belasten, daß eine sonst mögliche (landwirtschaftliche) Verwertung verhindert würde, etwa weil die Werte der Klärschlammverordnung überschritten würden.[428]

Als Ergebnis läßt sich damit festhalten, daß die Gemeinden Anforderungen an Indirekteinleitungen mit dem Ziel festsetzen können, die Schadstoffbelastung des Klärschlamms zu minimieren. Soweit die ordnungsgemäße Verwertung des Klärschlamms nicht schon aus der Regelungsbefugnis der Gemeinden im Hinblick auf die öffentliche Einrichtung Abwasserbeseitigung folgt, kann sie aus der abfallrechtlichen Verwertungspflicht begründet werden.

5. Gewässerschutz

Die kommunalen Entwässerungssatzungen verfolgen zum Teil weiterhin das Ziel, eine Schadstoffbelastung des Vorfluters zu vermeiden.[429] Diese Zielset-

---

427 Ebenso *Lübbe-Wolff*, Abwassersatzung, Rn. 369; *dies.*, NVwZ 1989, S. 205 (209); *Rosenzweig*, Kommunale Abwassersatzungen, S. 37 (43); *Ilic*, Das neue Arbeitsblatt ATV-A 115, S. 47 (51); *E. Sander*, Indirekteinleiterverordnungen, Rn. 124; OVG Münster, NVwZ-RR 1994, 642 (643); VGH Mannheim, NVwZ-RR 1992, 656 (657). Kritisch *Reichert*, ZfW 1997, S. 141 (149 f.) mit dem Hinweis, daß im Bundesdurchschnitt lediglich 28 % des Klärschlamms in der Landwirtschaft verbleiben; vgl. dazu auch *Nisipeanu*, Abwasserrecht, S. 190 f. Dies vermag jedoch nichts an der Rechtspflicht der Gemeinden zu ändern, den Klärschlamm (landwirtschaftlich) zu verwerten. Im übrigen gibt es Untersuchungen, wonach mehr als 50 % aller kommunalen Klärschlämme geeignet sind, landwirtschaftlich entsorgt zu werden, vgl. *Dorschel*, KA 1996, S. 1788 (1789).

428 *E. Sander*, Indirekteinleiterverordnungen, Rn. 6.

429 § 15 Abs. 1 BayMustersatzung; § 5 Abs. 1 Nr. 3 Entwässerungsmustersatzung des Städte- und Gemeindebundes M-V; § 5 Abs. 1 Abwassermustersatzung des Gemeindetages B-W. Vgl. auch *Reichert*, ZfW 1997, S. 141 (143 Fn. 10).

zung der Entwässerungssatzungen kommt auch insofern zum Tragen, als das ATV-A 115 bei der Grenzwertfestsetzung für bestimmte Stoffe in Indirekteinleitungen Aspekte des Gewässerschutzes mitberücksichtigt, wie aus den Arbeitsberichten des zuständigen Fachausschusses der ATV hervorgeht.[430] Durch die Übernahme dieser Werte bzw. die Inbezugnahme des ATV-A 115 wird diese Zielsetzung in die kommunalen Entwässerungssatzungen inkorporiert.

Eine Kompetenz der Gemeinden, mit dem kommunalen Indirekteinleiterregime überörtlichen Gewässerschutz zu betreiben, kann nicht angenommen werden.

So wird zwar argumentiert, den Gemeinden obliege die Rechtspflicht aus §§ 1a Abs. 2, 18a Abs. 1 S. 1 WHG, die mit der Abwasserbeseitigung verbundenen Gewässerbelastungen möglichst gering zu halten. Zur Umsetzung dieser Pflicht biete sich neben dem Bau und der Verbesserung von Kläranlagen der Einsatz des satzungsrechtlichen Instrumentariums an. Im Rahmen ihrer Satzungsgewalt könnten die Gemeinden den Gewässerschutz insofern fördern, als sie Einleitungsbeschränkungen und -verbote für Abwassereinleitungen in die örtliche Kanalisation anordnen. Es könne nicht angenommen werden, daß gerade das Satzungsrecht als Hauptinstrument kommunaler Aufgaben und Pflichterfüllung zur Erfüllung der gesetzlichen Gewässerschutzpflicht der Gemeinden ausfallen soll.[431]

Diese Argumentation vermag jedoch nicht zu überzeugen. Die Abwasserbeseitigungspflicht der Gemeinden ist in § 18a Abs. 1 S. 3 WHG konkretisiert. Sie umfaßt das Sammeln, Fortleiten, Behandeln, Einleiten, Versickern, Verregnen und Verrieseln von Abwasser sowie die Entwässerung des Klärschlamms. Der überörtliche Gewässerschutz ist damit nicht Gegenstand der Abwasserbeseitigung, so wie sie gesetzlich definiert ist.[432]

---

430 Arbeitsberichte des ATV-Fachausschusses "Einleiten von Abwasser aus gewerblichen und industriellen Betrieben in eine öffentliche Abwasseranlage", KA 1984, S. 1087 ff. (verseifbare Öle und Fette); KA 1985, S. 350 (absetzbare Stoffe); KA 1987, S. 270 ff. (Sulfat); KA 1987, S. 977 (979 f.) (Ammoniak/Ammoniumverbindungen); KA 1987, S. 1224 (1226) (AOX); KA 1987, S. 1091 (Cadmium); KA 1988, S. 597 (600) (organische Lösemittel); KA 1987, S. 1094 (1095) (Quecksilber). Übersicht bei Anlage III. Ziff. 2. 2. 1 ATV-A 115.

431 *Hendler*, VBlBW 1992, S. 401 (403); vgl. auch *Chantelau/Möker*, Ökologisierung kommunaler Abgaben, S. 47, die von der Kompetenz der Gemeinden ausgehen, auch Gesichtspunkte des Gewässerschutzes bei der Satzunggebung zu berücksichtigen.

432 *Dippel*, KA 1997, S. 1394 (1395).

Darüber hinaus ist die Abwasserbeseitigung den Gemeinden als Pflichtaufgabe der Selbstverwaltung zugewiesen, es handelt sich also insofern um die Wahrnehmung von Selbstverwaltungskompetenzen. Diese sind aber durch Art. 28 Abs. 2 S. 1 GG auf Angelegenheiten der örtlichen Gemeinschaft beschränkt. Daraus folgt, daß die Gemeinden spezifische Ziele des überörtlichen Gewässerschutzes durch ihre Indirekteinleiterregelungen nicht verfolgen dürfen.[433]

Etwaige Lücken des Wasserrechts, die ein entsprechendes Regelungsinteresse begründen, vermögen nicht eine insoweit nicht bestehende Kompetenz der Gemeinden zu begründen. Stellt sich etwa heraus, daß das Wasserrecht signifikante Gefährdungspotentiale für die Gewässer nicht erfaßt,[434] so folgt daraus eine Nachbesserungspflicht der insofern zuständigen staatlichen Rechtsetzungsorgane. Dies gilt auch dann, wenn es sich nicht um planwidrige, sondern um im System angelegte Lücken[435] handelt. Enthält das Bundesrecht Lücken, sind diese durch die dafür zuständigen Länder auszufüllen.[436] Wasserrechtliche Lücken können aber nicht durch Maßnahmen der unzuständigen Gemeinden geschlossen werden, auch wenn dafür ein Regelungsbedürfnis besteht. Ein Regelungsinteresse begründet keine Regelungskompetenz.

Von der Frage des überörtlichen Gewässerschutzes zu trennen ist, daß über kommunale Regelungen zum Schutz der kommunalen Abwasseranlagen und damit zum Schutz ihrer Funktionsfähigkeit natürlich letztlich auch mittelbar Gewässerschutz betrieben wird.[437] Gleichwohl stehen nur die Abwasseranlagen selbst im Kompetenzbereich der Gemeinden, hieraus kann nicht auf eine generelle Gewässerschutzkompetenz geschlossen werden.

Anders ist die Rechtslage aber zu beurteilen, wenn Ziele des lokalen Gewässerschutzes verfolgt werden, wenn es also etwa um kleinere Gewässer von wasserwirtschaftlich untergeordneter Bedeutung im Sinne von § 1 Abs. 2 WHG geht. Hierbei handelt es sich regelmäßig um Gewässer, die nicht als Vorfluter fungieren und damit für die kommunale Abwasserbeseitigung keine

---

433 So auch *Dippel*, KA 1997, S. 1394 (1395); *Driewer*, Verhältnis von Wasserrecht und Satzungsrecht, S. 15 (31); *E. Sander*, Indirekteinleiterverordnungen, Rn. 124 verweist auf eine insofern abschließende Regelung durch das staatliche Wasserrecht; *Lübbe-Wolff*, NVwZ 1989, S. 205 (209); *Rosenzweig*, Kommunale Abwassersatzungen, S. 37 (39).

434 Vgl. zu diesem Einwand *Reichert*, ZfW 1997, S. 142 (145).

435 *Reichert*, ZfW 1997, S. 142 (146).

436 Zum Verhältnis von Bundes- und Landesrecht vgl. ausführlich unter § 3 I, II.

437 So auch *Reichert*, ZfW 1997, S. 141 (147); vgl. auch *Dahme*, in: Sieder/Zeitler, BayWG, Art. 41c Rn. 7.

Rolle spielen.[438] Sie sind daher für das kommunale Regime der Indirekteinleitungen ohne Bedeutung. Die Beschränkung der kommunalen Kompetenzen auf Angelegenheiten der örtlichen Gemeinschaft steht einer lokalen Gewässerschutzzielsetzung jedenfalls nicht entgegen.[439]

Zusammenfassend können die Gemeinden Ziele des überörtlichen Gewässerschutzes nicht verfolgen, da der Kompetenztitel des Art. 28 Abs. 2 S. 1 GG nicht so weit trägt und auch die einfachgesetzlich konkretisierte Abwasserbeseitigungspflicht den Gewässerschutz nicht umfaßt. Die Übernahme der Grenzwerte des ATV-A 115 ist insofern problematisch. Die satzungsrechtlichen Grenzwerte müßten Gewässerschutzaspekte ausklammern. Dies ließe sich am ehesten dadurch erreichen, daß die ATV ihrerseits auf die Berücksichtigung von Gewässerschutzaspekten verzichtet.

6. Verringerung der Abwasserabgabe

Schließlich soll noch der Frage nachgegangen werden, ob die Gemeinden auch Einleitungsverbote mit dem Ziel festlegen können, ihre Abwasserabgabenlast zu verringern.

Das System der Abwasserabgabeerhebung beruht darauf, die Schädlichkeit des in ein Gewässer eingeleiteten Abwassers mit einer auf den Umfang dieser Schädlichkeit bezogenen Abgabe zu belegen.[440] Gem. § 1 S. 1 i. V. m. § 9 Abs. 1, 2 Abs. 2 AbwAG[441] sind die Gemeinden als Direkteinleiter verpflichtet, eine Abwasserabgabe zu entrichten.[442] Die Abgabe richtet sich nach der Schädlichkeit des Abwassers, die in Schadeinheiten gem. § 3 AbwAG bestimmt wird. Die Ermittlung der Schadeinheiten erfolgt nach Maßgabe des § 4 AbwAG, wonach grundsätzlich die im Einleitungsbescheid festgelegten Werte zugrundezulegen sind, sofern die Überwachung nicht eine andere, höhere Schadstoffkonzentration ergibt (sog. Bescheidslösung). Werden die Werte des Einleitungsbescheids unterschritten, können nach § 4 Abs. 5 AbwAG auch die Schadeinheiten reduziert werden. Der Abgabesatz beträgt

---

438 Vgl. *Nisipeanu*, Abwasserrecht, S. 61.

439 Nach *Lübbe-Wolff*, NVwZ 1989, S. 205 (209) sind die Regelungen des staatlichen Wasserrechts auch insofern abschließend.

440 *Nisipeanu*, Abwasserrecht, S. 525.

441 Abwasserabgabengesetz v. 03. 11. 1994 (BGBl. I, S. 3370), zuletzt geändert durch Art. 3 des Sechsten Gesetzes zur Änderung des Wasserhaushaltsgesetzes v. 11. 11. 1996 (BGBl. I, S. 1690).

442 Vgl. hierzu auch *Breuer*, Umweltschutzrecht, Rn. 93 f.

nach § 9 Abs. 4 AbwAG 70 DM je Schadeinheit. Dieser Satz reduziert sich zur Zeit um 75 % für die Schadeinheiten, die nach der Einleitungserlaubnis eingeleitet werden dürfen, § 9 Abs. 5 AbwAG.[443] Umgekehrt kann sich die Abwasserabgabe auch nach § 4 Abs. 4 S. 2-5 AbwAG erhöhen, wenn die im Einleitungsbescheid festgelegten Überwachungswerte[444] überschritten werden.

Das Ziel, diese Kosten zu minimieren, fällt grundsätzlich in die Regelungskompetenz der Gemeinden als Betreiberinnen der öffentlichen Einrichtung Abwasserbeseitigung und gehört damit zu ihrer Regelungskompetenz für die eigenen Angelegenheiten der örtlichen Gemeinschaft.[445]
Die Zulässigkeit spezifisch abgabenorientierter Grenzwertfestsetzungen wird aber mit dem Argument angezweifelt, die Gemeinden könnten diese Kosten ohnehin über die Abwassergebühren auf die Kanalisationsbenutzer abwälzen.[446] Wenn die Kosten die Verursacher träfen, sei ein öffentliches Interesse daran, zusätzliche Einleitungsbegrenzungen zu formulieren, nicht mehr ersichtlich.[447] Besondere Belastungen durch Gewerbe oder Industrie könnten durch Starkverschmutzerzuschläge aufgefangen werden.[448] Eine allgemeine Grenzwertverschärfung sei daher nicht erforderlich im Sinne der Verhältnismäßigkeit, da die konkreten Verursacher herangezogen werden würden, was ein milderes Mittel darstellen würde.[449] Erst wenn sich ein entstehender Aufgabenzuwachs nicht verursachergerecht umlegen ließe und damit die Allgemeinheit die Kosten zu tragen hätte, könnten Grenzwerte aus Gründen der Kostenreduzierung zulässig sein.[450]

---

443 Dazu *Nisipeanu*, Abwasserrecht, S. 548 f.
444 *Kloepfer*, Umweltrecht, § 13 Rn. 239; *Nisipeanu*, Abwasserrecht, S. 406; *Engelhardt*, WuB 1983, S. 204 (205).
445 *Reichert*, ZfW 1997, S. 141 (148) m. w. N.; vgl. zu Gebührensätzen in Abwassersatzungen auch *Hörstel*, NVwZ 1995, S. 1188 ff.
446 Die Kommunalabgabengesetze der Länder enthalten entsprechende Ermächtigungstatbestände, so etwa § 4 Abs. 2 KAG N-W, § 10 KAG R-P; vgl. dazu *Dippel*; KA 1997, S. 1394 (1399 f.). Zum Zusammenhang von Abwassergebühren und landwirtschaftlicher Klärschlammverwertung vgl. *Bizer/Scholl*, KA 1994, S. 1276 ff.
447 *Reichert*, ZfW 1997, S. 141 (148 f.).
448 Vgl. dazu Arbeitsbericht des ATV-Fachausschusses 7. 4. 1 "Technisch-wissenschaftliche Grundlagen der Gebührenermittlung für industrielle Benutzer öffentlicher Abwasseranlagen", KA 1990, S. 1075 ff.
449 *Reichert*, ZfW 1997, S. 141 (149).
450 *Reichert*, ZfW 1997, S. 141 (149).

Hierbei ist aber zu bedenken, daß sich die Verursachungsbeiträge zur Abwasserbelastung oftmals nicht hinreichend aufklären lassen werden, um vollständig verursachungsgerechte Abwassergebühren festsetzen zu können. Der Eintrag aus diffusen Quellen sowie begrenzte Aufklärungsmöglichkeiten der Gemeinden sprechen bereits dagegen. Daher sind spezifische Grenzwertfestsetzungen zur Verringerung der von der Gemeinde zu entrichtenden Abwasserabgabe regelmäßig zulässig.

7. Zusammenfassung

Mit dem kommunalen Regime der Indirekteinleitungen wird eine Reihe von Zielen verfolgt, von denen lediglich der Gewässerschutz kompetenziellen Bedenken begegnet. Da sich die kommunalen Kompetenzen auf Angelegenheiten der örtlichen Gemeinschaft beschränken, können die Gemeinden keine Ziele des überörtlichen Gewässerschutzes verfolgen. Auch aus der Abwasserbeseitigungspflicht können keine entsprechenden Kompetenzen hergeleitet werden.

Dagegen sind sie nach Art. 28 Abs. 2 S. 1 GG berechtigt, die Vorhaltung und Benutzung der öffentlichen Einrichtung Abwasserbeseitigung zu regeln. Der Umfang wird durch die Zuweisung der Abwasserbeseitigungspflicht gem. § 18a Abs. 2 WHG i. V. m. den Landeswassergesetzen näher konkretisiert. Von dieser Kompetenz sind folgende Zielsetzungen gedeckt: Schutz von Bestand und Funktionsfähigkeit der Abwasseranlagen, Schutz des in diesen Anlagen tätigen Personals sowie Minimierung der mit der Abwasserbeseitigung verbundenen Kosten, insbesondere der Abwasserabgabe. Hinsichtlich der Verwertbarkeit des Klärschlamms kommt hinzu, daß die Gemeinden abfallrechtlich zur Verwertung, primär landwirtschaflich, verpflichtet sind. Schließlich können die Gemeinden auch das Ziel der Erfüllung der eigenen wasserrechtlichen Direkteinleiterpflichten verfolgen.

Damit steht fest, welche Ziele die Gemeinden kompetenzgerecht verfolgen dürfen. Nur insoweit kann eine Zielkonkurrenz mit dem staatlichen Wasserrecht bestehen. Hierauf wird noch einzugehen sein.[451]

V. Grenzen

Die Gemeinden können auf der Grundlage der kommunalen Selbstverwaltungsgarantie grundsätzlich frei darüber entscheiden, mit welchem Inhalt, zu

---

451 Vgl. unten § 4 II.

welchem Zweck und mit welcher Wirkung Satzungen erlassen werden sollen.[452] Im folgenden sollen die dabei bestehenden Schranken der kommunalen Regelungskompetenz noch einmal systematisch zusammengefaßt werden.

1. Satzungsautonomie und Gesetzesvorbehalt

Es konnte bereits gezeigt werden, daß die eigenverantwortliche Aufgabenerfüllung durch die aus Art. 28 Abs. 2 S. 1 GG fließende Satzungsautonomie der Gemeinden umgesetzt wird. Eingriffe in Freiheit und Eigentum sind hierdurch jedoch nicht gerechtfertigt.[453] Hierfür ist stets eine besondere gesetzliche Grundlage erforderlich.[454] Die gesetzlichen Ermächtigungsgrundlagen für die kommunalrechtliche Ausgestaltung des Indirekteinleiterregimes konnten bereits dargelegt werden.[455] Sie markieren im Geltungsbereich des Gesetzesvorbehalts die Grenze der kommunalen Handlungskompetenzen.

2. Angelegenheiten der örtlichen Gemeinschaft

Art. 28 Abs. 2 S. 1 GG beschränkt das Satzungsrecht auf die Angelegenheiten der örtlichen Gemeinschaft. Die Regelungskompetenz deckt sich also mit dem Wirkungsbereich der Gemeinde, mit der Reichweite der kommunalen Aufgabe.[456]

3. Allgemeine verfassungsrechtliche Schranken

Daneben sind die sonstigen allgemeinen Grenzen des kommunalen Satzungsrechts wie der Vorrang des Gesetzes,[457] die Grundrechte als negative Kom-

---

452 *Vogelsang/Lübking/Jahn*, Kommunale Selbstverwaltung, Rn. 343.
453 *Manssen*, Die Verwaltung 24 (1991), S. 33 (34) m. w. N.
454 Vgl. dazu *Schmidt-Aßmann*, Kommunale Rechtsetzung, S. 8 f.; *Gern*, Kommunalrecht, Rn. 251; kritisch *Böhm*, Autonomes kommunales Satzungsrecht, Rn. 681 ff.
455 Vgl. oben § 2 II 2b, 3a.
456 OVG Koblenz, NVwZ-RR 1991, 38 (39); *Vogelsang/Lübking/Jahn*, Kommunale Selbstverwaltung, Rn. 338.
457 Vgl. *Böhm*, Autonomes kommunales Satzungsrecht, Rn. 682.

petenznormen[458], die Grundsätze der Bestimmtheit und der Verhältnismäßigkeit sowie der Gleichheitssatz zu beachten.[459]
Für den Gegenstand der vorliegenden Untersuchung hat der Grundsatz der Verhältnismäßigkeit eine besondere Bedeutung. So wird im Rahmen der Abgrenzung von kommunalem Satzungsrecht und staatlichem Wasserrecht die Frage diskutiert, ob satzungsrechtliche Grenzwerte, die strenger als wasserrechtliche Grenzwerte sind, die den Stand der Technik konkretisieren,[460] wegen Verstoßes gegen das Übermaßverbot rechtswidrig sind. Schärfere Anforderungen als solche nach dem Stand der Technik seien regelmäßig unverhältnismäßig. Dieser Punkt wird bei der Behandlung des Verhältnisses von kommunalem Satzungsrecht und staatlichem Wasserrecht noch eingehend erörtert werden.[461]

4. Einfachgesetzliche Grenzen

Daneben lassen sich auch Schranken formulieren, die sich aus der Abwasserbeseitigungspflicht der Gemeinde und der Eigenschaft der Abwasseranlagen als öffentliche Einrichtungen ergeben.

a) Abwasserbeseitigungspflicht

Eine Grenze bei der Verfolgung der oben erläuterten Schutzziele stellt die Abwasserbeseitigungspflicht selbst dar. Zu den Aufgaben der Abwasserseitigung gehört, wie bereits gezeigt werden konnte, gerade auch die Reinigungsleistung.[462] Würden die Gemeinden nun durch satzungsrechtliche Anordnung extensiver Einleitungsbeschränkungen und -verbote die Abwasserbeseitigungsaufgabe in großem Umfang auf die Abwasserproduzenten übertra-

---

458   *Erichsen*, Kommunalrecht N-W, S. 44; zur grundrechtlichen Dimension vgl. auch *Krebs*, Abwasserbeseitigung und Gewässerschutz, S. 23 f.

459   BVerwG, NVwZ-RR 1994, 172 (173); *Rosenzweig*, Kommunale Abwassersatzungen, S. 37 (40) mit dem Hinweis, nach dem Übermaßverbot dürfe Indirekteinleitern nicht mehr abverlangt werden als Direkteinleitern; *Reichert*, ZfW 1997, S. 141 (144, 148 f.), dort auch speziell im Hinblick auf die Umlegung der Abwassergabe.

460   Vgl. unten § 3 I 2a.

461   Vgl. unten § 4 II 4c.

462   *Czychowski*, WHG, § 18a Rn. 5.

gen, so würden sie ihre Rechtspflicht zur Abwasserbeseitigung unterlaufen.[463] Dies begründet auch das teilweise gegebene Zustimmungserfordernis der Wasserbehörden bei satzungsrechtlichen Einleitungsverboten und -begrenzungen.[464]

b) Anschluß- und Benutzungsrecht

Zudem darf ein gemeindliches Genehmigungsverfahren nicht so ausgestaltet sein, daß es praktisch zu einer Aushöhlung des Anschluß- und Benutzungsrechts führt.[465] Die Abwasserbeseitigungsanlagen zählen zu den öffentlichen Einrichtungen der Gemeinde, auf deren Benutzung die Einwohner der Gemeinde nach den Gemeindeordnungen i. V. m. den einschlägigen Vorschriften der Entwässerungssatzungen einen Rechtsanspruch haben.[466] Zwar besteht der Anspruch nur im Rahmen des geltenden Rechts, jedoch sind die Gemeinden daran gehindert, den rechtlichen Rahmen mit Hilfe ihrer Satzungsgewalt beliebig eng zu ziehen und den Benutzungsanspruch dadurch seiner Substanz zu entleeren.[467]

---

463 *Hendler*, VBlBW 1992, S. 401 (404); *Rosenzweig*, Kommunale Abwassersatzungen, S. 37 (39); OVG Schleswig, NVwZ-RR 1994, 686 (687).

464 *Henseler*, DVBl. 1981, S. 668; *Hendler*, VBlBW 1992, S. 401 (403).

465 *Doose*, ZfW 1975, S. 157 (159).

466 Vgl. etwa § 14 Abs. 2 GemO R-P i. V. m. § 2 der Allgemeinen Entwässerungssatzung der Stadt Trier (Trierischer Volksfreund v. 08. 09. 6. 1996); § 6 Entwässerungsmustersatzung des Nordrhein-Westfälischen Städte- und Gemeindebundes; § 3 Entwässerungsmustersatzung des Städte- und Gemeindetages M-V.

467 *Hendler*, VBlBW 1992, S. 401 (404).

C. Zusammenfassung

Das kommunalrechtliche Regime der Indirekteinleitungen findet seine verfassungsrechtliche Grundlage in Art. 28 Abs. 2 S. 1 GG, da es eine Angelegenheit der örtlichen Gemeinschaft darstellt. Eine entsprechende Wertung der örtlichen Radizierung haben die Landesgesetzgeber dadurch vorgenommen, daß sie den Gemeinden die Abwasserbeseitigungspflicht als Pflichtaufgabe der Selbstverwaltung zugewiesen haben. Gleichwohl handelt es sich insoweit um eine Selbstverwaltungskompetenz. Die kommunale Selbstverwaltungsgarantie beinhaltet nicht nur eine Schutzfunktion gegen staatliche Ingerenzen in den gemeindlichen Wirkungskreis, sondern weist den Gemeinden die Verbandskompetenz für alle Angelegenheiten der örtlichen Gemeinschaft zu. Diese Kompetenzfunktion ist durch die grundlegende Rastede-Entscheidung des BVerfG betont worden.

Die kommunale Kompetenz zur Regelung der Indirekteinleitungen aus Art. 28 Abs. 2 S. 1 GG und aus der Abwasserbeseitigungspflicht umfaßt Regelungen zum Schutz von Bestand und Funktionsfähigkeit der Abwasseranlagen, zum Schutz des in den Abwasseranlagen tätigen Personals, zur Sicherstellung der Erfüllung der eigenen wasserrechtlichen Direkteinleiterpflichten der Gemeinde, zur Sicherstellung der Klärschlammverwertung sowie zur Minimierung der mit der Abwasserbeseitigung verbundenen Kosten der Abwasserabgabe. Ziele des Gewässerschutzes dürfen dagegen nicht verfolgt werden, da sie nicht von Art. 28 Abs. 2 S. 1 GG und der Abwasserbeseitigungspflicht gedeckt sind.

Zur Erreichung dieser Ziele können die Gemeinden aufgrund der landesgesetzlichen Ermächtigungen Einleitungsverbote und -beschränkungen für Indirekteinleiter sowie die erforderlichen Überwachungs- und ihnen zur Verfügung stehenden Sanktionsvorschriften erlassen und mittels des Verwaltungszwangs auch durchsetzen.

Das kommunale Abwasserrecht ist dem Randbereich des Art. 28 Abs. 2 S. 1 GG zuzuordnen, da die Abwasserbeseitigung den Gemeinden als Pflichtaufgabe der Selbstverwaltung zugewiesen ist. Es unterfällt damit dem materiellen Aufgabenverteilungsprinzip, das eine Konkretisierung des intrastaatlichen Subsidiaritätsprinzips darstellt. Obwohl die kommunale Selbstverwaltung unter Gesetzesvorbehalt steht und als institutionelle Garantie der Ausgestaltung durch den Gesetzgeber bedarf, besteht danach ein prinzipieller Zuständigkeitsvorrang der Gemeinden nach Maßgabe ihrer Leistungsfähigkeit gegenüber dem Staat. Eine der oben aufgeführten kommunalen Zuständigkeiten kann nur dann vom Staat einer höheren Ebene zugewiesen werden, wenn anders die ordnungsgemäße Aufgabenerfüllung nicht sicherzustellen wäre.

Hierbei ist auf die konkreten Sacherfordernisse unter Berücksichtigung der Vorgaben des materiellen Aufgabenverteilungsprinzips abzustellen. Im nächsten Kapitel wird die staatliche Kompetenz zur Regelung der Indirekteinleitungen betrachtet werden. Soweit diese mit den kommunalen Kompetenzen in Konflikt gerät, wird auf das materielle Aufgabenverteilungsprinzip als Konkretisierung des Subsidiaritätsprinzips zurückzukommen sein.[468]

---

468   Vgl. unten § 4 II 3.

§ 3 Staatliches Wasserrecht

Nachdem die Kompetenzgrundlagen und Ausgestaltungen des kommunalen Regimes der Indirekteinleitungen geklärt worden sind, werden nun die des staatlichen Wasserrechts einer näheren Betrachtung unterzogen. Hierdurch soll festgestellt werden, ob oder inwieweit ein Kompetenzkonflikt zwischen den Gemeinden einerseits und dem Bund und den Ländern andererseits besteht.

Zudem steht das staatliche Wasserrecht im Spannungsfeld von Bundes- und Landeskompetenzen, die die Grundlage für Bundes- und Landesgesetze sowie für die Verwaltungszuständigkeiten des Bundes und der Länder im Hinblick auf die Gewässer bilden.[1] Denn dem Bund ist in Art. 75 Abs. 1 S. 1 Nr. 4 Alt. 3 GG nur eine Rahmengesetzgebungskompetenz für den "Wasserhaushalt" zugewiesen, so daß das darauf basierende WHG erst durch die Ausfüllungsgesetzgebung der Länder rechtliche Anwendbarkeit erhält.

Auf die Analyse der Kompetenzgrundlagen aufbauend werden die einfachgesetzlichen Ausgestaltungen des staatlichen Rechts der Indirekteinleitungen, § 7a WHG und die entsprechenden Vorschriften des Wasserrechts der Länder, betrachtet und an den verfassungsrechtlichen Vorgaben gemessen.

A. Bundesrecht

I. Kompetenzgrundlage: Art. 75 Abs. 1 S. 1 Nr. 4 Alt. 3 GG

Ihre verfassungsrechtliche Grundlage findet die staatliche Erfassung der Indirekteinleitungen in Art. 75 Abs. 1 S. 1 Nr. 4 Alt. 3 GG. Hierdurch wird dem Bund die Rahmengesetzgebungskompetenz für den "Wasserhaushalt" zugewiesen.

1. Systematik der Art. 70 ff. GG

Die Art. 70 ff. GG regeln die Verteilung der Gesetzgebungskompetenzen zwischen Bund und Ländern. Sie sind eine Konkretisierung des Art. 30 GG, der die Kompetenz zur Ausübung der staatlichen Befugnisse den Ländern zuordnet, soweit das Grundgesetz keine andere Regelung trifft oder zuläßt.[2] Nach dieser Grundregel besteht also eine "virtuelle Allzuständigkeit" der Länder im

---

1   *Breuer*, Wasserrecht, Rn. 2.
2   Vgl. dazu *Pietzcker*, in: HStR IV, § 99 Rn. 8 ff.

Verhältnis zum Bund.[3] Folgerichtig geht das Grundgesetz in Art. 70 ff. GG für die Verteilung der Gesetzgebungszuständigkeiten vom Grundsatz der Länderkompetenz aus.[4] Gesetzgebungsbefugnisse des Bundes benötigen in der Regel einer Kompetenzzuweisung durch das Grundgesetz.[5] Dabei unterscheidet das Grundgesetz zwischen ausschließlicher, konkurrierender, Rahmen- und Grundsatzgesetzgebungskompetenz des Bundes.[6] Im Zweifel besteht eine Vermutung zugunsten der Zuständigkeit der Länder.[7]

2. Verfassungsänderung 1994

Die in Art. 72, 74 und 75 GG geregelte Abgrenzung der Bundes- von den Länderkompetenzen war Kernstück der Verfassungsänderung des Jahres 1994.[8] Deren Ziel war es insbesondere, die Gesetzgebungskompetenzen der Länder gegenüber dem Bund zu stärken.[9] Auslöser der Grundgesetzänderung war der Auftrag aus Art. 5 EinigungsV,[10] wonach den gesetzgebenden Körperschaften Bundestag und Bundesrat empfohlen wurde, sich mit den durch die deutsche Einigung aufgeworfenen Fragen zur Änderung oder Ergänzung des Grundgesetzes zu befassen, wobei insbesondere auch der Bereich des Föderalismus genannt wurde.[11] Daraufhin wurde die Gemeinsame Verfassungskommission von Bundestag und Bundes-

---

3   *Pieper*, Subsidiarität, S. 120.

4   *Pieroth*, in: Jarass/Pieroth, GG, Art. 70 Rn. 11; *Maunz*, in: Maunz/Dürig/Herzog/Scholz, GG, Art. 70 Rn. 35.

5   BVerfGE 15, 1 (17); 61, 149 (174); *Maunz*, in: Maunz/Dürig/Herzog/Scholz, GG, Art. 70 Rn. 28.

6   *Kunig*, in: v. Münch/Kunig, GG, Art. 70 Rn. 17 ff.; *Maunz*, in: Maunz/Dürig/Herzog/Scholz, GG, Art. 70 Rn. 32 ff. Teilweise wird die Rahmengesetzgebung als ein Unterfall der konkurrierenden Gesetzgebung angesehen, vgl. dazu etwa *Kunig*, a. a. O., Art. 75 Rn. 2 m. w. N.

7   *Maunz*, in: Maunz/Dürig/Herzog/Scholz, GG, Art. 72 Rn. 29 f.; *Schmidt-Bleibtreu/Klein*, GG, Vorb. v. Art. 70 Rn. 3.

8   Gesetz zur Änderung des Grundgesetzes vom 27. 10. 1994 (BGBl. I, S. 3146).

9   Vgl. Bericht der Gemeinsamen Verfassungskommission von Bundestag und Bundesrat, BT-Ds. 12/6000, S. 35 ff.

10 Vertrag zwischen der Bundesrepublik Deutschland und der Deutschen Demokratischen Republik über die Herstellung der Einheit Deutschlands -Einigungsvertrag- v. 31. 8. 1990 (BGBl. II, S. 885, 889).

11 Vgl. *Badura*, Verfassung, S. 41 ff.

rat (GVK) eingesetzt, deren Abschlußbericht[12] wesentliche Grundlage der Reform war.[13]
Gleichzeitig wurde die Föderalismusdebatte zu einem vorläufigen Abschluß gebracht. Die Neuregelung der Verteilung der Gesetzgebungskompetenzen zwischen Bund und Ländern war bereits Gegenstand der Vorschläge der En-quête-Kommission Verfassungsreform des 7. Deutschen Bundestages.[14] Die Kritik der Bundesländer an der zunehmenden Verlagerung der Kompetenzen auf den Bund im Bereich der konkurrierenden und Rahmengesetzgebung kam in dem Eckwertebeschluß der Ministerpräsidenten der Länder vom 5. Juli 1990, auf den Art. 5 EinigungsV ausdrücklich Bezug nahm,[15] sowie im Bericht der Kommission Verfassungsreform des Bundesrates[16] zum Ausdruck.[17] Diese Reformvorschläge bildeten die Basis für die Arbeit der Gemeinsamen Verfassungskommission.[18]

3. Kompetenzinhalt: Wasserhaushalt

Art. 75 Abs. 1 S. 1 Nr. 4 Alt. 3 GG weist dem Bund die Rahmengesetzge-bungskompetenz für den "Wasserhaushalt" zu. Es ist nun zu untersuchen, in-wieweit wasserrechtliche Regeln für Indirekteinleitungen hierauf gestützt werden können. An diesem Kompetenztitel sind die Zielsetzungen des § 7a Abs. 4 WHG zu messen, wie sie in der Amtlichen Begründung der Fünften Novelle zum WHG zu § 7a Abs. 3 WHG a. F.[19] zum Ausdruck gekommen sind.

a) Gewässerschutz

Zunächst sind vom Kompetenztitel "Wasserhaushalt" Regelungen für die haushälterische Bewirtschaftung des in der Natur vorhandenen Wassers nach

---

12 BT-Ds. 12/6000.

13 Vgl. auch *Degenhart*, ZfA 1993, S. 409 (411 ff.).

14 BT-Ds. 7/5924.

15 Dazu *Kloepfer*, Verfassungsänderung, S. 101 f.

16 BR-Ds. 360/92.

17 Vgl. auch *Müller-Brandeck-Bocquet*, Die Verwaltung 29 (1996), S. 143 (144 ff.); *Sannwald*, ZG 1994, S. 134 ff.; *Sommermann*, Jura 1995, S. 393 f.

18 Dazu im einzelnen *v. Mangoldt/Klein*, GG, Art. 72 Rn. 124 ff., Art. 75 Rn.35 ff. ; *Sannwald*, DÖV 1994, S. 629 (630 ff.).

19 BT-Ds. 10/3973, S. 7 ff.

Menge und Güte umfaßt.[20] "Wasserhaushalt" ist damit gleichbedeutend mit "Wasserwirtschaft".[21] Erfaßt sind alle regelungsfähigen Einwirkungen auf ein Gewässer im Hinblick auf die mengenmäßige Beanspruchung des Wassers und die Gefährdung seiner biologischen, physikalischen und chemischen Beschaffenheit.[22] Eingeschlossen sind Regeln für die Planfeststellung,[23] die Festsetzung von Wasserschutzgebieten[24] und Abwasserabgaben.[25] Ebenfalls von dem Kompetenztitel "Wasserhaushalt" erfaßt sind Regelungen des Abwasserrechts[26] und des Wasserverbandsrechts, soweit es um Wasserbeschaffungsverbände geht,[27] nicht dagegen die Gewässer als Wasserstraßen im Sinne eines Verkehrswegs.[28] Zusammenfassend geht es um eine geordnete Bewirtschaftung der Gewässer, insbesondere durch deren Reinhaltung.[29]

Im Zusammenhang mit der Vierten Novelle zum WHG hat der Kompetenztitel des "Wasserhaushalts" eine weitergehende Auslegung erfahren, die auch Regelungen abdeckt, die menschliches Verhalten im Vorfeld einer Gewässerbenutzung erfassen. Denn die auf die direkte Gewässerbenutzung beschränkte Erfassung des Abwasserumgangs hatte sich als untauglich erwiesen, die abwasserbedingten Gewässerbelastungen entscheidend zu reduzieren.[30] Effizienter Gewässerschutz als Teilbereich des Rechts der Wasserwirtschaft erfordert eine gezielte rechtliche Erfassung der Vorstadien der Abwassereinleitung.[31] So wurde der gefahrenorientierte, ordnungsrechtliche Ansatz der wasserwirtschaftlichen Benutzungsordnung des WHG hinsichtlich der Abwasser-

---

20 BVerfGE 15, 1 (15); 58, 45 (62); *Nisipeanu*, Abwasserrecht, S. 10.

21 BVerfGE 15, 1 (15); *Czychowski*, WHG, Einl. S. 58.

22 BVerfGE 58, 300 (339 f.); vgl. auch *Maunz*, in: Maunz/Dürig/Herzog/Scholz, GG, Art. 75 Rn. 144 einerseits und *Kunig*, in: v. Münch/Kunig, GG, Art. 75 Rn. 35; *Rengeling*, in: HStR IV, § 100 Rn. 278 andererseits.

23 BVerwGE 55, 220 (225).

24 BayVerfGHE 30, 99 (103).

25 BVerwG, NVwZ 1992, 1210; NVwZ 1993, 998.

26 *Henseler*, Abwasserbeseitigung, S. 11; *Maunz*, in: Maunz/Dürig/Herzog/Scholz, GG, Art. 75 Rn. 147.

27 *Maunz*, in: Maunz/Dürig/Herzog/Scholz, GG, Art. 75 Rn. 148; *Rengeling*, in: HStR IV, § 100 Rn. 279.

28 *Breuer*, Wasserrecht, Rn. 3; *Maunz*, in: Maunz/Dürig/Herzog/Scholz, GG, Art. 75 Rn. 149.

29 *Henseler*, Abwasserbeseitigung, S. 12; *Rengeling*, in: HStR IV, § 100 Rn. 278; vgl. auch *Czychowski*, WHG, Einl. S. 58; BMU (Hrsg.), UGB-KomE, S. 1058.

30 *Henseler*, Abwasserbeseitigung, S. 12 m. w. N.

31 *Henseler*, Abwasserbeseitigung, S. 12.

beseitigung um schadensvorsorgende Komponenten ergänzt.[32] Hier ist insbesondere die Schaffung der §§ 18a bis 18c WHG durch die Vierte Novelle zu nennen.[33]
Insgesamt umfaßt der Kompetenztitel "Wasserhaushalt" aufgrund der Bedeutung der Gewässer auch Reglementierungen von Handlungen, die sich weit im Vorfeld der unmittelbaren Gewässerbenutzung abspielen.[34] Damit erlaubt der Kompetenztitel "Wasserhaushalt" Regelungen mit nur indirekten Auswirkungen auf die eigentliche Gewässerbenutzung, also insbesondere auch Bestimmungen über Indirekteinleitungen.[35] Im Ergebnis sind also Anforderungen an Indirekteinleitungen aus Gründen des Gewässerschutzes kompetenziell von Art. 75 Abs. 1 S. 1 Nr. 4 Alt. 3 GG gedeckt.

b) Schutz der kommunalen Abwasseranlagen

Die wasserrechtliche Erfassung der Indirekteinleitungen dient auch dem Ziel, die Funktionsfähigkeit der Abwasseranlagen sicherzustellen, um so den Gewässerschutz zu gewährleisten.[36] Damit stellt sich die Frage, ob auch dieses Ziel vom Kompetenztitel des Wasserhaushalts erfaßt ist.
Wie gezeigt werden konnte, erfaßt Art. 75 Abs. 1 S. 1 Nr. 4 Alt. 3 GG auch Regelungen zum Schutz der Gewässer vor Maßnahmen, die sich im Vorfeld von Gewässerbenutzungen abspielen. So kann das Wasserwirtschaftsrecht gem. § 18b Abs. 1 S. 2 WHG fordern, daß Abwasseranlagen in ihrer Wirkungsweise bestimmte technische Mindeststandards erfüllen.[37] Die Anlagen müssen daneben so beschaffen sein, daß die Anforderungen an das Einleiten von Abwasser nach § 7a Abs. 1 WHG eingehalten werden. Darüber hinaus sind dann aber auch Beschränkungen für Indirekteinleitungen kompetenziell zulässig, die dem Schutz der Funktionsfähigkeit dieser Abwasseranlagen dienen. Grundgedanke ist jeweils, daß funktionsfähige Abwasseranlagen unabdingbare Voraussetzung für einen effektiven Gewässerschutz sind. Damit kann das Wasserrecht auch Anforderungen an Indirekteinleitungen stellen, die

---

32 *Henseler*, Abwasserbeseitigung, S. 12.

33 *Schulte*, Kommunalabwasserrichtlinie, S. 148.

34 *Henseler*, Abwasserbeseitigung, S. 13.

35 *Schulte*, Kommunalabwasserrichtlinie, S. 148. Eine solche Weiterentwicklung der Auslegung einer Verfassungsbestimmung ist insofern möglich, als Gesetzgebungsmaterien mit der Entwicklung des zu regelnden Sachbereichs Schritt halten müssen, vgl. *Maunz*, in: Maunz/Dürig/Herzog/Scholz, GG, Art. 73 Rn.14.

36 Amtliche Begründung zur Fünften Novelle, BT-Ds. 10/3973, S. 11.

37 *Czychowski*, WHG, § 18b Rn. 1.

dem Schutz der kommunalen Abwasseranlagen dienen, um so den Schutz der Gewässer sicherzustellen.

c) Angleichung der Wettbewerbsbedingungen

Neben dem Gewässerschutz und dem Schutz der kommunalen Abwasseranlagen nennt die Amtliche Begründung der Fünften Novelle zum WHG als weiteres Regelungsziel die Angleichung der Wettbewerbsbedingungen der Indirekteinleiter.[38] Bei der Bewirtschaftung von Gewässern geht es nicht nur um deren Reinhaltung, sondern auch um die Verteilung von Nutzungsrechten an den Gewässern.[39] Mit der Verteilung von Nutzungsrechten hängt auch die Gewährleistung gleicher Wettbewerbsbedingungen zusammen.[40] Vom Kompetenztitel des Wasserhaushalts ist damit auch das Ziel der Angleichung der Wettbewerbsbedingungen von Direkt- und Indirekteinleitern gedeckt.

d) Zusammenfassung

Der Bund kann auf der Grundlage des Art. 75 Abs. 1 S. 1 Nr. 4 Alt. 3 GG Regelungen für Indirekteinleitungen erlassen. Kompetenzgerechte Regelungsziele sind dabei der Gewässerschutz, der Schutz der kommunalen Abwasseranlagen sowie die Angleichung der Wettbewerbsbedingungen für Direkt- und Indirekteinleiter. Im Bereich des Schutzes der kommunalen Abwasseranlagen besteht damit eine Überschneidung mit den kommunalen Regelungskompetenzen aus Art. 28 Abs. 2 S. 1 GG. Hierauf wird im weiteren Verlauf der Untersuchung noch einzugehen sein.[41]

---

38 BT-Ds. 10/3973, S. 11; vgl. auch *Reichert*, ZfW 1997, S. 141 (143).
39 BMU (Hrsg.), UGB-KomE, S. 1076.
40 BMU (Hrsg.), UGB-KomE, S. 1076. Vom Recht der Wirtschaft nach Art. 74 Abs. 1 Nr. 11 GG sind dagegen nur solche Regelungen erfaßt, die speziell für die Wirtschaft getroffen werden. Allgemein geltende Vorschriften zur Gewässerreinhaltung fallen dagegen unter den Wasserhaushalt, auch wenn sie sich besonders auf die Wirtschaft auswirken, vgl. dazu *Maunz*, in: Maunz/Dürig/Herzog/Scholz, GG, Art. 75 Rn. 144; *Rengeling*, in: HStR IV, § 100 Rn. 279.
41 Vgl. unten § 4.

4. Voraussetzungen der Bundeskompetenz, Art. 72 Abs. 2 GG

Nachdem der sachliche Umfang der Bundeskompetenz geklärt worden ist, werden nun die Voraussetzungen für ihre Inanspruchnahme betrachtet. Nach Art. 75 Abs. 1 S. 1 GG müssen die Voraussetzungen des Art. 72 GG vorliegen, damit der Bund von seiner Rahmengesetzgebungskompetenz Gebrauch machen kann. Gegenstand der Verweisung ist dabei Art. 72 Abs. 2 GG, denn allein Art. 72 Abs. 2 GG enthält Voraussetzungen für den Erlaß von Bundesgesetzen, während Art. 72 Abs. 1 GG die Voraussetzungen nennt, unter denen die Länder tätig werden können.[42] Art. 72 Abs. 3 GG regelt die Möglichkeit, die Kompetenz auf die Länder zurück zu übertragen.

Art. 72 Abs. 2 GG regelt also, welcher der konkurrierenden Gesetzgeber unter welchen Voraussetzungen tätig werden darf.[43] Danach hat der Bund das Gesetzgebungsrecht, wenn und soweit die Herstellung gleichwertiger Lebensverhältnisse im Bundesgebiet oder die Wahrung der Rechts- oder Wirtschaftseinheit im gesamtstaatlichen Interesse eine bundesgesetzliche Regelung erforderlich machen.

a) Subsidiarität

Nach Art. 30, 70 Abs. 1, 72 Abs. 2 GG steht die konkurrierende Gesetzgebungskompetenz grundsätzlich und damit vorrangig den Ländern zu.[44] Der Bund darf die Gesetzgebungskompetenz in diesem Bereich nur wahrnehmen, wenn die materiellen Voraussetzungen des Art. 72 Abs. 2 GG vorliegen, wenn also die Erforderlichkeit einer bundesgesetzlichen Regelung zu bejahen ist. Aufgrund dieser vorrangigen Zuständigkeit der Länder gegenüber dem Bund könnte es sich auch bei Art. 72 Abs. 2 GG um eine Konkretisierung des intrastaatlichen Subsidiaritätsprinzips handeln, das ja den Zuständigkeitsvorrang der unteren staatlichen Ebene nach Maßgabe ihrer Leistungsfähigkeit postuliert.[45]
Die Grundvoraussetzungen für die mögliche Anwendung des Subsidiaritätsprinzips,[46] wie im Rahmen des Art. 28 Abs. 2 S. 1 GG als innerstaatliches, staatsorganisatorisches Prinzip verstanden, liegen auch hier vor. Bund und

---

42 V. *Mangoldt/Klein*, GG, Art. 75 Rn. 58; *Kunig*, in: v. Münch/Kunig, GG, Art. 75 Rn. 4 f.

43 *Degenhart*, in: Sachs, GG, Art. 72 Rn. 1.

44 Der Herrenchiemseer Entwurf des GG sprach insofern von "Vorranggesetzgebung", vgl. *Maunz*, in: Maunz/Dürig/Herzog/Scholz, GG, Art. 72 Rn. 6.

45 Vgl. oben § 2 I 3b bb (1).

46 Vgl. oben § 2 I 3b bb (4).

Länder stehen in einem hierarchischen Über-/ Unterordnungsverhältnis, das trotz der Eigenstaatlichkeit der Länder durch den Geltungsvorrang des Bundesrechts gegenüber dem Landesrecht sowie durch den Bundeszwang, Art. 31, 37 GG, deutlich wird. Sie stellen verschieden hohe Organisationsebenen im Staatsaufbau dar, was auch durch die unterschiedliche Reichweite der territorialen Gewalt zum Ausdruck kommt.[47] Auch die weiterhin erforderliche konkurrierende Kompetenz zwischen Bund und Ländern ist bei Art. 72 Abs. 2, 75 Abs. 1 S. 1 Nr. 4 Alt. 3 GG gegeben. Soweit die Kompetenzen zwischen Bund und Ländern nach Art. 70 ff. GG starr verteilt sind, etwa durch Art. 73 GG zugunsten des Bundes oder durch Art. 70 Abs. 1, 30 Abs. 1 GG zugunsten der Länder, kann das Subsidiaritätsprinzip keine Anwendung finden.[48] Denn es fordert immer nur den Vorrang im Handeln der unteren Ebene unter dem Vorbehalt ihrer Leistungsfähigkeit. Dementsprechend verteilt Art. 72 Abs. 2 GG die Kompetenzen zwischen Bund und Ländern nicht starr, sondern macht sie von weiteren Voraussetzungen abhängig. Schließlich ist sowohl das Handeln des Bundes als auch das der Länder auf das Gemeinwohl bezogen, denn auch die Länder sind gem. Art. 28 Abs. 1 GG gleichermaßen auf die soziale Staatszielbestimmung des Art. 20 Abs. 1 GG ausgerichtet.[49] Damit kommt eine Anwendung des Subsidiaritätsprinzip im Bereich des Art. 72 Abs. 2 GG grundsätzlich in Betracht.

Nach Maßgabe der vorrangigen Zuständigkeit der Länder dient Art. 72 Abs. 2 GG ebenso wie das Subsidiaritätsprinzip[50] der Verteilung von Kompetenzen, hier zwischen dem Bund und den Ländern, durch Normierung von Kriterien, die dieser Zuordnung zugrunde liegen sollen. Die Funktion der Vorschrift liegt auch hier, neben der positiv-aufbauenden Möglichkeit der Einbindung verschiedener politischer Kräfte in den Bundesstaat, um so Integration, Stabilität, Vielfalt und Wettbewerb zu ermöglichen, in einer negativ-begrenzenden vertikalen Teilung der Staatsgewalt auf verschiedene staatliche Ebenen.[51] Die Legitimation des so zum Ausdruck kommenden Föderalismus liegt in der

---

47 *Pieper*, Subsidiariät, S. 120.

48 *Isensee*, Subsidiaritätsprinzip, S. 227, 235; *ders.*, in: HStR IV, § 98 Rn. 242. Eine entsprechende Konstellation liegt bei der Kernbereichsgarantie des Art. 28 Abs. 2 S. 1 GG vor. Ob die starre Verteilung dem Subsidiaritätsprinzip gefolgt ist, mag hier dahinstehen, vgl. dazu *Würtenberger*, StWiss u. StPrax, S. 621 (629); *Pieper*, Subsidiarität, S. 119 f.

49 *Isensee*, Subsidiaritätsprinzip, S. 232.

50 Vgl. hierfür die Nachweise oben § 2 I 3b bb (4).

51 *Rennert*, Der Staat 32 (1993), S. 269 (273); *Isensee*, Subsidiaritätsprinzip, S. 235; vgl. auch *Kunig*, in: v. Münch/Kunig, GG, Art. 75 Rn. 46; *Degenhart*, ZfA 1993, S. 409 (419 ff.).

hemmenden Gewaltenteilung und damit jedenfalls nicht primär in der Effizienz der Aufgabenwahrnehmung. Damit wird eine weitere Verbindungslinie zum Subsidiaritätsprinzip deutlich, das wie Art. 72 Abs. 2 GG auch eine mögliche Ineffizienz bei der Aufgabenwahrnehmung durch die Länder als der unteren Ebene in Kauf nimmt.[52] Mögliche Reibungsverluste durch die föderale Staatlichkeit werden zugunsten von Freiheitsgewinnen der Individuen hingenommen; die Freiheit des Einzelnen ist ja die Grundlage der föderalen Ordnung.[53] Die positive Komponente des Subsidiaritätsprinzips kommt bei Art. 72 Abs. 2 GG dadurch zum Ausdruck, daß dem Bund die Kompetenz zuwächst, wenn die Voraussetzungen des Art. 72 Abs. 2 GG erfüllt. Eine Hilfeleistungs- oder Beistandspflicht des Bundes ist hier allerdings nicht ersichtlich.

Nach dem Subsidiaritätsprinzip wächst der höheren Einheit die Kompetenz zu, wenn die untere Einheit aufgrund ihrer Leistungsfähigkeit nicht in der Lage ist, die betreffende Aufgabe sachgerecht zu erfüllen. Art. 72 Abs. 2 GG umschreibt dies damit, daß der Bund zuständig ist, wenn eine bundesgesetzliche Regelung aus bestimmten Gründen erforderlich ist, wenn also mit anderen Worten die Länder in ihrer regionalen Begrenztheit nicht imstande sind, die Aufgabe sachgerecht gesetzlich zu regeln und wirksam verwaltungsmäßig wahrzunehmen.[54]

Daher stellt auch Art. 72 Abs. 2 GG eine Konkretisierung des Subsidiaritätsprinzips für das Verhältnis der Länder zum Bund im Bereich der konkurrierenden Gesetzgebungskompetenz dar.[55] Insbesondere die Verfassungsänderung von 1994 bringt mit ihrem Anliegen der Stärkung der Länderkompetenzen und der Einschränkung des gesetzgeberischen Einschätzungsspielraums den politischen Willen zum Ausdruck, das Subsidiaritätsprinzip in diesem Bereich zu betonen.[56] Als Ergebnis kann wie bereits im Rahmen der Subsidiaritätsuntersuchung bei Art. 28 Abs. 2 S. 1 GG auch hier festgehalten werden, daß bei der Lösung nicht voll determinierter verfassungsrechtlicher Fragen das Subsidiaritätsprinzip als "Auslegungsrichtmaß" Hilfestellung leisten

---

52 *Leisner*, Effizienz, S. 28 f.

53 *Isensee*, Subsidiaritätsprinzip, S. 237; vgl. auch oben § 2 I 3b bb (1).

54 *Isensee*, Subsidiaritätsprinzip, S. 277.

55 So auch *Pieper*, Subsidiarität, S. 120 f.; *Isensee*, AöR 115 (1990), S. 248 (256); *ders.*, Subsidiaritätsprinzip, S. 229 ff.; *Stewing*, Subsidiarität, S. 43; *Kenntner*, ZRP 1995, S. 367; *Schmidt*, DÖV 1995, S. 657 unter Hinweis auf *Kipp*, DÖV 1956, S. 555 (561); *Korte*, VerwArch 61 (1970), S. 3 (21); *v. Borries*, EuR 1994, S. 263 (290); *Oppermann*, Subsidiarität, S. 215 (221); a. A. *Gruson*, Bedürfnisklausel, S. 80 ff. Unentschieden *Schmidt-Jortzig*, Subsidiaritätsprinzip, S. 9.

56 *Kenntner*, ZRP 1995, S. 367 f; *Oppermann*, Subsidiarität, S. 215 (221).

kann.[57] Neben der Rastede-Entscheidung des BVerfG zu Art. 28 Abs. 2 S. 1 GG liegt in Art. 72 Abs. 2 GG ein weiterer Impuls, dem Subsidiaritätsprinzip im innerstaatlichen Organisationsbereich zum Durchbruch zu verhelfen.

b) Erforderlichkeit

Bis zur Verfassungsänderung von 1994 kam es auf ein Bedürfnis für eine bundesgesetzliche Regelung an. Es mußte alternativ einer der in Art. 72 Abs. 2 GG normierten drei Gründe für ein solches Bedürfnis vorliegen.[58] Danach hatte der Bund das Gesetzgebungsrecht, wenn eine Angelegenheit durch die Gesetzgebung einzelner Länder nicht wirksam geregelt werden konnte (Art. 72 Abs. 2 Nr. 1 GG), wenn die Regelung einer Angelegenheit durch ein Landesgesetz die Interessen anderer Länder oder der Gesamtheit beeinträchtigen könnte (Art. 72 Abs. 2 Nr. 2 GG) oder wenn die Wahrung der Rechts- oder Wirtschaftseinheit, insbesondere die Wahrung der Einheitlichkeit der Lebensverhältnisse über das Gebiet eines Landes hinaus eine bundesgesetzliche Regelung erforderte (Art. 72 Abs. 2 Nr. 3 GG).[59] Diese Bedürfnisklausel hatte sich als einer der Hauptgründe für die Auszehrung der Länderkompetenzen erwiesen.[60] Denn nach der Rechtsprechung des BVerfG stand die Beantwortung der Frage, ob ein Bedürfnis nach bundesgesetzlicher Regelung bestand, im pflichtgemäßen Ermessen des Bundesgesetzgebers. Denn es handele sich hierbei um eine politische Vorentscheidung des Bundesgesetzgebers. Diese Frage sei ihrer Natur nach nicht justitiabel und daher der Nachprüfung durch das BVerfG grundsätzlich entzogen.[61] Die ver-

---

57 *Stewing*, Subsidiarität, S. 44; *Isensee*, Subsidiaritätsprinzip, S. 240. Die Voraussetzungen des Art. 72 Abs. 2 GG müssen auch bei Art. 105 Abs. 2 GG erfüllt werden, so daß die hier gemachten Ausführungen auch dort Relevanz besitzen. Weitere Fälle einer "konkurrierenden" Kompetenzverteilung finden sich in Art. 91a GG, und für die Verwaltungskompetenz in Art. 87 Abs. 3 S. 2 GG, vgl. dazu *Würtenberger*, StWiss u. StPrax 1993, S. 621 (627); *Isensee*, Subsidiaritätsprinzip, S. 229 f.; *Herzog*, Der Staat 2 (1963), S. 399 (414).

58 *Degenhart*, in: Sachs, GG, Art. 72 Rn. 6; vgl. auch die Synopse bei *Müller*, Auswirkungen, S. 46.

59 Vgl. zu Art. 72 Abs. 2 GG a. F. v. *Mangoldt/Klein*, GG, Art. 72 Rn. 100 ff.; *Maunz*, in: Maunz/Dürig/Herzog/Scholz, GG, Art. 72 Rn. 21 ff.

60 Vgl. BT-Ds. 12/6000, S. 33; *Müller-Brandeck-Bocquet*, Die Verwaltung 29 (1996), S. 143 (148); v. *Stetten*, Ein neues Föderalismusverständnis, S. 303 (306).

61 BVerfGE 2, 213 (224); 10, 234 (245); 33, 224 (229); vgl. dazu auch *Maunz*, in: Maunz/Dürig/Herzog/Scholz, GG, Art. 72 Rn. 18; *Degenhart*, in: Sachs, GG, Art. 72 Rn. 9.

fassungsgerichtliche Kontrolle beschränkte sich allein darauf zu prüfen, ob der Bundesgesetzgeber die in Art. 72 Abs. 2 GG verwendeten Begriffe im Prinzip zutreffend ausgelegt und sich in dem dadurch bezeichneten Rahmen gehalten hat[62] bzw. ob "eindeutig und evident" sei, daß der Gesetzgeber den ihm durch Art. 72 Abs. 2 GG überantworteten Spielraum überschritten habe.[63] Damit stand die Bundeskompetenz in diesem Bereich im nahezu reinen politischen Ermessen des Bundesgesetzgebers.[64] Die vom Grundgesetz intendierte föderative Sperrwirkung der Bedürfnisklausel wurde auf diese Weise im Ergebnis vereitelt.[65]

An die Stelle der bisherigen Formulierung tritt nun der Begriff der "Erforderlichkeit" der bundesgesetzlichen Regelung. Hierin liegt eine Anlehnung an die Terminologie des Grundsatzes der Verhältnismäßigkeit,[66] der ja die Stufen der Geeignetheit, Erforderlichkeit und Angemessenheit umfaßt. Damit ist die Frage aufgeworfen, ob das Übermaßverbot als Konkretisierungsmaßstab der Erforderlichkeit im Sinne des Art. 72 Abs. 2 GG herangezogen werden kann. Würde man den Verhältnismäßigkeitsmaßstab in diesem Zusammenhang anwenden, müßte eine bundesgesetzliche Regelung der betreffenden Materie geeignet sein, die in Art. 72 Abs. 2 GG ausdrücklich genannten Zweck zu erreichen, und es dürfte kein milderes Mittel zur Erreichung dieser Zwecke geben, das die Zuständigkeiten der Länder weniger beschränkt. Danach käme man zu dem Schluß, daß eine Regelung durch den Bund dann als erforderlich anzusehen ist, die im Hinblick auf die Regelungszwecke des Art. 72 Abs. 2 GG nicht auch durch die Länder erfolgen könnte.[67]

Eine solche Auslegung des Begriffs der Erforderlichkeit erscheint aber angesichts der bereits skizzierten Rechtsprechung des BVerfG zur Anwendbarkeit des Übermaßverbots im Bereich der Kompetenzabgrenzung von Bund und

---

62 BVerfGE 13, 230 (233); 26, 338 (382f.); 67, 299 (327); 78, 249 (270); vgl. auch *v. Mangoldt/Klein*, GG, Art. 72 Rn. 116 ff.

63 BVerfGE 34, 9 (39) m. w. N.

64 Zur Kritik der Literatur vgl. etwa *Maunz*, in: Maunz/Dürig/Herzog/Scholz, GG, Art. 72 Rn. 19; *Kunig*, in: v. Münch/Kunig, GG, Art. 72 Rn. 22 m. w. N.; *Degenhart*, ZfA 1993, S. 409 (416); *Waechter*, Die Verwaltung 29 (1996), S. 46 (68 f.).

65 *Scholz*, ZG 1994, S. 1 (11).

66 *Schmehl*, DÖV 1996, S. 724 (726); *Müller*, Auswirkungen, S. 60; *Reichert*, NVwZ 1998, S. 17.

67 *Reichert*, NVwZ 1998, S. 17; ähnlich *Schmehl*, DÖV 1996, S. 724 (726); *Knopp*, in: Sieder/Zeitler/Dahme/Knopp, WHG, Vorb. WHG Rn. 3b.

Ländern[68] problematisch.[69] An dieser Rechtsprechung darf eine Auslegung des Begriffs der Erforderlichkeit nicht vorübergehen, insbesondere deswegen, weil mit Erforderlichkeit zwar prima vista eine Kategorie des Verhältnismäßigkeitsgrundsatzes gemeint sein kann, diese Auffassung aber keineswegs zwingend ist.[70]

Ziel der Neufassung des Art. 72 Abs. 2 GG war es, die Voraussetzungen für die Inanspruchnahme der konkurrierenden Gesetzgebungskompetenz durch den Bund zu konzentrieren, zu verschärfen und zu präzisieren, um die Justitiabilität zu erhöhen.[71] Damit steht lediglich fest, daß "Erforderlichkeit" höhere Anforderungen als "Bedürfnis" umschreibt, um so die Kompetenzen des Bundes zugunsten der Länder zu beschneiden.[72] Letzterer Begriff müßte also Ausgangspunkt der Auslegung sein. Da das BVerfG aber den Tatbestand des Art. 72 Abs. 2 GG für weitgehend nicht justitiabel erachtet hat, hat eine inhaltliche Auseinandersetzung mit dem Begriff des "Bedürfnisses" kaum stattgefunden,[73] ein Ausgangspunkt ist also nicht gegeben. Dementsprechend finden sich auch nur zurückhaltende Versuche, den Begriff der "Erforderlichkeit" zu präzisieren. Die Äußerungen sind vielfach auf den Hinweis beschränkt, daß es sich hierbei um einen unbestimmten Rechtsbegriff mit politischem Charakter handele, der einen Beurteilungsspielraum des Bundes bedinge.[74] Solange aber die Erforderlichkeit des Art. 72 Abs. 2 GG nicht konkretisiert wird, kommt der Frage, ob die Merkmale des Art. 72 Abs. 2 GG justitiabel seien, nur geringe Bedeutung zu, da die weiteren Merkmale, wie noch zu erörtern sein wird, nur sehr eingeschränkt eine auswählende oder ausgrenzende Wirkung haben können.[75]

Eine Präzisierung des Begriffs der "Erforderlichkeit" läßt sich erreichen, wenn man Art. 72 Abs. 2 GG in den Zusammenhang des Subsidiaritätsprin-

---

68 Vgl. oben § 2 I 3b cc.
69 So auch *Kunig*, in: v. Münch/Kunig, GG, Art. 72 Rn. 28; *Degenhart*, in: Sachs, GG, Art. 72 Rn. 10.
70 Entgegen *Reichert*, NVwZ 1998, S. 17 (18).
71 GVK, BT-Ds. 12/6000, S. 32. Abgelehnt wurde damit der Vorschlag des Bundesrates, der Bundestag solle einen gesonderten Beschluß über die Feststellung des Bedürfnisses bzw. der Erforderlichkeit fassen, der dann der Zustimmung des Bundesrates bedurft hätte, dazu GVK, a. a. O.; *Karpen*, ZG 1995, S. 356 (359).
72 *Schmidt-Bleibtreu/Klein*, GG, Art. 72 Rn. 3.
73 Vgl. dazu *Gruson*, Bedürfnisklausel, S. 29 ff.
74 Vgl. etwa *Ryback/Hofmann*, NVwZ 1995, S. 230 (231); *Jahn*, DVBl. 1994, S. 177 (179); *Sommermann*, Jura 1995, S. 393 (395); *Freytag/Iven*, NuR 1997, S. 121 (122).
75 So bereits *Isensee*, Subsidiaritätsprinzip, S. 230 zu Art. 72 Abs. 2 GG a. F.

zips stellt. Eine bundesgesetzliche Regelung ist danach nur dann erforderlich, wenn die Länder die betreffende Aufgabe nicht ausreichend erfüllen können.[76] Die Aufgabe besteht hier darin, die in Frage stehende Sachmaterie in einer Form zu regeln, die gleichwertige Lebensverhältnisse bzw. die Wahrung der Rechts- oder Wirtschaftseinheit im gesamtstaatlichen Interesse im Bundesgebiet gewährleistet.[77] Da diese Kriterien auf das Bundesgebiet bezogen sind, müssen grundsätzlich alle Länder entsprechende Regelungen erlassen. Können die Länder die betreffende Sachmaterie in dieser Form regeln, ist eine bundesgesetzliche Regelung nicht erforderlich. Gelingt dies den Ländern nicht, kann der Bund die Sachmaterie regeln, um so die Gleichwertigkeit der Lebensverhältnisse oder die Wahrung der Rechts- und Wirtschaftseinheit zu gewährleisten.[78] Dabei ist zu beachten, daß es bei Art. 75, 72 Abs. 2 GG um die Erforderlichkeit von Rahmengesetzen geht. Es ist also danach zu fragen, ob eine bundesrechtliche Regelung in dem Maße erforderlich ist, wie sie durch Rahmenvorschriften erzielt werden kann.[79]

Diese Auslegung des Begriffs der Erforderlichkeit steht im Einklang mit der anfangs erwähnten Rechtsprechung des BVerfG. Darüber hinaus vermag sie, mehr noch als eine Anwendung des Grundsatzes der Verhältnismäßigkeit, die Intention des verfassungsändernden Gesetzgebers zu berücksichtigen, nämlich die Kompetenzen der Länder gegenüber dem Bund zu stärken.[80] Denn es konnte bereits gezeigt werden, daß das Subsidiaritätsprinzip und damit auch Art. 72 Abs. 2 GG einen Effizienzverlust bei der Aufgabenwahrnehmung durch die Länder in Kauf nimmt,[81] da die Zuständigkeit der Länder, wegen der weitestmöglichen Entfaltung dieser Ebene im Staatsaufbau und der damit verbundenen vertikalen Gewaltenteilung, einen Eigenwert darstellt. Für die

---

76 Vgl. *Pieper*, Subsidiarität, S. 121; *Müller*, Auswirkungen, S. 60 f.

77 Die Aufgabenstellung ist also komplexer als bei Art. 28 Abs. 2 S. 1 GG, bei dem nur auf die ordnungsgemäße Erfüllung der Sachaufgabe abgestellt wird, vgl. oben § 2 I 3b bb (4).

78 Im Ergebnis ebenso *Kunig*, in: v. Münch/Kunig, GG, Art. 72 Rn. 27; vgl. auch *Rohn/Sannwald*, ZRP 1994, S. 65 (68); *Sannwald*, Neuordnung der Gesetzgebungskompetenzen, S. 28 f.

79 Vgl. *Degenhart*, in: Sachs, GG, Art. 75 Rn. 11. Zur Frage, ob eine Selbstkoordination der Länder die Erforderlichkeit ausschließen kann, vgl. *Isensee*, Subsidiaritätsprinzip, S. 234 ff. m. w. N.; *Pieper*, Subsidiarität, S. 121 ff.; *Schmehl*, DÖV 1996, S. 724 (726); *Ryback/Hofmann*, NVwZ 1995, S. 230 (232); *Sannwald*, Neuordnung der Gesetzgebungskompetenzen, S. 30. Zur parallelen Fragestellung bei Art. 5 Abs. 2 (Art. 3b Abs. 2) EGV vgl. unten § 4 I 4a bb.

80 Vgl. oben § 3 I 1b.

81 § 3 I 1d aa.

Beachtung dieses Eigenwertes ist aber bei einer Anwendung des Grundsatzes der Verhältnismäßigkeit kein Raum.[82]

c) Gründe für die Erforderlichkeit

In materieller Hinsicht bezieht sich die Erforderlichkeitsklausel nunmehr auf zwei statt bisher, wie gezeigt, drei Tatbestandsalternativen.[83] Auch hierdurch sollten die Voraussetzungen der Bundeskompetenz präziser gefaßt werden.[84]

aa) Herstellung gleichwertiger Lebensverhältnisse im Bundesgebiet

Gegenüber der alten Fassung wurde der Begriff der "einheitlichen Lebensverhältnisse" durch den der "gleichwertigen Lebensverhältnisse" ersetzt. Der Begriff der "Gleichwertigkeit" soll dabei einem zu sehr formal-unitaristischen Kompetenzverständnis vorbeugen und der innerstaatlichen Vielfalt und föderativen Wettbewerbsfähigkeit der Länder mehr Raum geben.[85] Damit wurden die Anforderungen an die Inanspruchnahme der Bundeskompetenz erhöht.[86] Denn gleichwertige Lebensverhältnisse können die Länder durch ihre Gesetzgebung eher erzielen als einheitliche Lebensverhältnisse. Die Erforderlichkeit zur Herstellung gleichwertiger Lebensverhältnisse besteht nicht schon bei jeder Ungleichheit der Lebensverhältnisse, denn Gleichwertigkeit schließt unterschiedliche Regelungen nicht aus.[87] Andererseits dürfen die regionalen Unterschiede nicht zu groß werden. Nicht mehr als zur Herstellung gleichwertiger Lebensverhältnisse geeignet müßten solche Regelungen in den Ländern angesehen werden, die entweder rechtlich oder faktisch die Freizügigkeit im Bundesgebiet berühren, etwa durch Auslösen eines faktischen Binnenwanderungsdrucks.[88]

---

82 Vgl. oben § 2 I 3b cc.
83 Vgl. oben § 3 I 1d.
84 GVK, BT-Ds. 12/6000, S. 33.
85 *Scholz*, ZG 1994, S. 1 (12).
86 *Schmehl*, DÖV 1996, S. 724 (726); *Sannwald*, NJW 1994, S. 3313 (3316); *Rohn/Sannwald*, ZRP 1994, S. 65 (68).
87 *Pieroth*, in: Jarass/Pieroth, GG, Art. 72 Rn. 8.
88 *Rennert*, Der Staat 32 (1993), S. 269 (275); *Maunz*, in: Maunz/Dürig/Herzog/Scholz, GG, Art. 75 Rn. 25.

Im Hinblick auf den Umweltschutz wird kritisch angemerkt, daß die Umstellung von der Einheitlichkeit auf die Gleichwertigkeit zu einer Zersplitterung wichtiger Standards führen könnte. Denn die Länder könnten unterschiedliche Mindest- oder Höchstwerte (z. B. Emissionsgrenzwerte für Indirekteinleitungen) festlegen, ohne daß die Gleichwertigkeit der Lebensverhältnisse aufgegeben wird.[89] Da aber der Bundesstaat seine Legitimation gerade auch daraus erhält, daß er Raum für Vielfalt und Wettbewerb schafft, ist eine solche "Zersplitterung" sogar von der Verfassung gewollt.[90] Die Unterschiede dürfen darüber hinaus auch nur so groß sein, daß sie sich noch im Rahmen der Gleichwertigkeit halten.

bb) Wahrung der Rechts- oder Wirtschaftseinheit im gesamtstaatlichen Interesse

Die Bundeskompetenz hängt in der zweiten Alternative von der Erforderlichkeit der Wahrung der Rechts- oder Wirtschaftseinheit im gesamtstaatlichen Interesse ab.

"Rechtseinheit" bedeutet, daß für einen Sachverhalt im ganzen Bundesgebiet die gleichen Rechtsnormen aus einer Quelle gelten, während "Wirtschaftseinheit" die Geltung einheitlicher rechtlicher Rahmenbedingungen für die wirtschaftliche Betätigung im ganzen Bundesgebiet verlangt.[91] "Wahrung" meint nicht nur die Sicherung des status quo, sondern auch das Schaffen und Bewirken von Neuem.[92]

Die Bundesgesetzgebung muß darüber hinaus in dieser Alternative auch im gesamtstaatlichen Interesse erforderlich sein, die Wahrung der Rechts- oder Wirtschaftseinheit ist nicht bereits per se kompetenzbegründend.[93] Vor dem Hintergrund der angestrebten Begrenzung der Bundeskompetenz erhält die Auslegung des Begriffs des "gesamtstaatlichen Interesses" eine zentrale Bedeutung.

---

89 *Sannwald*, DÖV 1994, S. 629 (639); *Rohn/Sannwald*, ZRP 1994, S. 65 (68); vgl. auch *Stüer*, DVBl. 1995, S. 27 (28).

90 Vgl. *Rennert*, Der Staat 32 (1993), S. 269 (274).

91 *Ryback/Hofmann*, NVwZ 1995, S. 230 (231); *v. Mangoldt/Klein*, GG, Art. 72 Rn. 357; zur europarechtlichen Dimension vgl. *Schmidt*, DÖV 1995, S. 657 ff.; *Schmehl*, DÖV 1996, S. 724 (727); *Holtmeier*, Rechtsprobleme, S. 155 (160).

92 *Sannwald*, Neuordnung der Gesetzgebungskompetenzen, S. 30.

93 *Scholz*, ZG 1994, S. 1 (12).

Die Beurteilung des Interesses hat aus der Perspektive des Gesamtstaates zu erfolgen. Nach der herrschenden zweigliedrigen Bundesstaatstheorie[94] besteht der Bundesstaat aus zwei staatlichen Ebenen, dem durch den Bund repräsentierten Gesamtstaat und den Ländern als den Gliedstaaten.[95] Hiernach ist die Ausfüllung des Begriffs "gesamtstaatliches Interesse" aus dem Blickwinkel des Bundes vorzunehmen.[96] Dabei ist eine objektive Würdigung aus einer Gesamtschau der Interessen von Bund und Ländern vorzunehmen.[97] Auch Art. 23 Abs. 6 S. 2 GG weist im Zusammenhang der bundesstaatlichen Mitwirkung an Angelegenheiten der Europäischen Union die gesamtstaatliche Verantwortung dem Bund zu.[98]

Die Mindestbedingung für ein gesamtstaatliches Interesse ist, daß eine bundesgesetzliche Regelung wenigstens nicht nur im Interesse einzelner Länder liegt.[99] Zur Auslegung dieses Begriffs sind weiterhin diejenigen Strukturbestimmungen und Wertentscheidungen des Grundgesetzes heranzuziehen, die für die Verteilung der Gesetzgebungszuständigkeiten zwischen Bund und Ländern von Bedeutung sind.[100]
Dies gilt zunächst für das aus dem Bundesstaatsprinzip gem. Art. 20 Abs. 1 GG abgeleitete Gebot zur Wahrung der Rechtsstaatlichkeit. Hieraus folgt einerseits, daß die Rechts- und Wirtschaftseinheit als die integrierenden Elemente der Bundesstaatlichkeit zu wahren sind. Der Bundesstaat wird eben durch die Rechts- und Wirtschaftseinheit verwirklicht. Andererseits ist die Eigenstaatlichkeit der Länder zu respektieren, indem ihnen eigene gesetzgeberische Gestaltungsmöglichkeiten erhalten bleiben.[101] Die Wahrung der Rechts- und Wirtschaftseinheit liegt schon nach dem Bundesstaatsprinzip im gesamtstaatlichen Interesse. Die Koppelung an das gesamtstaatliche Interesse

---

94   BVerfGE 8, 122 (140); 13, 54 (77); *Stern*, Staatsrecht I, § 19 III 1 (S. 651); *Schmidt-Bleibtreu/Klein*, GG, Art. 72 Rn. 7; *Bauer*, Bundestreue, S. 301 m. w. N.

95   Die dreigliedrige Bundesstaatstheorie betrachtet den Bundesstaat aus den drei staatlichen Ebenen der Länder, des Bundes und des Gesamtstaats bestehend, vgl. *Herzog*, in: Maunz/Dürig/Herzog/Scholz, GG, Art. 20 IV Rn. 15 ff.

96   *Schmidt-Bleibtreu/Klein*, GG, Art. 72 Rn.7; *Ryback/Hofmann*, NVwZ 1995, S. 230 (232).

97   *V. Mangoldt/Klein*, GG, Art. 72 Rn. 364.

98   Zu Art. 23 GG vgl. auch unten § 6 IV 1.

99   *Pieroth*, in: Jarass/Pieroth, GG, Art. 72 Rn. 8; *Schmehl*, DÖV 1996, S. 724 (727).

100 *Sannwald*, Neuordnung der Gesetzgebungskompetenzen, S. 30; *Ryback/Hofmann*, NVwZ 1995, S. 230 (232).

101 *Ryback/Hofmann*, NVwZ 1995, S. 230 (232); vgl. auch *Rennert*, Der Staat 32 (1993), S. 269 (275).

in Art. 72 Abs. 2 GG könnte daher als eine Tautologie aufzufassen sein.[102] Es ist aber davon auszugehen, daß durch die Neufassung zum Ausdruck gebracht werden sollte, daß der Bund bei der Ausübung seiner Gesetzgebungszuständigkeit gleichwohl verstärkt föderale Gesichtspunkte zu berücksichtigen habe.[103]

Aus der verfassungsrechtlichen Konstituierung des Staates und der verfassungsrechtlichen Aufgabenzuweisung läßt sich darüber hinaus das Gebot zur Erhaltung der Handlungsfähigkeit des Gesamtstaates herleiten.[104] Diese ist durch eine aufgaben- und sachgerechte Funktionsverteilung bei der Gesetzgebung zwischen Bund und Ländern zu sichern.[105] Inhaltlich folgt hieraus, daß nur solche Rechts- und Wirtschaftsverhältnisse erfaßt sind, die grundsätzlich nicht von den örtlichen oder regionalen Besonderheiten einzelner Bundesländer geprägt sind, sondern die Bedeutung über die Grenzen eines einzelnen Bundeslandes hinaus haben, indem sie bundeseinheitliche oder überregionale Märkte bzw. den rechtlichen Rahmen für die privaten Lebensverhältnisse im Bundesstaat betreffen.[106]

Schließlich ist auch das Rechtsstaatsgebot aus Art. 20 Abs. 3 GG für den vorliegenden Zusammenhang von Bedeutung.[107] Hieraus ist das Gebot der Erhaltung der Wirksamkeit des Rechts ableitbar, welches ein gesamtstaatliches Interesse daran begründet, die Ordnungs-, Befriedungs- und Steuerungsfunktion des Rechts zu gewährleisten. Ein gesamtstaatliches Interesse für eine bundeseinheitliche Regelung ist somit dann zu bejahen, wenn es um Sachverhalte geht, die im gesamten Bundesgebiet in gleicher oder vergleichbarer Weise zu beobachten sind und deren Behandlung durch eine bundesgesetzliche Regelung Vorteile erbringt, die den prinzipiellen Zuständigkeitsvorrang der Länder überwiegt.[108] Bei lokalen oder regionalen Sachverhalten ohne Auswirkungen auf den Gesamtstaat ist demzufolge ein gesamtstaatliches Interesse nicht gegeben. In diesem Sinne ist auch ein gesamtstaatliches Interesse an der Vermeidung der Zersplitterung rechtlicher Regelungszusammenhänge

---

102 *Sannwald*, ZG 1994, S. 134 (140).

103 Vgl. *Schmidt-Bleibtreu/Klein*, GG, Art. 72 Rn. 7.

104 *Sannwald*, Neuordnung der Gesetzgebungskompetenzen, S. 30.

105 *Ryback/Hofmann*, NVwZ 1995, S. 230 (232).

106 *Ryback/Hofmann*, NVwZ 1995, S. 230 (232).

107 *Sannwald*, Neuordnung der Gesetzgebungskompetenzen, S. 30.

108 Denn das dem Art. 72 Abs. 2 GG zugrunde liegende Subsidiaritätsprinzip nimmt Effizienzverluste bei der Aufgabenwahrnehmung durch die Länder in Kauf; vgl. oben § 3 I 1d aa.

gegeben, die es dem Bürger erschweren, sich in zumutbarer Weise an das jeweils zu beachtende Recht zu halten.[109]

d) Justitiabilität

Die sehr stark eingeschränkte Justitiabilität der Bedürfnisklausel war der Hauptgrund dafür, daß die föderative Sperrwirkung des Art. 72 Abs. 2 GG nicht zur Wirkung kam. Im Hinblick auf die Neufassung knüpft hieran die Frage an, inwieweit die Beurteilungs- und damit Zugriffsprärogative des Bundesgesetzgebers auch im Hinblick auf das Kriterium der Erforderlichkeit bestehen bleibt.

An der Justitiabilität der Erforderlichkeitsklausel an sich bestehen keine Zweifel mehr, da hierfür eine eigene Verfahrensart vor dem BVerfG nach Art. 93 Abs. 1 Nr. 2a GG geschaffen wurde.[110] Es kann daher nur um das Ausmaß der gerichtlichen Kontrolldichte gehen.[111] Ausgangspunkt ist, daß durch die Verfassungsänderung von 1994 die Justitiabilität des Art. 72 Abs. 2 GG durch das Bundesverfassungsgericht verbessert werden soll.[112] Insoweit besteht auch in der Diskussion weitgehend Einigkeit.[113] Umstritten ist dagegen, bei Anerkennung eines grundsätzlichen Beurteilungsspielraums des Gesetzgebers, wieweit die gerichtliche Kontrolldichte jetzt reicht. Damit ist die Frage verbunden, ob durch diese Verschärfung der Justitiabilität lediglich eine Weiterentwicklung der bisherigen Rechtsprechung oder eine grundlegende Neuorientierung bei der Auslegung des Art. 72 Abs. 2 GG angezeigt ist. Zentrale Fragestellung ist also, ob und inwieweit Art. 72 Abs. 2 GG dem Bundesgesetzgeber einen politischen Gestaltungsspielraum gewährt. Soweit diese Frage zu bejahen ist, folgt daraus eine nur eingeschränkte verfassungsgerichtliche Kontrolldichte.[114]

Im Hinblick auf das Tatbestandsmerkmal der Herstellung gleichwertiger Lebensverhältnisse im Bundesgebiet ergibt sich ein Beurteilungsspielraum des

---

109 *Ryback/Hofmann*, NVwZ 1995, S. 230 (232); vgl. auch *Degenhart*, in: Sachs, GG, Art. 72 Rn. 16. Zum Verhältnis von gesamtstaatlichem Interesse und Erforderlichkeit vgl. *v. Mangoldt/Klein*, GG, Art. 72 Rn. 372; *Ryback/Hofmann*, NVwZ 1995, S. 230 (232); *Freytag/Iven*, NuR 1997, S. 121 (123); *Sannwald*, Neuordnung der Gesetzgebungskompetenzen, S. 30.

110 GVK, BT-Ds. 12/6000, S. 36; vgl. dazu *Müller*, Auswirkungen, S. 62 ff.; *Reichert*, NVwZ 1998, S. 17 (18).

111 *Kunig*, in: v. Münch/Kunig, GG, Art. 72 Rn. 24.

112 GVK, BT-Ds. 12/6000, S. 33, 36.

113 Vgl. nur *Schmehl*, DÖV 1996, S. 724 (727); *Reichert*, NVwZ 1998, S. 17 (18).

114 Vgl. oben § 2 I 2e.

Bundes daraus, daß es keine objektivierbaren Maßstäbe zur Bestimmung der Gleichwertigkeit gibt.[115] Vielmehr ist die Qualifizierung von Lebensverhältnissen als "gleichwertig" eine wertende Entscheidung. Weiterhin ist das gesamtstaatliche Interesse aus der Perspektive des Bundes zu beurteilen. Insofern besteht ebenfalls ein Beurteilungsspielraum.[116] Da schließlich auch die Merkmale "Herstellung" und "Wahrung" für eine dynamische Entwicklung offen sind, steht fest, daß Art. 72 Abs. 2 GG dem Bundesgesetzgeber einen politischen Gestaltungsspielraum zuweist.[117]

Damit ist aber noch nicht geklärt, wieweit die Kontrolldichte des BVerfG reicht, insbesondere im Vergleich zur Rechtslage unter Geltung der Bedürfnisklausel. Die Auffassungen hierüber gehen weit auseinander. So findet sich die Ansicht, aufgrund der Verschärfung der Anforderungen der Erforderlichkeitsklausel des Art. 72 Abs. 2 GG habe der Bund eine höhere Begründungs- und Darlegungslast im Hinblick auf das Vorliegen der Erforderlichkeit einer bundesgesetzlichen Regelung.[118] Die einfache Behauptung der Erforderlichkeit soll danach nicht mehr ausreichen. Ob mit der förmlichen Begründungslast auch eine materielle Erhöhung der Kontrolldichte selbst einhergeht, bleibt unklar.

Es wird aber auch die Auffassung vertreten, daß eine grundsätzliche Neuorientierung bei der Auslegung erforderlich sei. So ist zum einen vorgeschlagen worden, die Kontrolldichte an diejenigen Maßstäbe anzuknüpfen, die im Rahmen des Grundsatzes der Verhältnismäßigkeit für die Überprüfung der Erforderlichkeit im grundrechtlichen Kontext entwickelt worden sind.[119]

Denn auch dort gehe es darum, bei der gerichtlichen Kontrolle dem Umstand Rechnung zu tragen, daß im Zuge der Gesetzgebung vorzunehmende Prognosen und Wertungen von dem demokratischen Gesetzgeber zu verantworten

---

115 *Sannwald*, ZG 1994, S. 134 (139).

116 *Degenhart*, in: Sachs, GG, Art. 72 Rn. 14.

117 Im Ergebnis ebenso *Kunig*, in: v. Münch/Kunig, GG, Art. 72 Rn. 25; *Schmidt-Bleibtreu/Klein*, GG, Art. 72 Rn. 7; *Degenhart*, in: Sachs, GG, Art. 72 Rn. 10; *Sommermann*, Jura 1995, S. 393 (395); *Reichert*, NVwZ 1998, S. 17 (18); *Ryback/Hofmann*, NVwZ 1995, S. 230 (231); a. A. *Ipsen*, Staatsrecht I, Rn. 540.

118 *Ryback/Hofmann*, NVwZ 1995, S. 230 (231); *Schmidt-Bleibtreu/Klein*, GG, Art. 72 Rn. 7; *Sannwald*, Neuordnung der Gesetzgebungskompetenzen, S. 28; vgl. auch *Isensee*, NJW 1993, S. 2583 (2586) mit der Forderung einer förmlichen Begründungslast für den Bundesgesetzgeber. Dagegen *Degenhart*, in: Sachs, GG, Art. 72 Rn. 10 mit dem Argument, eine Beweislast würde der gesamtstaatlichen Verantwortung des Bundes nicht gerecht; kritisch auch *Schmehl* DÖV 1996, S. 724 (729).

119 *Kunig*, in: v. Münch/Kunig, GG, Art. 72 Rn. 29 m. N. auf die entsprechende Rechtsprechung des BVerfG.

und daher in erster Linie auch ihm aufgegeben seien.[120] Dies vermag aber deswegen nicht zu überzeugen, weil Art. 72 Abs. 2 GG, wie ausgeführt, lediglich eine terminologische Parallele mit dem Grundsatz der Verhältnismäßigkeit aufweist. Die grundrechtlichen Maßstäbe der Verhältnismäßigkeit können nicht auf Fragen der Kompetenzabgrenzungen innerhalb des Staatsorganisationsrechts übertragen werden.[121] Eine entsprechende Anwendung dieser Kontrollmaßstäbe kommt daher nicht in Betracht.

Im Rahmen einer postulierten Neuorientierung findet sich auch die Forderung, den "ausgesprochenen Sonderweg" bei der Auslegung des Art. 72 Abs. 2 GG zu verlassen; statt dessen wird die Anwendung allgemeiner Grundsätze über den vom BVerfG zu respektierenden Gestaltungsspielraum des Gesetzgebers vorgeschlagen.[122] Diesem Ansatz ist zu folgen, weil hierdurch konkrete Maßstäbe für die verfassungsrechtliche Kontrolldichte offengelegt werden.
Eine genauere Bestimmung der Kontrolldichte ergibt sich dann daraus, daß Art. 72 Abs. 2 GG ebenso wie Art. 28 Abs. 2 S. 1 GG eine Konkretisierung des Subsidiaritätsprinzips darstellt. Hierdurch werden diese beiden Normen in einen einheitlichen, übergeordneten Sinnzusammenhang gestellt. Damit sollten für die verfassungsgerichtliche Kontrolldichte auch gleiche Maßstäbe gelten. In der Rastede-Entscheidung hat das BVerfG eine Vertretbarkeitskontrolle im Sinne einer Mindestkontrolldichte angewandt, die jedenfalls über die Überprüfung auf das Fehlen sachfremder Erwägungen und eine bloße Evidenzkontrolle hinausgeht.[123] Übertragen auf den vorliegenden Zusammenhang würde dies bedeuten, daß die Kontrolldichte um so höher ist, je stärker die vorrangige Gesetzgebungskompetenz der Länder eingeschränkt ist.[124] Hierdurch würde eine inhaltliche Verschärfung der Kontrolldichte gegenüber der bisherigen Rechtsprechung zur Bedürfnisklausel erreicht, deren zentraler Maßstab bei allen terminologischen Divergenzen der Ermessensmißbrauch war.[125] Das BVerfG hat in der Rastede-Entscheidung ausgeführt, daß dieser Kontrollmaßstab insbesondere auch im Hinblick auf den verfahrensrechtlichen Schutz der kommunalen Selbstverwaltungsgarantie in Art. 93 Abs. 1 Nr. 4b GG geboten sei.[126] Dieser Gedanke läßt sich auch auf Art. 72 Abs. 2 GG übertragen, da hier mit Art. 93 Abs. 1 Nr. 2a GG ebenfalls ein besonderes ver-

---

120 *Kunig*, in: v. Münch/Kunig, GG, Art. 72 Rn. 29.
121 Vgl. oben § 2 I 3b cc; ebenso *Kunig*, in: v. Münch/Kunig, GG, Art. 72 Rn. 28.
122 *Schmehl*, DÖV 1996, S. 724 (727 f.).
123 BVerfGE 79, 127 (154).
124 Vgl. auch *Schmehl*, DÖV 1996, S. 724 (727).
125 Vgl. dazu *Maunz*, in: Maunz/Dürig/Herzog/Scholz, GG, Art. 72 Rn. 17.
126 BVerfGE 79, 127 (154 f.).

fassungsgerichtliches Verfahren vorgesehen ist. Die Anwendung dieser Prüfungskriterien bringt eine erheblich erweiterte materielle Kontrolldichte mit sich, die dem politischen Anliegen erhöhter Justitiabilität[127] entspricht.[128] Sie berücksichtigt zudem den systematischen Zusammenhang, in dem Art. 28 Abs. 2 S. 1 GG und Art. 72 Abs. 2 GG, vermittelt durch das Subsidiaritätsprinzip, stehen.

5. Kompetenzumfang nach Art. 75 GG

Wenn und soweit die Voraussetzungen des Art. 72 Abs. 2 GG vorliegen, hat der Bund nach Art. 75 Abs. 1 S. 1 GG das Recht, Rahmenvorschriften für die Gesetzgebung der Länder zu erlassen. Gem. Art. 75 Abs. 2 GG können dabei in Ausnahmefällen auch in Einzelheiten gehende oder unmittelbar geltende Regelungen geschaffen werden. Hier geht es also um die Frage der zulässigen Regelungsdichte des Bundesgesetzes.

a) Grundsatz: Rahmenvorschriften für die Gesetzgebung der Länder

Der Begriff der Rahmenvorschriften, Art. 75 Abs. 1, 2 GG, legt zunächst den Umfang der Gesetzgebungskompetenz des Bundes fest. Im Unterschied zur ausschließlichen (Art. 71 GG) und zur konkurrierenden (Art. 72 Abs. 2 GG) Gesetzgebung enthält die Verfassung keine Begriffsbestimmung der Rahmengesetzgebung. Richtungsweisend war daher die Rechtsprechung des BVerfG.[129]

Kennzeichnend für die Rahmenkompetenz war danach[130] bisher, daß der Bund nur einen Rahmen in dem Sinne setzen durfte, daß das Bundesgesetz nicht für sich allein bestehen kann, sondern darauf angelegt ist, durch Landesgesetze ausgefüllt zu werden. Dies bedeutete, daß der Gesetzgebungsgegenstand durch den Bund nicht bis in alle Einzelheiten geordnet werden durfte. Vielmehr mußte der Bund den Ländern noch etwas zu regeln übrig lassen, und dieses etwas mußte von substantiellem Gewicht sein. Rahmenge-

---

127 Vgl. insofern *Klein*, in: HStR VIII, § 198 Rn. 75.

128 Für eine Anwendung der Rastede-Maßstäbe auch *Kenntner*, ZPR 1995, S. 367 (368). *Kenntner* ist aber insoweit inkonsequent, als er der übergeordneten Einheit keinen Ermessensspielraum zuerkennt, die Kontrolldichte aber dennoch auf eine Vertretbarkeitskontrolle beschränkt.

129 *Siebelt*, NVwZ 1996, S. 122 (123).

130 Grundlegend BVerfGE 4, 115 (128 ff.), dann st. Rspr.: E 7, 29 (41 f.); 7, 155 (161); 25, 142 (151 f.); 36, 193 (202); 51, 43 (54); 66, 270 (285); 80, 137 (158).

setze mußten als Ganzes daraufhin angelegt sein, durch Landesgesetzgebung ausfüllungsbedürftig und ausfüllungsfähig zu sein. Im Interesse des Gesamtwohls sollten durch das Rahmengesetz den Gesetzgebungsbefugnissen der Länder Grenzen gesetzt werden. Dabei wurde durch das BVerfG ausdrücklich anerkannt, daß der Bund nicht nur Richtlinien für die Landesgesetzgeber, sondern auch Regelungen erlassen konnte, die für jedermann unmittelbar verbindlich waren, wenn die Bundesvorschrift von einer Art war, daß Bundesgesetze und Landesgesetze nebeneinander wirksam werden müssen, um die gewollte gesetzliche Ordnung zu erreichen und praktisch anwendbares Recht zu schaffen.[131] Für einzelne Teile einer Gesetzgebungsmaterie konnte auch eine Vollregelung mit unmittelbarer Wirkung getroffen werden, wenn an der einheitlichen Regelung dieser Frage ein besonders starkes und legitimes Interesse besteht und die Einzelregelung im Zusammenhang eines Gesetzeswerkes steht, das - als Ganzes gesehen - dem Landesgesetzgeber hinreichend Spielraum beläßt und auf Ausführung durch den Landesgesetzgeber angelegt ist.[132] Zusammenfassend stellte das BVerfG fest: "Bundesgesetze sind demnach nur dann Rahmengesetze gemäß Art. 75 GG, wenn sie nach Inhalt und Zweck der Ausfüllung durch freie Willensentscheidung des Landesgesetzgebers fähig und bedürftig in dem Sinne sind, daß erst mit dieser Ausfüllung das Gesetzgebungswerk über den zu ordnenden Gegenstand in sich geschlossen und vollziehbar ist."[133]

In der Praxis ging der Bund jedoch bei der Wahrnehmung der Kompetenzen aus Art. 75 GG häufig weit über die Setzung von Rahmenvorschriften hinaus.[134] Die Rahmengesetzgebung des Bundes ließ den Ländern selten Raum zur Ausfüllung durch Regelungen von substantiellem Gewicht. "Der Bund hat vielfach ins einzelne gehende und sogar erschöpfende Regelungen getroffen und sich dabei nicht auf eine Adressierung an den Landesgesetzgeber beschränkt, sondern unmittelbar bindendes Recht gesetzt."[135]

---

131 BVerfGE 4, 115 (130).

132 BVerfGE 25, 142 (152); 66, 270 (285). Hiermit sind auch in Einzelheiten gehende Regelungen gemeint, vgl. *Maunz*, in: Maunz/Dürig/Herzog/Scholz, GG, Art. 75 Rn. 26; zu den begrifflichen Differenzierungen vgl. auch *Knopp*, in: Sieder/Zeitler/Dahme/Knopp, WHG, Vorb. WHG Rn. 3b.

133 BVerfGE 4, 114 (129 f.); vgl. auch noch *Rengeling*, in: HStR IV, § 100 Rn. 253; *Degenhart*, in: Sachs, GG, Art. 75 Rn. 5 ff.

134 Vgl. *Sommermann*, Jura 1995, S. 393 (397); *Maunz/Zippelius*, § 37 II 2c unter Hinweis auf das WHG; dazu unten § 3 I 3.

135 Bericht der GVK, BT-Ds. 12/6000, S. 35 unter Hinweis auf das Beamtenrechtsrahmengesetz; vgl. dazu auch *Schmidt-Bleibtreu/Klein*, GG, Art. 75 Rn. 5; zum Hochschulrahmengesetz insofern *Degenhart*, in: Sachs, GG, Art. 75 Rn. 24; *Pieroth*, in: Jarass/Pieroth, GG, Art. 75 Rn. 6.

aa) Umkehrschluß aus Art. 75 Abs. 2 GG

Aus diesem Grund ist die Struktur der Rahmenkompetenz durch die Verfassungsreform von 1994 grundlegend geändert worden. Durch die Neufassung des Art. 75 GG sollte eine "schärfere Konturierung und nachhaltige Sicherung" des oben beschriebenen Rahmencharakters geleistet werden.[136] Eine nähere Auslegung des Begriffs der "Rahmenvorschriften" ergibt sich nunmehr aus einem Umkehrschluß aus Art. 75 Abs. 2 GG. Bei Rahmenvorschriften handelt es sich danach um Normen, die nicht in Einzelheiten gehen oder Dritte unmittelbar binden.[137] Damit sind Vorgaben gemeint, die keine unmittelbar vollziehbaren Regelungen enthalten, sondern auf Ausfüllung durch das Landesrecht angewiesen sind, um wirksam werden zu können. Vorbehaltlich der in Art. 75 Abs. 2 GG festgelegten Ausnahmen dürfen Rahmenvorschriften nunmehr nur noch an die Gesetzgebung der Länder adressiert werden und nicht mehr den Bürger unmittelbar bindendes Recht setzen.[138] Während also bisher sowohl Bürger wie staatliche Stellen Normadressaten der Rahmengesetzgebung waren, richten sich die neuen Rahmenvorschriften für die Gesetzgebung der Länder grundsätzlich nur noch an die Landesparlamente.[139] Eine Rechtsetzung an den Landesgesetzgebern vorbei soll durch die Neufassung vermieden werden.[140]

Der Bund kann danach den Landesgesetzgebern ein Raster vorschreiben, wie der Bereich der betroffenen Rechtsmaterie inhaltlich näher auszugestalten ist.[141] Hierzu können insbesondere allgemeine Grundsätze und Zielvorgaben sowie Begriffsdefinitionen gerechnet werden.[142]

136 GVK, BT-Ds. 12/6000, S. 35.
137 *Freytag/Iven*, NuR 1997, S. 121 (123); vgl. *Degenhart*, in: Sachs, GG, Art. 75 Rn. 1.
138 GVK, BT-Ds. 12/6000, S. 35.
139 *Ryback/Hofmann*, NVwZ 1995, S. 230 (234). Insofern wurde von einer Entwicklung von der Rahmen- zur Richtliniengesetzgebung gesprochen, vgl. *v. Mangoldt/Klein*, GG, Art. 75 Rn. 71; *Schmidt-Bleibtreu/Klein*, GG, Art. 75 Rn. 1; *Sannwald*, ZG 1994, S. 134 (141); *Scholz*, ZG 1994, S. 1 (13); *Ryback/Hofmann*, NVwZ 1995, S. 230 (234). Kritisch *Degenhart*, in: Sachs, GG, Art. 75 Rn. 2; *Kunig*, in: v. Münch/Kunig, GG, Art. 75 Rn. 3. Bereits die Enquête-Kommission des Bundestages hatte 1976 den Vorschlag gemacht, insofern den Begriff der Richtliniengesetzgebung zu verwenden, BT-Ds. 7/5924, S. 124 f.
140 Vgl. *Freytag/Iven*, NuR 1997, S. 121 (122).
141 *Ryback/Hofmann*, NVwZ 1995, S. 230 (234); *Freytag/Iven*, NuR 1997, S. 121 (122 f.).
142 *Freytag/Iven*, NuR 1997, S. 121 (123) m. w. N.; BVerwG, NuR 1991, 124 (126 f.); *Maunz*, in: Maunz/Dürig/Herzog/Scholz, GG, Art. 75 Rn. 24.

bb) Anlehnung an EG-Richtlinienkompetenz

Zur näheren Konkretisierung des Begriffs der Rahmenvorschriften hat die GVK auf die EG-Richtlinienkompetenz nach Art. 249 Abs. 3 (Art. 189 Abs. 3) EGV in Verbindung mit der jeweils einschlägigen Kompetenzgrundlage, etwa Art. 175 (Art. 130s) EGV, verwiesen. So gehe es bei der Änderung des Art. 75 GG um eine Sicherung des Rahmencharakters, "etwa in Anlehnung an die EG-Richtlinienkompetenz."[143] Dieser Verweis unterstreicht, daß Rahmenvorschriften sich an die Landesgesetzgeber richten müssen. Denn auch bei Richtlinien nach Art. 249 Abs. 3 (Art. 189 Abs. 3) EGV ist grundsätzlich ein zweistufiges Rechtsetzungsverfahren erforderlich, um für den Bürger unmittelbar verbindliches Recht zu schaffen.[144] Durch den Erlaß der Richtlinie werden die Mitgliedstaaten verpflichtet, Maßnahmen zu ergreifen, um die von der Richtlinie vorgegebenen Ziele mit eigenen Mitteln zu verwirklichen. Eine weitere Parallele besteht insoweit, als Art. 75 Abs. 3 GG, der neben Art. 75 Abs. 2 GG durch die Verfassungsänderung 1994 eingefügt worden ist, eine Verpflichtung der Länder begründet, die erforderlichen Landesgesetze nach Maßgabe einer durch das Bundesrahmengesetz bestimmten angemessenen Frist zu erlassen.[145]

Es erscheint aber zweifelhaft, ob die EG-Richtlinienkompetenz auch zur näheren Bestimmung der Regelungstiefe und -dichte eines Rahmengesetzes herangezogen werden kann. Nach Art. 249 Abs. 3 (Art. 189 Abs. 3) EGV ist eine Richtlinie nur hinsichtlich des zu erreichenden Zieles verbindlich, die Wahl der Form und Mittel zur Erreichung dieses Zieles ist aber den Mitgliedsstaaten überlassen.[146] Übertragen auf Art. 75 Abs. 1 GG würde dies bedeuten, daß der Bund mit dem Rahmengesetz das zu erreichende Ziel vorgeben kann, die Länder hätten dann diesen Rahmen durch geeignete Formen und Mittel auszufüllen. Nach heute überwiegender Auffassung im europarechtlichen Schrifttum und in der Rechtsprechung des EuGH ist eine gemeinschaftsrechtliche Richtlinie aber durch Art. 249 Abs. 3 (Art. 189 Abs. 3) EGV

---

143 BT-Ds. 12/6000, S. 35; vgl. *Schmidt-Bleibtreu/Klein*, GG, Art. 75 Rn. 2; *v. Mangoldt/Klein*, GG, Art. 75 Rn. 71.

144 Vgl. etwa *Grabitz*, in: Grabitz/Hilf, EU, Art. 189 Rn. 51; vgl. zum folgenden unten § 5 VI 1.

145 Zur Übertragung der Rechtsprechung des EuGH zur unmittelbaren Wirkung von Richtlinien auf mangelnde oder unzureichende Landesgesetzgebung vgl. *Siebelt*, NVwZ 1996, S. 122 (125).

146 Vgl. unten § 5 VI 2.

in ihrer Regelungsintensität nicht beschränkt.[147] Art. 249 Abs. 3 (Art. 189 Abs. 3) EGV selbst kann daher nicht zur Konkretisierung der Rahmenkompetenz beitragen.[148]

Jedoch ergibt sich eine Beschränkung der Regelungsintensität der Richtlinie aus dem Grundsatz der Verhältnismäßigkeit nach Art. 5 Abs. 3 (Art. 3b Abs. 3) EGV.[149] Danach gehen die Maßnahmen der Gemeinschaft nicht über das für die Erreichung der Ziele des Vertrags erforderliche Maß hinaus. Grundsätzlich soll durch die Richtlinie nur ein Rahmen vorgeben werden, der durch mitgliedstaatliche Rechtsvorschriften auszugestalten ist.[150] Detailvorschriften sind nur dann zulässig, wenn dies zur Erreichung des Richtlinienzieles unbedingt erforderlich ist. Leitgedanke dieser Vorschrift ist, daß der Handlungsspielraum der Mitgliedstaaten durch die Richtlinie nicht mehr als unbedingt erforderlich eingeschränkt werden soll.[151] Art. 5 Abs. 3 (Art. 3b Abs. 3) EGV ordnet die Geltung des Grundsatzes der Verhältnismäßigkeit im Verhältnis der Gemeinschaft zu den Mitgliedstaaten an. Bei Art. 75 GG geht es um das innerstaatliche Verhältnis von Bund und Ländern. Es wurde oben bereits gezeigt, daß das Übermaßverbot als kompetenzrechtliche Kategorie ungeeignet ist. Er steht im grundrechtlichen Kontext und ist nicht in der Lage, die spezifischen Verhältnisse des Staatsorganisationsrechts hinreichend zu berücksichtigen. Eine Übertragung der Grundsätze des Art. 5 Abs. 3 (Art. 3b Abs. 3) EGV auf Art. 75 GG ist daher als systemwidrig abzulehnen. Zur näheren Konkretisierung der Regelungsdichte eines Rahmengesetzes nach Art. 75 GG kann die EG-Richtlinienkompetenz nicht herangezogen werden.[152]

b) Ausnahme: Detail- oder unmittelbar geltende Regelungen

Art. 75 Abs. 2 GG ermöglicht eine Ausnahme von oben genanntem Grundsatz: Rahmenvorschriften dürfen in Ausnahmefällen in Einzelheiten gehende

---

147 Vgl. unten § 5 VI 2a.

148 Vgl. auch *Müller-Brandeck-Bocquet*, Die Verwaltung 29 (1996), S. 143 (149 f.).

149 Vgl. unten § 5 VI 3b.

150 Kommission, in: *Merten* (Hrsg.), Subsidiarität Europas, S. 124 f.; ausführlich unten § 5 VI 3b.

151 Protokollerklärung des Amsterdamer EU-Gipfels, unter: http://ourworld. compuserve.com/homepages/Gemeindetag_BW/GZ081397.htm.

152 Zum Vorschlag, die Anforderungen des Art. 80 Abs. 1 S. 2 GG auf Art. 75 Abs. 1 GG entsprechend anzuwenden vgl. *v. Mangoldt/Klein*, GG, Art. 75 Rn. 74.

oder unmittelbar geltende Vorschriften enthalten. Jedoch sind Voraussetzungen für das Vorliegen eines Ausnahmefalls nicht geregelt.

Diese Frage war im Gesetzgebungsverfahren lange umstritten.[153] Die Kommission Verfassungsreform des Bundesrates hatte vorgeschlagen, ins einzelne gehende und erschöpfende Regelungen in Rahmengesetzen gänzlich zu untersagen.[154] Diese Auffassung konnte sich jedoch in der GVK nicht durchsetzen.[155] Vielmehr wurde eine Übereinkunft dahingehend erzielt, daß in Ausnahmefällen der Erlaß von Detailvorschriften und das Setzen unmittelbar geltenden Rechts, verstanden als nicht erschöpfende (Teil-) Regelungen, zulässig ist.[156] Daraufhin haben die Länder bei der Abstimmung in der GVK in einer Protokollerklärung ihre Auffassung dargelegt, daß in Einzelheiten gehende oder unmittelbar geltende Regelungen grundsätzlich verboten seien und Art. 75 Abs. 2 GG nur in Ausnahmefällen von diesem Verbot befreie. Hieraus folge insbesondere, daß nach der Neukonzeption des Art. 75 Abs. 1, 2 GG eine erschöpfende Regelung für einzelne Teile des Gesetzesvorhabens oder einer Gesetzesmaterie (punktuelle Vollregelung) nicht mehr zulässig sei.[157]

aa) Besonders starkes und legitimes Interesse

In Fortführung der bisherigen Rechtsprechung ist ein Ausnahmefall dann anzunehmen, wenn ein besonders starkes und legitimes Interesse an einer in Einzelheiten gehenden oder unmittelbar geltenden Regelung gegeben ist.[158] Maßgeblich sind hierbei sowohl qualitative als auch quantitative Gesichtspunkte.[159] Ein legitimierendes Interesse muß aus dem Gesamtzusammenhang des Grundgesetzes abgeleitet werden.[160] Kriterien hierfür sind etwa die be-

---

153 Vgl. v. *Mangoldt/Klein*, GG, Art. 75 Rn. 35 ff.

154 BR-Ds. 360/92, Rn. 60 - 68.

155 GVK, BT-Ds. 12/6000, S. 35.

156 GVK, BT-Ds. 12/6000, S. 35.

157 BT- Ds. 12/6000, S. 36; zustimmend *Knopp*, in: Sieder/Zeitler/Dahme/Knopp, WHG, Vorb. WHG Rn. 3b; a. A. wohl *Müller*, Auswirkungen, S. 117.

158 *Pieroth*, in: Jarass/Pieroth, GG, Art. 75 Rn. 1; *Degenhart*, in: Sachs, GG, Art. 75 Rn. 12; *Kunig*, in: v. Münch/Kunig, GG, Art. 75 Rn. 42; BMU (Hrsg.), UGB-KomE, S. 85; *Freytag/Iven*, NuR 1997, S. 121 (124).

159 BMU (Hrsg.), UGB-KomE, S. 86; ähnlich *Reichert*, NVwZ 1998, S. 17 (20); *Oldiges*, Gesetzgebungskompetenzen im Wasserwirtschaftsrecht, S. 51 (53).

160 *Degenhart*, in: Sachs, GG, Art. 75 Rn. 12.

sondere Betroffenheit von wechselseitigen Interessen der Beteiligten im Bundesstaat, die gesamtstaatliche Grundrechtsverantwortlichkeit oder besondere verfassungsrechtlich vorgegebene Aufträge zur Gesetzesausgestaltung.[161] Dieses Interesse an der entsprechenden bundesgesetzlichen Regelung muß gegenüber der "Ausfüllungskompetenz" der Länder wesentlich schwerer wiegen. Den Ländern muß bei einer Gesamtbetrachtung noch genügend Raum für ausfüllende Regelungen verbleiben.[162] Für eine Fortführung der bisherigen Rechtsprechung spricht, daß keine Anhaltspunkte für eine materielle Änderung der Voraussetzungen eines Ausnahmefalls gegeben sind. Insoweit ist die Rechtslage durch die Verfassungsänderung im Prinzip nicht verändert worden.[163] Eine Durchbrechung des Grundsatzes des Art. 75 Abs. 1 GG soll aber auf eng begrenzte Ausnahmefälle begrenzt werden, Art. 75 Abs. 2 GG ist dementsprechend eng auszulegen.[164] Die Verschärfung gegenüber der alten Rechtslage besteht primär darin, daß die quantitative Akzeptanz von Ausnahmefällen durch die Verfassung reduziert worden ist, und nicht nur in einem erhöhten Rechtfertigungszwang des Bundes.[165] In einem begründeten Ausnahmefall kann nach Lage des Einzelfalls aber auch eine punktuelle Vollregelung zulässig sein, nämlich wenn die Ausnahmesituation für den gesamten Umfang der punktuellen Vollregelung besteht.[166]

Zusammenfassend liegt eine verfassungsrechtlich zulässige Ausnahme nur dann vor, wenn ein besonders starkes und legitimes Interesse an einer Detail- oder unmittelbar geltenden Regelung durch den Bund besteht und es sich auch in quantitativer Hinsicht um einen Sonderfall handelt. Auch hier hängt das zulässige Maß von der Bedeutung der zu regelnden Materie ab.

---

161 *Kunig*, in: v. Münch/Kunig, GG, Art. 75 Rn. 42; *Degenhart*, in: Sachs, GG, Art. 75 Rn. 13; *Müller*, Auswirkungen, S. 118 f. So legt etwa Art. 5 GG wegen der großen Bedeutung der Presse ein größeres Ausmaß an Bundeseinheitlichkeit nahe. Ähnliche Relevanz kann Art. 20a GG haben.

162 Vgl. BMU (Hrsg.), UGB-KomE, S. 1076.

163 *Kloepfer*, Verfassungsänderung, S. 104; auch *Kunig*, in: v. Münch/Kunig, GG, Art. 75 Rn. 11 spricht von einer "Sanktionierung der bisherigen Verfassungspraxis".

164 So auch der allgemeine Konsens in der GVK, vgl. *Jahn*, DVBl. 1994, S. 177 (180).

165 So aber *Kunig*, in: v. Münch/Kunig, GG, Art. 75 Rn. 42; *Degenhart*, in: Sachs, GG, Art. 75 Rn. 13. Ähnlich wie hier *Knopp*, in: Sieder/Zeitler/Dahme/Knopp, WHG, Vorb. WHG Rn. 3b und *Oldiges*, Gesetzgebungskompetenzen im Wasserwirtschaftsrecht, S. 51 (53 f.).

166 *Pieroth*, in: Jarass/Pieroth, GG, Art. 75 Rn. 1; *Degenhart*, in: Sachs, GG, Art. 75 Rn. 13; BMU (Hrsg.), UGB-KomE, S. 85 f.; a. A. *Freytag/Iven*, NuR 1997, S. 121 (124); *Knopp*, in: Sieder/Zeitler/Dahme/Knopp, WHG, Vorb. WHG Rn. 3b.

bb) Weitere Kriterien eines Ausnahmefalls nach der Literatur

In der Literatur finden sich noch weitergehende oder abweichende Versuche, die Kriterien eines Ausnahmefalls näher zu bestimmen, die im folgenden einer kurzen Kritik unterzogen werden sollen.

So wird auch die Auffassung vertreten, daß es für die Beurteilung eines Ausnahmefalls nicht mehr auf eine Gesamtbetrachtung des Gesetzes ankomme, vielmehr müsse jede Einzelnorm gesondert auf ihren Regelungsgehalt untersucht und gerechtfertigt werden.[167] Dies kann aber nicht überzeugen. Zunächst ist Voraussetzung für eine verfassungsrechtlich zulässige Ausnahme das Vorliegen eines besonders starken und legitimen Interesses an einer bundesunmittelbaren Regelung. Insofern ist zutreffend, daß die jeweilige Einzelnorm auf ihren Inhalt hin zu untersuchen ist. Eine Ausnahme ist aber nur dann gegeben, wenn der zu entscheidende Sachverhalt nicht nur in qualitativer, sondern auch in quantitativer Hinsicht nicht typisch für die von der Regel erfaßten Sachverhalte ist.[168] So stellen mehrere Detailregelungen nur dann noch Ausnahmen dar, wenn es sich gegenüber den Rahmenregelungen um eine begrenzte Anzahl von Fällen handelt. Daraus folgt aber, daß zur Beurteilung eines Ausnahmefalls auch die Gesamtheit betrachtet werden muß. Eine Detailregelung von zwei Gesamtregelungen stellt keine Ausnahme dar, fünf Detailregelungen von 100 Gesamtregelungen sind aber durchaus noch Ausnahmefälle. Ohne diese Gesamtbetrachtung könnte sich die Ausnahme zur Regel summieren.

Nach einer weiteren Ansicht liegt ein Ausnahmefall immer schon dann vor, wenn auch die Voraussetzungen des Art. 72 Abs. 2 GG vorliegen.[169] Es sei eine doppelte Prüfung des Art. 72 Abs. 2 GG anzustellen: einmal im Hinblick darauf, ob überhaupt eine bundesgesetzliche Regelung erforderlich sei, zum anderen daraufhin, ob eine Detailregelung erforderlich sei.[170] Nach dieser Ansicht wären aber keine Unterschiede mehr zwischen der konkurrierenden und der Rahmengesetzgebungskompetenz gegeben. Denn bereits die Erforderlichkeit einer bundesgesetzlichen Regelung nach Art. 72 Abs. 2 GG würde einen Ausnahmefall nach Art. 75 Abs. 2 GG begründen.[171] Die Beschränkung auf

---

167 *Freytag/Iven*, NuR 1997, S. 121 (123 f.).

168 Vgl. insofern *Larenz*, Methodenlehre, S. 176; *Ryback/Hofmann*, NVwZ 1995, S. 230 (234).

169 *Axer*, AgrarR 1996, S. 3 (5).

170 *Axer*, AgrarR 1996, S. 3 (5).

171 So auch *Freytag/Iven*, NuR 1997, S. 121 (124).

Rahmengesetze in Art. 75 GG wäre überflüssig. Die von der Verfassung gewollte Unterscheidung hinsichtlich der Befugnisse des Bundesgesetzgebers würde nicht zum Tragen kommen. Daher vermag diese Ansicht nicht zu überzeugen.[172]

Bundesrahmengesetze sind auf die Ausfüllung durch Landesrecht angewiesen. Art. 75 Abs. 3 GG begründet folgerichtig eine Umsetzungsverpflichtung der Länder innerhalb einer durch das Bundesgesetz bestimmten angemessenen Frist.[173] Rechtsfolgen einer Verletzung dieser Pflicht sind nicht normiert. So wird auch in diesem Fall teilweise eine Ausnahme nach Art. 75 Abs. 2 GG angenommen, die eine (punktuelle) Vollregelung auch mit unmittelbarer Wirkung rechtfertigt.[174]

Hierfür spricht, daß die Länder ihren Handlungsspielraum nicht ausgeschöpft haben, da sie die das Bundesgesetz ausfüllenden Landesgesetze nicht erlassen haben. Insofern fällt die intendierte Stärkung der Länderkompetenzen nicht so sehr ins Gewicht. Gleichwohl bestehen erhebliche Probleme. Denn bei Art. 75 Abs. 3 GG stehen 16 Bundesländer in der Pflicht. Es müßte also geklärt werden, wieviele Bundesländer ihre Umsetzungspflicht verletzen müssen, damit eine bundesgesetzliche Regelung gerechtfertigt ist. Denkbar wäre allenfalls eine Unterscheidung dahingehend, daß je nach Bedeutung der zu regelnden Materie die Zahl der unterlassenden Bundesländer differieren könnte. Diese Auffassung stellt aber im Ergebnis keine praktikablen Lösungsmöglichkeiten zur Verfügung.

Schließlich wird ein Ausnahmefall dann erwogen, wenn die Länder eine umzusetzende Gemeinschaftsrichtlinie nach Ablauf der Umsetzungsfrist nicht umgesetzt haben.[175] Der Bund könnte dann, bis zur Schaffung entsprechenden Landesrechts befristet, unmittelbar geltende Regelungen schaffen.[176] Das Gemeinschaftsrecht determiniert die innerstaatliche Kompetenzverteilung nicht.[177] Die Umsetzungsverpflichtung trifft aus der Sicht des Gemeinschaftsrechts die innerstaatlich zuständige Stelle. Umgekehrt bestimmt sich die Zuständigkeit zur Umsetzung von Gemeinschaftsrichtlinien aus der Sicht des deutschen Verfassungsrechts analog der Zuständigkeitsverteilung des Grund-

---

172 Im Ergebnis ebenso *Degenhart*, in: Sachs, GG, Art. 75 Rn. 12; *Kunig*, in: v. Münch/Kunig, GG, Art. 75 Rn. 42.

173 Vgl. hierzu *Müller*, Auswirkungen, S. 120 ff.

174 *Berlit*, JöR n. F. 44 (1996), S. 17 (41).

175 *Freytag/Iven*, NuR 1997, S. 121 (124); *Oldiges*, Gesetzgebungskompetenzen im Wasserwirtschaftsrecht, S. 51 (59 f.).

176 *Freytag/Iven*, NuR 1997, S. 121 (124).

177 Dazu ausführlich unten § 6.

gesetzes. Im Bereich der Rahmengesetzgebung sind damit regelmäßig die Länder zur Umsetzung von Detailvorschriften zuständig. Es erscheint aber möglich, Art. 75 Abs. 2 GG, um eine vollständige Umsetzung der betreffenden Richtlinie zu gewährleisten, gemeinschaftsfreundlich so auszulegen,[178] daß ausnahmsweise der Bund Detailvorschriften zur Umsetzung einer Richtlinie erläßt, für die eigentlich nach Art. 75 GG die Länder zuständig wären. Denn eine solche Auffassung würde sich innerhalb der Kompetenzordnung der Grundgesetzes bewegen und diese nicht etwa modifizieren.[179] Wie bei der zuvor dargestellten Ansicht spielt auch hier eine Schonung der Länderkompetenzen keine große Rolle, weil diese es unterlassen haben, die Richtlinienbestimmungen umzusetzen.[180] Allerdings kann der Bund die Länder nach Art. 75 Abs. 3 GG verpflichten, das von ihm zur Umsetzung der betreffenden Richtlinie erlassene Rahmengesetz auszufüllen. Die Länder sind dann sowohl gemeinschaftsrechtlich[181] als auch unter diesem Gesichtspunkt[182] verfassungsrechtlich zur Umsetzung verpflichtet. Daher erscheint es fraglich, ob aufgrund der gemeinschaftsrechtlichen Relevanz einer Regelung ein Ausnahmefall angenommen werden kann.[183] Es ist aber jedenfalls nicht von vornherein ausgeschlossen, daß der Bund als ultima ratio bei Verletzung der Umsetzungspflicht der Länder befristete in Einzelheiten gehende oder unmittelbar geltende Regelungen erläßt.

cc) Zusammenfassung

Zusammenfassend ist damit festzuhalten, daß ein verfassungsrechtlich zulässiger Ausnahmefall nach Art. 75 Abs. 2 GG in Anknüpfung an die bisherige Rechtsprechung dann gegeben ist, wenn ein besonders starkes und legitimes Interesse an einer in Einzelheiten gehenden oder unmittelbar geltenden Regelung durch den Bund besteht und diese Regelung bei einer Gesamtbetrachtung des Rahmengesetzes einen quantitativ eng begrenzten Ausnahmefall darstellt. Bei Vorliegen dieser Voraussetzungen kann auch eine punktuelle Voll-

---

178 Vgl. unten § 6 II 1b, 2a.

179 Im Gegensatz zu den unten unter § 6 II 2 dargestellten Ansichten.

180 Die dort dargestellten Probleme gelten hier aber ebenso.

181 Vgl. unten § 6 II 1 b.

182 Daneben kommt eine Umsetzungspflicht aus dem Grundsatz der Bundestreue in Betracht, vgl. dazu und zu einer entsprechenden Ersatzkompetenz des Bundes aus Art. 37 GG unten § 6 II 2a.

183 So auch *Freytag/Iven*, NuR 1997, S. 121 (124); *Oldiges*, Gesetzgebungskompetenzen im Wasserwirtschaftsrecht, S. 51 (59 f.).

regelung zulässig sein. Nähere Ausführungen des BVerfG zum Umfang der Rahmenkompetenz des Bundes nach Maßgabe des neu gefaßten Art. 75 GG fehlen aber bislang.[184] Ein Ausnahmefall kann prinzipiell auch dann in Betracht kommen, wenn die insofern zuständigen Länder eine Gemeinschaftsrichtlinie nicht umgesetzt haben.

c) Justitiabilität

Neben der Frage des Vorliegens eines Ausnahmefalls wird auch die Justitiabilität des Art. 75 Abs. 2 GG diskutiert. Vielfach wird die Auffassung vertreten, daß dem Bundesgesetzgeber eine Beurteilungsprärogative hinsichtlich der Einstufung als Ausnahmefall eingeräumt wird.[185] Eine solche ergebe sich hier aus der Zusammenschau von Art. 75 Abs. 2 und 125a Abs. 2 S. 3 GG.[186] Nach letztgenannter Vorschrift kann durch Bundesgesetz bestimmt werden, daß solche Rahmengesetze, die vor dem 15. 11. 1994 erlassen worden sind und die wegen der Neufassung des Art. 75 Abs. 2 GG nicht mehr erlassen werden könnten, durch Landesrecht ersetzt werden können. In diesem Zusammenhang ist deutlich zu machen, daß es sich hier allenfalls um eine Beurteilungs*prärogative* gegenüber den Ländern handeln kann. Keinesfalls kann hier ein Beurteilungs*spielraum* im Sinne eingeschränkter gerichtlicher Kontrolldichte gemeint sein.[187] Denn das BVerfG erachtet das Vorliegen eines Rahmengesetzes (im Gegensatz zur Erforderlichkeitsprüfung nach Art. 72 Abs. 2 GG) als Rechtsfrage für voll justitiabel.[188] Die volle Justitiabilität hat die GVK auch gerade zur Grundlage ihrer Reformvorschläge gemacht,[189] die dadurch weitgehend vereitelt würden. Im übrigen enthält Art. 75 Abs. 2 GG keine dem Art. 72 Abs. 2 GG vergleichbaren unbestimmten Rechtsbegriffe, deren Ausfüllung eine politische Wertentscheidung erfordert. Und Art. 125a Abs. 2 S. 3 GG überantwortet es dem gesamtstaatlich verantwortlichen Bund, über eine Anpassung der bestehenden Rechtslage an die neuen Voraussetzungen zu entscheiden. Daraus können keine Konsequenzen

---

184 Vgl. BVerfG, DVBl. 1996, 357 (358 f.).

185 *Sommermann*, Jura 1995, S. 393 (397); *Ryback/Hofmann*, NVwZ 1995, S. 230 (234); *Pieroth*, in: *Pieroth/Jarass*, GG, Art. 75 Rn. 1; BMU (Hrsg.), UGB-KomE, S. 86; *Sannwald*, Neuordnung der Gesetzgebungskompetenzen, S. 36.

186 *Ryback/Hofmann*, NVwZ 1995, S. 230 (234).

187 So aber *Kunig*, in: v. Münch/Kunig, GG, Art. 75 Rn. 42, der die Kontrolldichte genauso begrenzen will wie bei der Prüfung der Erforderlichkeit bei Art. 72 Abs. 2 GG.

188 BVerfGE 4, 115 (128); *Maunz*, in: Maunz/Dürig/Herzog/Scholz, GG, Art. 75 Rn. 36; vgl. auch *Jahn*, DVBl. 1994, S. 177 (180).

189 GVK, BT-Ds. 12/6000, S. 36.

für die Justitiabilität des Art. 75 Abs. 2 GG gezogen werden. Vor dem Hintergrund der Verfassungsänderung und der damit angestrebten Stärkung der Gesetzgebungskompetenzen der Länder ist nicht damit zu rechnen, daß das BVerfG seine Auffassung der vollen Überprüfbarkeit der Voraussetzungen des Art. 75 GG revidieren wird. Ein Beurteilungsspielraum hinsichtlich des Vorliegens eines Ausnahmefalls steht dem Gesetzgeber also nicht zu, Art. 75 Abs. 2 GG ist voll justitiabel.[190]

d) Verordnungsermächtigungen als Rahmenvorschriften

Im Hinblick auf die in § 7a Abs. 1 S. 3 WHG enthaltene Ermächtigung an die Bundesregierung, Anforderungen nach dem Stand der Technik durch Rechtsverordnung festzulegen, die auch für Indirekteinleitungen nach § 7a Abs. 4 WHG relevant ist, stellt sich die Frage, ob ein Bundesrahmengesetz Ermächtigungen für Bundesrechtsverordnungen nach Art. 80 GG enthalten kann.[191] Denn grundsätzlich sind die das Bundesrahmengesetz ausfüllenden Rechtssätze vom Land zu erlassen.[192] So wird die Ansicht vertreten, es würde dem föderalistischen Grundgedanken des Art. 75 GG widersprechen, wenn der Bund zu seinen Rahmenvorschriften auch noch Ausführungsvorschriften in der Form von Rechtsverordnungen erlassen würde.[193] Es sei Sache der Landesgesetzgeber, den bundesrechtlichen Rahmen auszufüllen, und soweit der Bund selbst Detail- oder unmittelbar geltende Regelungen erlassen könne, erübrigten sich Rechtsverordnungen. Durch Art. 75 GG würden nicht nur Regelungsvoraussetzungen und -umfang determiniert, sondern auch die Art und Weise der bundesrechtlichen Regelung, wodurch Bundesrechtsverordnungen von vornherein ausgeschlossen seien. "Eine Verordnungsermächtigung, nach der ein Exekutivorgan das Bundesrahmenrecht konkretisiert, enthebt den Landesgesetzgeber seiner originären Befugnis, den zu ordnenden Gegenstand nach freier Willensentscheidung so auszufüllen, daß er in sich geschlossen und vollziehbar wird".[194]

---

190 So auch *Freytag/Iven*, NuR 1997, S. 121 (124).

191 Zu Ermächtigungen der Landesexekutive siehe *v. Mangoldt/Klein*, GG, Art. 75 Rn. 90 f.; *Maunz*, in: Maunz/Dürig/Herzog/Scholz, GG, Art. 75 Rn. 16; *Oldiges*, Gesetzgebungskompetenzen im Wasserwirtschaftsrecht, S. 51 (58).

192 *Maunz*, in: Maunz/Dürig/Herzog/Scholz, GG, Art. 75 Rn. 31.

193 *Herrfahrdt*, in: BK-GG, Art. 75 Erl. II 1; *v. Schöbel*, BayVBl. 1983, S. 321 (322); *Hamann/Lenz*, GG, Art. 75 Erl. B 2.

194 *V. Schöbel*, BayVBl. 1983, S. 321 (322) unter Hinweis auf BVerfGE 5, 115 (130).

Die Gegenansicht hält dagegen die Möglichkeit von Verordnungsermächtigungen in Bundesrahmengesetzen für grundsätzlich gegeben.[195] Dies ist zutreffend, denn dem Art. 80 Abs. 1 GG, der die Möglichkeit der Delegation von Gesetzgebungsbefugnissen eröffnet, ist eine Ausklammerung der Rahmengesetzgebung nicht zu entnehmen.

Innerhalb dieser Ansicht ist aber umstritten, welchen materiellen Gehalt eine solche Verordnung haben kann. Einigkeit besteht nur insoweit, als in der Rechtsverordnung Detail- oder unmittelbar geltende Regelungen getroffen werden können, wenn der Bund die entsprechende Kompetenz nach Art. 75 Abs. 2 GG hat.[196] Zweifelhaft ist dagegen, ob auch Ermächtigungen zu bloßen Rahmenrechtsverordnungen im Bereich des Art. 75 Abs. 1 GG möglich sind, denn eine Rahmenvorschrift könne dem Verordnungsgeber nicht die Befugnis einräumen, Vorschriften zu erlassen, die erst noch durch den Landesgesetzgeber ausgefüllt werden müßten.[197]

Es ist grundsätzlich richtig, daß es Sache der Landesgesetzgeber ist, die Rahmengesetze des Bundes auszufüllen. Im vorliegenden Zusammenhang ist aber von dem Grundsatz auszugehen, daß der Bundesgesetzgeber immer nur soviel Kompetenz an die Exekutive delegieren kann, wie er selber hat.[198] Daraus folgt, daß er im Bereich der Rahmengesetzgebung in der Regel nur zum Erlaß einer Rahmenrechtsverordnung ermächtigen kann. Darin liegt jedenfalls dann keine Beschränkung der "Ausfüllungskompetenz" der Länder, wenn die Rahmenrechtsverordnung den im Rahmengesetz festgelegten Zustand lediglich verdeutlicht.[199] Verfassungsrechtlich unzulässig wäre es dagegen, wenn eine solche Rechtsverordnung den durch das Bundesgesetz gezogenen Rahmen in einer Weise einengen würde, die die Landesgesetzgeber in ihrer Ausfüllungskompetenz beschränken würde. Entscheidend ist, daß der Rahmencharakter insgesamt gewahrt bleibt.[200] Soweit dies der Fall ist, spielt es für die Ausfüllungskompetenz der Länder keine Rolle, ob der Rahmen nur durch Bundesgesetz oder auch durch Bundesrechtsverordnungen gesetzt wird.

---

195 BVerwG, NJW 1986, 951 (952); *Maunz*, in: Maunz/Dürig/Herzog/Scholz, GG, Art. 75 Rn. 31; *Müller*, Auswirkungen, S. 118 f.; *Kuckuk*, DÖV 1978, S. 354 (358); *v. Mangoldt/Klein*, GG, Art. 75 Rn. 84 m. w. N.; *Pieroth*, in: Jarass/Pieroth, GG, Art. 75 Rn. 2; *Degenhart*, in: Sachs, GG, Art. 75 Rn. 14; *Kunig*, in: v. Münch/Kunig, GG, Art. 75 Rn. 7.

196 Vgl. *Kuckuk*, DÖV 1978, S. 354 (358).

197 Vgl. etwa BVerwG, NJW 1986, 951 (952).

198 *V. Mangoldt/Klein*, GG, Art. 75 Rn. 84; *Oldiges*, Gesetzgebungskompetenzen im Wasserwirtschaftsrecht, S. 51 (58).

199 *Maunz*, in: Maunz/Dürig/Herzog/Scholz, GG, Art. 75 Rn. 31.

200 So auch BVerwG, NJW 1986, 951 (952).

Durch die Zwischenschaltung einer Verordnungsermächtigung kann die Bundeskompetenz jedenfalls nicht ausgedehnt werden.

Jedoch sind auch in diesem Bereich in der Praxis Rechtsverordnungen weit über die hier aufgezeigten Grenzen hinausgegangen. Nach der Neufassung des Art. 75 GG durch die Verfassungsänderung 1994 ist der Erlaß von detaillierten Rechtsverordnungen nur dann verfassungsrechtlich zulässig, wenn die engen Voraussetzungen des Art. 75 Abs. 2 GG vorliegen. Regelmäßig kann das Bundesgesetz nur zum Erlaß von Rahmenrechtsverordnungen ermächtigen.

6. Zusammenfassung

Der Bund hat nach Art. 75 Abs. 1 S. 1 Nr. 4 Alt. 3 GG die Rahmengesetzgebungskompetenz für den Wasserhaushalt. Dieser Kompetenztitel umfaßt auch Regelungen für Indirekteinleitungen, die dem Schutz der Gewässer, dem Schutz der kommunalen Abwasseranlagen sowie der Angleichung der Wettbewerbsbedingungen der Indirekteinleiter dienen.

Der Bund kann von dieser Kompetenz Gebrauch machen, wenn die Voraussetzungen des Art. 72 Abs. 2 GG vorliegen, wenn und soweit also eine bundeseinheitliche Regelung erforderlich ist. Art. 72 Abs. 2 GG stellt eine weitere Konkretisierung des innerstaatlichen Subsidiaritätsprinzips für das Verhältnis zwischen Bund und Ländern dar. Eine bundesgesetzliche Regelung ist daher erforderlich, wenn die Länder nicht in der Lage sind, eine relevante Sachmaterie in einer Form zu regeln, die die gleichwertigen Lebensverhältnisse oder die Wahrung der Rechts- oder Wirtschaftseinheit im Bundesgebiet gewährleistet. Für die Justitiabilität der Erforderlichkeitsklausel gelten die vom BVerfG zu Art. 28 Abs. 2 S. 1 GG entwickelten Grundsätze hier entsprechend.

Gem. Art. 75 Abs. 1 GG ist der Bundesgesetzgeber grundsätzlich nur befugt, Rahmenvorschriften an die Gesetzgeber der Länder zu adressieren. Diese haben das dadurch vorgegebene Raster durch die Landesgesetzgebung auszufüllen und anwendungsfähig zu machen. In Ausnahmefällen kann der Bund gem. Art. 75 Abs. 2 GG aber auch Detail- oder unmittelbar geltende Vorschriften an den Landesgesetzgebern vorbei erlassen, wenn ein besonders starkes und legitimes Interesse an einer bundeseinheitlichen Regelung besteht. Regelungen im Sinne des Art. 75 Abs. 2 GG müssen bei einer Gesamtbetrachtung des Bundesgesetzes in quantitativer Hinsicht die Ausnahme bleiben, Maßstab ist daneben die verfassungsrechtliche Bedeutung der zu regelnden Materie. Das Bundesgesetz kann auch zum Erlaß von Rechtsverordnungen ermächtigen. Dadurch kann aber die Reichweite der Bundeskompetenz nicht ausgedehnt werden. Art. 75 GG ist im Gegensatz zu Art. 72 Abs. 2 GG voll justitiabel.

Ob § 7a Abs. 4 WHG i. V. m. der Abwasserverordnung die hier beschriebenen kompetenziellen Anforderungen erfüllt, kann erst beurteilt werden, nachdem der Inhalt des § 7a Abs. 4 WHG näher untersucht worden ist.

II. § 7a Abs. 4 WHG

Der Bund hat durch die Schaffung des Wasserhaushaltsgesetzes[201] von seiner Gesetzgebungskompetenz Gebrauch gemacht. Für Indirekteinleitungen ist nunmehr § 7a Abs. 4 WHG die einschlägige Vorschrift. Danach stellen die Länder sicher, daß bei dem Einleiten von Abwasser in eine öffentliche Abwasseranlage die nach § 7a Abs. 1 S. 4 WHG maßgebenden Anforderungen eingehalten werden. § 7a Abs. 3 WHG gilt dabei entsprechend.

1. Systematik des § 7a Abs. 1 WHG

Zunächst ist eine Klärung der Systematik des § 7a Abs. 1 WHG erforderlich, um die Verweisung des § 7a Abs. 4 WHG auslegen zu können. § 7a WHG ist durch die Sechste Novelle zum WHG[202] einigen grundlegenden Neuerungen unterworfen worden.

Allgemein ist § 7a WHG eine der grundlegenden Bestimmungen im Gesamtsystem des WHG, denn sie trägt der besonderen Bedeutung der Abwassereinleitungen für die Verunreinigung der Gewässer Rechnung.[203] Die Vorschrift nimmt eine generalisierende Emissionsbetrachtung vor und schränkt dadurch für die Abwasserbeseitigung das allgemeine Bewirtschaftungsermessen ein, indem eine Erlaubnis nur erteilt werden kann, wenn die Anforderungen des § 7a WHG eingehalten werden.[204] § 7a WHG ist eine Ausprägung des Vorsorgegrundsatzes dahingehend, Schadstoffemissionen zu verringern, um

---

201 Gesetz zur Ordnung des Wasserhaushalts in der Fassung der Bekanntmachung v. 12. 11. 1996 (BGBl. I, S. 1695).

202 Sechstes Gesetz zur Änderung des Wasserhaushaltsgesetzes (WHG) v. 11. 11. 1996 (BGBl. I, S. 1690).

203 *Czychowski*, WHG, § 7a Rn. 1a; zur Stellung des § 7a WHG im Wasserrecht vgl. auch BMU (Hrsg.), UGB-KomE, S. 1073 ff.

204 *Dahme*, in: Sieder/Zeitler/Dahme/Knopp, WHG, § 7a Rn. 2; *Czychowski*, WHG, § 7a Rn. 1c. Eine Immissionsbetrachtung ist dagegen nach §§ 6, 36b WHG möglich.

erkannten Schädigungs- und Gefährdungspotentialen für die Gewässer zu begegnen, und zwar unabhängig davon, ob die fragliche Einleitung im konkreten Fall schädliche Auswirkungen auf das aufnehmende Gewässer besorgen läßt.[205] Daneben können weitergehende Anforderungen gem. § 6 WHG gestellt werden.[206] Das einschränkende Ziel bezieht sich auf die Schadstofffracht des Abwassers.[207] Im folgenden werden die wesentlichen Tatbestandsmerkmale des § 7a Abs. 1 WHG näher betrachtet.

a) Stand der Technik

Eine Erlaubnis für das Einleiten von Abwasser kann nur erteilt werden, wenn die Schadstofffracht des Abwassers so gering gehalten wird, wie dies bei Anwendung der jeweils in Betracht kommenden Verfahren nach dem Stand der Technik möglich ist, § 7a Abs. 1 S. 1 WHG. Der Stand der Technik ist in § 7a Abs. 5 WHG legaldefiniert.

aa) Einheitliches Anforderungsniveau

Bis zur Sechsten Novelle galt ein differenziertes Anforderungsniveau für "normales Abwasser" und solches, das gefährliche Stoffe[208] enthielt.[209] Für ersteres waren die allgemein anerkannten Regeln der Technik maßgebend, für letzteres das höhere Niveau des Stands der Technik. Auch für Indirekteinleitungen von Abwasser mit gefährlichen Stoffen galt nach § 7a Abs. 3 WHG a. F. das Anforderungsniveau des Stands der Technik.
Unter allgemein anerkannten Regeln der Technik sind Prinzipien und Lösungen zu verstehen, die in der Praxis erprobt und bewährt sind und sich mithin bei der Mehrheit der auf dem fraglichen technischen Gebiet tätigen Praktiker

---

205 *Breuer*, Wasserrecht, Rn. 330; *Czychowski*, WHG, § 7a Rn. 1b.

206 Zum Bewirtschaftungsermessen vgl. *Czychowski*, WHG, § 6 Rn. 2; *Knopp*, in: Sieder/Zeitler/Dahme/Knopp, WHG, § 6 Rn. 2.

207 Vgl. dazu *Czychowski*, WHG, § 7a Rn. 13 f., der die Schädlichkeit auf die Gewässer bezieht; *Dahme*, in: Sieder/Zeitler/Dahme/Knopp, WHG, § 7a Rn. 4. Zu den Zielsetzungen des § 7a Abs. 4 WHG vgl. unten § 3 I 2b dd.

208 Vgl. dazu *Gieseke/Wiedemann/Czychowski*, WHG (6. Aufl. 1992), § 7a Rn. 16.

209 Vgl. etwa *Breuer*, Wasserrecht, Rn. 367 ff.; *Gieseke/Wiedemann/Czychowski*, WHG (6. Aufl. 1992), § 7a Rn. 8 ff.

durchgesetzt haben.[210] Der Stand der Technik wurde auch im Wasserrecht nach § 3 Abs. 6 BImSchG[211] bestimmt,[212] der ihn definiert als "Entwicklungsstand fortschrittlicher Verfahren, Einrichtungen oder Betriebsweisen, der die praktische Eignung einer Maßnahme zur Begrenzung von Emissionen gesichert erscheinen läßt". Danach kam es nicht auf die herrschende Auffassung der Fachleute, sondern auf das an der jeweiligen Front des technischen Fortschritts als geeignet, notwendig, angemessen oder vermeidbar Erkannte an.[213]

Mit der Sechsten Novelle gilt nunmehr für alle Abwasserarten das einheitliche Anforderungsniveau des Stands der Technik[214] als Mindestanforderung.[215] Auf die Gefährlichkeit eines Stoffes kommt es nicht mehr an. Dies würde nach herkömmlicher Auffassung eine Verschärfung insofern bedeuten, als sich nun die Anforderungen an "normales Abwasser" ebenfalls nach dem Stand der Technik zu orientieren hätten.[216] Demgegenüber hat der Bundestag aber in einem Beschluß zum Ausdruck gebracht, daß durch das einheitliche Anforderungsniveau jedenfalls für die kommunale Abwasserbehandlung[217] keine erhöhten Anforderungen gestellt würden, da sich aufgrund der Entwicklungen im Abwasserbereich die Techniknivueaus der allgemein anerkannten Regeln der Technik und des Stands der Technik weitgehend angegli-

---

210 BVerfGE 49, 89 (134 ff.); *Nisipeanu*, Abwasserrecht, S. 383; *Marburger*, Regeln der Technik, S. 121 ff.

211 Gesetz zum Schutz vor schädlichen Umwelteinwirkungen durch Luftverunreinigungen, Geräusche, Erschütterungen und ähnliche Vorgänge (BImSchG) in der Fassung der Bekanntmachung v. 14. 5. 1990 (BGBl. I, S. 880).

212 *Gieseke/Wiedemann/Czychowski*, WHG (6. Aufl. 1992), § 7a Rn. 12; nach *Kloepfer*, Umweltrecht, § 3 Rn. 75 und *Bender/Sparwasser/Engel*, Umweltrecht, 4/126 war diese Formulierung verallgemeinerungsfähig.

213 BVerfGE 49, 89 (135 f.); *Breuer*, KA 1996, S. 1002 (1006) m. w. N.

214 Zur Kritik vgl. *Breuer*, KA 1996, S. 1002 ff.; *ders.*, Stellungnahme zum Gesetzentwurf, A-Ds. 13/119, Teil IV, S. 18 ff.; *Salzwedel*, KA 1994, S. 682 ff.; *Lübbe-Wolff*, ZUR 1997, S. 61 (62).

215 Nach § 7a Abs. 1 S. 2 i. V. m. § 6 WHG können im Einzelfall auch strengere Anforderungen gestellt werden, oder es kann die Erlaubnis ganz versagt werden (s. o.), wobei aber nunmehr insofern die Betonung des Grundsatzes der Verhältnismäßigkeit zu beachten ist, vgl. dazu *Driewer*, Verhältnis von Wasserrecht und Satzungsrecht, S. 15 (23).

216 *Breuer*, KA 1996, S. 1002 (1008); *E. Sander*, KA 1997, S. 712 (714); vgl. auch *Spilleke*, 6. Novelle zum WHG, S. 179 (181).

217 Für das nach Anhang 1 der Rahmen-AbwasserVwV zu § 7a Abs. 1 WHG a. F. der Maßstab der allgemein anerkannten Regeln der Technik galt.

chen hätten und die Unterscheidung damit bedeutungslos geworden sei.[218] Hintergrund war die insbesondere von kommunaler Seite geäußerte Befürchtung, durch das neue Einheitsniveau könnten die Anforderungen verschärft werden, was zu einer weiteren Kostenbelastung der Gemeinden führen würde.[219] Folgerichtig stimmen die Anforderungen für kommunales Abwasser nach Anhang 1 der Abwasserverordnung,[220] die jetzt gem. § 7a Abs. 1 S. 3 WHG den Stand der Technik konkretisiert, mit den Anforderungen des Anhangs 1 der Rahmen-AbwasserVwV zu § 7a Abs. 1 WHG a. F.,[221] die den allgemein anerkannten Regeln der Technik entsprachen, überein. Aber auch für die anderen von der Abwasserverordnung erfaßten Abwässer resp. Abwasserinhaltsstoffe läßt sich bisher feststellen, daß sich durch die Umstellung auf das einheitliche Anforderungsniveau des Stands der Technik am materiellen Regelungsgehalt der Anforderungen nichts geändert hat,[222] wenngleich ungeklärt ist, ob die (behauptete) de facto erfolgte Angleichung der Technikniveaus im Bereich des kommunalen Abwassers auch bei anderen Abwässern stattgefunden hat.[223] Insofern scheint der Verordnungsgeber ebenfalls von einer Niveauangleichung auszugehen.

Aufgrund dieser Nivellierung erscheint fraglich, ob der in § 7a Abs. 1 WHG normierte einheitliche Standard des Stands der Technik denselben strengen Inhalt hat, wie er sich nach tradierter Vorstellung aus der Gegenüberstellung

---

218 Bundesrat zu Drucksache 430/96 unter Nr. 1; ebenso Bundesrat und Bundesregierung in der amtlichen Begründung, BT-Ds. 13/1207, S. 7 und 11; kritisch dazu *Breuer*, KA 1996, S. 1002 (1005 f.); *E. Sander*, ZfW 1998, S. 405 (407) und *Martens/Lorenz*, NVwZ 1998, S. 13 (15 f.); vgl. auch *Knopp*, NJW 1997, S. 417 (418) und aus der Sicht der Praxis *Merkel*, gwf Wasser/Abwasser, S. 243 (247 f.) sowie *Aegerter*, Auswirkungen der WHG-Novelle, S. 89 f.

219 Vgl. Stellungnahme des Deutschen Städte- und Gemeindebundes zum Gesetzentwurf, A-Ds. 13/119 Teil I, S. 15 f.; vgl. auch *Breuer*, DVBl. 1997, S. 1211 (1215); *Rosenzweig*, Kommunale Abwassersatzungen, S. 37 (42).

220 Art. 1 der Verordnung über Anforderungen an das Einleiten von Abwasser in Gewässer und zur Anpassung der Anlage des Abwasserabgabengesetzes (AbwV) vom 21. 03. 1997 (BGBl. I, S. 566).

221 Allgemeine Rahmen-Verwaltungsvorschrift über Mindestanforderungen an das Einleiten von Abwasser in Gewässer (Rahmen-AbwasserVwV) v. 31. 07. 1996, (GMBl. 1996, S. 729). Zusammenstellung der Allgemeinen Verwaltungsvorschriften nach § 7a WHG a. F. etwa bei *Zitzelsberger*, Wasserrecht für die betriebliche Praxis, Bd. 4, 07/3. 4.

222 *Lühr/Sterger*, KA 1997, S. 1251 (1256, 1259). Dies gilt etwa für Cadmium nach Anhang 1 Nr. 2 der 48. AbwasserVwV und Anhang 48 Teil 4 Abs. 1 AbwV.

223 *Lübbe-Wolff*, ZUR 1997, S. 61 (63); *Martens/Lorenz*, NVwZ 1998, S. 13 (15 f.).

mit den allgemein anerkannten Regeln der Technik ergab.[224] Denn die Aufgabe der Differenzierung zwischen den allgemein anerkannten Regeln der Technik und dem Stand der Technik für Abwasser mit gefährlichen Stoffen läßt befürchten, daß im Wasserrecht das strenge, fortschrittsgebundene Niveau des Stands der Technik nicht beibehalten werden kann.[225] Die Emissionsgrenzwerte der Abwasserverordnung bestätigen diesen Verdacht. Hier wird als Stand der Technik festgeschrieben, was bisher als allgemein anerkannte Regel der Technik galt.

Daneben ist nach dem Grundsatz der Verhältnismäßigkeit danach zu fragen, ob dieselben Anforderungen für Abwasser mit gefährlichen Stoffen und Abwasser ohne solche Stoffe gestellt werden können. Dies wäre nur dann gerechtfertigt, wenn sich die Technikniveaus der allgemein anerkannten Regeln der Technik und des Stands der Technik tatsächlich inhaltlich angeglichen hätten, was bezweifelt wird. So wird erwogen, unter dem einheitlichen Begriff des Stands der Technik die hergebrachte Differenzierung beizubehalten, den Stand der Technik im Wasserrecht also in zwei Klassen technischer Standards zu unterteilen.[226] Allerdings würde durch diesen Sonderweg bei der Abwasserbeseitigung die angestrebte Vereinheitlichung des Umweltrechts[227] nicht erreicht. Und diese Auffassung stünde im Widerspruch zum tradierten Verständnis der technischen Standards.

Jedenfalls wird die weitere Entwicklung der konkreten Anforderungen durch den Übergang auf das Anforderungsniveau des Stands der Technik rechtlich vom Konsens der auf dem Gebiet tätigen Fachleute abgekoppelt.[228] Unabhängig von einer etwaigen faktischen Angleichung der Niveaus hat die Neuregelung damit weitreichende Auswirkungen auf den Prozeß der Bestimmung der Grenzwerte sowie deren Behandlung im Streitfall.[229]

---

224 *E. Sander*, ZfW 1996, S. 510 (512) mit dem zutreffenden Hinweis, daß sich diese Frage unabhängig von der wasserrechtlichen Definition des Stands der Technik stellt.

225 *Breuer*, KA 1996, S. 1002 (1008); ähnlich *Martens/Lorenz*, NVwZ 1998, S. 13 (15 f.).

226 So *Breuer*, KA 1996, S. 1002 (1010). Dieses erscheint insofern nicht abwegig, als § 7a Abs. 2 WHG selbst die Möglichkeit vorsieht, dauerhaft zwei verschiedene Niveaus des Stands der Technik zu bestimmen, vgl. dazu später im Text.

227 Vgl. BT-Ds. 13/1207, S. 7.

228 *Lübbe-Wolff*, ZUR 1997, S. 61 (63); a. A. *Holtmeier*, gwf Wasser/Abwasser 1997, S. 377 (379), wonach der Stand der Technik i. S. d. § 7a WHG weiterhin an die Konvention gekoppelt ist.

229 Dazu im Einzelnen *Breuer*, KA 1996, S. 1002 (1006 f.).

Die Einheitlichkeit des Anforderungsniveaus wird nach § 7a Abs. 2 WHG für vorhandene Einleitungen insofern relativiert, als in der Abwasserverordnung dauerhaft abweichende Anforderungen festgelegt werden können, wenn und soweit die erforderlichen Anpassungsmaßnahmen unverhältnismäßig wären.[230] Auch hier können also unterschiedliche Niveaus unter dem Oberbegriff des Stands der Technik festgelegt werden. Dies impliziert aber, daß mit der Einführung des Stands der Technik doch eine Verschärfung der Anforderungen jedenfalls für "normales" Abwasser einher geht. Damit steht die oben genannte Auffassung des Gesetzgebers in Widerspruch zu der tradierten Dogmatik der Regeln der Technik und zu der Gesetzessystematik selbst.[231]

bb) Legaldefinition des Stands der Technik in § 7a Abs. 5 WHG

Zu der soeben aufgezeigten Problematik kommt hinzu, daß § 7a Abs. 5 WHG erstmals eine eigenständige wasserrechtliche Definition des Stands der Technik enthält: "Stand der Technik im Sinne des Absatzes 1 ist der Entwicklungsstand technisch und wirtschaftlich durchführbarer fortschrittlicher Verfahren, Einrichtungen oder Betriebsweisen, die als beste verfügbare Techniken zur Begrenzung von Emissionen praktisch geeignet sind."[232] Die Aufnahme dieser Legaldefinition war einer der Hauptstreitpunkte im Gesetzgebungsverfahren.[233]

---

230 Vgl. dazu kritisch *Lübbe-Wolff*, ZUR 1997, S. 61 (65); *Czychowski*, WHG, § 7a Rn. 26; *Berendes*, ZfW 1996, S. 363 (369); *Knopp*, NJW 1997, S. 417 (418); *E. Sander*, KA 1997, S. 712 (716); zur abgabenrechtlichen Dimension *Dahme*, in: Sieder/Zeitler/Dahme/Knopp, WHG, § 7a Rn. 22. Eine entsprechende Regelung findet sich in Anhang 42 Teil F AbwV.

231 Vgl. auch *Breuer*, DVBl. 1997, S. 1211 (1215).

232 Die Kritik ist verheerend: Nach *Lübbe-Wolff*, ZUR 1997, S. 61 (64) eine "Definition auf unterem Teenagerkommunikationsniveau"; *Breuer*, KA 1996, S. 1002 (1009): "Gattung juristisches Chamäleon".

233 Der ursprüngliche Entwurf des Bundesrates (BT-Ds. 13/1207, S. 1 ff.) sah keine Legaldefinition vor, was bereits in der Stellungnahme der Bundesregierung kritisiert wurde (BT-Ds. 13/1207, S. 10 f.); die Beschlußempfehlung des Ausschusses für Umwelt, Naturschutz und Reaktorsicherheit des Bundestages schloß sich der Auffassung der Bundesregierung an (BT-Ds. 13/4788, S. 5 f.); die Anrufung des Vermittlungsausschusses durch den Bundesrat wurde u. a. mit der Streichung der Legaldefinition begründet (BT-Ds. 13/5254, S. 1 f.); im Vermittlungsausschuß kam dann schließlich die jetzt gültige Fassung zustande (BT-Ds. 13/5641, S. 2); vgl. auch die Stellungnahmen der Sachverständigen zu Frage B IV 2 zur Anhörung des Ausschusses, A-Ds. 13/119.

Wie bereits erwähnt, wurde bisher im Wasserrecht der Stand der Technik nach Maßgabe der Definition des § 3 Abs. 6 BImSchG bestimmt. Aus dem Wortlautvergleich der beiden Legaldefinitionen ergeben sich drei Unterschiede:[234] § 7a Abs. 5 WHG enthält mit den Tatbestandsmerkmalen der technischen und wirtschaftlichen Durchführbarkeit sowie der besten verfügbaren Techniken zwei zusätzliche Komponenten, und daneben eine Modifikation im Hinblick auf die praktische Eignung zur Begrenzung von Emissionen.

(1) Praktische Eignung

Bevor die zusätzlichen Komponenten einer näheren Betrachtung unterzogen werden, soll zunächst die textliche Modifikation gegenüber § 3 Abs. 6 BImSchG gewürdigt werden. Nach § 3 Abs. 6 BImSchG muß der Entwicklungsstand der Verfahren etc. die praktische Eignung einer Maßnahme zur Begrenzung von Emissionen als "gesichert erscheinen lassen". Hiermit ist die "Front der technischen Entwicklung" anvisiert, die einen Entwicklungsstand beschreibt, nach dem die Verfahren und Einrichtungen in Versuchs- und Pilotanlagen erprobt sind, so daß sie die Gewähr für einen einwandfreien Betrieb im technischen und großtechnischen Maßstab bieten.[235] Nach § 7a Abs. 5 WHG müssen die Verfahren demgegenüber zur Begrenzung von Emissionen "praktisch geeignet" sein. Diese Formulierung deutet auf das Erfordernis einer erhöhten Betriebserprobung hin.[236] Die Gewähr der praktischen Eignung nach § 3 Abs. 6 BImSchG impliziert Unsicherheiten in der tatsächlichen Eignung, während die Formulierung in § 7a Abs. 5 WHG die praktische Eignung selbst voraussetzt. Damit würde der Maßstab tendenziell weg von der Front der technischen Entwicklung zurück verlegt, eine versuchsweise Erprobung der Technik würde nicht ausreichen, sondern es wären weitergehende Tests erforderlich. Insofern deutet der Wortlaut des § 7a Abs. 5 WHG auf eine Absenkung des tradierten Verständnisses des Stands der Technik hin.

---

234 *E. Sander*, KA 1997, S. 712 (714) konstatiert zwei Unterschiede; vgl. auch BMU (Hrsg.), UGB-KomE, S. 1092 und *Kloepfer*, Umweltrecht, § 13 Rn. 98.

235 *Feldhaus*, DVBl. 1981, S. 165 (169); *Rengeling*, Stand der Technik, S. 21.

236 So auch *Dahme*, in: Sieder/Zeitler/Dahme/Knopp, WHG, § 7a Rn. 35; *Martens/Lorenz*, NVwZ 1998, S. 13 (15); anders wohl *Czychowski*, WHG, § 7a Rn. 46 und *Holtmeier*, gwf Wasser/Abwasser 1997, S. 377 (379).

(2) Technische und wirtschaftliche Durchführbarkeit

Eine erste Erweiterung gegenüber § 3 Abs. 6 BImSchG ist das Merkmal der technischen und wirtschaftlichen Durchführbarkeit. Der Hinweis auf die technische Durchführbarkeit scheint überflüssig, da technisch nicht durchführbare Maßnahmen zur Bestimmung des Stands der Technik ohnehin nicht herangezogen werden können und zudem kaum als fortschrittliche Verfahren gelten können.[237] Das weitere Merkmal der wirtschaftlichen Durchführbarkeit erscheint ebenfalls als bloße Klarstellung, da dieses Kriterium bisher ohnehin bei der Bestimmung des Stands der Technik als Teil der Verhältnismäßigkeitsprüfung zu berücksichtigen war.[238] Durch die Neufassung wird aber klargestellt, daß es bei der Frage der wirtschaftlichen Durchführbarkeit um die Situation der betreffenden Branche geht, nicht um die Situation des einzelnen Abwassereinleiters.[239] Denn die Gesetzesbegründung bezieht sich auf § 17 Abs. 2 BImSchG und damit auf den sog. "großen Verhältnismäßigkeitstest", wonach bei der Festlegung von Emissionsgrenzwerten ein generalisierter, vom Einzelfall abstrahierter Maßstab anzuwenden ist.[240] Diese Erweiterung der Legaldefinition des § 7a Abs. 5 WHG hat gegenüber § 3 Abs. 6 BImSchG also insgesamt nur klarstellende Funktion.[241]

(3) Beste verfügbare Techniken

Zweitens stellt die neue Definition zusätzlich auf die "besten verfügbaren Techniken" (BVT) ab. Die fortschrittlichen Verfahren etc. müssen als beste verfügbare Techniken zur Begrenzung von Emissionen praktisch geeignet

---

237 *E. Sander*, KA 1997, S. 712 (714); *Czychowski*, WHG, § 7a Rn. 46.

238 Vgl. Bericht der Arbeitsgruppe "Rechtsetzung und technische Normen", Bundesministerium für Wirtschaft - Studiereihe Nr. 71 v. 16. 8. 1989, aufgeführt bei *Merkel*, gwf Wasser/Abwassr 1996, S. 243 (247); *Kloepfer*, Umweltrecht, § 3 Rn. 75; *Rengeling*, Stand der Technik, S. 22; *Steinberg/I. Kloepfer*, DVBl. 1997, S. 973 (980); *Sellner/Schnutenhaus*, NVwZ 1993, S. 828 (831); a. A. wohl *Martens/Lorenz*, NVwZ 1998, S. 13 (15).

239 *Czychowski*, WHG, § 7a Rn. 47; *Lübbe-Wolff*, ZUR 1997, S. 61 (64); *E. Sander*, KA 1997, S. 712 (714).

240 *Breuer*, KA 1996, S. 1002 (1009 f.).

241 Im Ergebnis ebenso *E. Sander*, ZfW 1998, S. 405 (409); a. A. *Kloepfer*, Umweltrecht, § 13 Rn. 98 wonach die Überlegungen zur wirtschaftlichen Zumutbarkeit über die Verhältnismäßigkeitserwägungen hinausgehen dürften; ähnlich *Martens/Lorenz*, NVwZ 1998, S. 13 (15).

sein. Es ist damit zu klären, ob diese zusätzliche Definitionskomponente auch eine materielle Modifikation gegenüber dem tradierten Verständnis des Stands der Technik enthält.

(A) Vorbilder

Der Begriff der BVT findet sich in mehreren inter- resp. supranationalen Vorschriften.[242] Diese können für die Auslegung der neuen wasserrechtlichen Definition herangezogen werden. Eine jedenfalls für den Bereich der Europäischen Union maßgebliche Definition der BVT ist in Art. 2 Nr. 11 der Richtlinie 96/61/EG des Rates vom 24. September 1996 über die integrierte Vermeidung und Verminderung der Umweltverschmutzung (IVU-RL)[243] enthalten.[244] Hiernach bezeichnen "Beste verfügbare Techniken" den "effizientesten und fortschrittlichsten Entwicklungsstand der Tätigkeiten und entsprechenden Betriebsmethoden, der spezielle Techniken als praktisch geeignet erscheinen läßt, grundsätzlich als Grundlage für die Emissionsgrenzwerte zu dienen, um Emissionen in und Auswirkungen auf die gesamte Umwelt allgemein zu vermeiden oder, wenn dies nicht möglich ist, zu vermindern."

Ähnlich lautende Definitionen finden sich in Anhang 1 des Übereinkommens zum Schutz der Meeresumwelt des Nordatlantiks,[245] wonach "beste verfügbare Techniken" den "neuesten Stand der Entwicklung (Stand der Technik) bei Verfahren, Einrichtungen oder Betriebsmethoden" beschreiben, "welche die praktische Eignung einer bestimmten Maßnahme zur Begrenzung von Einleitungen, Emissionen und Abfällen anzeigen", sowie in Artikel 1 Nr. 7 des Übereinkommens zum Schutz und zur Nutzung grenzüberschreitender Wasserläufe und internationaler Seen:[246] Nach Anlage 1 des Übereinkommens bezeichnet BVT "den neuesten Stand in der Entwicklung von Verfahren, Einrichtungen oder Betriebsmethoden; er weist darauf hin, daß eine bestimmte Maßnahme zur Begrenzung von Einleitungen, von Emissionen und Abfällen für die Praxis geeignet ist."

Alle diese Definitionen weisen eine große Ähnlichkeit mit § 3 Abs. 6 BImSchG auf, was darauf hindeutet, daß BVT und Stand der Technik ein im

---

242 Vgl. zum amerikanischen Umweltrecht *Merkel*, gwf Wasser/Abwassr 1996, S. 243 (248).

243 ABl. EG Nr. L 257, S. 26; vgl. dazu unten § 5 V 1.

244 Vgl. *Lübbe-Wolff*, ZUR 1997, S. 61 (64).

245 BGBl. 1994 II, S. 1355 (1392).

246 BGBl. 1994 II, S. 2333 (2335).

Kern vergleichbares Anforderungsniveau beschreiben. Hinzu kommt, daß im Übereinkommen zum Schutz grenzüberschreitender Wasserläufe "best available technology" amtlich mit "Stand der Technik" übersetzt wurde.

Gleichwohl bestehen einige Unterschiede, die eine nähere Betrachtung erfordern. Dabei wird im folgenden die Definition der IVU-RL zugrundegelegt. Die Techniken müssen "verfügbar" sein. Nach Art. 2 Nr. 11 IVU-RL bezeichnet "verfügbar" die "Techniken, die in einem Maßstab entwickelt sind, der unter Berücksichtigung des Kosten/Nutzen-Verhältnisses die Anwendung unter in dem betreffenden industriellen Sektor wirtschaftlich und technisch vertretbaren Verhältnissen ermöglicht, gleich, ob diese Techniken innerhalb des betreffenden Mitgliedstaats verwendet oder hergestellt werden, sofern sie zu vertretbaren Bedingungen für die Betreiber zugänglich sind." Durch diese Betonung wirtschaftlicher Gesichtspunkte wird noch einmal klargestellt, daß die Emissionsbegrenzung von Schadstoffen in Abwassereinleitungen unter Beachtung des Übermaßverbots zu erfolgen hat.[247] Dieser Aspekt stimmt also mit dem tradierten Verständnis des Stands der Technik überein, wie er in § 7a Abs. 5 WHG auch durch die Komponente der wirtschaftlichen Durchführbarkeit klarstellend zum Ausdruck gebracht wird.[248] Übereinstimmung besteht auch insofern, als auf den großen Verhältnismäßigkeitstest abgestellt wird.[249]

Weiterhin beschreibt der Begriff der BVT den "effizientesten und fortschrittlichsten Entwicklungsstand", während § 7a Abs. 5 WHG, in Übereinstimmung mit § 3 Abs. 6 BImSchG, ansonsten auf fortschrittliche Verfahren abstellt. In der Verwendung des Superlativs könnte eine Verschärfung gegenüber dem tradierten Verständnis liegen. Denn insofern bestehen terminologische Parallelen[250] zu dem deutschen Standard des Stands von Wissenschaft und Technik.[251] Hierbei sind über den Stand der Technik hinaus die neuesten wissenschaftlichen Erkenntnisse auch dann zu berücksichtigen, wenn sie noch keinen Eingang in die Praxis gefunden haben. Hier sind die Anforderungen nicht notwendig auf das technisch Machbare beschränkt.[252] Da aber sowohl die BVT nach Art. 2 Nr. 11 IVU-RL als auch nach § 7a Abs. 5 WHG gerade mindestens die Gewähr der praktischen Eignung vorausset-

---

247 *Lübbe-Wolff*, ZUR 1997, S. 61 (64); *Kaltenmeier*, KA 1998, S. 685 (688 f.).

248 Vgl. auch *Dürkop/Kracht/Wasielewski*, UPR 1995, S. 425 (430) i. b. a. § 3 Abs. 6 BImSchG.

249 Vgl. *Becker*, IVU-RL, Art. 2 Rn. 67.

250 Vgl. *Becker*, IVU-RL, Art. 2 Rn. 60.

251 So etwa in § 7 Abs. 2 Nr. 3 AtomG oder § 1 Abs. 2 Nr. 5 ProdHaftG.

252 BVerfGE 49, 89 (136).

zen,[253] kann eine Parallele zum Stand von Wissenschaft und Technik nicht gezogen werden. Denn weitergehende Erkenntnisse können nicht berücksichtigt werden, ohne die praktische Eignung einer Maßnahme in Frage zu stellen.[254]

Im Ergebnis kann aber festgehalten werden, daß nach einer grammatikalischen Auslegung der Begriff der Besten Verfügbaren Technik im Kern dasselbe Anforderungsniveau umschreibt wie der deutsche Begriff des Stands der Technik.[255] Beide stellen das Ergebnis von Bewertungen und Abwägungen dar.[256] In Abgrenzung zu den allgemein anerkannten Regeln der Technik kommt es nicht auf die herrschende Auffassung unter den Fachleuten an.[257] Allerdings besteht ein Unterschied zu den BVT nach der IVU-RL darin, daß bei Festlegung von Emissionsgrenzwerten auf der Grundlage der BVT der geographische Standort und die jeweiligen örtlichen Umweltbedingungen zu berücksichtigen sind, Art. 9 Abs. 4, Erwägungsgrund 18 IVU-RL.[258] Demgegenüber ist der Standard des Stands der Technik nach deutschem Verwaltungsrechtsverständnis standortunabhängig.[259] Art. 9 Abs. 4 IVU-RL ist aber eine Folge der ursprünglich vorgesehenen "escape-Klausel" des Art. 9 Abs. 3 IVU-RL des Entwurfs der Kommission vom 30. 09. 1993.[260] Die Vorschrift ist aber insofern ein Systembruch, als sie dem Vorsorgeprinzip des Art. 174

---

253 Vgl. *Czychowski*, WHG, § 7a Rn. 49, wonach die BVT keine Betriebserprobung voraussetzen, wohl aber eine Bewährung über Laborversuche hinaus.

254 Hinzu kommt, daß diese Verfahren gem. der IVU-RL als praktisch geeignet erscheinen müssen, Emissionen zu verringern. Dieser Aspekt entspricht der Gewähr der praktischen Eignung in § 3 Abs. 6 BImSchG, steht aber im Widerspruch zu der Formulierung in § 7a Abs. 5 a. E. WHG selbst. Auch *Dahme*, in: Sieder/Zeitler/Dahme/Knopp, WHG, § 7a Rn. 35 sieht hierin einen "inneren Widerspruch", der bei einer erneuten gesetzlichen Definition geklärt werden müsse; so jetzt auch *E. Sander*, ZfW 1998, S. 405 (410).

255 Ebenso *Rengeling*, Stand der Technik, S. 209; *Merkel*, gwf Wasser/Abwasser 1996, S. 243 (250); *Lübbe-Wolff*, ZUR 1997, S. 61 (64); *Dolde*, IVU-RL, S. 15 (19); *ders.*, NVwZ 1997, S. 313 (315); *E. Sander*, ZfW 1998, S. 405 (409); *Kaltenmeier*, KA 1998, S. 685 (686 f.); vgl. auch *Steinberg*, AöR 120 (1995), S. 549 (557 f.); *Hendler*, DÖV 1998, S. 482 (482). Dieses Ergebnis gilt vorbehaltlich der Auswirkungen des weiten, integrativen Emissionsbegriffs der IVU-RL, vgl. *Dolde*, IVU-RL, S. 15 (20).

256 Vgl. *Becker*, IVU-RL, Art. 2 Rn. 62 einerseits und *Rengeling*, Stand der Technik, S. 21 f., 209 andererseits.

257 *Rengeling*, Stand der Technik, S. 210.

258 Vgl. *Krämer*, ZUR 1998, S. 70 (71).

259 *Dolde*, IVU-RL, S. 15 (19).

260 KOM (93) 423 endg., ABl. EG Nr. C 311, S. 6; vgl. dazu *Steinberg/I. Kloepfer*, DVBl. 1997, S. 973 (979 ff.).

Abs. 2 S. 2 (Art. 130r Abs. 2 S. 2) EGV, dem auch die IVU-RL nach Erwägungsgrund 1 verpflichtet ist, widerspricht.[261] Sie ist daher nicht in der Lage, das gefundene Ergebnis zu erschüttern.

Die Inbezugnahme der BVT in § 7a Abs. 5 WHG stellt damit keine Änderung des Anforderungsniveaus gegenüber der Definition des Stands der Technik in § 3 Abs. 6 BImSchG dar. Diese erfolgte vielmehr zu dem Zweck, eine Angleichung an die inter- und supranationale Terminologie vorzunehmen.[262]

(B) Gemeinschaftsrechtliche Implikationen

Der Begriff der "besten verfügbaren Technik" ist ein Begriff des europäischen Gemeinschaftsrechts. Die Rechtsordnung der Gemeinschaft ist eine eigenständige, die prinzipiell unabhängig von den Rechtsordnungen der Mitgliedstaaten ist.[263] Damit ist auch die Auslegung eines Begriffs auf der Ebene des Gemeinschaftsrechts eine eigenständige.[264] Der Begriff der BVT kann hier also prinzipiell anders ausgelegt und operationalisiert werden, als dies nach deutschem Verwaltungsrechtsverständnis der Fall wäre.[265] Auf europäischer Ebene sind die Auffassungen in den anderen Mitgliedstaaten zu berücksichtigen, ohne daß sie aus sich heraus bestimmen, was unter dem gemeinschaftsrechtlichen Begriff der BVT zu verstehen ist.[266]

Dabei ist im vorliegenden Zusammenhang insbesondere die Rechtsauffassung im Vereinigten Königreich zu beachten, aus dem der Begriff der BVT stammt.[267] Meinungsunterschiede sind damit vorprogrammiert, die in den unterschiedlichen Verschmutzungsphilosophien begründet sind. Während die kontinentaleuropäischen Staaten im Grundsatz von der Prämisse ausgehen, die Gewässer so sauber wie möglich zu halten, geht die Auffassung im Vereinigten Königreich eher dahin, die Resorptionsfähigkeit der Gewässer auszunutzen, soweit es deren Gebrauch zuläßt.[268] Der den BVT zugrundeliegende

---

261 *Dolde*, IVU-RL, S. 15 (19 f.).

262 Vgl. *Knopp*, NJW 1997, S. 417 (419).

263 Vgl. unten § 5 I 4c.

264 *Krücke*, in: Groeben/Thiesing/Ehlermann, EWGV (4. Aufl. 1991), Art. 164 Rn. 22 ff.

265 *Lübbe-Wolff*, ZUR 1997, S. 61 (64).

266 Vgl. *Rengeling*, Stand der Technik, S. 210.

267 *Breuer*, KA 1996, S. 1002 (1009).

268 *Blechschmidt*, Gewässerschutzrecht in England und Wales, S. 144; *Salzwedel*, KA 1994, S. 682 (684). Diese Diskrepanz trat auch bei der IVU-RL, insbesondere bei der oben beschriebenen escape-Klausel, zutage; vgl. etwa *Dürkop/Kracht/Wasielewski*, UPR 1995, S. 425 (431) m. w. N.

Begriff der "best practical means" (BPM) hat die Emissionswerte immer in bezug zur Aufnahmekapazität der Umwelt gesehen.[269] Dies entspricht jedenfalls nicht dem strengen deutschen Verständnis vom Stand der Technik resp. BVT, Emissionen nach Maßgabe der technischen Entwicklung unter Berücksichtigung des Übermaßverbots soweit wie möglich zu verringern.

Bereits dieser kursorische Vergleich zeigt, daß der Begriff der BVT in die europäische umweltpolitische Diskussion geraten wird. Das Gemeinschaftsrecht hat trotz der oben angeführten Eigenständigkeit Ausstrahlungswirkung in das deutsche Umweltverwaltungsrecht.[270] Dies gilt ungeachtet des Umstands, daß gemeinschaftsrechtliche Konkretisierungen der BVT für Parameter, die durch § 7a WHG i. V. m. den Ausführungsvorschriften in das deutsche Recht umgesetzt werden,[271] hierfür nicht bindend in dem Sinne sind, daß das deutsche Recht keine strengeren Konkretisierungen treffen könnte. Ein deutscher Grenzwert kann also anders ausfallen als ein gemeinschaftsrechtlicher, obwohl beide auf dem Anforderungsniveau der BVT beruhen.[272] Denn den Mitgliedstaaten ist es nach Art. 176 (Art. 130t) EGV unbenommen, verstärkte Schutzmaßnahmen zu ergreifen oder beizubehalten. Insgesamt erscheint eine Einschätzung aber nicht zu pessimistisch, die von einer Absenkung des wasserrechtlichen Standards des Stands der Technik im europaweiten Angleichungsprozeß ausgeht.[273] Dies ist in Anbetracht der mit der deutschen Konzeption erreichten Erfolge, die trotz weiterhin existierenden Handlungsbedarfs bestehen, zu bedauern.[274]

cc) Zusammenfassende Bewertung

Die Analyse der wasserrechtlichen Definition des Stands der Technik in § 7a Abs. 5 WHG hat gezeigt, daß keine Verschärfung gegenüber der Definition

---

269   Vgl. *Lomas*, DVBl. 1992, S. 949 (950).

270   Vgl. unten § 5 I 4c.

271   So die Folgerichtlinien zur Gewässerschutzrichtlinie (76/464/EWG), die nach Art. 6 Abs. 1 S. 4 GewSchRL auf der Grundlage der "besten verfügbaren technischen Hilfsmittel" erarbeitet wurden; vgl. dazu auch *Lühr/Sterger*; KA 1997, S. 1251 (1252 f.); *Breuer*, Entwicklungen des europäischen Umweltrechts, S. 38, wonach dieses Niveau dem deutschen Stand der Technik "annähernd" entspricht.

272   Vgl. hierzu *Lübbe-Wolff*, ZUR 1997, S. 61 (64 f.).

273   So *Breuer*, KA 1996, S. 1002 (1009).

274   Vgl. Stellungnahme des UBA zum Gesetzentwurf, A-Ds. 13/119 Teil I, S. 75 (78).

des § 3 Abs. 6 BImSchG erfolgt ist. Dies entspricht der oben dargelegten Auffassung des Bundestages.[275] Es bleibt aber zunächst unklar, ob durch die Modifizierung des Merkmals der praktischen Eignung eine Absenkung des Anforderungsniveaus stattgefunden hat. Dieser Ansatz wird aber bereits dadurch in Frage gestellt, daß der Standard der BVT ebenfalls auf die Gewähr der praktischen Eignung abstellt und insofern mit § 3 Abs. 6 BImSchG übereinstimmt. Vielmehr ist Ziel der Neuregelung, im Wasserrecht das gleiche Anforderungsniveau wie im Immissionsschutz- und Abfallrecht anzulegen.[276] Eine Abweichung vom tradierten Verständnis des Stands der Technik, wie es beispielhaft in § 3 Abs. 6 BImSchG niedergelegt ist, ist zusammenfassend durch § 7a Abs. 5 WHG nicht angezeigt. Die wasserrechtliche Definition bringt dies nicht hinreichend zum Ausdruck.

Dagegen läßt die Einheitlichkeit des Anforderungsniveaus eine Absenkung des Standards des Stands der Technik im Rahmen des § 7a WHG befürchten, wie oben bereits ausgeführt. Nicht also in erster Linie die eigenständige wasserrechtliche Definition ist, trotz aller Unklarheiten, zu bedauern, sondern vielmehr die Aufgabe der bisherigen differenzierenden Betrachtungsweise. Es besteht die Gefahr, daß die Besonderheiten des Wasserrechts mit seiner Bewirtschaftungs- und Benutzungsordnung im Vergleich zu anlagenzulassungsorientierten Fachgesetzen wie etwa dem Bundes-Immissionschutzgesetz keine hinreichende Berücksichtigung mehr findet.[277]

Diese Tendenz der Absenkung des Anforderungsniveaus wird durch die dreifache Betonung des Grundsatzes der Verhältnismäßigkeit in §§ 7a Abs. 2, 5; 5 Abs. 1 S. 2 WHG verstärkt, die zwar im Einzelfall als Klarstellungen der bisherigen Rechtslage betrachtet werden kann, die aber in der Summe eine deutliche nivellierende Wirkung hat. Insofern kann man von der "Tendenz einer pragmatischen Nivellierung der Anforderungen"[278] oder von einer "Ökonomisierung des Begriffs des Stands der Technik"[279] sprechen. Auch gemeinschaftsrechtliche Implikationen auf die Auslegung des § 7a Abs. 5 WHG deuten auf eine Absenkung des bisher erreichten Anforderungsniveaus des Stands der Technik hin.

---

275 Zur rechtlichen Bedeutung dieses Beschlusses vgl. *Spilleke*, 6. Novelle zum WHG, S. 179 (183); *Breuer*, DVBl. 1997, S. 1211 (1215); *Knopp*, NJW 1997, S. 417 (419).

276 BT-Ds. 13/1207, S. 7.

277 Vgl. *Spilleke*, 6. Novelle zum WHG, S. 179 (182).

278 *Breuer*, in: A-Ds. 13/119 Teil IV, S. 17 ff.; ähnlich *Kloepfer*, Umweltrecht, § 3 Rn. 76 und *Aegerter*, Auswirkungen der WHG-Novelle, S. 89 (91).

279 *Martens/Lorenz*, NVwZ 1998, S. 13 (15).

In der Konsequenz bedeutet dies, daß der Stand der Technik nach § 7a WHG insgesamt ein abwasserspezifisches Anforderungsniveau umschreibt, daß zwischen den tradierten Umweltstandards der allgemein anerkannten Regeln der Technik und des Stands der Technik gem. § 3 Abs. 6 BImSchG liegt.[280] Trotz der zu begrüßenden terminologischen Angleichung stellt die Neufassung des § 7a WHG insofern eine zu kritisierende Rechtsentwicklung dar.

b) Abwasserverordnung

Nach § 7a Abs. 1 S. 3 WHG wird der Stand der Technik durch die Anforderungen in der Abwasserverordnung konkretisiert, die von der Bundesregierung mit Zustimmung des Bundesrates erlassen worden ist.[281] Damit fällt das bisherige System der Abwasserverwaltungsvorschriften[282] und Abwasserherkunftsverordnung[283] weg.[284] In den grundsätzlich herkunftsbezogenen Verwaltungsvorschriften waren Anforderungen nach den allgemein anerkannten Regeln der Technik und nach dem Stand der Technik festgelegt, letztere für solches Abwasser, das gefährliche Stoffe enthielt und aus den in der Abwasserherkunftsverordnung festgelegten Herkunftsbereichen stammte. Dieses herkunftsbezogene System ist durch die stoffbezogene 48. Abwasser-Verwaltungsvorschrift[285] ergänzt worden. Diese Verwaltungsvorschrift gilt für Abwasser, dessen Schmutzfracht im wesentlichen aus der Verwendung von Stoffen stammt, die in den Anhängen dieser Verwaltungsvorschrift aufgeführt sind. "Verwendung" ist dabei jedes industrielle Verfahren, bei dem die betref-

---

280 So auch *Martens/Lorenz*, NVwZ 1998, S. 13 (16).

281 Verordnung über Anforderungen an das Einleiten von Abwasser in Gewässer (Abwasserverordnung - AbwV) v. 21. 03. 1998 (BGBl. I, S. 566), geändert durch die Erste Verordnung zur Änderung der Abwasserverordnung v. 03. 07. 1998 (BGBl. I, S. 1795); die Bundesregierung hat die Zweite Verordnung zur Änderung der Abwasserverordnung beschlossen und dem Bundesrat zur Zustimmung übersandt, BR-Ds. 781/98.

282 Allgemeine Rahmen-Verwaltungsvorschrift über Mindestanforderungen an das Einleiten von Abwasser in Gewässer (Rahmen-AbwasserVwV) v. 31. 07. 1996 (GMBl. 1996, S. 729).

283 AbwasserherkunftsVO v. 3. 07. 1987 (BGBl. I, S. 1578).

284 Vgl. zum System des § 7a WHG a. F. *Gieseke/Wiedemann/Czychowski*, WHG (6. Aufl. 1992), § 7a Rn. 2 ff.

285 Achtundvierzigste Allgemeine Verwaltungsvorschrift über Anforderungen an das Einleiten von Abwasser in Gewässer (Verwendung bestimmter gefährlicher Stoffe) - 48. AbwasserVwV - v. 09. 01. 1989 (GMBl. S. 42), zuletzt geändert durch Allgemeine Verwaltungsvorschrift v. 27. 08. 1991 (GMBl. S. 693).

fenden Stoffe hergestellt oder benutzt werden oder bei dem diese Stoffe auftreten.

Gleichwohl ist auch die Abwasserverordnung nach Herkunftsbereichen gegliedert. Sie enthält bisher Anforderungen für häusliches und kommunales Abwasser (Anhang 1), für Abwasser aus der Metallbe- und verarbeitung (Anhang 40) sowie für Abwasser aus der Alkalichloridelektrolyse (Anhang 42). Daneben enthält Anhang 48 Anforderungen für Abwasser, dessen Schmutzfracht aus der Verwendung bestimmter gefährlicher Stoffe stammt. Nach Art. 2 des Sechsten Gesetzes zur Änderung des Wasserhaushaltsgesetzes[286] gelten die alten untergesetzlichen Regelwerke solange fort, bis in der Abwasserverordnung für das betreffende Abwasser Anforderungen festgelegt sind. Die Abwasserverordnung löst also zur Zeit nur insoweit die alten untergesetzlichen Regelwerke ab.[287] Das einheitliche Anforderungsniveau wird damit neben der Möglichkeit dauerhaft abweichender Werte nach § 7a Abs. 2 WHG erneut relativiert.[288]

Durch die Umstellungen auf das Instrument der Rechtsverordnung wird den Anforderungen des EG-Rechts an die Umsetzung von Richtlinien Rechnung getragen.[289] Der EuGH hatte entschieden, daß es zur Umsetzung von EG-Richtlinien eines Rechtssatzes bedürfe, wenn mit der Richtlinie subjektive Rechte oder Pflichten, wie z. B. die Einhaltung von Grenzwerten zum Schutz vor Gesundheitsverfahren, verbunden sind.[290] Die bisherige Praxis der Umsetzung gemeinschaftsrechtlicher Umweltanforderungen in der Bundesrepublik Deutschland durch normkonkretisierende Verwaltungsvorschriften mußte damit aufgegeben werden.[291]
Die Abwasserverordnung ist aber nicht nur auf die Umsetzung der gemeinschaftsrechtlichen Anforderungen beschränkt, vielmehr werden alle Anforderungen, d. h. auch solche, die nicht durch das Gemeinschaftsrecht vorgegeben sind, nunmehr durch Rechtsverordnung geregelt.[292]

---

286 BGBl. 1996 I, S. 1690.
287 Vgl. *Lühr/Sterger*, KA 1997, S. 1251 (1256 f.); *Knopp*, NJW 1997, S. 417 (419).
288 Vgl. *Dahme*, in: Sieder/Zeitler/Dahme/Knopp, WHG, § 7a Rn. 11.
289 BT-Ds. 13/1207, S. 7; vgl. auch *Berendes*, ZfW 1996, S. 363 (367 f.) und den Bericht von *Klüppel*, NuR 1998, S. 129 (130); vgl. zu § 6a WHG *Czychowski*, ZUR 1997, S. 71 ff.; *Reinhardt*, UTR 40 (1997), S. 337 (352 ff.); *Calliess*, NVwZ 1998, S. 8 ff.
290 Vgl. unten § 6 II 3b bb.
291 *Holtmeier*, gwf Wasser/Abwasser 1997, S. 377; zur Diskussion über die normkonkretisierenden Verwaltungsvorschriften vgl. unten § 6 II 3b bb.
292 Einzelheiten bei *Berendes*, ZfW 1996, S. 363 (367 f.).

Obwohl die Anforderungen in einer Rechtsverordnung festgelegt werden, entfalten diese, wie die bisherigen normkonkretisierenden Verwaltungsvorschriften auch, keine unmittelbare Wirkung gegenüber den Einleitern. Adressat der Rechtsverordnung sind die Wasserbehörden. Es ist weiterhin deren Tätigwerden erforderlich, um die Anforderungen im Einzelfall außenverbindlich zu machen, wie sich aus § 1 Abs. 1 AbwV ergibt.[293] Dabei hat die Abwasserverordnung die Funktion, den Stand der Technik zu konkretisieren. Das Anforderungsniveau wird nicht etwa erst durch die Abwasserverordnung konstituiert, sondern bereits durch § 7a Abs. 1 WHG selbst.[294]

c) Teilstromregelung

Nach § 7a Abs. 1 S. 4 WHG können Anforderungen in der Abwasserverordnung auch für den Ort des Anfalls des Abwassers oder vor seiner Vermischung festgelegt werden. Hierdurch soll vermieden werden, daß Abwasserinhaltsstoffe sich in unerwünschter Weise vermischen und verdünnen.[295] Die Regelung stellt klar, daß es dem Stand der Technik entsprechen kann, Abwasserteilströme einer jeweils gesonderten Behandlung zu unterstellen.[296]

2. § 7a Abs. 4 WHG

Nachdem die Systematik des § 7a Abs. 1 WHG geklärt worden ist, kann nunmehr die für Indirekteinleitungen maßgebliche Norm des § 7a Abs. 4 WHG betrachtet werden.

---

293 Vgl. *Spilleke*, 6. Novelle zum WHG, S. 179 (180); *Berendes*, ZfW 1996, S. 363 (368); *ders.*, Wasserwirtschaftsrecht nach der 6. WHG-Novelle, S. 13 (20); *E. Sander*, KA 1997, S. 712 (716); *Czychowski*, WHG, § 7a Rn. 7, 18b.

294 *Czychowski*, WHG, § 7a Rn. 18b m. w. N.; vgl. zu dem entsprechenden Streit über die Funktion der Abwasserverwaltungsvorschriften unter der Geltung des § 7a WHG a. F. *Kloepfer/Brandner*, ZfW 1989, S. 1 (3 f.); *Lübbe-Wolff*, DÖV 1987, S. 896 ff.; *Kind*, DÖV 1988, S. 679 ff.; *E. Sander*, Indirekteinleiterverordnungen, Rn. 51, jeweils m. w. N.

295 BT-Ds. 10/3973, S. 11; *Czychowski*, WHG, § 7a Rn.19 a. E.; *Nisipeanu*, Abwasserrecht, S. 373.

296 *Lübbe-Wolff*, ZUR 1997, S. 61 (66); *Czychowski*, WHG, § 7a Rn. 19 a. E.

a) Sicherstellungsauftrag an die Länder

Nach § 7a Abs. 4 WHG stellen die Länder sicher, daß bei dem Einleiten von Abwasser in eine öffentliche Abwasseranlage die nach § 7a Abs. 1 S. 4 WHG maßgebenden Anforderungen eingehalten werden. Es ist den Ländern zwar nicht vorgeschrieben, auf welche Art und Weise sie das Sicherstellungsverlangen des Bundes verwirklichen.[297] § 7a Abs. 4 WHG ist also weiterhin so zu verstehen, daß den Ländern nicht eine unmittelbare und unveränderte Anwendung der Regelungen für Direkteinleiter nach § 7a Abs. 1 WHG vorgeschrieben wird, sondern daß ihnen aufgegeben ist zu entscheiden, welche Maßnahmen erforderlich sind, um eine dem § 7a Abs. 1 WHG entsprechende Wirkung für den Gewässerschutz zu erreichen.[298] Praktisch läuft die Verpflichtung der Länder aber darauf hinaus, Regelungen zu treffen, mit denen die Anforderungen aus der Abwasserverordnung nach dem Stand der Technik auch bei Indirekteinleitern durchgesetzt werden.[299]

b) Anforderungsniveau

§ 7a Abs. 4 WHG nimmt die Teilstromregelung des § 7a Abs. 1 S. 4 WHG in Bezug. Diese besagt, daß in der Abwasserverordnung auch Anforderungen nach dem Stand der Technik für Teilströme festgelegt werden können. Denn § 7a Abs. 1 S. 4 WHG bezieht sich wiederum auf § 7a Abs. 1 S. 3 WHG, wodurch die Bundesregierung ermächtigt wird, die Anforderungen festzulegen, die dem Stand der Technik entsprechen. Für Indirekteinleitungen ist damit nach wie vor der Stand der Technik maßgebend.

c) Regelungsgegenstand

Unklar bleibt aber zunächst, für welche Indirekteinleitungen Anforderungen gestellt werden sollen. Nach § 7a Abs. 3 WHG a. F. hatten die Länder sicher-

---

297 *Dahme*, in: Sieder/Zeitler/Dahme/Knopp, WHG, § 7a Rn. 28, Rn. 32 mit dem Hinweis, daß die Länder die Sicherstellungsverpflichtung auch auf den Träger der öffentlichen Abwasseranlage, in die eingeleitet wird, übertragen könnten, indem etwa die Gemeinde zur Durchsetzung der Anforderungen im Wege des Satzungsrechts verpflichtet wird; ablehnend insofern *Lübbe-Wolff*, ZUR 1997, S. 61 (66) und *E. Sander*, ZfW 1996, S. 510 (514).

298 *Czychowski*, WHG, § 7a Rn. 33; *Gieseke/Wiedemann/Czychowski*, WHG (6. Aufl. 1992), § 7a Rn. 33 zu § 7a Abs. 3 WHG a. F.

299 *E. Sander*, Indirekteinleiterverordnungen, Rn. 63.

zustellen, daß nur für Indirekteinleitungen mit gefährlichen Stoffen Anforderungen gestellt wurden.[300] Dieses bisher maßgebliche Differenzierungskriterium ist aber mit der Sechsten Novelle weggefallen. § 7a Abs. 4 WHG enthält sich damit einer eigenen expliziten Bestimmung der relevanten Indirekteinleitungen und weist statt dessen dem Verordnungsgeber diese Aufgabe zu.[301] Der Regelungsauftrag an die Länder ist damit an die Existenz von indirekteinleiterbezogenen Vorgaben in der Abwasserverordnung gekoppelt. Entgegen dem Wortlaut des § 7a Abs. 1 S. 4 WHG muß der Verordnungsgeber aber Anforderungen für Indirekteinleitungen stellen, da andernfalls die Rahmenregelung des § 7a Abs. 4 WHG ins Leere liefe.[302]

Obwohl das Gesetz keine Anhaltspunkte für eine Differenzierung mehr enthält, ist eine solche weiterhin erforderlich, da nicht generell an alle Indirekteinleitungen Anforderungen gestellt werden können, sondern nur an solche, deren Schadstofffracht in der Abwasserbehandlungsanlage nicht gezielt und ausreichend vermindert werden kann.[303] Denn soweit die öffentliche Kläranlage planvoll auf die Behandlung des eingeleiteten Abwassers ausgelegt ist, ist es wasserwirtschaftlich und, nach Maßgabe des Übermaßverbots und der Abwasserbeseitigungspflicht der Gemeinden,[304] auch juristisch nicht gerechtfertigt, eine Abwasserbehandlung bereits vor der Einleitung in die öffentlichen Abwasseranlagen zu verlangen.[305] Zu Recht hat daher § 7a Abs. 3 WHG a. F. Anforderungen für Indirekteinleiter nur in bezug auf gefährliche Stoffe gestellt, die in den Abwasserbehandlungsanlagen nicht zurückgehalten werden können.

Hinzu kommt, daß im Rahmen der Sechsten Novelle an eine grundsätzliche Umstellung der wasserrechtlichen Regelung der Indirekteinleitungen nicht gedacht war. Vielmehr ging man davon aus, daß der jetzige Abs. 4 dem bisherigen Abs. 3 entspricht und nur auf die Neufassung des § 7a WHG abge-

---

300 Vgl. *Honert/Rüttgers/Sanden*, WG-N-W, § 59 Rn. 1.

301 *Lübbe-Wolff*, ZUR 1997, S. 61 (66).

302 *E. Sander*, ZfW 1996, S. 510 (513).

303 *E. Sander*, ZfW 1996, S. 510 (512 ff.); *Delwing*, Umsetzungsprobleme, S. 182.

304 Vgl. oben § 2 II 2.

305 *E. Sander*, ZfW 1996, S. 510 (511 f.); *Berendes*, Wasserwirtschaftsrecht nach der 6. WHG-Novelle, S. 13 (21); *Haupt*, in: Haupt/Reffken/Rhode, NdsWG, § 151 Rn. 4; Ziff. 2. 1 ATV-A 115. Diesem Gedanken tragen auch § 59 Abs. 2 S. 2 WG N-W und Art. 2 Nr. 6 S. 4 der IVU-RL (91/61/EG) Rechnung, vgl. *Kaltenmeier*, KA 1998, S. 685 (690) und unten § 5 V 1.

stimt ist.[306] Hieraus folgt, daß in der Abwasserverordnung Anforderungen an Indirekteinleitungen nach dem Stand der Technik nur in bezug auf gefährliche Stoffe zu stellen sind.[307] Das Differenzierungskriterium ist also weiterhin die Gefährlichkeit der Stoffe, der Begriff bleibt für Indirekteinleitungen weiterhin relevant, obwohl er aus der aktuellen Gesetzesfassung des § 7a WHG gestrichen wurde.[308]

Gefährliche Stoffe in diesem Sinne sind und waren gem. § 7a Abs. 1 S. 3 WHG a. F. solche, die wegen der Besorgnis einer Giftigkeit, Langlebigkeit, Anreicherungsfähigkeit oder einer krebserzeugenden, fruchtschädigenden oder erbgutverändernden Wirkung als gefährlich zu bewerten sind.[309] Bei der Beurteilung der Frage, ob ein solcher Stoff vorliegt, sind insbesondere die in der Liste I des Anhangs der Gewässerschutzrichtlinie (76/464/EWG) aufgeführten Stoffe heranzuziehen.[310] Die Festlegung der relevanten Stoffe erfolgt durch den Verordnungsgeber nach Maßgabe der genannten Kriterien.[311]

Eine entsprechende Regelung für Indirekteinleitungen enthält Anhang 40 AbwV, der unter D Anforderungen an das Abwasser vor Vermischung stellt. Die aufgeführten Stoffe stellen, soweit ersichtlich, gefährliche Stoffe i. S. d. § 7a Abs. 1 WHG a. F.[312] dar. Anhang 40 AbwV soll beispielhaft die zukünftigen unterschiedlichen Regelungen für Direkt- und Indirekteinleitungen aufzeigen.[313] Die bisherigen Erfahrungen mit den Abwasserverwaltungsvorschriften nach altem Recht lassen erwarten, daß die genannten Voraussetzungen auch darüber hinaus erfüllt werden. Teilstromregelungen sind bisher aus-

---

306 BT-Ds. 13/1207, S. 7; vgl. auch Umweltministerium Baden-Württemberg (*Fuhrmann*), Stellungnahme zum Gesetzentwurf, A-Ds. 13/119 Teil III, S. 15; unklar *Holtmeier*, gwf Wasser/Abwasser 1997, S. 377 (381).

307 *Lübbe-Wolff*, ZUR 1997, S. 61 (66); *Dahme*, in: Sieder/Zeitler/Dahme/Knopp, WHG, § 7a Rn. 31; *E. Sander*, ZfW 1996, S. 510 (512 f.) mit dem Hinweis, daß die Regelung des § 7a Abs. 1 S. 4, Abs. 4 WHG dem Bestimmtheitserfordernis genügt; vgl. auch *Knopp*, NJW 1997, S. 417 (419) und *E. Sander*, KA 1997, S. 712 (717).

308 *Beile*, WG R-P, § 55 Nr. 1 a. E.

309 Vgl. dazu *Gieseke/Wiedemann/Czychowski*, WHG (6. Aufl. 1992), § 7a Rn. 16; *Nisipeanu*, Abwasserrecht, S. 390 m. w. N.

310 BT-Ds. 10/3973, S. 10; *Breuer*, Wasserrecht, Rn. 371; *ders.*, NuR 1987, S. 49 (52 f.); vgl. dazu auch *E. Sander*, Indirekteinleiterverordnungen, Rn. 61; *Praml*, NuR 1986, S. 66; unten § 5 II 2, II; G II 1.

311 Vgl. Beschlußempfehlung und Bericht des Innenausschusses zum Entwurf der Fünften Novelle zum WHG, BT-Ds. 10/5727, S. 27.

312 Vgl. *Gieseke/Wiedemann/Czychowski*, WHG (6. Aufl. 1992), § 7a Rn. 16.

313 *Czychowski*, ZUR 1997, S. 71 (74).

schließlich für Abwasser mit gefährlichen Stoffen erlassen worden.[314] Dem sachlichen Anwendungsbereich des wasserrechtlichen Indirekteinleiterregimes unterfällt also weiterhin nicht häusliches Abwasser mit gefährlichen Stoffen.[315]

d) Regelungsziele

Die wasserrechtliche Erfassung der Indirekteinleitungen über § 7a Abs. 4 WHG verfolgt mehrere Zielsetzungen. Aus der amtlichen Begründung zu § 7a Abs. 3 WHG in der Fassung der Fünften Novelle zum WHG geht hervor, daß die Ziele des Gewässerschutzes, des Schutzes von Bestand und Funktionsfähigkeit der kommunalen Abwasseranlagen, der Vermeidung der Klärschlammbelastung, der Vermeidung des Übergangs gefährlicher Stoffe in die Luft sowie der Angleichung der Wettbewerbsbedingungen der Indirekteinleiter verfolgt werden.[316]

e) Anpassungsmaßnahmen

Nach § 7a Abs. 4 S. 2, Abs. 3 WHG sind die Länder auch in bezug auf vorhandene Indirekteinleitungen verpflichtet, die Anpassung an die Anforderungen des § 7a Abs. 1 WHG in angemessenen Fristen sicherzustellen.[317] Diese Regelung entspricht dem bisherigen § 7a Abs. 2 WHG.[318] Gemeint sind hier die nach § 7a Abs. 1 S. 4 WHG festgelegten Anforderungen der Abwasserverordnung für Indirekteinleitungen. Als Regelungsinstrument steht den Wasserbehörden insbesondere § 5 Abs. 1 Nr. 1 WHG zur Verfügung.[319] Denn danach steht die Einleitungserlaubnis unter dem Vorbehalt, daß nachträglich zusätzliche Anforderungen an die Beschaffenheit einzuleitender Stoffe ge-

---

314 *E. Sander*, ZfW 1996, S. 510 (513).

315 Vgl. Anhang 40 A Abs. 1, D, E AbwV; vgl. auch *Lühr/Sterger*, KA 1997, S. 1251 (1256).

316 BT-Ds. 10/3973, S. 11; vgl. auch *E. Sander*, WuB 1993, S. 961 (963).

317 Zur Kompetenzverteilung zwischen Bund und Ländern vgl. *Lübbe-Wolff*, ZUR 1997, S. 61 (65), die das Auseinanderfallen von Standardsetzung durch den Bund und Fristsetzung durch die Länder kritisiert.

318 *Driewer*, Verhältnis von Wasserrecht und Satzungsrecht, S. 15 (25); vgl. dazu *Gieseke/Wiedemann/Czychowski*, WHG (6. Aufl. 1992), § 7a Rn. 24 ff.

319 Vgl. *E. Sander*, KA 1997, S. 712 (717); vgl. zu den weiteren Instrumenten *Czychowski*, WHG, § 7a Rn. 26 ff.; zu Auskunftspflichten des Indirekteinleiters gegenüber der Wasserbehörde vgl. BVerwG, UPR 1991, 309 f.; VGH Mannheim, NVwZ 1991, 1009 ff.

stellt werden können. In die Vorschrift ist mit der Sechsten Novelle explizit der Verhältnismäßigkeitsgrundsatz bei der Einzelfallentscheidung aufgenommen worden.[320]

3. Zwischenergebnis

Im Ergebnis ist festzuhalten, daß die Länder nach § 7a Abs. 4 i. V. m. Abs. 1 WHG sicherzustellen haben, daß bei Einleitungen in öffentliche Abwasseranlagen diejenigen Anforderungen eingehalten werden, die in der Abwasserverordnung für den Ort des Anfalls des Abwassers oder vor seiner Vermischung nach dem Stand der Technik für Abwasser mit gefährlichen Stoffen festgelegt sind. Nach Art. 2 des Sechsten Gesetzes zur Änderung des Wasserhaushaltsgesetzes gelten die Anforderungen für Indirekteinleiter nach der alten Gesetzeslage solange weiter, bis in der Abwasserverordnung entsprechende Anforderungen aufgenommen worden sind.

III. Kompetenzielle Verfassungsmäßigkeit von § 7a Abs. 4 WHG

Im folgenden soll nun geklärt werden, ob die Regelung des § 7a Abs. 4 WHG den oben beschriebenen kompetenziellen Anforderungen der Art. 75, 72 Abs. 2 GG genügt.

Bereits in der 12. Legislaturperiode wurde ein Gesetzentwurf zur Sechsten Novelle des WHG in den Bundestag eingebracht,[321] der aber der Diskontinuität verfallen ist.[322] In der 13. Legislaturperiode wurde der ursprüngliche Entwurf erneut eingebracht,[323] ohne daß die Auswirkungen der inzwischen in Kraft getretenen Verfassungsänderung von 1994 und damit der Änderung der Art. 75 , 72 Abs. 2 GG hinreichende Beachtung gefunden hätten.[324]

---

320 Vgl. dazu *Knopp*, NJW 1997, S. 417 (418 f.); *E. Sander*, KA 1997, S. 712 (717 f.).

321 BT-Ds. 12/7924.

322 *Berendes*, ZfW 1996, S. 363.

323 BR-Ds. 1088/94.

324 Vgl. aus den Parlamentaria BT-Ds. 13/1207; BT-Ds. 13/4788; BT-Ds. 13/5254; BT-Ds. 13/5641; BR-Ds. 430/96; zwar enthielt Frage Nr. 2 der grundsätzlichen Fragen an die Sachverständigen hinsichtlich ihrer Stellungnahmen zur öffentlichen Anhörung des bei der Novelle federführenden Ausschusses für Umwelt, Naturschutz und Reaktorsicherheit einen Hinweis auf die Neufassung der Rahmenkompetenz ("In welcher Weise sollte das Wasserhaushaltsgesetz *unter Beachtung der neu definierten Rahmenkompetenz* sowie des europäischen Harmonisierungsbedarfs verändert werden?" [Hervorhebung durch den Verfasser]), jedoch wurde die kompetenzrechtliche Frage in den Stellung-

Die durch die Verfassungsänderung novellierten kompetenzrechtlichen Anforderungen gelten nicht nur für zukünftige neue Rahmenregelungen des Bundes, sondern sie sind auch bei einer Änderung oder Neufassung eines Rahmengesetzes zu beachten.[325] § 7a Abs. 4 WHG in der Fassung der Sechsten Novelle zum WHG vom 11. November 1996 ist also voll an den Anforderungen der novellierten Art. 72 Abs. 2, 75 GG zu messen. Die Übergangsvorschrift des Art. 125a Abs. 2 GG greift hier nicht.[326] Die verfassungsrechtlichen Anforderungen beziehen sich auf die drei Punkte der Regelungsziele, der Regelungsvoraussetzungen und des Regelungsumfangs.

1. Regelungsziele

Es konnte bereits gezeigt werden, daß vom Kompetenztitel des Wasserhaushalts in Art. 75 Abs. 1 S. 1 Nr. 4 Alt. 3 GG auch Regelungen der Indirekteinleitungen umfaßt sind. Hiernach können die Ziele des Gewässerschutzes und des Schutzes der kommunalen Abwasseranlagen sowie das Ziel der Angleichung der Wettbewerbsbedingungen der Indirekteinleiter verfolgt werden. Nicht unter den "Wasserhaushalt" fällt aber die Vermeidung der Klärschlammbelastung, da sie auf die Sicherstellung der Klärschlammverwertung zielt, die dem Abfallbeseitigungsrecht unterliegt.[327] Hierfür hat der Bund die konkurrierende Gesetzgebungskompetenz nach Art. 74 Abs. 1 Nr. 24 Alt. 1 GG. Entsprechendes gilt für die Vermeidung der Verlagerung der Umweltbelastung auf die Luft, die ebenfalls der konkurrierenden Gesetzgebungskompetenz des Bundes für die Luftreinhaltung unterliegt, Art. 74 Abs. 1 Nr. 24 Alt. 2 GG. Grundsätzlich ist es zwar zulässig, daß in einem Gesetz Regelungen enthalten sind, die auf verschiedene Kompetenztitel der ausschließlichen, konkurrierenden wie auch der Rahmengesetzgebungskompetenz gestützt werden.[328] Dabei müssen aber die einzelnen Bestandteile deutlich voneinander getrennt werden, um nicht die Unterschiede der verschiedenen Kompetenzarten zu verwi-

---

nahmen nur am Rande problematisiert, vgl. A-Ds. 13/119, Teil I - V; Äußerungen insoweit nur in der Stellungnahme des UBA, A-Ds. 13/119, Teil I, S. 83.

325 *Freytag/Iven*, NuR 1997, S. 121; *Holtmeier*, Rechtsprobleme, S. 155 (160); *Reichert*, NVwZ 1998, S. 17; *Oldiges*, Gesetzgebungskompetenzen im Wasserwirtschaftsrecht, S. 51 (57); vgl. auch *Czychowski*, WHG, Einl. S. 51.

326 *Holtmeier*, Rechtsprobleme, S. 155 (160); vgl. dazu *Schmidt-Bleibtreu/Klein*, GG, Art. 125a Rn. 2 f.

327 Vgl. oben § 2 II 4d.

328 *Czychowski*, WHG, Einl. S. 53.

schen.[329] Eine Rahmenregelung etwa muß stets als solche erkennbar bleiben. Beispielsweise sind die §§ 22, 41 WHG auf der Grundlage des Art. 74 Abs. 1 Nr. 1 GG erlassen worden. Sie sind als gesonderte Paragraphen deutlich von den anderen Vorschriften des WHG zu unterscheiden.[330] Von einer solchen hinreichenden Trennung der Regelungen, die auf verschiedenen Kompetenzgrundlagen basieren, kann bei den Zielsetzungen des § 7a Abs. 4 WHG aber nicht gesprochen werden. Sie fallen in einem Absatz eines Paragraphen ohne äußerliche Trennung zusammen; sie ergeben sich sogar erst aus der Gesetzesbegründung. Die Regelungszwecke der Vermeidung der Klärschlammbelastung und der Vermeidung des Übergangs von Schadstoffen in die Luft begegnen damit durchgreifenden verfassungsrechtlichen Bedenken. Sie sind jedenfalls in dieser Regelungsform verfassungsrechtlich unzulässig und bleiben daher bei den folgenden Untersuchungen außer Betracht.[331] Die zulässigen Regelungsziele sind als Kern der Regelung abschließend.

2. Regelungsvoraussetzungen

Der Bund hat nur dann die Kompetenz zur Verfolgung dieser Ziele, wenn gem. Art. 72 Abs. 2 GG eine bundesgesetzliche Regelung zur Herstellung gleichwertiger Lebensverhältnisse im Bundesgebiet oder zur Wahrung der Rechts- oder Wirtschaftseinheit im gesamtstaatlichen Interesse erforderlich ist. Die Voraussetzungen der alten Bedürfnisklausel wurden für das WHG als erfüllt angesehen.[332]

Ausgangspunkt ist, daß es sich bei der Reinhaltung der Gewässer generell und speziell durch Schutz der Funktionsfähigkeit der kommunalen Abwasseranlagen in der Summe nicht um einen lokalen oder regionalen Sachverhalt handelt, sondern um eine länderübergreifende, bundesweit relevante Materie. Hinzu kommt, daß Wasser ein knappes Gut darstellt, "das wie kaum ein anderes für die Allgemeinheit von lebenswichtiger Bedeutung ist."[333] Hieraus folgt ein gesamtstaatliches Interesse an einheitlichen hohen Benutzungsanforderungen für Gewässer im allgemeinen und für Indirekteinleitungen im besonderen, und damit an der Rechtseinheit.[334] Darüber hinaus geht es bei der Re-

---

329 *Maunz*, in: Maunz/Dürig/Herzog/Scholz, GG, Art. 75 Rn. 38; vgl. aber auch BMU (Hrsg.), UGB-KomE, S. 84 ff.

330 Weitere Beispiele bei *Czychowski*, WHG, Einl. S. 53.

331 Vgl. auch *Lübbe-Wolff*, NVwZ 1989, S. 205 (209, Fn. 34).

332 Vgl. nur *Gieseke/Wiedemann/Czychowski*, WHG (6. Aufl. 1992), Einl. S. 44.

333 BVerfGE 58, 300 (347).

334 So auch *Dahme*, in: Sieder/Zeitler/Dahme/Knopp, WHG, § 7a Rn. 31b; BMU (Hrsg.), UGB-KomE, S. 1060.

glementierung von Indirekteinleitungen darum, bei der Verteilung von Nutzungsrechten gleiche Wettbewerbsbedingungen zu gewährleisten. Bliebe es den Ländern überlassen, die Reichweite der Zulassungserfordernisse und die Zulassungsanforderungen selbständig zu regeln, wären erhebliche Unterschiede im Schutzniveau und bei der Bewirtschaftung der Gewässer möglich. Um dies zu vermeiden, ist die Inanspruchnahme der Rahmengesetzgebungskompetenz durch den Bund erforderlich.[335] Die Länder können das Recht der Indirekteinleitungen nicht derart regeln, daß das durch diese Faktoren begründete gesamtstaatliche Interesse an der Rechtseinheit gewährleistet ist. Insbesondere die überragende Bedeutung der Gewässer für die Allgemeinheit erfordert ein Mindestmaß an bundesweiter Regelung, wie sie durch ein Rahmengesetz hergestellt werden kann.[336] Auch die Länderarbeitsgemeinschaft Wasser (LAWA) hält bundeseinheitliche Regelungen weiterhin für unabdingbar.[337]
Die Voraussetzungen einer bundesgesetzlichen Regelung sind somit im Ergebnis gegeben. Damit ist zugleich erwiesen, daß die geäußerten Befürchtungen der Zersplitterung von Umweltstandards[338] durch die Neufassung des Art. 72 Abs. 2 GG jedenfalls für das Wasserrecht unbegründet sind.

3. Regelungsumfang

Die konkrete Ausgestaltung des § 7a Abs. 4 WHG[339] muß darüber hinaus eine nach Art. 75 Abs. 1, 2 GG zulässige Rahmenregelung sein. § 7a Abs. 4 WHG enthält einen ausdrücklichen Regelungsauftrag an die Länder. Danach müssen die Länder sicherstellen, daß bei Indirekteinleitungen die Anforderungen in der Abwasserverordnung eingehalten werden, die darin festgehaltenen

---

335 BMU (Hrsg.), UGB-KomE, S. 1076, 1093; *Oldiges*, Gesetzgebungskompetenzen im Wasserwirtschaftsrecht, S. 51 (56); zur Frage, ob die sachlichen Änderungen des § 7a WHG i. d. F der Sechsten Novelle im Vergleich zur Fassung des WHG nach der Fünften Novelle erforderlich sind vgl. kritisch *Reichert*, NVwZ 1998, S. 17 (18 f.).

336 Zum Teil wird hieraus auch das Postulat abgeleitet, den Wasserhaushalt in die konkurrierende Kompetenz des Bundes zu überführen, so *Reichert*, NVwZ 1998, S. 17 (21); vgl. auch *Oldiges*, Gesetzgebungskompetenzen im Wasserwirtschaftsrecht, S. 51 (54 f.), den Bericht von *Gädecke*, NuR 1998, S. 246 und die Vorschläge zum UGB, unten § 3 IV.

337 Vgl. *Spilleke*, 6. Novelle zum WHG, S. 179 unter Hinweis auf die Sitzung der LAWA vom 19./ 20. 09. 1996.

338 *Sannwald*, DÖV 1994, S. 629 (639); *Rohn/Sannwald*, ZRP 1994, S. 65 (68).

339 Der Rahmencharakter einer Vorschrift ist für jeden einzelnen Absatz gesondert zu prüfen, vgl. *Dahme*, in: Sieder/Zeitler/Dahme/Knopp, WHG, § 7a Rn. 1b.

Grenzwerte also nicht überschritten werden. Der Spielraum für die Landesgesetzgeber wurde jedenfalls dem Wortlaut nach durch die Sechste Novelle
weiter eingeschränkt. Während nach § 7a Abs. 3 WHG a. F. die Länder sicherzustellen hatten, daß für Indirekteinleitungen "die erforderlichen Maßnahmen entsprechend Abs. 1 S. 3 durchgeführt werden", müssen die Länder
nunmehr sicherstellen, daß "die nach Abs. 1 S. 4 maßgebenden Anforderungen eingehalten werden".[340] Es konnte bereits gezeigt werden,[341] daß § 7a
Abs. 4 WHG den Ländern zwar nicht vorschreibt, auf welche Art und Weise
sie das Sicherstellungsverlangen des Bundes verwirklichen. Im Endeffekt
müssen aber die Vorschriften des § 7a WHG für Direkteinleiter auch gegenüber den Indirekteinleitern durchgesetzt werden.
Weiterhin handelt es sich bei den Anforderungen nach § 7a Abs. 4 WHG i. V.
m. der Abwasserverordnung zwar um Mindestanforderungen. Das bedeutet,
daß die Länder strengere Anforderungen an Indirekteinleitungen stellen können.[342] Insofern haben sie prinzipiell weiterhin einen Handlungsspielraum in
der Sache. Ob dieser auch von substantiellem Umfang ist erscheint aber insofern fraglich, als strengere Anforderungen an Indirekteinleitungen als solche
nach dem Stand der Technik am Übermaßverbot zu messen sind. Da der Stand
der Technik je nach Herkunftsbereich und relevantem Stoff auch Einleitungsverbote begründen kann, ist der Spielraum der Länder nur sehr gering.[343]
Hinzu kommt, daß die auch für das Regime der Indirekteinleitungen maßgebliche Definition des § 7a Abs. 5 WHG eine abschließende Regelung darstellt.
Die soeben beschriebenen Zielvorgaben sind ebenfalls eine abschließende
Vollregelung. Schließlich richtet sich die Abwasserverordnung an die Wasserbehörden und stellt insofern eine unmittelbar geltende Regelung dar, als
die Emissionswerte an den Landesgesetzgebern vorbei festgelegt werden.[344]

Insgesamt kann § 7a Abs. 4 WHG aus diesen Gründen kaum noch als Rahmenregelung im Sinne des Art. 75 Abs. 1 GG angesehen werden.[345] Zweifel

---

340 So auch *Dahme*, in: Sieder/Zeitler/Dahme/Knopp, WHG, § 7a Rn. 32; vgl. oben § 3 I 2b
aa.

341 Vgl. oben § 3 I 2b aa.

342 *Czychowski*, WHG, § 7a Rn. 34, 1a; *Dahme*, in: Sieder/Zeitler/Dahme/Knopp, WHG, §
7a Rn. 15 f.; a. A. *Kloepfer*, Umweltrecht, § 13 Rn. 103.

343 Zu immissionsseitig begründeten strengeren Anforderungen vgl. *Czychowski*, WHG, §
7a Rn. 17; *Engelhardt*, WuB 1983, S. 204 f.; BMU (Hrsg.), UGB-KomE, S. 1092.

344 *Reichert*, NVwZ 1998, S. 17 (20); vgl. auch *Ryback/Hofmann*, NVwZ 1995, S. 230
(234); *Jarass*, NVwZ 1996, S. 1041 (1047).

345 *Krieger*, DÖV 1996, S. 455 (456) hält § 7a WHG für eine Vollregelung; ebenso *Oldiges*, Gesetzgebungskompetenzen im Wasserwirtschaftsrecht, S. 51 (57); a. A.
Czychowski, WHG, § 7a Rn. 30, 34.

über die kompetenzielle Verfassungsmäßigkeit des § 7a Abs. 4 WHG könnten damit nur dann ausgeräumt werden, wenn die Vorschrift nach Art. 75 Abs. 2 GG auch eine in Einzelheiten gehende oder, im Hinblick auf die Abwasserverordnung, unmittelbar geltende Regelung treffen könnte. Dies ist der Fall, wenn ein besonders starkes und legitimes Interesse an einer solchen Regelung der Indirekteinleitungen besteht und den Ländern insgesamt gesehen noch genügend Spielraum für ausfüllende Regelungen verbleibt.[346] Ein solches Interesse muß aufgrund der eingeschränkten Kontrolldichte lediglich vertretbar begründet werden. Im Hinblick auf die eingangs geschilderten Regelungsziele und auf die überragende Bedeutung des Wassers für die Allgemeinheit wäre ein solches Interesse möglicherweise vertretbar zu begründen.[347] Ob allerdings das WHG in der Fassung der Sechsten Novelle den Ländern insgesamt noch genügend Spielraum läßt, kann im Rahmen der vorliegenden Untersuchung nicht abschließend geklärt werden.[348] Damit muß auch letztlich offen bleiben, ob die Konkretisierung des Stands der Technik durch die Abwasserverordnung von der Rahmenkompetenz des Bundes gedeckt ist.[349]

4. Ergebnis

Die Regelungsziele des § 7a Abs. 4 WHG sind nur im Hinblick auf den Gewässerschutz, den Schutz der kommunalen Abwasseranlagen sowie die Angleichung der Wettbewerbsbedingung für Indirekteinleiter vom Kompetenztitel des "Wasserhaushalt" gem. Art. 75 Abs. 1 S. 1 Nr. 4 Alt. 3 GG gedeckt. Der Bund kann Indirekteinleitungen nach Art. 72 Abs. 2 GG einer Regelung unterwerfen, da im Hinblick auf den Gewässerschutz und die Gleichheit der Wettbewerbsbedingungen ein gesamtstaatliches Interesse an einheitlichen Indirekteinleiterregelungen besteht, das die Länder nicht in ausreichendem Maße herstellen können. Ob § 7a Abs. 4 WHG noch als Rahmenregelung im

---

346 Vgl. oben § 3 I 1e bb (1).

347 Nach *Kunig*, in: v. Münch/Kunig, GG, Art. 75 Rn. 42 legt die Staatszielbestimmung des Art. 20a GG ein größeres Maß an Bundeseinheitlichkeit nahe; vgl. zu Art. 20a GG und WHG auch *Czychowski*, WHG, Einl. S. 49 f.

348 Nach *Czychowski*, WHG, Einl. S. 53 hat das WHG insgesamt weiterhin den Charakter einer Rahmenvorschrift; vgl. auch *Dahme*, in: Sieder/Zeitler/Dahme/Knopp, WHG, § 7a Rn. 1b mit dem Hinweis, daß § 7a WHG insgesamt keine punktuelle Vollregelung enthalte. A. A. *Reichert*, NVwZ 1998, S. 17 (21), wonach das WHG in praktisch bedeutsamen Teilen (§§ 6a, 7a WHG) als verfassungswidrig anzusehen ist.

349 Vgl. dazu *Czychowski*, WHG, § 7a Rn. 18; *Dahme*, in: Sieder/Zeitler/Dahme/Knopp, WHG, § 7a Rn. 14 i. H. a. Art. 80 Abs. 1 S. 2 GG.

Sinne des Art. 75 Abs. 1 GG angesehen werden kann, erscheint äußerst zweifelhaft. Im Hinblick auf Art. 75 Abs. 2 GG ließe sich ein besonders starkes und legitimes Interesse an in Einzelheiten gehende und unmittelbar geltende Regelungen zwar gegebenenfalls vertretbar begründen, die Verfassungsmäßigkeit des § 7a Abs. 4 WHG und damit auch der Abwasserverordnung hängt aber letztlich davon ab, ob das WHG in der Fassung der Sechsten Novelle insgesamt ein Rahmengesetz darstellt. Hier wäre eine Gesamtbetrachtung anzustellen, die an dieser Stelle nicht geleistet werden kann, da sich die Untersuchung auf das Recht der Indirekteinleitungen beschränkt.

IV. Zusammenfassung

Der Bund hat auf der Kompetenzgrundlage des Art. 75 Abs. 1 S. 1 Nr. 4 Alt. 3 WHG Indirekteinleitungen durch § 7a Abs. 4 WHG einer Regelung unterworfen. Vom Kompetenztitel "Wasserhaushalt" sind nur die Regelungsziele des Gewässerschutzes, des Schutzes der kommunalen Abwasseranlagen und der Angleichung der Wettbewerbsbedingungen der Indirekteinleiter erfaßt. Weitergehende Zielsetzungen der bundesrechtlichen Indirekteinleiterregimes sind daher verfassungswidrig. Im Hinblick auf das Ziel des Schutzes der kommunalen Abwasseranlagen besteht ein Kompetenzkonflikt mit Art. 28 Abs. 2 S. 1 GG.
Die Voraussetzungen der Inanspruchnahme der Bundeskompetenz nach Art. 72 Abs. 2 GG, der eine Konkretisierung des Subsidiaritätsprinzips für das Verhältnis Bund - Länder darstellt, sind erfüllt, da aufgrund eines gesamtstaatlichen Interesses an einer einheitlichen Regelung der Benutzungsanforderungen für Gewässer und auch in deren Vorfeld für Indirekteinleitungen eine bundeseinheitliche Regelung erforderlich ist.
Gem. § 7a Abs. 1 S. 1 WHG gilt für alle Abwässer der Standard des Stands der Technik. Für Indirekteinleitungen haben die Länder nach § 7a Abs. 4 WHG sicherzustellen, daß Anforderungen in der Abwasserverordnung nach § 7a Abs. 1 S. 3 WHG, die den Stand der Technik für Abwasser mit gefährlichen Stoffen für den Ort des Anfalls des Abwassers oder vor seiner Vermischung konkretisiert, eingehalten werden. Soweit in der Abwasserverordnung noch keine Anforderungen gestellt sind, gelten die Anforderungen der Abwasserverwaltungsvorschriften nach § 7a Abs. 1 WHG a. F. fort. Ob diese Regelung insgesamt eine nach Art. 75 GG zulässige Rahmenregelung darstellt, muß hier offenbleiben.

B. Landesrecht

Die rechtliche Ordnung des Wasserhaushalts insgesamt setzt sich aus dem Wasserhaushaltsgesetz des Bundes und den jeweiligen Landeswassergesetzen zusammen.[350] Das staatliche Regime der Indirekteinleitungen wird erst mit den landesgesetzlichen Regelungen vollzugsfähig. Im folgenden werden zunächst die bestehenden landesrechtlichen Regelungen gewürdigt, die den bundesgesetzlichen Rahmen des § 7a WHG ausfüllen. Dabei ist zu untersuchen, inwieweit der oben konstatierte Kompetenzkonflikt mir dem kommunalen Satzungsrecht auch auf der Ebene des Landesrechts besteht. Daneben stellt sich die Frage, ob aufgrund der Sechsten Novelle zum WHG Änderungen des landesrechtlichen Indirekteinleiterregimes erforderlich werden.

I. Kompetenzen

Nach der Konzeption des Art. 75 GG wird der bundesgesetzlich vorgegebene Rahmen durch die Landeswassergesetze und deren untergesetzliches Regelwerk ausgefüllt. Art. 70 Abs. 1 GG weist den Ländern die entsprechende Kompetenz zu.[351] Art. 75 Abs. 3 GG, durch die Verfassungsänderung 1994 eingefügt, statuiert nunmehr eine Pflicht der Länder, die erforderlichen Landesgesetze zur Ausfüllung des Bundesrahmengesetzes zu erlassen.[352] Rahmenvorschriften des Bundes begründen keine Kompetenzsperre wie im Fall des Art. 72 Abs. 2 GG. Das bedeutet, daß alles, was der Bund nicht regelt, der vollen Länderkompetenz überlassen bleibt.[353] Wenn aber die Länder Gesetze zur Ausfüllung eines Rahmengesetzes erlassen, sind sie an den vom Bund gesetzten Rahmen gebunden. Dabei kommt es darauf an, ob das Rahmengesetz ausnahmsweise eine abschließende Vollregelung im Sinne des Art. 75 Abs. 2 GG enthält. Liegt eine solche Vollregelung vor, haben die Länder keinen Regelungsspielraum mehr.[354] Andernfalls verbleibt es bei der vollen Regelungskompetenz der Länder. Überschreitet ein Landesgesetz diesen Rahmen oder

---

350 BVerfGE 21, 312 (320 f.); *Breuer*, Wasserrecht, Rn. 2.

351 *Breuer*, Wasserrecht, Rn. 2. Die Länder werden hierbei aus eigener Kompetenz heraus tätig, sie werden nicht etwa durch das WHG bevollmächtigt; so aber *Nisipeanu*, Abwasserrecht, S. 21.

352 Vgl. *Schmidt-Bleibtreu/Klein*, GG, Art. 75 Rn. 20.

353 *Maunz*, in: Maunz/Dürig/Herzog/Scholz, GG, Art. 75 Rn. 12; *Stern*, Staatsrecht I, § 19 III 3 (S. 680 ff.); *Reinhardt*, AöR 121 (1996), S. 617 (641 f.).

354 *Degenhart*, in: Sachs, GG, Art. 75 Rn. 7; *Jarass*, NVwZ 1996, S. 1041 (1047).

weicht es von den in einem Rahmengesetz zulässigerweise enthaltenen Vorschriften ab, ist es nichtig.[355]

Nach Art. 83, 84 GG haben die Länder darüber hinaus die Kompetenz für den Verwaltungsvollzug des Bundesgesetzes WHG.[356]

II. Regelungstechniken

Es konnte oben gezeigt werden, daß die rahmenrechtliche Regelung des § 7a Abs. 4 WHG den Ländern in der Sache kaum einen Gestaltungsspielraum läßt. Sie müssen sicherstellen, daß die Anforderungen der Abwasserverordnung für Indirekteinleiter eingehalten werden.[357] Da auch bereits nach § 7a Abs. 3 WHG a. F. nur wenig Spielraum für die Länder bestand, weisen die meisten landesrechtlichen Regelungen im Kern eine vergleichbare Grundstruktur auf.[358] Hinzu kommt, daß die Länderarbeitsgemeinschaft Wasser (LAWA) einen "Musterentwurf für eine Indirekteinleiterverordnung" erar-

---

355 *Maunz*, in: Maunz/Dürig/Herzog/Scholz, GG, Art. 75 Rn. 15; *Degenhart*, in: Sachs, GG, Art. 75 Rn. 41; *Jarass*, NVwZ 1996, S. 1041 (1047). Zweifelhaft daher *Nisipeanu*, Abwasserrecht, S. 21 f. Insofern ist nur umstritten, ob die Nichtigkeit aus Art. 31 GG oder aus einer fehlenden Kompetenz des Landes folgt.

356 *Knopp*, in: Sieder/Zeitler/Dahme/Knopp, WHG, Vorb. WHG Rn. 3; *Nisipeanu*, Abwasserrecht, S. 21.

357 Gem. Art. 3 § 2 Abs. 1 Nr. 1 Umweltrahmengesetz zum Staatsvertrag zwischen der Bundesrepublik Deutschland und der DDR vom 29. 6. 1990 (BGBl. I, S. 649) traten am 1. 7. 1990 das WHG und auch die Ausführungsvorschriften zu § 7a WHG in der DDR in Kraft; nach Art. 8 EinigungsV (BGBl. II, S. 885, 889) wurde mit Wirkung vom 3. 10. 1990 das gesamte Wasserwirtschafts- und reinhaltungsrecht im Beitrittsgebiet in Kraft gesetzt, vgl. *Kloepfer*, Umweltrecht in der deutschen Einigung, S. 130 ff.; *Lühr*, Schadenseinstufung, S. 7 (11 ff.); *Knopp*, in: Sieder/Zeitler/Dahme/Knopp, WHG, Vorb. WHG Rn. 19a; *Jarass*, in: Jarass/Pieroth, GG, Präambel Rn. 5.

358 *E. Sander*, Indirekteinleiterverordnungen, Rn. 64; *Fathmann*, Anforderungen an Indirekteinleitungen, S. 117. Teilweise bestanden zur Umsetzung der Gewässerschutzrichtlinie (76/464/EWG) schon vor der Fünften Novelle zum WHG landesrechtliche Vorschriften für Indirekteinleitungen, die dann den Anforderungen des § 7a Abs. 3 WHG a. F. angepaßt wurden, vgl. *E. Sander*, Indirekteinleiterverordnungen, Rn. 24; *Henseler*, DVBl. 1981, S. 668 (670 f.); vgl. auch *Lübbe-Wolff*, NVwZ 1989, S. 205 (208) mit dem zutreffenden Hinweis, daß die Länder die EG-rechtlichen Vorgaben umsetzen konnten, ohne daß es hierfür einer bundesgesetzlichen Ermächtigung bedurft hätte; vgl. dazu unten § 6.

beitet hat.[359] Die Sechste Novelle zum WHG ist bisher nur in wenigen Ländern berücksichtigt worden.

1. Regelung durch Indirekteinleiterverordnungen

Die meisten Länder, nämlich Baden-Württemberg, Bayern, Berlin, Brandenburg, Mecklenburg-Vorpommern, Nordrhein-Westfalen, Rheinland-Pfalz, Sachsen-Anhalt und Schleswig-Holstein, haben in die Landeswassergesetze Ermächtigungsgrundlagen aufgenommen, in denen die zuständigen Minister ermächtigt werden, durch Rechtsverordnung eine Genehmigungspflicht für das Einleiten von Abwasser mit gefährlichen Stoffen in öffentliche Abwasseranlagen zu begründen.[360] In der Indirekteinleiterverordnung wird dann vorgeschrieben, daß bestimmte Arten von Abwasser nur mit einer wasserrechtlichen Genehmigung in öffentliche Abwasseranlagen eingeleitet werden dürfen.

---

359 Vgl. *Czychowski*, WHG, § 7a Rn. 35.

360 § 45k WG B-W (Wassergesetz für Baden-Württemberg v. 25. 02. 1960 [GVBl., S. 17], zuletzt geändert durch Art. 7 des Gesetzes v. 17. 12. 1997 [GVBl., S. 557]); Art. 41c BayWG (Bayerisches Wassergesetz v. 26. 07. 1962 [GVBl., S. 143], geändert durch Art. 11, § 3 des Gesetzes v. 26. 07. 1995 [GVBl., S. 353]); § 29a BerlWG (Berliner Wassergesetz v. 23. 02. 1960 [GVBl., S. 133], zuletzt geändert durch Art. I des Gesetzes v. 26. 10. 1995 [GVBl., S. 695]); § 72 BrandenbgWG (Brandenburgisches Wassergesetz v. 13. 07. 1994 [GVBl., S. 62], geändert durch Art. 1 des Gesetzes v. 23. 12. 1997 [GVBl., S. 168]); § 42 WG M-V (Wassergesetz des Landes Mecklenburg-Vorpommern v. 30. 11. 1992 [GVBl., S. 669]); § 59 WG N-W (Wassergesetz für das Land Nordrhein-Westfalen v. 04. 07. 1979 [GVBl., S. 488] i. d. F. der Bekanntmachung v. 25. 06. 1995 [GVBl., S. 926]); § 55 WG R-P (Wassergesetz für das Land Rheinland-Pfalz v. 04. 03. 1983 [GVBl., S. 31], zuletzt geändert durch Art. 1 des Gesetzes v. 05. 04. 1995 [GVBl., S. 69]); § 152 WG S-A (Wassergesetz für das Land Sachsen-Anhalt v. 31. 08. 1993 [GVBl., S. 477], zuletzt geändert durch §§ 1, 2 des Gesetzes v. 29. 05. 1997 [GVBl., S. 540]); § 33 WG S-H (Wassergesetz für das Land Schleswig-Holstein v. 25. 02. 1960 [GVBl., S. 39], zuletzt geändert durch Art. 7 des Gesetzes v. 12. 12. 1997 [GVBl., S. 471]). § 64 Abs. 1 SächsWG (Sächsisches Wassergesetz v. 23. 02. 1993 [GVBl., S. 201], geändert durch Art. 5 des Gesetzes v. 04. 07. 1997 [GVBl., S. 1261]) enthält zwar eine Verordnungsermächtigung, gleichwohl besteht eine landesgesetzliche Regelung der Indirekteinleitungen, vgl. unten § 3 II 2b bb.

a) Ermächtigungsgrundlagen

aa) Regelungsgegenstand

Der Regelungsgegenstand wird in den Ermächtigungsgrundlagen weitgehend noch in enger Anlehnung an die Terminologie des § 7a WHG a. F. bestimmt. Es wird, mit sprachlichen Abweichungen im Detail, auf Abwasser mit gefährlichen Stoffen im Sinne von § 7a Abs. 1, 3 WHG abgestellt, teilweise kann die Rechtsverordnung auf Abwasser bestimmter Herkunft beschränkt werden.[361] In einigen Ländern bezieht sich die Ermächtigung schlicht auf Stoffe oder Stoffgruppen.[362] Hier ist aus dem Regelungszusammenhang zu entnehmen, daß es sich um gefährliche Stoffe im Sinne des § 7a WHG a. F. handelt. Soweit die Sechste Novelle zum WHG bereits berücksichtigt worden ist, kann sich die Genehmigungspflicht auf Abwasser beziehen, für das in der Abwasserverordnung nach § 7a Abs. 1 WHG Anforderungen für den Ort des Anfalls des Abwassers oder vor seiner Vermischung festgelegt werden.[363] Da das erfaßte Abwasser bestimmten gewerblichen oder industriellen Herkunftsbereichen zugeordnet ist, ist in sachlicher Hinsicht nur nicht häusliches Abwasser erfaßt.

bb) Regelungsziele

Ebenso wie § 7a WHG dienen die landesrechtlichen Regelungen dem Gewässerschutz.[364] Folgerichtig nennt ein Großteil der Verordnungsermächtigungen den Schutz der Gewässer als Zweck der Verordnung.[365] Einige Wassergesetze der Länder beschränken jedoch das Regelungsziel nicht auf den Gewässerschutz, sondern nennen auch die Sicherung der Funktionsfähigkeit von Abwasseranlagen resp. den Schutz der Abwasseranlage ausdrücklich als Rege-

---

361 § 72 BrandenbgWG; § 42 WG M-V; § 59 WG N-W; § 55 WG R-P; § 152 WG S-A; § 33 WG S-H.

362 § 45 k WG B-W; Art. 41c BayWG: wassergefährdende Stoffe oder Stoffgruppen.

363 § 152 Abs. 1 S. 2 WG S-A.

364 *Czychowski*, WHG, § 7a Rn. 38; *E. Sander*, Indirekteinleiterverordnungen, Rn. 66; vgl. auch *Beile*, WG R-P, § 55 Nr. 1.

365 Art. 41c S. 1 BayWG; vgl. dazu *Dahme*, in: Sieder/Zeitler, BayWG, Art. 41c Rn. 7; *Knopp/Manner*, BayWG, Art. 41c Rn. 3; § 55 S. 1 WG R-P; § 152 S. 1 WG S-A; § 33 Abs. 1 S. 1 WG S-H.

lungszweck.[366] Die umfassendste Zweckbestimmung enthält § 45k WG B-W, wonach die Indirekteinleiterverordnung "aus Gründen des Wohls der Allgemeinheit, insbesondere zum Schutz der Gewässer, der Abwasseranlagen und der in Abwasseranlagen arbeitenden Personen" sowie zur Umsetzung von EG-Richtlinien (§ 45i WG B-W) erlassen werden kann.[367] Auch in den Ländern, in denen sich die Verordnungsermächtigungen auf den Schutz der Gewässer beschränken, wird der Regelungszweck in der Literatur teilweise weiter ausgelegt. Danach sind auch der Schutz der Abwasseranlagen oder die Sicherstellung der landwirtschaftlichen Klärschlammverwertung Regelungsziele.[368] *Kollmann* ist der Ansicht, die Verordnungsermächtigung des § 33 Abs. 1 S. 1 WG S-H, die auf den Schutz der Gewässer beschränkt ist, decke schlechthin die kommunalen Regelungsbedürfnisse, für die der "Schutz von Bestand und Funktion der Abwasseranlagen u. a." angeführt werden, ab.[369] Darüber hinaus finden sich Stimmen in der Literatur, die de lege ferenda die Forderung erheben, die Schadstoffbelastung des Klärschlamms sowie die Dichtheit der Abwasserkanäle über das wasserrechtliche Regime der Indirekteinleitungen zu reglementieren.[370]

Die Ausdehnung des Regelungszwecks über den Gewässerschutz hinaus ist bereits im Kompetenztitel "Wasserhaushalt" in Art. 75 Abs. 1 Nr. 4 GG angelegt, der ja, wie oben erläutert, auch Regelungen zum Schutz der kommunalen Abwasseranlagen umfaßt. Die landesrechtlichen Regelungen, die diese Ziele als Zwecke der Indirekteinleiterverordnungen nennen, begegnen keinen kompetenzrechtlichen Bedenken, da sie sich in dem vom Bundesgesetz vorgegebenen Rahmen bewegen. Etwas anderes gilt aber für die Zielsetzung des Schutzes der in den Abwasseranlagen tätigen Personen. Durch Einbeziehung dieses Schutzziels wird der vom Bund vorgegebene Rahmen überschritten. Es konnte bereits gezeigt werden, daß zu Rahmenvorschriften insbesondere Zielvorgaben gehören. Durch diese Zielvorgaben soll ein Mindestmaß an Bundeseinheitlichkeit gewährleistet werden. Die Länder müssen sich dann an diese Zielvorgaben als abschließende Regelungen halten, sie dürfen diesen nicht weitere hinzufügen. Soweit also die Ermächtigungsgrundlagen von den Rahmenvorschriften inhaltlich dadurch abweichen, daß sie auch den Schutz des in den Abwasseranlagen tätigen Personals bezwecken, sind sie nichtig.

---

366 § 45k WG B-W; § 29a BerlWG; § 72 BrandenbgWG; § 42 WG M-V; § 64 Abs. 1 S. 1 SächsWG.

367 *E. Sander*, Indirekteinleiterverordnungen, Rn. 66.

368 *Beile*, WG R-P, § 55 Nr. 1.

369 *Kollmann*, WG S-H, § 33 Nr. 2.

370 *Lühr*, Schadenseinstufung, S. 7 (9); *Nisipeanu*, Abwasserrecht, S. 192.

Soweit die Regelungsziele von der Literatur noch weiter ausgelegt werden, etwa im Hinblick auf die Klärschlammverwertung, sind die oben gemachten kompetenzrechtlichen Beschränkungen zu beachten. Die Länder sind auf die abschließenden Zielsetzungen beschränkt, die der Bund kompetenzgerecht verfolgen kann. § 7a Abs. 4 WHG deckt Indirekteinleiterregelungen zur Sicherstellung der Klärschlammverwertung oder zur Vermeidung des Schadstoffübergangs auf andere Medien nicht ab. Eine entsprechende Auslegung der Ermächtigungsgrundlagen kommt daher nicht in Betracht.

Im Ergebnis können die Länder durch die Ermächtigungsgrundlagen für die Indirekteinleiterverordnungen nur die Ziele des Gewässerschutzes und des Schutzes von Bestand und Funktionsfähigkeit der kommunalen Abwasseranlagen verfolgen.[371]

b) Indirekteinleiterverordnungen

Aufgrund der Ermächtigungsgrundlagen sind in nahezu allen betroffenen Ländern Indirekteinleiterverordnungen erlassen worden.[372] Lediglich in Bran-

---

371 Kompetenziell zulässig wäre auch die Zielsetzung der Angleichung der Wettbewerbsbedingungen der Indirekteinleiter, vgl. oben § 3 I 1c cc. Diese wird aber vom Landesrecht nicht aufgegriffen.

372 B-W: Verordnung des Umweltministeriums über das Einleiten von Abwasser in öffentliche Abwasseranlagen (Indirekteinleiterverordnung - IndVO) v. 12. 07. 1990 (GBl., S. 258); Bayern: Verordnung über die Genehmigungspflicht für das Einleiten wassergefährdender Stoffe in Sammelkanalisationen (VGS) v. 09. 12. 1990 (GVBl., S. 586); Berlin: Verordnung über die Genehmigungspflicht für das Einleiten gefährlicher Stoffe und Stoffgruppen in öffentliche Abwasseranlagen v. 14. 03. 1989 (GVBl., S. 2156), geändert durch 1. VGS-ÄndVO v. 16. 02. 1991 (GVBl., S. 74); M-V: Verordnung über die Genehmigungspflicht für das Einleiten oder Einbringen gefährlicher Stoffe oder Stoffgruppen in Abwasseranlagen (Indirekteinleiterverordnung - Indir.VO) v. 09. 07. 1993 (GVBl., S. 783); N-W: Ordnungsbehördliche Verordnung über die Genehmigungspflicht für die Einleitung von Abwasser mit gefährlichen Stoffen in öffentliche Abwasseranlagen (VGS) v. 25. 09. 1989 (GVBl., S. 564), geändert durch VO v. 19. 10. 1991 (GVBl., S. 405); vgl. auch Verwaltungsvorschrift über die Genehmigung von Abwassereinleitungen aus Betriebsstätten zur Instandhaltung, Entkonservierung und Reinigung von Fahrzeugen in öffentliche Abwasseranlagen, RdErl. d. Ministeriums für Umwelt, Raumordnung und Landwirtschaft v. 29. 08. 1990 (MBl., S. 1300); R-P: Landesverordnung über die Genehmigungspflicht für das Einleiten von Abwasser mit gefährlichen Stoffen in öffentliche Abwasseranlagen (Indirekteinleiterverordnung - IndVO -) v. 13. 08. 1992 (GVBl., S. 297); S-A: Indirekteinleiterverordnung (IndEinl VO) v. 10. 09. 1997 (GVBl., S. 843); S-H: Landesverordnung über die Genehmigung für das Ein-

denburg fehlt, soweit ersichtlich, eine entsprechende Verordnung bisher. Sachsen regelt die Indirekteinleitungen trotz vorhandener Ermächtigungsgrundlage für eine Indirekteinleiterverordnung in einem eigenen Gesetz (siehe dazu gleich im Anschluß).

Auch bei den Indirekteinleiterverordnungen bestehen Übereinstimmungen in den wesentlichen Elementen.[373] Für bestimmte Einleitungen von Abwasser mit gefährlichen Stoffen in öffentliche Abwasseranlagen wird eine Genehmigungspflicht begründet. Entsprechend der Systematik des § 7a Abs. 1 WHG a. F. knüpft die Genehmigungspflicht an Abwasser mit gefährlichen Stoffen aus bestimmten Herkunftsbereichen an, wobei die Herkunftsbereiche entweder durch Verweisung[374] auf die Abwasserherkunftsverordnung[375] oder durch einen eigenen Anhang zur Indirekteinleiterverordnung[376] bestimmt werden. Unter Berücksichtigung der Sechsten Novelle des WHG besteht die Genehmigungspflicht für Abwasser, für das in der Abwasserverordnung Anforderungen für den Ort des Anfalls des Abwassers oder vor seiner Vermischung festgelegt sind.[377] Genehmigungspflichtig ist darüber hinaus auch das Einleiten von Abwasser, dessen Schmutzfracht aus der Verwendung bestimmter Stoffe stammt, die wiederum entweder in einem eigenen Anhang aufgeführt sind[378] oder die durch Verweisung auf die 48. AbwVwV[379] konkretisiert werden. Die letztgenannten stoffbezogenen Anforderungen gelten jedoch nur für bestimmte Verwendungen, nämlich für industrielle Verfahren, bei denen die betreffenden Stoffe hergestellt oder benutzt werden, oder bei denen diese Stoffe auftreten.[380] Damit ist auch hier folgerichtig in sachlicher Hinsicht

---

leiten von Abwasser mit gefährlichen Stoffen in Abwasseranlagen v. 17. 08. 1994 (GVOBl., S. 466).

373 Vgl. zur Entwicklung der Indirekteinleiterverordnungen *E. Sander*, Indirekteinleiterverordnungen, Rn. 17 ff., 69 ff.

374 Zur Zulässigkeit von Verweisungen vgl. oben § 2 II 3c cc und *Dahme*, in: Sieder/Zeitler/Dahme/Knopp, WHG, § 7a Rn. 32; *Sieder/Zeitler*, BayWG, Anh. I 41c. 1 Nr. 1.

375 Vgl. etwa §§ 2 Abs. 1, 1 Nr. 1 IndVO B-W.

376 Vgl. etwa § 1 Abs. 1 BerlVGS; § 1 Abs. 1 IndVO R-P; dazu *Beile*, WG R-P, § 55 Nr. 3. 1.

377 § 1 Abs. 1 IndEinl VO S-A.

378 Vgl. etwa Anhang 1 IndVO B-W; Anlage 2 BerlVGS; Anlage 2 IndEVO S-H.

379 Vgl. etwa § 1 Abs. 1 S. 2 Indir.VO M-V; § 1 Abs. 1 S. 2 BayVGS verweist zudem auf Anforderungen in EG-Richtlinien.

380 Vgl. § 1 Abs. 2 IndVO R-P; § 1 Abs. 2 S. 2 VGS N-W; so auch § 1 Nr. 1.1 S. 2 48. AbwasserVwV.

nicht häusliches Abwasser mit gefährlichen Stoffen von der Genehmigungspflicht erfaßt.[381]

Die Genehmigungspflicht entfällt in einigen Ländern,[382] wenn bestimmte Schwellenwerte nicht überschritten werden,[383] das Abwasser in einer Anlage, die bestimmte Voraussetzungen erfüllen muß, vorbehandelt wird[384] oder die Abwasserverwaltungsvorschriften des Bundes keine Anforderungen nach dem Stand der Technik enthalten.[385] Einen besonderen Ausnahmetatbestand enthält die rheinland-pfälzische Indirekteinleiterverordnung, nach der die Genehmigungspflicht auch entfällt, wenn die Anforderungen nach dem Stand der Technik unter bestimmten Voraussetzungen als eingehalten gelten, diese Voraussetzungen erfüllt werden und die Einleitung von der abwasserbeseitigungspflichtigen Körperschaft im Einzelfall nach ihrer Satzung über den Anschluß an die öffentliche Abwasseranlage genehmigt ist.[386] Die Emissionswerte, bei deren Überschreitung die Genehmigungsfähigkeit entfällt, richten sich einheitlich nach den Anforderungen der Abwasserverwaltungsvorschriften[387] und der Abwasserverordnung. Für bestehende genehmigungspflichtige Indirekteinleitungen bestehen Antragsfristen. Die Indirekteinleitungen gelten bei rechtzeitig gestelltem Antrag bis zur Entscheidung hierüber als genehmigt.[388] Schließlich enthalten einige Indirekteinleiterverordnungen die Bestimmung, daß Einleitungsverbote, Einleitungsbeschränkungen und Überwachungsregelungen nach kommunalem Satzungsrecht unberührt bleiben.[389] Eine weitergehende Regelung enthält § 2 Abs. 1 IndEVO S-H, wonach Verbote, Genehmigungspflichten und Überwachungsvorschriften nach dem kommunalen Sat-

---

381 Vgl. etwa § 1 IndVO B-W; dazu *Kunz*, KA 1990, S. 1480.

382 In Bayern und Mecklenburg-Vorpommern ist das Entfallen der Genehmigungspflicht nicht vorgesehen.

383 Vgl. § 4 Abs. 2 Nr. 3 IndVO B-W; § 1 Abs. 1 lit b BerlVGS; § 1 Abs. 2 Nr. 3 IndEVO S-H.

384 Vgl. § 1 Abs. 3 Nr. 1 IndEVO S-H; § 4 Abs. 2 Nr. 1, 2 IndVO B-W.

385 Vgl. § 1 Abs. 1 lit. a VGS N-W; § 1 Abs. 2 Alt. 1 IndVO R-P; dazu *Beile*, WG-R-P, § 55 Nr. 3. 1. 1.

386 § 1 Abs. 1 Alt. 2 IndVO R-P.

387 Vgl. dazu *Sieder/Zeitler*, BayWG, Anh. I 41c. 1 Nr. 5; *Honert/Rüttgers/Sanden*, WG N-W, § 59 Nr. 2; *Haupt*, in: Haupt/Reffken/Rhode, NdsWG, § 151 Rn. 6. Zur Festlegung der maßgeblichen Punkte vgl. *Engelhardt*, WuB 1983, S. 204 (206 ff.).

388 Vgl. dazu *Lübbe-Wolff*, NVwZ 1989, S. 205 (208); *E. Sander*, Indirekteinleiterverordnungen, Rn. 77.

389 § 6 IndVO B-W; § 1 Abs. 2 BayVGS; § 1 Abs. 3 Indir.VO M-V; § 1 Abs. 4 BerlVGS.

zungsrecht nur dann unberührt bleiben, soweit sie der Verordnung nicht widersprechen. Auch hier ist erneut das Verhältnis des staatlichen Wasserrechts zum kommunalen Satzungsrecht angesprochen, auf das im weiteren Verlauf der Untersuchung noch näher einzugehen sein wird.[390]

2. Landesgesetzliche Regelung der Indirekteinleitungen

Nicht nur Verordnungsermächtigungen, sondern gesetzliche Genehmigungspflichten für Indirekteinleitungen gibt es in Hamburg,[391] Sachsen,[392] Thüringen[393] und neuerdings auch in Niedersachsen[394] und im Saarland.[395]

a) Hamburg

Nach § 11a Abs. 1 HambgAbwasserG bedarf die Einleitung von Abwasser in eine öffentliche Abwasseranlage der Genehmigung der zuständigen Behörde. Nach § 11a Abs. 4 HambgAbwasserG müssen in den Nebenbestimmungen zur Genehmigung die Anforderungen dem Stand der Technik entsprechen, wenn das Abwasser gefährliche Stoffe im Sinne von § 7a Abs. 1 S. 3 WHG a. F. enthält.

b) Sachsen

Nach § 2 Abs. 1 SächsIndEinlG bedarf eine Indirekteinleitung einer Genehmigung. Nach § 2 Abs. 3 SächsIndEinlG entfällt die Genehmigungspflicht, wenn das Abwasser vor seiner Einleitung in einer wasserrechtlich förmlich

---

390 Vgl. unten § 4.

391 Hamburgisches Abwassergesetz v. 21. 02. 1984 (GBVl., S. 45), zuletzt geändert durch Gesetz v. 29. 05. 1996 (GVBl., S. 80).

392 Gesetz über das Einleiten von Abwasser in öffentliche Abwasseranlagen (Indirekteinleitergesetz) v. 02. 07. 1991 (GVBl., S. 233); § 64 Abs. 1 SächsWG enthält eine Verordnungsermächtigung, gleichwohl ist eine gesetzliche Regelung ergangen, vgl. auch *Czychowski*, WHG, § 7a Rn. 35.

393 § 59 Abs. 1 ThürWG (Thüringer Wassergesetz v. 10. 05. 1994 [GVBl., S. 445], zuletzt geändert durch Art. 1 des Gesetzes v. 19. 12. 1995 [GVBl., S. 413]).

394 § 151 NdsWG (Niedersächsisches Wassergesetz v. 07. 07. 1960 [GVBl., S. 105] in der Form der Bekanntmachung v. 25. 03. 1998 [GVBl., S. 347]).

395 § 51 SaarlWG (Saarländisches Wassergesetz v. 28. 06. 1960 [ABl., S. 511], zuletzt geändert durch Art. 3 des Gesetzes v. 26. 11. 1997 [Abl., S. 1352]).

zugelassenen Abwasserbehandlungsanlage entsprechend den Anforderungen des wasserrechtlichen Zulassungsbescheids nach dem Stand der Technik i. S. d. § 7a Abs. 1 S. 3 WHG a. F. gereinigt wird oder das Abwasser vor der Einleitung in einer Abwasserreinigungsanlage behandelt wird, die das Prüfzeichen des Instituts für Bautechnik besitzt und diese Anlage in der Lage ist, das Abwasser nach dem Stand der Technik im Sinne des § 7a Abs. 1 WHG aufzubereiten oder die in der Anlage aufgeführten Schwellenwerte der Genehmigungspflicht für bestimmte Stoffe nicht überschritten werden. Hinsichtlich des Verhältnisses zum Satzungsrecht legt § 4 SächsIndEinlG fest, daß Vorschriften über die Inanspruchnahme kommunaler Abwasseranlagen aufgrund kommunalen Satzungsrechts unberührt bleiben.[396]

c) Thüringen

Auch in Thüringen ist die Genehmigungspflicht für Indirekteinleitungen im Landeswassergesetz selbst festgelegt, § 59 Abs. 1 ThürWG. In § 59 Abs. 2 ThürWG ist eine Verordnungsermächtigung enthalten, wonach durch Rechtsverordnung bestimmt werden kann, daß Indirekteinleitungen mit gefährlichen Stoffen keiner Genehmigung bedürfen, wenn es sich nur um geringe Mengen handelt oder das Abwasser aus bestimmten Abwasserbehandlungsanlagen stammt. Nach § 59 Abs. 3 ThürWG kann durch Rechtsverordnung eine bloße Anzeigepflicht vorgesehen werden. Die thüringische Regelung enthält damit einen Mittelweg zwischen einer landesgesetzlichen Lösung und der Regelung durch Indirekteinleiterverordnungen.

d) Niedersachsen, Saarland

Niedersachsen und das Saarland verfolgten bis 1998 die oben beschriebene Regelungstechnik der landeswassergesetzlichen Verordnungsermächtigung[397] und der darauf gestützten Indirekteinleiterverordnung.[398] Nunmehr wird auch hier die Genehmigungspflicht unmittelbar durch die Landeswassergesetze begründet. Danach ist, wobei die Sechste Novelle zum WHG berücksichtigt

---

396 Vgl. auch § 2 Abs. 2 SächsIndEinlG.

397 § 151 NdsWG a. F.; § 51 Abs. 1 SaarlWG a. F.

398 Niedersachsen: Verordnung über die Genehmigungspflicht für das Einleiten von Abwasser mit gefährlichen Stoffen in öffentliche Abwasseranlagen (Indirekteinleiterverordnung) v. 10. 10. 1990 (GVBl., S. 451); Saarland: Verordnung über die Genehmigungspflicht für das Einleiten von Abwasser mit gefährlichen Stoffen in öffentliche Abwasseranlagen (VGS) v. 18. 12. 1990 (ABl., S. 1362).

worden ist, eine Indirekteinleitung genehmigungspflichtig, wenn in der Abwasserverordnung nach § 7a Abs. 1 S. 3 WHG entsprechende Anforderungen gestellt werden, oder wenn die Anforderungen in den fortgeltenden Abwasserverwaltungsvorschriften nach § 7a Abs. 1 WHG a. F. festgelegt sind.[399]

3. Sonderwege

Eine Sonderstellung bei den Indirekteinleiterregelungen nehmen die Länder Hessen und Bremen ein.

a) Hessen

Hessen hat insofern einen Sonderweg gewählt, als das Einleiten gefährlicher Stoffe in öffentliche Abwasseranlagen prinzipiell einer Gewässerbenutzung gleichzustellen und damit einer wasserrechtlichen Erlaubnis zu unterwerfen ist.[400] Gem. § 15 Abs. 1 Nr. 4 HessWG[401] gelten die Bestimmungen des WHG und des HessWG über die Benutzung der Gewässer auch für das Einleiten oder Einbringen von Abwasser, für das in der Abwasserverordnung nach § 7a Abs. 1 S. 3 WHG Anforderungen für den Ort des Anfalls des Abwassers oder vor seiner Vermischung festgelegt sind. Ergänzt wird die gesetzliche Regelung um Verordnungsermächtigungen, aufgrund derer durch Rechtsverordnung bestimmt werden kann, daß die Einleitung keiner Erlaubnis bedarf, wenn näher zu bestimmende Schwellenwerte nicht überschritten werden oder das Abwasser in einer genehmigten Anlage vorbehandelt wird; daneben ist eine bloße Anzeigepflicht vorgesehen (§ 15 Abs. 3 und 4 HessWG). Entsprechende Regelungen finden sich in §§ 1, 2 HessVGS.[402] Nach § 6 HessVGS bleiben Anforderungen nach dem kommunalen Satzungsrecht unberührt.

---

399 § 151 Abs. 1 S. 1, 2 NdsWG; § 51 Abs. 1 S. 1, 2 SaarlWG.

400 Vgl. *Becker*, HessWG, § 15 Rn. 7 ff.

401 Hessisches Wassergesetz v. 06. 07. 1990 (GVBl., S. 69), zuletzt geändert durch Art. 32 des Gesetzes v. 15. 07. 1997 (GVBl., S. 232).

402 Verordnung über das Einleiten oder Einbringen von Abwasser mit gefährlichen Stoffen in öffentliche Abwasseranlagen (Indirekteinleiterverordnung - VGS) v. 09. 12. 1992 (GVBl., S. 675).

b) Bremen

Bremen hat in seinem Landeswassergesetz den bundesrechtlichen Auftrag an die (zwei) Gemeinden weitergegeben, § 133 Abs. 2 BremWG.[403] Danach haben die Gemeinden sicherzustellen, daß vor dem Einleiten von Abwasser mit gefährlichen Stoffen in eine öffentliche Abwasseranlage die erforderlichen Maßnahmen entsprechend § 7a Abs. 1 WHG a. F. durchgeführt werden. Dies gilt auch für die Umsetzung von Anforderungen von bindenden Beschlüssen der Europäischen Gemeinschaften.[404]

III. Auswirkungen der Sechsten Novelle zum WHG auf das Landesrecht

Grundsätzlich wird das Landesrecht durch die Novelle des WHG nicht geändert oder aufgehoben.[405] § 7a Abs. 4 WHG i. V. m. Art. 75 Abs. 3 GG zwingt die Länder jedoch, ihre Wassergesetze und Indirekteinleiterverordnungen in angemessener Zeit zu ändern und an das neue Bundesrecht anzupassen.[406] Denn die meisten landesrechtlichen Indirekteinleiterregelungen entsprechen, wie gezeigt werden konnte, dem Inhalt und der Systematik nach dem § 7a WHG a. F.

1. Regelungsgegenstand

Bezugsobjekt für die Anforderungen ist jetzt grundsätzlich die Abwasserverordnung.[407] Beziehen sich beispielsweise die Indirekteinleiterverordnungen bei der Genehmigungspflicht auf die 48. AbwVwV, so müssen sie sich zukünftig auf Anhang 48 AbwV beziehen. Soweit sich die Indirekteinleiterregelungen generell auf das Einleiten von "Abwasser mit gefährlichen Stoffen" beziehen, ist diese Umschreibung insofern problematisch, als der jetzt gültige § 7a WHG diesen Begriff nicht mehr enthält. Das gleiche gilt für den Begriff der "Stoffe oder Stoffgruppen", da er sich auch auf Abwasser mit gefährli-

---

403 Bremisches Wassergesetz v. 26. 02. 1991 (GVBl., S. 65), zuletzt geändert durch Art. 1 des Gesetzes v. 29. 10. 1996 (GVBl., S. 351).

404 Vgl. dazu unten § 6 II 1b, 3b cc.

405 *Beile*, WG R-P, § 55 Nr. 3; *Reichert*, ZfW 1997, S. 141 (145).

406 *Czychowski*, WHG, § 7a Rn. 35 m. w. N.; zum zeitlichen Aspekt der Umsetzung in den Ländern vgl. *Krieger*, DÖV 1996, S. 455.

407 So bereits § 15 Abs. 1 Nr. 4 HessWG; § 51 Abs. 1 S. 1 SaarlWG; § 151 Abs. 1 S. 1 NiedersWG; § 152 Abs. 1 S. 2 WG S-A.

chen Stoffen bezieht.[408] Es konnte aber gezeigt werden, daß nach § 7a Abs. 4 i. V. m. Abs. 1 WHG Anforderungen an Indirekteinleitungen nur zu stellen sind, wenn diese gefährliche Stoffe enthalten.[409] Sachlich stimmen die betreffenden landesgesetzlichen Regelungen also mit der bundesgesetzlichen überein, so daß eine neue Umschreibung des Regelungsgegenstands nicht zwingend erforderlich ist.[410] Gleichwohl würde eine Anpassung an den Wortlaut des § 7a Abs. 4 WHG der Gesetzesklarheit dienen. Eine systematische Übereinstimmung besteht bereits dort, wo sich die Indirekteinleiterregelung (auch) auf "Abwasser bestimmter Herkunft" oder "Abwasser bestimmter Herkunftsbereiche" bezieht, da die neue Abwasserverordnung auch nach Herkunftsbereichen gegliedert ist.[411] Entsprechendes gilt für die Indirekteinleiterverordnungen.[412]

2. Materielle Anforderungen

Nach § 7a Abs. 3 WHG a. F. hatten die Länder dafür Sorge zu tragen, daß auch an Indirekteinleitungen von Abwasser mit gefährlichen Stoffen die Anforderungen nach dem Stand der Technik aus den einschlägigen Abwasserverwaltungsvorschriften gestellt wurden.[413] Hieran hat sich, abgesehen von der Maßgeblichkeit der Abwasserverordnung, in der Sache nichts geändert. Soweit die Länder abweichende materielle Anforderungen an Indirekteinleitungen stellen, sind sie an den neu gefaßten § 7a WHG anzupassen.[414] So sind redaktionelle Änderungen dort notwendig, wo die Indirekteinleiterverordnungen Abwasser bestimmter Herkunft von der Genehmigungspflicht ausnimmt, für das in den untergesetzlichen Vorschriften des Bundes keine Anforderungen nach dem Stand der Technik gestellt wird.[415] Denn es gilt nunmehr für alle Abwässer der einheitliche Standard des Stands der Technik.

---

408 Vgl. oben § 3 II 2a aa (1).
409 Vgl. oben § 3 I 2b cc.
410 A. A. wohl *E. Sander*, ZfW 1996, S. 510 (514); vgl. auch *Spilleke*, 6. Novelle zum WHG, S. 179 (184); *Reichert*, ZfW 1997, S. 141 (145).
411 *Driewer*, Verhältnis von Wasserrecht und Satzungsrecht, S. 15 (25).
412 Vgl. *E. Sander*, ZfW 1996, S. 510 (515 f.); *ders.*, KA 1997, S. 712 (717).
413 *E. Sander*, Indirekteinleiterverordnungen, Rn. 57.
414 Vgl. *E. Sander*, ZfW 1996, S. 510 (515), dort auch zu § 15 Abs. 1 Nr. 4 HessWG; *Driewer*, Verhältnis von Wasserrecht und Satzungsrecht, S. 15 (25).
415 Vgl. oben § 3 II 2a bb.

Entsprechendes gilt, wenn das Landesrecht eigene Definitionen des Stands der Technik[416] enthält.[417] Die bundesrechtliche Definition ist abschließend und geht nach dem in Art. 31 GG verankerten Prinzip des Vorrangs des Bundesgesetzes den landesrechtlichen Definitionen vor.[418]

IV. Indirekteinleitergenehmigung

Am Ende der wasserrechtlichen Normenkette steht die Indirekteinleitergenehmigung. In der Genehmigung werden die Anforderungen gegenüber dem Indirekteinleiter außenverbindlich festgesetzt. Die Genehmigungen stützen sich weiterhin auf die Indirekteinleiterverordnungen des jeweiligen Landes. Ihr Inhalt wird zukünftig von der Abwasserverordnung gesteuert, soweit nicht die Abwasserverwaltungsvorschriften noch weiterhin Gültigkeit besitzen.[419]

V. Zusammenfassung

§ 7a Abs. 4 WHG wird durch die Länder dadurch ausgefüllt, daß Indirekteinleitungen mit gefährlichen Stoffen genehmigungspflichtig sind. In den meisten Ländern wird die Genehmigungspflicht durch eine Indirekteinleiterverordnung begründet, entsprechende Verordnungsermächtigungen finden sich in den Landeswassergesetzen. Die Anforderungen richten sich nach der Abwasserverordnung und nach den Abwasserverwaltungsvorschriften. Mit der Indirekteinleitergenehmigung werden die Anforderungen gegenüber dem Indirekteinleiter außenverbindlich festgesetzt. Durch diese Regelungen wird sichergestellt, daß die Anforderungen nach § 7a Abs. 1 S. 1 WHG auch bei Indirekteinleitungen eingehalten werden.

---

416 § 11a Abs. Abs. 7 HambgAbwasserG: Stand der Technik ist der Entwicklungsstand verfügbarer fortschrittlicher Verfahren, Einrichtungen und Betriebsweisen zur Abwasservermeidung und zur bestmöglichen Begrenzung von Verunreinigungen des Abwassers durch gefährliche Stoffe, ohne daß dadurch die Umwelt in anderer Weise schädlich beeinträchtigt wird; § 59 Abs. 3 S. 1 WG N-W: Stand der Technik ist der Entwicklungsstand verfügbarer fortschrittlicher Verfahren, Einrichtungen und Betriebsweisen zur bestmöglichen Begrenzung von Emissionen gefährlicher Stoffe im Abwasser, ohne daß dadurch die Umwelt in anderer Weise schädlicher beeinträchtigt wird.

417 *Spilleke*, 6. Novelle zum WHG, S. 179 (184); *Driewer*, Verhältnis von Wasserrecht und Satzungsrecht, S. 15 (25).

418 So auch *Driewer*, Verhältnis von Wasserrecht und Satzungsrecht, S. 15 (25); *Honert/Rüttgers/Sanden*, WG N-W; § 59 Rn. 3.

419 *E. Sander*, ZfW 1996, S. 510 (516).

Der Regelungszweck ist dabei nicht in allen Ländern auf den Gewässerschutz beschränkt, sondern erstreckt sich auch auf den Schutz der kommunalen Abwasseranlagen. Insofern halten sich die Länder an den Rahmen, der ihnen durch § 7a Abs. 4 WHG vorgegeben ist. Einige Länder überschreiten jedoch den bundesrechtlich vorgegebenen Rahmen, indem sie auch den Schutz der in den Abwasseranlagen tätigen Personen als Regelungszweck aufnehmen. Diese Zielbestimmungen sind kompetenzwidrig und daher nichtig. Damit besteht mit Blick auf das kommunale Satzungsrecht der Kompetenzkonflikt bezüglich der Zielsetzung des Schutzes von Bestand und Funktionsfähigkeit der kommunalen Abwasseranlagen auch auf der Ebene des Landesrechts.[420]

C. Zusammenfassung

Das staatliche Regime der Indirekteinleitungen wird im Zusammenwirken von bundesrechtlichen Rahmenvorschriften und ausfüllender Landesgesetzgebung gebildet.

Kompetenzgrundlage für den Bund ist der Titel "Wasserhaushalt" in Art. 75 Abs. 1 S. 1 Nr. 4 Alt. 3 GG, der zu Rahmenregelungen für Indirekteinleitungen mit dem Ziel des Gewässerschutzes, des Schutzes der kommunalen Abwasseranlagen und der Angleichung der Wettbewerbsbedingungen der Indirekteinleiter berechtigt. Die Voraussetzungen des Art. 72 Abs. 2 GG für die Inanspruchnahme der Bundeskompetenz sind gegeben, da ein gesamtstaatliches Interesse an bundeseinheitlichen Rahmenregelungen für Indirekteinleiter besteht. Dieses macht aufgrund der überragenden Bedeutung der Gewässer für die Allgemeinheit und der überregionalen Auswirkungen der Abwassereinleitungen eine bundesrechtliche Rahmenregelung erforderlich.

Der Bund hat die Indirekteinleitungen in § 7a Abs. 4 WHG geregelt. Danach haben die Länder sicherzustellen, daß die Anforderungen, die in der Abwasserverordnung nach dem Stand der Technik für den Ort des Anfalls des Abwassers oder vor seiner Vermischung festgelegt sind, bei Indirekteinleitungen eingehalten werden. Solche Anforderungen können nur für Abwasser mit gefährlichen Stoffen oder Stoffgruppen gestellt werden. Diese Regelung läßt den Ländern kaum noch Regelungsspielraum von substantiellem Gewicht, so daß ihr Rahmencharakter äußerst zweifelhaft ist. Zwar könnte im Hinblick auf Art. 75 Abs. 2 GG ein besonders starkes und legitimes Interesse an in Einzelheiten gehenden oder unmittelbar geltenden Vorschriften vertretbar begründet

---

420 Im folgenden muß sich der Übersichtlichkeit halber auf die Regelungen durch Indirekteinleiterverordnungen beschränkt werden.

werden, jedoch hängt die Verfassungsmäßigkeit des § 7a Abs. 4 WHG darüber hinaus davon ab, ob es sich bei dem WHG in der Fassung der Sechsten Novelle insgesamt noch um ein Rahmengesetz nach Art. 75 GG handelt. Diese Frage muß im Rahmen dieser Untersuchung offen bleiben.

Die Länder haben die Gesetzgebungskompetenz zur Ausfüllung des bundesrechtlich vorgegebenen Rahmens nach Art. 70 Abs. 1 GG. Die meisten Länder haben zur Ausfüllung von § 7a Abs. 4 WHG den Weg gewählt, Indirekteinleitungen durch Indirekteinleiterverordnungen einer Genehmigungspflicht zu unterwerfen. Hierin werden die Anforderungen der Abwasserverordnung für Teilströme übernommen. Die Anforderungen werden durch die Indirekteinleitergenehmigung gegenüber den Einleitern außenverbindlich festgesetzt. Die Zielsetzungen des landesrechtlichen Indirekteinleiterregimes sind an die Vorgaben des bundesrechtlichen Rahmens gebunden. Zulässig ist daher auch der Schutz der kommunalen Abwasseranlagen und die Angleichung der Wettbewerbsbedingungen der Indirekteinleiter. Soweit die Landeswassergesetze weitergehende Ziele verfolgen, überschreiten sie diesen Rahmen und sind daher nichtig.

In sachlicher Hinsicht ist nicht häusliches, also gewerbliches und industrielles Abwasser, erfaßt. In diesem Bereich besteht insofern eine kompetenzielle Überschneidung zwischen kommunalem Satzungsrecht und staatlichem Wasserrecht, als beide Regelungsbereiche kompetenzgerecht das Ziel des Schutzes der kommunalen Abwasseranlagen verfolgen. Dadurch entsteht die Frage, wie beide Regelungsbereiche voneinander abgegrenzt werden können. Dieser Frage wird im nächsten Kapitel nachgegangen. Häusliches Abwasser ist weiterhin allein durch das kommunale Satzungsrecht geregelt.

D. Ausblick: Umweltgesetzbuch

Die Diskussion über die Schaffung eines Umweltgesetzbuchs (UGB) hat mit der Vorlage des Berichts der Unabhängigen Sachverständigenkommission[421] eine neue Phase erreicht. Mit dem Entwurf eines UGB wird das Ziel einer Umweltrechtskodifikation in einem Bundesgesetz verfolgt, um so, ausgehend von der besonderen Bedeutung des Umweltschutzes auch in Abwägung mit anderen Rechtsgütern, die in verschiedenen historischen Zeiten entstandenen, vorgefundenen Normbestände des geltenden Umweltrechts von einer einheitlichen Grundwertung aus zu kodifizieren und fortzuentwickeln, um so einen verbesserten Umweltschutz zu ermöglichen.[422] Im folgenden soll der Stand der Überlegungen kurz umrissen werden, soweit er für die vorliegende Untersuchung von Bedeutung ist.

I. Professorenentwurf

Bereits vor der Sachverständigenkommission hat eine Arbeitsgruppe von Professoren für das Bundesumweltministerium Entwürfe aus wissenschaftlicher Sicht für einen Allgemeinen Teil[423] und einen Besonderen Teil[424] eines Umweltgesetzbuchs erarbeitet, die eine sich ergänzende Einheit bilden (sog. Professorenentwurf).

Die Professorenkommission hält bei ihrem Entwurf prinzipiell an der bestehenden Kompetenzverteilung zwischen Bund und Ländern fest.[425] Trotz der bundesrechtlichen Kodifizierung soll eine Ausweitung der Kompetenzen des Bundes grundsätzlich nicht vorgenommen werden. Es bliebe damit bei der Rahmengesetzgebungskompetenz des Bundes für den Wasserhaushalt. Das zweite Kapitel des UGB-ProfE BT betrifft den Gewässerschutz und die Wasserwirtschaft. Der Professorenentwurf lehnt sich im hier relevanten Zusammenhang weitgehend an die Konzeption des § 7a WHG in der Fassung

---

421 Bundesministerium für Umwelt, Naturschutz und Reaktorsicherheit (Hrsg.), Umweltgesetzbuch (UGB-KomE), Entwurf der Unabhängigen Sachverständigenkommission, Berlin 1998. Zusammenfassung bei *Kloepfer/Durner*, DVBl. 1997, S. 1081 ff.

422 *Kloepfer*, DVBl. 1994, S. 305; zur Diskussion pro und contra einer Kodifikation vgl. nur *Breuer*, UPR 1995, S. 365 ff.; *Rehbinder*, UPR 1995, S. 361 ff.; *Kloepfer*, DÖV 1995, S. 745 ff.

423 *Kloepfer/Rehbinder/Schmidt-Aßmann* unter Mitwirkung von *Kunig*, Umweltgesetzbuch -AT-, Berichte des UBA 7/90, 2. Aufl. 1991.

424 *Jarass/Kloepfer* u. a., Umweltgesetzbuch - Besonderer Teil (UGB-BT), Berichte des UBA 4/94, 1994.

425 Vgl. *Jarass/Kloepfer* u. a , UGB-BT, S. 472; *Kloepfer*, DVBl. 1994, S. 305 (306, 309).

der Fünften Novelle zum WHG an. § 243 Abs. 3 UGB-ProfE sieht Mindestanforderungen nach den allgemein anerkannten Regeln der Technik und, für Abwasser mit gefährlichen Stoffen, nach dem Stand der Technik vor.[426] Nach § 243 Abs. 4 UGB-ProfE stellen die Länder sicher, daß vor dem Einleiten von Abwasser mit gefährlichen Stoffen in eine öffentliche Abwasseranlage die erforderlichen Maßnahmen durchgeführt werden.

Zum Verhältnis von kommunalem Satzungsrecht und staatlichem Wasserrecht führt die Begründung aus: Das staatliche Recht "tritt ergänzend zu den kommunalen Entwässerungssatzungen hinzu, in denen die Gemeinden sich bereits bestimmte Kontrollbefugnisse gegenüber den Indirekteinleitern vorbehalten haben, um zu verhindern, daß der Wirkungsgrad der kommunalen Kläranlage beeinträchtigt wird oder daß aus dem Gemeindehaushalt erhöhte Abwasserabgaben gezahlt werden müssen".[427]

II. Entwurf der Unabhängigen Sachverständigenkommission

Mit dem Entwurf der Unabhängigen Sachverständigenkommission liegt nun ein weiterer Entwurf vor (UGB-KomE). An der Arbeit dieser Kommission waren nicht nur Vertreter der Wissenschaft, sondern auch Vertreter weiterer interessierter Kreise wie der Wirtschaft oder der Verwaltung beteiligt.[428] In dieser Kommission wurde die Neufassung des Art. 75 GG, insbesondere dessen Absatz 2, für die bundesrechtliche Kodifikation zunächst als problematisch angesehen.[429] Jedoch geht auch der Entwurf der Sachverständigenkommission von der geltenden Verfassungslage aus, da die Gesamtheit der dem Bund zur Verfügung stehenden Gesetzgebungskompetenzen eine ausreichende Grundlage einer bundesrechtlichen Kodifikation der Umweltrechts bilde.[430] Auch hiernach bleibt es bei der Rahmengesetzgebungskompetenz des Bundes für den Wasserhaushalt.

Kapitel 11 UGB-KomE behandelt den Gewässerschutz. Der Entwurf knüpft an das WHG an, er will aber zugleich die bestehenden Ansätze für einen vorsorgenden Gewässerschutz weiter entwickeln.[431] So soll die Zweckbestim-

---

426 Ergänzend sieht der Entwurf in § 243 Abs. 1 UGB-BT die Einführung von Frachtabbaukonzepten für Direkteinleitungen vor, die dem Ziel einer großräumigen Gewässerbewirtschaftung dienen sollen, vgl. dazu *Jarass/Kloepfer* u. a., UGB-BT, S. 521 f.

427 *Jarass/Kloepfer* u. a., UGB-BT, S. 525.

428 *Sendler*, NVwZ 1996, S. 1145 (1146).

429 Vgl. *Sendler*, NVwZ 1996, S. 1145 (1146).

430 BMU (Hrsg.), UGB-KomE, S. 82, 84 ff.; vgl. auch *Sendler*, NVwZ 1996, S. 1145 (1147) und oben § 3 I 3a.

431 BMU (Hrsg.), UGB-KomE, S. 103.

mung des § 355 UGB-KomE, wonach die Gewässer als Bestandteil des Naturhaushalts und das Wasser als nutzbares Gut zu schützen sind, einen Ansatz für eine verbesserte Vorsorge und eine verstärkte Berücksichtigung ökologischer Belange bilden.[432] Hinsichtlich der Benutzungsordnung der Gewässer wird das bisherige System von Erlaubnis und Bewilligung nach §§ 7, 8 WHG durch eine wasserrechtliche Genehmigung gem. § 361 Abs. 2 S. 1 UGB-KomE, die -wie bisher die Erlaubnis - lediglich eine widerrufliche Befugnis zur Gewässerbenutzung gewährt, sowie durch eine Vorhabengenehmigung nach § 81 Abs. 2 Nr. 3 i. V. m. 361 Abs. 4 UGB-KomE ersetzt. Hierbei handelt es sich in Abweichung von der bisherigen Rechtslage um eine an der immissionsschutzrechtlichen Genehmigung orientierte gebundene Genehmigung, § 362 Abs. 1 UGB-KomE. Eine Abkehr von der das Wasserrecht bisher prägenden Bewirtschaftung der Gewässer und dem damit verbundenen behördlichen Ermessensspielraum nach § 6 WHG bedeutet dies jedoch nicht. Dies ergibt sich neben §§ 357, 358 UGB-KomE, die die Schranken des Grundeigentums und Grundsätze der Gewässerbewirtschaftung enthalten, vor allem aus § 362 Abs. 1 Nr. 3 UGB-KomE, wonach es bei der Prüfung, ob die Benutzung mit den Bewirtschaftungszielen für das Gewässer zu vereinbaren ist, auf die "Einschätzung der zuständigen Wasserbehörde" ankommt. Hierdurch wird das Bewirtschaftungsermessen lediglich auf die Tatbestandsseite verlagert.[433]

§ 370 UGB-KomE enthält Vorschriften über Mindestanforderungen an das Einleiten von Abwasser, die im wesentlichen § 7a WHG in der jetzt gültigen Fassung entsprechen.[434] Auch die Indirekteinleiterregelung des § 370 Abs. 3 UGB-KomE stimmt inhaltlich mit § 7a Abs. 4 WHG überein und verpflichtet die Länder sicherzustellen, daß Einleitungen mit gefährlichen Stoffen in eine öffentliche Abwasseranlage den gleichen Anforderungen genügen wie Einleitungen in ein Gewässer. Nach der Entwurfsbegründung bezweckt § 370 Abs. 3 UGB-KomE primär die Erhaltung der Funktionsfähigkeit von Abwasserbehandlungsanlagen und damit letztlich den Schutz der Gewässer vor Verunreinigungen.[435]

Schließlich werden auch die §§ 18a ff. WHG weitgehend unverändert übernommen.[436] Insbesondere § 395 Abs. 3 S. 1 UGB-KomE enthält wie § 18a Abs. 2 S. 1 WHG die Regelung, daß die Länder bestimmen, welche Körperschaften des öffentlichen Rechts zur Abwasserbeseitigung verpflichtet sind.

---

432 BMU (Hrsg.), UGB-KomE, S. 1064.

433 BMU (Hrsg.), UGB-KomE, S. 1078.

434 BMU (Hrsg.), UGB-KomE, S. 1094.

435 BMU (Hrsg.), UGB-KomE, S. 1095.

436 BMU (Hrsg.), UGB-KomE, S. 1132.

Es bleibt dabei aus der Sicht des Bundes bei der grundsätzlichen Abwasserbeseitigungspflicht der Gemeinden.

III. Fazit

Nach derzeitigem Diskussionsstand wird die mögliche Einführung eines Umweltgesetzbuchs keine Auswirkungen auf die Kompetenzgrundlagen des Wasserrechts des Bundes haben. An eine Überführung des Kompetenztitels "Wasserhaushalt" in den Katalog der konkurrierenden Bundeskompetenzen des Art. 74 GG wird im Ergebnis nicht gedacht.

Hinsichtlich der Regelung für Indirekteinleitungen hält der Professorenentwurf an der Differenzierung der Anforderungen nach den allgemein anerkannten Regeln der Technik und dem Stand der Technik fest. Dagegen entspricht der Vorschlag der Unabhängigen Sachverständigenkommission im wesentlichen der geltenden Gesetzeslage. Abgesehen davon steht eine grundsätzliche Änderung des wasserrechtlichen Regimes der Indirekteinleitungen nicht zur Debatte. Der Gegenstand dieser Untersuchung, die kommunalen Regelungskompetenzen für Indirekteinleitungen im Verhältnis zum staatlichen Wasserrecht, wird durch eine mögliche Kodifizierung nicht obsolet. Insbesondere ist nach Ansicht der Unabhängigen Sachverständigenkommission vorrangiges Ziel des wasserrechtlichen Regimes der Indirekteinleitungen die Erhaltung der Funktionsfähigkeit der Abwasseranlagen, so daß der vorliegende Kompetenzkonflikt noch verschärft wird.

Eine umfassende Würdigung der Entwürfe kann an dieser Stelle nicht geleistet werden. Die Konkurrenz von kommunalem Satzungsrecht und staatlichem Wasserrecht im Bereich der gewerblichen und industriellen Indirekteinleitungen wird aber jedenfalls nicht aufgelöst. Insofern sind beide Entwürfe zu kritisieren. Der Professorenentwurf spricht insofern lediglich von einem Ergänzungsverhältnis, ohne den sachlichen Umfang der jeweiligen Kompetenzen aufzuzeigen.

§ 4 Abgrenzung von kommunalem Satzungsrecht und staatlichem Wasserrecht

Es wurde bis hierher gezeigt, daß die Indirekteinleitungen einem Doppelregime durch das staatliche Wasserrecht und das kommunale Satzungsrecht unterworfen sind. Die Gemeinden einerseits und der Bund und die Länder andererseits stellen kompetenzgerecht Anforderungen an Indirekteinleitungen, die teilweise denselben Regelungsinhalt haben und dasselbe Regelungsziel verfolgen. In diesem Kapitel soll nun der Frage nachgegangen werden, wie beide Regelungsbereiche voneinander abgegrenzt werden können. Ausgangspunkt muß dabei die bisher skizzierte verfassungsrechtliche Kompetenzverteilung sein. Es ist davon auszugehen, daß der Verfassungsgeber nicht eine inhaltlich gleiche Kompetenz für eine Regelungsmaterie an mehrere Kompetenzträger verteilen wollte. Solche Doppelzuständigkeiten sind abzulehnen.[1] Ziel der Überlegungen ist also, die Kompetenzen für Indirekteinleitungen so zuzuordnen, daß Regelungsüberschneidungen vermieden werden.[2]

A. Darstellung und Kritik der Literaturansichten

Bevor nun dieses Problem einer eigenen Lösung zugeführt wird, werden im folgenden die zum Verhältnis von staatlichem Wasserrecht und kommunalem Satzungsrecht geäußerten Stimmen in der Literatur einer kritischen Betrachtung unterzogen.

I. Sperrwirkung des Wasserrechts

In einer ersten Stellungnahme zu dieser Frage ist die Ansicht vertreten worden, daß die wasserrechtlichen Indirekteinleiterregelungen "eine Art Sperrwirkung" hätten, durch die der jeweils in die wasserrechtliche Regelung aufgenommene Stoff dem Einfluß des kommunalen Satzungsrechts entzogen und seine Bewirtschaftung ausschließlich dem Regime der Wasserbehörden unterstellt würde.[3]

---

1   *Maunz*, in: Maunz/Dürig/Herzog/Scholz, GG, Art. 75 Rn. 5 für die Kompetenzverteilung zwischen Bund und Ländern; *Gern*, Kommunalrecht, Rn. 70 für kommunale Kompetenzen.

2   So auch *Lübbe-Wolff*, NVwZ 1989, S. 205.

3   *Henseler*, Grundstrukturen, S. 262; ähnlich *Baedecker*, Gesetzliche Zielvorgaben für Abwassereinleitungen, S. 15.

173

Begründet wird diese Auffassung damit, daß es Sinn und Zweck der Verordnungsermächtigungen der Landeswassergesetze[4] und damit auch der Indirekteinleiterverordnungen selber sei, die Abstimmung der Direkteinleiteranforderungen an die Gemeinden nach § 7a Abs. 1 WHG (a. F.) mit den Emissionsgrenzwerten für Indirekteinleiter in den Verantwortungsbereich der Wasserbehörden zu überführen. Hätten die Gemeinden weiterhin die Kompetenz, Beschränkungen und Verbote für Stoffe festzusetzen, die auch in den Indirekteinleiterverordnungen enthalten seien, würde der Sinn der Indirekteinleiterverordnungen vereitelt werden. Im Hinblick auf die nur pauschalen Regelungen in den Entwässerungssatzungen und die unzureichende Kontrolle würde den Wasserbehörden mit der Genehmigung ein präventives Kontrollinstrument zur Verfügung gestellt, mit dem sie "über die Gemeinden hinweg" aus überörtlicher Sicht eine frühzeitige Beeinflussung des Einleiteverhaltens der Kanalbenutzer gewährleisten könnten.[5] Konsequenz dieser Auffassung ist, daß die Kompetenzen der Gemeinden in dem Maße sinken, in dem das staatliche Wasserrecht Regelungen bezüglich einzelner gefährlicher Stoffe trifft.

Diese Ansicht verkennt das Ziel der wasserrechtlichen Erfassung der Indirekteinleitungen. Dieses ergibt sich in erster Linie aus der Amtlichen Begründung zur Fünften Novelle zum WHG.[6] Danach besteht deswegen ein Bedürfnis, wasserrechtliche Anforderungen an Indirekteinleitungen zu stellen, weil diese bestimmte Stoffe enthalten, die sich einer Behandlung in einer Kläranlage ganz oder zum Teil entziehen. Daher sei der Gewässerschutz nur dann gewährleistet, wenn die betreffenden Stoffe bereits am Ort ihrer Entstehung minimiert würden.[7] Primäre Motivation war also der vorsorgende Gewässerschutz, nicht aber eine Begrenzung der kommunalen Kompetenzen: "Zusätzlich zu den landesrechtlichen Vorschriften werden auch weiterhin kommunalrechtliche Regelungen in Form von Satzungen erlassen werden können."[8]

Zwar weist auch die Amtliche Begründung auf Schwächen der kommunalen Entwässerungssatzungen dahingehend hin, diese hätten sich als unzureichend erwiesen, die Einleitung von wassergefährdenden und den Bestand der Abwasseranlagen gefährdenden Stoffen durch Indirekteinleiterregelungen zu begrenzen. Es liegen aber keine Anhaltspunkte dafür vor, daß der Gesetzgeber vom Gesetzesvorbehalt des Art. 28 Abs. 2 S. 1 GG Gebrauch machen wollte.

---

4   *Henseler* bezieht sich auf § 59 WG N-W; vgl. dazu oben § 3 II 2a aa.

5   *Henseler*, Grundstrukturen, S. 262.

6   BT-Ds. 10/3973, S. 11; vgl. oben § 3 I 2b dd.

7   So auch *Lübbe-Wolff*, NVwZ 1989, S. 205 (209) mit dem Hinweis darauf, daß die von *Henseler* angeführten Defizite gar nicht bestanden hätten.

8   BT-Ds. 10/3973, S. 12; vgl. insofern auch die unter § 4 I 4 dargestellte Ansicht.

Durch eine solche Regelung "über die Gemeinden hinweg" würde diesen die Kompetenz zur eigenverantwortlichen Regelung der Benutzung ihrer öffentlichen Einrichtung Abwasserbeseitigung in dem Maße entzogen, in dem das Wasserrecht Regelungen für Indirekteinleitungen trifft. Eine solch weitreichende Einschränkung der kommunalen Selbstverwaltungsgarantie läßt sich der Gesetzesbegründung nicht entnehmen.[9] Im Ergebnis kann diese Ansicht eine Sperrwirkung, d. h. eine Kompetenzbeschränkung der Gemeinden, nicht überzeugend begründen.

II. Vorrang des Gesetzes

Auf eine sog. kleine Anfrage vom 04. 05. 1988 hin hat die Landesregierung von Nordrhein-Westfalen den Standpunkt vertreten, daß sich die Anforderungen in den Entwässerungssatzungen an Indirekteinleitungen, die wasserrechtlich nach der Indirekteinleiterverordnung genehmigungspflichtig sind, nach den Abwasserverwaltungsvorschriften der Bundesregierung nach § 7a Abs. 1 S. 3 WHG (a. F.) richten würden.[10] Das bedeute, daß sich § 7a WHG (a. F.) und die danach erlassenen Verwaltungsvorschriften auch an die Gemeinden richteten und damit für diese verbindliche Grenzwertvorgaben enthielten, die für die Ausgestaltung der kommunalen Entwässerungssatzung maßgeblich seien.

Daraus ergibt sich dann: Soweit in Abwassersatzungen der Gemeinden Anforderungen festgelegt sind, die hinter den Vorgaben der Abwasserverwaltungsvorschriften der Bundesregierung nach § 7a Abs. 1 S. 3 WHG (a. F.) zurückbleiben, sind sie wegen Verstoßes gegen vorrangiges Wasserrecht unwirksam. Soweit in diesen Satzungen Anforderungen enthalten sind, die über den Stand der Technik hinausgehen, sind sie ebenfalls unwirksam, weil darin ein Verstoß gegen das Verhältnismäßigkeitsprinzip liegt.[11]

Diese Ansicht stellt für den Fall, daß das kommunale Satzungsrecht hinter dem staatlichen Wasserrecht zurückbleibt,[12] auf den Grundsatz vom Vorrang des Gesetzes[13] ab. Danach besteht eine Bindung der Verwaltung an das gel-

---

9 So auch *Reichert*, ZfW 1997, S. 141 (143).

10 Landesregierung N-W, LT-Ds. 10/3347, S. 2; zur Regelung in N-W vgl. oben § 3 II 2a.

11 Zustimmend *Keune*, WLB 1990, S. 48; *Kollmann*, WG S-H, § 33 Nr. 2; in diesem Sinne wohl auch *Kanowski*, KA 1989, S. 562 (564).

12 Zur Maßgeblichkeit des Grundsatzes der Verhältnismäßigkeit bei strengeren satzungsrechtlichen Anforderungen vgl. die unter § 4 I 3 aufgeführte Ansicht und unten § 4 II 4c.

13 Vgl. dazu *Ossenbühl*, in : HStR IV, § 62 Rn. 1 ff; *Maurer*, Allgemeines Verwaltungsrecht, § 6 Rn. 2; *Gusy*, JuS 1983, S. 189 ff.

tende Recht: Die Verwaltung darf gem. Art. 20 Abs. 3 GG bei ihrem Handeln nicht gegen höherrangige Rechtsnormen verstoßen. Dies gilt für jegliches Verwaltungshandeln, auch für die Normsetzung des Exekutive.[14] Im Kollisionsfall haben Satzungen dem staatlichen Recht zu weichen.[15] Für den vorliegenden Zusammenhang würde die Anwendung des Gesetzesvorrangs bedeuten, daß § 7a WHG und die entsprechenden Ausführungsvorschriften den Abwassersatzungen vorgingen. Die Gemeinden wären daran gebunden und dürften keine Maßnahmen treffen, die hinter diesen Normen zurückbleiben würden.

Der Grundsatz des Vorrangs des Gesetzes greift jedoch nur dann ein, wenn die betreffenden Normen denselben Adressaten haben, denn nur dann liegt ein Kollisionsfall vor.[16] Damit ist danach zu fragen, ob die Gemeinden überhaupt Adressaten der wasserrechtlichen Regelungen sind.
Die Auffassung, das Wasserrecht mache inhaltliche Vorgaben für die Gemeinden, entspricht nicht der Systematik des § 7a WHG. Denn dieser entfaltet keine Außenwirkung gegenüber dem Bürger oder den Gemeinden, sondern bindet allein die staatlichen Wasserbehörden.[17] Dies gilt gleichermaßen für die Abwasserverordnung, die ebenfalls keine unmittelbaren Wirkungen nach außen entfaltet.[18] Die Gemeinden sind also gar nicht Adressat des § 7a Abs. 4 WHG i. V. m. der AbwV. Entsprechendes gilt für die landesrechtlichen Indirekteinleiterregelungen. Diese begründen die wasserrechtliche Genehmigungspflicht für Indirekteinleitungen, ihre inhaltlichen Vorgaben richten sich ebenfalls nur an die gestattende Wasserbehörde. Für diese wird festgelegt, welche Mindestanforderungen eine Indirekteinleitung erfüllen muß, damit eine wasserrechtliche Genehmigung in Betracht kommen kann.[19] Da die Gemeinden auch hier nicht Adressat der Regelungen sind, kommt es auf den Grundsatz des Vorrangs des Gesetzes nicht an.[20] Er kann nicht zur Abgren-

---

14 *Herzog*, in: Maunz/Dürig/Herzog/Scholz, GG, Art. 20 III, Rn. 37; *Schmidt-Aßmann*, Kommunale Rechtsetzung, S. 7; *Ossenbühl*, in: HStR IV, § 66 Rn. 26; vgl. dazu oben § 2 I 3b aa; II 3a.

15 *Stern*, Staatsrecht II, § 37 II 2 (S. 588).

16 Vgl. im Hinblick auf Art. 31 GG *Schmidt-Bleibtreu/Klein*, GG, Art. 31 Rn. 7.

17 *Kloepfer/Brandner*, ZfW 1989, S. 1 (7); *Berendes*, ZfW 1996, S. 363 (368).

18 *Spilleke*, 6. Novelle zum WHG, S. 179 (180); vgl. oben § 3 I 2a bb.

19 Vgl. oben § 3 II 2; Außenwirkung erlangt das staatliche Wasserrecht erst mit der Indirekteinleitergenehmigung, dazu oben § 3 II 4.

20 Vgl. auch *Lübbe-Wolff*, NVwZ 1989, S. 205 (210, Fn. 42) mit dem Hinweis, daß der Standpunkt der Landesregierung insofern nicht konsequent vertreten wird, als in derselben Antwort den Gemeinden empfohlen wird, der Mustersatzung des nordrhein-westfälischen Städte- und Gemeindebundes zu folgen. Die darin enthaltenen Grenzwerte blei-

zung von kommunalem Satzungsrecht und staatlichem Wasserrecht herangezogen werden.

III. Parallelität aufgrund unterschiedlicher Zielsetzungen

Einen ganz anderen Ansatz verfolgen die Stimmen in der Literatur, die von einer Parallelität der Regelungskompetenzen ausgehen.[21] Danach stehen staatliches Wasserrecht und kommunales Satzungsrecht selbständig nebeneinander.
Begründet wird diese Ansicht mit den unterschiedlichen Zielsetzungen der jeweiligen Regelungsbereiche.[22] Das staatliche Wasserrecht verfolge Ziele des Gewässerschutzes und ziele daher nicht auf den Schutz derjenigen kommunalen Belange, die durch die Entwässerungssatzungen wahrgenommen werden würden. Denn diese dienten dem Schutz der Abwasseranlagen, der darin arbeitenden Personen sowie einer Sicherstellung der Klärschlammverwertung. Die Normen des Wasserrechts und die satzungsrechtlichen Vorschriften stünden daher selbständig, unabhängig und ohne Verdrängungsanspruch nebeneinander. Das Satzungsrecht könne seine spezifischen, von den Zielen des Wasserrechts unterschiedlichen Zielsetzungen unabhängig vom Wasserrecht verfolgen. Allein die Befugnis, Indirekteinleitungen unter dem Gesichtspunkt des Gewässerschutzes zu regulieren, sei den Gemeinden durch das Wasserrecht entzogen, da dieses den Schutz der Gewässer abschließend regele.[23]
Neben diesen rechtlichen Argumenten werden auch faktische für eine Eigenständigkeit des Satzungsrechts ins Feld geführt. Insbesondere würden massive

---

ben aber in der Regel hinter den wasserrechtlichen Anforderungen zurück, so daß die Satzungen nach der Ansicht der Landesregierung unwirksam wären. Die Empfehlung ginge also dahin, unwirksame Satzungen zu erlassen.

21   *Lübbe-Wolff*, NVwZ 1989, S. 205 (209); *dies.*, Abwassersatzung, Rn. 357; *Haupt*, in Haupt/Reffken/Rhode, NdsWG, § 151 Rn. 8; *Knopp/Manner*, BayWG, Art. 41c Rn. 5; *Driewer*, KA 1993, S. 200 (204); *ders.*, Verhältnis von Wasserrecht und Satzungsrecht, S. 15 (30 f.); *E. Sander*, Indirekteinleiterverordnungen, Rn. 124; *Spilleke*, Erfassung und Kontrolle der Indirekteinleitungen, S. 134; *Reichert*, ZfW 1997, S. 141 (143 f.); *Dippel*, KA 1997, S. 1394 (1396); *Ilic*, Das neue Arbeitsblatt ATV-A 115, S. 47 (50); so wohl auch *Jarass/Kloepfer* u. a., UGB-BT, S. 525 und bereits *Engelhardt*, WuB 1986, S. 613 (614).

22   Vgl. nur *Lübbe-Wolff*, NVwZ 1989, S. 205 (209).

23   *E. Sander*, Indirekteinleiterverordnungen, Rn. 124; a. A. insofern *Reichert*, ZfW 1997, S. 141 (144 ff.); vgl. oben § 2 II 4e.

Vollzugsdefizite der Wasserbehörden[24] die Gemeinden zur satzungsrechtlichen Kontrolle der Indirekteinleitungen zwingen.[25] Daneben wird auf Lücken des Wasserrechts hingewiesen, die nur durch satzungsrechtliche Regelungen geschlossen werden könnten.[26]

Ein Sonderproblem wird in der Festsetzung unterschiedlicher Grenzwerte gesehen. Die kommunalrechtlichen Regelungen erfassen zwar weitergehende Anforderungen und Parameter als das Wasserrecht, so etwa Begrenzungen für die Temperatur des Abwassers oder dessen pH-Wert.[27] Wasserrecht und Satzungsrecht können aber auch einen identischen Regelungsgegenstand haben. Da die hier dargestellte Ansicht von der jeweiligen Wirksamkeit beider Regelungsbereiche ausgeht, muß sie die Frage beantworten, was bei divergierenden Grenzwerten gilt.

Bleiben die in der Entwässerungssatzung festgelegten Grenzwerte oberhalb der für den wasserrechtlichen Vollzug maßgeblichen Festsetzung, ist folgende Situation gegeben: Die satzungsrechtliche Festsetzung sei rechtswirksam, spiele aber in der Praxis keine Rolle, da die betroffenen Einleiter auch den strengeren wasserrechtlichen Grenzwert einzuhalten hätten.[28] Es ist also der strengere Grenzwert einzuhalten. Ist der satzungsrechtliche Grenzwert der schärfere, gilt auch hier grundsätzlich, daß der schärfere der beiden Grenzwerte einzuhalten ist.[29] Jedoch besteht das Problem darin, daß der wasserrechtliche Grenzwert den nunmehr einheitlich geltenden Standard des Stands der Technik konkretisiert. Dieser ist in § 7a Abs. 5 WHG legaldefiniert. In Anknüpfung an die bisherige Interpretation dieses Standards[30] ist das praktikable Höchstmaß an Effizienz gefordert. Hier wird nun argumentiert, daß Anforderungen, die über diesen Standard hinausgingen, entweder gar nicht oder nur mit einem unverhältnismäßigen Aufwand realisierbar und damit grundsätzlich[31] wegen Verstoßes gegen das Verhältnismäßigkeitsprinzip rechtswid-

24 Vgl. dazu *Lahl/Hillebrand/Wende*, KA 1991, S. 614 ff.

25 *Lübbe-Wolff*, Abwassersatzung, Rn. 377.

26 *Reichert*, ZfW 1997, S. 141 (145 ff.).

27 *Driewer*, Verhältnis von Wasserrecht und Satzungsrecht, S. 15 (31).

28 *Lübbe-Wolff*, NVwZ 1989, S. 205 (210); *E. Sander*, Indirekteinleiterverordnungen, Rn. 124.

29 *E. Sander*, Indirekteinleiterverordnungen, Rn. 124.

30 Diese kann, vorbehaltlich der Konsequenzen aus der Vereinheitlichung des Anforderungsniveaus in § 7a Abs. 1 WHG, i. H. a. § 7a Abs. 5 WHG weiterhin zugrundegelegt werden; vgl. oben § 3 I 2a aa (2).

31 Dies gelte nur dann, wenn die Abwasserverwaltungsvorschriften den Stand der Technik zutreffend konkretisierten, *Lübbe-Wolff*, NVwZ 1989, S. 205 (210); a. A. *E. Sander*, Indirekteinleiterverordnungen, Rn. 124; vgl. dazu auch *Jarass*, NJW 1987, S. 1225;

rig wären.[32] Teilweise wird innerhalb dieser Ansicht auch vertreten, über den Stand der Technik hinausgehende satzungsrechtliche Grenzwerte könnten aus Gründen gerechtfertigt werden, die in der gemeindlichen Regelungsbefugnis liegen, z. B. wenn sie erforderlich seien, damit die Gemeinde die ihr aufgegebenen Direkteinleiteranforderungen einhalten könne, "oder wohl auch, um die Kontamination des Klärschlamms so gering zu halten, daß dessen Aufbringung auf landwirtschaftliche Flächen möglich wird oder bleibt".[33]

Zusammenfassend bleibt nach dieser Auffassung die volle Regelungskompetenz der Gemeinden durch die wasserrechtliche Erfassung der Indirekteinleitungen grundsätzlich unberührt. Die Gemeinden sind weder verpflichtet, sich Regelungen hinsichtlich der Abwässer oder Stoffe zu enthalten, die von der Indirekteinleiterverordnung erfaßt werden, noch besteht eine Anpassungspflicht an die wasserrechtlichen Regelungen.[34] Einschränkungen sind nur für den Fall zu machen, daß die Entwässerungssatzungen strengere Anforderungen als der durch das Wasserrecht konkretisierte Stand der Technik machen. Hier ist im Hinblick auf den Grundsatz der Verhältnismäßigkeit eine besondere Rechtfertigung notwendig.

Auch diese Ansicht, die als herrschende bezeichnet werden kann, begegnet durchgreifenden Bedenken. Denn die vorgetragene Argumentation ist bei einer genauen Analyse der Zielsetzungen des staatlichen Wasserrechts und des kommunalen Satzungsrechts nicht haltbar. Es konnte bereits gezeigt werden, daß das staatliche Indirekteinleiterrecht nicht auf das Ziel des Gewässerschutzes beschränkt ist.[35] Zwar verfolgt der durch die Fünfte Novelle zum WHG eingeführte § 7a Abs. 3 WHG primär Gründe des Gewässerschutzes. Jedoch wurde die Notwendigkeit der Regelung, unabhängig von ihrer kompetenziellen Zulässigkeit,[36] auch damit begründet, daß bestimmte Stoffe geeignet sind, "das Reinigungsvermögen einer öffentlichen Abwasserbehandlungsanlage zu beeinträchtigen, den Klärschlamm übermäßig zu belasten, bei der Abwasserableitung oder -behandlung in unerwünschtem Umfang in die Luft überzugehen oder die Abwasseranlagen (z. B. Rohre und Dichtungen) in ihrem Be-

---

Lübbe-Wolff, DÖV 1987, S. 896 (897 f.); zur Rechtslage unter der Geltung der Abwasserverordnung vgl. allgemein *Hendler*, DÖV 1998, S. 481 (485 f.).

32 *Lübbe-Wolff*, NVwZ 1989, S. 205 (210); so auch *Haupt*, in: Haupt/Reffken/Rhode, NdsWG, § 151 Rn. 8; *Reichert*, ZfW 1997, S. 141 (150); *Rosenzweig*, Kommunale Abwassersatzungen, S. 37 (43).

33 *E. Sander*, Indirekteinleiterverordnungen, Rn. 124.

34 *Lübbe-Wolff*, NVwZ 1989, S. 205 (210).

35 Vgl. oben § 3 I 2 b dd.

36 Vgl. dazu oben § 3 I 3 a.

179

stand zu gefährden."[37] Dieser auf der Bundesebene begründete Gedanke setzt sich auf der Ebene des Landesrechts fort. Die Verordnungsermächtigungen der Länder gehen teilweise ausdrücklich über den Gewässerschutz hinaus und legen auch den Schutz der Abwasseranlagen als Zweck der Indirekteinleiterverordnungen fest.[38] Die Auffassung, das Wasserrecht diene allein dem Schutz der Gewässer[39] ist damit bei einer genaueren Analyse des positiven staatlichen Indirekteinleiterregimes nicht haltbar.

Auf der anderen Seite nennen teilweise auch die Entwässerungssatzungen der Gemeinden den Schutz der Gewässer als Regelungszweck.[40] Auch die Grenzwertfestsetzungen des Arbeitsblatts ATV-A 115 der Abwassertechnischen Vereinigung, das den kommunalen Entwässerungssatzungen ja in aller Regel zugrunde liegt, beruhen zum Teil auf der Einbeziehung von Gewässerschutzaspekten.[41]

Das bedeutet, daß die Parallelität von staatlichem Wasserrecht und kommunalem Satzungsrecht nicht damit begründet werden kann, die jeweiligen Regelungsbereiche verfolgten in tatsächlicher Hinsicht unterschiedliche Zielsetzungen. Die These, das staatliche Wasserrecht auf der einen Seite verfolge Ziele des Gewässerschutzes, während das kommunale Satzungsrecht auf der anderen Seite den Schutz der kommunalen Abwasseranlagen etc. bezwecke, läßt sich zwar anhand einiger wasserrechtlicher und satzungsrechtlicher Vorschriften belegen. Sie stimmt aber nicht generell für das gesamte staatliche Wasserrecht und das gesamte kommunale Entwässerungsrecht und vermag daher nicht eine grundlegende Abgrenzung der beiden Regelungsbereiche zu leisten.

Vor allem aber der methodische Ansatz der dargestellten Ansicht kann nicht überzeugen. Die Argumentation beruht darauf, daß das staatliche Wasserrecht und das kommunale Satzungsrecht deswegen selbständig nebeneinander stehen, weil sie tatsächlich unterschiedliche Ziele verfolgen. Demgegenüber muß Ausgangspunkt einer rechtlichen Abgrenzung der beiden Regelungsbereiche die Frage sein, welche Ziele von den jeweiligen Stellen kompetenzgerecht verfolgt werden dürfen. Denn die tatsächliche Zielverfolgung sagt nichts über deren rechtliche Zulässigkeit aus und kann deswegen nicht zur Grundlage der

---

37 Amtliche Begründung zur Fünften Novelle zum WHG, BT-Ds. 10/3973, S. 11; vgl. auch *E. Sander*, WuB 1993, 961 (963); *Reichert*, ZfW 1997, S. 141 (146).

38 § 45k WG B-W; § 29a BerlWG; § 72 BrandenbgWG; § 42 WG M-V; vgl. oben § 3 II 2a aa (2).

39 So *Driewer*, KA 1993, S. 200 (204); *ders.*, Verhältnis von Wasserrecht und Satzungsrecht, S. 15 (30).

40 Vgl. oben § 2 II 4e.

41 *Reichert*, ZfW 1997, S. 141 (143); oben § 2 II 4e.

Abgrenzung gemacht werden. Die Lösung muß vielmehr auf einer abstrakteren Ebene ansetzen und fragen, welche Ziele von den Gemeinden einerseits und von Bund und Ländern andererseits nach der verfassungsrechtlichen Kompetenzordnung verfolgt werden dürfen. Die Kompetenznormen legen nicht nur fest, welcher Gesetzgeber zum Erlaß einer Regelung zuständig ist, sondern bestimmen auch den sachlichen Umfang der Regelungsbefugnis.[42] An dem so ermittelten sachlichen Umfang haben sich dann die positiven Ausgestaltungen des jeweiligen Indirekteinleiterregimes zu orientieren. Art. 28 Abs. 2 S. 1 GG einerseits und Art. 75 Abs. 1 S. 1 Nr. 4 Alt. 3 GG andererseits bilden damit die Basis, auf der die jeweiligen Zuständigkeiten geklärt werden müssen. Dieser Ansatz wird unten bei dem eigenen Vorschlag einer Abgrenzung aufgegriffen werden müssen.[43]

Schließlich ist zu betonen, daß auch die weiteren faktischen Argumente keinen Beitrag zur kompetenzrechtlichen Abgrenzung leisten können. Vollzugsdefizite im Wasserrecht vermögen keine "Aushilfskompetenz" der Gemeinden zu begründen.

IV. Parallelität aufgrund der Kollisionsregeln der Indirekteinleiterverordnungen

Der Befund, daß sich die Regelungen des Wasserrechts und des Satzungsrechts hinsichtlich ihrer Zielsetzung nicht in allen Bereichen unterscheiden, ist Grundlage einer weiteren Literaturstimme. Sie geht ebenfalls von einer grundsätzlichen Eigenständigkeit der beiden Regelungsbereiche aus, begründet dies jedoch mit den Kollisionsvorschriften, die in einigen der Indirekteinleiterverordnungen enthalten sind, wonach Einleitungsverbote und -beschränkungen nach kommunalem Satzungsrecht unberührt bleiben.[44] Hierbei handele es sich lediglich um deklaratorische Klarstellungen, so daß die Rechtslage genauso zu beurteilen sei, wenn entsprechende Rechtsnormen in den Verordnungen nicht enthalten seien.[45] Daraus folge, daß strengere Vorschriften im kommunalen Satzungsrecht nicht von vornherein ausgeschlossen seien. Zwar könnten die entsprechenden Kollisionsregeln auch so ausgelegt werden,

---

42 *Pietzcker*, in: HStR IV, § 99 Rn. 9.

43 Vgl. sogleich unten § 4 II.

44 *Hendler*, VBlBW 1992, S. 401 ff.; in diesem Sinne auch *Krebs*, Abwasserbeseitigung und Gewässerschutz, S. 21; vgl. dazu oben § 3 II 2a. Die Kollisionsnormen lassen sich bis zur Amtlichen Begründung der Fünften Novelle zum WHG zurückverfolgen, vgl. BT-Ds. 10/3973, S. 12.

45 *Krebs*, Abwasserbeseitigung und Gewässerschutz, S. 21.

daß sie sich nur auf solche Stoffe bezögen, die nicht von den Indirekteinleiterverordnungen erfaßt würden. Dies sei aber ohnehin selbstverständlich, und bei einer Auslegung dürfe man nicht ohne weiteres eine überflüssige Normgebung unterstellen. Daher seien die Kollisionsnormen als eine Klarstellung zu verstehen, wonach es den Gemeinden grundsätzlich unbenommen bleibe, weitergehende Regelungen in den Satzungen vorzunehmen.[46] Eine Divergenz in der Genehmigungsfähigkeit kann bestehen, wird aber als sinnvoll erachtet, da so die jeweiligen Gemeinden die Befindlichkeiten ihrer Abwasseranlagen berücksichtigen könnten.[47] Eine sachliche Begrenzung der Regelungskompetenzen der Gemeinden bestehe nicht. Insbesondere seien die Gemeinden berechtigt, neben dem Schutz ihrer Anlagen, des Personals sowie des Klärschlamms nicht zuletzt auch Gewässerschutzbelange zu berücksichtigen.[48] Der Regelungsumfang des kommunalen Entwässerungsrechts wird dabei in Relation gesetzt zu der Notwendigkeit resp. dem Inhalt der das jeweilige Abwasser betreffenden wasserrechtlichen Genehmigung.[49] Lege insbesondere die Entwässerungssatzung schärfere Grenzwerte fest, als sie in der wasserbehördlichen Genehmigung festgesetzt sind, sei sie grundsätzlich wegen Verstoßes gegen das Übermaßverbot rechtswidrig, da die wasserrechtliche Genehmigung den Stand der Technik konkretisiere.[50] Ausnahmen werden erstens für den Fall anerkannt, daß die Gemeinden die betreffende Einleitung gänzlich verbieten könnten. Zweitens könnten die Gemeinden schärfere Grenzwerte dann festlegen, wenn sie darlegen könnten, daß die Grenzwerte der Indirekteinleiterverordnung unterhalb des Anforderungsniveaus des Stands der Technik liegen.[51]

Diese Ansicht legt zutreffend den Befund zugrunde, daß staatliches Wasserrecht und kommunales Satzungsrecht in Teilbereichen eine identische Zielsetzung verfolgen. Dies gilt namentlich für den Schutz der Abwasseranlagen. Es ist jedoch noch einmal klarzustellen, daß die Gemeinden keine Kompetenz zur Verfolgung allgemeiner Gewässerschutzbelange haben. Ziele des Gewässerschutzes können sie nur insofern mittelbar verfolgen, als es um die Erfüllung der eigenen Direkteinleiterverpflichtungen geht. Die Pflicht zur Gewässerreinhaltung besteht nur im Rahmen der Abwasserbeseitigungspflicht und

---

46 *Krebs*, Abwasserbeseitigung und Gewässerschutz, S. 21.

47 *Krebs*, Abwasserbeseitigung und Gewässerschutz, S. 21.

48 *Hendler*, VBlBW 1992, S. 401 (406).

49 Im einzelnen *Hendler*, VBlBW 1992, S. 401 (404 ff.).

50 *Hendler*, VBlBW 1992, S. 401 (404).

51 *Hendler*, VBlBW 1992, S. 401 (405) differenziert noch danach, ob eine Einleitung außerhalb einer wasserbehördlichen Genehmigungspflicht besteht oder ob eine fingierte wasserbehördliche Genehmigung vorliegt.

der den Gemeinden zustehenden Kompetenzen.[52] Weiterhin zutreffend ist die Annahme, daß staatliches Wasserrecht und kommunales Satzungsrecht grundsätzlich parallel verlaufen. Auch die Inbezugnahme der Kollisionsnormen in den Indirekteinleiterverordnungen ist richtig. Sie bringen zum Ausdruck, daß das kommunalrechtliche Regime der Indirekteinleitungen auf der Kompetenzzuweisung des Art. 28 Abs. 2 S. 1 GG beruht. Der Hinweis auf die Kollisionsnormen kann jedoch nur begründen, daß Wasserrecht und Satzungsrecht sich nicht gegenseitig ausschließen. Eine den sachlichen Umfang der jeweiligen Kompetenzen klärende Abgrenzung ist damit nicht geleistet. Daß sowohl der Staat als auch die Gemeinden jeweils alle in Betracht kommenden Ziele verfolgen dürfen, ist eine, wie eingangs bereits erwähnt, wenig überzeugende Lösung. Vielmehr ist eine funktionsgerechte Ziel- und damit Aufgabenzuordnung anzustreben.

V. Vorschläge zur Abstimmung der Regelungsbereiche

Legt man die Wirksamkeit der wasser- und satzungsrechtlichen Anforderungen für Indirekteinleiter zugrunde, so wird die gegebenenfalls daraus resultierende Divergenz der Grenzwerte teilweise als notwendig und auch sinnvoll erachtet.[53] Teilweise wird aber auch eine Abstimmung der beiden Regelungsbereiche aus Gründen der Rechtssicherheit und -klarheit für notwendig erachtet.[54]

Unter der Voraussetzung, daß die gemeindlichen Regelungsziele durch das Wasserrecht hinreichend berücksichtigt werden, könnten nach Ansicht einiger Autoren verschiedene Abstimmungsmöglichkeiten in den Abwassersatzungen vorgenommen werden. So könnten die Gemeinden in bezug auf wasserrechtlich geregelte Parameter auf eine Genehmigungspflicht verzichten.[55] Es bestünde dann insofern nur noch eine wasserrechtliche Genehmigungspflicht. Weiterhin wird die Aufnahme einer Vorrangregelung zugunsten des Wasserrechts in die Abwassersatzung vorgeschlagen.[56] Bei Divergenzen würde dann ohne weiteres der wasserrechtliche Grenzwert maßgeblich sein. Schließlich wäre auch eine Inbezugnahme des Wasserrechts durch die Abwassersatzung

---

52 Vgl. oben § 2 II 4e.
53 So etwa *Hendler*, VBlBW 1992, S. 401 (404 ff.).
54 Vgl. *Nisipeanu*, Abwasserrecht, S. 447; *Rosenzweig*, Kommunale Abwassersatzungen, S. 37 (43).
55 *Sieder/Zeitler*, BayWG, Anh. I 41c. 1 Nr. 7; *E. Sander*, Indirekteinleiterverordnungen, Rn. 124; *Bantz*, Gewässerschutz in der Kommune, S. 236.
56 *E. Sander*, Indirekteinleiterverordnungen, Rn. 124; *Spilleke*, Erfassung und Kontrolle der Indirekteinleitungen, S. 135.

möglich.[57] Die Abwassersatzung würde sich so die Grenzwerte des Wasserrechts zu eigen machen. Eine Divergenz wäre ausgeschlossen.

Darüber hinaus wird auch eine Abstimmung auf der Ebene des Wasserrechts vorgeschlagen. Zu einer Vereinfachung des Verfahrens für die betroffenen Indirekteinleiter führe die Verfahrenskonzentration, wie sie in Mecklenburg-Vorpommern und Schleswig-Holstein vorgesehen ist.[58] In den Ermächtigungsgrundlagen ist die Möglichkeit eröffnet, daß die Indirekteinleiterverordnung vorsehen kann, "daß mit dem Antrag auf Genehmigung ein nach anderen Rechtsvorschriften, insbesondere dem kommunalen Satzungsrecht, für Einleitungen erforderlicher Antrag auf Zulassung oder eine Anzeige als gestellt gilt und daß die Wasserbehörde die erforderlichen Zulassungen anderer Behörden einzuholen und gleichzeitig mit ihrer Genehmigung auszuhändigen hat." Hier treten Wasser- und Kommunalbehörden gegenüber dem Bürger einheitlich auf, dieser braucht nur einen Antrag auf Genehmigung der Indirekteinleitung bei der Wasserbehörde zu stellen. Die Wasserbehörde muß dann ihrerseits die Genehmigung der Gemeinde einholen. Damit handelt es sich um einen Fall der bloß formellen Konzentration.[59] Eine Abstimmung der beiden Regelungsbereiche erfolgt damit in der Sache aber nicht, die beteiligten Behörden werden allenfalls zur Zusammenarbeit verpflichtet.[60]

Denkbar seien neben der Zuweisung des "Ob" der Abwasserbeseitigung auch weitreichende inhaltliche Vorgaben für das "Wie" der Aufgabenerfüllung.[61] Hier könnten dann bestimmte Grenzwerte den Gemeinden verbindlich vorgegeben werden. Denn der Gesetzgeber kann bei einer solchen Regelung des "Wie" auch bis in Einzelheiten gehende Vorschriften machen.[62] Die Einhaltung der Grenzwerte in den Entwässerungssatzungen und Erlaubnissen könnte

---

57 *Bantz*, Gewässerschutz in der Kommune S. 236; vgl. auch *Lübbe-Wolff*, Abwassersatzung, Rn. 378 mit dem Hinweis auf § 5 Abs. 4 SaarlMustersatzung, wonach Abwasser mit gefährlichen Stoffen nur eingeleitet werden darf, wenn die nach Landeswasserrecht erforderliche Indirekteinleitergenehmigung der zuständigen Wasserbehörde vorliegt.

58 § 42 Abs. 1 S. 3 WG M-V, § 33 Abs. 1 S. 3 WG S-H; vgl. dazu *Kollmann*, WuB 1992, S. 321 (322); *ders.*, WG S-H, § 33 Nr. 2.

59 Im Unterschied zur materiellen Konzentration, bei der eine Behörde auch diejenigen Genehmigungen erteilen kann, für die an sich andere Behörden zuständig wären, vgl. etwa *Kloepfer*, Umweltrecht, § 4 Rn. 54 ff. (56).

60 Im übrigen gehen diese Vorschriften mit der getroffen Regelung davon aus, daß das kommunale Satzungsrecht neben dem Wasserrecht anwendbar ist.

61 *Keune*, WLB 1990, S. 48.

62 *Vogelsang/Lübking/Jahn*, Kommunale Selbstverwaltung, Rn. 276.

dann im Wege der Staatsaufsicht[63] durchgesetzt werden. Schließlich könnte die Durchführung der wasserrechtlichen Vorschriften ganz auf die Gemeinden übertragen werden.[64] Dann würde es sich um Auftragsangelegenheiten bzw. um Pflichtaufgaben zur Erfüllung nach Weisung handeln.[65]

B. Eigener Lösungsvorschlag

In diesem Kapitel wird nun ein eigener Lösungsvorschlag zur Abgrenzung des staatlichen Wasserrechts und des kommunalen Satzungsrechts auf der Grundlage der Kompetenzordnung des Grundgesetzes vorgestellt.

I. Kompetenzielle Bestandsaufnahme

Wie bereits angedeutet, muß ein Abgrenzungsversuch von der verfassungsrechtlichen Kompetenzordnung ausgehen. Daher werden an dieser Stelle die Kompetenzzuweisungen des Grundgesetzes an die Gemeinden einerseits und an Bund und Länder andererseits noch einmal kurz zusammengefaßt.[66]

Art. 28 Abs. 2 S. 1 GG weist den Gemeinden die Kompetenz zu, die Benutzung der Abwasserbeseitigungsanlagen als öffentliche Einrichtungen der Gemeinde in eigener Verantwortung zu regeln. Der Kompetenzinhalt wird dabei durch das Merkmal der Angelegenheiten der örtlichen Gemeinschaft umgrenzt und durch die Zuweisung der Abwasserbeseitigungspflicht als Pflichtaufgabe der Selbstverwaltung konkretisiert. Hinsichtlich der Indirekteinleitungen können die Gemeinden hiernach Regelungen erlassen, die dem Schutz des Bestands und der Funktionsfähigkeit der Abwasseranlagen, der Sicherstellung der landwirtschaftlichen Klärschlammverwertung sowie der Minimierung der Abwasserbeseitigungskosten dienen. Die Sicherstellung der landwirtschaftlichen Klärschlammverwertung ergibt sich darüber hinaus aus der abfallrechtlichen Verwertungspflicht. Weitere kommunale Kompetenzen

---

63 Dazu *Vogelsang/Lübking/Jahn*, Kommunale Selbstverwaltung, Rn. 525 ff.; *Schmidt-Jortzig*, Kommunalrecht, § 4.

64 Gem. § 3 IndEVO S-H sind die kreisfreien Städte für den Vollzug der IndEVO bei Gewässern erster Ordnung zuständig; vgl. auch § 2 NdsIndVO; dazu *Mumm*, Indirekteinleiterüberwachung, S. 81 (83); vgl. auch *Kollmann*, WuB 1992, S. 321 (322 f.); *ders.*, WG S-H, § 33 Nr. 2.

65 Vgl. dazu *Vogelsang/Lübking/Jahn*, Kommunale Selbstverwaltung, Rn. 278 ff.; *Waechter*, Kommunalrecht, Rn. 149.

66 Ausführlich jeweils oben § 2 I, II; § 3 I 1, II 1.

zur Regelung von Indirekteinleitungen folgen aus der Verpflichtung, einfachgesetzlich bestehende Vorgaben zu erfüllen. Dies gilt für die Erfüllung der Pflichten als Direkteinleiter und die arbeitsrechtliche Fürsorgepflicht gegenüber den in den Abwasseranlagen tätigen Personen. Dagegen dürfen die Gemeinden Ziele des überörtlichen Gewässerschutzes nicht verfolgen, da ihre Kompetenzen auf die örtliche Radizierung beschränkt sind.[67]

Das staatliche Wasserrecht, das im Zusammenwirken von bundesgesetzlichen Rahmenregelungen nach Art. 75 Abs. 1 S. 1 Nr. 4 Alt. 3 GG und landesrechtlicher Ausfüllungsgesetzgebung gebildet wird, dient dagegen primär dem überörtlichen Gewässerschutz. Vom Kompetenztitel des "Wasserhaushalts" sind aber über den Gewässerschutz hinausgehend auch Regelungen für Indirekteinleitungen zum Schutz der kommunalen Abwasseranlagen erfaßt, da Bestand und Funktionsfähigkeit der Anlagen als unabdingbare Voraussetzung eines effizienten Gewässerschutzes diesem notwendig vorgelagert sind. Weiterhin erfaßt ist die Zielsetzung der Angleichung der Wettbewerbsbedingungen zwischen Direkt- und Indirekteinleitern.[68] Die dem § 7a Abs. 4 WHG ebenfalls zugrunde liegenden Ziele der Sicherstellung der Klärschlammverwertung und der Vermeidung des Schadstoffübergangs in die Luft sind dagegen nicht vom Kompetenztitel des Wasserhaushalts gedeckt. Sie können nach der geltenden Regelung des § 7a Abs. 4 WHG auch nicht auf Art. 74 Abs. 1 Nr. 24 Alt. 1, 2 GG (Abfallbeseitigung, Luftreinhaltung) gestützt werden, weil keine hinreichend klare Trennung der Kompetenzgrundlagen gegeben ist.[69]

Dementsprechend sind die landesrechtlichen Ausfüllungsvorschriften in ihrer Zielsetzung nicht auf den Schutz der Gewässer vor Verunreinigungen beschränkt, sondern dienen auch der Sicherstellung der Funktionsfähigkeit der kommunalen Abwasseranlagen. Wegen Überschreitung des durch § 7a Abs. 4 WHG vorgegebenen Rahmens sind dagegen diejenigen Bestimmungen in den Landeswassergesetzen nichtig, die auch den Schutz der in den Abwasseranlagen Tätigen bezwecken.[70]

Im Ergebnis kann das staatliche Indirekteinleiterregime kompetenzgerecht folgende Ziele verfolgen: Schutz der Gewässer, Schutz der kommunalen Abwasseranlagen sowie Angleichung der Wettbewerbsbedingungen für Indirekteinleiter.

---

67 Vgl. oben § 2 II 4.
68 Vgl. oben § 3 I 1c.
69 Vgl. oben § 3 I 3 a.
70 Vgl. oben § 3 II 2a aa (2).

Nur die von den Gemeinden und von Bund und Ländern verfolgten Ziele, die eine kompetenzielle Grundlage haben, können bei der weiteren Betrachtung zugrundegelegt werden. Bei den anderen Zielsetzungen erübrigt sich eine weitere Abgrenzung.

II. Kompetenzkonflikt

Die Gegenüberstellung der verfassungsrechtlichen Kompetenzen für Indirekteinleitungen und der damit verbundenen Regelungsziele hat gezeigt, daß die Kompetenzen für Indirekteinleitungen vom Grundgesetz zunächst nicht eindeutig zugewiesen werden. Sowohl die Gemeinden einerseits als auch Bund und Länder andererseits können kompetenzgerecht Beschränkungen für Indirekteinleitungen erlassen, die dem Schutz von Bestand und Funktionsfähigkeit der kommunalen Abwasseranlagen dienen. Insofern kann von einem Kompetenzkonflikt gesprochen werden.[71] Zur Lösung dieses Konflikts kommen zwei Methoden in Betracht. Zum einen könnte er durch eine Auslegung der beteiligten Normen gelöst werden, die die doppelte Zuweisung der Kompetenzen vermeidet. Zum anderen könnte versucht werden, Kollisionsnormen anzuwenden, um so entweder Art. 28 Abs. 2 S. 1 GG oder Art. 75 Abs. 1 S. 1 Nr. 4 Alt. 3 GG Priorität einzuräumen mit der Folge, daß die insofern unterlegene Norm zurückstehen müßte.[72]

1. Kollisionsnormen

Damit stellt sich die Frage, ob eine Kollisionsnorm zur Verfügung steht. Eine Auflösung des Konflikts durch die Anwendung der Regeln über die Hierarchie von Rechtsnormen, wonach die rangmäßig tiefer stehende Norm der höheren zu weichen hat,[73] scheidet jedoch aus. Denn im vorliegenden Zusammenhang handelt es sich bei den konfligierenden Zuständigkeitsnormen der Art. 28 Abs. 2 S. 1; 75 Abs. 1 S. 1 Nr. 4 Alt. 3 GG um solche der Verfassung, die rangmäßig auf der gleichen Stufe stehen.

Auch aus dem Gewaltenteilungsprinzip, Art. 20 Abs. 3 GG, läßt sich kein allgemeines Vorrangverhältnis ableiten. Zwar wird die Gemeinde grundsätzlich

---

71 Vgl. *Stettner*, Kompetenzlehre, S. 372 ff.

72 Nach *Stettner*, Kompetenzlehre, S. 375 handelt es sich im ersten Fall um sog. Normkonkretisierungskonflikte, im zweiten Fall um sog. echte Normenkonflikte.

73 *Ossenbühl*, in: Erichsen, Allgemeines Verwaltungsrecht, § 7 Rn. 8 ff.; *Wolf/Bachoff*, Verwaltungsrecht I, § 26 Rn. 14 ff.

als Exekutivorgan eingestuft. Es wurde aber bereits dargestellt, daß es nicht ganz klar ist, ob die Satzungsgebung der Gemeinden dem Bereich der Exekutive oder Legislative zuzurechnen ist.[74] Letztlich hat das BVerfG sie als Verwaltungstätigkeit eingestuft.[75] Unter Anknüpfung an diese Auffassung würden unterschiedliche Staatsgewalten miteinander konkurrieren. Denn dann wird in Art. 28 Abs. 2 S. 1 GG die Satzungsgewalt den Gemeinden als Exekutivorganen verliehen, während Art. 75 Abs. 1 S. 1 Nr. 4 Alt. 3 GG sowie Art. 70 Abs. 1 GG die Gesetzgebungskompetenzen den Parlamenten als Legislativorganen zuweisen. Es gibt aber keinen allgemeinen Grundsatz dahingehend, daß Rechtsetzungsbefugnisse der Parlamente grundsätzlich vorrangig gegenüber solchen der Exekutive sind. Denn Bundesrechtsverordnungen als exekutive Rechtsetzungsakte[76] gehen etwa dem Parlamentsgesetz eines Landes vor.[77] Dies wäre nicht möglich, wenn sich legislative Rechtsetzungsakte generell gegenüber exekutiven, und zwar unabhängig von der Normenhierarchie, durchsetzen würden.

Weiterhin ist die Gemeinde als Exekutivorgan gem. Art. 20 Abs. 3 GG an den Vorrang des Gesetzes gebunden. Die kommunale Satzung darf damit keine Regelungen enthalten, die gegen hörherrangiges Recht verstoßen. Für den Gegenstand der vorliegenden Untersuchung kann der Gesetzesvorrang aber, wie bereits gezeigt werden konnte,[78] nicht nutzbar gemacht werden, da die Gemeinden nicht Adressaten des staatlichen Wasserrechts sind.
Andere Kollisionsregeln[79] sind in diesem Zusammenhang nicht ersichtlich. Aus diesen Gründen kommt allein eine interpretatorische Lösung des Kompetenzkonflikts in Betracht.

2. Systematische Auslegung

Der vorliegende Kompetenzkonflikt ist durch Auslegung der einschlägigen Kompetenznormen entstanden. Insbesondere der Kompetenztitel "Wasserhaushalt" in Art. 75 Abs. 1 S. 1 Nr. 4 Alt. 3 GG wurde erweiternd so ausgelegt, daß er nicht nur Handlungen erfaßt, die unmittelbar mit einer Gewässerbenutzung in Zusammenhang stehen, sondern auch solche, die im Vor-

---

74 Vgl. oben § 2 II 3a.
75 Vgl. oben § 2 II 3a.
76 Vgl. dazu *Schmidt-Bleibtreu/Klein*, GG, Art. 80 Rn. 1.
77 Vgl. nur *Maurer*, Allgemeines Verwaltungsrecht, § 4 Rn. 38; *Ossenbühl*, in: Erichsen, Allgemeines Verwaltungsrecht, § 7 Rn. 8.
78 Vgl. oben § 4 I 2.
79 Vgl. *Stettner*, Kompetenzlehre, S. 376 ff.

feld einer Gewässerbenutzung liegen, also insbesondere Indirekteinleitungen. Und auch der Gewässerschutz wurde so verstanden, daß er nicht nur unmittelbare Gewässerbenutzungen, sondern auch die dem Gewässerschutz dienenden Abwasserbehandlungsanlagen als Regelungsgegenstand hat.[80] Daher soll der Versuch unternommen werden, den konstatierten Kompetenzkonflikt im Wege einer darüber hinausgehenden Auslegung der beteiligten Normen zu lösen. Damit ist das Ziel der nachfolgenden Überlegungen erkannt: Art. 75 Abs. 1 S. 1 Nr. 4 Alt. 3 GG und Art. 28 Abs. 2 S. 1 GG sollen so ausgelegt werden, daß der Kompetenzkonflikt beigelegt wird. Dadurch soll der "objektivierte Wille des Gesetzgebers" ermittelt werden.[81] Grundsätzlich gelten hierbei die allgemeinen Auslegungsregeln (grammatikalische, teleologische, systematische, historische und genetische Auslegung),[82] wenngleich die Auslegung von verfassungsrechtlichen Kompetenznormen einige weitere Konkretisierungsmethoden kennt.[83] Für den Gegenstand der vorliegenden Untersuchung bietet sich die systematische Auslegung an, da hierdurch die genannten Kompetenznormen in einen Sinnzusammenhang gestellt werden können. Denn durch die systematische Auslegung kann eine Einzelkompetenz in den weiteren Rahmen der Gesamtverfassung eingebunden werden.[84] Verfassungsnormen sind als "ineinandergreifende Normen eines Sinnganzen" aufzufassen.[85] Nach diesem Prinzip der Einheit der Verfassung ist nie nur auf die einzelne Norm, sondern immer auch auf den Gesamtzusammenhang zu sehen, in den sie zu stellen ist; alle Verfassungsnormen sind so zu interpretieren, daß Widersprüche zu anderen Verfassungsnormen vermieden werden.[86]

Dabei schließt diese Auslegungsmethode andere nicht a priori aus, vielmehr können sie sich gegenseitig ergänzen.[87] Der Grundsatz der Verhältnismäßigkeit wurde jedoch bereits als prinzipiell ungeeignet erkannt, staatsorganisationsrechtliche Kompetenzfragen zu lösen.[88] Er ist auf die Kategorien von Frei-

80 Vgl. oben § 3 I 1c aa, bb.

81 Std. Rspr. des BVerfG seit BVerfGE 1, 299; vgl. E 11, 126 (129); 53, 207 (212).

82 Dazu *Larenz*, Methodenlehre, S. 307 ff.

83 *Rengeling*, in: HStR IV, § 100 Rn. 28; *Schmidt-Bleibtreu/Klein*, GG, Vorb. v. Art. 70 Rn. 3; *Stettner*, Kompetenzlehre, S. 378 ff. unter Hinweis auf die "Verfassungstradition" oder die "Kontinuität des Kompetenzverständnisses".

84 *Stettner*, Kompetenzlehre, S. 388.

85 BVerfGE 34, 269 (287); 47, 1 (36); 49, 24 (56).

86 *Hesse*, Grundzüge, § 2 Rn. 71.

87 Vgl. etwa BVerfGE 35, 263 (279); 48, 246 (256). Zum Verhältnis der Auslegungskriterien vgl. auch *Larenz*, Methodenlehre, S. 332 ff.

88 Vgl. oben § 2 I 3b cc; § 3 I 1d bb.

raum und Eingriff beschränkt und kann daher im Verhältnis von Gemeinde und Staat nur bei der Beeinträchtigung einer subjektiven Rechtsposition einer einzelnen Gemeinde angewandt werden, nicht aber bei der abstrakten Kompetenzverteilung. Auch die Effizienz im Sinne einer optimalen Aufgabenerfüllung kann hier nicht ins Feld geführt werden, da das materielle Aufgabenverteilungsprinzip des Art. 28 Abs. 2 S. 1 GG die Effizienz der Aufgabenwahrnehmung als Kriterium der Zuständigkeitsverteilung für Aufgaben, die der kommunalen Selbstverwaltungsgarantie unterfallen, grundsätzlich nicht zuläßt.[89] Damit ist aber der Blick auf das materielle Aufgabenverteilungsprinzip und mit ihm auf das Subsidiaritätsprinzip gelenkt.

III. Materielles Aufgabenverteilungsprinzip

Im Wege der systematischen Auslegung soll nun Art. 75 Abs. 1 S. 1 Nr. 4 Alt. 3 GG im Zusammenhang mit Art. 28 Abs. 2 S. 1 GG so ausgelegt werden, daß der Kompetenzkonflikt für die Regelung der Indirekteinleitungen mit dem Ziel des Schutzes der kommunalen Abwasseranlagen vermieden werden kann. Dann wäre eine Abgrenzung des staatlichen Wasserrechts und des kommunalen Satzungsrechts geleistet.

1. Zuständigkeitsvorrang der Gemeinden

Ausgangspunkt ist dabei das materielle Aufgabenverteilungsprinzip, das im Randbereich des Art. 28 Abs. 2 S. 1 GG enthalten ist. Danach sind alle Angelegenheiten der örtlichen Gemeinschaft vorrangig der Zuständigkeit der Gemeinden zugewiesen. In der Terminologie des Subsidiaritätsprinzips, dessen Konkretisierung das materielle Aufgabenverteilungsprinzip ist, besteht ein Zuständigkeitsvorrang der Gemeinden gegenüber dem Staat nach Maßgabe ihrer Leistungsfähigkeit. Die Zuständigkeit kann den Gemeinden danach nur aus Gründen des Allgemeinwohls entzogen werden, d. h. wenn anders die ordnungsgemäße Aufgabenerfüllung nicht sicherzustellen wäre.[90]

Dieses Vorrangprinzip hat der die institutionelle Garantie durch Zuständigkeitsverteilungen ausformende Gesetzgeber zu berücksichtigen.[91] Der Ausgestaltungsbefugnis des Gesetzgebers wird durch dieses Prinzip eine Schranke

---

89 Vgl. oben § 2 I 3b bb (4).
90 Vgl. oben § 2 I 3b bb.
91 BVerfGE 79, 127 (150).

gesetzt. Dieser ursprüngliche Anwendungsbereich des materiellen Aufgabenverteilungsprinzips, so wie ihn das BVerfG in der Rastede-Entscheidung gesehen hat, soll nun dadurch erweitert werden, daß die darin zum Ausdruck
kommenden Wertungen auch für den Gegenstand dieser Untersuchung
fruchtbar gemacht werden, um so zu einer "harmonisierenden Norminterpre-
tation"[92] zu gelangen. Denn in der Sache geht es in der Rastede-Entscheidung
ebenfalls um die Verteilung von Zuständigkeiten.[93] Mit anderen Worten: Das
materielle Aufgabenverteilungsprinzip stellt nicht nur eine Schranke für den
die institutionelle Selbstverwaltungsgarantie ausformenden Gesetzgeber dar,
sondern dient auch als Grundlage der generellen Kompetenzabgrenzung zwischen Gemeinden und Staat in den Fällen, in denen das Grundgesetz selbst
die Kompetenzen nicht eindeutig zuordnet.

Legt man diese Maßstäbe auf den hier in Frage stehenden Kompetenzkonflikt
an, so folgt daraus ein Zuständigkeitsvorrang der Gemeinden für den Schutz
der kommunalen Abwasseranlagen gegenüber einer entsprechenden Aufgabenwahrnehmung durch den Bund und die Länder. Dieser Zuständigkeitsvorrang der Gemeinden besteht aber nur nach Maßgabe ihrer Leistungsfähigkeit,
also nur dann, wenn sie in der Lage sind, die Aufgabe des Schutzes der kommunalen Abwasseranlagen ordnungsgemäß wahrzunehmen.

Art. 75 Abs. 1 S. 1 Nr. 4 Alt. 3 GG wäre also im systematischen Zusammenhang mit Art. 28 Abs. 2 S. 1 GG so auszulegen, daß die an sich bestehende
Kompetenz, Regelungen für Indirekteinleitungen zu erlassen, um den Schutz
der kommunalen Abwasseranlagen zu gewährleisten, nur subsidiär zu der entsprechenden kommunalen Regelungskompetenz bestünde, wenn die Gemeinden die Aufgabe des Anlagenschutzes ausreichend erfüllen könnten.

Damit ist festzuhalten, daß das materielle Aufgabenverteilungsprinzip die
Kompetenz zur Regelung der Indirekteinleitungen mit dem Ziel des Anlagenschutzes den Gemeinden unter dem Vorbehalt der ordnungsgemäßen Aufgabenerfüllung zuordnet.

2. Ordnungsgemäße Aufgabenerfüllung

Die entscheidende Frage ist mithin, ob die Gemeinden die Aufgabe des
Schutzes der kommunalen Abwasseranlagen ordnungsgemäß erfüllen können.
Das Subsidiaritätsprinzip in der Form des materiellen Aufgabenvertei-

---

92 Vgl. dazu *Scheuner*, Diskussionsbeitrag, in: VVDStRL 20 (1963), S. 125.
93 Vgl. nur BVerfGE 79, 127 (151).

lungsprinzips hilft insofern nicht weiter. Denn es enthält selbst keine Maßstäbe dafür, wie die Leistungsfähigkeit der Gemeinden zu beurteilen ist.[94] Es steht lediglich fest, daß die Aufgabenwahrnehmung durch die Gemeinden nicht optimal sein muß. Eine im Vergleich zu einer Aufgabenwahrnehmung durch den Bund und die Länder weniger effiziente Aufgabenerfüllung durch die Gemeinden ist kein hinreichendes Argument zur Begründung der Zuständigkeit von Bund und Ländern.

Die Frage der ordnungsgemäßen Aufgabenerfüllung könnte auf zwei Ebenen beantwortet werden. Zum einen könnten die tatsächlichen Verhältnisse in den Gemeinden untersucht werden. Hierzu zählen Fragen wie die personelle, institutionelle und finanzielle Ausstattung, Defizite in der Ausgestaltung der kommunalen Entwässerungssatzungen sowie mögliche Defizite beim Vollzug der Satzungen. Eine solche empirische und rechtstatsächliche Betrachtung des kommunalen Entwässerungsrechts kann im Rahmen der vorliegenden Untersuchung nicht geleistet werden.

Zum anderen lassen sich, unabhängig von der tatsächlichen Erfüllbarkeit der Aufgabe, theoretische Überlegungen anstellen, die unter Berücksichtigung der konkreten Aufgabe und ihrer Sacherfordernisse grundsätzlich für eine ausreichende Aufgabenerfüllung auf Gemeindeebene sprechen. Dabei ist zu berücksichtigen, daß die Landesgesetzgeber den Gemeinden die Abwasserbeseitigung als Pflichtaufgabe der Selbstverwaltung zugewiesen haben. Sie bringen damit ihre Ansicht zum Ausdruck, daß die Gemeinden hierzu tatsächlich auch in der Lage sind. Denn damit wird die öffentliche Einrichtung der Abwasserbeseitigung der Verantwortung der Gemeinden zugewiesen.

a) Problemnähe

Zunächst ist die Diversität der kommunalen Abwasseranlagen zu nennen. Es bestehen erhebliche Unterschiede in der Qualität der Kläranlagen selber, aber auch etwa der Rohrleitungssysteme.[95] Zudem ist auch der Grad an gewerblicher und industrieller Besiedelung und damit an potentiellen Schadstoffeinleitungen von Gemeinde zu Gemeinde unterschiedlich.[96] Daraus folgt, daß die für das Regime der Indirekteinleitungen maßgeblichen Faktoren in den Gemeinden erheblich voneinander abweichen. Die spezifischen Probleme von Indirekteinleitungen in eine gemeindliche Kanalisation mit einer nachge-

---

94 Vgl. oben § 2 I 3b bb (1), (5).
95 Vgl. ATV-Information "Zahlen zur Abwasser- und Abfallwirtschaft", S. 8 ff.
96 Vgl. im einzelnen Statistisches Jahrbuch Deutscher Gemeinden 1995, S. 287 ff.

schalteten öffentlichen Kläranlage können daher nur auf Gemeindeebene gelöst werden.[97]

b) *Rechtliches Instrumentarium*

Vor allem aber steht den Gemeinden mit dem kommunalen Satzungsrecht ein ausreichendes rechtliches Instrumentarium zur Verfügung, um den Schutz ihrer Anlagen sicherzustellen.[98] Die Gemeinden können Indirekteinleitungen, die Stoffe enthalten, die den Bestand und die Funktionsfähigkeit der Abwasseranlagen beeinträchtigen, gänzlich untersagen oder Einleitungsgrenzwerte für diese Stoffe festlegen. Dabei steht den Gemeinden das Arbeitsblatt ATV-A 115 der Abwassertechnischen Vereinigung zur Verfügung, das die allgemein anerkannten Regeln der Technik wiedergibt, deren Beachtung nach der herrschenden Auffassung der beteiligten Fachkreise einen reibungslosen und funktionsgerechten Betrieb der Abwasseranlagen ermöglicht. Die hierin festgelegten Einleitungsstandards haben gerade auch den Schutz der Abwasseranlagen zum Ziel. Denn nach der Generalklausel der Ziff. 3 ATV-A 115 dürfen Stoffe, die die Funktionsfähigkeit der Kanalisation beeinträchtigen und die Bau- und Werkstoffe der Anlagen in stärkerem Maße angreifen, nicht in die öffentliche Abwasseranlage eingeleitet werden. Dabei ist das Arbeitsblatt so angelegt, daß bei der Ausgestaltung einzelner Satzungsregelungen auch die jeweiligen örtlichen Verhältnisse in technischer, ökologischer und ökonomischer Hinsicht entsprechend berücksichtigt werden können.[99] Damit ist für eine differenzierte Abstimmung auf die örtlichen Verhältnisse auch bei Anwendung des ATV-A 115 noch genügend Raum.

Obwohl Indirekteinleitungen grundsätzlich keiner besonderen Genehmigungspflicht unterliegen, kann eine solche in der Entwässerungssatzung durchaus vorgesehen werden. Da die Kanalbenutzer ein durch die Gemeindeordnungen und Entwässerungssatzungen begründetes Benutzungsrecht haben, wenn die Einleitungsvoraussetzungen vorliegen, handelt es sich insofern um ein präventives Verbot mit Erlaubnisvorbehalt.[100] Den Gemeinden steht damit grundsätzlich ein wirksames Kontrollinstrument zur Verfügung, um von vornherein einen Überblick über die Indirekteinleitungen in ihre Abwas-

97 Vgl. auch *Schmidt-Aßmann*, NVwZ 1987, S. 265 (268).

98 Vgl. oben § 2 II 3.

99 *Ilic*, Das neue Arbeitsblatt ATV-A 115, S. 47 (48). Zu den ökologischen Zielsetzungen vgl. aber oben § 2 II 4e.

100 Vgl. dazu *Kloepfer*, Umweltrecht, § 4 Rn. 45.

seranlagen zu haben. Um die praktische Durchsetzung der inhaltlichen Anforderungen zu gewährleisten, können Betretungsrechte, Auskunfts- und Meldepflichten sowie Eigenkontrollpflichten durch die Abwassersatzung begründet werden.[101] Zur Durchsetzung der satzungsrechtlichen Pflichten können neben Einleitungsuntersagungen auch andere Anordnungen für den Einzelfall erlassen werden.[102] Rechtliche Grundlage ist das durch die Entwässerungssatzung begründete öffentlich-rechtliche Benutzungsverhältnis. Hieraus ergibt sich unmittelbar die Befugnis, die den Anschlußnehmern durch die Satzung auferlegten Pflichten in der Handlungsform des Verwaltungsakts zu konkretisieren und auch mit den Mitteln der Verwaltungszwangs durchzusetzen.[103] Diese Anordnungsbefugnisse stehen den abwasserbeseitigungspflichtigen Gemeinden als Befugnisse im Rahmen der Selbstverwaltung zu.[104] Subsidiär zu diesen selbstverwaltungsrechtlichen Befugnissen können auch noch Befugnisse der zuständigen Kommunalbehörden als örtlichen Ordnungsbehörden aufgrund des allgemeinen Polizei- und Ordnungsrechts bestehen.[105] Die Vollstreckung der aufgrund der Entwässerungssatzung getroffenen Anordnungen richtet sich nach dem Verwaltungsvollstreckungsrecht des jeweiligen Landes.[106] Hierfür stehen insbesondere Zwangsgelder und Ersatzvornahmen zur Verfügung.[107]

Schließlich wird den Gemeinden die Möglichkeit der Ahndung von Ordnungswidrigkeiten durch die Landesgesetzgeber[108] eingeräumt.[109] Damit kann das Satzungsrecht auch noch eine Bußgeldbewehrung bei Verstößen gegen die Vorschriften der Entwässerungssatzung vorsehen, die in Einzelfällen bis zu 100. 000 DM erreichen kann.[110]

Darüber hinaus kann die Gemeinde Schadensersatzansprüche aus dem öffentlich-rechtlich ausgestalteten Benutzungsverhältnis geltend machen, wenn ihr durch eine Indirekteinleitung, die gegen die satzungsrechtlich festgelegten

---

101 Ausführlich oben § 2 II 3 d.

102 *Lübbe-Wolff*, Abwassersatzung, Rn. 447.

103 OVG Münster, ZfW 1994, 423 (424).

104 OVG Münster, NWVBl. 1995, 138.

105 *Lübbe-Wolff*, Abwassersatzung, Rn. 448.

106 *Lübbe-Wolff*, Abwassersatzung, Rn. 449.

107 *Haupt*, in: Haupt/Reffken/Rhode, NdsWG, § 149 Rn. 12; *Rosenzweig*, Kommunale Abwassersatzungen, S. 37 (45).

108 So etwa § 24 Abs. 5 GemO R-P; § 4 Abs. 2 GemO N-W.

109 Vgl. *Vogelsang/Lübking/Jahn*, Kommunale Selbstverwaltung, Rn. 476 ff.

110 Vgl. § 161a WG N-W.

Grenzwerte verstößt, ein Schaden entsteht.[111] Denn der Benutzer einer öffentlichen Einrichtung ist dem Träger der Einrichtung gegenüber wegen Verletzung vertragsähnlicher (Haupt- oder Neben-) Pflichten eines Verwaltungsschuldverhältnisses in entsprechender Anwendung der im Zivilrecht entwickelten Grundsätze der positiven Forderungsverletzung zum Ersatz des Schadens verpflichtet, der dem Träger der Einrichtung durch eine schuldhafte Pflichtverletzung entsteht.[112]

Die Analogie zum bürgerlichen Vertragsrecht rechtfertigt sich daraus, daß ein besonders enges Verhältnis des einzelnen zur Verwaltung begründet ist, und daß mangels ausdrücklicher gesetzlicher Regelung ein Bedürfnis für eine angemessene Verteilung der Verantwortung innerhalb des öffentlichen Rechts vorliegt.[113] Derjenige, der eine öffentliche Einrichtung in Anspruch nimmt, hat, ähnlich wie ein Mieter, der mit der Mietsache pfleglich umzugehen hat, den Anstaltsträger vor Schaden zu bewahren.[114] Ein Schadensersatzanspruch der Gemeinde kann auch dann bestehen, wenn der Indirekteinleiter zur Einleitung in die Kanalisation befugt war, so etwa, wenn durch die Beschaffenheit des Abwassers die Rohre der gemeindlichen Kanalisation zerstört wurden.[115]

Ein öffentlich-rechtliches Benutzungsverhältnis besteht grundsätzlich zwischen der Gemeinde und dem Grundstückseigentümer, es kann aber auch zwischen der Gemeinde und einem Einleiter, der nicht Grundstückseigentümer ist, bestehen.[116] Die Abwassersatzung gilt darüber hinaus als Schutzgesetz im Sinne des § 823 Abs. 2 BGB.[117]

Damit steht den Gemeinden mit dem kommunalen Satzungsrecht ein ausreichendes Instrumentarium zur Verfügung, um die Aufgabe des Schutzes der kommunalen Abwasseranlagen vor Indirekteinleitungen mit Stoffen, die den

---

111 VGH Mannheim, NVwZ-RR 1992, 656 ff. *Dippel*, KA 1997, S. 1394 (1400 f.). Für solche Ansprüche ist der Verwaltungsrechtsweg nach § 40 Abs. 1 S. 1 VwGO gegeben, da der Anspruch auf dem öffentlich-rechtlichen Benutzungsverhältnis beruht.

112 BVerwG, UPR 1995, 267; VGH Mannheim, NVwZ 1996, 201; OVG Münster, ZfW 1998, S. 477; *Honert/Rüttgers/Sanden*, WG N-W, § 59 Nr. 4; *Himmel/Sanden*, wap 1994, S. 62 (63 f.); *Horst P. Sander*, Haftung des Kanalisationsbenutzers, S. 129 (130 ff.).

113 BGH, NJW 1984, 615 (617) m. w. N.

114 VGH Mannheim, NVwZ-RR 1991, 315.

115 *Horst P. Sander*, Haftung des Kanalisationsbenutzers, S. 129 (132) unter Hinweis auf OVG Münster, NVwZ 1987, 1105 (1106).

116 *Horst P. Sander*, Haftung des Kanalisationsbenutzers, S. 129 (136) unter Hinweis auf VGH B-W, UPR 1991, 314.

117 So LG Stuttgart, BWGZ 1996, 734 für die Mehrkosten der Klärschlammverwertung.

Bestand und die Funktionsfähigkeit der Anlagen gefährden, ordnungsgemäß zu erfüllen.[118] Sollten die Gemeinden diese Handlungsmöglichkeiten in der Vergangenheit nicht ausreichend ausgeschöpft haben, wie vielfach angemerkt wurde,[119] ist dies eine Frage des Vollzugs, die de lege lata zu einer kompetenzrechtlichen Abgrenzung im Rahmen dieser Untersuchung keinen Beitrag leisten kann.

c) Pflichten und Aufsicht

Nicht zuletzt unterliegen die Gemeinden der Aufsicht der Länder. Die kommunale Selbstverwaltung besteht nur im Rahmen der Gesetze. Zur Überwachung der Einhaltung dieses gesetzlichen Rahmens dient die Kontrolle der gemeindlichen Selbstverwaltung durch die staatliche Aufsicht. Sie ist das "verfassungsrechtlich gebotene Korrelat der Selbstverwaltung."[120] Zunächst ist die Abwasserbeseitigung eine Pflichtaufgabe der Selbstverwaltung.[121] Die Kommunalaufsichtsbehörden können die Gemeinden damit im Wege allgemeiner Rechtsaufsicht zur Wahrnehmung der Abwasserbeseitigung zwingen.[122] Da die ordnungsgemäße Erfüllung der Abwasserbeseitigungspflicht mindestens satzungsrechtliche Regelungen über den Anschluß- und Benutzungszwang sowie Einwirkungsmöglichkeiten auf die Zusammensetzung des eingeleiteten Abwassers und den Indirekteinleiter voraussetzt, sind die Gemeinden zum Erlaß einer Entwässerungssatzung verpflichtet.[123] Ohne daß hierdurch auf die Inhalte der Entwässerungssatzungen Einfluß genommen werden könnte, deren Festlegung ja der kommunalen Selbstverwaltung unterliegt, kann der Erlaß einer Entwässerungssatzung als solcher mit den genannten Mindestregeln kommunalaufsichtlich durchgesetzt werden.

Zu dem rechtlichen Rahmen der kommunalen Selbstverwaltung gehören nicht nur alle geltenden Rechtsnormen des Bundes und der Länder,[124] sondern auch

---

118 Vergleich des satzungsrechtlichen mit dem wasserrechtlichen Instrumentarium bei *Lübbe-Wolff*, Abwassersatzung, Rn. 379.

119 Vgl. Amtliche Begründung der Bundesregierung zur Fünften Novelle zum WHG, BT-Ds. 10/3973, S. 11; *Henseler*, Grundstrukturen, S. 262; *Mumm*, Indirekteinleiterüberwachung, S. 81 (91).

120 BVerfGE 78, 331 (341); vgl. oben § 2 I 3b aa.

121 Vgl. oben § 2 II 2a.

122 BVerfGE 78, 331 (341); *Henseler*, Abwasserbeseitigung, S. 226 f.; *Gönnenwein*, Gemeinderecht, S. 89.

123 *Lübbe-Wolff*, Abwassersatzung, Rn. 346.

124 *Vogelsang/Lübking/Jahn*, Kommunale Selbstverwaltung, Rn. 525.

die an die Gemeinden adressierten Normen des europäischen Gemeinschaftsrechts.[125] Im dritten Teil dieser Untersuchung wird der Frage nachgegangen, inwieweit die Gemeinden Adressaten gemeinschaftsrechtlicher Richtlinien sind, woraus eine Pflicht zu deren Umsetzung resultiert. Im einem Vorgriff darauf sei schon hier festgestellt, daß eine entsprechende Adressateneigenschaft und Verpflichtung der Gemeinden nach Art. 249 Abs. 3, 10 (Art. 189 Abs. 3, 5) EGV im Hinblick auf Art. 11 KomAbwRL besteht.[126] Auch diese gemeinschaftsrechtliche Umsetzungsverpflichtung kann im Wege der Staatsaufsicht durchgesetzt werden.[127]

Neben dieser allgemeinen Kommunalaufsicht unterliegen die Gemeinden hinsichtlich ihrer wasserrechtlichen Pflichten auch der spezifisch wasserrechtlichen Aufsicht der staatlichen Wasserbehörden. Es wurde oben bereits dargelegt, daß gem. § 18b Abs. 1 S. 2 WHG für die Errichtung und den Betrieb der Abwasseranlagen die allgemein anerkannten Regeln der Technik gelten.[128] Zum Betrieb der Anlagen gehören alle Maßnahmen der zweckentsprechenden Nutzung der Anlage, insbesondere alle der Erhaltung des bestimmungsgemäßen Zustands der Anlage dienenden Maßnahmen, und damit auch Vorkehrungen gegen Störungen von außen und gegen schädliche Veränderungen im Zulauf.[129] Die rahmenrechtliche Vorschrift des § 18b Abs. 1 S. 2 WHG wird durch Vorschriften des Landeswasserrechts ausgefüllt.[130] Damit sind die Gemeinden als Betreiberinnen der Abwasseranlagen wasserrechtlich verpflichtet, Vorkehrungen gegen Beschädigungen der Abwasseranlagen durch Indirekteinleitungen mit entsprechenden Stoffen zu treffen.
Die Erfüllung dieser wasserrechtlichen Pflicht unterliegt der Aufsicht durch die Wasserbehörden der Länder.[131] Damit kann im Wege der Aufsicht sichergestellt werden, daß die Gemeinden ihre insoweit bestehenden Verpflichtungen einhalten. Während also das Wasserrecht über § 18b Abs. 1 S. 2 WHG

---

125 Vgl. zur Einordnung des Gemeinschaftsrechts als Rahmen i. S. d. Art. 28 Abs. 2 S. 1 GG unten § 6 IV 2b cc.

126 Vgl. dazu ausführlich unten § 6.

127 Ob daneben eine Umsetzungsverpflichtung gegenüber dem Bund, der nach Art. 226 (Art. 169) EGV für die Umsetzung haftet, aus dem Grundsatz der Bundestreue (sog. gemeindliche Bundestreue) besteht, muß an dieser Stelle offenbleiben, vgl. dazu *Bauer*, Bundestreue, S. 296 ff.; *Meßerschmidt*, Die Verwaltung 23 (1990), S. 425 ff. Vgl. dazu auch unten § 6 II 2a.

128 Vgl. oben § 2 II 4a.

129 *Czychowski*, WHG, § 18b Rn. 7; vgl. auch § 57 Abs. 3 S. 2 WG N-W.

130 Vgl. oben § 2 II 4a.

131 *Czychowski*, WHG, § 18b Rn. 24. Vgl. dazu auch *Dahme*, in: Sieder/Zeitler/Dahme/Knopp, WHG, § 18b Rn. 14 ff.

sicherstellt, daß die Abwasseranlagen nach den allgemein anerkannten Regeln der Technik betrieben werden, kann die notwendige Feinabstimmung für die Benutzung der Abwasseranlagen über das kommunale Satzungsrecht erfolgen.

3. Zwischenergebnis

Das materielle Aufgabenverteilungsprinzip des Art. 28 Abs. 2 S. 1 GG weist die Aufgabe der Reglementierung der Indirekteinleitungen mit dem Ziel des Schutzes der kommunalen Abwasseranlagen grundsätzlich den Gemeinden zu. Der hierin zum Ausdruck kommende Zuständigkeitsvorrang der Gemeinden gegenüber dem Staat steht unter dem Vorbehalt einer ordnungsgemäßen Aufgabenerfüllung durch die Gemeinden. Ob die Gemeinden dazu in tatsächlicher Hinsicht in der Lage sind, läßt sich im Rahmen dieser Untersuchung nicht beantworten. Der rechtliche Rahmen für eine ordnungsgemäße Aufgabenerfüllung ist aber gegeben. Den Gemeinden steht mit dem kommunalen Entwässerungsrecht ein hinreichendes Instrumentarium zur Verfügung. Die Abstimmung der Benutzungsanforderungen auf die örtlichen Besonderheiten kann nur durch die Gemeinden aufgrund ihrer größeren Problemnähe erfolgen. Die Gemeinden sind nach § 18b Abs. 1 S. 1 WHG wasserrechtlich verpflichtet, die Abwasseranlagen vor Schäden durch Abwasser mit anlagengefährdenden Stoffen nach Maßgabe der allgemein anerkannten Regeln der Technik zu schützen. Wie die Gemeinden diese Pflicht erfüllen, liegt in ihrer Selbstverwaltungskompetenz. Daß diese Pflicht erfüllt wird, kann aber im Wege der Überwachung durch die Wasserbehörden sichergestellt werden. Ebenso kann im Wege der Staatsaufsicht durchgesetzt werden, daß die Gemeinden ihre Verpflichtung zur Umsetzung gemeinschaftsrechtlicher Vorgaben erfüllen.

Im Ergebnis weist das materielle Aufgabenverteilungsprinzip den Gemeinden die Kompetenz zur Reglementierung der Indirekteinleitungen im Hinblick auf den Schutz der kommunalen Abwasseranlagen zu. Dies gilt vorbehaltlich der tatsächlichen Erfüllbarkeit der Aufgabe durch die einzelnen Gemeinden.

IV. Rechtsfolgen

Im folgenden werden die Rechtsfolgen, die sich aus diesem Ergebnis ergeben, dargestellt. Diese betreffen die Auslegung des Art. 75 Abs. 1 S. 1 Nr. 4 Alt. 3 GG sowie das Verhältnis von kommunalem Satzungsrecht und staatlichem

Wasserrecht und damit den Umfang der kommunalen Regelungskompetenzen für Indirekteinleitungen.

1. Begrenzung der staatlichen Kompetenz

Dem Bund steht gem. Art. 75 Abs. 1 S. 1 Nr. 4 Alt. 3 GG grundsätzlich die Kompetenz für Indirekteinleiterregelungen sowohl aus Gründen des Gewässer- als auch des Anlagenschutzes zu. Entsprechendes gilt für die Länder. Jedoch stellt das materielle Aufgabenverteilungsprinzip eine Begrenzung dieser staatlichen Zuständigkeiten dar. Bund und Länder üben danach ihre Zuständigkeit zugunsten der Gemeinden solange nicht aus, wie diese die Aufgabe des Schutzes der kommunalen Abwasseranlagen ausreichend erfüllen können. Damit verlieren Bund und Länder ihre Kompetenz nicht gänzlich, diese bleibt vielmehr hilfsweise im Sinne des Subsidiaritätsprinzips als Garant der ordnungsgemäßen Aufgabenerfüllung und damit des Gemeininteresses bestehen. Art. 75 Abs. 1 S. 1 Nr. 4 Alt. 3 GG ist in dieser Hinsicht restriktiv auszulegen.[132] Damit werden inhaltliche Regelungsüberschneidungen vermieden und eine funktionelle Abgrenzung der Zuständigkeiten erreicht. Die Auslegung orientiert sich damit am Ziel sachgerechter Ergebnisse.[133]

2. Verhältnis von kommunalem Satzungsrecht und staatlichem Wasserrecht

Auf dieser Grundlage läßt sich auch die Frage des Verhältnisses von staatlichem Wasserrecht und kommunalem Satzungsrecht beantworten. Die Analyse der Kompetenzgrundlagen unter besonderer Berücksichtigung des Subsidiaritätsprinzips hat gezeigt, daß der Bund gem. Art. 75 Abs. 1 S. 1 Nr. 4 Alt. 3 GG und in dessen Ausfüllung die Länder Anforderungen an Indirekteinleitungen stellen können, um eine Angleichung der Wettbewerbsbedingungen der Indirekteinleiter anzustreben, vor allem aber, um den Schutz der Gewässer vor Stoffen zu gewährleisten, die in den kommunalen Abwasserbehandlungsanlagen nicht zurückgehalten werden können. Eine solche Kompetenz steht den Gemeinden nicht zu, da sie gem. Art. 28 Abs. 2 S. 1 GG auf die Angelegenheiten der örtlichen Gemeinschaft beschränkt sind. Sie können Indirekteinleitungen aber Beschränkungen unterwerfen, um den Bestand und die Funktionsfähigkeit der Abwasseranlagen zu gewährleisten, um das in den

---

132 Vgl. insofern *Maunz*, in: Maunz/Dürig/Herzog/Scholz, GG, Art. 75 Rn. 2 und *Rengeling*, in: HStR IV, § 100 Rn. 29.

133 Vgl. *Pietzcker*, in: HStR IV, § 99 Rn. 22; *Maunz*, in: Maunz/Dürig/Herzog/Scholz, GG, Art. 75 Rn. 2; *Rengeling*, in: HStR IV, § 100 Rn. 30.

Anlagen arbeitende Personal vor Gesundheitsgefahren zu bewahren, um die landwirtschaftliche Verwertung des Klärschlamms zu ermöglichen, um ihre eigenen Direkteinleiterpflichten zu erfüllen sowie die Kosten der Abwasserbehandlung, insbesondere die Abwasserabgabe, zu minimieren. Den Gemeinden einerseits und dem Bund und den Ländern andererseits werden damit vom Grundgesetz unterschiedliche Kompetenzen zugewiesen. Das kommunale Satzungsrecht und das staatliche Wasserrecht beruhen damit auf unterschiedlichen Kompetenzgrundlagen und verfolgen unterschiedliche Zielsetzungen.

Die gefundene Lösung stimmt im Ergebnis mit der oben unter 3. geschilderten Literaturansicht überein.[134] Im Gegensatz dazu basiert die hier vorgeschlagene Abgrenzung aber auf der verfassungsrechtlichen Kompetenzverteilung, nicht auf der tatsächlichen Zielverfolgung durch Gemeinden und Staat. Sie legt die Fragestellung zugrunde, welche Ziele die jeweiligen Protagonisten kompetenzgerecht verfolgen dürfen. Die verfassungsrechtliche Kompetenzverteilung muß in methodischer Hinsicht die Grundlage der Abgrenzung der beiden Regelungsbereiche sein. Eine tatsächliche Zielverfolgung sagt nichts über deren rechtliche Zulässigkeit aus. Hinsichtlich des Schutzes der kommunalen Abwasseranlagen ergibt sich die Unterschiedlichkeit der Zielsetzungen darüber hinaus erst durch die Beachtung des materiellen Aufgabenverteilungsprinzips des Art. 28 Abs. 2 S. 1 GG. Die insofern an sich bestehende Kompetenz von Bund und Ländern ist danach gegenüber der kommunalen Kompetenz subsidiär.

Das bedeutet, daß Beschränkungen für Indirekteinleitungen nur aus Gründen gerechtfertigt werden können, die in die jeweilige Zuständigkeit der Gemeinden oder des Staates fallen. Die Festlegung eines Grenzwertes in einer Entwässerungssatzung, die mit dem Schutz des Vorfluters vor Verunreinigungen begründet wird, ist kompetenz- und damit rechtswidrig. Entsprechendes gilt für einen Grenzwert in der Abwasserverordnung, der mit dem Schutz der kommunalen Abwasseranlagen oder mit der Sicherstellung der landwirtschaftlichen Klärschlammverwertung begründet wird.

Die positiven Regelungen des kommunalen Satzungsrechts und des staatlichen Wasserrechts entsprechen diesen kompetenziellen Anforderungen nicht immer. Soweit sie unzulässige Regelungsziele verfolgen, sind sie rechtswidrig. Die aufgrund der Sechsten Novelle zum WHG anstehende Änderung der Landeswassergesetze bietet die Gelegenheit, zumindest das Landesrecht auf die kompetenziell zulässigen Regelungsziele zurückzuführen. Aber auch die

---

134 Vgl. oben § 4 I 3.

Entwässerungssatzungen müssen sich des Ziels des überörtlichen Gewässerschutzes enthalten. Da den Entwässerungssatzungen das ATV-A 115 zugrunde liegt, sollten auch bei dessen Fortschreibung Gewässerschutzbelange außen vor bleiben.

Im Ergebnis stehen das kommunalrechtliche und das wasserrechtliche Indirekteinleiterregime unabhängig nebeneinander, da sie auf unterschiedlichen Kompetenzgrundlagen beruhen und unterschiedliche Zielsetzungen verfolgen dürfen. Die Indirekteinleitung muß also sowohl die wasserrechtlichen als auch die satzungsrechtlichen Voraussetzungen für die Einleitung in die öffentliche Abwasseranlage erfüllen.

Diesen doppelten Anforderungen unterliegt nur gewerbliches oder industrielles Abwasser, das aus den Herkunftsbereichen der Abwasserverordnung stammt. Für häusliches Abwasser ist allein das kommunale Satzungsrecht maßgebend.

Die jeweiligen Genehmigungen haben damit auch einen anderen Regelungsgehalt. Die wasserrechtliche Genehmigung auf der Grundlage der Indirekteinleiterverordnung besagt, daß der Einleitung des Abwassers in die öffentliche Abwasseranlage aus wasserwirtschaftlicher Sicht keine Gründe entgegenstehen, da es entweder keine Stoffe oder Stoffe in wasserwirtschaftlich vertretbarer Konzentration enthält, die trotz Nachschaltung einer öffentlichen Kläranlage zu Schädigungen der Gewässer führen können. Diese wasserrechtliche Indirekeinleitergenehmigung besagt aber nicht, daß das Abwasser auch tatsächlich in die Abwasseranlagen eingeleitet werden darf. Denn diese Anlagen befinden sich in der Trägerschaft der Gemeinden. Demgegenüber darf Abwasser nach Maßgabe des kommunalen Satzungsrechts nur dann in die Abwasseranlagen eingeleitet werden, wenn die oben dargestellten kommunalen Regelungsziele, Schutz der Abwasseranlagen, Sicherstellung der Klärschlammverwertung etc., nicht verletzt werden.[135]

Das gefundene Ergebnis mag man unter den Schlagworten Entbürokratisierung, Deregulierung und schlanker Staat bedauern. Die parallelen Anforderungen bergen die Gefahr von Reibungsverlusten zwischen staatlicher und kommunaler Ebene und dienen gegenüber dem Indirekteinleiter kaum der Rechtsklarheit. Das BVerfG hat in der Rastede-Entscheidung dagegen zu Recht betont,[136] daß das Grundgesetz der dezentralen Aufgabenansiedlung auf Gemeindeebene um der politisch-demokratischen Beteiligung der Bürger an den Angelegenheiten der örtlichen Gemeinschaft und der vertikalen Gewal-

---

135 Vgl. *Nisipeanu*, Abwasserrecht, S. 447; *Haupt*, in: Haupt/Reffken/Rhode, NdsWG, § 151 Rn. 5.

136 BVerfGE 79, 127 (153).

tenteilung willen den prinzipiellen Vorzug gibt gegenüber Verwaltungsvereinfachung, Zuständigkeitskonzentration und Effizienz.

3. *Sonderproblem der divergierenden Grenzwerte*

Ein herausragender Punkt in der Diskussion über die kommunalen Regelungskompetenzen für Indirekteinleitungen ist die Frage, ob satzungsrechtliche Emissionsgrenzwerte unter dem Gesichtspunkt der Verhältnismäßigkeit auch dann noch Wirksamkeit beanspruchen können, wenn sie strengere Anforderungen als die wasserrechtlichen, den Stand der Technik repräsentierenden Werte, stellen.[137] Der Stand der Technik erfordert das praktikable Höchstmaß an Effizienz.[138] Das bedeutet, daß Anforderungen, die über den so definierten Stand der Technik hinausgehen, entweder überhaupt nicht oder nur mit einem im Verhältnis zum ökologischen Gewinn unangemessenen Aufwand realisierbar wären und somit gegen den Grundsatz der Verhältnismäßigkeit verstießen.[139]

Der Grundsatz der Verhältnismäßigkeit, konkret der Angemessenheit, besagt, daß eine Maßnahme nicht außer Verhältnis zum angestrebten Erfolg stehen darf.[140] Es kommt damit darauf an, was man im vorliegenden Zusammenhang als Erfolg der Maßnahme ansieht. Versteht man darunter die Reduzierung der Schadstofffracht des Abwassers, so wären schärfere als die wasserrechtlichen Werte in der Regel tatsächlich unverhältnismäßig. Die Schadstoffreduzierung ist jedoch nicht der eigentliche Zweck, sondern sie dient ihrerseits dazu, den Gewässerschutz einerseits und den Anlagenschutz andererseits zu erreichen. Als angestrebte Erfolge sind damit der Gewässerschutz für das staatliche Wasserrecht und der Anlagenschutz für das kommunale Satzungsrecht erkannt. Das bedeutet aber, daß die Bezugspunkte der Verhältnismäßigkeit des Satzungs- und des Wasserrechts jeweils andere sind. Wasserrechtliche Anforderungen müssen in einem angemessenen Verhältnis zum angestrebten Gewässerschutz stehen, satzungsrechtliche Anforderungen in einem angemessenen Verhältnis zum Anlagenschutz. Die wasserrechtlichen Konkretisierungen des Stands der Technik machen demzufolge keine Aussagen darüber, was im Hinblick auf den Schutz der Abwasseranlagen verhältnismäßig ist. Hier können ganz andere Anforderungen erforderlich sein als dort. Die Emissionswerte der Entwässerungssatzung sind wie alle hoheitlichen Eingriffe am

---

137 Vgl. oben § 4 I 3.
138 Vgl. oben § 3 I 2a aa.
139 *Lübbe-Wolff*, NVwZ 1989, S. 205 (210).
140 Vgl. oben § 2 I 3b cc.

Grundsatz der Verhältnismäßigkeit zu messen, aber nicht an dem, der für den Gewässerschutz durch den Stand der Technik beschrieben und durch die wasserrechtlichen Grenzwerte konkretisiert ist. Damit können Anforderungen in Entwässerungssatzungen durchaus über die wasserrechtlichen Anforderungen hinausgehen, soweit sie aus Gründen der gemeindlichen Regelungskompetenz gerechtfertigt sind.[141]

V. Ergebnis

Der Kompetenzkonflikt für Indirekteinleitungen, der im Bereich des Schutzes der kommunalen Abwasseranlagen besteht, kann durch systematische Auslegung der dem Regime der Indirekteinleitungen zugrunde liegenden Kompetenztitel, Art. 28 Abs. 2 S. 1, 75 Abs. 1 S. 1 Nr. 4 Alt. 3 GG, aufgelöst werden. Unter Zugrundelegung des materiellen Aufgabenverteilungsprinzips des Art. 28 Abs. 2 S. 1 GG, das einen prinzipiellen Zuständigkeitsvorrang der Gemeinden gegenüber dem Staat begründet, ist Art. 75 Abs. 1 S. 1 Nr. 4 Alt. 3 GG dahingehend restriktiv auszulegen, daß dem Bund und damit auch den für die Ausfüllungsgesetzgebung zuständigen Ländern eine an sich gegebene entsprechende Kompetenz solange nicht zusteht, wie die Gemeinden die Aufgabe ordnungsgemäß erfüllen. Hierfür steht den Gemeinden mit dem kommunalen Entwässerungsrecht ein ausreichender rechtlicher Handlungsrahmen zur Verfügung.

Damit beruhen das staatliche Wasserrecht und das kommunale Satzungsrecht auch im Hinblick auf den Anlagenschutz auf unterschiedlichen Kompetenzgrundlagen, und sie verfolgen unterschiedliche Ziele. Das kommunale Entwässerungsrecht dient dem Schutz von Bestand und Funktionsfähigkeit der kommunalen Abwasseranlagen, der Sicherheit der darin arbeitenden Personen, der Sicherstellung der Klärschlammverwertung, der Erfüllung der Direkteinleiterpflichten der Gemeinden sowie der Minimierung der Abwasserabgabe.

Demgegenüber dient das staatliche Recht der Indirekteinleitungen dem Schutz der Gewässer und der Angleichung der Wettbewerbsbedingungen der Indirekteinleiter. Die staatliche Kompetenz zum Schutz der Abwasseranlagen besteht nur subsidiär. Das kommunale Satzungsrecht und das staatliche Wasserrecht stehen daher im Hinblick auf das Regime der Indirekteinleitungen selbständig und unabhängig nebeneinander. Gewerbliches und industrielles Abwasser aus Herkunftsbereichen der Abwasserverordnung muß daher die Vo-

---

141 Im Ergebnis ebenso *E. Sander*, Indirekteinleiterverordnungen, Rn. 124; so jetzt wohl auch *Lübbe-Wolff*, Abwassersatzung, Rn. 389.

raussetzungen beider Regelungsbereiche erfüllen. Schärfere satzungsrechtliche Anforderungen können in bezug auf die staatlichen Anforderungen nicht a priori als unverhältnismäßig angesehen werden, da der Maßstab für die Verhältnismäßigkeit jeweils ein anderer ist. Die kommunalen Beschränkungen für Indirekteinleitungen können gleichwohl im Hinblick auf die kompetenzgerechten Regelungsziele der Gemeinden unangemessen sein.

Dritter Teil: Gemeinschaftsrechtliche Determinierungen für das Recht der Indirekteinleitungen

Nachdem bis hierher gezeigt werden konnte, wie die Kompetenzen für das nationale Regime der Indirekteinleitungen verteilt sind, wird im folgenden Teil der Untersuchung der Frage nachgegangen, welche Determinierungen für dieses Regime durch das europäische Gemeinschaftsrecht bestehen. Einleitend wird hierzu untersucht, welche Regelungen auf der Ebene des europäischen Gemeinschaftsrechts für Indirekteinleitungen bestehen. Darauf aufbauend wird beurteilt, wie die Kompetenzen für die Umsetzung des Gemeinschaftsrechts verteilt sind, und ob das Gemeinschaftsrecht Auswirkungen auf die skizzierte nationale Kompetenzverteilung für Indirekteinleitungen hat. Dabei geht es auch um das Verhältnis von Gemeinschaftsrecht und kommunaler Selbstverwaltungsgarantie. Schließlich werden die konkret notwendigen Umsetzungsmaßnahmen betrachtet.

§ 5 Gemeinschaftsrechtliche Erfassung der Indirekteinleitungen

Auf der Ebene des europäischen Gemeinschaftsrechts werden Indirekteinleitungen von Art. 3 Nr. 2 GewSchRL[1] und Art. 11 KomAbwRL[2] erfaßt. Art. 3 Nr. 2 GewSchRL verpflichtet die Mitgliedstaaten, für jede Ableitung von Stoffen der Liste I im Anhang der Gewässerschutzrichtlinie eine Genehmigungspflicht vorzusehen.[3] Nach Art. 11 KomAbwRL müssen Indirekteinleitungen einer Regelung und/oder Erlaubnis unterworfen werden, die die Sicherheit des Personals, den Bestand und die Funktionsfähigkeit der Abwasseranlagen, die Verwertbarkeit des Klärschlamms sowie die Erfüllung der Direkteinleiterpflichten der Gemeinden gewährleistet.[4]

---

1 Richtlinie des Rates vom 04. 05. 1976 betreffend die Verschmutzung infolge der Ableitung bestimmter gefährlicher Stoffe in die Gewässer der Gemeinschaft (76/464/EWG; ABl. EG Nr. L 129, S. 23).

2 Richtlinie über die Behandlung von kommunalem Abwasser vom 21. 05. 1991 (91/271/EWG; ABl. EG Nr. L 135, S. 40).

3 Ausführlich unten § 5 III.

4 Ausführlich unten § 5 IV.

A. Kompetenzgrundlagen

Bevor diese spezifischen Regelungen für die Indirekteinleitungen näher betrachtet werden, sollen zunächst die kompetenziellen Grundlagen der Gewässerschutz- und Kommunalabwasserrichtlinie dargestellt werden.

I. Prinzip der begrenzten Einzelermächtigung, Art. 5 Abs. 1 (Art. 3b Abs. 1) EGV

Nach dem in Art. 5 Abs. 1 (Art. 3b Abs. 1) EGV verankerten Prinzip der begrenzten Einzelermächtigung[5] bedarf eine Maßnahme der Gemeinschaft einer Ermächtigungsgrundlage im EG-Vertrag. Die Gemeinschaft wird nur innerhalb der Grenzen der ihr im EG-Vertrag zugewiesenen Befugnisse und gesetzten Ziele tätig. Das bedeutet, daß die Gemeinschaft keine "Allzuständigkeit" oder "Kompetenz-Kompetenz" hat, also nicht in der Lage ist, die Aufgaben und Befugnisse ihrer Organe selbst zu regeln.[6] Diese bestimmen sich vielmehr nach den Gründungsverträgen, so wie sie von den Mitgliedstaaten übertragen worden sind. Danach sind die Mitgliedstaaten grundsätzlich zuständig, die Gemeinschaft nur dann, wenn sich dies ausdrücklich oder implizit[7] aus dem Vertrag ergibt.[8]

II. Art. 94, 308 (Art. 100, 235) EGV (Gewässerschutzrichtlinie)

In den Römischen Verträgen zur Gründung der Europäischen Gemeinschaften 1957[9] waren die Umweltpolitik als Zielsetzung der Gemeinschaft und entsprechende Kompetenzgrundlagen nicht enthalten. Erst am Anfang der sieb-

---

5 Vgl. v. *Bogdandy/Nettesheim*, in: Grabitz/Hilf, EU, Art. 3b Rn. 3 ff.; *Zuleeg*, in: Groeben/Thiesing/Ehlermann, EGV (5. Aufl. 1997), Art. 3b Rn. 2; *Jarass*, Grundfragen, S. 11 f.; *ders.*, AöR 121 (1996), S. 173 (174 f.); ausführlich *Krautßer*, Prinzip begrenzter Ermächtigung, 1991.

6 *V. Borries*, EuR 1994, S. 263 (265) m. w. N.; *Schmidhuber/Hitzler*, NVwZ 1992, S. 720 (221).

7 Vgl. v. *Bogdandy/Nettesheim*, in: Grabitz/Hilf, EU, Art. 3b Rn. 9; *Zuleeg*, in: Groeben/Thiesing/Ehlermann, EGV (5. Aufl. 1997), Art. 3b Rn. 3.

8 *Konow*, DÖV 1993, S. 405 (407); *v. Borries*, EuR 1994, S. 263 (268); *Jarass*, AöR 121 (1996), S. 173 (176 ff.); zur Rechtslage vor Maastricht vgl. *Lambers*, EuR 1993, S. 229 (233).

9 BGBl. II, S. 768.

ziger Jahre wurde die Notwendigkeit einer gemeinschaftlichen Umweltpolitik erkannt.[10] Der Beginn des europäischen Gewässerschutzrechts wird durch den Erlaß der Trinkwasserrichtlinie und der auch für das Recht der Indirekteinleitungen maßgeblichen Gewässerschutzrichtlinie aus den Jahren 1975 und 1976 markiert.[11] Diese Maßnahmen fanden ihre Rechtsgrundlage in einer erweiternden - und umstrittenen -[12] Auslegung des EWG-Vertrags, die es erlaubte, Rechtsakte auf dem Gebiet des Umweltschutzes zu erlassen. So wurden die Zielsetzungen in der Präambel und in Art. 2 EWGV so ausgelegt, daß eine "stetige Besserung der Lebens- und Beschäftigungsbedingungen", eine "harmonische Entwicklung des Wirtschaftslebens innerhalb der Gemeinschaft" und eine "beschleunigte Hebung der Lebenshaltung" nicht ohne ergänzende umweltpolitische Maßnahmen möglich seien.[13] Damit konnte der Umweltschutz zu den Zielen der Gemeinschaft gerechnet werden. Kompetenzielle Grundlagen der Maßnahmen waren Art. 100 und 235 EWGV.[14] So wurde die Gewässerschutzrichtlinie mit dem, für die kompetenzielle Absicherung von Umweltschutzmaßnahmen typischen Argument auf Art. 100 EWGV gestützt, daß Unterschiede zwischen den in den verschiedenen Mitgliedstaaten geltenden Bestimmungen betreffend die Ableitung bestimmter gefährlicher Stoffe in die Gewässer zu unterschiedlichen Wettbewerbsbedingungen führen können und so einen unmittelbaren Einfluß auf das Funktionieren des Gemeinsamen Marktes haben.[15] Weiterhin wurden die Rechtsakte auf Art. 235 EWGV gestützt, der ein Handeln der Gemeinschaft im Rahmen des Gemeinsamen Marktes ermöglicht, um ein Ziel der Gemeinschaft zu erreichen, auch wenn die dafür erforderlichen Befugnisse im EWG-Vertrag nicht vorgesehen sind.[16] Diese Rechtsetzungspraxis wurde sowohl stillschweigend vom

---

10 Vgl. *Glaesner*, Umwelt, S. 1 (2 ff.).

11 *Delwing*, Umsetzungsprobleme, S. 23.

12 Vgl. etwa *Grabitz/Sasse*, Umweltkompetenz, S. 92; *Behrens*, Rechtsgrundlagen, S. 237 ff., 265 ff.; *Kloepfer*, UPR 1986, S. 321 (324 ff.); *Hailbronner*, EuGRZ 1989, S. 101 (103); *Kreutzberger*, ZfU 1986, S. 169 (174 ff.); *Offermann-Clas*, DVBl. 1981, S. 1125 (1127 f.).

13 Vgl. *Kahl*, Umweltprinzip, S. 10 f.; *Zuleeg*, Umweltschutz, S. 4 f.

14 *Veh/Knopp*, Gewässerschutz, S. 23.

15 Ziff. 3 Erwägungsgründe der Richtlinie 76/464/EWG (ABl. EG Nr. L 129, S. 23); vgl. dazu *Lausch*, Gewässerschutz, S. 125 ff.

16 Ziff. 4 Erwägungsgründe der Richtlinie 76/464/EWG (ABl. EG. Nr. L 129, S. 23); vgl. auch *Riegel*, DVBl. 1977, S. 82 (83 f.); *Lausch*, Gewässerschutz, S. 157 ff.; *Glaesner*, Umwelt, S. 1 (6); zur Doppelabstützung der Gewässerschutzrichtlinie vgl. *Delwing*, Umsetzungsprobleme, S. 26.

EuGH[17] als auch den Mitgliedstaaten akzeptiert.[18] Daneben wurden eine Reihe von weiteren Einzelkompetenzen herangezogen, auf die Rechtsakte mit Bezug zum Umweltschutz erlassen wurden.[19]

III. Art. 175 (Art. 130s) EGV (Kommunalabwasserrichtlinie)

Eine explizite Umweltschutzkompetenz der Gemeinschaft wurde erst durch die am 01. Juli 1987 in Kraft getretene Einheitliche Europäische Akte (EEA)[20] durch Einfügung der Art. 174 bis 176 (Art. 130r bis t) EGV im EG-Vertrag verankert. Dadurch wurde die geschilderte Konstruktion einer Umweltkompetenz der Gemeinschaft hinfällig.[21] Art. 175 (Art. 130s) EGV stellt die Kompetenzgrundlage für Maßnahmen der Gemeinschaft zur Verfolgung der in Art. 174 (Art. 130r) EGV genannten umweltpolitischen Zielsetzungen der Gemeinschaft dar.[22] Art. 174 (Art. 130r) EGV steckt zugleich den sachlichen Umfang der gemeinschaftlichen Kompetenz ab.[23] Art. 175 Abs. 1 (Art. 130s Abs. 1) EGV ist dabei die allgemeine Kompetenzgrundlage, während Art. 175 Abs. 2 (Art. 130s Abs. 2) EGV für bestimmte Bereiche ein besonde-

---

17 EuGH Rs. 240/83, Slg. 1985, 531 (549); Rs. 302/86, Slg. 1988, 4607 (4630); Rs. C-195/90 R, Slg. 1990, I-3351 (I-3359); vgl. dazu *Kahl*, Umweltprinzip, S. 12.

18 Vgl. *Krämer*, EEA und Umweltschutz, S. 137 (139); *Kloepfer*, UPR 1986, S. 321 (325); *Riegel*, DVBl. 1977, S. 82 ff; *Grabitz/Zacker*, NVwZ 1989, S. 297 (298); bis zur Einführung der EEA wurden über 200 Rechtsakte auf dem Gebiet des Umweltschutzes erlassen, Übersicht bei *Krämer*, in: Groeben/Thiesing/Ehlermann, EWGV (4. Aufl. 1991), vor Art. 130r Rn. 1.

19 Vgl. die Übersichten von *A. Schröer*, Kommunaler Umweltschutz, S. 12 f. und *Epiney*, Umweltrecht, S. 61 f.

20 ABl. EG Nr. L 169, S. 1; BGBl. II, S. 1102; vgl. dazu etwa *Grabitz/Zacker*, NVwZ 1989, S. 297 ff.

21 *Breuer*, Entwicklungen des europäischen Umweltrechts, S. 18; die vor dem Inkrafttreten der EEA auf der Grundlage der Art. 94, 308 (Art. 100, 235) EGV erlassenen Rechtsakte verlieren aber nicht ihren Gültigkeitsanspruch, *Zuleeg*, NJW 1993, S. 31 (32); *ders.*, Umweltschutz, S. 5; das auf Art. 94, 308 (Art. 100, 235) EGV basierende gemeinschaftliche Gewässerschutzrecht ist heute der Kompetenzgrundlage des Art. 175 (Art. 130s) EGV zuzuordnen, vgl. *Grabitz/Nettesheim*, in: Grabitz/Hilf, EU, Art. 130s Rn. 126 ff.; a. A. *Delwing*, Umsetzungsprobleme, S. 32 f.; Änderungen dieser Rechtsakte wären daher auf Art. 175 (Art. 130s) EGV zu stützen, vgl. *Frenz*, Umweltrecht, Rn. 73.

22 *Epiney*, Umweltrecht, S. 55.

23 *Grabitz/Nettesheim*, in: Grabitz/Hilf, EU, Art. 130s Rn. 3; *Zuleeg*, NJW 1993, S. 31 (32); a. A. *Vorwerk*, Umweltpolitische Kompetenzen, S. 47 ff.

res Entscheidungsverfahren vorsieht.[24] Von Art. 175 Abs. 2 (Art. 130s Abs. 2) EGV sind auch Maßnahmen der Bewirtschaftung der Wasserressourcen erfaßt. Hierunter sind solche Maßnahmen zu verstehen, die sich auf die Art der Wassernutzung beziehen; sie erfordern ein "raumplanerisches Element".[25] Emissions- oder Immissionsnormen zur Reduzierung der Schadstoffbelastung der Gewässer sind dagegen auf der Grundlage des Art. 175 Abs. 1 i. V. m. Art. 248 (Art. 130s Abs. 1 i. V. m. Art. 189c) EGV zu erlassen.[26] Art. 175 (Art. 130s) EGV enthält keine Vorgabe für die Wahl eines bestimmten Handlungsinstruments, so daß die Gemeinschaft insofern frei ist.[27]

Eine weitere Kompetenznorm zum Erlaß von Umweltschutzmaßnahmen stellt Art. 95 Abs. 1 (Art. 100a Abs. 1) EGV dar, der ebenfalls durch die EEA in den EG-Vertrag eingefügt wurde. Hiernach erläßt der Rat Maßnahmen zur Angleichung der Rechts- und Verwaltungsvorschriften der Mitgliedstaaten, welche die Errichtung und das Funktionieren des Binnenmarkts zum Gegenstand haben. Aus Art. 95 Abs. 3, 4 (Art. 100a Abs. 3, 4) EGV folgt, daß diese Maßnahmen auch einen umweltpolitischen Bezug haben können. Darin kommt der oftmals ambivalente Charakter von Umweltschutzrichtlinien der Gemeinschaft zum Ausdruck: Die Harmonisierung von Umweltstandards führt neben einem verbesserten Umweltschutz auch zur Aufhebung von Wettbewerbsverzerrungen durch unterschiedliche Umweltschutzvorschriften in den Mitgliedstaaten.[28] Aus dieser weiteren Umweltkompetenz resultiert die viel diskutierte[29] Frage, wie die Anwendungsbereiche der Art. 175, 95 (Art. 130s, 100a) EGV voneinander abgegrenzt werden können.[30] Maßgeblich ist, ohne daß hier auf die Diskussion näher eingegangen werden kann, das Gewicht des Binnenmarktbezugs. Nur Rechtsakte, deren Ziel und Inhalt im Schwerpunkt der Harmoni-

---

24 *Epiney*, Umweltrecht, S. 55 f.; *Frenz*, Umweltrecht, Rn. 69 ff.

25 *Epiney*, Umweltrecht, S. 58.

26 Die Kommission hat den Entwurf der Wasserrahmenrichtlinie auf Art. 175 Abs. 1 (Art. 130s Abs. 1) EGV gestützt, vgl. ABl. EG 1997 Nr. C 184, S. 20.

27 *Grabitz/Nettesheim*, in: Grabitz/Hilf, EU, Art. 130s Rn. 11 f.; *Frenz*, Umweltrecht, Rn. 74 ff. (76).

28 *Ruffert*, Jura 1994, S. 635 (636); *Lausch*, Gewässerschutz, S. 6 ff.

29 Vgl die Zusammenfassungen von *Beckmann*, Umweltinnenkompetenzen, S. 13 ff. und *Schröer*, Kompetenzverteilung, S. 105 ff.

30 Voraussetzung ist allerdings, daß Wettbewerbsverzerrungen dem Binnenmarktbegriff des Art. 14 (Art. 7a) EGV unterfallen, was nicht unumstritten ist, vgl. dazu *Pipkorn*, in: Groeben/Thiesing/Ehlermann, EWGV (4. Aufl. 1991), Art. 100a Rn. 9; *Epiney*, Umweltrecht, S. 60; *Pernice*, NVwZ 1990, S. 201 (204); *Grabitz/Zacker*, NVwZ 1989, S. 297 (301); zu den praktischen Auswirkungen vgl. *Ruffert*, Jura 1994, S. 635 (636 f.).

sierung der Wettbewerbsbedingung zuzuordnen sind, werden auf Art. 95 (Art. 100a) EGV gestützt. Tangiert ein Rechtsakt nur nebenbei eine Harmonisierung der Marktbedingungen, ist er auf Art. 175 (Art. 130s) EGV zu stützen.[31] Damit ist zusammenfassend davon auszugehen, daß für die Abgrenzung von Art. 95 Abs. 1 (Art. 100a Abs. 1) EGV zu Art. 175 (Art. 130s) EGV der nach Ziel und Inhalt objektiv ersichtliche Hauptzweck einer Maßnahme maßgeblich ist.[32]

Die Kommunalabwasserrichtlinie ist auf Art. 175 (Art. 130s) EGV gestützt worden, ohne daß dies im Rechtsetzungsverfahren von der Kommission, dem Rat oder dem Europäischen Parlament in Zweifel gezogen worden wäre.[33] Dies ist auch die zutreffende Kompetenzgrundlage, denn obwohl Art. 11, 13 KomAbwRL Anforderungen an industrielle Direkt- und Indirekteinleitungen stellen, die auch Auswirkungen auf die Angleichung der Wettbewerbsbedingungen der betroffenen Unternehmen haben, liegt der Schwerpunkt der

---

31   EuGH, Rs. C-155/91, Slg. 1993, I-939 (I-968); zur Auseinandersetzung um dieses Urteil in der Literatur vgl. nur *Zuleeg*, NJW 1993, S. 31 (32 f.); *ders.*, Umweltschutz, S. 7 ff.

32   EuGH, Rs. C-155/91, Slg. 1993, I-939 (I-968 f.); Rs. C-187/93, Slg. 1994, I-2857, (I-2882 ff.); *Langeheine*, in: Grabitz/Hilf, EU, Art. 100a Rn. 94; *Zuleeg*, in: Groeben/Thiesing/Ehlermann, EGV (5. Aufl. 1997), Art. 3b Rn. 7, 15; *Frenz*, Umweltrecht. Rn. 94; *Epiney*, Umweltrecht, S. 72; *Breuer*, Entwicklungen des europäischen Umweltrechts, S. 22; *Grabitz/Zacker*, NVwZ 1989, S. 297 (301 f); *Calliess*, KJ 1994, S. 284 (288); *Klein/Haratsch*, DÖV 1994, S. 131 (136); vgl. auch *Schröder*, NuR 1998, S. 1 (4); a. A. *Vorwerk*, Umweltpolitische Kompetenzen, S. 92; *Glaesner*, EuR 1986, S. 119 (131), die auf die wesentliche politische Zielsetzung des Gemeinschaftsgesetzgebers abstellen; auf den rechtstechnischen Wirkungsbereich einer Maßnahme stellen ab: *Scheuing*, EuR 1989, S. 152 (185 f.); *Hailbronner*, EuGRZ 1989, S. 101 (105); für eine Spezialität des Art. 100a vor Art. 175 (Art. 130s) EGV etwa *Pernice*, Die Verwaltung 22 (1989), S. 1 (31 f.); teilweise wird die Auffassung vertreten, derjenigen Kompetenznorm gebühre nach dem "Grundsatz des bestmöglichen Umweltschutzes" der Vorrang, die der Umwelt einen möglichst weitgehenden und effizienten Schutz biete: *Kahl*, Umweltprinzip, S. 283 ff.; *Schröer*, Kompetenzverteilung, S.133 ff.; zu den von der Literatur gebildeten Fallgruppen (Produktnormen / Produktionsnormen / allgemeine Maßnahmen) vgl. *Epiney*, Umweltrecht, S. 75 ff.; *Grabitz/Nettesheim*, in: Grabitz/Hilf, EU, Art. 130s Rn. 38 ff.

33   Vgl. *Schulte*, Kommunalabwasserrichtlinie, S. 33.

Richtlinie auf dem Schutz der Umwelt vor den Auswirkungen von kommunalem Abwasser.[34]

Die umweltrechtlichen Kompetenzen der Gemeinschaft wurden durch den Unionsvertrag von 1992[35] nur sehr behutsam weiterentwickelt. Zu erwähnen sind insbesondere die Aufnahme des Umweltschutzes in die Zielbestimmungen der Gemeinschaft, Art. 3 lit. k EGV,[36] sowie die Überführung der "Besserklausel" des Art. 130r Abs. 4 EWGV in die allgemeine Subsidiaritätsvorschrift des Art. 5 Abs. 2 (Art. 3b Abs. 2) EGV.[37] Auch der Vertrag von Amsterdam aus dem Jahr 1997[38] enthält im Kern (lediglich) eine Stärkung und Konsolidierung des gemeinschaftlichen umweltrechtlichen Besitzstands.[39]

IV. Art. 5 Abs. 2 (Art. 3b Abs. 2) EGV: Subsidiaritätsprinzip

Mit dem Vertrag über die Europäischen Union von 1992 ist in Art. 5 Abs. 2 (Art. 3b Abs. 2) EGV das Subsidiaritätsprinzip in den EG-Vertrag aufgenommen worden. Die Gemeinschaft darf eine ihr zustehende Kompetenz nur dann ausüben, wenn die Voraussetzungen des Art. 5 Abs. 2 (Art. 3b Abs. 2) EGV vorliegen: "In den Bereichen, die nicht in ihre ausschließliche Zuständigkeit fallen, wird die Gemeinschaft nach dem Subsidiaritätsprinzip nur tätig, sofern und soweit die Ziele der in Betracht gezogenen Maßnahmen auf der Ebene der Mitgliedstaaten nicht ausreichend erreicht werden können und daher wegen ihres Umfangs oder ihren Wirkungen besser auf Gemeinschaft-

---

34 Vgl. *Schulte*, Kommunalabwasserrichtlinie, S. 35; *Delwing*, Umsetzungsprobleme, S. 32 f.; *Grabitz*, in: Grabitz/Hilf, EU, Art. 130s Rn. 45 ff.; *Demmke*, Implementation, S. 37 f., 88 f.; unten § 5 IV.

35 Vertrag von Maastricht über die Europäische Union vom 07. 02. 1992 (ABl. EG Nr. C 19, S. 1; BGBl. II, S. 1251).

36 Die EEA hatte noch auf eine Aufnahme in den Katalog der Art. 2 f. EWGV verzichtet, vgl. dazu *Lietzmann*, Umweltbestimmungen, S. 163 (167 f.).

37 Vgl. *Grabitz/Nettesheim*, in: Grabitz/Hilf, EU, vor Art. 130r Rn. 16 ff.; *Epiney/Furrer*, EuR 1992, S. 369 ff.; *Breier*, NuR 1993, S. 457 ff.; *Wiegand*, DVBl. 1993, S. 533 (535 f.).

38 Vertrag von Amsterdam zur Änderung des Vertrags über die Europäische Union, die Verträge zur Gründung der Europäischen Gemeinschaften sowie einiger damit zusammenhängender Rechtsakte (ABl. EG Nr. C 340, S. 1), ratifiziert durch Gesetz zum Vertrag vom Amsterdam vom 8. 4. 1998 (BGBl. II, S. 386).

39 Vgl. im einzelnen *Schröder*, NuR 1998, S. 1 ff.; *Streinz*, EuZW 1998, S. 137 (144); *Krämer*, ZUR 1998, S. 70 f.

sebene erreicht werden können." Als Vorläufer dieser Regelung wird jedenfalls für den Bereich der Umweltkompetenzen der Gemeinschaft Art. 130r Abs. 4 S. 1 EWGV i. d. F. der EEA angesehen, wobei die Bedeutung dieser Regelung, insbesondere ihre Qualifizierung als Subsidiaritätsklausel, umstritten war.[40] Art. 130r Abs. 4 S. 1 EWGV, der durch den Unionsvertrag wieder aufgehoben wurde, lautete: "Die Gemeinschaft wird im Bereich der Umwelt insoweit tätig, als die in Abs. 1 genannten Ziele besser auf Gemeinschaftsebene erreicht werden können als auf der Ebene der Mitgliedstaaten."

Die Diskussion über das Subsidiaritätsprinzip auf europäischer Ebene stellt einen Schwerpunkt der rechtswissenschaftlichen Auseinandersetzung um die Kompetenzen der Europäischen Gemeinschaft dar. Art. 5 Abs. 2 (Art. 3b Abs. 2) EGV ist zwar für das gemeinschaftsrechtliche Regime der Indirekteinleitungen insofern unmittelbar ohne Bedeutung, als Art. 3 Nr. 2 GewSchRL aus dem Jahr 1976 und Art. 11 KomAbwRL aus dem Jahr 1991 stammen. Diese Regelungen sind also nicht an Art. 5 Abs. 2 (Art. 3b Abs. 2) EGV zu messen. Sie müßten auch nicht aufgehoben werden, würde man sie unter Subsidiaritätsgesichtspunkten für unzulässig halten, da nach Art. 2 Spstr. 5 (Art. B Spstr. 5) EUV der gemeinschaftliche Besitzstand (acquis communautaire) zu wahren ist. Gleichwohl soll an dieser Stelle aus zwei Gründen die Diskussion in der gebotenen Kürze in einem Exkurs zusammengefaßt werden. Erstens hat die Kommission angekündigt, im Umweltbereich, vor allem auf dem Gebiet der Luftreinhaltung und des Gewässerschutzes, die bereits bestehenden Vorschriften nach Maßgabe der neuesten Erkenntnisse und des technischen Fortschritts zu vereinfachen, zu konsolidieren und den neuen Anforderungen des Vertrags anzupassen.[41]

---

40 Vgl. hierzu *Beckmann*, Umweltinnenkompetenzen, S. 38 ff.; *Calliess*, Subsidiaritäts- und Solidaritätsprinzip, S. 38 ff.; *Kahl*, Umweltprinzip, S. 27 ff; *Jarass*, Grundfragen, S. 16 f.; *Jarass/Schreiber*, Entfaltung des Subsidiaritätsprinzips im Umweltrecht, S. 124 (126 ff.); *Lecheler*, Subsidiaritätsprinzip, S. 24; *Schima*, Subsidiaritätsprinzip, S. 70 ff.; *Stewing*, Subsidiarität, S. 97 ff.; *Vorwerk*, Umweltpolitische Kompetenzen, S. 40 ff.; 47 ff.; *Grabitz/Nettesheim*, in: Grabitz/Hilf, EU, Art. 130r Rn. 82 ff.; *Pieper*, Subsidiarität, S. 197 f.; *Grabitz/Zacker*, NVwZ 1989, S. 297 (302); *Krämer*, EEA und Umweltschutz, S. 137 (142 ff.); *Lietzmann*, Umweltbestimmungen, S. 163 (172 ff.); *Schrenk*, NuR 1990, S. 391 ff.; *Soell*, NuR 1990, S. 155 (156 ff.); *Zuleeg*, NJW 1993, S. 31 (34); vgl. zu Art. 130r Abs. 4 EWGV auch unten § 5 V 4a cc.

41 Vgl. Europäischer Rat von Edinburgh, Schlußfolgerungen des Vorsitzenden, Anlage 2: Subsidiarität, Beispiele für die Überprüfung der derzeit vorliegenden Vorschläge und der geltenden Rechtsvorschriften, Bulletin der Bundesregierung Nr. 140 v. 28. 12. 1992, S. 1277; abgedruckt in: *Merten* (Hrsg.), Subsidiarität Europas, Anhang 4, S. 136 (145). Vgl. auch Nr. 2, 6 der "Leitlinien für die Umsetzung von EG-Richtlinien im Hinblick

Zweitens wird die Auslegung der gemeinschaftsrechtlichen Subsidiaritätsklausel nicht ohne Einfluß auf die nationale Kompetenzverteilung für das Recht der Indirekteinleitungen sein. Im zweiten Teil dieser Untersuchung konnte dargelegt werden, daß die Kompetenzverteilung zwischen den Gemeinden und dem Staat vom materiellen Aufgabenverteilungsprinzip des Art. 28 Abs. 2 S. 1 GG, das eine Konkretisierung des innerstaatlichen Subsidiaritätsprinzips darstellt, und von der gem. Art. 72 Abs. 2, 75 Abs. 1 S. 1 Nr. 4 GG gegenüber den Ländern subsidiären Rahmenkompetenz des Bundes für den Wasserhaushalt bestimmt wird. Obwohl das Gemeinschaftsrecht eine eigenständige Rechtsordnung darstellt, wird das gemeinschaftsrechtliche Subsidiaritätsverständnis das bundesdeutsche beeinflussen.[42]

1. Inhaltsbestimmung

Wie im ersten Teil der Untersuchung gezeigt wurde,[43] hat der Begriff "Subsidiaritätsprinzip" als solcher zunächst unklare Konturen. Als seine normative Kernaussage läßt sich lediglich bestimmen, daß der unteren Einheit der Vorrang im Handeln nach Maßgabe ihrer Leistungsfähigkeit zukommen soll. Die Bedeutung des Prinzips hängt von der jeweiligen Konkretisierung ab, und von dem Zusammenhang, in dem es verwendet wird. Bereits hieraus folgt, daß zur Inhaltsermittlung auf Art. 5 Abs. 2 (Art. 3b Abs. 2) EGV selbst abgestellt werden muß, und daß dieser nicht ein bestimmtes, über die Kernaussage hinausgehendes, Vorverständnis von Subsidiarität voraussetzt.[44] Auch fehlt ein Hinweis auf eine bestimmte außervertragliche Sichtweise des

---

auf die Subsidiaritätsprüfung" der Bundesregierung, nach *Rengeling*, DVBl. 1995, S. 945 (951). Einen solchen Ansatz verfolgt der unten unter E IV 2 skizzierte Entwurf der Wasserrahmenrichtlinie; dieser wird am Subsidiaritätsprinzip zu messen sein, vgl. insofern Erwägungsgründe Ziff. 11, 15 f. Wasserrahmenrichtlinie [E] (ABl. EG 1997 Nr. C 184, S. 21).

42 Vgl. *Oppermann*, Subsidiarität, S. 215 (225); *Würtenberger*, StWiss u. StPrax 1993, S. 621 (623); *Grimm*, KritV 1994, S. 6 (12); *Demmke*, Implementation, S. 66 mit dem Hinweis, daß die Auslegung des Art. 5 Abs. 2 (Art. 3b Abs. 2) EGV auch Auswirkungen auf die Implementation der bereits bestehenden Richtlinien hat, wobei sich *Demmke* auf die Richtlinie 80/778/EWG bezieht; so auch *Héritier*, Subsidiaritätsprinzip im Bereich Umweltpolitik, S. 87; vgl. dazu unten § 5 V 4c.

43 Vgl. oben § 2 I 3b bb.

44 *V. Bogdandy/Nettesheim*, in: Grabitz/Hilf, EU, Art. 3b Rn. 20; *Pieper*, Subsidiarität, S. 258; *v. Borries*, EuR 1994, S. 263 (273); *Stewing*, DVBl. 1992, S. 1516 (1517); a. A. *Merten*, Subsidiarität, S. 76 (81).

Subsidiaritätsprinzips in den Verhandlungen der Regierungskonferenz zum Unionsvertrag von Maastricht.[45] Bei der Auslegung des Art. 5 Abs. 2 (Art. 3b Abs. 2) EGV ist schließlich zu beachten, daß die Gemeinschaftsrechtsordnung eine eigenständige Rechtsordnung ist, die Vorrang vor den nationalen Rechtsordnungen besitzt.[46] Sie ist daher nach Gemeinschaftsmaßstäben auszulegen, wobei die allen nationalen Rechtsordnungen gemeinsamen Rechtsgrundsätze heranzuziehen sind.[47] Obwohl also die Normierung des Art. 5 Abs. 2 (Art. 3b Abs. 2) EGV wesentlich durch die Bundesrepublik Deutschland betrieben wurde,[48] ist nicht das deutsche Verständnis von Subsidiarität maßgeblich. Damit ist zugleich klar, daß die im ersten Teil der Untersuchung gefundenen Ergebnisse für das Verhältnis Gemeinden - Staat, so wie es in Art. 28 Abs. 2 S. 1 GG mit dem materiellen Aufgabenverteilungsprinzip festgelegt ist, nicht auf die Ebene des Gemeinschaftsrechts übertragen werden können. Aus Übereinstimmungen von Begriffsbezeichnungen des Gemeinschaftsrechts mit solchen des nationalen Rechts allein darf daher nicht auf inhaltliche Übereinstimmung der Begriffe geschlossen werden.[49] Art. 5 Abs. 2 (Art. 3b Abs. 2) EGV ist vielmehr auf seine spezifische Konkretisierung des Subsidiaritätsprinzips hin zu untersuchen.[50] Dem Vertragstext als Ausgangspunkt der Betrachtung ist eine dreistufige Subsidiaritätsprüfung zu entnehmen.[51]

a) Nicht ausschließliche Zuständigkeiten der Gemeinschaft

Nach Art. 5 Abs. 2 (Art. 3b Abs. 2) EGV gilt das Subsidiaritätsprinzip nur in den Bereichen, die nicht in die ausschließliche Zuständigkeit der Gemeinschaft fallen. Die Bestimmung der ausschließlichen Zuständigkeiten ist jedoch problematisch, da der EG-Vertrag keinen ausdrücklichen Kompetenz-

---

45 *V. Borries*, EuR 1994, S. 263 (273).

46 Vgl. dazu *Grabitz*, in: Grabitz/Hilf, EU, Art. 189 Rn. 10 ff. und unten § 6 IV 2.

47 Vgl. *Krücke*, in: Groeben/Thiesing/Ehlermann, EWGV (4. Aufl. 1991), Art. 164 Rn. 22 ff.; rechtsvergleichende Untersuchungen finden sich bei *Häberle*, AöR 119 (1994), S. 169 ff. und *Lecheler*, Subsidiaritätsprinzip, S. 55 ff.; *Schmidhuber*, DVBl. 1993, S. 417 (418) weist allerdings darauf hin, daß der Begriff der Subsidiarität für die anderen Mitgliedstaaten "weitgehend Neuland" sei.

48 Vgl. dazu *Blumenwitz*, Subsidiaritätsprinzip, S. 1 (3 f.).

49 *Rengeling*, VVDStRL 53 (1994), S. 202 (218) unter Hinweis auf BVerfGE 52, 187; 73, 339 (372); 75, 223 (241).

50 Vgl. auch die methodologischen Hinweise bei *Pieper*, Subsidiarität, S. 84 f.

51 Vgl. *Konow*, DÖV 1993, S. 405 (407 f.).

katalog enthält, wie er etwa in der Bundesrepublik Deutschland in Art. 73 GG für das Verhältnis von Bund und Ländern niedergelegt ist. Dementsprechend findet sich eine Vielzahl von Abgrenzungsversuchen.[52] Der EuGH hat in einer Reihe von Entscheidungen einige Zuständigkeiten als ausschließliche anerkannt.[53] Nach seiner Rechtsprechung bedeutet das Bestehen einer ausschließlichen Zuständigkeit der Gemeinschaft, daß die Mitgliedstaaten grundsätzlich keine parallelen Zuständigkeiten mehr besitzen.[54] Demgegenüber sind nicht ausschließliche Zuständigkeiten solche, in denen sowohl die Gemeinschaft als auch die Mitgliedstaaten handlungsbefugt sind.[55] Nach einer verbreiteten Auffassung in der Literatur fallen unter die ausschließliche Zuständigkeit nur die Bereiche, in denen den Mitgliedstaaten unabhängig von den schon erfolgten Aktivitäten der Gemeinschaft von vornherein keine Handlungsbefugnisse mehr zukommen, um einen möglichst breiten Anwendungsbereich des Art. 5 Abs. 2 (Art. 3b Abs. 2) EGV zu gewährleisten.[56] Für den Bereich der Umweltpolitik ist die Abgrenzungsproblematik jedoch ohne Bedeutung, da diese einhellig dem Bereich der nicht ausschließlichen Zuständigkeiten der Gemeinschaft zugeordnet wird.[57] Dies ergibt sich bereits unmittelbar aus Art. 176 (Art. 130t) EGV, wonach die Mitgliedstaaten nach einem Handeln der Gemeinschaft nach Art. 175 (Art. 130s) EGV nicht gehindert sind, verstärkte Schutzmaßnahmen beizubehalten oder zu ergreifen. Auch für den Bereich des Art. 95 (Art. 100a) EGV wird aus Art. 95 Abs. 4 (Art.

---

52 Vgl. etwa *Stein*, Subsidiarität, S. 23 (32) m. w. N.; Mitteilung der EG-Kommission, in: *Merten*, Subsidiarität, Anhang 2, S. 112 (120); *Schröer*, Kompetenzverteilung, S. 33 ff.

53 Vgl. z. B. EuGH, Gutachten 1/75, Slg. 1975, 1355 (1363 f.): Handelspolitik; Rs. 40/69, Slg. 1970, 69 (80): Festlegung des Zolltarifs und des materiellen Zollrechts; verb. Rs. 3, 4, 6/76, Slg. 1976, 1279 (1311 ff.): Erhaltung der Fischereiressourcen; vgl. auch die Aufzählung der Kommission, in: *Merten* (Hrsg.), Subsidiarität Europas, S. 112 (120), dazu *Stern*, Europäische Union und kommunale Selbstverwaltung, S. 21 (36).

54 EuGH, Gutachten 1/75, Slg. 1975, 1355 (1363 f.); Gutachten 1/76, Slg. 1977, 741 (755 ff.); Gutachten 1/78, Slg. 1979, 2871 (2916 f.); Gutachten 2/91 (ABl. EG Nr. C 109, S. 7).

55 *Pieper*, DVBl. 1993, S. 705 (708); *Bieber*, Subsidiarität, S. 165 (174); *Calliess*, EuZW 1995, S. 693 (694 ff.).

56 *V. Bogdandy/Nettesheim*, in: Grabitz/Hilf, EU, Art. 3b Rn. 12, 27 ff.; *Zuleeg*, in: Groeben/Thiesing/Ehlermann, EGV (5. Aufl. 1997), Art. 3b Rn. 5; *Epiney*, Umweltrecht, S. 85 f.; *Jarass*, EuGRZ 1994, S. 209 (210); *ders.*, Grundfragen, S. 14; *ders.*, AöR 121 (1996), S. 173 (186); *Streinz*, Europarecht, Rn. 130.

57 *Jarass/Schreiber*, Entfaltung des Subsidiaritätsprinzips im Umweltrecht, S. 124 (126); *v. Borries*, EuR 1994, S. 263 (275); *Calliess*, EuZW 1995, S. 693 (696).

100a Abs. 4)EGV deutlich, daß die Mitgliedstaaten im Grundsatz neben der Gemeinschaft handlungsbefugt sein können.[58]

b) Unzureichende Zielerreichung auf der Ebene der Mitgliedstaaten

Weitere Voraussetzung für ein Tätigwerden der Gemeinschaft ist, daß die Ziele der in Betracht gezogenen Maßnahmen auf der Ebene der Mitgliedstaaten nicht ausreichend erreicht werden können.

Bei dem "Ziel der in Betracht gezogenen Maßnahmen" handelt es sich um ein Ziel der Gemeinschaft, wie es sich aus dem betreffenden Rechtsakt ergibt, der seinerseits nach Art. 5 Abs. 1 (Art. 3b Abs. 1) EGV durch die Vertragsziele gedeckt sein muß.[59] Das bedeutet, daß die Ziele der Gemeinschaft zunächst von den Mitgliedstaaten selber angestrebt werden sollen, erst wenn dies nicht ausreichend möglich ist, kommt ein Handeln der Gemeinschaft selbst in Betracht. Die Mitgliedstaaten sollen also vorrangig gegenüber der Gemeinschaft handeln, die zwar eine Kompetenz besitzt, diese aber nicht ausüben soll.[60] Der Vorrang der Mitgliedstaaten folgt bereits aus der ausdrücklichen Nennung des Subsidiaritätsprinzips. Ergibt die Prüfung, daß ein Handeln der Gemeinschaft unterbleibt, sind die Mitgliedstaaten nach Art. 10 (Art. 5) EGV verpflichtet,

---

58 *Jarass*, EuGRZ 1994, S. 209 (210); *ders.*, Grundfragen, S. 14; *Binswanger/Wepler*, Umweltschutz und Subsidiaritätsprinzip, S. 411 (417); *Scheuing*, Einheitliche Europäische Akte, S. 46 (62); a. A. wohl *Frenz*, Umweltrecht, Rn. 601; vgl. zu den Schutzverstärkungsklauseln *Scheuing*, EuR 1989, S. 152 (167 ff.); *Pechstein*, Jura 1996, S. 176 (179 ff.).

59 Vgl. *v. Bogdandy/Nettesheim*, in: Grabitz/Hilf, EU, Art. 3b Rn. 32 f.; *Zuleeg*, in: Groeben/Thiesing/Ehlermann, EGV (5. Aufl. 1997), Art. 3b Rn. 19; *v. Borries*, EuR 1994, S. 263 (276); *Lambers*, EuR 1993, S. 229 (235).

60 *Lambers*, EuR 1993, S. 229 (235); *v. Borries*, EuR 1994, S. 263 (277); *Frenz*, Umweltrecht, Rn. 605; vgl. zur Frage, ob eine intergouvernementale Zusammenarbeit der Mitgliedstaaten die Gemeinschaftszuständigkeit ausschließen kann *v. Bogdandy/Nettesheim*, in: Grabitz/Hilf, EU, Art. 3b Rn. 37; *Calliess*, Subsidiaritäts- und Solidaritätsprinzip, S. 98 f.; *Pieper*, Subsidiarität, S. 255; *Frenz*, Umweltrecht, Rn. 607; *Jarass*, Grundfragen, S. 19; *Lambers*, EuR 1993, S. 229 (236); *Bieber*, Subsidiarität, S. 165 (177); *Schmidhuber*, DVBl. 1993, S. 417 (419); zur parallelen Fragestellung im Rahmen des Art. 72 Abs. 2 GG vgl. oben § 3 I 1d bb.

alle geeigneten Maßnahmen zu treffen, um die Vertragsziele nicht zu gefährden.[61]

Nach dem Vertragstext ist Anknüpfungspunkt die Ebene der Mitgliedstaaten.
Aussagen darüber, auf welcher Ebene innerhalb der Mitgliedstaaten die Maßnahmen ergriffen werden, lassen sich dem Art. 5 Abs. 2 (Art. 3b Abs. 2) EGV
nicht entnehmen. Zum einen folgt hieraus, daß die Mitgliedstaaten weiterhin
nach dem Vorrang der innerstaatlichen Organisationsgewalt regeln, wer innerstaatlich für die Ergreifung von Maßnahmen zur Erreichung der gemeinschaftsrechtlichen Ziele zuständig ist.[62] Allein die Mitgliedstaaten können den
durch das Subsidiaritätsprinzip gewährleisteten Handlungsspielraum ihren
Untergliederungen, in der Bundesrepublik also etwa den Bundesländern oder
Gemeinden, gewähren.[63] Damit können aus Gemeinschaftssicht die Ziele
grundsätzlich auch durch Maßnahmen auf der Ebene der Gebietskörperschaften wie Länder und Gemeinden ausreichend erreicht werden.[64]
Zum anderen ist die insbesondere aus deutscher Sicht[65] angestrebte Sicherung
der Zuständigkeiten der Regionen (Bundesländer) durch die Etablierung einer
eigenen Ebene nicht in den Vertrag übernommen worden.[66] Art. 5 Abs. 2 (Art.
3b Abs. 2) EGV macht deutlich, daß das gemeinschaftsrechtliche Subsidiaritätsprinzip sich allein auf das Verhältnis der Gemeinschaft zu den Mitgliedstaaten beschränkt, nicht auch zu anderen innerstaatlichen Untergliederungen.[67]

Problematisch ist vor allem, wann ein Handeln auf der Ebene der Mitgliedstaaten nicht mehr ausreichend ist, um ein Ziel der Gemeinschaft zu erreichen.
Ausgangspunkt ist, daß der Vertrag konkrete materielle Kriterien nicht enthält. Nach Auffassung des Europäischen Rates von Edinburgh sind

---

61 Vgl. Nr. 8 der Protokollerklärung des Amsterdamer EU-Gipfels vom 16./17. Juni 1997
    unter http://ourworld.compuserve.com/homepages/Gemeindetag_BW/GZ081397.htm,
    S. 2.
62 Vgl. *Schima*, Subsidiaritätsprinzip, S. 159; *Pieper*, DVBl. 1993, S. 705 (708); *Lecheler*,
    Subsidiaritätsprinzip, S. 94, 102.
63 *V. Borries*, EuR 1994, S. 263 (276); *Pieper*, Subsidiarität, S. 258 ff.; *Magiera*, Kommu-
    nale Selbstverwaltung, S. 13 (19).
64 *Schmidhuber/Hitzler*, NVwZ 1992, S. 720 (723).
65 Vgl. zur Diskussion in Deutschland *Borchmann/Memminger*, Subsidiaritätsprinzip, S.
    20 ff.; *Pieper*, Subsidiarität, S. 266; *Blumenwitz*, Subsidiarität, S. 1 (3 ff.).
66 *Lambers*, EuR 1993, S. 229 (235).
67 *Jarass*, Grundfragen, S. 26 f.; *Jarass/Schreiber*, Entfaltung des Subsidiaritätsprinzips
    im Umweltrecht, S. 124 (134 f.); *v. Borries*, EuR 1994, S. 263 (276); *Stern*, Europäische
    Union und kommunale Selbstverwaltung, S. 21 (38).

"qualitative oder - soweit möglich - quantitative Kriterien" heranzuziehen.[68] Einen Anhaltspunkt bietet Art. 5 Abs. 2 (Art. 3b Abs. 2) EGV, der als Kriterien für die in Betracht gezogenen Maßnahmen deren Umfang und Wirkungen nennt.[69] Diese Merkmale beziehen sich zwar auf die weitere Frage, ob die Ziele besser auf Gemeinschaftsebene erreicht werden können, aber dem Zusammenhang ist zu entnehmen, daß es auch bei der Frage, ob die Ziele auf der Ebene der Mitgliedstaaten ausreichend erreicht werden können, auf den Umfang und die rechtlichen und tatsächlichen Wirkungen der Maßnahmen der Mitgliedstaaten ankommt.[70] Auf dem Amsterdamer EU-Gipfel vom 16./17 Juni 1997 ist dem EG-Vertrag eine Protokollerklärung über die Anwendung der Grundsätze der Subsidiarität und der Verhältnismäßigkeit beigefügt worden, in der Leitlinien für die Prüfung der Voraussetzungen des Art. 5 Abs. 2 (Art. 3b Abs. 2) EGV aufgestellt wurden.[71] Danach ist ausschlaggebendes Kriterium, "daß der betreffende Bereich transnationale Aspekte" aufweist, "die durch Maßnahmen der Mitgliedstaaten nicht ausreichend geregelt werden können."[72] Neben der räumlichen Ausdehnung des betreffenden Problems sind die wirtschaftliche und organisatorische Leistungsfähigkeit sowie die rechtlichen Möglichkeiten der Mitgliedstaaten weitere Kriterien der ausreichenden Zielerreichung.[73] Zudem kann die Berücksichtigung weiterer Gemeinschaftsziele wie etwa die Korrektur von Wettbewerbsverzerrungen ein Handeln der Gemeinschaft erfordern, wenn diesen Interaktionen durch Handeln der Mitgliedstaaten nicht aus-

---

68   In: *Merten* (Hrsg.), Subsidiarität Europas, S. 136 (140); so auch die Protokollerklärung des Amsterdamer EU-Gipfels, unter http://ourworld.compuserve.com /homepages/Gemeindetag_BW/GZ081397.htm, S. 1.

69   Vgl. dazu *Frenz*, Umweltrecht, Rn. 617 f., wonach sich Umfang auf die räumliche Dimension und Wirkung auf die angestrebten Effekte der Maßnahme bezieht.

70   So auch *Lambers*, EuR 1993, S. 229 (236); *Konow*, DÖV 1993, S. 405 (408).

71   Protokollerklärung des Amsterdamer EU-Gipfels, unter http://ourworld.compuserve.com/homepages/Gemeindetag_BW/GZ081397.htm, S. 2.

72   Ziff. 5 Spstr. 1 der Protokollerklärung des Amsterdamer EU-Gipfels, http://ourworld.compuserve.com/homepages/Gemeindetag_BW/GZ081397.htm; ähnlich *v. Borries*, EuR 1994, S. 263 (77); *Jarass*, EuGRZ 1994, S. 209 (215); *ders.*, Grundfragen, S. 18, 30 ff.; *Pieper*, DVBl. 1993, S. 705 (709); *Calliess*, Subsidiaritäts- und Solidaritätsprinzip, S. 98; *Schima*, Subsidiaritätsprinzip, S. 109 f., der als Erläuterung der grenzüberschreitenden Wirkung einer Maßnahme einen Vergleich mit dem volkswirtschaftlichen Begriff der externen Effekte bildet; Europäischer Rat von Edinburgh, Schlußfolgerungen des Vorsitzenden, in: *Merten* (Hrsg.), Subsidiarität Europas, S. 136 (140).

73   *V. Borries*, EuR 1994, S. 263 (277); vgl. auch *Konow*, DÖV 1993, S. 405 (408).

reichend Rechnung getragen werden kann.[74] Zusammenfassend muß der betreffende Bereich transnationale Aspekte insofern aufweisen, als die Problemlösung die Kapazitäten der Nationalstaaten übersteigt. Eine Gemeinschaftstätigkeit ist immer dann angezeigt, wenn nur eine staatenübergreifende Kompetenz die erforderliche Regelung zustande bringen kann.[75]

Maßstab für das Handeln der Mitgliedstaaten ist die "ausreichende" Zielverwirklichung. Dies ist kein strenger Maßstab, es genügt, daß die Ziele erreicht werden können. Es kommt also nicht darauf an, daß die mitgliedstaatlichen Lösungen die denkbar besten sind.[76] Dieses Merkmal steht in Zusammenhang mit der weiteren Voraussetzung, daß die Ziele wegen ihres Umfangs oder ihrer Wirkungen besser auf Gemeinschaftsebene erreicht werden können. Diese beiden Elemente müssen kumulativ vorliegen.[77]

c) Bessere Zielerreichung auf Gemeinschaftsebene

In einem weiteren Schritt ist also zu prüfen, ob die Ziele der in Betracht gezogenen Maßnahmen wegen ihres Umfangs oder ihrer Wirkungen besser auf Gemeinschaftsebene erreicht werden können.

Die Kommission und das Europäische Parlament sind der Auffassung, daß es hierbei auf einen "komparativen Effizienztest" ankomme: Nach Art. 5 Abs. 2 (Art. 3b Abs. 2) EGV "wird die Gemeinschaft nur tätig, sofern und soweit die Ziele der geplanten Maßnahmen nicht ausreichend durch die Mitgliedstaaten verwirklicht werden können. Somit ist also zu prüfen, ob sich die betreffen-

---

74 Ziff. 5 Spstr. 2 der Protokollerklärung des Amsterdamer EU-Gipfels, http://ourworld.compuserve.com/homepages/Gemeindetag_BW/GZ081397.htm; *Frenz*, Umweltrecht, Rn. 609.

75 *Lambers*, EuR 1993, S. 229 (237); zur Frage, ob auch ein Nichtergreifen von Maßnahmen durch die Mitgliedstaaten trotz objektiv gegebener Möglichkeiten das Merkmal der nicht ausreichenden Zielverwirklichung erfüllt vgl. bejahend *Epiney*, Umweltrecht, S. 87 f.; *Schima*, Subsidiaritätsprinzip, S. 108; *Winter*, EuR 1996, S. 247 (267 f.); verneinend *Jarass*, EuGRZ 1994, S. 209 (210 f.); differenzierend *Zuleeg*, in: Groeben/Thiesing/Ehlermann, EGV (5. Aufl. 1997), Art. 3b Rn. 21.

76 *Blumenwitz*, Subsidiaritätsprinzip, S. 1 (7); *Konow*, DÖV 1993, S. 405 (408); *Pieper*, DVBl. 1993, S. 705 (709); *Frenz*, Umweltrecht, Rn. 610; *Jarass*, Grundfragen, S. 18; *Stern*, Europäische Union und kommunale Selbstverwaltung, S. 21 (37).

77 *V. Bogdandy/Nettesheim*, in: Grabitz/Hilf, EU, Art. 3b Rn. 31; *Kahl*, AöR 118 (1993), S. 414 (435).

den Ziele nicht durch den Einsatz anderer Instrumente, die den Mitgliedstaaten zur Verfügung stehen, erreichen lassen, beispielsweise Gesetze, Verwaltungsanordnungen, Verhaltenskodex. Dies wäre der komparative Effizienztest, bei dem die Gemeinschaftsmaßnahme und die einzelstaatliche Maßnahme hinsichtlich ihrer Wirksamkeit verglichen werden."[78] Es sei eine Einzelfallprüfung durchzuführen, wobei der Umfang und die Wirkungen der betreffenden Maßnahme maßgebend seien:

- "Verfügen die Mitgliedstaaten über Mittel, einschließlich der finanziellen Mittel, zur Erreichung der Ziele (nationale, regionale oder kommunale Gesetzgebung, Verhaltenskodex, Vereinbarungen zwischen Sozialpartnern, usw.)? (Komparativer Effizienztest);
- Wie effizient ist die Gemeinschaftsmaßnahme (Umfang, grenzübergreifende Probleme, Kosten der Untätigkeit, kritische Masse usw.)? (Mehrwert-Test)."[79]

Diese Ansicht entspricht aber der durch den Unionsvertrag überholten Fassung des Art. 130r Abs. 4 S. 1 EWGV.[80] Danach wurde die Gemeinschaft bereits dann tätig, wenn die umweltpolitischen Ziele "besser auf Gemeinschaftsebene erreicht werden können als auf der Ebene der einzelnen Mitgliedstaaten." [81] Wie sich jedoch bereits aus dem Wortlaut des Art. 5 Abs. 2 (Art. 3b Abs. 2) EGV ergibt, ist hier mehr als ein bloßer Effizienztest durchzuführen.[82] Denn die Gemeinschaft kann nicht bereits dann tätig werden, wenn die Ziele der in Betracht gezogenen Maßnahmen wegen ihres Umfangs oder ihrer Wirkungen besser auf Gemeinschaftsebene erreicht werden können, sondern erst dann, wenn sich in einer vorgeschalteten Prüfung ergibt, daß die

---

78 Mitteilung der Kommission an den Rat und das Europäische Parlament betr. das Subsidiaritätsrprinzip, EUROPE/Dokumente Nr. 1804/05 v. 30. 10. 1992, abgedruckt in: *Merten* (Hrsg.), Subsidiarität Europas, Anhang 2, S. 112 (113); Zwischenbericht des Institutionellen Ausschusses des Europäischen Parlaments über den Grundsatz der Subsidiarität vom 04. 07. 1990 (sog. Bericht Giscard d'Estaing), EP-Dok. A 3-163/90/Teil B; abgedruckt in: *Merten*, a. a. O., Anhang 1, S. 99; so wohl auch *Möschel*, NJW 1993, S. 3025 (3027).

79 Kommission, in: *Merten* (Hrsg.), Subsidiarität Europas, S. 112 (122).

80 So auch *v. Bogdandy/Nettesheim*, in: Grabitz/Hilf, EU, Art. 3b Rn. 23.

81 Art. 130r Abs. 4 Satz 1 EWGV wurde teilweise als Optimierungsklausel im Sinne des Prinzips der optimalen Wirkebene verstanden, vgl. *Soell*, NuR 1990, S. 155 (156).

82 *V. Borries*, EuR 1994, S. 263 (276); *Lambers*, EuR 1993, S. 229 (236); *Heberlein*, NVwZ 1995, S. 1052 (1053); *Pieper*, DVBL. 1993, S. 705 (709); *Schmidhuber/Hitzler*, NVwZ 1992, S. 720 (723); *Stein*, Subsidiarität, S. 23 (29); *Schima*, Subsidiaritätsprinzip, S. 11 ff.; *Lecheler*, Subsidiaritätsprinzip, S. 61; unklar *Zuleeg*, in: Groeben/Thiesing/Ehlermann, EGV (5. Aufl. 1997), Art. 3b Rn. 24.

Ziele auf der Ebene der Mitgliedstaaten nicht ausreichend erreicht werden können. Vergleichspunkt sind also die nicht ausreichenden Maßnahmen der Mitgliedstaaten.[83] In dieser Korrelation von nicht ausreichender Zielerreichung auf der Ebene der Mitgliedstaaten und besserer Zielerreichung auf der Ebene der Gemeinschaft kommt die Weiterentwicklung zu Art. 130r Abs. 4 EWGV i. d. F. der EEA zum Ausdruck: Die Zuständigkeit der Gemeinschaft kann jetzt auch dann nicht gegeben sein, wenn sie besser als die Mitgliedstaaten das Ziel der betreffenden Maßnahme erreichen kann.[84]

Damit muß aber geklärt werden, wieviel an "Europäischem Mehrwert"[85] verlangt werden muß, um die Zuständigkeit der Gemeinschaft zu begründen. Es muß beantwortet werden, wieviel besser eine Maßnahme der Gemeinschaft im Verhältnis zu denjenigen Maßnahmen der Mitgliedstaaten sein muß, die als nicht mehr ausreichend für die Zielerreichung angesehen werden.[86] Die Erweiterung gegenüber Art. 130r Abs. 4 S. 1 EWGV durch das Merkmal, daß die Ziele nicht ausreichend auf der Ebene der Mitgliedstaaten erreicht werden können, bringt zum Ausdruck, daß die Mitgliedstaaten entsprechend dem Subsidiaritätsprinzip einen prinzipiellen Zuständigkeitsvorrang gegenüber der Gemeinschaft genießen, der einen Effizienzverlust bei der Aufgabenwahrnehmung zugunsten der weitestmöglichen Entfaltung der unteren Ebene, die einen Eigenwert darstellt, in Kauf nimmt.[87] Das bedeutet, daß die Aufgabenwahrnehmung durch die Gemeinschaft einen Vorteil erbringen muß, der den prinzipiellen Zuständigkeitsvorrang der Mitgliedstaaten überwiegt.[88] In diesem Sinne ist dann auch die Auffassung des Europäischen Rats von Edinburgh zu verstehen: "...dem Rat muß der Nachweis erbracht werden, daß Maßnahmen auf Gemeinschaftsebene aufgrund ihrer Größenordnung oder

---

83 Vgl. *Lambers*, EuR 1993, S. 229 (237).

84 So auch *v. Bogdandy/Nettesheim*, in: Grabitz/Hilf, EU, Art. 3b Rn. 38.

85 *Schelter*, EuZW 1990, S. 217 (218).

86 Grundvoraussetzung ist jedenfalls, daß die Gemeinschaft überhaupt in der Lage ist, das mit der Maßnahme verfolgte Ziel zu erreichen, vgl. *Frenz*, Umweltrecht, Rn. 615; *Jarass*, Grundfragen, S. 19.

87 So auch *Binswanger/Wepler*, Umweltschutz und Subsidiaritätsprinzip, S. 411 (418); *Blumenwitz*, Subsidiaritätsprinzip, S. 1 (2); *Schima*, Subsidiaritätsprinzip, S. 12; *Stern*, Europäische Union und kommunale Selbstverwaltung, S. 21 (36 f.); *Faber*, DVBl. 1991, S. 1128 (1134) zu Art. 130r Abs. 4 Satz 1 EWGV; vgl. auch das Memorandum der Regierung der Bundesrepublik Deutschland zum Subsidiaritätsprinzip, in: *Merten* (Hrsg.), Subsidiarität Europas, Anhang 3, S. 130 ff.

88 Ähnlich *Calliess*, Subsidiaritäts- und Solidaritätsprinzip, S. 103, wonach ein wertender Vergleich zwischen zusätzlichem Integrationsgewinn und mitgliedstaatlichem Kompetenzverlust vorzunehmen ist; *Jarass*, Grundfragen, S. 19 f., 35.

ihrer Auswirkungen im Verhältnis zu einem Tätigwerden auf der Ebene der Mitgliedstaaten *deutliche Vorteile* erbringen würden."[89] Zusammenfassend läßt sich also festhalten, daß die Gemeinschaft nicht bereits dann handeln kann, wenn sie ein Ziel überhaupt besser erreichen kann, sondern erst dann, wenn ihr Handeln gegenüber dem Handeln der Mitgliedstaaten signifikante Vorteile erbringt, die den prinzipiellen Zuständigkeitsvorrang der Mitgliedstaaten überwiegen.

d) Justitiabilität

Die damit erforderliche Abwägung und Prognose gewährt den Gemeinschaftsorganen einen weiten Beurteilungsspielraum, so daß die grundsätzlich gegebene Justitiabilität[90] des Art. 5 Abs. 2 (Art. 3b Abs. 2) EGV deutlich eingeschränkt ist.[91] Inzwischen hatte der Gerichtshof erstmals Gelegenheit, zum

---

89 Europäischer Rat von Edinburgh, Schlußfolgerungen des Vorsitzenden, in: *Merten* (Hrsg.), Subsidiarität Europas, S. 136 (140 [Hervorhebung durch den Verfasser]); So jetzt auch Ziff. 5 Spstr. 3 der Protokollerklärung des Amsterdamer EU-Gipfels, http://ourworld.compuserve.com/homepages/Gemeindetag_BW/GZ081397.htm; vgl. auch *Lambers*, EuR 1993, S. 229 (237); *Schima*, Subsidiaritätsprinzip, S.112.

90 Europäischer Rat von Edinburgh, Schlußfolgerungen des Vorsitzenden, in: *Merten* (Hrsg.), Subsidiarität Europas, S. 136 (139); bestätigt durch Ziff. 13 der Protokollerklärung des Amsterdamer EU-Gipfels, http://ourworld.compuserve.com /homepages/Gemeindetag_BW/GZ081397.htm; *v. Bogdandy/Nettesheim*, in: Grabitz/Hilf, EU, Art. 3b Rn. 41; *Zuleeg*, in: Groeben/Thiesing/Ehlermann, EGV (5. Aufl. 1997), Art. 3b Rn. 27; BVerfGE 89, 155 (211); *Jarass/Schreiber*, Entfaltung des Subsidiaritätsprinzips im Umweltrecht, S. 124 (133 f.); vgl. auch das Memorandum der Bundesregierung zum Subsidiaritätsprinzip, in: *Merten* (Hrsg.), Subsidiarität Europas, S. 130; a. A. *Grimm*, FAZ v. 17. 9. 1992, S. 38; *ders.*; KritV 1994, S. 6 (8); entgegen *Grimm Zuleeg*, Justitiabilität des Subsidiaritätsprinzips, S. 185 ff.

91 *V. Bogdandy/Nettesheim*, in: Grabitz/Hilf, EU, Art. 3b Rn. 41; *Zuleeg*, in: Groeben/Thiesing/Ehlermann, EGV (5. Aufl. 1997), Art. 3b Rn. 27; *Stern*, Europäische Union und kommunale Selbstverwaltung, S. 21 (37); *Pieper*, DVBl. 1993, S. 705 (711 f.); *ders.*, Subsidiarität, S. 274; *Pipkorn*, EuZW 1992, S. 697 (700); *Konow*, DÖV 1993, S. 405 (411); *Kahl*, AöR 118 (1993), S. 414 (439 ff.); *Schmidhuber*, DVBl. 1993, S. 417 (420); *Schmidhuber/Hitzler*, NVwZ 1992, S. 720 (725); *Stein*, Subsidiarität, S. 23 (37); *Lambers*, EuR 1993, S. 229 (239 ff.); *v. Borries*, EuR 1994, S. 263 (282); *Schima*, Subsidiaritätsprinzip, S. 16; *Jarass*, Grundfragen, S. 21 ff.; *Jarass/Schreiber*, Entfaltung des Subsidiaritätsprinzips im Umweltrecht, S. 124 (133 f.); *Zuleeg*, Justitiabilität des Subsidiariätsprinzips, S. 185 (194, 201 ff.); *Stauffenberg/Langenfeld*, ZRP 1992, S. 252

Subsidiaritätsprinzip Stellung zu nehmen.[92] Der EuGH beschränkt sich darauf festzustellen, daß bereits die einfache Konstatierung der Verbesserungsbedürftigkeit einer Materie durch den Rat die unvermeidliche Gemeinschaftskompetenz begründet. Eine eigentliche Prüfung der Voraussetzungen des Art. 5 Abs. 2 (Art. 3b Abs. 2) EGV wird also gar nicht vorgenommen. Dies würde bedeuten, daß die kompetenzbeschränkende Funktion des Subsidiaritätsprinzips weitgehend leerliefe, da sie durch einen gerichtlich in der Sache nicht überprüfbaren Ratsbeschluß übergangen werden könnte.[93] Und schließlich ist danach bereits die Verbesserung der Situation kompetenzbegründend für die Gemeinschaft. Der Gerichtshof legt also eine reine Effizienzprüfung zugrunde. Die Bedeutung dieses Urteils bleibt jedoch abzuwarten. Hierdurch ist die Auffassung des EuGH lediglich indiziert, eine gefestigte Rechtsprechung liegt noch nicht vor. Auch wurde nicht explizit eine Verletzung des Subsidiaritätsprinzips gerügt, und der Gerichtshof ist nur sehr kursorisch auf diese Fragestellung eingegangen. Schließlich kann das Urteil im Bereich der gemeinschaftlichen Umweltpolitik anders ausfallen.

e) Zusammenfassung

Zusammenfassend gelten, entsprechend der Amsterdamer Protokollerklärung[94] für das Subsidiaritätsprinzip des Art. 5 Abs. 2 (Art. 3b Abs. 2) EGV, folgende Leitlinien:
- Der betreffende Bereich weist transnationale Aspekte auf, die durch Maßnahmen der Mitgliedstaaten nicht ausreichend geregelt werden können.
- Alleinige Maßnahmen der Mitgliedstaaten oder das Fehlen von Gemeinschaftsmaßnahmen würden gegen die Anforderungen des Vertrags verstoßen oder auf sonstige Weise die Interessen der Mitgliedstaaten erheblich beeinträchtigen.

---

(255); *Blumenwitz*, Subsidiaritätsprinzip, S. 1 (8 f.) hält einen uneingeschränkten Prüfungsumfang für gegeben; zum Verfahren vgl. *Kretschmer*, ZRP 1994, S. 157 (158).

92 EuGH, Rs. C-84/94, EuZW 1996, 751 ff.; in dem Verfahren ging es um die Rechtmäßigkeit der Arbeitszeitrichtlinie (93/104/EG), die auf Art. 138 (Art. 118a) EGV gestützt wurde.

93 Vgl. auch *Calliess*, EuZW 1996, S. 757 (758).

94 http://ourworld.compuserve.com/homepages/Gemeindetag_BW/GZ081397.htm; vgl. auch die Interinstitutionelle Vereinbarung zwischen dem Europäischen Parlament, dem Rat und der Kommission über die Verfahren zur Anwendung des Subsidiaritätsprinzips, EuGRZ 1993, S. 603 f.

• Maßnahmen auf Gemeinschaftsebene würden wegen ihres Umfangs oder ihrer Wirkung im Vergleich zu Maßnahmen auf der Ebene der Mitgliedstaaten deutliche Vorteile mit sich bringen.

2. Umweltspezifische Konkretisierung

Wie bereits dargelegt, bedarf das Subsidiaritätsprinzip stets einer Konkretisierung im Hinblick auf den Zusammenhang, in dem es verwendet wird. Daher soll an dieser Stelle das allgemeine Subsidiaritätsprinzip des Art. 5 Abs. 2 (Art. 3b Abs. 2) EGV für den Bereich des Umweltrechts konkretisiert werden.[95] Da das europäische Gewässerschutzrecht dem Kompetenzbereich des Art. 175 (Art. 130s) EGV zuzuordnen ist, erfolgt im vorliegenden Zusammenhang eine Beschränkung auf diesen Politikbereich.

Eine nicht ausreichende Zielerreichung auf der Ebene der Mitgliedstaaten ist im Bereich der Umweltpolitik gegeben, wenn ein Umweltproblem transnationale Wirkungen aufweist, die ein Handeln der übergeordneten Ebene der Gemeinschaft erfordern.[96] Auf das Kriterium der transnationalen Wirkungen kann hier nicht unter Hinweis auf die fortschreitende Zerstörung der Umwelt und die gegenseitige Abhängigkeit der Lebensbereiche verzichtet werden.[97] Denn dadurch würde ein zentrales Subsidiaritätskriterium des Art. 5 Abs. 2 (Art. 3b Abs. 2) EGV außer Kraft gesetzt werden. Das umweltspezifische Subsidiaritätsverständnis wäre nicht mehr von dieser allgemeinen Regel gedeckt.

Der Begriff "Umwelt" ist zwar insofern ein lokaler Begriff, als er auf einen bestimmten Raum und eine bestimmte Zeit bezogen ist. Umweltbeeinträchtigungen können aber von überregionaler oder grenzüberschreitender Auswirkung sein.[98] Dies ist etwa der Fall, wenn ein Umweltproblem in mehreren Staaten auftritt. Kann diesem Problem nicht durch Maßnahmen der Mitgliedstaaten begegnet werden, ist grundsätzlich eine Kompetenz der Gemeinschaft angezeigt. In diesen Bereich gehören etwa Fragen der Luftreinhaltung oder

---

95 Vgl. dazu auch *Héritier*, Subsidiaritätsprinzip im Bereich Umweltpolitk, S. 87 ff.; *Binswanger/Wepler*, Umweltschutz und Subsidiaritätsprinzip, S. 411 ff. aus der Sicht der Umweltökonomie; *Brinkhorst*, EELR 1993, S. 8 ff.

96 *Calliess*, Subsidiaritäts- und Solidaritätsprinzip, S. 222; *Epiney*, Umweltrecht, S. 90; *Jarass*, Grundfragen, S. 31; *Kahl*, AöR 118 (1993), S. 414 (438); vgl. auch *Jarass/Schreiber*, Entfaltung des Subsidiaritätsprinzips im Umweltrecht, S. 124 (139 ff.).

97 So aber *Zuleeg*, in: Groeben/Thiesing/Ehlermann, EGV (5. Aufl. 1997), Art. 3b Rn. 22.

98 Vgl. *Epiney*, Umweltrecht, S. 89.

des Gewässerschutzes.[99] So machen Beeinträchtigungen von Gewässern nicht an Staatsgrenzen halt, wenn es sich um grenzüberschreitende Wasserläufe handelt. Beispielsweise hat jede Verschmutzung von Zuflüssen des Rheins in Deutschland eine grenzüberschreitende Dimension, da dieser erst in den Niederlanden in die Nordsee mündet. Der Gewässerschutz des Rheins oder auch der Schutz der Küstengewässer der Nordsee ist damit ein Bereich, der von nationalstaatlichen Maßnahmen allein nicht ausreichend geregelt werden kann.[100] Aus diesem Grunde ist die indirekteinleiterrelevante Regelung der Gewässerschutzrichtlinie aus Subsidiaritätsgesichtspunkten heraus nicht zu beanstanden.[101]

Geht es aber um Fragen der ausschließlich lokalen oder regionalen Umweltbetroffenheit, ist die untere Ebene der Mitgliedstaaten entscheidungskompetent.[102] Werden etwa Qualitätsstandards für Gewässer festgelegt, die keine überregionalen Auswirkungen haben, ist ein Handeln der Gemeinschaft zum Schutz dieser Gewässer nach Art. 5 Abs. 2 (Art. 3b Abs. 2) EGV nicht angezeigt.[103] In diesem Zusammenhang könnte dann auch Art. 11 KomAbwRL kritisiert werden, da er mit dem Schutz der kommunalen Abwasseranlagen und der damit zusammenhängenden Punkte Fragen des kommunalen Bereichs regelt.[104] Immerhin handelt es sich hierbei um Maßnahmen, die die deutschen Landesgesetzgeber als Angelegenheiten der örtlichen Gemeinschaft qualifizieren. Jedoch weist die kommunale Abwasserbeseitigung letztlich auch transnationale Aspekte auf, da ihr Produkt, das kommunale Abwasser, in die Vorfluter gelangt und damit oftmals eine grenzüberschreitende Dimension erhält.[105] Erst die Summe der einzelnen kommunalen Abwassereinleitungen verdeutlicht den Umfang der hieraus potentiell resultierenden Umweltbeein-

---

99 *Kahl*, AöR 118 (1993), S. 414 (438 f.); *Lausch*, Gewässerschutz, S. 1 ff. mit dem Hinweis, daß ca. 80 % der Seen und Flüsse in der EG zwei oder mehreren Mitgliedstaaten gehören (bezogen auf 1986).

100 *Lausch*, Gewässerschutz, S. 3.

101 Dies gilt dann auch für mögliche entsprechende Regelungen in einer Wasserrahmenrichtlinie.

102 *Binswanger/Wepler*, Umweltschutz und Subsidiaritätsprinzip, S. 411 (430); *Kahl*, AöR 118 (1993), S. 414 (438); *ders.*; Umweltprinzip, S. 34 mit weiteren Beispielen; *Jarass*, Grundfragen, S. 31. So bereits auch *Grabitz/Nettesheim*, in: Grabitz/Hilf, EU, Art. 130r Rn. 84 zu Art. 130r Abs. 4 EGV a. F.

103 *Epiney*, Umweltrecht, S. 91 bezweifelt daher, ob die Trinkwasserrichtlinie und die Badegewässerrichtlinie diesen Anforderungen entspricht; auch nach *Jarass*, Grundfragen, S. 31, sollten Vorschriften zur Umweltqualität grundsätzlich von den Mitgliedstaaten erlassen werden.

104 Vgl. *Demmke*, Implementation, S. 64; *Stewing*, Subsidiarität, S. 102 f.

105 Vgl. *Kahl*, AöR 118 (1993), S. 414 (438); *Veh/Knopp*, Gewässerschutz, S. 53.

trächtigungen. Für den Bereich des Gewässerschutzes wird hieraus bereits deutlich, daß das Subsidiaritätsprinzip nur eine eingeschränkte kompetenzbegrenzende Funktion gegenüber der Gemeinschaft haben kann.

Eine Umweltschutzmaßnahme auf der Ebene der Gemeinschaft ist darüber hinaus nur dann zulässig, wenn sie deutliche Vorteile für den Umweltschutz bringt. Es ist nicht schon ausreichend, wenn die gemeinschaftliche Maßnahme per saldo zu einer Verbesserung der Umwelt- resp. Gewässerqualität führen würde.[106] Eine solche Sichtweise würde den im Subsidiaritätsprinzip zum Ausdruck kommenden prinzipiellen Zuständigkeitsvorrang der Mitgliedstaaten nicht hinreichend berücksichtigen. Im übrigen dürfte dieses Kriterium bei einem solchem Verständnis kaum eine Wirkung haben, da das Umweltschutzniveau bei einem gemeinschaftsweiten Vorgehen fast immer höher liegt als bei einem nationalen Vorgehen.[107]

Weiterhin ist für den hier erörterten Bereich die Schutzverstärkungsklausel des Art. 176 (Art. 130t) EGV zu beachten, wonach gemeinschaftliche Maßnahmen nach Art. 175 (Art. 130s) EGV die einzelnen Mitgliedstaaten nicht hindern, verstärkte Schutzmaßnahmen beizubehalten oder zu ergreifen, wobei diese Schutzverstärkungsmaßnahmen mit dem Vertrag vereinbar sein und der Kommission notifiziert werden müssen.[108] In diesem Rahmen können die Mitgliedstaaten den regionalen oder lokalen Besonderheiten des grenzüberschreitenden Umweltproblems Rechnung tragen.[109] In diesem Sinne besteht ein Kooperationsverhältnis von Gemeinschaft und Mitgliedstaaten.[110]

Im Hinblick auf den erwähnten Beurteilungsspielraum der Gemeinschaftsorgane bei der Prognose der besseren Zielverwirklichung auf Gemeinschaftsebene ist schließlich zu beachten, daß dieser im Bereich des Umweltschutzes mit seinen oftmals ungeklärten Kausalitäts- und Wirkungszusammenhängen[111] eher weit einzustufen ist.

---

106 So aber *Epiney*, Umweltrecht, S. 90.
107 *Kahl*, AöR 118 (1993), S. 414 (436 f.) mit dem Hinweis, daß in etwa der Hälfte der Mitgliedstaaten 80 - 95 % der Umweltregelungen auf Maßnahmen der EG zurückzuführen sind; ebenso *Calliess*, Subsidiaritäts- und Solidaritätsprinzip, S. 218.
108 Vgl. *Grabitz/Nettesheim*, in: Grabitz/Hilf, EU, Art. 130t Rn. 13 ff.; *Jarass/Schreiber*, Entfaltung des Subsidiaritätsprinzips im Umweltrecht, S. 124 (142 ff.).
109 Vgl. das Modell von *Calliess*, Subsidiaritäts- und Solidaritätsprinzip, S. 216 ff.
110 Vgl. dazu *Kahl*, AöR 118 (1993), S. 414 (429 ff.).
111 Vgl. dazu *Lausch*, Gewässerschutz, S. 4 ff.

A. Kompetenzgrundlagen

3. Verhältnis zum Subsidiaritätsprinzip des Art. 28 Abs. 2 S. 1 GG

An dieser Stelle soll kurz, ohne daß ein umfassender Vergleich geleistet werden kann, eine Verbindung zum Subsidiaritätsprinzip des Art. 28 Abs. 2 S. 1 GG hergestellt werden. Zunächst sind die unterschiedlichen Wirkrichtungen zu betonen. Während Art. 5 Abs. 2 (Art. 3b Abs. 2) EGV für das Verhältnis der Gemeinschaft zu den Mitgliedstaaten gilt, ist Art. 28 Abs. 2 S. 1 GG für das Verhältnis der Gemeinden zu den Kreisen, Ländern und zum Bund maßgebend.[112] Im Gegensatz zum Gemeinschaftsrecht handelt es sich bei der kommunalen Selbstverwaltungsgarantie also nicht um ein bipolares, sondern um ein multipolares Subsidiaritätsverhältnis.

Das Subsidiaritätsprinzip der kommunalen Selbstverwaltungsgarantie hat die Funktion, die Freiheit des Einzelnen und der Allgemeinheit durch vertikale Gewaltenteilung zu sichern.[113] Demgegenüber steht in der europarechtlichen Diskussion über das Subsidiaritätsprinzip die Schutzfunktion für die Kompetenzen der Mitgliedstaaten im Vordergrund.[114] Der freiheitssichernde Effekt der vertikalen Gewaltenteilung erhält hierbei noch keine ausreichende Beachtung.[115] In Europa wird Subsidiarität oftmals als Rechtfertigung für Eingriffe in Kompetenzen der Mitgliedstaaten verstanden.[116]

In beiden Fällen besteht ein Zuständigkeitsvorrang der untergeordneten Ebene nach Maßgabe ihrer Leistungsfähigkeit. Ein erheblicher Unterschied besteht aber darin, daß das gemeinschaftsrechtliche Subsidiaritätsprinzip mit dem Merkmal der besseren Zielerreichung auf Gemeinschaftsebene einen deutlich stärkeren Bezug zur Effizienz der Aufgabenwahrnehmung hat. Diesen Aspekt hat das BVerfG in der Rastede-Entscheidung in den Hintergrund gerückt und damit betont, daß das Subsidiaritätsprinzip die weitestmögliche Entfaltung der unteren Ebene im Auge hat, ohne primär auf die Effizienz der Aufgabenwahrnehmung zu achten. Nach Ansicht des BVerfG stößt dieser Zuständigkeitsvorrang erst dann an seine Grenze, wenn das Belassen der Zuständigkeit auf

---

112 Vgl. oben § 2 I 3b bb.

113 Vgl. oben § 2 I 3b bb (4).

114 Vgl. *Blumenwitz*, Subsidiaritätsprinzip, S. 1 (5); *Lecheler*, Subsidiaritätsprinzip, S. 64; Europäischer Rat von Edinburgh, Schlußfolgerungen des Vorsitzenden, in: *Merten* (Hrsg.), Subsidiarität Europas, S. 136 (138).

115 Vgl. aber *Zuleeg*, Justitiabilität des Subsidiaritätsprinzips, S. 185 (187), der auf die freiheitliche Wurzel des Subsidiaritätsprinzips hinweist.

116 Vgl. nur *Lecheler*, Subsidiaritätsprinzip, S. 65 f.

der unteren Ebene zu einem unverhältnismäßigen Kostenanstieg, also zu einem unverhältnismäßigen Effizienzverlust führen würde.[117] Ein weiterer Unterschied besteht in bezug auf die positive Seite des Subsidiaritätsprinzips, die in einer Unterstützungspflicht der übergeordneten Einheit gegenüber der untergeordneten Einheit besteht.[118] Eine solche Pflicht der Gemeinschaft gegenüber den Mitgliedstaaten kann dem gemeinschaftsrechtlichen Subsidiaritätsprinzip nicht entnommen werden.[119]

Weiterhin hat der zweite Teil dieser Untersuchung gezeigt, daß das Subsidiaritätsprinzip bei einer hinreichenden Konkretisierung in der Lage ist, den Weg für die Lösung von konkreten Kompetenzfragen aufzuzeigen. Daher sollte auch dem gemeinschaftlichen Subsidiaritätsprinzip die Handhabbarkeit nicht von vornherein abgesprochen werden.[120] Voraussetzung ist aber eine Konkretisierung für die jeweiligen Politikbereiche der Gemeinschaft. Für die gemeinschaftliche Umweltpolitik sind insofern ausreichende Ansätze vorhanden.

Schließlich bleibt abzuwarten, inwieweit sich das gemeinschaftliche und das deutsche Subsidiaritätsverständnis, sofern von einem einheitlichen nationalen Verständnis überhaupt die Rede sein kann,[121] gegenseitig beeinflussen werden. Die Mitgliedstaaten haben zwar für ihren innerstaatlichen Bereich das Subsidiaritätsprinzip im Sinne des Art. 5 Abs. 2 (Art. 3b Abs. 2) EGV nicht zu übernehmen.[122] Gleichwohl besteht eine Ausstrahlungswirkung sowohl in das Gemeinschaftsrecht hinein als auch aus ihm heraus.[123] So bilden insbesondere die nationalen Verwaltungsrechte der Mitgliedstaaten Rechtserkenntnisquellen für das Europäische Verwaltungsrecht, und das Europäische Verwaltungsrecht hat Rückwirkungen auf das nationale Verwaltungsrecht.[124] Die Auslegung des Begriffs der "besten verfügbaren Technik" in § 7a Abs. 5 WHG und Art. 2 Nr. 11 IVU-RL hat dazu bereits ein anschauliches Beispiel

---

117 Vgl. oben § 2 I 2c, 3b bb (4).

118 Vgl. oben § 2 I 3b bb (4).

119 *V. Bogdandy/Nettesheim*, in: Grabitz/Hilf, EU, Art. 3b Rn. 39 unter Hinweis auf *Lecheler*, Subsidiaritätsprinzip, S. 15.

120 So etwa *Grimm*, KritV 1994, S. 6 ff.; zweifelnd auch *Bieber*, Subsidiarität, S. 165 (183); vgl. auch *Lecheler*, Subsidiaritätsprinzip, S. 59.

121 Vgl. oben § 2 I 3b bb.

122 *Zuleeg*, in: Groeben/Thiesing/Ehlermann, EGV (5. Aufl. 1997), Art. 3b Rn. 26.

123 *Rengeling*, VVDStRL 53 (1994), S. 202 (218); *Lecheler*, Subsidiaritätsprinzip, S. 45; vgl. auch *Bieber*, Subsidiarität, S. 165 (167 f.); *Steinberg*, AöR 120 (1995), S. 549 (589).

124 *Streinz*, in: HStR VII, § 182 Rn. 8.

geliefert.[125] Die mögliche Ausstrahlungswirkung gilt aber genauso für verfassungsrechtliche Prinzipien wie das Subsidiaritätsprinzip. Die Diskussion um Art. 5 Abs. 2 (Art. 3b Abs. 2) EGV wird nicht ohne Auswirkungen auf das deutsche Verfassungsverständnis bleiben, wobei die Verankerung des Subsidiaritätsprinzips in Art. 23 Abs. 1 S. 1 GG lediglich einen möglichen Anknüpfungspunkt bildet.[126]

4. Zusammenfassung

Art. 5 Abs. 2 (Art. 3b Abs. 2) EGV enthält eine Konkretisierung des Subsidiaritätsprinzips. Aus der Norm läßt sich ein Zuständigkeitsvorrang der Mitgliedstaaten entnehmen, der jedoch durch einen ebenfalls vorzunehmenden Effizienztest relativiert wird. Man mag insofern von einem "mit Effektivitätsgesichtspunkten angereicherten Subsidiaritätsprinzip" sprechen.[127] Jedenfalls reicht eine größere Effizienz einer Regelung auf Gemeinschaftsebene nicht mehr zur Begründung der Gemeinschaftskompetenz aus. Für den Bereich der Umweltpolitik ist das Subsidiaritätsprinzip dahingehend zu konkretisieren, daß die Gemeinschaft nur dann tätig werden kann, wenn es sich um grenzüberschreitende Umweltbeeinträchtigungen handelt, denen durch Maßnahmen auf der Ebene der Mitgliedstaaten nicht ausreichend begegnet werden kann. Im Bereich des Gewässerschutzes sind transnationale Auswirkungen häufig gegeben. Weiterhin ist erforderlich, daß durch das Handeln der Gemeinschaft deutliche Vorteile für die Umweltqualität erreicht werden, die gegenüber einer Kompetenzerhaltung der Mitgliedstaaten deutlich überwiegen. Nach Art. 176 (Art. 130t) EGV stehen den Mitgliedstaaten verstärkte Schutzmaßnahmen offen. Inwieweit Art. 5 Abs. 2 (Art. 3b Abs. 2) EGV in der Praxis in der Lage sein wird, Direktiven für die Ausübung der Gemeinschaftskompetenzen zu geben, hängt maßgeblich von der vom EuGH zugrundegelegten Kontrolldichte ab. Erste Anzeichen deuten auf einen nahezu unbegrenzten Beurteilungsspielraum der Gemeinschaftsorgane und damit eine sehr geringe Kontrolldichte hin.

---

125 Vgl. oben § 3 I 2a aa (2) (C) (BB).
126 Vgl. oben § 2 I 3b bb (3).
127 *Pieper*, DVBl. 1993, S. 705 (709).

B. Überblick über die Systematik des gemeinschaftlichen Wasserrechts

Für das Verständnis von Art. 3 Nr. 2 GewSchRL und Art. 11 KomAbwRL ist es notwendig, sich zunächst einen Überblick über das Gewässerschutzrecht der Gemeinschaft zu verschaffen. Das gemeinschaftsrechtliche System des Gewässerschutzes ist nicht homogen aus einem abstrakten Modell entwickelt worden, sondern aus partiellen Ansätzen und konkreten Anstößen seit Beginn der siebziger Jahre gewachsen.[128] Grundlegend für die Systematik ist die Differenzierung zwischen Emissions- und Immissionsrichtlinien (Qualitätsrichtlinien).[129] Denn dieser doppelte Ansatz hat nach wie vor eine zentrale Bedeutung in der gemeinschaftsrechtlichen Gewässerschutzpolitik.[130] Daneben finden sich Einteilungen in Mischformen, die emissions- und immissionsbezogene Ansätze kombinieren,[131] Sonderformen[132] sowie nur mittelbar gewässerschützende Richtlinien.[133] Im folgenden wird ein Überblick über die unmittelbar gewässerschützenden Richtlinien gegeben, wobei zwischen Emissions-, Immissions- und gemischten Richtlinien unterschieden wird.

---

128 *Breuer*, WiVerw 1990, S. 79 (86); *ders.*, DVBl. 1997, S. 1211; Übersicht über die EG-Richtlinien mit wasserwirtschaftlichem Regelungsinhalt bei *Breuer*, Wasserrecht, Rn. 18; zum Hintergrund vgl. *Lausch*, Gewässerschutz, S. 14 ff.; *Epiney*, Umweltrecht, S. 220.

129 Vgl. etwa *Grabitz/Nettesheim*, in: Grabitz/Hilf, EU, Art. 130s Rn. 126; *Krämer*, in: Groeben/Thiesing/Ehlermann, EWGV (4. Aufl. 1991), Vorb. zu Art. 130r bis 130t Rn. 8 ff.; *Lausch*, Gewässerschutz, S. 15 ff.; *Demmke*, Implementation, S. 90 f.; *Salzwedel*, Richtlinien der EG auf dem Gebiet des Gewässerschutzes, S. 77 (92); *ders.*, Umsetzungsprobleme, S. 65 (75 ff.); *Reinhardt*, DÖV 1992, S. 102 (103); *Bender/Sparwasser/Engel*, Umweltrecht, 4/55; *Ruchay*, WuB 1989, S. 274; *Möbs*, Gewässerschutzrecht, S. 112 (115 ff.).

130 *Breuer*, WiVerw 1990, S. 79 (86); *Veh/Knopp*, Gewässerschutz, S. 13; *Weber*, KA 1988, S. 534 (536); *Epiney*, Umweltrecht, S. 233 f.; LAWA und Bundesumweltministerium, KA 1995, S. 1869 (1870); *Jaron*, WuB 1993, S. 64 (65); Ziff. 17 Erwägungsgründe Wasserrahmenrichtlinie (E), vgl. dazu unten § 5 IV 2.

131 Vgl. *Schulte*, Kommunalabwasserrichtlinie, S. 82, 89 ff.

132 Vgl. *Breuer*, WiVerw 1990, S. 79 (90 ff.).

133 Hierzu können etwa die Richtlinie über den Schutz der Umwelt und insbesondere der Böden bei der Verwendung von Klärschlamm in der Landwirtschaft vom 12. 06. 1986 (86/278/EWG, ABl. EG Nr. L 181, S. 6), die Richtlinie des Rates vom 27. 06. 1985 über die Umweltverträglichkeitsprüfung bei bestimmten öffentlichen und privaten Projekten (85/337/EWG, ABl. EG Nr. L 175, S. 40) oder die Richtlinie des Rates vom 07. 06. 1990 über den freien Zugang zu Informationen über die Umwelt (90/313/EWG, ABl. EG Nr. L 158, S. 56) gezählt werden; vgl. *Schulte*, Kommunalabwasserrichtlinie, S. 91 ff.; *Veh/Knopp*, Gewässerschutz, S. 19 ff.

I. Immissionsrichtlinien (Qualitätsrichtlinien)

Die gewässer- und immissionsbezogenen Qualitätsrichtlinien stellen Güteziele für bestimmte Gewässerarten auf, die einem konkreten anthropologischen Gebrauch dienen.[134] Im Kern weisen diese Richtlinien folgende Konzeption auf:[135]

- Für die betreffenden Stoffe werden zum einen Grenzwerte als Mindestvorgaben, zum anderen Leitwerte als längerfristig zu verwirklichende Zielvorgaben festgelegt.
- Da es sich hierbei nur um Mindeststandards handelt, können die Mitgliedstaaten strengere Werte festlegen.
- In der Regel werden in einem Ausschußverfahren die Meßmethoden und damit zusammenhängende Fragen sowie die Anpassung an den Stand der Technik festgelegt.
- Keinesfalls darf durch die Implementation der Richtlinien eine Verschlechterung der bestehenden Situation eintreten.
- Von den verbindlichen Vorgaben der Richtlinie kann in der Regel nur unter engen Voraussetzungen, etwa außergewöhnlichen meteorologischen, geographischen oder geologischen Gegebenheiten, abgewichen werden.

Zu diesen Qualitätsrichtlinien gehören die Richtlinie des Rates vom 16. 06. 1975 über die Qualitätsanforderungen an Oberflächenwasser für die Trinkwassergewinnung in den Mitgliedstaaten,[136] die Richtlinie des Rates vom 8. 12. 1975 über die Qualität der Badegewässer,[137] die Richtlinie des Rates vom 18. 07. 1978 über die Qualität von Süßwasser, das schutz- oder verbesse-

---

134   *Breuer*, WiVerw 1990, S. 79 (89); *Veh/Knopp*, Gewässerschutz, S. 14 f.; *Krämer*, in: Groeben/Thiesing/Ehlermann, EWGV (4. Aufl. 1991), Vorb. zu Art. 130r bis 130t Rn. 8.

135   Vgl. *Epiney*, Umweltrecht, S. 220 f.; *Frenz*, Umweltrecht, Rn. 218; *Delwing*, Umsetzungsprobleme, S. 44 f.; *Kromarek*, Oberflächen- und Grundwasserschutz, S. 59 (62 f.).

136   75/440/EWG (ABl. EG Nr. L 194, S. 34), geändert durch Richtlinien des Rates vom 9. 10. 1979 (79/869/EWG, ABl. EG Nr. L 271, S. 26) und vom 23. 12. 1991 (91/692/EWG, ABl. EG Nr. L 377, S. 48). Die dazugehörigen Meßmethoden, Probenahmen- und Analyseverfahren wurden in der Richtlinie 79/869/EWG vom 09. 10. 1979 festgelegt (ABl. EG Nr. L 271, S. 44); vgl. auch die Entscheidung zur Einführung eines gemeinsamen Verfahrens zum Informationsaustausch über die Qualität des Oberflächensüßwassers in der Gemeinschaft, vom 12. 12 1977 (ABl. EG Nr. L 334, S. 29), zuletzt geändert durch Entscheidung vom 24. 11. 1986 (ABl. EG Nr. L 335, S. 44).

137   76/160/EWG (ABl. EG Nr. L 31, S. 1), geändert durch Richtlinie des Rates vom 23. 12. 1991 (91/692/EWG, ABl. EG Nr. L 377, S. 48).

rungsbedürftig ist, um das Leben von Fischen zu erhalten,[138] die Richtlinie des Rates vom 30. 10. 1979 über die Qualitätsanforderungen an Muschelgewässer[139] sowie die Richtlinie des Rates vom 15. 02. 1980 über die Qualität von Wasser für den menschlichen Gebrauch.[140]

II. Emissionsrichtlinien

Demgegenüber verfolgen Emissionsrichtlinien einen stoffbezogenen Ansatz und stellen begrenzende Anforderungen an Ableitungen, die unabhängig von der Qualität des aufnehmenden Gewässers sind.[141] Ausgangsbasis und Kernstück dieser Richtlinien ist die Richtlinie des Rates vom 04. 05. 1976 betreffend die Verschmutzung infolge der Ableitung bestimmter gefährlicher Stoffe in die Gewässer der Gemeinschaft.[142] Nach Art. 2 GewSchRL sind die Mitgliedsstaaten verpflichtet, geeignete Maßnahmen zu ergreifen, um die Verschmutzung der von der Richtlinie erfaßten Gewässer[143] durch besonders gefährliche Stoffe der im Anhang enthaltenen Liste I ("schwarze Liste")[144] zu beseitigen und die Verschmutzung jener Gewässer durch die weiteren gefährlichen Stoffe der Liste II ("graue Liste") zu verringern.[145] Jede Ableitung von Stoffen der Liste I bedarf einer vorherigen und zu befristenden Genehmigung, in der Emissionsnormen festzulegen sind, Art. 3 Nr. 1, 4 GewSchRL. Der Rat legt nach Art. 6 Abs. 1 GewSchRL für einzelne gefährliche Stoffe der Liste I generelle Grenzwerte (Konzentrations- und

138 78/659/EWG (ABl. EG Nr. L 222, S. 1), geändert durch Richtlinie des Rates vom 23. 12. 1991 (91/692/EWG, ABl. EG Nr. L 377, S. 48).

139 79/923/EWG (ABl. EG Nr. L 281, S. 47), geändert durch Richtlinie des Rates vom 23. 12. 1991 (91/692/EWG, ABl. EG Nr. L 377, S. 48).

140 80/778/EWG (ABl. EG Nr. L 229, S. 11), geändert durch Richtlinien des Rates vom 19. 10. 1981 (81/858/EWG, ABl. EG Nr. L 319, S. 19) und vom 23. 12. 1991 (91/692/EWG, ABl. EG Nr. L 377, S. 48).

141 *Reinhardt*, DÖV 1992, S. 102 (103); *Grabitz/Nettesheim*, in: Grabitz/Hilf, EU, Art. 130s Rn. 126; *Breuer*, Wasserrecht, Rn. 378 f.

142 76/464/EWG (ABl. EG Nr. L 129, S. 23), geändert durch Richtlinie des Rates vom 23. 12. 1991 (91/692/EWG, ABl. EG Nr. L 377, S. 48).

143 Oberirdische Binnengewässer, Küstenmeer, innere Küstengewässer und Grundwasser; Art. 1 Abs. 1 GewSchRL.

144 Vgl. Mitteilung der Kommission an den Rat v. 22. 6. 1982 über die gefährlichen Stoffe im Sinne der Liste I (ABl. EG Nr. C 176, S. 3 ff.); dazu *Grabitz/Nettesheim*, in: Grabitz/Hilf, EU, Art. 130s Rn. 134.

145 Vgl. *Lausch*, Gewässerschutz, S. 51 ff.; *Veh/Knopp*, Gewässerschutz, S. 39; *Stöber*, KA 1988, S. 554.

Frachtwerte) unter Berücksichtigung der besten verfügbaren technischen Hilfsmittel[146] durch Richtlinien fest.[147] Die Gewässerschutzrichtlinie ist damit eine Rahmenrichtlinie, die durch Tochterrichtlinien ausgefüllt werden muß.[148] Entsprechende Richtlinien sind erlassen worden, die Emissionsgrenzwerte für bestimmte Stoffe stellen.[149] Der Erlaß weiterer Tochterrichtlinien ist nicht mehr vorgesehen.[150] Die Emissionsnormen der Genehmigung dürfen die in den Richtlinien festgelegten Emissionsgrenzwerte nicht überschreiten, Art. 6 Abs. 1 S. 1 GewSchRL. In den Tochterrichtlinien wird teilweise der stoffbezogene Ansatz durch eine herkunftsbezogene Komponente ergänzt.[151]

---

146 Vgl. dazu Sieder/Zeitler/Dahme/Knopp, WHG, Anh IV 1.6, Art. 6 Erl. Nr. 1; *Breuer*, NuR 1987, S. 49 (52); zur Auswahl der Stoffe vgl. *Keune*, ZfW 1978, S. 193 ff.

147 Daneben können auch gewässerbezogene Qualitätsziele festgelegt werden, Art. 6 Abs. 2 GewSchRL. Nach Art. 6 Abs. 3 GewSchRL gelten die Emissionsgrenzwerte als eingehalten, wenn nachgewiesen werden kann, daß die Qualitätsziele dauerhaft eingehalten werden. Dieser parallele Ansatz wurde mit Rücksicht auf das Vereinigte Königreich eingeführt und findet faktisch auch nur dort Anwendung, vgl. *Czychowski*, RdWWi 20 (1977), S. 21 (35); *Breuer*, WiVerw 1990, S. 79 (88); zu Konzentrations- und Frachtwerten vgl. *Kromarek*, Oberflächen und Grundwasserschutz, S. 59 (65).

148 Sieder/Zeitler/Dahme/Knopp, WHG, Anh. IV 1.6, Erl. 3 zu Art. 6; *Lausch*, Gewässerschutz, S. 71 ff.

149 Richtlinie des Rates vom 22. 03. 1982 betreffend Grenzwerte und Qualitätsziele für Quecksilbereinleitungen aus dem Industriezweig Alkalichloridelektrolyse (82/176/EWG, ABl. EG Nr. L 81, S. 29); Richtlinie des Rates vom 26. 09. 1983 betreffend Grenzwerte und Qualitätsziele für Cadmiumableitungen (83/513/EWG, ABl. EG Nr. L 219, S. 1); Richtlinie des Rates vom 08. 03. 1984 betreffend Grenzwerte und Qualitätsziele für Quecksilberableitungen mit Ausnahme des Industriezweigs Alkalichloridelektrolyse (84/156/EWG, ABl. EG Nr. L 74, S. 49); Richtlinie des Rates vom 09. 10. 1984 betreffend Grenzwerte und Qualitätsziele für Ableitungen von Hexachlorcyclohexan (84/491/EWG, ABl. EG Nr. L 274, S. 11); Richtlinie betreffend Grenzwerte und Qualitätsziele für die Ableitung bestimmter gefährlicher Stoffe im Sinne der Liste I im Anhang der Richtlinie 76/464/EWG vom 12. 06. 1986 (86/280/EWG, ABl. EG Nr. L 181, S. 16), geändert durch Richtlinien des Rates vom 16. 06. 1988 (88/347/EWG, ABl. EG Nr. L 158, S. 35) und vom 27. 07. 1990 (90/415/EWG, ABl. EG Nr. L 219, S. 49). Alle Tochterrichtlinien geändert durch Richtlinie des Rates vom 23. 12. 1991 (91/692/EWG, ABl. EG Nr. L 377, S. 48).

150 *Breuer*, DVBl. 1997, S. 1211 mit dem Hinweis, daß damit lediglich 17 von 132 Stoffen erfaßt werden, die die Kommission in der Auswahlliste als regelungsbedürftige Einzelstoffe benannt hatte; *ders.*, NVwZ 1997, S. 833 (837).

151 Z. B. die Richtlinie betreffend Quecksilberableitungen aus dem Industriezweig Alkalichloridelektrolyse (82/176/EWG); vgl. *Kromarek*, Vergleichende Untersuchung, S. 82.

Auch für die Stoffe der Liste II sind die Mitgliedstaaten gem. Art. 7 Abs. 2 GewSchRL verpflichtet, Genehmigungspflichten für entsprechende Ableitungen einzuführen und sie im Rahmen nationaler Programme zu vermindern.[152] Im Unterschied zu den Stoffen der Liste I ist hier keine generelle Grenzwertfestsetzung durch Tochterrichtlinien vorgesehen.[153] Nach Liste II, 1. Spstr. des Anhangs der Richtlinie umfaßt die Liste II auch diejenigen Stoffe der Liste I, für die keine gemeinschaftlichen Grenzwerte nach Art. 6 GewSchRL erlassen worden sind.

Zu den Emissionsrichtlinien gehört auch die Richtlinie des Rates vom 17. 12. 1979 über den Schutz des Grundwassers gegen Verschmutzung durch bestimmte gefährliche Stoffe,[154] die die Konzeption der Gewässerschutzrichtlinie im wesentlichen übernimmt.[155]

III. Gemischte Richtlinien

Die gemischten Richtlinien enthalten sowohl emissions- als auch immissionsseitige Anforderungen. Die Kombination von Emissionswerten und Qualitätszielen ist spätestens seit dem Vierten Aktionsprogramm[156] in der Gewässerschutzpolitik der Gemeinschaft vorgesehen.[157] Durch den kombinierten Ansatz der Richtlinien dieser Gruppe wird versucht, eine ganzheitliche Erfassung aller von einer bestimmten Aktivität resp. von in ihrem Zusammenhang verwandten Stoffen ausgehenden Gefahren zu erreichen.[158]

---

152 Vgl. *Czychowski*, RdWWi 20 (1977), S. 21 (36 f.); *Ruchay*, KA 1988, S. 530 (532 f.); *Holtmeier*, Rechtsprobleme, S. 155 (163).

153 *Delwing*, Umsetzungsprobleme, S. 69.

154 80/68/EWG (ABl. EG Nr. L 20, S. 43), geändert durch Richtlinie des Rates vom 23. 12. 1991 (91/692/EWG, ABl. EG Nr. L 377, S. 48).

155 *Epiney*, Umweltrecht, S. 230; *Salzwedel*, Richtlinien der EG auf dem Gebiet des Gewässerschutzes, S. 77 (95).

156 Entschließung des Rates der Europäischen Gemeinschaften und der im Rat vereinigten Vertreter der Regierungen der Mitgliedstaaten vom 19. 10. 1987 zur Fortschreibung und Durchführung einer Umweltpolitik und eines Umweltprogramms der Europäischen Gemeinschaften für den Umweltschutz 1987-1992 (ABl. EG Nr. C 328, S. 1). Zu den Aktionsprogrammen vgl. *Grabitz/Nettesheim*, in: Grabitz/Hilf, EU, vor Art. 130r Rn. 9 f.; *A. Schröer*, Kommunaler Umweltschutz, S. 27 ff.; *Breuer*, Entwicklungen des europäischen Umweltrechts, S. 22 ff; *Schulte*, Kommunalabwasserrichtlinie, S. 24 f.; *Kloepfer*, Umweltrecht, § 9 Rn. 46 ff.; *Grabitz/Zacker*, NVwZ 1989, S. 297 f.

157 *Kromarek*, Oberflächen- und Grundwasserschutz, S. 59 (61, 75).

158 Vgl. *Epiney*, Umweltrecht, S. 232, die aber eine andere Einteilung wählt.

Zu den gemischten Richtlinien zählt die Richtlinie des Rates vom 21. 05. 1991 über die Behandlung von kommunalem Abwasser.[159] Nach Art. 1 KomAbwRL bezweckt diese Richtlinie in umfassender Weise den Schutz der Gewässer und der Umwelt vor Verunreinigung, konkret vor zunehmender Belastung mit Nährstoffen, durch kommunale Abwässer und Abwässer bestimmter Industriebranchen. Dabei mischt die Kommunalabwasserrichtlinie Elemente der immissionsbezogenen Betrachtung mit emissionsbezogenen Regelungen etwa dadurch, daß nach Art. 4 bis 6 KomAbwRL kommunales Abwasser auf einen genau bestimmten Umweltstandard zu reinigen ist, gem. Art. 5 und 6 KomAbwRL die Reinigungsanforderungen aber von der Qualität der aufnehmenden Gewässer abhängen.[160] Auch bestehen emissionsbezogene Anforderungen für die Direkteinleitung von biologisch abbaubarem Industrieabwasser, Art. 13 KomAbwRL, und für die Einbringung von Klärschlamm, Art 14 KomAbwRL.[161]

Zu den gemischten Richtlinien kann weiterhin die Richtlinie des Rates vom 12. 12. 1991 zum Schutz der Gewässer vor Verunreinigungen durch Nitrat aus landwirtschaftlichen Quellen[162] gerechnet werden.[163]

C. Art. 3 Nr. 2 Gewässerschutzrichtlinie

Nach der generellen Konzeption der Gewässerschutzrichtlinie soll nun die spezifische Regelung für Indirekteinleitungen dargestellt werden. Nach Art. 3 Nr. 1 GewSchRL bedarf jede Ableitung von Stoffen in ein Gewässer einer Genehmigung. "Ableitung" meint dabei nur eine direkte Einleitung i. S. d. WHG.[164]

Für Indirekteinleitungen ist Art. 3 Abs. 2 GewSchRL die maßgebliche Vorschrift. Sie verpflichtet die Mitgliedsstaaten, auch die Ableitung von Stoffen der Liste I GewSchRL in die Kanalisation einer Genehmigungspflicht zu unterwerfen, sofern es für die Anwendung dieser Richtlinie und der daraufhin ergangenen Tochterrichtlinien erforderlich ist.[165] So schreibt z. B. Art. 3 Abs. 2 Cadmiumrichtlinie vor, daß die in dieser Richtlinie festgelegten Grenzwerte an der Stelle anzuwenden sind, an der cadmiumhaltiges Abwasser den Betrieb

---

159 91/271/EWG (ABl. EG Nr. L 135, S. 40).
160 *Schulte*, Kommunalabwasserrichtline, S. 82; *Möbs*, Gewässerschutzrecht, S. 112 (121 ff.).
161 *Schulte*, Kommunalabwasserrichtline, S. 82.
162 91/676/EWG (ABl. EG Nr. L 375, S. 1).
163 *Veh/Knopp*, Gewässerschutz, S. 16.
164 *Henseler*, DVBl. 1981, S. 668 (669).
165 Vgl. *Breuer*, WiVerw 1990, S. 79 (87 f.); *Czychowski*, RdWWi 20 (1977), S. 20 (34 f.).

verläßt.[166] Entsprechende Regelungen enthalten die Richtlinien über Quecksilber und Hexachlorcyclohexan.[167] Generell sind nur solche Indirekteinleitungen einer Genehmigungspflicht zu unterwerfen, die Stoffe enthalten, für die in Folgerichtlinien Anforderungen gestellt sind.[168] Denn solche Stoffe der Liste I GewSchRL, für die keine Anforderungen nach Art. 6 GewSchRL gestellt werden, fallen unter die Liste II GewSchRL. Für Ableitungen in die Kanalisation mit Stoffen der Liste II GewSchRL ist aber keine Genehmigung erforderlich, da Art. 7 Abs. 2 GewSchRL nur die direkte Ableitung in ein Gewässer erfaßt.[169] Die Wendung "sofern es für die Anwendung dieser Richtlinie erforderlich ist" in Art. 3 Nr. 2 GewSchRL eröffnet den Mitgliedstaaten einen Entscheidungsspielraum, Stoffe der Liste I GewSchRL nach Maßgabe der Reinigungsfähigkeit der öffentlichen Kläranlagen von der Genehmigungspflicht auszunehmen.[170] Denn soweit gefährliche Stoffe der Liste I GewSchRL durch die Kläranlagen zurückgehalten werden können, ist dem Ziel der Richtlinie, dem vorbeugenden Gewässerschutz, bereits genüge getan.

Mit der Genehmigung sind Emissionsnormen festzusetzen, die damit konkret-individuellen Charakter erhalten.[171] Nach Art. 5 Abs. 1 lit. a, b GewSchRL müssen die Emissionsnormen die in Ableitungen zulässige maximale Konzentration eines Stoffes (Konzentrationswert) und die in bestimmten Zeiträumen in Ableitungen zulässige Höchstmenge eines Stoffes (Frachtwert) festlegen.

Die Gewässerschutzrichtlinie und damit auch die Indirekteinleiterregelung dienen nach den Begründungen der Richtlinie unmittelbar dem Gewässerschutz sowie einer Angleichung der Wettbewerbsbedingungen in der Gemeinschaft.[172]

---

166 Vgl. *Kromarek*, Vergleichende Untersuchung, S. 86; *Salzwedel*, Richtlinien der EG auf dem Gebiet des Gewässerschutzes, S. 77 (87).

167 Vgl. *Schulte*, Kommunalabwasserrichtlinie, S. 89; *Kromarek*, Oberflächen- und Grundwasserschutz, S. 59 (65).

168 *Dahme*, Auswirkungen, S. 158 (160).

169 *Delwing*, Umsetzungsprobleme, S. 71 f.; *Henseler*, Abwasserbeseitigung, S. 277.

170 *Delwing*, Umsetzungsprobleme, S. 70 f.; *Lausch*, Gewässerschutz, S. 240; *Keune*, ZfW 1978, S. 193 (202); vgl. auch *Veh/Knopp*, Gewässerschutz, S. 40.

171 *Epiney*, Umweltrecht, S. 228; *Breuer*, Entwicklungen des europäischen Umweltrechts, S. 38.

172 Vgl. *Czychowski*, RdWWi 20 (1977), S. 21 (23).

D. Art. 11 Kommunalabwasserrichtlinie

Weiterhin werden Indirekteinleitungen von Gewerbe- und Industriebetrieben von Art 11 i. V. m. Art. 2 Nr. 3 KomAbwRL erfaßt. Bezugspunkt dieser Regelung ist weder der Inhalt noch die Schädlichkeit der Abwässer, sondern allein der Entstehungsort. Hier wird also im Gegensatz zur Gewässerschutzrichtlinie ein herkunftsbezogener Ansatz verfolgt.[173]
In Art. 11 Abs. 1 KomAbwRL wird den Mitgliedsstaaten vorgeschrieben, daß Abwasser, das in die Kanalisation und in kommunale Abwasseranlagen eingeleitet wird, einer Regelung und/oder einer Erlaubnispflicht unterworfen werden muß. Die Art der Regelung ist nicht vorgegeben, es muß jedoch mindestens eine Regelung bestehen. Materielle Vorgaben für diese Regelung werden lediglich durch Art. 11 Abs. 2 S. 1 KomAbwRL gemacht, der anordnet, daß die Regelung bzw. Erlaubnis den Anforderungen des Anhangs I Abschnitt C genügen muß.[174] Hiernach müssen folgende Anforderungen erfüllt werden:

- Die Gesundheit des Personals, das in Kanalisationen und Behandlungsanlagen tätig ist, darf nicht gefährdet werden.
- Kanalisation, Abwasserbehandlungsanlagen und die zugehörigen Ausrüstungen dürfen nicht beschädigt werden.
- Der Betrieb der Abwasserbehandlungsanlage und die Behandlung des Klärschlamms dürfen nicht beeinträchtigt werden.
- Ableitungen aus den Abwasserbehandlungsanlagen dürfen die Umwelt nicht schädigen oder dazu führen, daß die aufnehmenden Gewässer nicht mehr den Bestimmungen anderer Gemeinschaftsrichtlinien entsprechen.
- Es muß sichergestellt sein, daß der Klärschlamm in umweltverträglicher Weise sicher beseitigt werden kann.

Die Mitgliedsstaaten werden zusätzlich dazu verpflichtet, die Regelungen bzw. Erlaubnisse regelmäßig zu überprüfen und gegebenenfalls anzupassen, Art 11 Abs. 3 KomAbwRL.
Ziel der Richtlinie ist es, die Umwelt vor den schädlichen Auswirkungen des kommunalen Abwassers zu schützen, Art. 1 Abs. 2 KomAbwRL. Diese Zielsetzung wird im Hinblick auf gewerbliche und industrielle Indirekteinleitungen durch die Schutzzwecke des Anhangs I Abschnitt C konkretisiert.

---

173 *Schulte*, Kommunalabwasserrichtlinie, S. 71.
174 Vgl. dazu die Stellungnahme der ATV, KA 1990, S. 132 ff.

E. Ausblick: IVU-Richtlinie, Wasserrahmenrichtlinie

An dieser Stelle wird in einem kurzen Exkurs die Weiterentwicklung des gemeinschaftlichen Gewässerschutzrechts dargelegt. Im wesentlichen werden derzeit zwei Reformstränge verfolgt. Zum einen wird mit der Richtlinie des Rates vom 24. 09. 1996 über die integrierte Vermeidung und Verminderung der Umweltverschmutzung[175] ein über den Gewässerschutz hinausgehender, medienübergreifender Ansatz verfolgt. Zum anderen sollen die verstreuten Regelungen des Wasserrechts der Gemeinschaft in einer Wasserrahmenrichtlinie zusammengefaßt werden, um so eine Konsolidierung zu erreichen.[176]

I. IVU-Richtlinie

Die IVU-Richtlinie führt in das europäische Recht ein neues, integriertes Genehmigungskonzept für die Anlagen im Sinne des Anhangs I IVU-RL ein.[177] Der materiellrechtliche integrative[178] Ansatz läßt sich bestimmen als die inhaltliche Koordinierung und Zusammenfassung der Entscheidungen über Emissionen in Luft, Wasser und Boden, um ein hohes Schutzniveau für die Umwelt insgesamt und nicht nur für ein Umweltmedium zu erreichen; dabei kommt der Vermeidung unter Berücksichtigung der Verlagerung von Umweltverschmutzung von einem Umweltmedium auf ein anderes besondere Bedeutung zu.[179] Art. 3 IVU-RL legt dazu sechs materielle Grundpflichten der Anlagenbetreiber fest, deren Erfüllung die Behörde bei der Erteilung der Genehmigung zugrundezulegen hat.[180] In verfahrensrechtlicher Hinsicht verlangt Art. 7 IVU-RL eine vollständige Koordinierung des Genehmigungsverfahrens, wenn bei diesem Verfahren mehrere zuständige Behörden mitwirken. Eine einheitliche Genehmigung mit

---

175 96/61/EG (ABl. EG Nr. L 257, S. 26); im folgenden IVU-RL.

176 Vgl. *Barth*, WuB 1997, S. 7.

177 *Steinberg/I. Kloepfer*, DVBl. 1997, S. 973 ff.; zum umweltpolitischen Hintergrund und zur Entstehungsgeschichte vgl. *Zöttl*, NuR 1997, S. 157 (158 f.); vgl. neben den im folgenden genannten auch *Dürkop/Kracht/Wasielewski*, UPR 1995, S. 425 ff.; *Rebentisch*, NVwZ 1995, S. 949 ff.; *Wasielewski*, UPR 1995, S. 90 ff.; *Krämer*, ZUR 1998, S. 70 (71 f.); *Koch*, UTR 40 (1997), S. 31 ff.; speziell aus der Sicht des Gewässerschutzes *Kaltenmeier*, KA 1997, S. 1029 ff.; *ders.*, KA 1998, S. 685 ff.

178 Vgl. dazu *Di Fabio*, NVwZ 1998, S. 329 (333 ff.).

179 *Dolde*, NVwZ 1997, S. 313 (314); *Zöttl*, NuR 1997, S. 157 (162).

180 *Zöttl*, NuR 1997, S. 157 (163); *Breuer*, NVwZ 1997, S. 833 (838); *Steinberg/I. Kloepfer*, DVBl. 1997, S. 973 (977 f.).

einer materiellen Konzentrationswirkung ist nicht zwingend erforderlich.[181] Anforderungen an das Verfahren werden darüber hinaus im Hinblick auf den Genehmigungsantrag, die Beteiligung der Öffentlichkeit sowie die der betroffenen benachbarten Mitgliedstaaten getroffen, Art. 6, 15 Abs. 1, 2, 17 Abs. 2 IVU-RL.

Die IVU-Richtlinie wird in ihrem Anwendungsbereich die Gewässerschutzrichtlinie ablösen.[182] Der integrierte Vermeidungs- und Verminderungszweck bezieht sich gem. Art. 1 IVU-RL auf Emissionen in Luft, Wasser und Boden und umfaßt damit auch Abwassereinleitungen. Die genehmigungs- und emissionsbezogenen Anforderungen der Gewässerschutzrichtlinie, wozu auch die Indirekteinleiterklausel des Art. 3 Nr. 2 GewSchRL gehört, gelten nach Art. 20 Abs. 1 IVU-RL für die betroffenen Anlagen nur solange fort, bis die zuständigen Behörden gem. Art. 5 IVU-RL die "erforderlichen Maßnahmen" getroffen haben, also nur solange, bis die Behörden keine Genehmigungsauflagen für bestehende Anlagen nach den jetzt maßgeblichen Vorschriften der IVU-Richtlinie erlassen haben.[183] Für neue Anlagen ist Art. 3 Nr. 2 GewSchRL gem. Art. 20 Abs. 2 IVU-RL nicht mehr maßgebend, sobald die IVU-Richtlinie in dem betroffenen Mitgliedstaat anwendbar ist.

Für Indirekteinleitungen aus den betroffenen Anlagen gelten allerdings gem. Art. 18 Abs. 2 i. V. m. Anhang II IVU-RL die Anforderungen des Art. 3 Nr. 2 GewSchRL solange fort, bis der Rat Emissionsgrenzwerte nach Art. 18 Abs. 1 IVU-RL festlegt. Der Begriff der Emissionsgrenzwerte ist in Art. 2 Nr. 6 IVU-RL legaldefiniert. Gem. Art. 2 Nr. 6 S. 3 IVU-RL gelten die Emissionswerte normalerweise an dem Punkt, an dem die Emissionen die Anlage verlassen, wobei eine etwaige Verdünnung bei der Festsetzung der Grenzwerte nicht berücksichtigt wird. Nach Art. 2 Nr. 6 S. 4 IVU-RL kann bei der indirekten Einleitung in das Wasser die Wirkung einer Kläranlage bei der Festsetzung der Emissionsgrenzwerte der Anlage berücksichtigt werden, "sofern ein insgesamt gleichwertiges Umweltschutzniveau sichergestellt wird und es nicht zu einer höheren Belastung der Umwelt kommt, und zwar unbeschadet der Richtlinie 76/464/EWG und der zu ihrer Ausführung erlassenen Richtlinien." Für solche Anlagen, die nicht der IVU-Richtlinie unterfallen, gelten weiterhin die Vorschriften der Gewässerschutzrichtlinie und ihrer Tochterrichtlinien.[184]

---

181 *Zöttl*, NuR 1997, S. 157 (161); *Dolde*, NVwZ 1997, S. 313 (317 f.); *Steinberg/I. Kloepfer*, DVBl. 1997, S. 973 (975 f.).

182 Vgl. *Breuer*, DVBl. 1997, S. 1211 (1214), dort auch zur Kritik aus deutscher wasserrechtlicher Sicht; *Zöttl*, NuR 1997, S. 157; *Kaltenmeier*, KA 1997, S. 1029 (1036).

183 *Breuer*, DVBl. 1997, S. 1211 (1214).

184 *Breuer*, DVBl. 1997, S. 1211 (1222).

Für Indirekteinleitungen werden im Ergebnis in materieller Hinsicht weiterhin die Anforderungen nach Art. 3 Nr. 2 GewSchRL maßgebend sein. Dies gilt für die Anlagen, die der IVU-Richtlinie unterfallen nur solange, wie keine neuen gemeinschaftsrechtlichen Emissionsgrenzwerte nach Art. 18 Abs. 1 IVU-RL festgelegt worden sind.[185]

II. Entwurf einer Wasserrahmenrichtlinie

Ausgehend vom Fünften Aktionsprogramm für den Umweltschutz[186] hat sich die Gemeinschaft zum Ziel gesetzt, das gemeinschaftsrechtliche Gewässerschutzrecht grundlegend zu modifizieren. Dabei soll in Zukunft ein Schritt vom reinen Gewässerschutz hin zur Wasserwirtschaft vollzogen werden, um so auch eine quantitätsorientierte Ressourcenerhaltung zu ermöglichen.[187] Die Kommission hat einen Entwurf für eine Richtlinie des Rates zur Schaffung eines Ordnungsrahmens für Maßnahmen der Gemeinschaft im Bereich der Wasserpolitik (im folgenden: Wasserrahmenrichtlinie [E][188]) vorgelegt.[189] Nach der Zielbestimmung in Art. 1 Wasserrahmenrichtlinie (E) ist Hauptziel der Richtlinie die Schaffung eines Rahmens für den Schutz von Oberflächensüßwasser, Ästuarien, Küstengewässern und Grundwasser in der Europäischen Gemeinschaft. Dieses Hauptziel wird durch eine Reihe von Unterzielen konkretisiert. Die Konzeption des Entwurfs zur Schaffung eines solchen Rahmens bleibt jedoch unklar.[190] So wird das oben geschilderte heterogene System des europäischen Gewässerschutzrechts nur teilweise bereinigt. Art. 26 Wasserrahmenrichtlinie (E) sieht lediglich die Aufhebung der Qualitätsrichtlinien 75/440/EWG, 78/659/EWG, 79/869/EWG, 79/923/EWG, 80/68/EWG sowie der Entscheidung 77/795/EWG vor. Insbesondere das

---

185 Zu den möglichen Umsetzungsstrategien vgl. *Dolde*, IVU-Richtlinie, S. 15 (28 ff.); *Kaltenmeier*, KA 1998, S. 685 (692 ff.).

186 Entschließung des Rates und der im Rat vereinigten Vertreter der Regierungen der Mitgliedstaaten vom 1. 2. 1993 über ein Gemeinschaftsprogramm für Umweltpolitik und Maßnahmen im Hinblick auf eine dauerhafte und umweltgerechte Entwicklung (93/C 138/01, ABl. EG Nr. C 138, S. 1).

187 Vgl. hierzu *Veh/Knopp*, Gewässerschutz, S. 9 ff.; *Epiney*, Umweltrecht, S. 235 f.; *Weber*, KA 1988, S. 534 (536 f.); zur Diskussion über die Änderung des Programms und zur gegenwärtigen gemeinschaftlichen Wasserpolitik vgl. *Krämer*, ZUR 1998, S. 70 (71 f.) unter Hinweis auf KOM(96) 59 vom 21. 2. 1996 und den Bericht von *Klüppel*, NuR 1998, S. 129 f.

188 Entwurf.

189 97/C 184/02 (ABl. EG Nr. C 184, S. 20).

190 Vgl. zum folgenden *Breuer*, DVBl. 1997, S. 1211 (1217 f.).

Schicksal der Gewässerschutzrichtlinie (76/464/EWG) bleibt ungewiß. Die Kommission ist der Ansicht, daß diese Richtlinie überflüssig werde, sobald die IVU-Richtlinie, die vorgeschlagene Wasserrahmenrichtlinie und eine künftige, noch vorzuschlagende und zu verabschiedende Richtlinie über die Verschmutzung durch kleine Anlagen (sog. kleine IVU-Richtlinie) umgesetzt seien.[191] Damit ist noch völlig unklar, wie eine Ablösung der Gewässerschutzrichtlinie aussehen könnte.

Konkret verpflichtet Art. 4 Abs. 1 lit. a, b Wasserrahmenrichtlinie (E) die Mitgliedstaaten, bis zum 31. Dezember 2010 einen "guten Zustand"[192] des Oberflächenwassers in allen Oberflächengewässern und einen guten Zustand des Grundwassers[193] in allen Grundwasserkörpern zu erreichen. Hieran wird kritisiert, daß es derzeit kein wissenschaftlich fundiertes und in der Praxis erprobtes Verfahren zur ökologischen Bewertung von Gewässern gibt.[194] Daneben sei die Zielvorgabe aufgrund der personellen und finanziellen Möglichkeiten der Mitgliedstaaten jedenfalls im Hinblick auf das Jahr 2010 unrealistisch.[195] Als zentrales rechtliches Instrument sieht der Entwurf in Art. 3 ff. die Aufstellung von rechtsverbindlichen Flußgebietsmanagementplänen vor. Hierin sollen die Maßnahmen und Programme innerhalb eines jeden Flußeinzugsgebiets koordiniert werden. Art. 13 Abs. 3a Wasserrahmenrichtlinie (E) sieht für die Maßnahmeprogramme ein kombiniertes Konzept vor, wonach als Mittel zur Emissionsbegrenzung Emissionsgrenzwerte und Umweltqualitätsziele wahlweise zur Verfügung stehen. Hauptkritikpunkt ist insofern, daß der Entwurf in Art. 3 die Schaffung von Verwaltungseinheiten für die jeweiligen Einzugsgebiete fordert. Hierin wird ein zumindest problematischer gemeinschaftsrechtlicher Eingriff in die Verwaltungsautonomie der Mitgliedstaaten gesehen.[196] Art. 12 des Entwurfs sieht als Instrument zur Förderung eines nachhaltigen Umgangs mit Wasser die europaweite Einführung von kostendeckenden Wasserpreisen vor.

Im Ergebnis kann der Entwurf der Wasserrahmenrichtlinie das Ziel eines neuen konzeptionellen Rahmens des europäischen Gewässerschutzrechts nicht erreichen. Ob dieser Entwurf ein tragfähiges Konzept für die weitere

---

191 Vgl. *Breuer*, DVBl. 1997, S. 1211 (1218) mit dem Hinweis, daß die Kommission das Vorhaben der kleinen IVU-Richtlinie in jüngster Zeit nicht weiter verfolgt hat; bestätigend *Krämer*, ZUR 1998, S. 70 (71 f.).

192 Art. 2 Nr. 20 Wasserrahmenrichtlinie (E).

193 Art. 2 Nr. 16 Wasserrahmenrichtlinie (E).

194 *Barth*, WuB 1997, S. 7 (8); *Jaron*, WuB 1993, S. 64 (65 f.).

195 *Barth*, WuB 1997, S. 7 (8).

196 *Breuer*, DVBl. 1997, S. 1211 (1218 ff.)

Entwicklung der gemeinschaftlichen Gewässerpolitik ist und die an ihn gestellten Erwartungen erfüllt, bleibt daher abzuwarten.[197]

F. Instrument der Richtlinie, Art. 249 Abs. 3 (Art. 189 Abs. 3) EGV

Die gemeinschaftsrechtliche Erfassung der Indirekteinleitungen erfolgt durch
das Instrument der Richtlinie nach Art. 249 Abs. 3 (Art. 189 Abs. 3) EGV.
Daher wird im folgenden dieses Instrument näher betrachtet. Neben der Frage
der zulässigen Regelungsintensität ist im Rahmen dieser Untersuchung von
besonderer Bedeutung, ob die Erfassung der Indirekteinleitungen durch gemeinschaftliche Richtlinien Auswirkungen auf das nationale Regime der Indirekteinleitungen haben kann. Hierauf wird im nächsten Kapitel noch zurückzukommen sein.[198] Die Richtlinie stellt das gebräuchlichste Instrument gemeinschaftlicher Umweltpolitik dar.[199] Nach Art. 249 Abs. 3 (Art. 189 Abs. 3)
EGV ist die Richtlinie für jeden Mitgliedstaat, an den sie gerichtet wird, hinsichtlich des zu erreichenden Ziels verbindlich, überläßt jedoch den innerstaatlichen Stellen die Wahl der Form und der Mittel.

I. Zweistufiges Rechtsetzungsverfahren

Die Gesetzgebung durch Richtlinien stellt einen zweistufigen Vorgang dar.[200]
Durch den Erlaß der Richtlinie auf der Gemeinschaftsebene, der ersten Stufe,
wird dem Mitgliedstaat die Pflicht auferlegt, Maßnahmen seiner eigenen Hoheitsgewalt zu ergreifen, um die von der Richtlinie vorgegebenen Ziele im
Sinne von Integrationsergebnissen mit eigenen staatlichen Mitteln zu verwirklichen.[201] Die Mitgliedstaaten haben dann auf der zweiten Stufe die

---

197 Vgl. aus deutscher Sicht das Thesenpapier der Länderarbeitsgemeinschaft Wasser
      (LAWA) in Zusammenarbeit mit dem Bundesumweltministerium, KA 1995, S. 1869
      ff.; vgl. auch *Breuer*, DVBl. 1997, S. 1211 (1220 ff.).
198 Vgl. unten § 6 II 2b.
199 Vgl. *Breuer*, Entwicklungen des europäischen Umweltrechts, S. 25; *Pernice*, EuR 1994,
      S. 325; *Wägenbaur*, ZG 1988, S. 303 (305); *Götz*, NJW 1992, S. 1849 (1850 f.); *Riegel*,
      NuR 1981, S. 90 (92).
200 Vgl. *Grabitz*, in: Grabitz/Hilf, EU, Art. 189 Rn. 51; *Bleckmann*, Europarecht, Rn. 138
      f.; *Nicolaysen*, Europarecht I, S. 161 f.; *Reinhardt*, UTR 40 (1997), S. 337 (349); *Bach*,
      JZ 1990, S. 1108 (1109); *Götz*, NJW 1992, S. 1849 (1852); *Holtmeier*, Rechtsprobleme,
      S. 155; kritisch *Hilf*, EuR 1993, S. 1 (4 ff.). Zur Terminologie vgl. *Lausch*, Gewässer-
      schutz, S. 168 f.; *Rengeling*, DVBl. 1995, S. 945 (947 f.).
201 *Ipsen*, Gemeinschaftsrecht, 21/21 (S. 455); *ders.*, Richlinien-Ergebnisse, S. 67 (70 f.).

Richtlinie in ihr nationales Recht umzusetzen. Sie haben dazu innerhalb der durch die Richtlinie gesetzten Frist ihre nationalen Regelungen zu ändern oder aufzuheben, soweit sie nicht bereits mit der Richtlinie vereinbar sind. Die intendierte innerstaaliche Bedeutung erlangt die Richtlinie erst durch diese zweite Stufe der mitgliedstaatlichen Umsetzungsmaßnahme.

Die Rechtswirkungen der Richtlinie werden durch die Gegenüberstellung mit der Verordnung nach Art. 249 Abs. 2 (Art. 189 Abs. 2) EGV deutlich. Während Verordnungen unmittelbar in jedem Mitgliedstaat gelten und ihre Regelungen für den Einzelnen bereits dadurch Verbindlichkeit haben,[202] sind Richtlinien nur für den Mitgliedstaat verbindlich. Die Rechtsstellung des Einzelnen ändert sich grundsätzlich erst durch die nationale Umsetzungsmaßnahme.[203]

Angesprochen ist hier die Frage, ob das Gemeinschaftsrecht, im vorliegenden Zusammenhang in der Form der Richtlinie, unmittelbar in den Mitgliedstaaten gilt. Davon zu trennen ist die unmittelbare Anwendbarkeit einer gemeinschaftsrechtlichen Norm.[204] Innerstaatliche Geltung meint die Fähigkeit der Richtlinie, ohne mitgliedstaatliche Transformations- oder Inkorporationsakte Eingang in die staatliche Rechtsordnung zu finden. Eine geltende Norm erhebt grundsätzlich auch den Anspruch, von den betroffenen Rechtsanwendern beachtet zu werden, woraus auch die abstrakte Anwendbarkeit der Norm resultiert. Eine Norm ist aber erst konkret auf einen bestimmten Sachverhalt anwendbar, wenn sie von ihrer Rechtsnatur und ihrem Inhalt her anwendungsfähig ist. Geltung und konkrete Anwendungsfähigkeit können im Einzelfall auseinanderfallen.[205] Zur Geltung der Gemeinschaftsverträge[206] bedurfte es eines staatlichen Transformationsaktes, da der Entstehungstatbestand der Gemeinschaften völker-

---

202 *Schmidt*, in: Greoben/Thiesing/Ehlermann, EGV (5. Aufl. 1997), Art. 189 Rn. 30.

203 *Ipsen*, Gemeinschaftsrecht, 21/22-23 (S. 457); *Scherzberg*, Jura 1992, S. 572 (574); auf die Problematik der unmittelbaren Wirkung von Richtlinien, des Staatshaftungsanspruchs bei fehlender oder mangelhafter Umsetzung, der Sperrwirkung und der richtlinienkonformen Auslegung kann hier nicht eingegangen werden, vgl. dazu unten § 6 II 1b.

204 Vgl. zur Terminologie *Klein*, Unmittelbare Geltung, S. 8 f.; *Bach* , JZ 1990, S. 1108 (1109); *Jarass*, NJW 1990, S. 2420 f.

205 *Klein*, Unmittelbare Geltung, S. 8 f.

206 Vertrag zur Gründung der Europäischen Atomgemeinschaft (BGBl. 1957 II, S. 1014); Vertrag über die Gründung der Europäischen Gemeinschaft für Kohle und Stahl (BGBl. 1952 II, S. 447); Vertrag zur Gründung der Europäischen Wirtschaftsgemeinschaft (BGBl. 1957 II, S. 768).

rechtlicher Natur war. Dies ist durch die Zustimmungsgesetze zu den Gemeinschaftsverträgen gem. Art. 24 Abs. 1, 59 Abs. 1 S. 1 GG geschehen.[207] Dadurch wurde eine eigenständige Rechtsordnung des Gemeinschaftsrechts geschaffen, die mit eigenen autonomen Rechtsetzungsbefugnissen ausgestattet ist.[208] Diese Gemeinschaftsrechtsordnung, wozu auch das sekundäre Gemeinschaftsrecht zählt, entfaltet als eine von dem Willen der Mitgliedstaaten losgelöste, autonome Rechtsordnung ihre Wirkungen aus sich selbst heraus und wird von den mitgliedstaatlichen Rechtsordnungen weder abgeleitet noch inhaltlich bestimmt. Die Gemeinschaftsgewalt ist daher eine originäre Hoheitsgewalt, das Gemeinschaftsrecht gilt in den innerstaatlichen Rechtsordnungen kraft dieser Gewalt.[209] Diese Feststellung trifft auch für Richtlinien zu, die Frage der Anwendbarkeit hängt darüber hinaus noch von weiteren Bedingungen ab.[210] Durch ihren Beitritt haben die Mitgliedstaaten auch das Richtlinienrecht als Rechtsquelle des Gemeinschaftsrechts grundsätzlich[211] anerkannt.

Der Unterschied zur Verordnung nach Art. 249 Abs. 2 (Art. 189 Abs. 2) EGV liegt damit nicht darin, daß nur die Verordnung in dem Mitgliedstaat "unmittelbar gilt", während die Richtlinie keinen Eingang in den innerstaatlichen Rechtsraum findet.[212] Entscheidend ist vielmehr, daß die Richtlinie noch zusätzlich einer Umsetzung durch den Mitgliedstaat, d. h. durch die innerstaatlich zuständigen Stellen, bedarf.[213] Erst durch diese Umsetzung ist die Richtlinie auch anwendbar.

Aus dieser Struktur der Richtlinien ergibt sich auch deren Funktion. Sie dient, indem sie den Mitgliedstaaten Wahlfreiheit hinsichtlich der Formen und Mittel der Umsetzung überläßt, der Rechtsangleichung durch Veranlassung nationaler Rechtsetzung, während die Verordnung durch unmittelbar im Durch-

---

207 BVerfGE 73, 339 (375).
208 *Grabitz*, in: Grabitz/Hilf, EU, Art. 189 Rn. 12.
209 BVerfGE 73, 339 (374 f.); *Dendrinos*, Rechtsprobleme, S. 160; *Grabitz*, AöR 111 (1986), S. 1 (8).
210 *Langenfeld*, DÖV 1992, S. 955 (956).
211 Zu beachten sind die verfassungsrechtlichen Grenzen; vgl. unten § 6 IV 2b.
212 So aber *Oldenbourg*, Unmittelbare Wirkung, S. 12; vgl. auch *Everling*, Direkte innerstaatliche Wirkung, S. 95 (107).
213 *Gellermann*, Beeinflussung, S. 17; *Klein*, Unmittelbare Geltung, S. 12 f.; *Grabitz*, AöR 111 (1986), S. 1 (9); *Langenfeld*, DÖV 1992, S. 955 (956) unter Hinweis auf die englische und französische Fassung des Vertragstextes; vgl. aber auch *Epiney*, DVBl. 1996, S. 409 (414).

griff wirkende Setzung von Gemeinschaftsrecht der Ergänzung oder Ersetzung der Normen der Mitgliedstaaten dient.[214]

II. Verbindlichkeit

Nach dem Wortlaut des Art. 249 Abs. 3 (Art. 189 Abs. 3) EGV ist die Richtlinie nur "hinsichtlich des zu erreichenden Zieles verbindlich", wohingegen die Wahl der Formen[215] und Mittel[216] den Mitgliedstaaten überlassen bleibt. Unter Zielen werden nicht die allgemeinen Vertragsziele verstanden, sondern die sich aus dem Inhalt der Richtlinie ergebenden Rechtswirkungen, denen der Mitgliedstaat innerstaatliche Wirksamkeit zu verschaffen hat. Denn Ziel einer Richtlinie ist stets die Erreichung eines bestimmten Rechtszustandes in allen Mitgliedstaaten. Der Begriff "Ziel" muß daher im Sinne von "Ergebnis" oder "Erfolg" verstanden werden.[217]

Aufgrund dieses Wortlauts könnte man von einer "abgestuften Verbindlichkeit" sprechen.[218] Jedoch ist heute von einer durchgehenden Verbindlichkeit der Richtlinie auszugehen. Denn eine begrifflich eindeutigen Zuordnung von Richtlinienbestimmungen zu Zielen oder Mitteln ist, wie bereits *Oldekop* nachgewiesen hat,[219] nicht möglich.[220] Entgegen dem Wortlaut des Art. 249 Abs. 3 (Art. 189 Abs. 3) EGV läßt sich somit eine "abgestufte Verbindlichkeit" nicht begründen. Die Fragen, die durch die Differenzierung zwischen

---

214 *Grabitz*, in: Grabitz/Hilf, EU, Art. 189 Rn. 51; *Scherzberg*, Jura 1992, S. 572 (574); *Ipsen*, Gemeinschaftsrecht, 21/21 (S. 455).

215 "Formen" bezeichnet das Verfahren des Zustandekommens der Umsetzungsmaßnahmen oder auch deren Rechtsnatur (Gesetz, Rechtsverordnung, Verwaltungsvorschrift); *Oldekop*, JöR n. F. 22 (1972), S. 55 (81); *ders.*, Richtlinien der EWG, S. 112 ff.; vgl. auch *Schmidt*, in: Groeben/Thiesing/Ehlermann, EGV (5. Aufl. 1997), Art. 189 Rn. 39.

216 "Mittel" sind diejenigen Maßnahmen, die die Richtlinienadressaten ergreifen, um das zu erreichende Ziel zu verwirklichen; *Oldekop*, JöR n. F. 22 (1972), S. 55 (81); *ders.*, Richtlinien der EWG, S. 112 ff.

217 *Grabitz*, in: Grabitz/Hilf, EU, Art. 189 Rn. 57; *Schmidt*, in: Groeben/Thiesing/Ehlermann, EGV (5. Aufl. 1997), Art. 189 Rn. 37; *Ipsen*, Richtlinien-Ergebnisse, S. 67 (74) unter Vergleich mit den anderssprachigen Vertragsfassungen; *Oldekop*, JöR n. F. 22 (1972), S. 55 (85); *Fuß*, DVBl. 1965, S. 378 (380).

218 So *Ipsen*, Gemeinschaftsrecht, 21/27 f. (S. 458); vgl. auch *Bleckmann*, Europarecht, Rn. 142.

219 *Oldekop*, JöR n. F. 22 (1972), S. 55 (86 ff.).

220 So auch *Breuer*, Entwicklungen des europäischen Umweltrechts, S. 26; *Bleckmann*, Europarecht, Rn. 144; *Lausch*, Gewässerschutz, S. 173 ff.; *Fuß*, DVBl. 1965, S. 378 (380); kritisch *Schäfer*, EWG-Richtlinie, S. 8.

verbindlichen Zielvorgaben und unverbindlichen, der Freiheit der Mitgliedstaaten überlassenen Mitteln und Formen entstehen, werden daher unter dem Begriff der Regelungsintensität der Richtlinie diskutiert.[221]

III. Zulässige Regelungsintensität

Im Anschluß daran, daß entgegen dem Wortlaut des Art. 249 Abs. 3 (Art. 189 Abs. 3) EGV nicht zwischen Zielen und Mitteln unterschieden werden kann, stellt sich die Frage, ob die Richtlinie in ihrer Regelungsintensität beschränkt ist oder ob sie auch detaillierte Regelungen enthalten darf, die den Mitgliedstaaten bei der Umsetzung keinen Gestaltungsspielraum in der Sache lassen.

1. Beschränkung der Regelungsintensität durch Art. 249 Abs. 3 (Art. 189 Abs. 3) EGV

Früher wurde die Ansicht vertreten, daß der Richtliniengeber in der Regelungsintensität von vornherein beschränkt sei.[222] Begründet wurde dies mit Sinn und Zweck des Art. 249 Abs. 3 (Art. 189 Abs. 3) EGV: "Den Mitgliedstaaten soll grundsätzlich ein Mindestmaß an Autonomie in dem von der Richtlinie jeweils geregelten Sachbereich belassen werden; sie sollen nicht auf ein in allen Einzelheiten bindend vorgeschriebenes Verhalten festgelegt werden. Hierin liegt der besondere Charakter des Rechtsinstruments "Richtlinie", die ihm erhalten bleiben muß, wenn es nicht seinen eigentlichen Sinn verlieren soll."[223]

Danach dürfen Richtlinien nur so detailliert sein, daß dem Richtlinienadressaten eine beachtenswerte eigene, auf die Sache selbst bezogene Gestaltungsmöglichkeit bleibt. Diese Grenze darf nach dieser Ansicht auch dann nicht überschritten werden, wenn dies zur Erreichung des Richtlinienzwecks erforderlich sein sollte. Bei der Beurteilung der Frage, wieweit die Regelungsintensität innerhalb dieser Grenze reicht, habe der Richtliniengeber einen Ermessensspielraum, der dann auch vom EuGH nur beschränkt überprüft

---

221 Vgl. *Bleckmann*, Europarecht, Rn. 142 ff.; *Grabitz*, in: Grabitz/Hilf, EU, Art. 189 Rn. 57 ff.; *Schulte*, Kommunalabwasserrichtlinie, S. 27; *Ipsen*, Richtlinien-Ergebnisse, S. 65 (74).

222 So insbesondere *Oldekop*, JöR n. F. 22 (1972), S. 55 (92 ff.).

223 *Oldekop*, JöR n. F. 22 (1972), S. 55 (93); vgl. auch *Wägenbaur*, ZG 1988, S. 303 (311); *Zuleeg*, ZfW 1975, S. 133 (141); *Lausch*, Gewässerschutz, S. 177.

werden könne.[224] Gleichwohl seien Detailregelungen in Ausnahmefällen zulässig. Insbesondere auf dem Gebiet der Rechtsangleichung gebe es sehr spezielle Materien, die eine hohe Regelungsdichte bereits auf der Ebene der Richtlinien erforderten. Stets bleibe aber der Grundsatz zu beachten, wonach die Grenze der Detaillierbarkeit dann erreicht sei, wenn die Richtlinie so weit ins Einzelne geht, daß sie eine nahezu vollständige und erschöpfende Regelung darstelle und dem Adressaten keinen sachlichen Spielraum mehr überlasse. Hierbei komme es nicht auf einzelne Bestimmungen der Richtlinie an, sondern die Beurteilung habe anhand der gesamten Richtlinie als rechtlicher Einheit zu erfolgen. Insofern könne die Rechtsprechung des BVerfG zu Art. 75 GG (a. F.)[225] herangezogen werden. Hinsichtlich des zu überlassenden Spielraums sei schließlich ein relativer Maßstab anzulegen: Je beschränkter und spezieller die Materie sei, desto geringer seien die Anforderungen an den Spielraum des Richtlinienadressaten.[226]

Schließlich wird noch argumentiert, der Begriff "Richtlinie" begrenze aus sich heraus die zulässige Regelungsintensität. Denn im allgemeinen Sprachgebrauch würden hierunter "mehr oder weniger allgemein gehaltene Grundsätze, Leitlinien oder Richtschnüre verstanden, die für den Adressaten zwar verbindlich, ihm aber doch in aller Regel ein gewisses Maß an Bewegungsfreiheit lassen".[227]

Die Praxis der Richtliniengesetzgebung ist aber einen anderen Weg gegangen. Hier wird von einer grundsätzlichen Unbeschränktheit der Regelungsintensität ausgegangen.[228] Auch der EuGH hat in mehreren Entscheidungen inhaltlich abschließende Regelungen in Richtlinien gebilligt, ohne sich bisher explizit zu dem Thema geäußert zu haben.[229] Daher ist auch nach heute überwiegender Auffassung in der Literatur die Richtlinie in ihrer Regelungsinten-

---

224 *Oldekop*, JöR n. F. 22 (1972), S. 55 (93) m. w. N.; vgl. auch *Bleckmann*, Europarecht, Rn. 149.

225 Vgl. hierzu *Schäfer*, EWG-Richtlinie, S. 21 ff.; *Jarass*, Grundfragen, S. 33 f.; oben § 3 I 1e.

226 *Oldekop*, JöR n. F. 22 (1972), S. 55 (94).

227 *Oldekop*, JöR n. F. 22 (1972), S. 55 (95) unter Hinweis auf die Richtlinienkompetenz des Bundeskanzlers nach Art. 65 S. 1 GG; dagegen *Fuß*, DVBl. 1965, S. 378 (380).

228 Vgl. *Bleckmann*, Europarecht, Rn. 147; *Schulte*, Kommunalabwasserrichtlinie, S. 27; *Reinhardt*, UTR 40 (1997), S. 337 (349); *Scherzberg*, Jura 1992, S. 572 (574).

229 Vgl. EuGH, Rs. 38/77, Slg. 1977, 2203 (2212); Rs. 148/78, Slg. 1979, 1629 (1642 f.); Rs. 278/85, Slg. 1987, 4069 (4087).

sität durch Art. 249 Abs. 3 (Art. 189 Abs. 3) EGV nicht beschränkt.[230] Es findet sich sogar die Ansicht, daß die unbegrenzte Regelungsintensität von Richtlinien inzwischen gewohnheitsrechtlich anerkannt sei.[231]

Der Auffassung von der grundsätzlich unbeschränkten Regelungsintensität der Richtlinie ist zuzustimmen. Denn Sinn und Zweck der in Art. 249 Abs. 3 (Art. 189 Abs. 3) EGV gewährleisteten Wahlfreiheit hinsichtlich der Formen und Mittel zur Erreichung des Richtlinienziels ist es, den Mitgliedstaaten die Möglichkeit zu verschaffen, die von der Gemeinschaft festgelegten Regeln in geeigneter Form, d. h. unter weitestmöglicher Wahrung der nationalen Rechtssystematik und Regelungstechnik, in das nationale Recht umzusetzen.[232] Aus der Sicht der Mitgliedstaaten soll das Regelungsziel "bruchlos" in das nationale Recht integriert werden. Die Besonderheiten der nationale Rechtsordnung sollen gewahrt, und die Souveränität der Mitgliedstaaten geschont werden. Anders ist es bei der Verordnung nach Art. 249 Abs. 2 (Art. 189 Abs. 2) EGV, die keine Rücksicht auf die innerstaatlichen Rechtsstrukturen nimmt. Damit läßt sich dem Art. 249 Abs. 3 (Art. 189 Abs. 3) EGV selbst keine Beschränkung der sachlichen Regelungsdichte entnehmen. Die zulässige Regelungsdichte richtet sich vielmehr nach dem Grundsatz der Verhältnismäßigkeit.

2. Beschränkung der Regelungsintensität durch Art. 5 Abs. 3 *(Art. 3b Abs. 3) EGV*

Die grundsätzlich unbegrenzte Detailkompetenz findet ihre Grenze im Grundsatz der Verhältnismäßigkeit, der seit dem Unionsvertrag von Maastricht ausdrücklich in Art. 5 Abs. 3 (Art. 3b Abs. 3) EGV verankert ist.[233] Danach gehen die Maßnahmen der Gemeinschaft nicht über das für die Erreichung der

---

230 *Grabitz*, in: Grabitz/Hilft, EU, Art. 189 Rn. 59; *Zuleeg*, in: Groeben/Thiesing/Ehlermann, EGV (5. Aufl. 1997), Art. 3b Rn. 13; *Schmidt*, in: Groeben/Thiesing/Ehlermann, EGV (5. Aufl. 1997), Art. 189 Rn. 37; *Ipsen*, Gemeinschaftsrecht, 21-29 (S. 459); *ders.*; Richtlinien-Ergebnisse, S. 65 (74); *Schulte*, Kommunalabwasserrichtlinie, S. 27; *Fuß*, DVBl. 1965, S. 378 (380); *Kreplin*, NJW 1965, S. 467 (469); *Scherzberg*, Jura 1992, S. 572 (574); *Pernice*, EuR 1994, S. 325 (328).

231 *Bleckmann*, Europarecht, Rn. 151; *Bleckmann* weist allerdings selbst auf die Probleme hin, die bei der Anerkennung von Gewohnheitsrecht im Rahmen der EG bestehen.

232 *Pernice*, EuR 1994, S. 325 (327); *Gellermann/Szczekalla*, NuR 1993, S. 54 (59).

233 So auch *Schmidt*, in: Groeben/Thiesing/Ehlermann, EGV (5. Aufl. 1997), Art. 189 Rn. 37.

Ziele des EG-Vertrags erforderliche Maß hinaus.[234] Zum einen ist nach dem Grundsatz der Erforderlichkeit die Maßnahme auf das mildeste Mittel, also den geringstmöglichen Eingriff in die Rechtssphäre der Mitgliedstaaten, zu beschränken,[235] zum anderen muß die Belastung der Mitgliedstaaten durch die Gemeinschaftsmaßnahme in einem angemessenen Verhältnis zu dem angestrebten Ziel stehen (Zweck-Mittel-Relation).[236] Dieses Prinzip war bereits vor dem Unionsvertrag in der Rechtsprechung des EuGH als Ausfluß des allgemeinen Rechtsstaatsprinzips anerkannt, dies jedoch nur im Verhältnis der Gemeinschaft zum einzelnen Marktbürger.[237] Nach der Verankerung in Art. 5 Abs. 3 (Art. 3b Abs. 3) EGV gilt der Grundsatz der Verhältnismäßigkeit aber nunmehr auch im Verhältnis von der Ge-

---

234 Teilweise werden Art. 5 Abs. 2, 3 (Art. 3b Abs. 2, 3) EGV als Bestandteile eines einheitlichen Subsidiaritätsbegriffs verstanden, so daß die zulässige Regelungsdichte auch durch Art. 5 Abs. 2 (Art. 3b Abs. 2) EGV bestimmt wird, so etwa v. *Bogdandy/Nettesheim*, in: Grabitz/Hilf, EU, Art. 3b Rn. 28; *Kahl*, AöR 118 (1993), S. 414 (427); wohl auch *Schweitzer/Fixson*, Jura 1992, S. 579 (581); *Zuleeg*, Justitiabilität des Subsidiaritätsprinzips, S. 185 (190 f.); um Art. 5 Abs. 3 (Art. 3b Abs. 3) EGV einen eigenständigen Anwendungsbereich zu sichern, ist dagegen davon auszugehen, daß Art. 5 Abs. 2 (Art. 3b Abs. 2) EGV den Maßstab dafür bildet, "ob" die Gemeinschaft handeln kann, während Art. 5 Abs. 3 (Art. 3b Abs. 3) EGV das "Wie", also die zulässigen Regelungsdichte, regelt, *Jarass*, Grundfragen, S. 28; *Calliess*, Subsidiaritäts- und Solidaritätsprinzip, S. 108; *ders.*, EuZW 1996, S. 757; *Lambers*, EuR 1993, S. 229 (233 f.); *Schmidhuber/Hitzler*, NVwZ 1992, S. 720 (722 f.); *Konow*, DÖV 1993, S. 405 (407); *Bieber*, Subsidiarität, S. 165 (171 f.); differenzierend auch EuGH, Rs. C-84/94, EuZW 1996, 751 (755); auch die Protokollerklärung des Vertrags von Amsterdam unterscheidet zwischen den Grundsätzen der Subsidiarität und der Verhältnismäßigkeit, http://ourworld.compuserve.com/homepages/Gemeindetag_BW/GZ081397.htm.

235 V. *Bogdandy/Nettesheim*, in: Grabitz/Hilf, EU, Art. 3b Rn. 51 ff.; *Jarass*, Grundfragen, S. 29; *ders.*, AöR 121 (1996), S. 173 (193); *v. Borries*, EuR 1994, S. 263 (270); *Schmidhuber/Hitzler*, NVwZ 1992, S. 720 (722); *Pieper*, DVBl. 1993, S. 705 (709); *Konow*, DÖV 1993, S. 405 (407); *Zuleeg*, Justitiabilität des Subsidiaritätsprinzips, S. 185 (195 ff.); *Merten*, Subsidiarität, S. 77 (79) unter Hinweis auf BVerwGE 46, 175 (186); EuGH, Rs. C-84/94, EuZW 1996, 751 (755) m. w. N. der Rechtsprechung des EuGH; BVerfGE 89, 155 (212).

236 V. *Bogdandy/Nettesheim*, in: Grabitz/Hilf, EU, Art. 3b Rn. 55 ff.; *v. Borries*, EuR 1994, S. 263 (270); *Jarass*, Grundfragen, S. 29; *ders.*, AöR 121 (1996), S. 173 (193); *Schmidhuber/Hitzler*, NVwZ 1992, S. 720 (722); a. A. *Zuleeg*, Justitiabilität des Subsidiaritätsprinzips, S. 185 (195); *ders.*, in: Groeben/Thiesing/Ehlermann, EGV (5. Aufl. 1997), Art. 3b Rn. 34, wonach die Verhältnismäßigkeit i. e. S. nicht in Art. 5 Abs. 3 (Art. 3b Abs. 3) EGV aufgenommen worden ist.

237 Vgl. *Bleckmann*, Europarecht, Rn. 295 ff.

meinschaft zu den Mitgliedstaaten. Hier dient das Prinzip dem Ziel, "die nationale Identität der Mitgliedstaaten und damit die Aufgaben und Befugnisse ihrer Parlamente gegen ein Übermaß europäischer Regelungen (zu) wahren."[238] Damit wird einerseits die zulässige Regelungsdichte begrenzt, andererseits auch die Wahl der Rechtsform der Maßnahme, also in erster Linie die von Art. 249 (Art. 189) EGV zur Verfügung gestellten Instrumente, determiniert.[239] Leitlinie ist, daß der Handlungsspielraum der Mitgliedstaaten nicht mehr als unbedingt erforderlich eingeschränkt werden soll.[240] Es sollte bei Maßnahmen der Gemeinschaft soviel Raum für nationale Entscheidungen belassen werden, wie dies im Einklang mit dem Ziel der Maßnahme und den Anforderungen des Vertrags möglich ist. Bewährte nationale Regelungen sowie Struktur und Funktionsweise der Rechtssysteme der Mitgliedstaaten sollen beachtet werden. Gegebenenfalls sollten den Mitgliedstaaten in den Gemeinschaftsmaßnahmen sogar Alternativen zur Erreichung der Ziele der Maßnahmen angeboten werden, sofern es mit einer ordnungsgemäßen Durchführung der Maßnahme vereinbar ist.[241]

Damit läßt sich festhalten, daß sich allein aus der Konzeption der Richtlinie in Art. 249 Abs. 3 (Art. 189 Abs. 3) EGV keine Beschränkung der zulässigen Regelungsdichte ergibt. Maßstab ist vielmehr Art. 5 Abs. 3 (Art. 3b Abs. 3) EGV, wonach Richtlinien insoweit Detailregelungen enthalten dürfen, als dies zur Erreichung des Richtlinienziels erforderlich ist.[242]

---

238 BVerfGE 89, 155 (212); vgl. auch Europäischer Rat von Edinburgh, Schlußfolgerungen des Vorsitzenden, in: *Merten* (Hrsg.), Subsidiarität Europas, S. 136 (141); hierin besteht ein wesentlicher Unterschied zum deutschen Recht, in dem der Grundsatz der Verhältnismäßigkeit nicht zur Kompetenzabgrenzung im staatlichen Bereich herangezogen werden kann, dazu *Kahl*, AöR 118 (1993), S. 414 (427 f.) und oben § 2 I 3b cc; vgl. auch *Kenntner*, DÖV 1998, S. 701 (710).

239 *Jarass*, Grundfragen, S. 29; *Schmidhuber/Hitzler*, NVwZ 1992, S. 720 (722); *Konow*, DÖV 1993, S. 405 (407); im Zweifel ist daher etwa eine Richtlinie einer Verordnung oder eine Rahmenrichtlinie einer detaillierten Maßnahme vorzuziehen, vgl. Ziff. 6 der Protokollerklärung des Amsterdamer EU-Gipfels, http://ourworld.compuserve.com/homepages/Gemeindetag_BW/GZ081397.htm.

240 Vgl. Kommission in: *Merten* (Hrsg.), Subsidiarität Europas, S. 112 (123 ff.).

241 Ziff. 6 der Protokollerklärung des Amsterdamer EU-Gipfels, http://ourworld.compuserve.com/homepages/Gemeindetag_BW/GZ081397.htm.

242 *Grabitz*, in: Grabitz/Hilf, EU, Art. 189 Rn. 59; *Scherzberg*, Jura 1992, S. 572 (574); *Schulte*, Kommunalabwasserrichtlinie, S. 27; *Bleckmann*, Europarecht, Rn. 204, 295 ff.; so bereits *Fuß*, DVBl. 1965, S. 378 (380 f.); vgl. insofern auch *Jarass*, Grundfragen, S. 32 ff. mit dem Hinweis, die Erfahrung habe gelehrt, daß die Umsetzungsbereitschaft mit

Auch im Hinblick auf Art. 5 Abs. 3 (Art. 3b Abs. 3) EGV billigt der EuGH den Organen der Gemeinschaft einen weiten Ermessensspielraum zu mit der Folge, daß eine Maßnahme nur dahingehend überprüft wird, ob ein offensichtlicher Irrtum oder Befugnismißbrauch vorliegt, oder ob die Grenzen des Ermessens offenkundig überschritten worden sind.[243] Jedenfalls ist aber die Begründung einer Gemeinschaftsmaßnahme entsprechend erhöhten Anforderungen ausgesetzt. Art. 5 Abs. 3 (Art. 3b Abs. 3) EGV gilt sowohl für ausschließliche als auch nicht ausschließliche Zuständigkeiten der Gemeinschaft, wie sich aus einem Umkehrschluß aus Art. 5 Abs. 1, 2 (Art. 3b Abs. 1, 2) EGV ergibt.[244]

a) Art. 3 Nr. 2 Gewässerschutzrichtlinie

Abschließend sollen die die Indirekteinleitungen betreffenden Regelungen des Gemeinschaftsrechts im Hinblick auf ihre Regelungsdichte betrachtet werden.[245]
Ziel des Art. 3 Nr. 2 GewSchRL ist der Schutz der Gewässer vor Verunreinigungen durch die indirekte Einleitung von Stoffen der Liste I als transnationales Problem. Wenn zur Erreichung dieses Ziels kein milderes Mittel zur Verfügung steht, kann die Richtlinie auch detaillierte Vorgaben enthalten. Art. 3 Nr. 2, Art. 6 Abs. 1 GewSchRL i. V. m. den Tochterrichtlinien weist mit der Genehmigungspflicht für Indirekteinleiter und der Festlegung von Emissionsgrenzwerten jedenfalls der Konzeption nach eine sehr große Detailliertheit auf. Dem Umsetzungsgesetzgeber bleiben damit in der Sache kaum noch Gestaltungsmöglichkeiten.[246] Es könnte bezweifelt werden, ob diese Detailliertheit zur Erreichung des Zieles Gewässerschutz erforderlich ist. So wäre es denkbar, entsprechend der deutschen Regelungstechnik des WHG, in der Richtlinie nur den einzuhaltenden Umweltstandard, beispielsweise den unter Berücksichtigung der Besten Verfügbaren Technik, für bestimmte Stoffe festzulegen. Die Mitgliedstaaten könnten dann die Aufgabe der Konkretisierung dieses Standards, die im deutschen staatlichen Indirekteinleiterrecht der Bundesregierung obliegt, übernehmen. Auch die Gemeinschaftsor-

---

abnehmender Regelungsdichte abnehme; *Demmke*, Implementation, S. 100 hält dagegen eine abnehmende Umsetzungsbereitschaft bei zunehmender Regelungsdichte für gegeben.

243 Vgl. zuletzt EuGH, Rs. C-84/94, EuZW 1996, 751 (755); *Jarass*, Grundfragen, S. 29 f.; vgl. auch *Herzog*, in: Maunz/Dürig/Herzog/Scholz, GG, Art. 20 VII, Rn. 76.
244 Vgl. nur *Jarass*, Grundfragen, S. 27.
245 Insofern gilt das oben zur Subsidiaritätsprüfung Gesagte hier entsprechend, vgl. § 5 I 4.
246 *Lausch*, Gewässerschutz, S. 177.

gane scheinen insofern die geltenden Regelungen überdenken zu wollen. Im Zuge der Einführung des Art. 5 (Art. 3b) EGV durch den Unionsvertrag von Maastricht hat die Kommission, wie bereits erwähnt, auch den Bereich der geltenden Gewässerschutzregelungen vorgeschlagen, der im Hinblick auf diese Vorschrift überprüft werden sollte.[247] Jedoch ist es bisher bei den Grenzwertfestlegungen auf europäischer Ebene geblieben. So hält etwa auch Art. 18 Abs. 1 IVU-RL an dem Konzept gemeinschaftlicher Emissionsgrenzwerte fest. Dies erscheint jedenfalls im Hinblick auf den Gewässerschutz gerechtfertigt. Denn die Bedeutung der Gewässer als grenzüberschreitendes, knappes Gut, das für die Allgemeinheit von überragender Bedeutung ist, begründet ein gemeinschaftsweites Interesse an einheitlichen Benutzungsanforderungen. An dieser Stelle kann eine vergleichbare Argumentation wie bei der Inanspruchnahme der Bundeskompetenz nach Art. 72 Abs. 2 GG für Indirekteinleiterregelungen angeführt werden.[248] Hinzu kommt die Wettbewerbsrelevanz der Indirekteinleiterregelungen, die ebenfalls eine gemeinschaftsweite, einheitliche Regelung indiziert. Letztlich ist aber auch hier der weite Ermessensspielraum der Organe der Gemeinschaft ausschlaggebend, der nach der Rechtsprechung des EuGH lediglich eine Evidenzkontrolle gestattet. Ein offensichtlicher Irrtum oder Befugnismißbrauch ist im Ergebnis nicht anzunehmen.

b) *Art. 11 Kommunalabwasserrichtlinie*

Art. 11 KomAbwRL dagegen stellt weit weniger detaillierte Anforderungen. Indirekteinleitungen von industriellem Abwasser sind lediglich einer vorherigen Regelung und/oder Erlaubnis zuzuführen, die den Anforderungen des Anhangs I Abschnitt C KomAbwRL entsprechen muß. Diese Anforderungen sind als Ziele gefaßt, beispielsweise muß industrielles Abwasser so vorbehandelt werden, daß die Gesundheit des Personals nicht gefährdet wird oder daß der Klärschlamm in umweltverträglicher Weise sicher beseitigt werden kann.[249]

Hier bleibt dem Umsetzungsgesetzgeber ein weiter Gestaltungsspielraum. Denkbar sind entweder eine Genehmigungs- oder bloße Anzeigepflicht, die Festlegung von Grenzwerten usw. Eine Verletzung des Verhältnismäßigkeitsgrundsatzes kommt nicht in Betracht.

---

247 Europäischer Rat, Schlußfolgerungen des Vorsitzenden, in *Merten* (Hrsg.), Subsidiarität Europas, S. 136 (145); vgl. dazu auch *Winter*, EuR 1996, S. 247 (262).

248 Vgl. oben § 3 I 3b.

249 Vgl. oben § 5 IV.

IV. Zusammenfassung

Die Regelung der Indirekteinleitungen durch das Gemeinschaftsrecht erfolgt durch Richtlinien nach Art. 249 Abs. 3 (Art. 189 Abs. 3) EGV und ist insofern typisch für das europäische Umweltrecht. Das Instrument der Richtlinie begründet ein zweistufiges Rechtsetzungsverfahren durch den Erlaß der Richtlinie auf der Ebene des Gemeinschaftsrechts und der Umsetzung der Richtlinie auf der Ebene des nationalen Rechts der Mitgliedstaaten. Entgegen dem Wortlaut des Art. 249 Abs. 3 (Art. 189 Abs. 3) EGV sind Richtlinien für die Mitgliedstaaten durchgehend verbindlich. Sie sind als solche in ihrer Regelungsdichte nicht von vornherein beschränkt, sondern unterliegen dem Verhältnismäßigkeitsgrundsatz des Art. 5 Abs. 3 (Art. 3b Abs. 3) EGV. Hieraus folgt, daß eine Richtlinie auch detaillierte Vorschriften enthalten kann, wenn dies für die Erreichung des Richtlinienziels erforderlich ist. Den Gemeinschaftsorganen steht insofern ein Beurteilungsspielraum zu, der gerichtlich nicht voll überprüfbar ist. Art. 3 Nr. 2 GewSchRL und Art. 11 KomAbwRL genügen diesen Anforderungen.

G. Ergebnis

Das Gemeinschaftsrecht hat mit Art. 3 Nr. 2 GewSchRL und Art. 11 KomAbwRL in kompetenziell zulässiger Weise Zugriff auf die Indirekteinleitungen genommen. Nach Art. 3 Nr. 2 GewSchRL sind Indirekteinleitungen mit Stoffen der Liste I aus Gründen des Gewässerschutzes einer vorherigen Genehmigung zu unterwerfen. Art. 11 KomAbwRL fordert eine vorherigen Regelung und/oder Erlaubnis, um die Ziele des Anhangs I Abschnitt C KomAbwRL zu erreichen. Hier stehen der Schutz der kommunalen Abwasseranlagen, der Schutz des darin arbeitenden Personals und die Sicherstellung der Klärschlammverwertung im Vordergrund. Aber auch der Gewässerschutz stellt eine Zielsetzung dar.

Die Gewässerschutzrichtlinie basiert auf der Kompetenzgrundlage der Art. 94, 308 (Art. 100, 235) EGV, die Kommunalabwasserrichtlinie auf Art. 175 (Art. 130s) EGV. Gewässerschützende Richtlinien sind heute insgesamt auf der Grundlage des Art. 175 Abs. 1 (Art. 130s Abs. 1) EGV zu erlassen. Das gilt auch für den Entwurf der Wasserrahmenrichtlinie. Diese ist auch am Subsidiaritätsprinzip des Art. 5 Abs. 2 (Art. 3b Abs. 2) EGV zu messen, das eine Kompetenzausübungsregel enthält. Für den Bereich des Gewässerschutzrechts vermag das Subsidiaritätsprinzip nur bedingt eine kompetenzbeschränkende Funktion im Hinblick auf die Gemeinschaftätigkeit zu entfalten, da hier oftmals transnationale Sachverhalte gegeben sind. Hinzu kommt, daß erste Ansätze in der Rechtsprechung des EuGH zum Subsidiaritätsprinzip auf einen sehr weiten Beurteilungsspielraum des Gemeinschaftsgesetzgebers hindeuten.

Für die Schrankentrias des Art. 5 (Art. 3b) EGV ergibt sich insgesamt folgendes Bild: Nach dem Prinzip der begrenzten Einzelermächtigung, Art. 5 Abs. 1 (Art. 3b Abs. 1) EGV, ist zu prüfen, ob die Gemeinschaft grundsätzlich tätig werden kann. Das Subsidiaritätsprinzip, Art. 5 Abs. 2 (Art. 3b Abs. 2) EGV, regelt dann die Frage, ob die Gemeinschaft im konkreten Fall von der ihr grundsätzlich zustehenden Kompetenz auch Gebrauch machen darf. Das Verhältnismäßigkeitsprinzip in Art. 5 Abs. 3 (Art. 3b Abs. 3) EGV erfaßt schließlich die zulässige Regelungsdichte und verpflichtet die Gemeinschaft, das jeweils mildeste Mittel, das für die Erreichung der gesetzten Ziele ausreichend ist, zu wählen.

Die Richtlinienvorgaben, die durchgehend verbindlich sind, sind von den Mitgliedstaaten in die nationalen Rechtsordnungen zu integrieren. Erst mit den nationalen Umsetzungsmaßnahmen erhalten die Richtlinienvorgaben die intendierte innerstaatliche Bedeutung.

§ 6 Umsetzungskompetenz

Im vorherigen Kapitel wurde dargelegt, daß die Rechtsetzung durch Richtlinien einen zweistufigen Vorgang darstellt. Nach dem Erlaß von Art. 3 Nr. 2 GewSchRL und Art. 11 KomAbwRL auf der Ebene des Gemeinschaftsrechts müssen diese Regelungen umgesetzt, d. h. in das nationale Recht der Mitgliedstaaten eingefügt werden. In diesem Kapitel wird nun geklärt, wer die Verbandskompetenz[1] für die Umsetzung der gemeinschaftsrechtlichen Richtlinienvorgaben in das nationale Recht besitzt und wie diese Kompetenz ausgestaltet ist. Dabei wird nach der Zuständigkeit aus der Sicht des deutschen Verfassungsrechts und aus der Sicht des Gemeinschaftsrechts unterschieden. Abschließend wird die Frage gestellt, wie eine mögliche Umsetzungszuständigkeit der Gemeinden im Hinblick auf die kommunale Selbstverwaltungsgarantie zu beurteilen ist.

A. Aus der Sicht des deutschen Verfassungsrechts

Zunächst ist zu klären, wer nach der Kompetenzordnung des Grundgesetzes für die Umsetzung von Richtlinien der Gemeinschaft zuständig ist.

I. Art. 28 Abs. 2 S. 1, 70 ff. GG analog

Eine ausdrückliche Regelung der Zuständigkeit für die Umsetzung von Gemeinschaftsrecht enthält die Kompetenzordnung des Grundgesetzes nicht.[2] In der Staatspraxis gelangen die Regelungen der Art. 70 ff. GG für die Umsetzungsgesetzgebung und die Art. 30 i. V. m. 83 ff. GG für den Verwaltungsvollzug entsprechend den Regeln für die Transformation von Völkerrecht[3] zur Anwendung. Diese Praxis wird von der weit überwiegenden Lehre konsentiert.[4] Andere Modelle zur Bestimmung der Umsetzungskompetenz haben

---

1 Vgl. oben § 2 I 3b aa.
2 *Schwan*, Bundesländer, S. 144.
3 *Jarass*, Grundfragen, S. 61; vgl. dazu *Schmidt-Bleibtreu/Klein*, GG, Art. 32 Rn. 17 f.; *Riegel*, DVBl. 1979, S. 245 (249).
4 *Lerche*, in: Maunz/Dürig/Herzog/Scholz, GG, Art. 83 Rn. 51 (Fn. 191); *Streinz*, in: HStR VII, § 182 Rn. 53; *Jarass*, in: Jarass/Pieroth, GG, Art. 23 Rn. 33; *Lausch*, Gewässerschutz, S. 179 f.; *Müller*, Entscheidung, S. 373; *Czychowski*, RdWWi 20 (1977), S. 21 (24); *Zuleeg*, ZfW 1975, S. 133 (139); a. A. *Birke*, Bundesländer, S. 124.

sich zu Recht nicht durchsetzen können.[5] Von einer zu den Art. 70 ff. GG akzessorischen Umsetzungskompetenz geht auch Art. 10 Abs. 3 EinigungsV[6] aus, wonach Rechtsakte der Europäischen Gemeinschaften, deren Umsetzung oder Ausführung in die Zuständigkeit der Länder fällt, von diesen durch landesrechtliche Vorschriften umzusetzen oder auszuführen sind.[7] Als weitere Kompetenznorm ist für den Gegenstand der vorliegenden Untersuchung Art. 28 Abs. 2 GG zu beachten.[8] Damit ist festzuhalten, daß sich aus der Sicht des deutschen Verfassungsrechts die Kompetenzen zur Umsetzung der Richtlinien aus der analogen Anwendung der Kompetenzvorschriften des Grundgesetzes ergeben.

II. Zuordnung der Richtlinienvorschriften zu den Gesetzgebungszuständigkeiten des GG

Damit sind die Regelungsgegenstände der gemeinschaftlichen Indirekteinleiterregelungen den nationalen Kompetenzen für Indirekteinleitungen zuzuordnen.

1. Art. 3 Nr. 2 GewSchRL

Nach Art. 3 Nr. 2 GewSchRL bedarf jede Indirekteinleitung von Stoffen der Liste I einer vorherigen Genehmigung. Diese Regelung dient dem Schutz der Gewässer vor einer Verunreinigung durch die erfaßten Stoffe sowie einer Angleichung der Wettbewerbsbedingungen, soweit gewerbliche und industrielle Abwässer betroffen sind.[9] Diese Sachregelungen sind von der Kompetenzzuweisung des Art. 75 Abs. 1 S. 1 Nr. 4 Alt. 3 WHG "Wasserhaushalt" an den Bund erfaßt. Denn dieser Kompetenztitel erfaßt alle regelungsfähigen Einwirkungen auf ein Gewässer im Hinblick auf die Gefährdung ihrer biologischen, physikalischen und chemischen Eigenschaften, und zwar auch im Vorfeld einer direkten Gewässerbenutzung. Zielrichtungen sind hier ebenfalls der

---

5   Darstellung bei *Grabitz*, AöR 111 (1986), S. 1 (13 ff. m. w. N.).

6   Vertrag zwischen der Bundesrepublik Deutschland und der Deutschen Demokratischen Republik über die Herstellung der Einheit Deutschlands -Einigungsvertrag- v. 31. 08. 1990 (BGBl. II, S. 885, 889).

7   *Schulte*, Kommunalabwasserrichtlinie, S. 141; *Jarass*, Grundfragen, S. 61.

8   Vgl. *Jarass*, Grundfragen, S. 61 (Fn. 223).

9   Vgl. oben § 5 III.

Schutz der Gewässer vor Verunreinigungen sowie die Angleichung der Wettbewerbsbedingungen der indirekteinleitenden Gewerbebetriebe.[10] Das bedeutet, daß der Bund die Rahmenkompetenz zur Umsetzung von Art. 3 Nr. 2 GewSchRL hat. Er kann dementsprechend bei der Umsetzung nur Rahmenregelungen im Sinne des Art. 75 Abs. 1, 2 GG erlassen. Die Ausfüllungskompetenz und damit auch die entsprechende Umsetzungskompetenz liegt bei den Ländern.[11]

2. Art. 11 KomAbwRL

Die Zuordnung der Regelungsmaterien des Art. 11 KomAbwRL zu den Gesetzgebungskompetenzen des Grundgesetzes bedarf einer differenzierenden Betrachtung. Nach Art. 11 KomAbwRL sind Indirekteinleitungen aus Gewerbe- und Industriebetrieben einer vorherigen Erlaubnis und/oder Regelung zu unterwerfen, die den Anforderungen des Anhangs I Abschnitt C der Richtlinie genügen muß. Ziel der Regelung ist es, die Umwelt vor den schädlichen Auswirkungen des kommunalen Abwassers zu schützen, wobei dieses Ziel durch die Anforderungen des Anhangs I Abschnitt C konkretisiert wird.[12] Bei der Zuordnung dieser Regelungen greifen sowohl die Kompetenzvorschrift des Art. 28 Abs. 2 S. 1 GG als auch die des Art. 75 Abs. 1 S. 1 Nr. 4 Alt. 3 GG.

a) Gewässerschutz

Nach Anhang I Abschnitt C Spstr. 4 KomAbwRL dürfen Ableitungen aus den Abwasserbehandlungsanlagen die Umwelt nicht schädigen "oder dazu führen, daß die aufnehmenden Gewässer nicht mehr den Bestimmungen anderer Richtlinien entsprechen." Im Hinblick auf den darin zum Ausdruck kommenden Gewässerschutzaspekt gilt folgendes: Werden hiermit Fragen des überörtlichen Gewässerschutzes angesprochen, ist die gerade beschriebene Kompetenz des Bundes zur Regelung des Wasserhaushalts einschlägig. Die kommunalen Kompetenzen für Indirekteinleitungen umfassen keine Regelungen im Hinblick auf den überörtlichen Gewässerschutz. Solche Regelungen sind dem Bund und den Ländern vorbehalten. Erfassen die "anderen Richtlinien", vorbehaltlich der Zuständigkeit der Gemeinschaft,[13] dagegen nur lokale Ge-

---

10   Vgl. oben § 3 I 1c.
11   Vgl. im einzelnen oben § 3 I, II.
12   Vgl. oben § 5 IV.
13   Dazu oben § 5 I 4b.

wässer, die keine Vorfluterfunktion haben, ist die Kompetenznorm des Art. 28 Abs. 2 S. 1 GG einschlägig, die den Gemeinden auch die Kompetenz zum Schutz lokaler Gewässer vor Verunreinigungen zuweist.[14] Mangels Vorfluterfunktion spielen diese örtlichen Gewässer für das Regime der Indirekteinleitungen aber keine Rolle. Im Ergebnis ist daher der Bund für die Umsetzung von Art. 11 KomAbwRL zuständig, soweit mit der Reglementierung der Indirekteinleitungen das Ziel des Gewässerschutzes verfolgt wird.

b) Schutz der Abwasseranlagen

Nach Anhang I Abschnitt C Spstr. 2, 3 KomAbwRL sind der Bestand und der Betrieb der Abwasseranlagen zu sichern. Die Umsetzung dieses Regelungsziels der Kommunalabwasserrichtlinie fällt unter die Kompetenzzuweisung des Art. 28 Abs. 2 S. 1 GG.[15] Zwar hat auch der Bund eine entsprechende Kompetenz aus dem Kompetenztitel "Wasserhaushalt", jedoch hat die Untersuchung zur Abgrenzung von staatlichem Wasserrecht und kommunalem Satzungsrecht ergeben, daß diese Kompetenzzuweisung nur subsidiär ist. Gemäß dem in Art. 28 Abs. 2 S. 1 GG enthaltenen materiellen Aufgabenverteilungsprinzip üben der Bund und die für die Ausfüllungsgesetzgebung zuständigen Länder ihre Kompetenz zugunsten der Gemeinden solange nicht aus, wie diese die Aufgabe des Schutzes der kommunalen Abwasseranlagen ordnungsgemäß erfüllen können.[16] Die Gemeinden verfügen dabei über einen hinreichenden rechtlichen Handlungsrahmen.[17] Damit sind die Gemeinden für die Umsetzung des Art. 11 KomAbwRL zuständig, soweit dieser eine Regelung der Indirekteinleitungen verlangt, um den Bestand und die Funktionsfähigkeit der Abwasseranlagen zu sichern.

c) Schutz des in den Abwasseranlagen tätigen Personals

Indirekteinleitungen dürfen nicht dazu führen, daß die Gesundheit des in den Kanalisationen und Behandlungsanlagen tätigen Personals gefährdet wird, Anhang I Abschnitt C Spstr. 1 KomAbwRL. Zu der durch Art. 28 Abs. 2 S. 1 GG vermittelten Kompetenz zur Regelung der öffentlichen Einrichtungen der

---

14 Vgl. oben § 2 II 4e. Als Beispiel für einen solchen lokalen Gewässerschutz sei ein örtlicher Badesee genannt, der unter den Anwendungsbereich der Richtlinie über die Qualität der Badegewässer (76/160/EWG) fällt; vgl. oben § 5 II 2.

15 Vgl. oben § 2 II 4a.

16 Vgl. oben § 4 II 4a.

17 Vgl. oben § 4 II 3b.

Gemeinde, zu denen auch die Abwasserbehandlungsanlagen zählen, gehören auch Bestimmungen zum Schutz der in den Abwasseranlagen tätigen Personen. Die Gemeinden müssen aus ihrer arbeitsrechtlichen Fürsorgepflicht heraus dafür sorgen, daß keine für die Arbeiter schädlichen Indirekteinleitungen in die Kanalisation gelangen.[18] Im Ergebnis sind die Gemeinden auch zur Umsetzung von Art. 11 KomAbwRL zuständig, soweit diese Bestimmungen den Schutz der in den Abwasseranlagen Tätigen bezweckt.

d) Verwertbarkeit des Klärschlamms

Abschließend bezweckt Art. 11 i. V. m. Anhang I Abschnitt C Spstr. 5 KomAbwRL die sichere, umweltverträgliche Beseitigung des Klärschlamms. "Beseitigung" im Sinne dieser Vorschrift meint sowohl Verwertung als auch Beseitigung im Sinne des deutschen Abfallrechts. Auch insoweit greift die kommunale Regelungskompetenz aus Art. 28 Abs. 2 S. 1 GG,[19] da die Sicherstellung der umweltverträglichen Klärschlammverwertung und -beseitigung durch Einleitungsbeschränkungen für Indirekteinleitungen einerseits zum Betrieb der Abwasseranlagen als öffentliche Einrichtung gehört, andererseits die Gemeinden auch abfallrechtlich verpflichtet sind, eine Verwertung des Klärschlamms zu ermöglichen.[20] Davon zu unterscheiden ist die konkurrierende Kompetenz des Bundes nach Art. 74 Abs. 1 Nr. 24 GG für die Abfallbeseitigung, denn diese berechtigt nicht zur Reglementierung von Indirekteinleitungen. Nur die Zulässigkeit sowie die Art und Weise der Verwertung oder Beseitigung des bei der Abwasserbeseitigung anfallenden Klärschlamms werden von der Bundeskompetenz für die Abfallbeseitigung erfaßt.[21]

---

18 Vgl. oben § 2 II 4b.
19 Vgl. oben § 2 II 4d.
20 Auch nach Art. 14 Abs. 1 S. 1 KomAbwRL ist Klärschlamm nach Möglichkeit wiederzuverwenden, vgl. *Schulte*, Kommunalabwasserrichtlinie, S. 69 f.
21 Vgl. oben § 2 II 4d.

B. Aus der Sicht des Gemeinschaftsrechts

Nach Art. 249 Abs. 3 (Art. 189 Abs. 3) EGV ist die Richtlinie "für jeden Mitgliedstaat, an den sie gerichtet wird, hinsichtlich des zu erreichenden Zieles verbindlich, überläßt jedoch den innerstaatlichen Stellen die Wahl der Form und der Mittel". Eine Richtlinie ist stets an einen oder mehrere Mitgliedstaaten gerichtet. So lauten Art. 15 GewSchRL und Art. 20 KomAbwRL übereinstimmend: "Diese Richtlinie ist an die Mitgliedstaaten gerichtet." Damit ist aber noch nicht die Frage beantwortet, wer aus der Sicht des Gemeinschaftsrechts konkret für die Umsetzung der Richtlinie zuständig ist.

I. Adressat des Umsetzungsbefehls

Zunächst ist zu klären, ob sich der Umsetzungsbefehl, der sich aus Art. 10, 249 Abs. 3 (Art. 5, 189 Abs. 3) EGV i. V. m. der konkreten Richtlinie ergibt,[22] an den Mitgliedstaat als solchen oder aber unmittelbar an die innerstaatlichen Stellen richtet.

1. Mitgliedstaat im Sinne eines Völkerrechtssubjekts

Insbesondere in der älteren Literatur ist die Auffassung vertreten worden, daß unter "Mitgliedstaaten" nur die Staaten als körperschaftliche Einheit zu verstehen seien, also etwa die Bundesrepublik Deutschland. Durch die staatengerichtete Verpflichtung des Art. 249 Abs. 3 (Art. 189 Abs. 3) EGV würde nur der Staat als Ganzes, nicht aber seine Organe oder Untergliederungen verpflichtet.[23] Eine unmittelbare gemeinschaftsrechtliche Vermittlung der Pflichten auf die Gliedstaaten sei im Vertrag nicht vorgesehen und würde darüber hinaus voraussetzen, daß die Gemeinschaft prüfen müsse, wer innerstaatlich zuständig sei, wodurch in die innerstaatliche Autonomie eingegriffen würde. Das Gemeinschaftsrecht begnüge sich vielmehr damit, "durch die Verpflichtung des Mitgliedstaates in toto eine Schnittstelle zur Verfügung zu stellen, wodurch das innerstaatliche Recht angesprochen" werde, "seinerseits

---

22 *Dendrinos*, Rechtsprobleme, S. 209; *Pernice*, EuR 1994, S. 325 (328); vgl. aber auch *v. Danwitz*, VerwArch 84 (1993), S. 73 (76, Fn. 17).

23 *Kössinger*, Durchführung, S. 36; *Oldekop*, JöR n. F. 22 (1972), S. 55 (72); *ders.*, Richtlinien der EWG, S. 68 f.; *Erichsen/Scherzberg*, UBA-Berichte 1/92, S. 33; *Zuleeg*, JöR n. F. 21 (1971), S. 1 (33); *Bünten*, Staatsgewalt, S. 174; *Blanke*, DVBl. 1993, S. 819 (824, 827); *Breuer*, WiVerw 1990, S. 79 (80); *Stauffenberg/Langenfeld*, ZRP 1992, S. 252 (256).

diese institutionelle Autonomie auszufüllen."[24] Unmittelbare Rechtsbeziehungen bestünden daher nur zwischen der Gemeinschaft und den Mitgliedstaaten als Vertragsparteien.[25] Zudem seien Richtlinien als rein staatengerichtete Rechtsakte nicht befähigt, in den innerstaatlichen Rechtsraum hineinzuwirken, so daß sie den Mitgliedstaat nur als solchen betreffen würden.[26]

2. Innerstaatlich zuständige Stelle

Diese Ansicht, die wohl letztlich im völkerrechtlichen Grundsatz der Unbeachtlichkeit der inneren Staatsordnung eines Völkerrechtssubjekts[27] begründet ist, wird jedoch zunehmend in Frage gestellt. Ausgehend vom Wortlaut des Art. 249 Abs. 3 (Art. 189 Abs. 3) EGV, der zwar die Mitgliedstaaten als Adressaten benennt, aber auch den innerstaatlichen Stellen die Auswahl der Formen und Mittel der Umsetzungsmaßnahmen überläßt, wird argumentiert, daß die Umsetzungsverpflichtung in den innerstaatlichen Rechtskreis hineinwirke und alle Verwaltungsträger, etwa Bund, Länder oder Gebietskörperschaften wie Kreise und, im vorliegenden Zusammenhang besonders zu erwähnen, Gemeinden und ihre Organe treffe.[28] Hierdurch unterscheide sich die Richtlinie von einer zwischenstaatlichen Vertragspflicht im völkerrechtlichen Sinn, die sich zwar auch an den Staat richte, aber keine "unmittelbare, differenzierte, sachliche Handlungspflicht für die einzelnen sachlich und funktional zuständigen staatlichen Organe" bewirke.[29]

---

24 *Kössinger*, Durchführung, S. 36 f.

25 *Bünten*, Staatsgewalt, S. 174.

26 Folge ist, daß den nationalen Organen die Umsetzungspflicht nur kraft nationalen Rechts obliegt, vgl. *Kössinger*, Durchführung, S. 39 ff.; *Erichsen/Scherzberg*, UBA-Berichte 1/92, S. 33; dazu auch unten § 6 II 2a.

27 Vgl. *Kössinger*, Durchführung, S. 31 ff.

28 *Schäfer*, EWG-Richtlinie, S. 118; *Dendrinos*, Rechtsprobleme, S. 11 f., S. 209 f.; *Gellermann*, Beeinflussung, S. 15 f.; *Thierfelder*, Entscheidung, S. 142; *Klein*, Unmittelbare Geltung, S. 12; *Lausch*, Gewässerschutz, S. 178 f.; *Grabitz*, in: Grabitz/Hilf, EU, Art. 189 Rn. 59; *Schmidt*, in: Groeben/Thiesing/Ehlermann, EGV (5. Aufl. 1997), Art. 189 Rn. 40; *Jarass*, Grundfragen, S. 60; *ders.*, EuR 1991, S. 211 (216); *Ipsen*, Richtlinien-Ergebnisse, S. 67 (77); *ders.*, Gemeinschaftsrecht, 21/26 (S. 458); *Mögele*, BayVBl. 1989, S. 577 (583); *Winter*, DVBl. 1991, S. 657; *Everling*, Funktion des Gerichtshofs, S. 359 (364); *Rengeling*, DVBl. 1995, S. 945 (952); *Magiera*, Kommunale Selbstverwaltung, S. 13 (18); *Stern*, Europäische Union und kommunale Selbstverwaltung, S. 21 (29).

29 *Schäfer*, EWG-Richtlinie, S. 118 f.; *Grabitz*, AöR 111 (1986), S. 1 (8).

Die Annahme einer Verbindlichkeit der Richtlinie gegenüber den innerstaatlichen Stellen wird auch von der Rechtsprechung des EuGH unterstützt. Dieser hat entschieden, daß die sich aus einer Richtlinie ergebende Verpflichtung der Mitgliedstaaten, das in dieser Richtlinie vorgesehene Ziel zu erreichen, sowie die Pflicht der Mitgliedstaaten gemäß Art. 10 (Art. 5) EGV alle zur Erfüllung dieser Verpflichtung geeigneten Akte zu treffen, allen Trägern öffentlicher Gewalt in den Mitgliedstaaten im Rahmen ihrer Zuständigkeit obliegen.[30]

Der Ansicht der unmittelbaren, gemeinschaftsrechtlich begründeten Organverbindlichkeit ist zuzustimmen. Hierdurch greift das Gemeinschaftsrecht nicht in die Kompetenzen der Mitgliedstaaten ein, denn von der Umsetzungsverpflichtung sind nicht alle innerstaatlichen Stellen überhaupt betroffen, sondern nur diejenigen, "die es angeht",[31] die also nach der innerstaatlichen Kompetenzverteilung für die betreffende Sachmaterie zuständig sind.[32] Art. 249 Abs. 3 (Art. 189 Abs. 3) EGV beläßt den Mitgliedstaaten die Entscheidung darüber, die Umsetzungskompetenzen so zu verteilen, wie sie es für zweckmäßig erachten.

Auch das Argument, Richtlinien seien als staatengerichtete Rechtsakte nicht in der Lage, in den innerstaatlichen Rechtsraum hineinzuwirken, vermag nicht zu überzeugen. Es konnte oben[33] bereits gezeigt werden, daß auch Richtlinien kraft der eigenständigen Hoheitsgewalt der Gemeinschaft *in* den Mitgliedstaaten gelten und deren Wirkung nicht gewissermaßen an der völkerrechtlichen Hülle des Mitgliedstaates endet.

Darüber hinaus ist in verschiedenen Zusammenhängen die unmittelbare Geltung von Richtlinien anerkannt. Hervorgehoben sei hier nur das neuere Großkrotzenburg-Urteil des EuGH.[34] Hier hat der EuGH festgestellt, daß die zuständigen nationalen Behörden nach Ablauf der Umsetzungsfrist objektiv zur Beachtung der Vorgaben der Richtlinie verpflichtet sind, wenn die Richtlini-

---

30   EuGH, Rs. 14/83, Slg. 1984, 1891 (1909); Rs. 79/83, Slg. 1984, 1921 (1942); Rs. 80/86, Slg. 1987, 3969 (3986); 31/87, Slg. 1988, 4635 (4662); jeweils in bezug auf die nationalen Gerichte; Rs. 103/88, Slg. 1989, 1839 (1870) in bezug auf die kommunale Verwaltung; vgl. dazu *Jarass*, Grundfragen, S. 9 mit dem Hinweis, daß Art. 10 (Art. 5) EGV damit unmittelbare Wirkung hat; *ders.*, Folgen der innerstaatlichen Wirkung, S. 18 (23); vgl. auch *Zuleeg*, in: Groeben/Thiesing/Ehlermann, EGV (5. Aufl. 1997), Art. 5 Rn. 3.

31   *Thierfelder*, Entscheidung, S. 142.

32   *Gellermann*, Beeinflussung, S. 15 f.; *Jarass*, EuR 1991, S. 211 (216); *Ipsen*, Richtlinienergebnisse, S. 67 (77); vgl. auch *Schatz*, NJW 1967, S. 1694 (1695).

33   Vgl. oben § 5 VI 1.

34   EuGH, Rs. C-431/92, Slg. 1995, I-2189 ff. = EuR 1996, 102 ff.

enbestimmungen hinreichend klar und bestimmt sind, so daß sie unmißverständlich eine konkrete Verpflichtung begründen, und die Richtlinie noch nicht umgesetzt worden sind.[35] Hierin kommt deutlich zum Ausdruck, daß die Richtlinie in den innerstaatlichen Rechtsraum hineinwirkt. Entsprechendes gilt im Hinblick auf die richtlinienkonforme Auslegung des nationalen Rechts,[36] die unmittelbare Wirkung bei subjektiven Rechten Einzelner[37] und bei Staatshaftungsansprüchen wegen fehlender oder mangelhafter Umsetzung.[38] Im Ergebnis ist die Ansicht, daß Richtlinien in den Rechtsordnungen der Mitgliedstaaten keine Auswirkungen hätten, nicht haltbar.

Darüber hinaus erkennt der EG-Vertrag die regionale und lokale Ebene der Mitgliedstaaten in verschiedenen Regelungen an: Art. 101-103 (Art. 104-104b), Art. 154 (Art. 129b) und Art. 263-265 (Art. 198a-c) EGV nennen ausdrücklich regionale und lokale[39] Gebietskörperschaften. Die Ansicht von der Mediatisierung der innerstaatlichen Untergliederungen[40] und der "Landesblindheit"[41] des Vertrages ist angesichts dieser Regelungen überholt.[42]

Der Verweis in Art. 249 Abs. 3 (Art. 189 Abs. 3) EGV auf die innerstaatlichen Stellen konstituiert damit eine unmittelbare gemeinschaftsrechtliche Organverbindlichkeit des von der Richtlinie erteilten Umsetzungsbefehls und stellt keine bedeutungslose Umschreibung der ohnehin bestehenden Staatenverpflichtung dar.[43] Es kann daher als Zwischenergebnis festgehalten werden, daß nach Art. 249 Abs. 3 (Art. 189 Abs. 3) EGV Adressaten der Umsetzungsverpflichtung hinsichtlich Art. 3 Nr. 2 GewSchRL und Art. 11 KomAbwRL die oben bestimmten, innerstaatlich zuständigen Stellen sind.

---

35 EuGH, Rs. C-431/92, Slg. 1995, I-2189 (I-2224); *Epiney*, DVBl. 1996, S. 409 (413); vgl. dazu auch *Albin*, NuR 1997, S. 29 ff.; *Iven*, NuR 1996, S. 105 f.; *Ruffert*, DVBl. 1998, S. 69 (71).

36 Vgl. nur *Jarass*, Grundfragen, S. 89 ff.; *ders.*, Richtlinienkonforme Auslegung, S. 35 ff.

37 Vgl. nur EuGH, Rs. 26/62, Slg. 1963, 5 (26); EuGH, Rs. 41/74, Slg. 1974, 1337 (1348); *Gellermann*, Beeinflussung, S. 126 ff.; *Grabitz*, in: Grabitz/Hilf, EU, Art. 189 Rn. 61.

38 Vgl. nur EuGH, Rs. C-6/90, C-9/90, Slg. 1991, I-5357; *Gellermann*, Beeinflussung, S. 203 ff.; *Jarass*, Grundfragen, S. 111 ff.

39 "Lokale Gebietskörperschaft" meint Gemeinde und Gemeindeverband, vgl. *Blanke*, in: Grabitz/Hilf, EU, Art. 198a Rn. 14; *Stern*, Europäische Union und kommunale Selbstverwaltung, S. 21 (28).

40 So etwa *Blanke*, DVBl. 1993, S. 819 (824 f.).

41 *Ipsen*, Als Bundesstaat in der Gemeinschaft, S. 248 (256).

42 Vgl. auch *Magiera*, Kommunale Selbstverwaltung, S. 13 (17 f.).

43 *Gellermann*, Beeinflussung, S. 17; *Dendrinos*, Rechtsprobleme, S. 282.

Als solche innerstaatlichen Stellen können unter dem Blickwinkel des Art. 249 Abs. 3 (Art. 189 Abs. 3) EGV auch die Gemeinden als dem Staat eingegliederte Selbstverwaltungskörperschaften angesehen werden.[44] Denn es ist den Mitgliedstaaten freigestellt, die Kompetenzen zur Umsetzung unabhängig vom Gemeinschaftsrecht nach eigenen Zweckmäßigkeitsvorstellungen zu ordnen.[45] Dies wird durch die Rechtsprechung des EuGH bestätigt, nach der eine Umsetzung, in der Terminologie des EuGH: Durchführung, durch "regionale oder örtliche Behörden" gemeinschaftsrechtlich grundsätzlich zulässig ist.[46] Auch die Kommission geht von einer prinzipiellen Möglichkeit der Umsetzung von Richtlinien durch die Gemeinden aus. Denn sie stellt im Rahmen der Subsidiaritätsprüfung darauf ab, ob die Mitgliedstaaten über Mittel zur Erreichung der Ziele verfügen, wozu sie die "nationale, regionale oder *kommunale* Gesetzgebung" zählt.[47] Liegt die Rechtsetzungskompetenz in bestimmten Bereichen damit ausschließlich bei den Gemeinden, sind diese nach Art. 249 Abs. 3 (Art. 189 Abs. 3) EGV zur Umsetzung von Richtlinien der Gemeinschaft verpflichtet.[48]

II. Determinierung der innerstaatlichen Kompetenzordnung durch das Primärrecht

Als Ergebnis steht bis hierher fest, daß Adressat des Umsetzungsbefehls die innerstaatlichen Stellen nach Maßgabe ihrer Zuständigkeit sind. Aus der Sicht des deutschen Verfassungsrechts bestimmt sich die Zuständigkeit akzessorisch zur Kompetenzverteilung des Grundgesetzes.

Im Anschluß daran stellt sich die Frage, ob das Gemeinschaftsrecht Einfluß auf die innerstaatliche Kompetenzverteilung nehmen kann, ob also die Kompetenzverteilung des Grundgesetzes bei der Umsetzung von Richtlinien der Europäischen Gemeinschaft zu modifizieren ist. Ausgangspunkt ist, daß die Gemeinschaftsverträge keine ausdrücklichen Regelungen über die innerstaat-

---

44 Ebenso *Spannowsky*, DVBl. 1991, S. 1120 (1123).

45 *Gellermann*, Beeinflussung, S. 56; *Schulte*, Kommunalabwasserrichtlinie, S. 105; *Reinhardt*, UTR 40 (1997), S. 337 (346); vgl. insofern auch § 133 Abs. 2 BremWG, oben § 3 II 2c bb.

46 EuGH, Rs. 96/81, Slg. 1982, 1791 (1804 f.); verb. Rs. 227-230/85, Slg. 1988, 1 (11); Rs. C-131/88, Slg. 1991, I-825 (I-881).

47 Kommission, in: *Merten*, Subsidiarität Europas, S. 112 (122 [Hervorhebung durch den Verfasser]).

48 *Himmelmann*, DÖV 1996, S. 145 (146) unter Hinweis auf *ders.*, DÖV 1993, S. 497 ff.; *Jarass*, Grundfragen, S. 61 (Fn. 223); *Magiera*, Kommunale Selbstverwaltung, S. 13 (21); vgl. oben § 4 II 3b cc.

liche Durchführung von Richtlinien enthalten.[49] Nach dem Prinzip begrenzter Ermächtigung müßte sich eine Kompetenz der Gemeinschaft zur Determinierung der Kompetenzordnungen der Mitgliedstaaten aus dem EG-Vertrag herleiten lassen.

1. Art. 10 (Art. 5) EGV

So ist die Auffassung vertreten worden, daß für die Umsetzung des Gemeinschaftsrechts zwar grundsätzlich die innerstaatliche Kompetenzverteilung maßgeblich sei. Die Berücksichtigung innerstaatlichen Verfassungsrechts sei aber nur insoweit möglich, als dies gemeinschaftsrechtlich erlaubt sei.[50] Art. 10 (Art. 5) EGV, der Vorrang vor den nationalen Rechtsordnungen habe, verlange, daß die Mitgliedstaaten alle geeigneten Maßnahmen allgemeiner und besonderer Art zur Erfüllung ihrer Vertragspflichten treffen. Hieraus folge, daß gemeinschaftsrechtlich lediglich eine innerstaatliche Kompetenzzuweisung erlaubt sei, die eine effektive Durchführung der gemeinschaftsrechtlichen Vorschriften ermögliche. Eine effektive und fristgerechte Durchführung des Gemeinschaftsrechts sei aber nur durch eine Durchführungskompetenz des Bundes zu erreichen, so daß aus Art. 10 (Art. 5) EGV die Kompetenz des Bundes zur Umsetzung des Gemeinschaftsrechts herzuleiten sei.[51] Der Bund habe daher zur ordnungsgemäßen Erfüllung der Vertragspflichten eine Ersatzkompetenz aus Art. 24 Abs. 1 GG zur Umsetzung von Gemeinschaftsrichtlinien, auch wenn nach der innerstaatlichen Kompetenzverteilung eigentlich die Länder zuständig seien.[52] Er sei dabei auch nicht an die Beschränkungen der Rahmenkompetenz aus Art. 75 GG gebunden.[53] Hintergrund für diese Überlegungen ist das Auseinanderfallen von innerstaatlicher Umsetzungszuständigkeit und Haftung für die korrekte Umsetzung nach außen.[54] Nach Art. 226 (Art. 169) EGV kann die Kommission Klage auf Feststellung einer Vertragsverletzung durch einen Mitgliedstaat zum EuGH erheben. In diesem Verfahren muß sich jeder Mitgliedstaat nach völkerrechtlichen Grundsätzen das Verhalten aller seiner Organe, Gliedstaaten und terri-

---

49 *Grabitz*, AöR 111 (1986), S. 1 (9); *Lausch*, Gewässerschutz, S. 178; *Schwan*, Bundesländer, S. 138 f.

50 *Riegel*, DVBl. 1979, S. 245 (248); *ders.*, NuR 1981, S. 90 (93).

51 *Riegel*, NuR 1981, S. 90 (93).

52 *Riegel*, EuR 1976, S. 79 (85 ff.); *ders.*, DVBl 1979, S. 245 (250); ähnlich *Lausch*, Gewässerschutz, S. 186 f.

53 *Riegel*, DVBl. 1977, S. 82 (88).

54 *Riegel*, EuR 1976, S. 79 (80); *ders.*, NJW 1976, S. 783 (787).

torialen Untergliederungen zurechnen lassen.[55] In der Bundesrepublik Deutschland kann sich das Verfahren also auf das Handeln von Legislative, Exekutive und Judikative auf Bundes-, Landes- oder Kommunalebene beziehen.[56]

Die dargestellte Ansicht vermag nicht zu überzeugen. Art. 10 (Art. 5) EGV verlangt von den Mitgliedstaaten lediglich, alle ihnen zur Verfügung stehenden Mittel und Befugnisse so einzusetzen, daß sie ihre Vertragspflichten erfüllen.[57] Gemeint sind damit die in dem Mitgliedstaat vorhandenen Kompetenzen und Kompetenzverteilungen, die ihrerseits gemeinschaftsfreundlich auszuüben sind.[58] Art. 10 (Art. 5) EGV enthält keine Determinierung der innerstaatlichen Kompetenzverteilung, sondern überläßt es den Mitgliedstaaten, diejenigen Organe zu bestimmen, die zur Ergreifung der Maßnahmen zuständig sind, um die sich aus Art. 10 (Art. 5) EGV ergebenden Pflichten zu erfüllen.[59]

Auch der Hinweis auf die Haftung des Bundes gegenüber der Gemeinschaft nach Art. 226 (Art. 169) EGV stellt keine hinreichende Begründung dar. Denn der Haftung des Bundes steht die Verpflichtung der Länder gegenüber, die an sie adressierten Richtlinienbestimmungen umzusetzen. Zum einen ergibt sich diese Pflicht unmittelbar aus dem Gemeinschaftsrecht, da die innerstaatlichen Stellen aus Art. 10, 249 Abs. 3 (Art. 5, 189 Abs. 3) EGV unmittelbar zur Umsetzung der an sie adressierten Richtlinien zuständig sind.[60] Zum anderen besteht daneben eine Umsetzungspflicht der Länder aus dem Grundsatz der Bundestreue.[61] Die Länder haben danach gegenüber dem Bund die

---

55 EuGH, Rs. 8/70, Slg. 1970, 961 (966); Rs. 52/75, Slg. 1976, 277 (285); *Ortlepp*, Vertragsverletzungsverfahren, S. 98; *Karpenstein*, in: Grabitz/Hilf, EU, Art. 169 Rn. 12; *Bleckmann*, Europarecht, Rn. 510; *Kössinger*, Durchführung, S. 37 ff.; *Bünten*, Staatsgewalt, S. 174.

56 Vgl. *Breuer*, WiVerw 1990, S. 79 (82).

57 *Ipsen*, Gemeinschaftsrecht, 9/19 (S. 216).

58 *Grabitz*, AöR 111 (1986), S. 1 (10).

59 *Grabitz*, AöR 111 (1986), S. 1 (10 f.); *Schulte*, Kommunalabwasserrichtlinie, S. 143; *Schwan*, Bundesländer, S. 140.

60 Vgl. oben § 6 II 1b.

61 *Grabitz*, AöR 111 (1986), S. 1 (30); *Streinz*, in: HStR VII, § 182 Rn. 45; *Lausch*, Gewässerschutz, S. 185; so auch *Riegel*, EuR 1976, S. 79 (86), der hieraus allerdings das Postulat der Übertragung der konkurrierenden Gesetzgebungskompetenz für den Wasserhaushalt auf den Bund ableitet; a. A. *Schwan*, Bundesländer, S. 160 ff.; vgl. insofern allgemein *Maunz*, in: Maunz/Dürig/Herzog/Scholz, GG, Art. 37 Rn. 18 (Fn. 1); *Stern*, Staatsrecht I, § 19 III 6 (S. 715).

verfassungsrechtliche Pflicht zur Umsetzung der Richtlinien, um diesen vor einer Haftung nach Art. 226 (Art. 169) EGV gegenüber der Gemeinschaft zu bewahren. Zur Durchsetzung dieser Pflicht steht dem Bund das Verfahren nach Art. 93 Abs. 1 Nr. 3 GG i. V. m. §§ 13 Nr. 7, 68 ff BVerfGG vor dem BVerfG zur Verfügung. Da es sich um eine Pflicht nach dem Grundgesetz handelt, hat der Bund darüber hinaus die Möglichkeit der Durchsetzung der Umsetzungspflicht im Wege des Bundeszwangs nach Art. 37 GG.[62] Zu den Mitteln des Bundeszwangs wird auch die Ersatzvornahme durch den Bund gerechnet, wozu als ultima ratio die zeitweilige treuhänderische Übernahme der Legislativgewalt durch den Bund gehört.[63] Nach Art. 37 GG und damit nach der innerstaatlichen Kompetenzverteilung hat der Bund im äußersten Fall eine Ersatzkompetenz zur Umsetzung von Richtlinien, für die eigentlich die Länder zuständig wären. Für eine Ausweitung der Bundeskompetenzen unter Hinweis auf Art. 226 (Art. 169) EGV besteht damit keine Veranlassung. Dazwischen liegende Friktionen sind als Folge der föderalen Ordnung des Grundgesetzes hinzunehmen.[64] Eine einheitliche Haftung des Bunde nach außen ist aus organisatorischen Gründen unumgänglich.[65]

Schließlich kann Art. 24 Abs. 1 GG keine Ersatzkompetenz des Bundes zur Umsetzung von Richtlinien begründen. Art. 24 Abs. 1 GG, wonach der Bund durch Gesetz Hoheitsrechte auf zwischenstaatliche Einrichtungen übertragen kann, war verfassungsrechtliche Grundlage für die Übertragung von Hoheitsrechten auf die Europäischen Gemeinschaften.[66] Hierdurch wird der Verfassungsraum des Grundgesetzes für die eigenständige Gemeinschaftsrechtsordnung geöffnet.[67] Damit ist die Funktion des Art. 24 Abs. 1 GG aber erschöpft; eine Umsetzungskompetenz des Bundes läßt sich ihm nicht entnehmen.[68] Als Zwischenergebnis kann damit festgehalten werden, daß Art. 10 (Art. 5) EGV keine Determinierung der innerstaatlichen Kompetenzstruktur beinhaltet.

---

62 Vgl. *Grabitz*, AöR 111 (1986), S. 1 (29 ff.).

63 *Maunz*, in: Maunz/Dürig/Herzog/Scholz, GG, Art. 37 Rn. 55; *Schmidt-Bleibtreu/Klein*, GG, Art. 37 Rn. 5; *Stern*, Staatsrecht I, § 19 III 6 (S. 717); *Streinz*, in: HStR VII, § 182 Rn. 46; *Grabitz*, AöR 111 (1986), S. 1 (31 f.).

64 Vgl. *Schulte*, Kommunalabwasserrichtlinie, S. 105.

65 Vgl. *Schäfer*, EWG-Richtlinie, S. 118.

66 Dazu ausführlich unten § 6 IV 1.

67 BVerfGE 73, 339 (374) unter Hinweis auf E 37, 271 (280); 58, 1 (28); 59, 63 (90).

68 *Schwan*, Bundesländer, S. 148 f.; *Grabitz*, AöR 111 (1986), S. 1 (24 f.); *Schulte*, Kommunalabwasserrichtlinie, S. 142.

2. Art. 249 Abs. 3 (Art. 189 Abs. 3) EGV

Eine andere Ansicht sieht die innerstaatliche Kompetenzverteilung durch die Umsetzungsverpflichtung aus Art. 249 Abs. 3 (Art. 189 Abs. 3) EGV determiniert.[69] Im Hinblick auf die Rahmenkompetenz des Bundes aus Art. 75 Abs. 1 GG für den Wasserhaushalt wird argumentiert, daß der Bund bei der Wahrnehmung dieser Kompetenz im innerstaatlichen Bereich aus eigener Hoheitsmacht tätig wird. Im Falle der Umsetzung von Gemeinschaftsrichtlinien trete dieser Aspekt aber zurück, da der Umsetzungsgesetzgeber lediglich die Vorgaben der Europäischen Gemeinschaft in das deutsche Recht überführe.[70] Soweit die Richtlinie "zwingende Vorgaben" mache, die dem nationalen Gesetzgeber keinen Gestaltungsspielraum mehr ließen, mache die Übernahme der Richtlinienvorgabe in das deutsche Recht den Umsetzungsgesetzgeber zum "Umsetzungsautomaten".[71] "Daraus folgt, daß für diese Art der Umsetzung der Richtlinienbestimmungen die innerstaatliche Kompetenzverteilung ohne Bedeutung ist."[72] Nur für Bestimmungen, die darüber hinausgingen, gelte die Beschränkung ausfüllungsbedürftiger Rahmenbestimmungen.[73]

Ausgangspunkt dieser Argumentation ist die Hoheitsmacht des Umsetzungsgesetzgebers. Wenn der Bund bei der Umsetzung von Richtlinien, die ihm keinen Gestaltungsspielraum mehr lassen, nicht aus eigener Hoheitsmacht tätig wird, dann müßte er insofern aufgrund fremder Hoheitsgewalt, also im Wege einer Ermächtigung oder Delegation durch die Gemeinschaft, handeln. Dies wäre wiederum nur dann möglich, wenn auch die Durchführungskompetenz zuvor auf die Gemeinschaft übertragen worden wäre; die Ermächtigung oder Delegation wäre dann als Rückübertragung anzusehen.[74] Wie bereits erwähnt, kann der Bund nach Art. 24 Abs. 1 GG Hoheitsrechte auf die Europäische Gemeinschaft übertragen. Jedoch meint "übertragen" i. S. d. Art. 24 Abs. 1 GG keine Delegation von Hoheitsrechten im verwaltungsrechtlichen Sinn, sondern eine Öffnung der deutschen Staatsgewalt gegenüber der selbständigen Gemeinschaftsrechtsordnung.[75] Dadurch hat die Bundesrepublik Deutschland auf die Ausschließlichkeit ihrer Staatsgewalt verzichtet.[76]

---

69 *Schulte*, Kommunalabwasserrichtlinie, S. 154.
70 *Schulte*, Kommunalabwasserrichtlinie, S. 154.
71 *Schulte*, Kommunalabwasserrichtlinie, S. 154.
72 *Schulte*, Kommunalabwasserrichtlinie, S. 154.
73 *Schulte*, Kommunalabwasserrichtlinie, S. 155.
74 Vgl. *Grabitz*, AöR 111 (1986), S. 1 (11 f.).
75 BVerfGE 73, 339 (374 f.); *Grabitz*, AöR 111 (1986), S. 1 (12).
76 *Maunz*, in: Maunz/Dürig/Herzog/Scholz, GG, Art. 24 Rn. 7.

Durch diesen Verzicht bleiben die innerstaatlichen Kompetenzen grundsätzlich bestehen, während die supranationale Gewalt der Gemeinschaft im Bereich der ihr zugewiesenen Kompetenzen *neben* die verbleibende staatliche Gewalt tritt.[77] Die Mitgliedstaaten haben ihre Gesetzgebungsbefugnisse damit auch in den Bereichen behalten, in denen die Gemeinschaft Richtlinien erlassen kann.[78] Wenn sie zur Umsetzung einer Richtlinie Gesetze oder Verordnungen erlassen, handeln sie folglich nicht aufgrund einer Ermächtigung oder Delegation durch das Gemeinschaftsrecht, sondern auf der Basis eigener Hoheitsgewalt.[79]

Die Organe der Mitgliedstaaten bleiben daher auch bei der Umsetzung von Gemeinschaftsrichtlinien an die nationalen Verfassungen und ihre Kompetenzbeschränkungen gebunden.[80] Damit kann der Bund bei der Umsetzung von Art. 3 Nr. 2 GewSchRL und Art. 11 KomAbwRL nur Rahmenvorschriften nach Art. 75 GG erlassen.[81] Adressaten des Richtlinienbefehls sind, wie bereits herausgestellt wurde, die innerstaatlich zuständigen Stellen. Der Bund ist innerstaatlich nur für die Rahmengesetzgebung zuständig. Richtlinienvorgaben, die keinen Gestaltungsspielraum mehr gewähren, sind dann im Grundsatz von den Ländern durch Detailvorschriften umzusetzen.[82] Es besteht aus der Sicht des Art. 249 Abs. 3 (Art. 189 Abs. 3) EGV und des Gemeinschaftsrechts insgesamt kein Anlaß dafür, die Kompetenzbeschränkung des Bundes aus Art. 75 Abs. 2 GG bei der Umsetzung von Richtlinien außer Kraft zu setzen.[83]
Auch eine Determinierung der nationalen Kompetenzstruktur durch die Umsetzungsverpflichtung aus Art. 249 Abs. 3 (Art. 189 Abs. 3) EGV ist damit im Ergebnis nicht gegeben.

---

77 *Stern*, Staatsrecht I, § 15 II 2 (S. 522); *Grabitz*, AöR 111 (1986), S. 1 (12).

78 *Bleckmann*, Europarecht, Rn. 161.

79 *Bleckmann*, Europarecht, Rn. 161; *Schwan*, Bundesländer, S. 137; *Ipsen*, Gemeinschaftsrecht, 47/37 (S. 857); *Lausch*, Gewässerschutz, S. 180.

80 *Streinz*, in: HStR VII, § 182 Rn. 30, 44; *Reinhardt*, UTR 40 (1997), S. 337 (358); *Rengeling*, DVBl. 1995, S. 945 (949).

81 So auch *Czychowski*, RdWWi 20 (1977), S. 21 (24); *v. Mangoldt/Klein*, GG, Art. 75 Abs. 1 S. 1 vor Nr. 1, Rn. 78.

82 So auch *Veh/Knopp*, Gewässerschutz, S. 27.

83 Vgl. insofern aber auch *Streinz*, in: HStR VII, § 182 Rn. 33 und *Rengeling*, DVBl. 1995, S. 945 (950).

3. Ergebnis

Das gemeinschaftliche Primärrecht determiniert die mitgliedstaatlichen Kompetenzordnungen nicht. Da eine vertragliche Zuweisung der Kompetenz, die innerstaatlichen Stellen für die Umsetzung von Richtlinien zu bestimmen, im EG-Vertrag nicht vorhanden ist, obliegt die Festlegung des zuständigen Umsetzungsorgans den Mitgliedstaaten.[84] Es bleibt daher unter diesem Gesichtspunkt bei dem oben gefundenen Ergebnis, daß die Umsetzungszuständigkeit akzessorisch zur innerstaatlichen Kompetenzverteilung und den daraus resultierenden Beschränkungen ist.

III. Determinierung der innerstaatlichen Kompetenzordnung durch die Rechtsprechung des Europäischen Gerichtshofs

Es konnte bis hierher gezeigt werden, daß aus der Sicht des gemeinschaftlichen Primärrechts die innerstaatlichen Stellen nach Maßgabe der nationalen Kompetenzverteilung für die Umsetzung der Richtlinien zuständig sind. Die Bestimmung der zuständigen Stellen und die Wahl der Formen und Mittel obliegt dabei nach Art. 249 Abs. 3 (Art. 189 Abs. 3) EGV der Zuständigkeit der Mitgliedstaaten und richtet sich nach deren Verfassungsrecht. Der EuGH hat jedoch die grundsätzliche Wahlfreiheit der Mitgliedstaaten hinsichtlich der Formen und Mittel der Umsetzungsmaßnahme einigen Einschränkungen unterworfen. Diese betreffen in erster Linie die Rechtsform der Umsetzungsmaßnahme. Die Rechtsprechung des EuGH könnte aber auch Auswirkungen auf die Umsetzungszuständigkeit haben. Denn danach sind zwar diejenigen Organe Adressaten der Umsetzungsverpflichtung, die verfassungsrechtlich für die Umsetzung zuständig sind, sie müssen aber über die entsprechenden Mittel und Formen verfügen, die Richtlinienziele in geeigneter Weise zu verwirklichen.[85]

Im zweiten Teil dieser Untersuchung wurde die Kompetenzzuweisung des Art. 28 Abs. 2 S. 1 GG zur Regelung der Indirekteinleitungen an die Gemeinden herausgearbeitet.[86] Darauf aufbauend wurde ihre Kompetenz zur Umsetzung von Art. 11 KomAbwRL bestimmt.[87] Als Instrument zur Regelung der

---

84 *Schwan*, Bundesländer, S. 140; *Lausch*, Gewässerschutz, S. 178; *Ipsen*, Gemeinschaftsrecht, 20/59 (S. 444).

85 Vgl. hier nur EuGH, Rs. 48/75, Slg. 1976, 497 (517); Rs. 58/89, Slg. 1991, I-4983 (I-5023); Rs. C-298/95, NVwZ 1997, 369 f.; dazu *Grabitz*, in: Grabitz/Hilf, EU, Art. 189 Rn. 59; *Himmelmann*, DÖV 1996, S. 145 (146).

86 Vgl. oben § 2 I 3b aa.

87 Vgl. oben § 6 I 2b.

Indirekteinleitungen steht den Gemeinden die Satzung zur Verfügung. Genügten Satzungen aber nicht den Anforderungen des EuGH an die Umsetzungsmaßnahme, könnte eine Umsetzung von Art. 11 KomAbwRL durch gemeindliche Satzungen aus der Sicht des Gemeinschaftsrechts nicht in Betracht kommen.

1. Umsetzungsanforderungen nach der Rechtsprechung des Europäischen Gerichtshofs

Im folgenden wird daher zunächst die einschlägige Rechtsprechung des EuGH dargestellt, um anschließend klären zu können, ob sich daraus Auswirkungen auf die Umsetzungskompetenz der Gemeinden, aber auch auf das nationale Indirekteinleiterregime im allgemeinen, ergeben.

a) Prinzip praktischer Wirksamkeit ("effet utile")

Die Wahlfreiheit wird zunächst durch den Grundsatz der praktischen Wirksamkeit ("effet utile") eingeschränkt. Ausgangspunkt ist die in Art. 10 (Art. 5) EGV normierte Mitwirkungspflicht der Mitgliedstaaten. Nach der Rechtsprechung des EuGH folgt hieraus, daß die Mitgliedstaaten verpflichtet sind, innerhalb der ihnen nach Art. 249 Abs. 3 (Art. 189 Abs. 3) EGV belassenen Entscheidungsfreiheit die Formen und Mittel zu wählen, die sich zur Gewährleistung der praktischen Wirksamkeit (effet utile) der Richtlinien unter Berücksichtigung des mit ihnen verfolgten Zwecks am besten eignen.[88] Diese Forderung läßt sich auch bereits aus der Zielverbindlichkeit der Richtlinie ableiten. Die bloße Übernahme des Richtlinientextes ist nicht ausreichend, vielmehr sind die Adressaten der Richtlinie verpflichtet, diejenigen Umsetzungsmaßnahmen zu ergreifen, die eine praktisch wirksame Realisierung des Richtlinienziels sicherstellen.[89] Die Anwendung der Richtlinie muß in rechtlicher und tatsächlicher Hinsicht gewährleistet sein.[90]

Hieraus folgert der EuGH jedoch nicht, daß stets ein gesetzlicher Umsetzungsakt erforderlich ist. Zur Umsetzung genüge ein allgemeiner verfassungs-

---

88   Grundlegend EuGH, Rs. 48/75, Slg. 1976, 497 (517), dann st. Rspr., vgl. etwa Rs. 300/81, Slg. 1983, 449 (456); Rs. 14/83, Slg. 1984, 1891 (1906); Rs. 79/83, Slg. 1984, 1921 (1939).

89   Vgl. *Vedder*, EWS 1991, S. 293 (294); *Gellermann*, Beeinflussung, S. 22.

90   EuGH, Rs. C-131/88, Slg. 1991, I-825 (I-868).

und verwaltungsrechtlicher Rahmen ohne besonderen Umsetzungsakt, wenn durch diesen Rahmen eine Umsetzung der Richtlinie derart gewährleistet sei, daß weder tatsächlich noch theoretisch die Gefahr einer nicht ordnungsgemäßen Realisierung der Richtlinienvorgaben bestehe.[91] Dabei komme es auf den Inhalt der Richtlinie an. Ein allgemeiner rechtlicher Rahmen genüge nur dann, "wenn er tatsächlich die vollständige Anwendung der Richtlinie in hinreichend bestimmter und klarer Weise gewährleistet, damit - soweit die Richtlinie Ansprüche des einzelnen begründen soll - die Begünstigten in der Lage sind, von allen ihren Rechten Kenntnis zu erlangen und diese gegebenenfalls vor den nationalen Gerichten geltend zu machen."[92]

Eine bloße allgemeine Verwaltungspraxis, die zwar tatsächlich die Erfüllung der Richtlinienvorgaben sicherstellt, ist hierfür jedoch nicht ausreichend.[93] Vielmehr haben die Mitgliedstaaten sicherzustellen, daß die Richtlinienvorgaben nicht nur tatsächlich, sondern auch in rechtlicher Hinsicht voll angewendet werden. Dies habe durch Schaffung eines eindeutigen gesetzlichen Rahmens auf dem betreffenden Gebiet zu erfolgen.[94] Die Untauglichkeit einer bloßen Verwaltungspraxis wird mit der jederzeitigen Abänderbarkeit und der mangelnden Publizität der Verwaltungspraxis begründet.[95] Auch eine Umsetzung durch richtlinienkonforme Auslegung des bestehenden nationalen Rechts genügt insofern nicht.[96]

---

91 EuGH, Rs. 363/85, Slg. 1987, 1733 (1743); vgl. auch EuGH, Rs. C-298/95, NVwZ 1997, 369 (370).

92 EuGH, Rs. 363/85, Slg. 1987, 1733 (1742); Rs. C-190/90, Slg. 1992, I-3265 (I-3309); Rs. 29/84, Slg. 1985, 1661 (1673); Rs. C-339/87, Slg. 1990, I-851 (I-880); Rs. C-58/89, Slg. 1991, I-2607 (I-2628).

93 EuGH, Rs. 102/79, Slg. 1980, 1473 (1486); 160/82, Slg. 1982, 4637 (4642); Rs. 145/82, Slg. 1983, 711 (718); Rs. 429/85, Slg. 1988, 843 (852); Rs. C-131/88, Slg. 1991, I-825 (I-868); Rs. C-361/88, Slg. 1991, I-2567 (I-2603).

94 EuGH, Rs. C-339/87, Slg. 1990, I-851 (I-885).

95 Vgl. *Schulte*, Kommunalabwasserrichtlinie, S. 100 f.; *Himmelmann*, DÖV 1996, S. 145 (146); *v. Danwitz*, VerwArch 84 (1993), S. 73 (76).

96 EuGH, Rs. C-131/88, Slg. 1991, I-825 (I-869 f.); vgl. dazu *v. Danwitz*, VerwArch 84 (1993), S. 73 (77 f.).

b) Rechtssicherheit

Eine weitere Einschränkung der mitgliedstaatlichen Wahlfreiheit stellt das gemeinschaftsrechtliche Rechtssicherheitspostulat dar, das ein allgemeiner Grundsatz des Gemeinschaftsrechts ist.[97]
Hieraus ergeben sich Anforderungen an die Verbindlichkeit der Umsetzungsnorm. Aus den Ausführungen im vorigen Abschnitt ist bereits deutlich geworden, daß die Frage, ob durch die Richtlinie Rechte und Pflichten des einzelnen begründet werden sollen, für die Rechtmäßigkeit der Umsetzungsmaßnahmen von zentraler Bedeutung ist. Immer dann, wenn die Richtlinie den Schutz einzelner intendiert, d. h. wenn die mangelnde Befolgung der durch die Richtlinie vorgeschriebenen Maßnahmen etwa die Gesundheit von Menschen gefährden könnte, müssen die Betroffenen die Möglichkeit haben, sich auf zwingende Vorschriften zu berufen, um ihre Rechte geltend zu machen.[98]
Hieraus folgt, daß die umsetzende Norm Verbindlichkeit besitzen muß, damit der Marktbürger einerseits seine Rechte gerichtlich durchsetzen kann, andererseits seine Pflichten in einer Rechtsnorm verankert sind. In diesen Fällen hat der EuGH damit einen Rechtssatzvorbehalt aufgestellt. Die subjektiven Rechte und unmittelbaren Pflichten müßten in einer innerstaatlichen Rechtsnorm verankert sein, die selbst unstreitig unmittelbare Außenwirkung entfalte.[99]

Darüber hinaus verlangt der Grundsatz der Rechtssicherheit ein gewisses Maß an Bestimmtheit und Klarheit der Umsetzungsnorm, damit der Marktbürger die Rechtslage eindeutig erfassen kann. Dieses Maß ist abhängig vom Inhalt der umzusetzenden Richtlinie.[100] Erhöhte Anforderungen gelten insbesondere

---

97 Vgl. *Beutler/Bieber/Pipkorn/Streil*, Europäische Union, S. 188 f.; *Bleckmann*, Europarecht, Rn. 294; *ders.*, NVwZ 1993, S. 824 (825 f.).

98 EuGH, Rs. C-58/89, Slg. 1991, I-4983 (I-5023); Rs. C-361/88, Slg. 1991, I-2567 (I-2601); Rs. C-59/89, Slg. 1991, I-2607 (I-2631); Rs. C-298/95, NVwZ 1997, 369 f.; *Gellermann*, Beeinflussung, S. 44 ff. (51); vgl. auch *Himmelmann*, DÖV 1996, S. 145 (148 f.); *Jarass*, Grundfragen, S. 57 ff.; *Schulte*, Kommunalabwasserrichtlinie, S. 122 ff.; *Pernice*, EuR 1994, S. 325 (339 f.); *Zuleeg*, Umweltschutz, S. 27 ff.; *ders.*, NJW 1993, S. 31 (37). Zum Verhältnis dieser Konstruktion zum subjektiv-öffentlichen Recht und zur Schutznormtheorie des deutschen Verwaltungsrechts vgl. *Ruffert*, DVBl. 1998, S. 69 ff. (74 f.).

99 EuGH, Rs. C-58/89, Slg. 1991, I-4983 (I-5023); Rs. C-339/87, Slg. 1990, I-851 (I-880 f.).

100 EuGH, Rs. 29/84, Slg. 1985, 1661 (1673); Rs. 363/85, Slg. 1987, 1733 (1742); Rs. C-59/89, Slg. 1991, I-2607 (I-2631); Rs. C-190/90, Slg. 1992, I-3265 (I-3309).

dann, wenn die Richtlinie die Gewährung subjektiver Rechte veranlaßt.[101] Schließlich folgt aus dem Rechtssicherheitspostulat ein Publizitätsgebot. Es müsse dem Bürger die Möglichkeit eröffnet werden, sich in hinreichender Weise über seine gemeinschaftsrechtlich begründeten Rechte und Pflichten zu informieren. Erforderlich sei die Veröffentlichung in einem geeigneten Publikationsorgan.[102]

c) Nichtdiskrimierungsgrundsatz

Weiterhin hat der EuGH den sog. Nichtdiskriminierungsgrundsatz oder den Grundsatz der Parallelität der Normen aufgestellt. Dieser stellt insofern eine Einschränkung der Wahlfreiheit dar, als die Mitgliedstaaten ihrer Umsetzungsmaßnahme diejenige Rechtsnormqualität beizumessen haben, die in der Normenhierarchie derjenigen entspricht, welche die die betreffende Sachmaterie bislang regelnde Rechtsnorm im mitgliedstaatlichen Recht hatte.[103] Damit soll vermieden werden, daß eine wirksame Umsetzung aufgrund der innerstaatlich geltenden Normenhierarchie unterlaufen werden kann.[104]

d) Rechtfertigung einer Umsetzungspflichtverletzung

Der EuGH stellt sehr hohe Anforderungen an die Befolgung dieser Grundsätze. Die Berufung der Mitgliedstaaten auf interne Probleme ihrer Rechtsordnung zur Rechtfertigung einer unterlassenen oder mangelhaften Umsetzung wird vom Gerichtshof nicht anerkannt. Hier sind etwa zu nennen: Zeitaufwand eines umfassenden gesetzgeberischen Aktes,[105] häufige Regierungswechsel,[106] innerstaatliche Rechtskontroversen,[107] innerstaatliche Probleme der Kompetenzverteilung[108] oder institutionelle Reformen.[109] Insbesondere kann sich der Bund nicht darauf berufen, die für die Umsetzung zuständigen

---

101 Vgl. *Gellermann*, Beeinflussung, S. 23 f.; *Gellermann/Szczekalla*, NuR 1993, S. 54 (56); *Pernice*, EuR 1994, S. 325 (338 f.).

102 Vgl. *Schulte*, Kommunalabwasserrichtlinie, S. 102.

103 EuGH, Rs. 102/79, Slg. 1980, 1473 (1486); Rs. 168/85, Slg. 1986, 2945 (2961); Rs. 116/86, Slg. 1988, 1323, (1338).

104 *V. Danwitz*, VerwArch 84 (1993), S. 73 (79).

105 EuGH, Rs. 160/82, Slg. 1982, 4637 (4642); Rs. 44/80, Slg. 1981, 343 (357).

106 EuGH, Rs. 91/79, Slg. 1980, 1099 (1105); Rs. 92/79, Slg. 1980, 1115 (1121 f.).

107 EuGH, Rs. 102/79, Slg. 1980, 1473 (1487).

108 EuGH, Rs. C-157/89, Slg. 1991, I-57 (I-88); Rs. 134/86, Slg. 1987, 2415 (2421).

109 EuGH, Rs. 68/81, Slg. 1982, 153 (157); Rs. 1/86, Slg. 1987, 2797 (2805).

Bundesländer hätten noch nicht die erforderlichen Umsetzungsmaßnahmen getroffen, weil die notwendigen Verordnungsermächtigungen an die Exekutive noch nicht verabschiedet worden seien.[110] Damit läßt sich zusammenfassend sagen, daß sich die Mitgliedstaaten nicht auf Umstände, Übungen oder Bestimmungen der internen Rechtsordnung berufen können, um die Nichtbeachtung von gemeinschaftlichen Pflichten zu begründen, auch wenn es sich um Bestimmungen mit Verfassungsrang handelt.[111] Die Umsetzungspflicht ist in diesem Sinne unbedingt.[112] Sie bleibt zudem von der Rechtsprechung des EuGH zur unmittelbaren Wirkung von Richtlinien unberührt. Denn diese Rechtsprechung besteht zum Schutz der durch eine unterlassene Umsetzung benachteiligten Marktbürger und soll nicht die Mitgliedstaaten von ihrer Umsetzungspflicht aus Art. 249 Abs. 3 (Art. 189 Abs. 3) EGV befreien.[113] Keine Rechtfertigung stellt schließlich die mangelhafte Umsetzung in anderen Mitgliedstaaten dar.[114]

e) Zusammenfassung

Die primärrechtlich gewährleistete Wahlfreiheit der innerstaatlichen Stellen hinsichtlich der Formen und Mittel der Umsetzungsmaßnahme ist durch die Rechtsprechung des EuGH weitreichenden Einschränkungen unterworfen. Sie findet ihre Grenze in den Grundsätzen der praktischen Wirksamkeit, der Rechtssicherheit und der Nichtdiskriminierung. Der Grundsatz der Rechtssicherheit seinerseits beinhaltet ein Publizitäts- und Bestimmtheitsgebot in Abhängigkeit vom Inhalt der umzusetzenden Richtlinie. Erfordert die umzusetzende Richtlinie die Begründung subjektiver Rechte und Pflichten, ist eine Umsetzung mittels außenverbindlicher Rechtsnorm notwendig.

2. Folgerungen für das nationale Regime der Indirekteinleitungen

Es wird nun der Frage nachgegangen, ob sich daraus bereits generelle Schlußfolgerungen für die Umsetzungstauglichkeit der im deutschen Regime der Indirekteinleitungen gebräuchlichen Instrumentarien ziehen lassen. Insbesondere geht es um die Frage, ob Satzungen als Instrument der Umsetzung aus-

---

110 EuGH, Rs. C-298/95, NVwZ 1997, 369 (370); Rs. C-297/95, NVwZ 1997, 370 (371); Rs. C-262/95, NVwZ 1997, 371 (372).
111 Vgl. *Pernice*, EuR 1994, S. 325 (329).
112 *Rengeling*, DVBl. 1995, S. 945 (948); *Pernice*, EuR 1994, S. 325 (329).
113 EuGH, Rs. 102/79, Slg. 1980, 1473 (1487).
114 EuGH, Rs. 52/75, Slg. 1976, 277 (284 f.).

scheiden, wodurch eine Umsetzungskompetenz der Gemeinden in Frage gestellt werden könnte.

a) Rechtsnormative Umsetzung

Die Umsetzung von Richtlinienbestimmungen durch Gesetze genügt grundsätzlich den oben skizzierten Anforderungen. Dies gilt sowohl für Parlamentsgesetze als auch für Rechtsverordnungen.[115] Da das staatliche Regime der Indirekteinleitungen nunmehr durch Bundesgesetze und -verordnungen (§ 7a Abs. 4 WHG, AbwV) sowie durch Landesgesetze und -verordnungen (Verordnungsermächtigungen in den Landeswassergesetzen, Indirekteinleiterverordnungen) gebildet wird, bestehen insofern keine Probleme. Bei der Wahl zwischen diesen Rechtsformen ist bei einem speziellen Umsetzungsakt lediglich das Nichtdiskriminierungsgebot zu beachten.

b) Verwaltungsvorschriften

Der EuGH hat das Institut der normkonkretisierenden Verwaltungsvorschrift des bundesdeutschen Umweltverwaltungsrechts in vier Entscheidungen aus dem Jahr 1991 zur Umsetzung von Luftreinhalte- und Gewässerschutzrichtlinien als nicht umsetzungstauglich erachtet.[116] Diese Entscheidungen stellen einen Kernpunkt in der Diskussion über die skizzierte Rechtsprechung des EuGH dar.[117] Denn Verwaltungsvorschriften spielen im deutschen Umwelt-

---

115 Vgl. *Gellermann*, Beeinflussung, S. 26; *Rengeling/Gellermann*, UTR 36 (1996), S. 1 (9 f.); *Schulte*, Kommunalabwasserrichtlinie, S. 104; zur Auslegung des Art. 80 Abs. 1 GG in diesem Zusammenhang *Reinhardt*, UTR 40 (1997), S. 337 (351 ff.).

116 EuGH, Rs. C-131/88, Slg. 1991, I-825 (I-866 ff.) -Grundwasserrichtlinie- ; Rs. C-361/88, Slg. 1991, I-2567 (I-2597 ff.) -Schwefeldioxid/Schwebestaubrichtlinie- ; Rs. C-59/89, Slg. 1991, I-2607 (I-2626 ff.) -Bleirichtlinie-; Rs. C-58/89, Slg. 1991, I-4983 (I-5020 ff.) -Trinkwasserrichtlinie-.

117 Überblick über die Diskussion bei *Gellermann*, Beeinflussung, S. 36 ff., 66 ff. und *v. Danwitz*, VerwArch 84 (1993), S. 73 (74, 81 ff.). Vgl. daneben auch *Krämer*, Aufgabenverflechtung, S. 189 (209 ff.); *Schulte*, Kommunalabwasserrichtlinie, S. 106 ff.; *Streinz*, in: HStR VII, § 182 Rn. 15; *Zuleeg*, Umweltschutz, S. 22 f.; *Lenz*, Rechtsprechung des Europäischen Gerichtshofs, S. 15 (26 ff.); *Breuer*, WiVerw 1990, S. 79 (83); *ders.*, Entwicklungen des europäischen Umweltrechts, S. 8 ff.; *Himmelmann*, DÖV 1996, S. 145 (149 ff.); *Di Fabio*, DVBl. 1992, S. 1338 ff.; *Weber*, UPR 1992, S. 5 ff.; *Pernice*, EuR 1994, S. 325 (338); *Reinhardt*, DÖV 1992, S. 102 ff.; *Everling*, NVwZ

verwaltungsrecht traditionell eine große Rolle. Sie dienen der Konkretisierung gesetzlicher Vorschriften in den Bereichen Standardisierung, Vorsorge und Gefahrenabwehr.[118] Wie bereits erläutert, dienten beispielsweise die Abwasserverwaltungsvorschriften zu § 7a Abs. 1 WHG a. F. der Konkretisierung der gesetzlich vorgegebenen Standards "allgemein anerkannte Regeln der Technik" und "Stand der Technik".[119]

Grundsätzlich stellen Verwaltungsvorschriften Regelungen dar, "durch die eine vorgesetzte Behörde verwaltungsintern auf ein einheitliches Verfahren oder eine bestimmte Ermessensausübung, aber auch auf eine bestimmte Gesetzesauslegung und -anwendung durch die ihr nachgeordneten Behörden hinwirkt."[120] Normkonkretisierende Verwaltungsvorschriften haben nach der Rechtsprechung eine grundsätzliche Außenverbindlichkeit.[121] Abweichungen durch die Gerichte sind nur zulässig, wenn die Aussagen der normkonkretisierenden Verwaltungsvorschrift veraltet sind, oder wenn eine atypische Fallkonstellation vorliegt.[122] Trotz dieser Sonderstellung hat der EuGH die normkonkretisierenden Verwaltungsvorschriften in den oben genannten Entscheidungen aus dem Jahre 1991 als nicht umsetzungstauglich angesehen. Der EuGH stützt seine Rechtsprechung in erster Linie auf den gemeinschaftsrechtlichen Grundsatz der Rechtssicherheit. Nach seiner Auffassung begründen die umzusetzenden Richtlinien subjektive Rechte einzelner, da sie dem Schutz der menschlichen Gesundheit dienen. Aus diesem Grunde sei es erforderlich, daß "die Betroffenen in allen Fällen, in denen die Überschreitung der Grenzwerte die menschliche Gesundheit gefährden könnte, in der Lage sein (müssen), sich auf zwingende Vorschriften zu berufen, um ihre Rechte geltend machen zu können."[123] Der Erlaß zwingender Vorschriften sei darüber hinaus geboten, damit der Emittent wisse, welche Verpflichtungen ihn träfen. Zwingende Vorschriften seien aber nur solche, die unmittelbare Außenwir-

---

1993, S. 209 ff.; *ders.*; RIW 1992, S. 379 ff.; *Hansmann*, UTR 17 (1992), S. 21 ff.; *Steinberg*, AöR 120 (1995), S. 549 (565 ff.); zuletzt *Hoppe/Otting*, NuR 1998, S. 61 ff.

118 *Reinhardt*, DÖV 1992, S. 102 (107); *Kloepfer*, Umweltrecht, § 3 Rn. 71 ff.; *Hendler*, UTR 40 (1997), S. 55 ff.; speziell zu § 7a WHG *Papier*, Bedeutung der Verwaltungsvorschriften im Recht der Technik, S. 159 (165 ff.).

119 Vgl. oben § 3 I 2a bb; *Breuer*, Wasserrecht, Rn. 347; *Reinhardt*, DÖV 1992, S. 102 (107); vgl. auch EuGH, Rs. C-262/95, NVwZ 1997, 371.

120 BVerfGE 78, 214 (227); *Achterberg*, Allgemeines Verwaltungsrecht, § 16 Rn. 52; *Maurer*, Allgemeines Verwaltungsrecht, § 24 Rn. 1.

121 Vgl. nur BVerwGE 72, S. 300 (320 f.) -Wyhl-; kritisch *Hoppe/Otting*, NuR 1998, S. 61 (63 f.).

122 Vgl. *Kloepfer*, Umweltrecht, § 3 Rn. 71; *Bender/Sparwasser/Engel*, Umweltrecht, 6/79.

123 EuGH, Rs. C-131/88, Slg. 1991, I-2567 (I-2601); Rs. C-59/89, Slg. 1991, I-2607 (I-2631); vgl. oben § 6 II 3a cc.

kung entfalteten.[124] Eine solche unmittelbare Außenwirkung sah der Gerichtshof bei den betreffenden normkonkretisierenden Verwaltungsvorschriften aber nicht als nachgewiesen an, so daß sie nach seiner Auffassung nicht umsetzungstauglich sind.[125]

Der Bundesgesetzgeber hat auf die Verurteilungen durch den EuGH in der Form reagiert, daß er die Abwasserverwaltungsvorschriften nach § 7a Abs. 1 WHG a. F. schrittweise durch eine Abwasserverordnung ersetzt.[126] Daneben wird in § 6a WHG die Rechtsverordnung generell als Instrument der Umsetzung von gemeinschaftsrechtlichen Vorgaben zur Verfügung gestellt.[127] Damit hat die Fragestellung im Bereich des Abwasserrechts und damit auch für das Regime der Indirekteinleitungen an Relevanz verloren und soll daher hier keiner eingehenden Erörterung unterzogen werden. Es sei lediglich darauf hingewiesen, daß eine Umsetzung mittels (normkonkretisierender) Verwaltungsvorschriften weiterhin in Betracht kommt, sofern eine Richtlinie keine subjektiven Rechte begründet.[128]

c) Kommunale Satzungen

Von grundlegender Bedeutung für das Recht der Indirekteinleitungen ist aber die Frage, ob kommunale Satzungen ein taugliches Instrument zur Umsetzung von Richtlinien der Gemeinschaft sind. Dieses Problem findet in der rechtswissenschaftlichen Diskussion kaum Beachtung.

aa) Praktische Wirksamkeit

Die Umsetzungstauglichkeit kommunaler Entwässerungssatzungen könnte im Hinblick auf den Grundsatz der praktischen Wirksamkeit unter zwei Gesichtspunkten diskutiert werden: Fehlende Einwirkungsmöglichkeiten des Bundes auf die Gemeinden und beschränkter räumlicher Geltungsbereich kommunaler Satzungen.

---

124 EuGH, Rs. C-58/89, Slg. 1991, I-4983 (I-5023).

125 EuGH, Rs. C-58/89, Slg. 1991, I-2607 (I-2632); Rs. C-381/88, Slg. 1991, I-2567 (I-2602).

126 BT-Ds. 13/1207, S. 7; vgl. oben § 3 I 2a bb.

127 Vgl. dazu *Czychowski*, ZUR 1997, S. 71 ff.

128 Zu den fortbestehenden Anwendungsmöglichkeiten vgl. *v. Danwitz*, VerwArch 84 (1993), S. 73 (87 ff.); *Hoppe/Otting*, NuR 1998, S. 61 (64 f.).

Zum einen könnte aus diesem Grundsatz der praktischen Wirksamkeit die Schlußfolgerung gezogen werden, daß nur solche Stellen zur Umsetzung herangezogen werden, auf die der gegenüber der Gemeinschaft haftende Mitgliedstaat unmittelbaren Einfluß ausüben kann, um so die praktische Wirksamkeit der Richtlinie auch durchsetzen zu können.[129] Dies würde eine Umsetzung durch kommunale Satzungen ausschließen, denn der gegenüber der Gemeinschaft haftende Bund[130] hat keine direkte Einwirkungsmöglichkeit auf die Gemeinden.[131] Eine allgemeine Rechtsaufsicht über die Kommunen steht nur den jeweiligen Bundesländern zu.[132] Die Länder sind jedoch aufgrund der Pflicht zu bundesfreundlichem Verhalten zu Aufsichtsmaßnahmen gegenüber den Gemeinden angehalten,[133] wenn diese Richtlinien nicht oder nicht ordnungsgemäß umsetzen sollten. Diese Landespflicht könnte der Bund wiederum im Wege des Bundeszwangs nach Art. 37 GG durchsetzen.[134] Damit stehen die Gemeinden hinsichtlich der Umsetzung von Richtlinien nicht gänzlich außerhalb des Einflußbereichs des Bundes, vielmehr ist eine mittelbare Durchsetzung der Umsetzungsverpflichtung durch den Bund über die Länder gewährleistet. Dies stellt zwar ein umständliches Verfahren dar, reicht aber nicht aus, die Wahlfreiheit der Mitgliedstaaten hinsichtlich der Wahl der Formen und Mittel noch weiter einzuschränken.[135] Denn der Grundsatz des effet utile ist als ergebnisorientierter Rechtswirksamkeitsmaßstab auf die Überprüfung einer erfolgten Umsetzung gerichtet. Aus ihm lassen sich keine gemeinschaftsrechtlichen Anforderungen an die Zuständigkeitsverteilung oder das Verfahren der Richtlinienumsetzung herleiten.[136]

Zum anderen vermag auch der auf das Gemeindegebiet beschränkte Geltungsbereich kommunaler Satzungen im Hinblick auf den effet utile die Um-

---

129 *Gellermann*, Beeinflussung, S. 57; *Gellermann/Szczekalla*, NuR 1993, S. 54 (58); *Schulte*, Kommunalabwasserrichtlinie, S. 105.

130 Vgl. oben § 6 II 2a.

131 BVerfGE 8, 122 (137); 26, 172 (181 f.).

132 Vgl. etwa §§ 117 ff. GemO R-P i. V. m. Art. 49 Abs. 3 Verf. R-P; *Vogelsang/Lübking/Jahn*, Kommunale Selbstverwaltung, Rn. 508.

133 Vgl. dazu BVerfGE 8, 122 (138 ff.); allgemein *Bauer*, Bundestreue, S. 327 ff.; oben § 4 II 3b cc.

134 Vgl. *Schmidt-Bleibtreu/Klein*, GG, Art. 37 Rn. 3 und oben § 6 II 2a.

135 *Gellermann/Szczekalla*, NuR 1993, S. 54 (58).

136 *Gellermann*, Beeinflussung, S. 57; *Gellermann/Szczekalla*, NuR 1993, S. 54 (58); *Müller*, Entscheidung, S. 373.

setzungstauglichkeit kommunaler Satzungen nicht in Frage zu stellen.[137] Im Prinzip stellt sich das gleiche Problem bei der Umsetzung von Richtlinien durch die Bundesländer, da auch das einzelne Bundesland nur für sein Staatsgebiet Regelungen treffen kann. Die Umsetzung durch die Länder wird unter diesem Gesichtspunkt nicht in Frage gestellt, obgleich eine Umsetzung durch den Bund gegebenenfalls die effektivere Art der Umsetzung wäre.[138]

In diesem Zusammenhang hat der Bund-Länder-Arbeitskreis "Umsetzung der EG-Gewässerschutzrichtlinien in das deutsche Recht" folgende allgemeine Grundsätze aufgestellt:[139]

- Grundsatz der rationellen, übersichtlichen Umsetzung: Nach Möglichkeit soll nur durch eine Rechtsnorm umgesetzt werden, die entweder vom Bund oder den Ländern erlassen wird.
- Grundsatz der möglichst einheitlichen, flächendeckenden Umsetzung: Der Bund setzt insoweit um, als ihm dies verfassungsrechtlich möglich ist.
- Grundsatz der Prüfung im Einzelfall: Ob der Bund oder die Länder umsetzen, ist von Richtlinie zu Richtlinie abschließend anhand des Umsetzungsbedarfs zu entscheiden.

In diesen Grundsätzen bringt der Arbeitskreis die Ansicht zum Ausdruck, daß eine einheitliche Umsetzung durch den Bund die effektivste Form der Umsetzung darstellt. Gleichzeitig steht diese Feststellung aber unter dem Vorbehalt der verfassungsrechtlichen Kompetenzordnung. Bezieht man die Kompetenzzuweisung des Art. 28 Abs. 2 S. 1 GG an die Gemeinden darüber hinaus in die Überlegungen mit ein, folgt daraus, daß eine Umsetzung durch Bund und Länder ausscheidet, wenn eine Aufgabe der Gemeindeebene zugeordnet ist.

Die Frage der Umsetzung durch dezentrale Körperschaften ist damit eine quantitative, nicht eine qualitative. Umsetzungsmaßnahmen aller Gemeinden bzw. abwasserbeseitigungspflichtigen Körperschaften ermöglichen dann eine flächendeckende Umsetzung der Richtlinie, was vom Standpunkt des Gemeinschaftsrechts zulässig ist.[140] Eine institutionalisierte Koordination der

---

137 A. A. *Delwing*, Umsetzungsprobleme, S. 197 f., 204, der den effektiven gleichmäßigen und flächendeckenden Vollzug von EG-Gewässerschutzvorschriften für Indirekteinleitungen nicht gewährleistet sieht, obwohl er die Kompetenzzuweisung an die Gemeinden nach Art. 28 Abs. 2 Satz 1 GG anerkennt; *Riegel*, DVBl. 1977, S. 82 (87 Fn. 32).

138 Vgl. *Schulte*, Kommunalabwasserrichtlinie, S. 105; kritisch zur Umsetzung durch 16 Bundesländer aber *Hansmann*, NVwZ 1995, S. 320 (323).

139 Nach *Knopp*, in: Sieder/Zeitler, BayWG, Art. 41j Rn. 7 und *Veh/Knopp*, Gewässerschutz, S. 29; vgl. auch *Czychowski*, WHG, § 6a Rn. 21.

140 Vgl. *Krämer*, Aufgabenverflechtung, S. 189 (206 f.); *Ruchay*, KA 1988, S. 530 (532).

Umsetzungsmaßnahmen der Gemeinden, etwa durch die kommunalen Spitzenverbände auf Bundes- und Landesebene, erscheint aber unerläßlich, um ein Mindestmaß an Einheitlichkeit der Umsetzungsmaßnahmen zu gewährleisten.[141]

Es ist nicht überzeugend, wenn aus Praktikabilitätserwägungen heraus gefordert wird, die Regelungsmaterie von Art. 11 KomAbwRL "in ihrer Gesamtheit dem Landes- und/oder Bundesgesetzgeber zuzuordnen und keine Umsetzung mittels Satzungsregelungen vorzunehmen."[142] Denn diesem Argument hat das BVerfG in der Rastede-Entscheidung eine deutliche Absage erteilt.[143] Im Hinblick auf die Kompetenzzuweisungen an die kommunale Ebene stellen Effizienz der Aufgabenerfüllung und Verwaltungsvereinfachung keine hinreichenden Zuordnungskriterien dar. Dies gilt auch in bezug auf die Umsetzung gemeinschaftlicher Richtlinien.

bb) *Rechtssicherheit*

Nach dem Grundsatz der Rechtssicherheit ist eine Umsetzung durch zwingende, außenverbindliche Rechtssätze erforderlich, wenn durch die Umsetzung Rechte und Pflichten einzelner begründet werden. Art. 11 i. V. m. Anhang I Abschnitt C KomAbwRL macht die Begründung eines subjektiven Rechts insofern erforderlich, als durch die Indirekteinleitung von industriellem Abwasser die Gesundheit des in den Abwasseranlagen tätigen Personals nicht gefährdet werden darf. Richtlinienzweck ist also auch der Schutz der menschlichen Gesundheit, so daß dem betroffenen Personenkreis ein subjektives Recht einzuräumen ist.[144]

Satzungen sind Rechtsvorschriften, die selbständige, in den Staat eingeordnete juristische Personen des öffentlichen Rechts im Rahmen der ihnen gesetzlich verliehenen Autonomie mit Wirksamkeit für die ihnen angehörigen und unterworfenen Personen erlassen dürfen.[145] Es handelt sich hierbei um Gesetze im materiellen, nicht aber im formellen Sinn. Denn Satzungen sind Rechtsvorschriften, die von einem Hoheitsträger erlassen werden und Rechte und Pflichten für die unterworfenen Bürger begründen, sie werden aber nicht

---

141 Vgl. *Epiney*, Umweltrecht, S. 134 für den Vollzug des Gemeinschaftsrecht.
142 So *Schulte*, Kommunalabwasserrichtlinie, S. 160 f.
143 Vgl. oben § 2 I 2d.
144 *Schulte*, Kommunalabwasserrichtlinie, S. 130.
145 BVerfG, NJW 1972, S. 1504 (1506); vgl. auch oben § 2 II 3a.

von einem Gesetzgebungsorgan "Parlament" in dem verfassungsrechtlich vorgeschriebenen Gesetzgebungsverfahren erlassen.[146] Rechtsetzung durch Gemeinden hat zwar legislatorischen Charakter, ist aber dem Bereich der Verwaltung zuzuordnen.[147] Satzungen sind also von der Exekutive erlassene materielle Gesetze.

Damit handelt es sich bei Satzungen um verbindliche Gesetze im materiellen Sinn, die Außenwirkung zum Bürger entfalten[148] und auf die sich der einzelne zur Geltendmachung seiner Rechte berufen kann, so daß die Rechtsprechung des EuGH auch in diesem Punkt nicht gegen eine Umsetzungstauglichkeit kommunaler Satzungen spricht.[149]

Auch die Rechtsprechung zur mangelnden Umsetzungstauglichkeit normkonkretisierender Verwaltungsvorschriften steht einer Umsetzung durch Satzungen nicht entgegen. Zwar handelt es sich in beiden Fällen um Rechtsetzungsmaßnahmen der Exekutive, jedoch werden Satzungen aufgrund verliehener Satzungsautonomie als voll außenverbindliches Recht erlassen. Diese uneingeschränkte Außenverbindlichkeit markiert den im vorliegenden Zusammenhang maßgeblichen Unterschied zur Rechtsfigur der normkonkretisierenden Verwaltungsvorschrift.[150] Insofern entsprechen Satzungen Rechtsverordnungen nach Art. 80 GG. Hier kann die Exekutive aufgrund einer Delegation von Gesetzgebungsbefugnissen ebenfalls voll außenverbindliche Rechtsnormen erlassen.[151] Im Gegensatz zu Bundes- und Landesrechtsverordnungen, die für das gesamte Bundes- resp. Landesstaatsgebiet gelten, haben Satzungen jedoch nur einen eingeschränkten Geltungsbereich, im Falle kommunaler Satzungen beschränkt auf das Gemeindegebiet.[152]

---

146 *Vogelsang/Lübking/Jahn*, Kommunale Selbstverwaltung, Rn. 328 f.; *Hendler*, DÖV 1998, S. 481 (484).

147 Vgl. oben § 2 II 3a.

148 *Vogelsang/Lübking/Jahn*, Kommunale Selbstverwaltung, Rn. 334 mit dem Hinweis, daß die Außenwirkung bei Satzungen des "Innenrechts" der Gemeinde nicht gegeben ist.

149 *Gellermann*, Beeinflussung, S. 57; *Gellermann/Szczekalla*, NuR 1993, S. 54 (58); *Schulte*, Kommunalabwasserrichtlinie, S. 106; a. A. *Dendrinos*, Rechtsprobleme, S. 214, der aber die Außenverbindlichkeit von Satzungen verkennt.

150 Zur Außenverbindlichkeit normkonkretisierender Verwaltungsvorschriften vgl. oben § 6 II 3b bb.

151 Vgl. *Schmidt-Bleibtreu/Klein*, GG, Art. 80 Rn. 1; *Reinhardt*, UTR 40 (1997), S. 337 (340 ff.); vgl. auch *Hendler*, DÖV 1998, S. 481 (486).

152 Zum Problem des beschränkten räumlichen Geltungsbereichs vgl. bereits oben § 6 II 3b cc (1).

Aus dem Grundsatz der Rechtssicherheit folgt neben dem Bestimmtheits- das Publikationsgebot. Da Satzungen außenverbindliche Rechtsnormen enthalten, unterliegen sie einer Bekanntmachungspflicht, um jedem Bürger die Möglichkeit zu geben, sich über das Ortsrecht in Kenntnis zu setzen.[153] Damit genügen sie auch insofern den gemeinschaftsrechtlichen Anforderungen.

cc) Nichtdiskriminierungsgrundsatz

Schließlich steht auch der Nichtdiskriminierungsgrundsatz der Umsetzungstauglichkeit kommunaler Satzungen nicht entgegen, da Indirekteinleitungen traditionell durch kommunales Satzungsrecht erfaßt werden. Etwas anderes könnte sich aber daraus ergeben, daß seit der fünften Novelle zum WHG Indirekteinleitungen daneben auch über §7a WHG und das ausfüllende Wasserrecht der Länder reglementiert werden, also auf mehren Stufen der Normhierarchie. Denkbar wäre also die Pflicht zur Umsetzung durch Rahmen- und Ausfüllungsgesetzgebung im Zusammenwirken von Bund und Ländern. Der Nichtdiskriminierungsgrundsatz soll aber lediglich sicherstellen, daß die betreffende Sachmaterie anläßlich einer Umsetzung einer Richtlinie nicht auf einer niedrigeren Stufe der Normhierarchie geregelt wird, er ist also im Kern ein "Verschlechterungsverbot". Er kann daher nicht herangezogen werden, wenn eine Materie auf mehreren Ebenen erfaßt wird. Aussagen, welcher Ebene in Zukunft die Materie zuzuordnen ist, lassen sich hierauf nicht stützen.

dd) Ergebnis

Im Ergebnis ist festzuhalten, daß Satzungen auch unter Berücksichtigung der Rechtsprechung des Europäischen Gerichtshofs generell zur Umsetzung von Richtlinien herangezogen werden können.[154] Dem Grundsatz der praktischen Wirksamkeit können keine Anforderungen an die innerstaatliche Kompetenzverteilung entnommen werden, da er nur die Überprüfung einer erfolgten Umsetzung ermöglicht. Die nur mittelbare Einwirkungsmöglichkeit des gegenüber der Gemeinschaft für die korrekte Umsetzung haftenden Bundes auf die Gemeinden sowie der beschränkte räumliche Geltungsbereich kommunaler Satzungen sprechen daher nicht gegen die Umsetzungstauglichkeit von Sat-

---

153 Einzelheiten bei *Vogelsang/Lübking/Jahn*, Kommunale Selbstverwaltung, Rn. 422 ff.
154 Im Ergebnis ebenso *Czychowski*, RdWWi 20 (1977), S. 21 (34).

zung. Sie genügen darüber hinaus den Anforderungen des Grundsatzes der Rechtssicherheit. Auch der Nichtdiskriminierungsgrundsatz steht der Umsetzung der für Indirekteinleitungen relevanten Richtlinienbestimmungen durch Satzungen nicht entgegen. Damit bleibt es aus gemeinschaftsrechtlicher Sicht bei dem Grundsatz, daß für die Umsetzung der Richtlinien die innerstaatlichen Stellen nach Maßgabe der innerstaatlichen Kompetenzverteilung zuständig sind. Die Gemeinden sind hiervon nicht auszunehmen. Neben der Rechtsverordnung steht damit ein weiteres Instrument verbindlicher exekutiver Rechtsetzung zur Verfügung.

C. Ergebnis

Die Untersuchung zur Umsetzungskompetenz hat ergeben, daß für die Umsetzung von Richtlinien diejenigen Stellen zuständig sind, die für die entsprechende Materie nach der Kompetenzverteilung des Grundgesetzes zuständig sind. Aus der Sicht des deutschen Verfassungsrechts ergibt sich dies aus der entsprechenden Anwendung der Art. 28 Abs. 2 S. 1, 70 ff. GG.

Aus der Sicht des Gemeinschaftsrechts ist Adressat des Umsetzungsbefehls die nach nationalem Recht zuständige Stelle. Das Gemeinschaftsrecht determiniert dabei die nationale Kompetenzverteilung nicht. Eine entsprechende Befugnis läßt sich dem EG-Vertrag weder ausdrücklich entnehmen noch aus Art. 5 (Art. 10) oder Art. 249 Abs. 3 (Art. 189 Abs. 3) EGV herleiten. Auch die Rechtsprechung des EuGH zu den Umsetzungsanforderungen hat keine Auswirkungen auf das nationale Regime der Indirekteinleitungen. Durch die Umstellung der untergesetzlichen Regelungen zu § 7a Abs. 1 WHG von den Abwasserverwaltungsvorschriften auf die Abwasserverordnung ist die Diskussion über die Umsetzungstauglichkeit normkonkretisierender Verwaltungsvorschriften für diesen Bereich obsolet geworden. Daneben erfüllen auch kommunale Satzungen die Anforderungen des EuGH an die Formen und Mittel der Umsetzungsmaßnahmen. Auch die Gemeinden sind daher unmittelbar zur Umsetzung von Gemeinschaftsrichtlinien zuständig, soweit sie innerstaatlich eine entsprechende Kompetenz besitzen.

Für die Umsetzung von Art. 11 KomAbwRL sind grundsätzlich die Gemeinden zuständig. Eine Ausnahme besteht nur insofern, als Indirekteinleitungen zu beschränken sind, um Ziele des überörtlichen Gewässerschutzes zu erreichen.

Der Bund ist nach Art. 75 Abs. 1 S. 1 Nr. 4 Alt. 3 GG für die Umsetzung von Art. 3 Nr. 2 GewSchRL und von Art. 11 i. V. m. Anhang I Abschnitt Spstr. 4 KomAbwRL im Hinblick auf den überörtlichen Gewässerschutz zuständig.

Der Bund ist dabei an die verfassungsrechtlichen Kompetenzbegrenzungen, insbesondere auf die Setzung von Rahmenvorschriften im Sinne von Art. 75 GG, beschränkt. Die Ausfüllungs- und damit die entsprechende Umsetzungskompetenz liegt bei den Ländern.

D. Umsetzungspflicht der Gemeinden und kommunale Selbstverwaltungsgarantie

Als ein Ergebnis der bisherigen Untersuchung zu den gemeinschaftsrechtlichen Determinierungen des nationalen Regimes der Indirekteinleitungen konnte festgehalten werden, daß die Gemeinden als unmittelbare Adressaten des Art. 11 KomAbwRL und nach Maßgabe der Kompetenzordnung des Grundgesetzes zur Umsetzung dieser Vorschrift in das nationale Recht mittels Regelungen in den kommunalen Entwässerungssatzungen verpflichtet sind.[155] Aus dem Blickwinkel des nationalen Verfassungsrechts ergibt sich aus diesem Befund die Frage, ob die gemeinschaftsrechtliche Umsetzungsverpflichtung einen Eingriff in Art. 28 Abs. 2 S. 1 GG darstellen könnte.[156] Das Problem ist, mit anderen Worten, ob Art. 28 Abs. 2 S. 1 GG, so wie er in der Rastede-Entscheidung des Bundesverfassungsgerichts für das Verhältnis Gemeinden - Staat ausgelegt worden ist, die Anwendung und Durchsetzung von ihm widersprechenden Gemeinschaftsrecht im Verhältnis Gemeinden - Gemeinschaft verhindern könnte.[157] Die Umsetzungsverpflichtung stellt, an nationalen Maßstäben gemessen, eine Aufgabenzuweisung dar, die, unabhängig von ihrer genauen rechtlichen Qualifizierung, den Garantiebereich der kommunalen Selbstverwaltung jedenfalls tangiert. Die Frage ist in den übergeordneten Zusammenhang des Verhältnisses von Gemeinschaftsrecht und nationalem Recht, insbesondere Verfassungsrecht, einzuordnen.[158]

---

155 Die Kommunalabwasserrichtlinie wird generell als Beispiel für die Determinierung des kommunalen Handlungsrahmens angesehen, vgl. *Magiera*, Kommunale Selbstverwaltung, S. 13 (20 f.); *Blanke*, DVBl. 1993, S. 819 (820, Fn. 13); *Rengeling*, DVBl. 1990, S. 893 (895); *Faber*, DVBl. 1991, S. 1128 (1130); *Müller*, Entscheidung, S. 36; *Stern*, Europäische Union und kommunale Selbstverwaltung, S. 21 (30).

156 Vgl. *Rengeling*, DVBl. 1990, S. 893 (896). Daneben ist zu fragen, ob das Gemeinschaftsrecht selbst Schutzmechanismen für die kommunale Selbstverwaltung bereitstellt, vgl. *Stern*, Europäische Union und kommunale Selbstverwaltung, S. 21 (31) und unten § 6 IV 3.

157 Vgl. *Müller*, Entscheidung, S. 272.

158 Diese Arbeit muß sich dabei auf die wesentlichen Grundzüge beschränken; ausführlich *Müller*, Die Entscheidung des Grundgesetzes für die gemeindliche Selbstverwaltung im Rahmen der europäischen Integration, 1992.

I. Integrationsermächtigung, Art. 23 Abs. 1, 24 Abs. 1 GG

Verfassungsrechtliche Grundlage der Mitgliedschaft der Bundesrepublik Deutschland in der Europäischen Union ist Art. 23 Abs. 1 GG. Nach Art. 23 Abs. 1 Satz 2 GG kann der Bund zur Verwirklichung eines vereinten Europas Hoheitsrechte übertragen. Art. 23 GG wurde im Zuge des Vertrags über die Europäische Union in das Grundgesetz eingefügt[159] und ist für die europäische Einigung lex specialis zu Art. 24 Abs. 1 GG,[160] der allgemein die Übertragung von Hoheitsrechten auf zwischenstaatliche Einrichtungen erlaubt und bis zur Schaffung des Art. 23 GG die Grundlage der Mitgliedschaft der Bundesrepublik Deutschland in den Europäischen Gemeinschaften bildete.[161] In diesen Vorschriften kommt, wie bereits erwähnt, eine "Öffnung der deutschen Staatlichkeit" oder, im Hinblick auf die europäische Einigung, ein "Integrationshebel"[162]zum Ausdruck: Art. 24 Abs. 1 GG ermöglichte es, die Rechtsordnung der Bundesrepublik Deutschland derart zu öffnen, daß der ausschließliche Herrschaftsanspruch der Bundesrepublik für ihren Hoheitsbereich zurückgenommen und der unmittelbaren Geltung und Anwendbarkeit eines Rechts aus anderer Quelle Raum gelassen wird.[163]

Der zum Vertragsabschluß ermächtigte Bund kann dabei nicht nur Hoheitsrechte seines eigenen Kompetenzbereichs, sondern auch solche der Länder übertragen.[164] Denn Sinn dieser Vorschriften ist es, eine von den Beschränkungen binnenstaatlicher Föderalstrukturen unabhängige Integration zu ermöglichen.[165] Damit können aber auch Hoheitsrechte übertragen werden, die

---

159 Gesetz zur Änderung des Grundgesetzes vom 21. 12. 1992 (BGBl. I, S. 2086); vgl. dazu *Scholz*, NJW 1992, S. 2593 ff.; *ders.*, NJW 1993, S. 1690 ff.

160 *Scholz*, in: Maunz/Dürig/Herzog/Scholz, GG, Art. 23 Rn. 3; *Blanke*, DVBl. 1993, S. 819; *Scheuing*, EuR-Beiheft 1/1997, S. 7 (19).

161 Vgl. *Scholz*, in: Maunz/Dürig/Herzog/Scholz, GG. Art. 23 Rn. 2.

162 *Ipsen*, Gemeinschaftsrecht, 2/20 (S. 58).

163 BVerfGE 73, 339 (374); *Scholz*, in: Maunz/Dürig/Herzog/Scholz, GG, Art. 23 Rn. 2; *Grabitz*, AöR 111 (1986), S. 1 (5); *Blanke*, Föderalismus und Integrationsgewalt, S. 227 f.; *Breuer*, NVwZ 1994, S. 417; *Scheuing*, EuR-Beiheft 1/1997, S. 7 (16).

164 *Rojahn*, in: v. Münch/Kunig, GG, Art. 23 Rn. 42; *Blanke*, Föderalismus und Integrationsgewalt, S. 228; *ders.*, DVBl. 1993, S. 819; *Stern*, Staatsrecht I, § 15 II 8 (S. 538); *Ipsen*, Gemeinschaftsrecht, 2/12 (S. 55); *Kössinger*, Durchführung, S. 72 f.; *Schulte*, Kommunalabwasserrichtlinie, S. 139; a. A. *Maunz*, in: Maunz/Dürig/Herzog/Scholz, GG, Art. 24 Rn. 18.

165 *Stern*, Staatsrecht I, § 15 II 8 (S. 534); *Tomuschat*, in: BK-GG, Art. 24 Rn. 25; *Mombaur/v. Lennep*, DÖV 1988, S. 988 (989).

nach der innerstaatlichen Kompetenzverteilung den Gemeinden obliegen.[166]
Folge ist, daß die Gemeinschaft Regelungen erlassen kann, für deren Erlaß
nach der innerstaatlichen Kompetenzverteilung der Bund, die Länder oder die
Gemeinden zuständig wären.

II. Vorrang des Gemeinschaftsrechts

Da die Gemeinschaft Regelungen erlassen kann, die den kommunalen Handlungsrahmen tangieren, stellt sich die Frage, ob sie dabei an Art. 28 Abs. 2 S.
1 GG gebunden ist. Hiermit ist das Verhältnis von Gemeinschaftsrecht und
nationalem Recht angesprochen.[167]

1. Aus der Sicht des Gemeinschaftsrechts

Der EuGH vertritt in ständiger Rechtsprechung die Auffassung, "daß dem
vom Vertrag geschaffenen, somit aus einer autonomen Rechtsquelle fließen-
den Recht wegen dieser seiner Eigenständigkeit keine wie immer gearteten
innerstaatlichen Rechtsvorschriften vorgehen können, wenn ihm nicht sein
Charakter als Gemeinschaftsrecht aberkannt und wenn nicht die Rechtsgrundlage der Gemeinschaft selbst in Frage gestellt werden soll."[168] Das bedeutet, daß europäisches Gemeinschaftsrecht nationales Recht, auch nationales Verfassungsrecht, verdrängt.[169] Das Gemeinschaftsrecht hat dabei einen
Anwendungsvorrang, so daß entgegenstehendes nationales Recht nicht nichtig ist.[170] Damit sind die Organe der Gemeinschaft bei ihrer Rechtsetzung
nicht an Art. 28 Abs. 2 S. 1 GG gebunden.[171] Die Bundesrepublik Deutschland würde das Gemeinschaftsrecht verletzen, wenn die Umsetzung von Art.

---

166 *Magiera*, Kommunale Selbstverwaltung, S. 13 (18); *Knopf*, DVBl. 1980, S. 106 (107).
167 Vgl. *Rengeling*, DVBl. 1990, S. 893 (896).
168 EuGH, Rs. 6/64, Slg. 1964, 1251 (1269 f.); Rs. 11/70, Slg. 1970, 1125 (1135); Rs.
     106/77, Slg. 1978, 629 (644 f.).
169 *Schmidt*, in: Groeben/Thiesing/Ehlermann, EGV (5. Aufl. 1997), Art. 189 Rn. 3; *Gra-
     bitz*, in: Grabitz/Hilf, EU, Art. 189 Rn. 27; vgl. dazu auch *Ipsen*, Gemeinschaftsrecht,
     10/69 (S. 294); *Müller*, Entscheidung, S. 301 ff.; *A. Schröer*, Kommunaler Umwelt-
     schutz, S. 200; *Rengeling*, DVBl. 1990, S. 893 (896); *Blanke*, DVBl. 1993, S. 819
     (820).
170 EuGH, Rs. C-184/89, Slg. 1991, I-297 (I-321); *Schmidt*, in: Groe-
     ben/Thiesing/Ehlermann, EGV (5. Aufl. 1997), Art. 189 Rn. 6; *Heinrichs*, EuGRZ
     1989, S. 237 (241 f.); *Zuleeg*, VVDStRL 53 (1994), S. 154 (159 ff.).
171 *Stern*, Europäische Union und kommunale Selbstverwaltung, S. 21 (31 f.).

11 KomAbwRL durch die Gemeinden unter Hinweis auf Art. 28 Abs. 2 S. 1 GG unterbliebe.[172]

2. Aus der Sicht des nationalen Rechts

a) Grundsätzliche Vorrangwirkung

Auch das BVerfG bejaht eine grundsätzliche Vorrangwirkung des Gemeinschaftsrechts. Ausgangsbasis ist, daß durch die europäischen Gemeinschaftsverträge in Übereinstimmung mit Art. 24 Abs. 1 GG eine besondere, von der Staatsgewalt geschiedene, supranationale öffentliche Gewalt geschaffen worden ist. Das Gemeinschaftsrecht sei weder Bestandteil der nationalen Rechtsordnung noch sei es Völkerrecht, sondern es bilde eine eigenständige Rechtsordnung, die aus einer autonomen Quelle fließe.[173] Die Gemeinschaft sei weder Staat noch Bundesstaat, sondern "eine im Prozeß fortschreitender Integration stehende Gemeinschaft eigener Art." Das Gemeinschaftsrecht müsse dann aber auch Vorrang vor dem nationalen Recht haben, denn es widerspräche dem Sinn und Zweck des Art. 24 Abs. 1 GG und der zwischenstaatlichen Einrichtung, wenn deren Hoheitsakte an innerstaatlichen Maßstäben, durch innerstaatlichen, gerichtlichen Rechtsschutz überprüft werden könnte.[174] Durch Art. 24 Abs. 1 GG werde die deutsche Rechtsordnung derart geöffnet, daß der ausschließliche Herrschaftsanspruch der Bundesrepublik Deutschland im Geltungsbereich des Grundgesetzes zurückgenommen werde und der unmittelbaren Geltung und Anwendbarkeit insbesondere des Gemeinschaftsrechts Raum gelassen werde.[175] Dies führe dazu, daß das Recht der Europäischen Gemeinschaft im Prinzip auch Vorrang vor nationalem Verfassungsrecht genieße.[176]

Später hat das BVerfG diese Rechtsprechung dahingehend ergänzt, daß der Geltungs- und Anwendungsvorrang des Gemeinschaftsrechts nicht unmittelbar aus Art. 24 Abs. 1 GG folge, sondern daß sich dieser allein aus einem dahingehenden innerstaatlichen Rechtsanwendungsbefehl ergebe. Ein solcher

---

172 Vgl. *Rengeling*, DVBl. 1990, S. 893 (898).

173 BVerfGE 22, 293 (296); 31, 145 (173 f.); 37, 271 (277 f.).

174 BVerfGE 58, 1 (27 f.); 73, 339 (374 f.); 89, 155 (182 f.).

175 BVerfGE 73, 339 (374 f.); vgl. bereits oben § 6 IV 1.

176 BVerfGE 73, 339 (375); 89, 155 (182 f.); vgl. dazu auch *Stettner*, AöR 111 (1986), S. 537 (558 f.); *Niebler*, Rechtsprechung, S. 495 (497) mit dem Hinweis, daß sich diese Rechtsprechung auf das Verhältnis zu den Grundrechten des GG bezieht, aber verallgemeinerungsfähig ist; ferner *Di Fabio*, NJW 1990, S. 947; *Faber*, DVBl. 1991, S. 1128 (1130).

Anwendungsbefehl liege mit den Zustimmungsgesetzen gem. Art. 24 Abs. 1, 59 Abs. 2 S. 1 GG zu den Gemeinschaftsverträgen vor.[177] Art. 28 Abs. 2 S. 1 GG selbst vermag daher keine Bindung der Gemeinschaftsorgane zu begründen.[178]

b) Grenzen

Wie bereits angedeutet, besteht diese Vorrangwirkung nicht ausnahmslos. Das Bundesverfassungsgericht hat in seiner Rechtsprechung zu Art. 24 Abs. 1 GG ausgeführt, daß die Vorschrift nicht dazu ermächtige, "im Wege der Einräumung von Hoheitsrechten für zwischenstaatliche Einrichtungen die Identität der geltenden Verfassungsordnung der Bundesrepublik Deutschland durch Einbruch in ihr Grundgefüge, in die sie konstituierenden Strukturen, aufzugeben."[179] Hierzu gehörten jedenfalls die Rechtsprinzipien, die dem Grundrechtsteil der Verfassung zugrunde liegen.[180] Nach Ansicht des BVerfG ist der Vorrang des Gemeinschaftsrechts durch dieselben Schranken begrenzt wie die Übertragung von Hoheitsrechten nach Art. 24 Abs. 1 GG.[181]

An diese Rechtsprechung anknüpfend ist eine Diskussion in der Literatur darüber entstanden, wie diese Grundprinzipien der deutschen Verfassung zu bestimmen seien, und ob insbesondere die kommunale Selbstverwaltungsgarantie hierzu zähle.

Weitgehend wurde auf die "Ewigkeitsgarantie" des Art. 79 Abs. 3 GG abgestellt,[182] wonach eine Änderung des Grundgesetzes, durch welche die Gliede-

---

177 BVerfGE 45, 142 (169); 52, 187 (199); 73, 339 (375); 89, 155 (184); vgl. auch *Müller*, Entscheidung, S. 287 ff.; *Heinrichs*, EuGRZ 1989, S. 237 (239).

178 *Spannowsky*, DVBl. 1991, S. 1120 (1123); *Blanke*, DVBl. 1993, S. 819 (821); *Sieger*, Die Kommunen in der Europäischen Gemeinschaft, S. 237 (243).

179 BVerfGE 58, 1 (40); 73, 339 (375 f.).

180 BVerfGE 73, 339 (376).

181 BVerfGE 89, 155 (195); vgl. auch *Müller*, Entscheidung, S. 290. Die Literatur begründet die fehlende Vorrangwirkung dagegen überwiegend damit, daß das Zustimmungsgesetz, das die Übertragungsschranken mißachtet, verfassungswidrig sei, so daß eine entsprechende Gemeinschaftsregel ohne Kompetenzgrundlage ergehe und daher nicht beachtet werden müsse, vgl. nur *Müller*, a. a. O., S. 293 f. m. w. N.

182 *Maunz*, in: Maunz/Dürig/Herzog/Scholz, GG, Art. 24 Rn. 16; *Tomuschat*, in: BK-GG, Art. 24 Rn. 50; *Rojahn*, in: v. Münch/Kunig, GG, Art. 24 Rn. 50; *Streinz*, Grundrechtsschutz, S. 221 ff.; *A. Schröer*, Kommunaler Umweltschutz, S. 204 f.; *Herdegen*, EuGRZ 1989, S. 309 (312); *Knopf*, DVBl. 1980, S. 106 (107); *Erichsen*, VerwArch 64 (1973), S. 101 (108) hält dagegen Art. 79 Abs. 3 GG nicht für anwendbar.

rung des Bundes in Länder, die grundsätzliche Mitwirkung der Länder bei der Gesetzgebung oder die in den Artikeln 1 und 20 niedergelegten Grundsätze berührt werden, unzulässig ist. Anknüpfend an den Wortlaut zählt die ganz überwiegenden Meinung den Art. 28 Abs. 2 S. 1 GG nicht zum Garantiebereich des Art. 79 Abs. 3 GG.[183]

Teilweise wurden aber die Grenzen auch weiter gezogen, und unter Berufung auf die Rechtsprechung des BVerfG die identitätsprägenden Grundprinzipien der Verfassung über den Art. 79 Abs. 3 GG hinausgehend verstanden.[184] Unter dieser Prämisse wird dann auch die Auffassung vertreten, aufgrund der elementaren "Bedeutung der kommunalen Selbstverwaltung in der konkreten Verfassungsordnung des Grundgesetzes und für andere Verfassungsgrundsätze und für das Verfassungsgefüge insgesamt", sei die "kommunale Selbstverwaltung als identitätsprägendes Strukturmerkmal der Verfassung anzusehen."[185] Dabei wird auch auf die Rastede-Entscheidung verwiesen.[186] In der Tat hat das Bundesverfassungsgericht in dieser Entscheidung die politisch-demokratische Bedeutung der kommunalen Selbstverwaltung für den Staatsaufbau von unten nach oben und für den Freiheitsschutz durch vertikale Gewaltenteilung, vor dem Hintergrund des faschistischen Einheitsstaates der nationalsozialistischen Diktatur von 1933 bis 1945 und als Konkretisierung des Subsidiaritätsprinzips, herausgestellt.[187] Hieraus ließe sich der Schluß ziehen, Art. 28 Abs. 2 S. 1 GG gehöre zu den essentiellen Strukturprinzipien der Verfassung jenseits des Art. 79 Abs. 3 GG.[188]

---

183 *Maunz*, in: Maunz/Dürig/Herzog/Scholz, GG, Art. 28 Rn. 45; *Knopf*, DVBl. 1980, S. 106 (107); *Martini/Müller*, BayVBl. 1993, S. 161 f.; *Mombaur/v. Lennep*, DÖV 1988, S. 988 (990); *Faber*, DVBl. 1991, S. 1128 (1131); *Rengeling*, DVBl. 1990, S. 893 (898); *ders.*, Kommunale Selbstverwaltung im Zeichen der europäischen Integration, S. 25 (34 ff.); *v. Ameln*, DVBl. 1992, S. 477 (479); *Hoppe*, NVwZ 1990, S. 816 (818); *Siedentopf*, DÖV 1988, S. 981 (983 f.); *v. Unruh*, BayVBl. 1993, S. 10 (11); *Kreiner*, RiA 1989, S. 141 (142); *Frenz*, Kommunale Selbstverwaltung, S. 9 (16 f.); a. A. *Stern*, in: BK-GG, Art. 28 Rn. 74 f.; *Müller*, Entscheidung, S. 229 f.; *Heberlein*, BayVBl. 1993, S. 676 (677).

184 *Breuer*, NVwZ 1994, S. 417 (419); *Müller*, Entscheidung, S. 234; *Martini/Müller*, BayVBl. 1993, S. 161 (162); unentschieden *Faber*, DVBl. 1991, S. 1128 (1131); vgl. dazu *Rojahn*, in: v. Münch/Kunig, GG, Art. 24 Rn. 51.

185 *Martini/Müller*, BayVBl. 1993, S. 161 (162); so auch *Müller*, Entscheidung, S. 230; *Gern*, Kommunalrecht, Rn. 109 hält den Kernbereich für "europafest".

186 *Uhlenküken*, NWVBl. 1995, S. 421 (422).

187 BVerfGE 79, S. 127 (145 ff.); ausführlich oben § 2 I 3b bb.

188 Ähnlich *Rengeling*, DVBl. 1990, S. 893 (898).

Jedoch ist eine solche Argumentation vor dem Hintergrund des neuen Art. 23 Abs. 1 GG nicht mehr haltbar. Denn dessen Satz 3 lautet: "Für die Begründung der Europäischen Union sowie für Änderungen ihrer vertraglichen Grundlagen und vergleichbare Regelungen, durch die dieses Grundgesetz seinem Inhalt nach geändert oder ergänzt wird oder solche Änderungen oder Ergänzungen ermöglicht werden, *gilt Art. 79 Abs. 2 und 3.*"[189] Art. 23 Abs. 1 GG ist nunmehr die maßgebliche Integrationsvorschrift des Grundgesetzes im Hinblick auf die Europäische Union, so daß Grenze der Integrationsgewalt und damit auch Grenze des Vorrangs des Gemeinschaftsrechts ausschließlich Art. 79 Abs. 3 GG ist.[190] Auch das BVerfG hat im Maastricht-Urteil allein auf Art. 79 Abs. 3 GG abgestellt.[191]

Wie bereits erwähnt, läßt sich dem Art. 79 Abs. 3 GG unmittelbar kein Schutz der kommunalen Selbstverwaltungsgarantie entnehmen. Auch mittelbar über die Staatsstrukturprinzipien der Demokratie[192] und der Bundesstaatlichkeit[193] in Art. 20 Abs. 1 GG ist eine Inkorporierung des Art. 28 Abs. 2 S. 1 GG in Art. 79 Abs. 3 GG nicht zu begründen. Zwar haben die Gemeinden unzweifelhaft eine politisch-demokratische Funktion,[194] jedoch ist die Demokratie über die Wahlen zu den Landes- und zum Bundesparlament gewährleistet.[195] Auch die Bundesstaatlichkeit bedingt die kommunale Selbstverwaltungsgarantie nicht. Ein "Bundesstaat" ist eine durch die Verfassung des Gesamtstaates geformte staatsrechtliche Verbindung von Staaten in der Weise, daß die Teilnehmer Staaten sind, aber auch der zusammengeschlossene Staatenverband Staatsqualität besitzt.[196] Das Grundgesetz läßt aber nur die zwei Ebe-

---

189 Hervorhebung durch den Verfasser.

190 *Scheuing*, EuR-Beiheft 1/1997, S. 7 (23); *Everling*, DVBl. 1993, S. 936 (943); *Kirchner/Haas*, JZ 1993, S. 760 (762); *Hartenfels*, WM 1994, S. 529 (530); *Ossenbühl*, DVBl. 1993, S. 629 (632); *Di Fabio*, Der Staat 32 (1993), S. 191 (199 ff.); *Scholz*, NVwZ 1993, S. 817 (821); a. A. wohl *Breuer*, NVwZ 1994, S. 417 (419); unentschieden *Streinz*, in: HStR VII, § 182 Rn. 39.

191 BVerfGE 89, 155 (172, 179).

192 So aber *Seele*, Der Kreis, S. 57 f.

193 So aber *Frenz*, Kommunale Selbstverwaltung, S. 9 (19 f.).

194 Vgl. dazu *Haaß*, Handlungsspielräume, S. 62 ff.

195 Vgl. *Blanke*, DVBl. 1993, S. 819 (822); *Faber*, DVBl. 1991, S. 1128 (1132); *Stern*, Europäische Union und kommunale Selbstverwaltung, S. 21 (33).

196 *Stern*, Staatsrecht I, § 19 I 1a (S. 644 f.).

nen der Staatlichkeit im Bund und in den Ländern zu,[197] so daß Bundesstaatlichkeit auch ohne kommunale Selbstverwaltung gegeben ist.

Schließlich vermag auch Art. 23 Abs. 1 S. 1 GG keine "Europafestigkeit" der kommunalen Selbstverwaltungsgarantie zu begründen.[198] Zwar nimmt er auf den Grundsatz der Subsidiarität bezug, der nach Auffassung der Gemeinsamen Verfassungskommission von Bundestag und Bundesrat die Bestandsgarantie der kommunalen Selbstverwaltung in der Bundesrepublik einschließt.[199] Art. 23 Abs. 1 S. 1 GG stellt aber einen an die Unionsverfassung gerichteten Programmsatz dar, der den an der Integration beteiligten Organen des Bundes die Verpflichtung auferlegt, im Rahmen europapolitischer Entscheidungen und der Beteiligung an der Setzung von gemeinschaftlichem Primär- und Sekundärrecht auf die Verwirklichung der genannten Grundsätze hinzuwirken. Dies umfaßt auch die dezentralen mitgliedstaatlichen Organisationsstrukturen unter Einschluß des Fortbestands der institutionellen Garantie der kommunalen Selbstverwaltung.[200] Eine Integrationsschranke stellt die Struktursicherungsklausel also nicht dar,[201] maßgebend ist insofern allein Art. 23 Abs. 1 S. 3 i. V. m. Art. 79 Abs. 3 GG.

c) Ergebnis

Art. 28 Abs. 2 S. 1 GG ist nicht "europafest". Die Institution der kommunalen Selbstverwaltung ist nicht von der maßgeblichen Integrationsschranke des Art. 23 Abs. 1 S. 3 i. V. m. Art. 79 Abs. 2 GG erfaßt. Das bedeutet, daß der Vorrang des Gemeinschaftsrechts auch dann gilt, wenn dieses in Rechtspositionen der Gemeinden eingreift, die unter Art. 28 Abs. 2 S. 1 GG fallen. Die

---

197 Vgl. oben B I 3b aa; *Heberlein*, BayVBl. 1993, S. 676 (679); *A. Schröer*, Kommunaler Umweltschutz, S. 205; *Stern*, Europäische Union und kommunale Selbstverwaltung, S. 21 (33).

198 A. A. *Martini/Müller*, BayVBl. 1993, S. 161 (164); *Uhlenküken*, NWVBl. 1995, S. 421 f.

199 Vgl. BT-Ds. 12/3896, S. 17; oben § 2 I 3b bb (2).

200 *Schmidt-Bleibtreu/Klein*, GG, Art. 23 Rn. 6; *Blanke*, DVBl. 1993, S. 819 (821): "Bemühenspflicht"; ebenso *Scharpf*, StWiss. u. StPrax. 1992, S. 293 (294); vgl. auch *Ossenbühl*, DVBl. 1993, S. 629 (633); *Sommermann*, DÖV 1994, S. 596 (602); *Breuer*, NVwZ 1994, S. 417 (421 f.).

201 *Blanke*, DVBl. 1993, S. 819 (821 f.) mit dem Hinweis, daß dieser Vorschrift auch kein Anspruch der Gemeinden auf Verteidigung ihres Besitzstandes entnommen werden kann; vgl. auch *Gern*, Kommunalrecht, Rn. 109.

Gemeinden können die Umsetzung von Art. 11 KomAbwRL nicht unter Hinweis auf die kommunale Selbstverwaltungsgarantie verweigern.[202] Art. 28 Abs. 2 S. 1 GG fordert aber unter den Gesichtspunkten der Einheit der Verfassung und der praktischen Konkordanz eine innerstaatliche Beteiligung der Gemeinden am Integrationsprozeß, etwa durch Berücksichtigung der Besetzung des Ausschusses der Regionen nach Art. 263 (Art. 198a) EGV.[203]

III. Schutz der kommunalen Selbstverwaltung durch das Gemeinschaftsrecht

Damit ist der Blick auf das Gemeinschaftsrecht gelenkt, das in diesem Zusammenhang hier nur kursorisch betrachtet werden kann. Da das nationale Verfassungsrecht keinen Schutz der kommunalen Selbstverwaltung zu leisten vermag, ist eine Absicherung auf der Ebene des Gemeinschaftsrecht notwendig.[204] Eine Verankerung der Institution der kommunalen Selbstverwaltung ist bisher auf europäischer Ebene, auch durch den Vertrag von Amsterdam,[205] weder ausdrücklich[206] noch durch allgemeine Rechtsgrundsätze[207] erfolgt. Die lokalen Gebietskörperschaften werden aber im Bereich der Wirtschaftspolitik

---

202 Zur Einordnung des Gemeinschaftsrechts als Rahmen i. S. d. Art. 28 Abs. 2 S. 1 GG vgl. *Faber*, DVBl. 1991, S. 1128 (1133); *Spannowsky*, DVBl. 1991, S. 1120 (1123); *Blanke*, DVBl. 1993, S. 819 (820).

203 Vgl. dazu *Blanke*, DVBl. 1993, S. 819 (823); *Frenz*, Kommunale Selbstverwaltung, S. 9 (14 f.); § 14 S. 2 Gesetz über die Zusammenarbeit von Bund und Ländern in Angelegenheit der Europäischen Union v. 12. 03. 1993 (BGBl. I, S. 313); vgl. auch das Kompenensationsmodell *Blümels*, VVDStRL 36 (1978), S. 171 (274, LS 20), dazu *Magiera*, Kommunale Selbstverwaltung, S. 13 (30 f.).

204 Vgl. *Blanke*, DVBl. 1993, S. 819 (828); *Frenz*, Kommunale Selbstverwaltung, S. 9 (26); *Steger*, Die Kommunen in der Europäischen Gemeinschaft, S. 237 (244).

205 ABl. EG 1997 Nr. C 340, S. 1.

206 *Frenz*, Kommunale Selbstverwaltung, S. 9 (22).

207 A. A. *Zuleeg*, Selbstverwaltung, S. 91 (93), wonach die kommunale Selbstverwaltung im Demokratieprinzip verwurzelt ist, das einen allgemeinen Rechtsgrundsatz des Gemeinschaftsrechts darstellt. Demokratie kann aber, wie dargestellt, ohne kommunale Selbstverwaltung hinreichend verwirklicht sein; vgl. auch *Faber*, DVBl. 1991, S. 1128 (1129 f.); *Rengeling*, DVBl. 1990, S. 893 (899). *Martini/Müller*, BayVBl. 1993, S. 161 (164 ff.) sehen in der kommunalen Selbstverwaltung einen allgemeinen Rechtsgrundsatz, der in allen Mitgliedstaaten verwurzelt ist; die Rechtsvergleichung trägt aber eine solche These nicht: *Blanke*, DVBl. 1993, S. 819 (824 f.); *Heberlein*, BayVBl. 1993, S. 676 (677); *Blair*, DÖV 1988, S. 1002 ff.; *Spannowsky*, DVBl. 1991, S. 1120 (1121 f.); *Steger*, Die Kommunen in der Europäischen Gemeinschaft, S. 237 (247); zweifelnd auch *Gern*, Kommunalrecht, Rn. 104.

(Art. 101-103 [Art. 104-104b] EGV), der Transeuropäischen Netze (Art. Art. 154 [Art. 129b] EGV) und im bereits erwähnten Ausschuß aus Vertretern der regionalen und lokalen Gebietskörperschaften (Art. 263-265 [Art. 198a-c] EGV)[208] in den Gemeinschaftsrahmen einbezogen.[209] Als weitere Ansatzpunkte, aus denen sich de lege ferenda eine Verankerung ergeben könnte, kommen etwa Art. 1 Abs. 2 (Art. A Abs. 2) EUV, wonach die Entscheidungen in der Union möglichst bürgernah getroffen werden,[210] Art. 6 Abs. 3 (Art. F Abs. 1) EUV, wonach die Union die nationale Identität ihrer Mitgliedstaaten achtet,[211] sowie die unmittelbare Inpflichtnahme der lokalen Behörden bei der Umsetzungszuständigkeit von Richtlinien[212] in Betracht.[213] Ein weiterer wesentlicher Aspekt ist die Europäische Charta der kommunalen Selbstverwaltung (EKC)[214], die am 1. 9. 1988 in Kraft getreten ist.[215] Sie stellt einen multilateralen völkerrechtlichen Vertrag zwischen europäischen Staaten dar, der das Prinzip der kommunalen Selbstverwaltung als Konvention absichert.[216] Die Charta steht gem. Art. 15 EKC nur den Mitgliedern des Europarates, nicht aber der EG offen, so daß sie für diese nicht verbindlich ist.[217] Eine Bindung der Gemeinschaft würde selbst dann nicht eintreten, wenn alle Mitgliedstaaten der EKC beitreten würden, da das Gemeinschaftsrecht eine Rechtsordnung bildet, deren Eigenständigkeit nicht durch völkerrechtliche Verträge ih-

---

208 Vgl. dazu *Heberlein*, BayVBl. 1993, S. 676 (678 f.); *Hoffschulte*, Kommunale und regionale Selbstverwaltung im Europa der Regionen, S. 135 (159 ff.); *Steger*, Die Kommunen in der Europäischen Gemeinschaft, S. 237 (244 f., 248 f.); *Spannowsky*, DVBl. 1991, S. 1120 (1122); *Stern*, Europäische Union und kommunale Selbstverwaltung, S. 21 (27 f., 38 ff.); *Mombaur/v. Lennep*, DÖV 1988, S. 988 (995 f.).

209 *Magiera*, Kommunale Selbstverwaltung, S. 13 (17 f.).

210 *Magiera*, Kommunale Selbstverwaltung, S. 13 (27 f.).

211 Vgl. *Magiera*, Kommunale Selbstverwaltung, S. 13 (16 f.); *Heberlein*, BayVBl. 1993, S. 676 (679); *Rengeling*, DVBl. 1990, S. 893 (898).

212 Vgl. oben § 6 II 1b.

213 Das Subsidiaritätsprinzip kann insofern nicht ins Feld geführt werden, da es nur das Verhältnis der Gemeinschaft zu den Mitgliedstaaten betrifft, vgl. *Stern*, Europäische Union und kommunale Selbstverwaltung, S. 21 (38) und oben § 5 I 4a bb. Ein Vorschlag für eine Einbeziehung der Kommunen in das Subsidiaritätsprinzips des EGV findet sich bei *Hoffschulte*, Kommunale und regionale Selbstverwaltung im Europa der Regionen. S. 135 (157 f.); vgl. dazu auch *Erlenkämper*, NVwZ 1997, S. 546 f.

214 BGBl. II 1987, S. 65; BGBl. II 1988, S. 653.

215 Vgl. im einzelnen *Knemeyer* (Hrsg.), Die Europäische Charta der kommunalen Selbstverwaltung, 1989; *ders.*; DÖV 1988, S. 997 ff..

216 *Faber*, DVBl. 1991, S. 1128 (1130); *Rengeling*, DVBl. 1990, S. 893 (899).

217 *Stern*, Europäische Union und kommunale Selbstverwaltung, S. 21 (40 ff.).

rer Mitgliedstaaten beeinträchtigt wird.[218] Jedoch könnte die EKC in ähnlicher Weise Bestandteil des Gemeinschaftsrechts werden, wie die Europäische Menschenrechtskonvention (EMRK):[219] Zunächst erfolgt eine Anerkennung über die Rechtsprechung des EuGH,[220] darauf aufbauend eine ausdrückliche Verankerung in der Gemeinschaftsverfassung.[221] Ein mittelbarer Schutz der kommunalen Ebene kann darüber hinaus durch die allgemeinen Kompetenzbeschränkungen des Art. 5 (Art. 3b) EGV erfolgen.[222]

IV. Zusammenfassung

Das Gemeinschaftsrecht determiniert durch Art. 11 KomAbwRL über die Umsetzungsverpflichtung den durch Art. 28 Abs. 2 S. 1 GG garantierten gemeindlichen Handlungsrahmen. Aus gemeinschaftsrechtlicher Sicht gilt der uneingeschränkte Vorrang des Gemeinschaftsrechts auch vor nationalem Verfassungsrecht, so daß die Gemeinschaft nicht an Art. 28 Abs. 2 S. 1 GG gebunden ist. Im Ergebnis gilt das gleiche aus der Sicht des deutschen Verfassungsrechts. Der Bund kann nach Art. 23 Abs. 1 S. 1 GG auch Hoheitsrechte übertragen, die in den Kompetenzbereich der Gemeinden fallen. Maßgebliche Schranke ist insoweit allein Art. 23 Abs. 1 S. 1 i. V. m. 79 Abs. 3 GG, die aber die kommunale Selbstverwaltungsgarantie nicht einschließt. Der Vorrang des Gemeinschaftsrechts gegenüber Art. 28 Abs. 2 S. 1 GG ist damit auch verfassungsrechtlich abgedeckt, die Institution der kommunalen Selbstverwaltung des Grundgesetzes ist nicht ”europafest”. Es sind aber erste deutliche

---

218 Vgl. *Blanke*, DVBl. 1993, S. 819 (830); *Faber*, DVBl. 1991, S. 1128 (1130); *A. Schröer*, Kommunaler Umweltschutz, S. 205.

219 *Knemeyer*, DÖV 1988, S. 997 (1001); *Hoffschulte*, Kommunale und regionale Selbstverwaltung im Europa der Regionen, S. 135 (155); *Rengeling*, DVBl. 1990, S. 893 (899 f.); *ders.*, Kommunale Selbstverwaltung im Zeichen der europäischen Integration, S. 25 (40); zweifelnd *Stern*, Europäische Union und kommunale Selbstverwaltung, S. 21 (41); vgl. auch *Klein*, VVDStRL 50 (1991), S. 56 (76 f.); *Spannowsky*, DVBl. 1991, S. 1120 (1124). Ob die Gewährleistungen der EKC mit denen des Art. 28 Abs. 2 S. 1 GG kongruent sind, muß hier offenbleiben; vgl. dazu *Blanke*, DVBl. 1993, S. 819.

220 Vgl. dazu BVerfGE 73, 339 (378 ff.).

221 Wie in Art. 6 Abs. 2 (Art. F Abs. 2) EUV für die EMRK; vgl. den Vorschlag für einen entsprechenden Verfassungsartikel von *Hofmann*, Verankerung, S. 211 (220); zur Diskussion darüber vgl. nur *Stern*, Europäische Union und kommunale Selbstverwaltung, S. 21 (42 f.) m. w. N.

222 Vgl. im einzelnen oben § 5 I 4, VI 3b; *Gern*, Kommunalrecht, Rn. 104; *Frenz*, Kommunale Selbstverwaltung, S. 9 (22 f.); *Blanke*, DVBl. 1993, S. 819 (826 ff.); *Spannowsky*, DVBl. 1991, S. 1120 (1123); insofern überholt *Knopf*, DVBl. 1980, S. 106 (107 ff.).

Anzeichen für eine Absicherung auf europäischer Ebene sichtbar, insbesondere durch die EKC des Europarates, die im Laufe des weiteren Integrationsprozesses zu einer Verankerung in den Gemeinschaftsverträgen führen könnte. Der Vertrag von Amsterdam hat insofern allerdings keine Fortschritte gebracht.

§ 7 Umsetzungsmaßnahmen

Nachdem bis hierher gezeigt werden konnte, daß im wesentlichen die Gemeinden für die Umsetzung von Art. 11 KomAbwRL zuständig sind, während die Indirekteinleiterregelung des Art. 3 Nr. 2 GewSchRL sowie Art. 11 KomAbwRL im Hinblick auf den überörtlichen Gewässerschutz durch den Bund und die Länder umzusetzen ist, soll nun abschließend geklärt werden, ob das kommunale und das staatliche Indirekteinleiterregime den gemeinschaftsrechtlichen Anforderungen bereits genügen oder ob besondere Umsetzungsmaßnahmen erforderlich sind.

Die Umsetzung von gewässerschützenden Richtlinien bereitete der Bundesrepublik Deutschland wiederholt Schwierigkeiten. Neben den oben[1] bereits angeführten Verurteilungen durch den Europäischen Gerichtshof aus dem Jahr 1991, die die Umsetzung durch normkonkretisierende Verwaltungsvorschriften zum Gegenstand hatten, ist die Bundesrepublik Deutschland 1996 erneut wegen nicht fristgerechter Veranlassung der erforderlichen Umsetzungsmaßnahmen im Hinblick auf die Umsetzung von Gewässerschutzrichtlinien verurteilt worden.[2]

A. Art. 11 Kommunalabwasserrichtlinie

Zunächst werden die im Hinblick auf Art. 11 KomAbwRL erforderlichen Umsetzungsmaßnahmen betrachtet.

I. Umsetzung im Hinblick auf den Gewässerschutzaspekt durch den Bund und die Länder

Nach der hier vertretenen Auffassung ist Art. 11 KomAbwRL grundsätzlich durch Regelungen in kommunalen Entwässerungssatzungen umzusetzen.[3] Davon auszunehmen ist lediglich die Zielsetzung des überörtlichen Gewässerschutzes, für die die Gemeinden keine Kompetenz aus Art. 28 Abs. 2 S. 1

---

1   § 6 II 3 b bb.

2   EuGH, Rs. C-298/95, NVwZ 1997, 369; Rs. C-297/95, NVwZ 1997, 370; Rs. C-262/95, NVwZ 1997, 371; vgl. dazu *Breuer*, DVBl. 1997, S. 1211 (1215 f.); *Holtmeier*, Rechtsprobleme, S. 155 (163 ff.).

3   Vgl. oben § 6 I 2 b, II.

GG haben. Soweit also nach Art. 11 i. V. m. Anhang I Abschnitt C KomAbwRL Indirekteinleitungen zu beschränken sind, um den überörtlichen Gewässerschutz zu gewährleisten, sind der Bund nach Art. 75 Abs. 1 S. 1 Nr. 4 Alt. 3 GG und in dessen Ausfüllung die Länder für die Umsetzung zuständig.[4] Dafür steht das staatliche Indirekteinleiterregime des § 7a Abs. 4 WHG i. V. m. dem entsprechenden Landesrecht zur Verfügung. Dieses enthält durchgehend die Zielsetzung des überörtlichen Gewässerschutzes.[5]

Art. 11 KomAbwRL gilt für sämtliches industrielles Abwasser im Sinne von Art. 2 Nr. 3 KomAbwRL. Ein mögliches Umsetzungsdefizit könnte darin bestehen, daß das deutsche staatliche Indirekteinleiterregime einen Branchenansatz[6] verfolgt, der möglicherweise nicht alle industriellen Abwässer im Sinne der Kommunalabwasserrichtlinie erfaßt. Geht man jedoch davon aus, daß die erfaßten Branchen sämtliche potentiell gewässerschädlichen Abwassereinleitungen produzieren, genügt das staatliche Indirekteinleiterregime den Anforderungen von Art. 11 KomAbwRL.[7] Ob diese Argumentation allerdings vor dem EuGH Bestand haben würde, erscheint angesichts der oben skizzierten,[8] formale Aspekte in den Vordergrund stellenden Rechtsprechung des EuGH zumindest fraglich.

II. Umsetzung durch Reinhalteordnungen der Länder

Es zeichnet sich in der Praxis eine Umsetzung auch der nicht gewässerschützenden Aspekte des Art. 11 KomAbwRL durch Reinhalteordnungen der Länder ab. Einige Länder haben auf der Grundlage der §§ 18a Abs. 3, 27 WHG i. V. m. den entsprechenden landesrechtlichen Ermächtigungsgrundlagen Reinhalteordnungen zur Umsetzung der Kommunalabwasserrichtlinie geschaffen.[9]

---

4 Vgl. § 3 I 1c aa; § 6 I 2b aa.
5 Vgl. § 3 I 2b bb, II 2a aa (2).
6 Vgl. oben § 3 I 2a bb, II 2a aa (1).
7 Vgl. dazu im Anschluß § 7 II 1b.
8 Vgl. oben § 6 II 3a.
9 Bayern: Verordnung zur Umsetzung der Richtlinie 91/271/EWG über die Behandlung von kommunalem Abwasser (Reinhalteordnung kommunales Abwasser - ROkAbw -) v. 23. 08. 1992 (GVBl., S. 402), geändert durch Gesetz v. 23. 07. 1993 (GVBl., S. 496); Berlin: Verordnung zur Umsetzung der Richtlinie 91/271/EWG des Rates über die Behandlung von kommunalem Abwasser (KomAbwVO Bln) v. 19. 05. 1996 (GVBl., S. 226); B-W: Verordnung des Ministeriums für Umwelt und Verkehr zur Umsetzung der

Die einschlägigen Bestimmungen für Indirekteinleitungen sehen im Kern vor, daß gewerbliches und industrielles Abwasser über Kanalisationen nur in Gewässer eingeleitet werden darf, wenn die Einleitung in die Kanalisation von der Gemeinde genehmigt worden ist, und wenn eine Genehmigung nach den Indirekteinleiterverordnungen resp. den einschlägigen landesrechtlichen Vorschriften gegeben ist. Dabei müssen die Genehmigungen den Anforderungen des Anhangs I Abschnitt C KomAbwRL genügen, der direkt übernommen wurde oder als Anlage aufgeführt ist.[10]

Die Übernahme alleine der landesrechtlichen Vorschriften reicht nicht aus, da diese, im Gegensatz zu Art. 11 KomAbwRL, einen eingeschränkten Anwendungsbereich haben.[11] Daher werden die kommunalen Genehmigungen in Bezug genommen, wenn diese den Anforderungen des Anhangs I Abschnitt C

Richtlinie 91/271/EWG des Rates vom 21. 05. 1991 über die Behandlung von kommunalem Abwasser (Reinhalteordnung kommunales Abwasser -ROkA-) v. 10. 12. 1993 (GVBl., S. 746), geändert durch Art. 28 der 5. Anpassungsverordnung v. 17. 06. 1997 (GVBl., S. 278); Brandenburg: Verordnung über die Behandlung von kommunalem Abwasser im Land Brandenburg v. 18. 02. 1998 (GVBl., S. 182); M-V: Verordnung über die Behandlung von kommunalem Abwasser (Kommunalabwasserverordnung) v. 15. 12. 1997 (GVBl. 1998, S. 25); Saarland: Verordnung über die Behandlung von kommunalem Abwasser v. 15. 10. 1997 (ABl., S. 1066); S-A: Verordnung über kommunales und Industrieabwasser bestimmter Branchen (Kommunalabwasserverordnung - KomAbwVO) v. 18. 11. 1997 (GVBl., S. 970); S-H: Landesverordnung über die Beseitigung von kommunalem Abwasser (KomAbwVO) v. 01. 07. 1997 (GVBl., S. 357); Bremen: Verordnung über die Behandlung von kommunalem Abwasser (KomAbwV) v. 23. 4. 1997 (GBl., S. 172); Hamburg: Verordnung zur Umsetzung der Richtlinie 91/271/EWG des Rates über die Behandlung von kommunalem Abwasser (KomAbwVO) v. 24. 7. 1997 (GVBl., S. 297); Hessen: Verordnung zur Umsetzung der Richtlinie 91/271/EWG des Rates vom 21. 05. 1991 über die Behandlung von kommunalem Abwasser (KomAbw-VO) v. 25. 10. 1996 (GVBl, S. 470); Thüringen: Thüringer Verordnung zur Umsetzung der Richtlinie 91/271/EWG über die Behandlung von kommunalem Abwasser v. 10. 10. 1997 (GVBl., S. 368); vgl. dazu auch *Holtmeier*, Rechtsprobleme, S. 155 (170 ff.).

10 Vgl. etwa § 6 i. V. m. Anlage 7 BayROkAbw; § 6 i. V. m. Anhang I Abschnitt C BlnKomAbwVO; § 6 i. V. m. Anlage 7 ROkA B-W; § 7 Abs. 1, 2 KomAbwVO S-H; § 7 Abs. 1 KomAbwVO S-A, der aber nur für Branchen der Anlage 2 gilt, die wiederum Anhang III Kommunalabwasserrichtlinie entspricht, die i. V. m. Art. 13 KomAbwRL Anforderungen an industrielle Direkteinleiter stellt.

11 Vgl. § 3 II 2a aa (1).

KomAbwRL genügen,[12] da die Entwässerungssatzungen, wie bereits erläutert, gewerbliches und industrielles Abwasser insgesamt erfassen.

Die Umsetzung durch Reinhalteordnungen der Länder entspricht nach der hier vertretenen Auffassung nicht der Kompetenzordnung des Grundgesetzes für das Regime der Indirekteinleitungen. Die Analyse der Kompetenzgrundlagen und die darauf aufbauende Abgrenzung von kommunalem Satzungsrecht und staatlichem Wasserrecht haben gezeigt, daß der Bund und die Länder Indirekteinleitungen nur aus Gründen der Angleichung der Wettbewerbsbedingungen der Indirekteinleiter und vor allem aus Gründen des überörtlichen Gewässerschutzes beschränken können. Nach Maßgabe des Art. 28 Abs. 2 S. 1 GG und des materiellen Aufgabenverteilungsprinzips fallen die Regelungsziele des Art. 11 i. V. m. Anhang I Abschnitt C KomAbwRL mit Ausnahme des überörtlichen Gewässerschutzes in die Kompetenz der Gemeinden.[13] Die kompetenzwidrige Ausdehnung der Regelungsziele in den Indirekteinleiterverordnungen über den Gewässerschutz und die Angleichung der Wettbewerbsbedingungen hinaus[14] setzt sich hier bei der Umsetzung des Art. 11 KomAbwRL fort.

Darüber hinaus erfolgen diese Regelungen ohne Not. Mit dem kommunalen Satzungsrecht steht ein taugliches Umsetzungsinstrumentarium zur Verfügung, das bereits weitgehend die Anforderungen von Art. 11 KomAbwRL erfüllt, wie im Anschluß noch ausgeführt werden wird.

III. Umsetzung durch kommunale Entwässerungssatzungen

Art. 11 KomAbwRL ist, mit Ausnahme der Zielsetzung des überörtlichen Gewässerschutzes, durch die Gemeinden umzusetzen. Es wird nun untersucht, inwieweit die kommunalen Entwässerungssatzungen bereits den Anforderungen des Art. 11 KomAbwRL genügen.

---

12 Vgl. dazu *Sieder/Zeitler*, BayWG, Anh. I 41d. 1 zu § 6 ROkAbw; *Schulte*, Kommunalabwasserrichtlinie, S. 193; *Delwing*, Umsetzungsprobleme, S. 203.
13 Vgl. § 4 II; § 6 I 2b.
14 Vgl. § 3 II 2a aa (2).

1. Genehmigungspflicht

Zunächst unterliegen gewerbliche und industrielle Indirekteinleitungen einer Regelung bzw. Erlaubnis durch die abwasserbeseitigungspflichtigen Gemeinden,[15] so daß die Anforderungen von Art. 11 KomAbwRL insofern erfüllt sind.

Art. 11 KomAbwRL gilt für sämtliches gewerbliches und industrielles Abwasser.[16] Die genannten Einleitungsverbote in den Entwässerungssatzungen gelten ebenfalls für sämtliches gewerbliches und industrielles Abwasser[17] und sind nicht etwa auf Abwasser mit gefährlichen Stoffen beschränkt.[18] Auch der Gegenstand der Genehmigungspflicht der Entwässerungssatzungen entspricht damit Art. 11 KomAbwRL.

2. Zielsetzungen

Auch die Zielsetzungen der Entwässerungssatzungen entsprechen den Zielsetzungen des Anhangs I Abschnitt C KomAbwRL. Gemäß den Entwässerungssatzungen[19] darf Abwasser nicht eingeleitet werden, das die Gesundheit des Personals, das Bestand und Funktionsfähigkeit der Abwasseranlagen und das die Verwertungsmöglichkeit des Klärschlamms gefährdet. Daneben enthalten die Entwässerungssatzungen in der Regel Einleitungsverbote für Abwasser, das sich schädlich auf die Gewässer auswirken kann. Die Zielsetzung des überörtlichen Gewässerschutzes ist aber nicht von der kommunalen Selbstverwaltungsgarantie umfaßt, so daß eine Umsetzung durch die Gemeinden insofern ausscheidet.[20]

---

15 Vgl. § 2 II 3b.

16 *Schulte*, Kommunalabwasserrichtlinie, S. 71.

17 §§ 15, 3 Alt. 1 BayMustersatzung; §§ 6 Abs. 1, 2 Abs. 1 Abwassermustersatzung des Gemeindetages B-W; §§ 7, 2 Nr. 1, 2 Entwässerungsmustersatzung des Nordrhein-Westfälischen Städte- und Gemeindebundes; §§ 5 Abs. 1, 2 Nr. 1, 2 Entwässerungsmustersatzung des Städte- und Gemeindetages M-V.

18 So aber *Delwing*, Umsetzungsprobleme, S. 204.

19 Vgl. oben § 2 II 3c aa, 4.

20 Vgl. oben § 6 I 2b aa.

3. Überwachungs- und Anpassungspflicht

Art. 11 Abs. 3 KomAbwRL verlangt von den Mitgliedstaaten, daß die Erlaubnisse bzw. Regelungen regelmäßig zu überprüfen und nötigenfalls anzupassen sind. Eine ausdrückliche Überwachungs- und Anpassungspflicht ist in den Entwässerungssatzungen nicht enthalten.[21] Die Satzungen ermächtigen aber zu Überwachungsmaßnahmen wie Betretung des Betriebsgrundstücks oder Abwasseruntersuchungen.[22] Eine generelle Anpassungs- und Überwachungspflicht läßt sich aus diesen Vorschriften nicht ableiten. Zur vollständigen Umsetzung von Art. 11 KomAbwRL empfiehlt es sich daher, eine ausdrückliche Überwachungs- und Anpassungspflicht in die Entwässerungssatzungen aufzunehmen.

Zusammenfassend läßt sich damit festhalten, daß Art. 11 KomAbwRL bereits weitgehend in den kommunalen Entwässerungssatzungen in das bundesdeutsche Recht umgesetzt worden ist.[23] Lediglich im Hinblick auf die Überwachungs- und Anpassungspflicht des Art. 11 Abs. 3 KomAbwRL besteht noch gesonderter Umsetzungsbedarf.

Wie bereits erwähnt, ist die Bundesrepublik Deutschland 1997 wegen nicht fristgerechter Umsetzung der Kommunalabwasserrichtlinie verurteilt worden.[24] Die Bundesregierung hatte sich erfolglos zur Verteidigung darauf berufen, daß für die Umsetzung die Länder zuständig seien und daß diese alsbald die nötigen Umsetzungsmaßnahmen ergreifen würden.[25] Erfolgversprechender wäre es gewesen, im Hinblick auf Art. 11 KomAbwRL auf die kommunalen Entwässerungssatzungen hinzuweisen, die bereits, wie gezeigt werden konnte, eine weitgehende Umsetzung von Art. 11 KomAbwRL gewährleisten.

---

21   *Schulte*, Kommunalabwasserrichtlinie, S. 72; vgl. auch *Delwing*, Umsetzungsprobleme, S. 205 f.

22   Vgl. oben § 2 II 3c.

23   Es ist noch einmal darauf hinzuweisen, daß hier keine umfassende Analyse sämtlicher kommunaler Entwässerungssatzungen erfolgen kann, vielmehr muß auf einige Mustersatzungen zurückgegriffen werden.

24   EuGH, Rs. C-297/95, NVwZ 1997, 370.

25   EuGH, Rs. C-297/95, NVwZ 1997, 370, Ziff. 6 der Entscheidungsgründe.

B. Art. 3 Nr. 2 Gewässerschutzrichtlinie

Nach Art. 3 Nr. 2 GewSchRL bedürfen alle Indirekteinleitungen mit Stoffen der Liste I einer vorherigen Genehmigung, in der Emissionsnormen festzusetzen sind.[26] Soweit gemeinschaftsrechtliche Grenzwerte für einzelne Stoffe in den Tochterrichtlinien festgelegt sind, dürfen die Grenzwerte in den Emissionsnormen die gemeinschaftsrechtlichen Grenzwerte nicht überschreiten. Es konnte bereits dargelegt werden, daß der Bund und die Länder für die Umsetzung von Art. 3 Nr. 2 GewSchRL zuständig sind.[27]

I. Umsetzung durch § 7a Abs. 4 WHG

Es stellt sich nun die Frage, inwieweit das Regelungskonzept des bundesgesetzlichen § 7a Abs. 4 WHG den Anforderungen des Art. 3 Nr. 2 GewSchRL genügt. Nach § 7a Abs. 4 WHG haben die Länder sicherzustellen, daß bei dem Einleiten in öffentliche Abwasseranlagen diejenigen Anforderungen eingehalten werden, die in der Abwasserverordnung für den Ort des Anfalls des Abwassers oder vor seiner Vermischung nach dem Stand der Technik für Abwasser mit gefährlichen Stoffen festgelegt sind.[28]

1. Regelungsobjekt

Regelungsobjekt des § 7a Abs. 4 WHG ist Abwasser mit gefährlichen Stoffen. Bei der Bestimmung der gefährlichen Stoffe durch den Verordnungsgeber sind die in Anhang I GewSchRL aufgeführten gefährlichen Stoffe der Liste I heranzuziehen.[29] Insofern ist eine Übernahme des Regelungsobjekts des Art. 3 Nr. 2 GewSchRL an sich gewährleistet.
Umsetzungsdefizite könnten aber dadurch entstehen, daß Art. 3 Nr. 2 GewSchRL einen Stoffansatz verfolgt, d. h. Ableitungen jeglicher Herkunft sind erfaßt, sofern sie die relevanten Stoffe enthalten. Demgegenüber verfolgt

---

26 Vgl. oben § 5 III.
27 Vgl. § 6 I 2a.
28 Vgl. § 3 I 2c; überholt *Lausch*, Gewässerschutz, S. 239 ff.; *Henseler*, Abwasserbeseitigung, S. 281 ff.
29 Vgl. § 3 I 2 b cc.

das deutsche staatliche Indirekteinleiterregime einen Branchenansatz, wonach nur Abwasser bestimmter Herkunft dem Indirekteinleiterregime unterliegt.[30] Zwar enthält Anhang 48 AbwV Anforderungen für die Verwendung bestimmter gefährlicher Stoffe. Nach Anhang 48 Teil 1 Abs. 1 S. 2 AbwV gilt dieser Anhang für Abwasser, dessen Schmutzfracht im wesentlichen aus der Verwendung von Stoffen stammt, die in diesem Anhang aufgeführt sind. Nach Anhang 48 Teil 1 Abs. 2 AbwV gilt aber als Verwendung jedes industrielle Verfahren, bei dem diese Stoffe hergestellt oder benutzt werden oder bei dem diese Stoffe auftreten. Diese Regelungen sind aus den betreffenden Richtlinien übernommen worden,[31] so daß der Anwendungsbereich im Hinblick auf Anhang 48 AbwV übereinstimmt.

Gleichwohl birgt der strukturell unterschiedliche Ansatz von stoff- und herkunftsbezogenen Anforderungen die Gefahr von Umsetzungsproblemen, da letztere nicht dem generellen Genehmigungserfordernis des Art. 3 Nr. 2 GewSchRL genügen. Von einer hinreichenden Umsetzung könnte man jedoch wiederum dann ausgehen, wenn über die Festlegung von Herkunftsbereichen, auch durch die Landesverordnungsgeber, und ihre weite Auslegung[32] alle potentiellen Quellen gefährlicher Abwasserinhaltsstoffe erfaßt werden, so daß dem generellen Genehmigungserfordernis genüge getan wird.[33]

2. Grenzwertfestsetzung

Die gemeinschaftlichen Emissionsgrenzwerte nach Art. 3 Nr. 2, 6 Abs. 1 GewSchRL werden durch § 7a Abs. 4, 1 S. 3 WHG i. V. m. den Werten der Abwasserverordnung, insbesondere in Anhang 48 AbwV, umgesetzt.[34] Insofern bestehen keine spezifischen Umsetzungsprobleme.[35]

---

30 Vgl. oben § 3 I 2a bb, II 2a aa (1); *Breuer*, WiVerw 1990, S. 79 (104); *Veltwisch/Bosbach*, KA 1994, S. 2275 ff.

31 *E. Sander*, Indirekteinleiterverordnungen, Rn. 58 f.

32 *Nisipeanu*, Abwasserrecht, S. 431.

33 *Delwing*, Umsetzungsprobleme, S. 194; vgl. auch *Holtmeier*, Rechtsprobleme, S. 155 (164).

34 Vgl. Anmerkung zu Artikel 1 der Verordnung über Anforderungen an das Einleiten von Abwasser in Gewässer und zur Anpassung der Anlagen des Abwasserabgabengesetzes, v. 21. 03. 1997 (BGBl. I, S. 566); *Lühr/Sterger*, KA 1997, S. 1251 (1257 ff.).

35 Zur kompetenziellen Zulässigkeit dieser Regelung vgl. oben § 3 I 3.

3. Öffentliche Abwasseranlagen

§ 7a Abs. 4 WHG regelt nur die Einleitungen in eine "öffentliche Abwasseranlage". Eine solche Einrichtung zur Abwasserbeseitigung ist öffentlich, wenn sie entweder durch eine ausdrückliche Widmung eine öffentlich-rechtliche, gemeinwohlorientierte Zweckbestimmung erhalten hat, oder wenn sie unmittelbar durch ihren Gebrauch tatsächlich dem Gemeinwohl zu dienen bestimmt ist und öffentlich-rechtlicher Sachherrschaft unterliegt.[36] Öffentlich in diesem Sinne können damit auch privat betriebene Anlagen sein, sofern sie nur der Allgemeinheit zur Verfügung stehen.[37] Art. 3 Nr. 2 GewSchRL ist demgegenüber nicht auf öffentliche Abwasseranlagen beschränkt, sondern erfaßt Ableitungen "in die Kanalisation". Insofern ist Art. 3 Nr. 2 GewSchRL nicht vollständig umgesetzt.[38] Zur vollständigen Umsetzung von Art. 3 Nr. 2 GewSchRL auf Bundesebene ist daher eine Erweiterung des § 7a Abs. 4 WHG auch auf nicht-öffentliche Abwasseranlagen erforderlich.[39]

4. Genehmigungspflicht

Art. 3 Nr. 2 GewSchRL erfordert eine vorherige Genehmigung der Indirekteinleitung. Nach § 7a Abs. 4 WHG haben die Länder sicherzustellen, daß bei Indirekteinleitungen die maßgebenden Anforderungen der AbwV eingehalten werden. Ob darin das Erfordernis einer vorherigen Genehmigung begründet wird, ist bezweifelt worden.[40] Ein hierin liegendes mögliches Umsetzungsdefizit des Bundes wird aber jedenfalls dadurch kompensiert, daß das Landesrecht in Ausfüllung des Bundesrahmengesetzes durchgehend ausdrücklich eine vorherige Genehmigungspflicht für Indirekteinleitungen vorsieht.[41]

---

36 *Nisipeanu*, Abwasserrecht, S. 453.
37 *Czychowski*, WHG, § 7a Rn. 32; *E. Sander*, Indirekteinleiterverordnungen, Rn. 62.
38 *Delwing*, Umsetzungsprobleme, S. 181; a. A. *Keune*, ZfW 1978, S. 193 (202), wonach Art. 3 Nr. 2 GewSchRL nur öffentliche Abwasseranlagen erfaßt.
39 In einigen Ländern wird dieses Umsetzungsdefizit jedoch kompensiert, dazu sogleich unten 2c.
40 So *Delwing*, Umsetzungsprobleme, S. 183 i. H. a. § 7a Abs. 3 WHG a. F.
41 Vgl. § 3 II 2.

II. Umsetzung durch Landesrecht

Die rahmenrechtliche Vorschrift des § 7a Abs. 4 WHG muß, soweit erforder-
lich, durch ergänzendes Landesrecht ausgefüllt werden. Insofern sind die
Länder auch gemeinschaftsrechtlich für die Umsetzung des Art. 3 Nr. 2
GewSchRL zuständig.

1. Regelungsobjekt

Die Indirekteinleiterverordnungen erfassen Einleitungen bestimmter Herkunftsbereiche sowie Abwasser mit bestimmten gefährlichen Stoffen. Da der
Branchenansatz des § 7a Abs. 4 WHG hier übernommen[42] wird, gelten die
dazu soeben gemachten Ausführungen entsprechend. Wenn ein eigener Katalog von Stoffen aufgeführt wird, muß dieser demjenigen der Liste I
GewSchRL entsprechen.[43] Insofern bestehen, soweit ersichtlich, keine Umsetzungsdefizite.[44]

Wie bereits erwähnt, unterwerfen die Indirekteinleiterverordnungen die erfaßten Indirekteinleitungen einer Genehmigungspflicht, so daß dem Art. 3 Nr.
2 GewSchRL jedenfalls hierdurch genüge getan ist. Wird allerdings in einer
Indirekteinleiterverordnung Abwasser bestimmter Herkunft, für das in Vorschriften des Bundes keine Anforderungen nach dem Stand der Technik gestellt wird, von der Genehmigungspflicht ausgenommen, so liegt darin eine
weitergehende Abweichung vom generellen Genehmigungsvorbehalt des Art.
3 Nr. 2 GewSchRL.[45] Spezifische Umsetzungsprobleme bestehen auch dort,
wo die Genehmigungspflicht vom Überschreiten bestimmter Schwellenwerte
abhängig gemacht wird.[46] Da Art. 3 Nr. 2 GewSchRL die Genehmigungspflicht nicht an das Überschreiten von Schwellenwerten knüpft, stellen diese

---

42 Vgl. § 3 II 2a bb; zur dynamischen Verweisung des § 1 Abs. 1 S. 2 BayVGS auf ge-
    meinschaftsrechtliche Richtlinien vgl. *Delwing*, Umsetzungsprobleme, S. 190 f.

43 Vgl. dazu *Delwing*, Umsetzungsprobleme, S. 193 und *Lübbe-Wolff*, NWVBl. 1989, S.
    353 (357).

44 Vgl. Anlage 2 VGS N-W; Anhang 1 IndVO B-W; Anlage 2 BerlVGS; Anlage 2 IndVO
    R-P; Anlage 2 IndEVO S-H.

45 *Delwing*, Umsetzungsprobleme, S. 193; vgl. dazu *Beile*, WG R-P, § 55 Nr. 3. 1. 1.

46 Vgl. § 3 II 2a bb.

Regelungen ebenfalls keine korrekte Umsetzung des Art. 3 Nr. 2 GewSchRL dar.[47]

2. Grenzwertfestsetzung

Art. 3 Nr. 2 GewSchRL und ihre Tochterrichtlinien sind durch § 7a Abs. 4 WHG i. V. m. der AbwV insofern umgesetzt, als die gemeinschaftsrechtlichen Grenzwerte in Anhang 48 AbwV übernommen worden sind. Die Länder haben diese Anforderungen in Genehmigungen für die Indirekteinleitungen außenverbindlich zu konkretisieren. Der Inhalt der Indirekteinleitergenehmigung wird über die Indirekteinleiterverordnungen und damit über die Abwasserverordnung gesteuert. Nach Art. 5 Abs. 1 lit a, b GewSchRL müssen in der Genehmigung Emissionsnormen in Form von Konzentrations- und Frachtwerten festgelegt werden. § 7a Abs. 1 WHG bezieht sich lediglich auf die Schadstofffracht des Abwassers.[48] Die Schadstofffracht ist das Produkt aus Konzentrationswert und Abwassermenge.[49] Anhang 48 AbwV enthält in Teil 9 Anforderungen für Asbest, die sowohl Konzentrations- als auch Frachtwerte beinhalten. Entsprechendes gilt für weitere Vorschriften in der Rahmen-AbwasserVwV[50] und für einige Indirekteinleiterverordnungen.[51] Um den Anforderungen des Gemeinschaftsrechts, insbesondere der formalen Sichtweise des EuGH zu genügen, empfiehlt es sich, die Festlegung von Konzentrations- und Frachtwerten durch die Indirekteinleiterverordnungen generell ausdrücklich festzuschreiben.[52]

---

47 *Delwing*, Umsetzungsprobleme, S. 193.

48 Vgl. *Czychowski*, WHG, § 7a Rn. 13 f.; *Dahme*, in: Sieder/Zeitler/Dahme/Knopp, WHG, § 7a Rn. 9 f.

49 *Engelhard*, WuB 1983, S. 204 (205); *E. Sander*, Indirekteinleiterverordnungen, Rn. 101.

50 Vgl. *E. Sander*, Indirekteinleiterverordnungen, Rn. 101 ff.

51 Anhang 2 IndVO B-W; Anlage 3 BerlIndVO; vgl. auch *E. Sander*, Indirekteinleiterverordnungen, Rn. 26.

52 Nach Sieder/Zeitler/Dahme/Knopp, WHG, Anh IV 1. 6, Art. 5 Erl. werden in der wasserrechtlichen Erlaubnis sowohl Konzentrations- als auch Frachtbegrenzungen festgelegt; vgl. auch *Engelhard*, WuB 1983, S. 204 (205).

3. Öffentliche Abwasseranlagen

Es wurde bereits dargestellt, daß § 7a Abs. 4 WHG ein Umsetzungsdefizit insofern beinhaltet, als nur Ableitungen in "öffentliche Abwasseranlagen" erfaßt werden. Entsprechendes gilt, soweit die Länder in ihren Indirekteinleiterregelungen ebenfalls nur Einleitungen in öffentliche Abwasseranlagen erfassen. Lediglich Bayern beschränkt den Regelungsbereich seiner Indirekteinleiterverordnung nicht auf öffentliche Abwasseranlagen. Nach Art. 41c BayWG sind Einleitungen in "Sammelkanalisationen" erfaßt.[53] Kompetenziell ist diese Erweiterung zulässig, da § 7a Abs. 4 WHG in diesem Punkt nicht abschließend ist.[54] Art. 3 Nr. 2 GewSchRL könnte also dadurch umgesetzt werden, daß das landesrechtliche Indirekteinleiterregime auch auf nicht-öffentliche Kanalisationen erstreckt wird, auch wenn § 7a Abs. 4 WHG weiterhin nur öffentliche Abwasseranlagen erfaßt.

4. Art der Genehmigung

Art. 3 Nr. 2 i. V. m. Art. 5 Abs. 3 GewSchRL fordert, daß eine Indirekteinleitung nur dann genehmigt werden kann, wenn die Grenzwerte der Tochterrichtlinien unter Berücksichtigung der Reinigungsleistung der Kläranlage[55] eingehalten werden.[56] In welcher Form die Genehmigung im nationalen Recht zu ergehen hat, wird dadurch nicht determiniert. Es bleibt den Mitgliedstaaten etwa überlassen, sie als repressives oder präventives Verbot auszugestalten. Auch ist sowohl eine gebundene als auch eine Ermessensentscheidung zulässig.[57]

Die Indirekteinleiterverordnungen enthalten keine besonderen Entscheidungsmaßstäbe, so daß es bei dem allgemeinen Bewirtschaftungsermessen der Wasserbehörden gem. §§ 4-6 WHG i. V. m. den entsprechenden Regelungen der Landeswassergesetze und damit bei dem repressiven Verbot mit Befrei-

---

53 Vgl. dazu *Delwing*, Umsetzungsprobleme, S. 188 f.; *Sieder/Zeitler*, BayWG, Art. 41c Rn. 12.

54 *Czychowski*, WHG, § 7a Rn. 34.

55 Die Berücksichtigung der Reinigungsleistung erfolgt auch im deutschen Recht, vgl. § 3 I 2b cc.

56 Vgl. § 5 III.

57 *Czychowski*, RdWWi 20 (1977), S. 21 (26).

ungsvorbehalt bleibt.[58] Teilweise wird das in den Verordnungsermächtigungen ausdrücklich klargestellt.[59]

III. Umsetzung durch kommunale Entwässerungssatzungen

Abschließend ist darauf hinzuweisen, daß den kommunalen Entwässerungssatzungen im Hinblick auf die Umsetzung von Art. 3 Nr. 2 GewSchRL nicht eine "gewisse zusätzliche, lückenfüllende Funktion" zukommt,[60] obwohl sie etwa durch ihre generelle Genehmigungspflicht, die keinen Branchenansatz verfolgt und nicht auf bestimmte Stoffe beschränkt ist, besser zur Umsetzung geeignet erscheinen. Die Analyse der Umsetzungskompetenzen hat gezeigt, daß die Gemeinden keine Kompetenz zur Umsetzung der Gewässerschutzrichtlinie haben.[61]

C. Ergebnis

Art. 11 KomAbwRL ist weitgehend durch die kommunalen Entwässerungssatzungen umgesetzt. Lediglich die Überwachungs- und Anpassungspflicht ist noch nicht ausdrücklich in den Entwässerungssatzungen enthalten, so daß insofern noch Umsetzungsbedarf besteht. Die in der Praxis erfolgende Umsetzung durch Reinhalteordnungen der Länder ist abzulehnen, da sie nicht der innerstaatlichen Kompetenzverteilung für das Regime der Indirekteinleitungen entspricht, und weil mit den Entwässerungssatzungen bereits ein hinreichendes Umsetzungsinstrumentarium zur Verfügung steht. Lediglich für die Zielsetzung des überörtlichen Gewässerschutzes ist Art. 11 KomAbwRL durch das staatliche Indirekteinleiterregime umzusetzen, daß den gemeinschaftsrechtlichen Anforderungen insofern bereits genügt.
Demgegenüber bestehen bei Art. 3 Nr. 2 GewSchRL weitergehende Umsetzungsprobleme. Für die Umsetzung sind hier der Bund und die Länder zuständig, die Umsetzung erfolgt über § 7a Abs. 4 WHG i. V. m. dem Landes-

---

58 Vgl. dazu *E. Sander*, Indirekteinleiterverordnungen, Rn. 121 f.

59 Art. 41c S. 3 BayWG; § 72 Abs. 2 BrandenbgWG; § 42 Abs. 2 WG M-V; § 55 S. 2 WG R-P; § 59 Abs. 1 S. 2 ThürWG.

60 So aber *Delwing*, Umsetzungsprobleme, S. 198; vgl. auch *Lausch*, Gewässerschutz, S. 241 f. und *Henseler*, Abwasserbeseitigung, S. 281 ff. zur Rechtslage vor der Fünften Novelle zum WHG .

61 Vgl. oben § 6 I 2a.

wasserrecht. Umsetzungsdefizite bestehen auf Bundesebene im Hinblick darauf, daß hier ein Branchenansatz verfolgt wird, und daß die Regelung auf öffentliche Abwasseranlagen beschränkt ist. Weitere Defizite kommen auf Landesebene dadurch hinzu, daß die Genehmigungspflicht für Indirekteinleitungen eingeschränkt wird, indem sie von der Überschreitung von Schwellenwerten oder vom Vorliegen bundesrechtlicher Anforderungen abhängig gemacht wird. Ein letztes Problem besteht darin, daß für die Genehmigung nicht ausdrücklich die Festlegung von Fracht- und Konzentrationswerten festgeschrieben ist.

Aus diesen Gründen ist nicht auszuschließen, daß die defizitäre Umsetzung der Gewässerschutzrichtlinie erneut Anlaß für Streit zwischen der Kommission und der Bundesrepublik Deutschland geben wird.

Vierter Teil: Zusammenfassung

1. Problemstellung

Gewerbliche und industrielle Indirekteinleitungen wurden herkömmlich allein durch das kommunale Entwässerungsrecht erfaßt. Mit der Fünften Novelle zum WHG 1987 hat daneben das staatliche Wasserrecht durch § 7a WHG und die entsprechenden Regelungen des Landeswasserrechts Zugriff auf Indirekteinleitungen genommen, so daß diese seitdem einem Doppelregime unterliegen. Die kommunalen Regelungskompetenzen für Indirekteinleitungen sind in Abgrenzung zu den Kompetenzen von Bund und Ländern bisher nicht hinreichend geklärt.

Darüber hinaus bestehen mit Art. 3 Nr. 2 GewSchRL und Art. 11 KomAbwRL gemeinschaftsrechtliche Determinierungen für das nationale Recht der Indirekteinleitungen.

2. Art. 28 Abs. 2 S. 1 GG und Subsidiaritätsprinzip

Ausgangspunkt ist die kommunale Selbstverwaltungsgarantie: Art. 28 Abs. 1 S. 1 GG weist den Gemeinden die Verbandskompetenz für alle Angelegenheiten der örtlichen Gemeinschaft zu. Hierunter fällt auch die Abwasserbeseitigung und damit die Regelung der Indirekteinleitungen. Danach sind die Gemeinden befugt, die Benutzung der kommunalen Abwasseranlagen, die öffentliche Einrichtungen darstellen, zu regeln. Daneben ist ihnen die Abwasserbeseitigung durch die Landesgesetzgeber in Ausfüllung des § 18a Abs. 2 S. 1 WHG als Pflichtaufgabe der Selbstverwaltung zugewiesen. Dadurch wird die kommunale Selbstverwaltungskompetenz als solche nicht berührt.

Auf dieser Grundlage können die Gemeinden die Einleitung von Abwasser in die kommunalen Abwasseranlagen beschränken oder verbieten, um den Schutz der Abwasseranlagen hinsichtlich Bestand und Funktionsfähigkeit, den Gesundheitsschutz des in den Anlagen tätigen Personals, die Verwertbarkeit des Klärschlamms, die Erfüllung ihrer eigenen Pflichten als Direkteinleiter sowie eine Minimierung der Abwasserbeseitigungskosten zu gewährleisten. Eine Regelungskompetenz mit dem Ziel des überörtlichen Gewässerschutzes steht den Gemeinden nicht zu.

Die Abwasserbeseitigung ist dem Randbereich des Art. 28 Abs. 2 S. 1 GG zuzuordnen. Dieser enthält in der Auslegung durch die Rastede-Entscheidung des BVerfG ein materielles Aufgabenverteilungsprinzip, wonach die betreffenden Aufgaben wegen der politisch-demokratischen Teilhabe der Bürger an der Wahrnehmung der Angelegenheiten der örtlichen Gemeinschaft und der vertikalen Gewaltenteilung vorrangig der gemeindlichen Ebene zugewiesen sind. Eine Aufgabe kann den Gemeinden nur entzogen werden, wenn sonst die ordnungsgemäße Aufgabenerfüllung nicht sicherzustellen wäre. Dabei ist ein Effizienzverlust bei der Aufgabenwahrnehmung durch die Gemeinden hinzunehmen.

Das materielle Aufgabenverteilungsprinzip weist eine strukturelle Kongruenz mit dem Subsidiaritätsprinzip auf, das den Vorrang im Handeln der untergeordneten Ebene nach Maßgabe ihrer Leistungsfähigkeit postuliert. Das materielle Aufgabenverteilungsprinzip kann daher als Konkretisierung des Subsidiaritätsprinzips für das Verhältnis Gemeinden - Staat angesehen werden.

3. Rahmenkompetenz des Bundes nach Art. 75 Abs. 1 S. 1 Nr. 4 Alt. 3 GG und Ausfüllungskompetenz der Länder nach Art. 70 Abs. 1 GG

Dem Bund ist in Art. 75 Abs. 1 S. 1 Nr. 4 Alt. 3 GG die Rahmengesetzgebungskompetenz für den "Wasserhaushalt" zugewiesen. Die haushälterische Bewirtschaftung des in der Natur vorkommenden Wassers nach Menge und Güte umfaßt auch die Regelung von Handlungen, die im Vorfeld einer Gewässerbenutzung liegen. Der Kompetenztitel "Wasserhaushalt" weist dem Bund die Befugnis zu, Anforderungen an Indirekteinleitungen zu stellen, um dadurch den Schutz der Gewässer vor gefährlichen Stoffen, die nicht in den öffentlichen Kläranlagen zurückgehalten werden können, den Schutz der Abwasseranlagen selbst sowie eine Angleichung der Wettbewerbsbedingungen der Indirekteinleiter zu erreichen.

Voraussetzung für die Inanspruchnahme der Bundeskompetenz ist, daß eine bundesgesetzliche Regelung nach Art. 72 Abs. 2 GG erforderlich ist. Auch diese Norm ist eine Konkretisierung des Subsidiaritätsprinzips, so daß der Bund dann zuständig ist, wenn die Länder nicht in der Lage sind, ein ausreichendes Regime für Indirekteinleitungen aufzubauen. Diese Voraussetzung ist aufgrund der überregionalen Auswirkungen von Indirekteinleitungen mit gefährlichen Stoffen, der überragenden Bedeutung der Gewässer für die Allgemeinheit und der aus Wettbewerbsgründen bestehenden Notwendigkeit von bundeseinheitlichen Regelungen der Nutzungsbedingungen für Gewässer erfüllt.

Der Bund kann nach Art. 75 Abs. 1 GG nur Rahmenvorschriften für die Gesetzgebung der Länder erlassen. Hierunter sind insbesondere Grundsätze und Zielvorgaben zu verstehen, die auf Ausfüllung durch das Landesrecht angewiesen sind. Nur in Ausnahmefällen kann der Bund in Einzelheiten gehende oder unmittelbar geltende Regelungen treffen. Ein Ausnahmefall liegt vor, wenn ein besonders starkes und legitimes Interesse an solchen Regelungen besteht und die Regelung in qualitativer und quantitativer Hinsicht eine Besonderheit darstellt.

Die Länder haben nach Art. 70 Abs. 1 GG die Kompetenz zur Ausfüllung und Fortentwicklung des durch das Bundesgesetz vorgegebenen Rahmens. Sie sind aber an den Rahmen gebunden, wenn dieser eine abschließende Regelung enthält. Als eine solche sind die kompetenzgerechten Ziele der bundesgesetzlichen Regelung als deren Kern anzusehen.

4. § 7a Abs. 4 WHG

Der Bund hat von seiner Kompetenz zur Regelung der Indirekteinleitungen durch § 7a Abs. 4 WHG Gebrauch gemacht. Danach haben die Länder sicherzustellen, daß die Anforderungen in der Abwasserverordnung nach § 7a Abs. 1 S. 3 WHG für Teilströme nach dem Stand der Technik bei Indirekteinleitungen eingehalten werden. Regelungsgegenstand ist weiterhin Abwasser mit gefährlichen Stoffen, obwohl die bisherige Differenzierung in § 7a Abs. 1 WHG zwischen "normalem" Abwasser und solchem mit gefährlichen Stoffen mit der Sechsten Novelle zum WHG 1996 entfallen ist. Nunmehr gilt für alle Abwässer der Stand der Technik, der in § 7a Abs. 5 WHG eine eigenständige wasserrechtliche Definition erfahren hat. Die Einheitlichkeit des Anforderungsniveaus und die eigenständige Definition deuten auf einen abwasserspezifischen Stand der Technik hin, der unterhalb des tradierten Verständnisses des Stands der Technik entsprechend § 3 Abs. 6 BImSchG liegt.

Es erscheint fraglich, ob diese Regelung eine Rahmenregelung i. S. d. Art. 75 Abs. 1 GG darstellt. Zwar ist ein besonders starkes und legitimes Interesse an einer in Einzelheiten gehenden und auch unmittelbar geltenden Regelung gegeben. Die Zulässigkeit eines Ausnahmefalls nach Art. 75 Abs. 2 GG hängt aber darüber hinaus davon ab, ob den Ländern bei einer Gesamtbetrachtung des WHG noch genügend Regelungsspielraum verbleibt. Diese Frage kann im Rahmen der vorliegenden Untersuchung nicht beantwortet werden, so daß die Verfassungsmäßigkeit von § 7a Abs. 4 WHG offen bleiben muß.

5. Indirekteinleiterverordnungen der Länder

Die meisten Länder haben in Ausfüllung des § 7a Abs. 4 WHG Indirekteinleiterverordnungen erlassen, die eine Genehmigungspflicht für Indirekteinleitungen von Abwasser bestimmter Herkunft mit gefährlichen Stoffen begründen. Sie sind dabei an die nach Art. 75 Abs. 1 S. 1 Nr. 4 Alt. 3 GG zulässigen Regelungsziele des § 7a Abs. 4 WHG gebunden. Soweit das Landesrecht weitergehende Zielsetzungen verfolgt, ist es kompetenzwidrig. Beschränkungen für Indirekteinleitungen können nicht auf diese Zielsetzungen gestützt werden.

6. Abgrenzung von kommunalem Satzungsrecht und staatlichem Wasserrecht auf der Grundlage des Subsidiaritätsprinzips

Die Analyse der Kompetenzen für Indirekteinleitungen nach Art. 28 Abs. 2 S. 1 GG einerseits und Art. 75 Abs. 1 S. 1 Nr. 4 Alt. 3, 70 Abs. 1 GG andererseits legt eine Überschneidung im Bereich des Schutzes der kommunalen Abwasseranlagen offen. Eine solche Doppelzuständigkeit ist abzulehnen. Der Kompetenzkonflikt kann aber im Wege der systematischen Auslegung der beteiligten Kompetenzvorschriften beigelegt werden.

Maßgebend ist das materielle Aufgabenverteilungsprinzip des Art. 28 Abs. 2 S. 1 GG als Konkretisierung des Subsidiaritätsprinzips. Danach ist die Aufgabe des Schutzes der kommunalen Abwasseranlagen vorrangig der gemeindlichen Ebene zuzuordnen. Eine Regelung auf höherer Ebene ist aus Gründen des Allgemeinwohls nur dann zulässig, wenn anders die ordnungsgemäße Erfüllung der konkreten Aufgabe unter Berücksichtigung ihrer Sacherfordernisse nicht sicherzustellen wäre. Den Gemeinden steht mit dem kommunalen Satzungsrecht ein ausreichender rechtlicher Rahmen zur Erfüllung dieser Aufgabe zur Verfügung. Daneben besitzen sie im Hinblick auf die divergierenden Rahmenbedingungen für Indirekteinleitungen in den einzelnen Gemeinden eine größere Problemnähe. Nicht zuletzt unterstehen sie der wasserrechtlichen und kommunalrechtlichen Aufsicht, die die Aufgabenerfüllung als solche überwacht. Daher weist das Subsidiaritätsprinzip den Gemeinden auch die Kompetenz zur Regelung der Indirekteinleitungen mit der Zielsetzung des Schutzes der kommunalen Abwasseranlagen zu. Art. 75 Abs. 1 S. 1 Nr. 4 Alt. 3 GG ist restriktiv so auszulegen, daß die Kompetenz des Bundes nur subsidiär besteht. Entsprechendes gilt für die Ausfüllungskompetenz der Länder nach Art. 70 Abs. 1 GG. Dieses Ergebnis gilt vorbehaltlich der konkreten Erfüllbarkeit der Aufgabe in der einzelnen Gemeinde.

Auf dieser kompetenziellen Grundlage läßt sich auch eine fundierte Abgrenzung von kommunalem Satzungsrecht und staatlichem Wasserrecht erreichen. Die beiden Regelungsbereiche beruhen auf unterschiedlichen Kompetenzgrundlagen, die zur Regelung der Indirekteinleitungen mit unterschiedlichen Zielsetzungen ermächtigen. Die kompetenziell begründeten unterschiedlichen Zielrichtungen ergeben sich für den Bereich des Schutzes der kommunalen Abwasseranlagen erst aus einer systematischen Auslegung der beteiligten Kompetenznormen auf der Grundlage des Subsidiaritätsprinzips des Art. 28 Abs. 2 S. 1 GG. Kommunales Satzungsrecht und staatliches Wasserrecht stehen selbständig nebeneinander, so daß eine rechtmäßige Indirekteinleitung die Voraussetzungen beider Regelungsbereiche erfüllen muß.

7. Gemeinschaftsrechtliche Erfassung der Indirekteinleitungen

Auf der Grundlage der Art. 94, 308 (Art. 100, 235) EGV fordert Art. 3 Nr. 2 GewSchRL, daß alle Einleitungen von Abwasser mit Stoffen der Liste I GewSchRL in die Kanalisation einer vorherigen Genehmigung unterworfen werden. In der Genehmigung sind Emissionsnormen festzusetzen, die die in den Tochterrichtlinien festgelegten Emissionsgrenzwerte nicht überschreiten dürfen.
Daneben verpflichtet Art. 11 KomAbwRL die Mitgliedstaaten, industrielle Indirekteinleitungen einer Regelung und/oder Erlaubnis zu unterwerfen, die den Anforderungen des Anhangs I Abschnitt C KomAbwRL genügen muß. Kompetenzgrundlage ist Art. 175 Abs. 1 (Art. 130s Abs. 1) EGV.
Diese durchgehend verbindlichen Richtlinienbestimmungen entsprechen der Kompetenzordnung des Gemeinschaftsrechts, insbesondere Art. 5 (Art. 3b) EGV. Sie sind nach der zweistufigen Rechtsetzungskonzeption des Art. 249 Abs. 3 (Art. 189 Abs. 3) EGV in das Recht der Mitgliedstaaten zu integrieren.

8. Umsetzungskompetenz

Die Kompetenz zur Umsetzung der Richtlinien bestimmt sich aus der Sicht des deutschen Verfassungsrechts analog der Kompetenzverteilung des Grundgesetzes. Danach sind die Gemeinden zur Umsetzung von Art. 11 KomAbwRL mit Ausnahme der Zielsetzung des Gewässerschutzes zuständig. Hierfür, und für die Umsetzung von Art. 3 Nr. 2 GewSchRL, besitzen der Bund und die Länder die Kompetenz.
Aus der Sicht des Gemeinschaftsrechts richtet sich der Umsetzungsbefehl unmittelbar an die nach Maßgabe des nationalen Rechts zuständigen Stellen.

Dabei determiniert das Gemeinschaftsrecht die innerstaatliche Kompetenzverteilung nicht. Das bedeutet, daß die umsetzenden Organe in vollem Umfang an die Kompetenzordnung des Grundgesetzes gebunden sind.

Das primäre Gemeinschaftsrecht steht einer Umsetzung von Art. 11 KomAbwRL in dem geschilderten Umfang durch die Gemeinden nicht entgegen. Kommunale Satzungen genügen darüber hinaus als von der Exekutive erlassene materielle Gesetze den Anforderungen des EuGH an die Rechtmäßigkeit des Umsetzungsakts unter den Gesichtspunkten der praktischen Wirksamkeit, der Rechtssicherheit und der Nichtdiskriminierung.

Die Umsetzungskompetenz der Gemeinden kann nicht unter Hinweis auf Art. 28 Abs. 2 S. 1 GG angezweifelt werden. Die kommunale Selbstverwaltungsgarantie ist nicht "europafest".

9. Umsetzungsmaßnahmen

Mit den kommunalen Entwässerungssatzungen steht ein hinreichendes Instrumentarium zur Umsetzung von Art. 11 KomAbwRL zur Verfügung, das den Anforderungen der Richtlinie im Kern bereits genügt. Die sich abzeichnende Umsetzung durch Reinhalteordnungen der Länder ist abzulehnen, da sie der geltenden Kompetenzordnung des Grundgesetzes weitgehend widerspricht.

Art. 3 Nr. 2 GewSchRL und, unter dem Gesichtspunkt des Gewässerschutzes, Art. 11 KomAbwRL werden kompetenzgerecht durch § 7a Abs. 4 WHG i. V. m. den Indirekteinleiterverordnungen der Länder umgesetzt. Dabei bestehen aber vielfältige Umsetzungsdefizite. Die aufgrund der Sechsten Novelle zum WHG anstehende Überarbeitung des Landeswasserrechts bietet die Chance, einige davon abzubauen.

10. Fazit

Die kommunalen Regelungskompetenzen für Indirekteinleitungen müssen sich nicht nur gegenüber bundes- und landesrechtlichen Kompetenzen behaupten. Hier streitet das Subsidiaritätsprinzip des Art. 28 Abs. 2 S. 1 GG für die vorrangige Zuständigkeit der Gemeinden.

Auch das Gemeinschaftsrecht determiniert den kommunalen Handlungsrahmen. Insofern hilft Art. 28 Abs. 2 S. 1 GG nicht weiter. Letztlich muß die kommunale Selbstverwaltung im EG-Vertrag verankert werden. Die Kompetenz zur Umsetzung von Richtlinien der Gemeinschaft bedeutet zwar eine Stärkung der kommunalen Ebene, gleichwohl wird ihr Handlungsspielraum eingeschränkt. Hier werden Maßnahmen auf der Grundlage der kommunalen Selbstverwaltungsgarantie zu gemeinschaftsrechtlich determinierten Umsetzungsakten.

Abkürzungsverzeichnis

a. A.	anderer Ansicht
a. a. O.	am angegebenen Ort
a. E.	am Ende
a. F.	alte Fassung
AbfG	Abfallbeseitigungsgesetz
AbfKlärV	Klärschlammverordnung
ABl.	Amtsblatt
Abs.	Absatz
AbwAG	Abwasserabgabengesetz
AbwV	Abwasserverordnung
AbwVwV	Abwasserverwaltungsvorschrift
A-Ds.	Ausschußdrucksache
AfK	Archiv für Kommunalwissenschaften
AgrarR	Agrarrecht
AK-GG	Alternativkommentar zum Grundgesetz
Alt.	Alternative
AöR	Archiv des öffentlichen Rechts
ArbSchG	Arbeitsschutzgesetz
Art.	Artikel
AtomG	Atomgesetz
ATV	Abwassertechnische Vereinigung
ATV-A 115	Arbeitsblatt 115 der Abwassertechnischen Vereinigung
Aufl.	Auflage
Bay	Bayerisch
BayVBl.	Bayerische Verwaltungsblätter
Berl	Berliner
BGB	Bürgerliches Gesetzbuch
BGBl.	Bundesgesetzblatt
BImSchG	Bundes-Immissionsschutzgesetz
BK-GG	Bonner Kommentar zum Grundgesetz
BMU	Bundesministerium für Umwelt, Naturschutz und Reaktorsicherheit
BPM	Best practical means

Brandenbg	Brandenburgisch
BR-Ds.	Bundesratsdrucksache
Brem	Bremisch
BSB_5	Biochemischer Sauerstoffbedarf in fünf Tagen
BT-Ds.	Bundestagsdrucksache
BVerfG	Bundesverfassungsgericht
BVerfGE	Amtliche Sammlung der Entscheidungen des Bundesverfassungsgerichts
BVerwG	Bundesverwaltungsgericht
BVerwGE	Amtliche Sammlung der Entscheidungen des Bundesverwaltungsgerichts
BVT	Beste verfügbare Technik
B-W	Baden-Württemberg
BWGZ	Kommunalzeitschrift des Gemeindetags Baden-Württemberg
CSB	Chemischer Sauerstoffbedarf
ders.	derselbe
dies.	dieselbe
DMG	Düngemittelgesetz
DÖV	Die öffentliche Verwaltung
DVBl.	Deutsches Verwaltungsblatt
E	Entwurf
EEA	Einheitliche Europäische Akte
EELR	European Environmental Law Review
EG	Europäische Gemeinschaft
EGV	Vertrag zur Gründung der Europäischen Gemeinschaft
EinigungsV	Einigungsvertrag
Einl.	Einleitung
EKC	Europäische Charta der kommunalen Selbstverwaltung
EMRK	Europäische Menschenrechtskonvention
endg.	endgültig
EU	Europäische Union
EuGH	Europäischer Gerichtshof
EuGRZ	Europäische Grundrechtezeitschrift
EuR	Europarecht
EUV	Vertrag zur Gründung der Europäischen Union
EuZW	Europäische Zeitschrift für Wirtschaftsrecht
EWG	Europäische Wirtschaftsgemeinschaft
EWGV	Vertrag zur Gründung der Europäischen

	Wirtschaftsgemeinschaft
EWiR	Entscheidungen zum Wirtschaftsrecht
EWS	Europäisches Wirtschafts- und Steuerrecht
f.	folgende
ff.	fortfolgende
Fn.	Fußnote
FAZ	Frankfurter Allgemeine Zeitung
gem.	gemäß
GemO	Gemeindeordnung
GewSchRL	Gewässerschutzrichtlinie
GG	Grundgesetz
GVBl.	Gesetz- und Verordnungsblatt
GVK	Gemeinsame Verfassungskommission von Bundestag und Bundesrat
gwf	Gas-Wasser-Fach
HambgAbwasserG	Hamburgisches Abwassergesetz
Hess.	Hessisch
Hrsg.	Herausgeber
HStR	Handbuch des Staatsrechts für die Bundesrepublik Deutschland
i. d. F.	in der Fassung
i. E.	im Ergebnis
i. H. a.	im Hinblick auf
i. S. d.	im Sinne des
i. V. m.	in Verbindung mit
IndVO	Indirekteinleiterverordnung
insb.	insbesondere
IUR	Informationsdienst Umweltrecht
IVU-RL	Richtlinie über die integrierte Vermeidung und Verminderung der Umweltverschmutzung
JöR n. F.	Jahrbuch des öffentlichen Rechts neue Fassung
Jura	Juristische Ausbildung
JuS	Juristische Schulung
JZ	Juristenzeitung
KA	Korrespondenz Abwasser
KJ	Kritische Justiz

KOM	Dokumente der Kommission der EG
KomAbwRL	Kommunalabwasserrichtlinie
KomAbwVO	Verordnung über die Behandlung von kommunalem Abwasser
KritV	Kritische Vierteljahresschrift für Gesetzgebung und Rechtswissenschaft
KrW-/AbfG	Kreislaufwirtschafts- und Abfallgesetz
LAWA	Länderarbeitsgemeinschaft Wasser
lit.	litera
LS	Leitsatz
m. w. N.	mit weiteren Nachweisen
M-V	Mecklenburg-Vorpommern
n. F.	neue Fassung
Nds	Niedersächsisch
NJW	Neue Juristische Wochenschrift
Nr.	Nummer
NuR	Natur und Recht
NVwZ	Neue Zeitschrift für Verwaltungsrecht
NVwZ-RR	Neue Zeitschrift für Verwaltungsrecht, Rechtsprechungsreport
N-W	Nordrhein-Westfalen
OVG	Oberverwaltungsgericht
ProdHaftG	Produkthaftungsgesetz
RdWWi	Recht der Wasserwirtschaft
resp.	respektive
RiA	Recht im Amt
RIW	Recht der internationalen Wirtschaft
Rn.	Randnummer
ROkAbw	Reinhalteordnung kommunales Abwasser
R-P	Rheinland-Pfalz
Rs.	Rechtssache
Rspr.	Rechtsprechung
S-A	Sachsen-Anhalt
S.	Satz/Seite
Saarl	Saarländisch
Sächs	Sächsisch
SächsIndEinlG	Sächsisches Indirekteinleitergesetz

S-H	Schleswig-Holstein
Slg.	Sammlung
sog.	sogenannt
Sp.	Spalte
Spstr.	Spiegelstrich
st. Rspr.	ständige Rechtsprechung
StWiss u. StPrax	Staatswissenschaft und Staatspraxis
Thür	Thüringer
UBA	Umweltbundesamt
UGB	Umweltgesetzbuch
UGB-AT	Umweltgesetzbuch Allgemeiner Teil
UGB-BT	Umweltgesetzbuch Besonderer Teil
UGB-KomE	Entwurf der Unabhängigen Sachverständigenkommission zum Umweltgesetzbuch
UGB-ProfE	Entwurf der Professorenkommission zum Umweltgesetzbuch
UPR	Umwelt- und Planungsrecht
Urt.	Urteil
UTR	Umwelt- und Technikrecht (Schriftenreihe des Instituts für Umwelt- und Technikrecht der Universität Trier)
v.	von/vom
VBlBW	Verwaltungsblätter für Baden-Württemberg
verb.	verbundene
VerfG	Verfassungsgericht
VerwArch	Verwaltungsarchiv
vgl.	vergleiche
VGS	Verordnung über das Einleiten gefährlicher Stoffe in Sammelkanalisationen
Vorb.	Vorbemerkung
VR	Verwaltungsrundschau
VVDStRL	Veröffentlichungen der Vereinigung der Deutschen Staatsrechtslehrer
VwGO	Verwaltungsgerichtsordnung
wap	Wasser-Abwasser-Praxis
WG	Wassergesetz
WHG	Wasserhaushaltsgesetz
WiVerw	Wirtschaft und Verwaltung
WLB	Wasser-Luft-Boden

WM	Wertpapier Mitteilungen
WuB	Wasser und Boden
WRV	Weimarer Reichsverfassung
ZfA	Zeitschrift für Arbeitsrecht
ZfU	Zeitschrift für Umweltpolitik
ZfW	Zeitschrift für Wasserrecht
ZG	Zeitschrift für Gesetzgebung
Ziff.	Ziffer
zit.	zitiert
ZRP	Zeitschrift für Rechtspolitik
ZUR	Zeitschrift für Umweltrecht

Wegen anderer Abkürzungen wird verwiesen auf *Kirchner, Hildebert,* Abkürzungsverzeichnis der Rechtssprache, 4. Aufl., Berlin 1993, und, für die Internet-Adressen, auf *Kröger, Detlef/Clasen, Ralf/Wallbrecht, Dirk,* Internet für Juristen, S. 58 ff., Neuwied 1996.

Literaturverzeichnis

Abwassertechnische Vereinigung e. V.: Alle Gewässer sind gleichermaßen schützenswert, Stellungnahme der ATV zum Vorschlag für eine Richtlinie über die Behandlung kommunaler Abwässer, KA 1990, S. 132 ff.

dies.: ATV-Information "Zahlen zur Abwasser- und Abfallwirtschaft", Hennef 1996.

dies.: Die ATV stellt sich vor, http://www.atv.de/D_ATV/W1_1.htm.

dies.: Einleiten von nicht häuslichem Abwasser in eine öffentliche Abwasseranlage, Arbeitsblatt A 115, Stand Oktober 1994, Hennef 1994.

dies.: Indirekteinleiter, Arbeitsblatt A 163; Teil 1: Erfassung, Teil 2: Bewertung und Kontrolle (Entwurf), Teil 1: St. Augustin 1992; Teil 2: St. Augustin 1994.

dies.: Jahresbericht 1994, Hennef 1994.

dies.: Satzung der Abwassertechnischen Vereinigung E. V., Ausgabe Januar 1998, Hennef 1998.

Achterberg, Norbert: Allgemeines Verwaltungsrecht, 7. Aufl., Heidelberg 1988.

Aegerter, C.: Die Auswirkungen der WHG-Novelle auf die kommunalen und wasserbehördlichen Aufgaben, in: Oldiges, Martin (Hrsg.), Aktuelle Probleme des Gewässerschutz- und Abwasserrechts, S. 89 ff., Leipzig 1998.

Albin, Silke: Unmittelbare Anwendbarkeit von Richtlinien mit "Doppelwirkung" im Umweltbereich - Ein Scheinproblem?, NuR 1997, S. 29 ff.

Alexy, Robert: Theorie der Grundrechte, Baden-Baden 1985.

Alternativkommentar: Wassermann, Rudolf (Hrsg.): Kommentar zum Grundgesetz für die Bundesrepublik Deutschland in zwei Bänden, Reihe Alternativkommentare, 2. Aufl., Neuwied 1989, zit.: Bearbeiter, in: AK-GG.

Ameln, Ralf von: Auswirkungen des europäischen Binnenmarktes auf Kommunalpolitik und Kommunalrecht der EG-Mitgliedstaaten, DVBl. 1992, S. 477 ff.

ATV-Fachausschuß 7. 4: Arbeitsbericht, KA 1984, S. 1087 ff.; KA 1985, S. 350 ff.; KA 1987, S. 270 ff., 977 ff., 1091 ff.; 1094 ff.; KA 1988, S 597 ff.

ATV-Fachausschuß 7. 4. 1: Arbeitsbericht, KA 1990, S. 1075 ff.

Axer, Peter: Bundesstaatliche Rahmengesetzgebung und landwirtschaftliche Ausgleichsklauseln - Zur Neuregelung des Art. 75 Abs. 2 GG, AgrarR 1996, S. 3 ff.

Bach, Albrecht: Direkte Wirkungen von EG-Richtlinien, JZ 1990, S. 1108 ff.

Badura, Peter: Die Verfassung des Bundesstaates Deutschland in Europa, Zwei Reden zur Reform des Grundgesetzes, Köln 1993.

ders.: Staatsrecht, Systematische Erläuterung des Grundgesetzes für die Bundesrepublik Deutschland, 2. Aufl., München 1996.

Baedecker, H.: Gesetzliche Vorgaben für Abwassereinleitungen, in: IWS-Schriftenreihe, Band 6, Einleitung von Abwasser und gefährlichen Stoffen in die Kanalisation, S. 3 ff., Aachen 1988.

Bantz, Inge: Gewässerschutz in der Kommune, in: Fiedler, Klaus P.(Hrsg.), Kommunales Umweltmanagement, S. 213 ff., Köln 1991.

Barion, Hans: Die sozialethische Gleichschaltung der Länder und Gemeinden durch den Bund, eine konkretisierte Studie zum Subsidiaritätsprinzip, Der Staat 3 (1964), S. 1 ff.

Barth, Friedrich: Die neue Wasserrahmenrichtlinie der Europäischen Union - Chance oder bürokratisches Hemmnis für die Europäische Wasserpolitik?, WuB 1997, S. 7 ff.

Bauer, Hartmut: Die Bundestreue - Zugleich ein Beitrag zur Dogmatik des Bundesstaatsrechts und zur Rechtsverhältnislehre, Tübingen 1992.

Bauer, Wolfgang / Hauff, Volker: Reformen in Sicht, Effizienz und Kundenorientierung werden in den Gemeinden zum Maßstab, DIE ZEIT Nr. 45 v. 31. 10. 1997, S. 8.

Baumgartner, Alois: "Jede Gesellschaftstätigkeit ist ihrem Wesen nach subsidiär", Zur anthropologischen und theologischen Begründung der Subsidiarität, in: Nörr, Knut Wolfgang / Oppermann, Thomas (Hrsg.): Subsidiarität: Idee und Wirklichkeit, S. 11 ff., Tübingen 1997.

Bayerisches Staatsministerium des Innern: Muster für eine gemeindliche Entwässerungssatzung vom 31. 05. 1988 (AllMBl., S. 562, bereinigt S. 591), zuletzt geändert durch Bekanntmachung v. 14. 01. 1990 (AllMBl. S. 60).

Becker, Bernd: Integrierte Vermeidung und Verminderung der Umweltverschmutzung (IVU, IPPC), RL 96/61/EG des Rates der Europäischen Union, Kommentar, Stand 1. Juni 1997, Starnberg 1997.

Becker, Heinrich: Hessisches Wassergesetz, Kommentar, 3. Aufl., Berlin 1997.

Beckmann, Martin: Abfallwirtschaftsplanung als Instrument zur Umsetzung der TA Siedlungsabfall, DVBl. 1997, S. 216 ff.

Beckmann, Martina: Die Umweltinnenkompetenzen der Europäischen Gemeinschaften nach Art. 130 R-T EWG-Vertrag - Zur Analyse der "Besser"-Klausel (Art. 130 R Abs. 4), Mainz 1992.

Behrens, Fritz: Rechtsgrundlagen der Umweltpolitik der Europäischen Gemeinschaften, Berlin 1976.

Beile, Fritz: Wassergesetz für das Land Rheinland-Pfalz, Kommentar, 2. Aufl., Wiesbaden 1987, Stand November 1995.

Benda, Ernst / Klein, Eckart: Lehrbuch des Verfassungsprozeßrechts, Heidelberg 1991.

Bender, Bernd / Sparwasser, Reinhard / Engel, Rüdiger: Umweltrecht, 3. Aufl., Heidelberg 1995.

Berendes, Konrad: Rechtsfragen der 6. Novelle zum Wasserhaushaltsgesetz, ZfW 1996, S. 363 ff.

ders.: Wasserwirtschaftsrecht nach der 6. WHG-Novelle - Einführung in die Rechtsprobleme, in: Oldiges, Martin (Hrsg.), Aktuelle Probleme des Gewässerschutz- und Abwasserrechts, S. 13 ff., Leipzig 1998.

Berlit, Uwe: Die Reform des Grundgesetzes nach der staatlichen Einigung Deutschlands, JöR n. F. 44 (1996), S. 17 ff.

Bethge, Herbert: Das Selbstverwaltungsrecht im Spannungsfeld zwischen institutioneller Garantie und grundrechtlicher Freiheit, in: Mutius, Albert v. (Hrsg.): Selbstverwaltung im Staat der Industriegesellschaft, Festgabe für G. C. von Unruh, S. 149 ff., Heidelberg 1983.

Beutler, Bengt / Bieber, Roland / Pipkorn, Jörn / Streil, Jochen: Die Europäische Union, 4. Aufl., Baden-Baden 1993.

Bieber, Roland: Subsidiarität im Sinne des Vertrages über die Europäische Union, in: Nörr, Knut Wolfgang / Oppermann, Thomas (Hrsg.): Subsidiarität: Idee und Wirklichkeit, S. 165 ff., Tübingen 1997.

Binswanger, Hans C. / Wepler, Claus: Umweltschutz und Subsidiaritätsprinzip. Weiterentwicklung der Entscheidungsprozesse in der Europäischen Union, in: Riklin, Alois / Batlinger, Gerard (Hrsg.): Subsidiarität, S. 411 ff., Baden-Baden 1994.

Birke, Hans Eberhard: Die deutschen Bundesländer in den Europäischen Gemeinschaften, Berlin 1973.

Birn, Helmut (Hrsg.): Kreislaufwirtschafts- und Abfallgesetz in der betrieblichen Praxis, Augsburg 1995, Stand November 1997, zit.: Bearbeiter, in: Birn, KrW-/AbfG.

Bizer, K. / Scholl, R.: Fördert die Indirekteinleiterabgabe die landwirtschaftliche Ausbringung von Klärschlamm?, KA 1994, S. 1276 ff.

Blair, Philip: Die Gestaltung der kommunalen Selbstverwaltung in den europäischen Staaten, DÖV 1988, S. 1002 ff.

Blanke, Hermann-Josef: Die kommunale Selbstverwaltung im Zuge fortschreitender Integration, DVBl. 1993, S. 819 ff.

ders.: Föderalismus und Integrationsgewalt, Berlin 1991.

Blechschmidt, Frank L.: Das Gewässerschutzrecht und die Verwaltungsorganisation in England und Wales - eine rechtsvergleichende Untersuchung, Frankfurt am Main 1988.

Bleckmann, Albert: Begründung und Anwendungsbereich des Übermaßverbotes, JuS 1994, S. 177 ff.

ders.: Die Rechtsquellen des Gemeinschaftsrechts, NVwZ 1993, S. 824 ff.

ders.: Europarecht, 6. Aufl., Köln 1997.

Blümel, Willi: Das verfassungsrechtliche Verhältnis der kreisangehörigen Gemeinden zu den Kreisen, VerwArch 75 (1984), S. 197 ff.

ders.: Gemeinden und Kreise vor den öffentlichen Aufgaben der Gegenwart, VVDStRL 36 (1978), S. 171 ff.

ders.: Wesensgehalt und Schranken des kommunalen Selbstverwaltungsrechts, in: Mutius, Albert v. (Hrsg.): Selbstverwaltung im Staat der Industriegesellschaft, Festgabe für G. C. von Unruh, S. 265 ff., Heidelberg 1983.

Blumenwitz, Dieter: Das Subsidiaritätsprinzip und die Stellung der Länder und Regionen in der Europäischen Union, in: Randelzhofer, Albrecht / Scholz, Rupert / Wilke, Dieter (Hrsg.): Gedächtnisschrift für Eberhard Grabitz, S. 1 ff., München 1995.

Böhm, Monika: Autonomes kommunales Satzungsrecht, in: Lübbe-Wolff, Gertrude (Hrsg.): Umweltschutz durch kommunales Satzungsrecht, S. 363 ff., 2. Aufl., Berlin 1997.

Böhme, M.: BBU-Positionspapier zur Klärschlammentsorgung, KA 1989, S. 414 ff.

Bonner Kommentar: Abraham, Hans Jürgen (Hrsg.): Bonner Kommentar zum Grundgesetz, Heidelberg 1992, Stand Februar 1993, zit.: Bearbeiter, in: BK-GG.

Borchmann, Michael / Memminger, Gerd: Das Subsidiaritätsprinzip, in: Borkenhagen, Franz H. U. / Bruns-Klöss, Christian / Memminger, Gerd / Stein, Otti (Hrsg.): Die deutschen Länder in Europa, S. 20 ff., Baden-Baden 1992.

Borries, Reimer v.: Das Subsidiaritätsprinzip im Recht der Europäischen Union, EuR 1994, S. 263 ff.

Breier, Siegfried: Umweltschutz in der Europäischen Gemeinschaft, NuR 1993, S. 457 ff.

Breuer, Rüdiger: Das Umweltgesetzbuch - über das Problem der Kodifikation in der Gegenwart, UPR 1995, S. 365 ff.

ders.: Das Wasserhaushaltsgesetz nach der 5. Novelle, NuR 1987, S. 49 ff.

ders.: Die Fortentwicklung des Wasserrechts auf europäischer und deutscher Ebene, DVBl. 1997, S. 1211 ff.

ders.: Die Sackgasse des neuen Europaartikels (Art. 23 GG), NVwZ 1994, S. 417 ff.

ders.: EG-Richtlinien und deutsches Wasserrecht, WiVerw 1990, S. 79 ff.

ders.: Entwicklungen des europäischen Umweltrechts - Ziele, Wege und Irrwege, Berlin, New York 1993.

ders.: Konsequenzen der Neudefinition des Standes der Technik, KA 1996, S. 1002 ff.

ders.: Öffentliches und privates Wasserrecht, 2. Aufl., München 1987.

ders.: Stellungnahme zu dem Fragenkatalog für die Anhörung "Änderung des Wasserhaushaltsgesetzes" - BT-Drucksache 13/1207 - am 25. September 1995, A-Ds. 13/119, Teil IV.

ders.: Umweltschutzrecht, in: Schmidt-Aßmann, Eberhard (Hrsg.), Besonderes Verwaltungsrecht, 10. Aufl., Berlin 1995.

ders.: Zunehmende Vielgestaltigkeit der Instrumente im deutschen und europäischen Umweltrecht - Probleme der Stimmigkeit und des Zusammenwirkens, NVwZ 1997, S. 833 ff.

Brinkhorst, Laurens Jan: Subsidiarity and European Community Environmental Policy, European Environmental Law Review (EELR) 1993, S. 8 ff.

Bundesministerium für Umwelt, Naturschutz und Reaktorsicherheit (Hrsg.): Umweltgesetzbuch (UGB-KomE), Entwurf der Unabhängigen Sachverständigenkommission zum UGB beim Bundesministerium für Umwelt, Naturschutz und Reaktorsicherheit, Berlin 1998.

Bünten, Wilfried: Staatsgewalt und Staatshoheit bei der innerstaatlichen Durchführung des Rechts der Europäischen Gemeinschaften durch die Mitgliedstaaten, Berlin 1977.

Burmeister, Joachim: Verfassungstheoretische Neukonzeption der kommunalen Selbstverwaltung, München 1977.

Calliess, Christian: Anmerkung zu EuGH, Urt. v. 12. 11. 1996, Rs. C-84/94 (Vereinigtes Königreich / Rat), EuZW 1996, S. 757 ff.

ders.: Der Schlüsselbegriff der "ausschließlichen Zuständigkeit" im Subsidiaritätsprinzip des Art. 3b II EGV, EuZW 1995, S. 693 ff.

ders.: Die verfassungsrechtliche Zulässigkeit von fachgesetzlichen Rechtsverordnungsermächtigungen zur Umsetzung von Rechtsakten der EG, NVwZ 1998, S. 8 ff.

ders.: Perspektiven für eine Weiterentwicklung der Europäischen Union zu einer ökologischen Rechtsgemeinschaft, KJ 1994, S. 284 ff.

ders.: Subsidiaritäts- und Solidaritätsprinzip in der Europäischen Union, Baden-Baden 1996.

Chantelau, Frank / Möker, Ulf-Henning: Ökologisierung kommunaler Abgaben, Taunusstein 1989.

Clemens, Thomas: Kommunale Selbstverwaltung und institutionelle Garantie: Neue verfassungsrechtliche Vorgaben durch das BVerfG, NVwZ 1990, S. 843 ff.

Czychowski, Manfred: Die EG-Gewässerschutzrichtlinie und ihre Auswirkungen auf die Arbeit der Wasserbehörden, RdWWi 20 (1977), S. 21 ff.

ders.: Verordnungsermächtigungen für die Umsetzung von EG-Richtlinien zum Wasserrecht, ZUR 1997, S. 71 ff.

ders.: Wasserhaushaltsgesetz, Kommentar, 7. Aufl., München 1998.

Dahme, Heinz: Auswirkungen der EG-Richtlinien mit wasserrechtlichem Bezug auf den Vollzug des deutschen Wasserrechts, in: Dokumentation zur 3. wissenschaftlichen Fachtagung der Gesellschaft für Umweltrecht e. V., S. 158 ff., Berlin 1979.

Danwitz, Thomas v.: Normkonkretisierende Verwaltungsvorschriften und Gemeinschaftsrecht, VerwArch 84 (1993), S. 73 ff.

Degenhart, Christoph: Rechtseinheit und föderale Vielfalt im Verfassungsstaat, ZfA 1993, S. 409 ff.

Delwing, Peter Moritz: Umsetzungsprobleme des EG-Wasserrechts, dargestellt für das Abwasserrecht der Bundesrepublik Deutschland, Baden-Baden 1995.

Demmke, Christoph: Die Implementation von EG-Umweltpolitik in den Mitgliedstaaten - Umsetzung und Vollzug der Trinkwasserrichtlinie, Baden-Baden 1994.

Dendrinos, Antonios: Rechtsprobleme der Direktwirkung von EWG-Richtlinien, Frankfurt am Main 1989.

Deutscher Gemeindetag (Hrsg.): Statistisches Jahrbuch Deutscher Gemeinden 1995, Köln 1995.

Deutscher Städte- und Gemeindebund: Stellungnahme zum Entwurf eines Gesetzes zur Änderung des Wasserhaushaltsgesetzes (WHG), Bundestagsdrucksache 13/1207, A-Ds. 13/119, Teil I, S. 7 ff.

Di Fabio, Udo: Der neue Art. 23 des Grundgesetzes, Der Staat 32 (1993), S. 191 ff.

ders.: Gefahr, Vorsorge, Risiko: Die Gefahrenabwehr unter dem Einfluß des Vorsorgeprinzips, Jura 1996, S. 566 ff.

ders.: Integratives Umweltrecht, NVwZ 1998, S. 329 ff.

ders.: Richtlinienkonformität als ranghöchstes Normauslegungsprinzip?, NJW 1990, S. 947 ff.

ders.: Verwaltungsvorschriften als ausgeübte Beurteilungsermächtigung - Plädoyer für eine Neubestimmung der normkonkretisierenden Verwaltungsvorschriften im System der Rechtsquellen, DVBl. 1992, S. 1338 ff.

Dierkes, Heinrich: Die TA Siedlungsabfall: eine zukunftsorientierte Verwaltungsvorschrift?, NVwZ 1993, S. 951 ff.

Dippel, Martin: Das kommunale Satzungsrecht als rechtlicher Rahmen der betrieblichen Abwasserentsorgung, KA 1997, S. 1394 ff.

Doemming, Klaus-Berto / Füsslein, Rudolf Werner / Matz, Werner: Entstehungsgeschichte der Artikel des Grundgesetzes, JöR n. F. 1 (1951), S. 1 ff.

Dohmann, Max: Grundlagen und Voraussetzungen für eine sachgerechte Erfassung und Überwachung von Indirekteinleitern, in: ATV (Hrsg.), ATV-Schriftenreihe 05, Indirekteinleiter - Erfassung und Überwachung, S. 7 ff., Hennef 1997.

Dolde, Klaus-Peter: Die EG-Richtlinie über die integrierte Vermeidung und Verminderung der Umweltverschmutzung (IVU-Richtlinie) - Auswirkungen auf das deutsche Umweltrecht, NVwZ 1997, S. 313 ff.

ders.: Die EG-Richtlinie über die integrierte Vermeidung und Verminderung der Umweltverschmutzung - Auswirkungen auf das deutsche Umweltrecht, in: Ministerium für Umwelt, Raumordnung und Landwirtschaft N-W (Hrsg.), Neue Entwicklungen im Umweltrecht, Umweltrechtstage 1996, S. 15 ff., Düsseldorf 1996.

*Doose:** Gedanken zur Weiterentwicklung der kommunalen Entwässerungssatzungen, ZfW 1975, S. 157 ff.

Döring, Thomas: Subsidiarität und Umweltpolitik in der Europäischen Union, Marburg 1997.

---

* Vorname in der Veröffentlichung nicht enthalten.

Dorschel, Wolfgang: Perspektiven der zukünftigen Klärschlammentsorgung unter Berücksichtigung neuer gesetzlicher Rahmenbedingungen, KA 1996, S. 1788 ff.

Driewer, Gerd: Das ATV- Arbeitsblatt A 115 im Spannungsfeld von Wasser- und Satzungsrecht, KA 1993, S. 200 ff.

ders.: Das Verhältnis von Wasserrecht zum ortsrechtlichen Satzungsrecht bei der Einleitung nicht häuslicher Abwässer in öffentliche Abwasseranlagen, in: ATV-Schriftenreihe, Band 5: Indirekteinleiter - Erfassung und Überwachung, S. 15 ff., Hennef 1997.

Dürig, Günther: Diskussionsbeitrag, VVDStRL 21 (1964), S. 114 f.

ders.: Verfassung und Verwaltung im Wohlfahrtsstaat, JZ 1953, S. 193 ff.

Dürkop, Jürgen / Kracht, Harald / Wasielewski, Andreas: Die künftige EG-Richtlinie über die integrierte Vermeidung und Verminderung der Umweltverschmutzung (IVU-Richtlinie), UPR 1995, S. 425 ff.

EG-Kommission: Mitteilung der Kommission an den Rat und an das Europäische Parlament betreffend das Subsidiaritätsprinzip, in: Merten, Detlef (Hrsg.): Die Subsidiarität Europas, S. 112 ff., Berlin 1994.

Eidenmüller, Horst: Effizienz als Rechtsprinzip, Tübingen 1995.

Engelhardt, D.: Festsetzen von wasserrechtlichen Grenzwerten für Abwassereinleitungen, WuB 1983, S. 204 ff.

ders.: Neue wasserrechtliche Regelungen für Indirekteinleiter, WuB 1986, S. 613 ff.

Epiney, Astrid: Umweltrecht in der Europäischen Union, Köln 1997.

dies.: Unmittelbare Anwendbarkeit und objektive Wirkung von Richtlinien, DVBl. 1996, S. 409 ff.

dies. / Furrer, Andreas: Umweltschutz nach Maastricht. Ein Europa der drei Geschwindigkeiten?, EuR 1992, S. 369 ff.

Erichsen, Hans-Uwe: Kommunalrecht des Landes Nordrhein-Westfalen, Siegburg 1988.

ders.: Zum Verhältnis von EWG-Recht und nationalem öffentlichem Recht der Bundesrepublik Deutschland, VerwArch 64 (1973), S. 101 ff.

ders. / Scherzberg, Arno: Zur Umsetzung der Richtlinie des Rates über den freien Zugang zu Informationen über die Umwelt, UBA-Berichte 1/92, Berlin 1992.

Erlenkämper, Friedel: Entwicklungen im Kommunalrecht, NVwZ 1991, S. 325 ff., NVwZ 1996, S. 534 ff., NVwZ 1997, S. 546 ff., NVwZ 1998, S. 354 ff.

Esser, Josef: Grundsatz und Norm in der richterlichen Fortbildung des Privatrechts, 3., unveränderte Aufl., Tübingen 1974.

Everling, Ulrich: Durchführung und Umsetzung des Europäischen Gemeinschaftsrechts im Bereich des Umweltschutzes unter Berücksichtigung der Rechtsprechung des EuGH, NVwZ 1993, S. 209 ff.

ders.: Überlegungen zur Struktur der Europäischen Union und zum neuen Europa-Artikel des Grundgesetzes, DVBl. 1993, S. 936 ff.

ders.: Umsetzung von Umweltrichtlinien durch normkonkretisierende Verwaltungsvorschriften - Zur jüngsten Rechtsprechung des Europäischen Gerichtshofs, RIW 1992, S. 379 ff.

ders.: Zur direkten innerstaatlichen Wirkung der EG-Richtlinien: Ein Beispiel richterlicher Rechtsfortbildung auf der Basis gemeinsamer Rechtsgrundsätze, in: Börner, Bodo (Hrsg.): Festschrift für Carl Karstens, Band 1, S. 95 ff., Köln 1984.

ders.: Zur Funktion des Gerichtshofs bei der Rechtsangleichung in der Europäischen Gemeinschaft, in: Leßmann, Herbert (Hrsg.): Festschrift für Rudolf Lukes, S. 359 ff., Köln 1989.

Faber, Angela: Die Zukunft kommunaler Selbstverwaltung und der Gedanke der Subsidiarität in den Europäischen Gemeinschaften, DVBl. 1991, S. 1128 ff.

Fathmann, Heinrich: Anforderungen an Indirekteinleitungen und deren Selbstüberwachung, in: ATV (Hrsg.), ATV-Schriftenreihe 05, Indirekteinleiter - Erfassung und Überwachung, S. 117 ff., Hennef 1997.

Feldhaus, Gerhard: Zum Inhalt und zur Anwendung des Stands der Technik im Immissionsschutzrecht, DVBl. 1981, S. 165 ff.

Fleiner-Gerster, Thomas: Die Gemeindeautonomie, der Föderalismus und das Prinzip der Subsidiarität, in: Riklin, Alois / Batlinger, Gerard (Hrsg.): Subsidiarität, S. 321 ff., Baden-Baden 1994.

Fluck, Jürgen (Hrsg.): Kreislaufwirtschafts- und Abfallrecht, Kommentar, Heidelberg 1995, Stand Dezember 1997, zit.: Bearbeiter, in: Fluck, KrW-/AbfG.

Frenz, Walter: Der Schutz der kommunalen Organisationshoheit, VerwArch 86 (1995), S. 378 ff.

ders.: Europäisches Umweltrecht, München 1997.

ders.: Gemeindliche Selbstverwaltungsgarantie und Verhältnismäßigkeit, Die Verwaltung 28 (1995), S. 34 ff.

ders.: Kommunale Selbstverwaltung und europäische Integration, in: Hoffmann, Markus / Kromberg, Christian / Roth, Verena / Wiegand, Bodo (Hrsg.): Kommunale Selbstverwaltung im Spiegel von Verfassungsrecht und Verwaltungsrecht, S. 9 ff., Stuttgart 1996.

Frers, Dirk: Zum Verhältnis zwischen Gemeinde und Gemeindeverband nach Art. 28 II GG, DVBl. 1989, S. 449 ff.

Freytag, Christoph / Iven, Klaus: Anforderungen und Konsequenzen der neuen Rahmengesetzgebungskompetenz des Bundes für das Naturschutzrecht, NuR 1997, S. 121 ff.

Friege, H. / Buysch, H. P. / Leuchs, W. / Hembrock, A. / König, W.: Belastung von Klärschlämmen und Böden mit organischen Substanzen, KA 1989, S. 601 ff.

Fuß, Ernst-Werner: Die "Richtlinie" des Europäischen Gemeinschaftsrechts, DVBl. 1965, S. 378 ff.

Gädecke, Michael: Aktuelle Probleme des Gewässerschutz- und Abwasserrechts; Bericht über das 2. umweltrechtliche Symposion des Instituts für Umwelt- und Planungsrecht der Universität Leipzig am 16. und 17. 4. 1997, NuR 1998, S. 246 ff.

Gellermann, Martin: Beeinflussung des bundesdeutschen Rechts durch Richtlinien der EG, Köln 1994.

ders. / Szczekalla, Peter: Gemeinschaftskonforme Umsetzung von Umweltrichtlinien der EG, NuR 1993, S. 54 ff.

Gemeindetag Baden-Württemberg: Neues Muster für eine Abwassersatzung, BWGZ 1997, S. 247 ff.

ders.: Erläuterungen zum Muster für eine Satzung über die öffentliche Abwasserbeseitigung, BWGZ 1997, S. 261 ff.

Gern, Alfons: Deutsches Kommunalrecht, 2. Aufl., Baden-Baden 1997.

Gieseke, Paul / Wiedemann, Werner / Czychowski, Manfred: Wasserhaushaltsgesetz, Kommentar, 6. Aufl., München 1992.

Glaesner, Hans-Joachim: Die Einheitliche Europäische Akte, EuR 1986, S. 119 ff.

ders.: Umwelt als Gegenstand einer Gemeinschaftspolitik, in: Rengeling, Hans-Werner (Hrsg.): Europäisches Umweltrecht und europäische Umweltpolitik, S. 1 ff., Köln 1988.

Gönnenwein, Otto: Gemeinderecht, Tübingen 1963.

Görisch, Christoph: Die Inhalte des Rechtsstaatsprinzips, JuS 1997, S. 988 ff.

Götz, Volkmar: Europäische Gesetzgebung durch Richtlinien - Zusammenwirken von Gemeinschaft und Staat, NJW 1992, S. 1849 ff.

Grabitz, Eberhard: Die Rechtsetzungsbefugnis von Bund und Ländern bei der Durchführung von Gemeinschaftsrecht, AöR 111 (1986), S. 1 ff.

ders. / Hilf, Meinhard: Kommentar zur Europäischen Union, München, Stand Mai 1996, zit.: Bearbeiter, in: Grabitz/Hilf, EU.

ders. / Sasse, Christoph: Umweltkompetenz der Europäischen Gemeinschaften, Beiträge zur Umweltgestaltung, Heft A 59, Berlin 1977.

ders. / Zacker, Christian: Die neuen Umweltkompetenzen der EWG, NVwZ 1989, S. 297 ff.

Grimm, Dieter: Effektivität und Effektivierung des Subsidiaritätsprinzips, KritV 1994, S. 6 ff.

ders.: Subsidiarität ist nur ein Wort, Frankfurter Allgemeine Zeitung (FAZ) v. 17. 9. 1992, S. 38.

Groeben, Hans von der / Thiesing, Jochen / Ehlermann, Claus-Dieter: Kommentar zum EG-Vertrag, 4. Aufl., Baden-Baden 1991, 5. Aufl., Baden-Baden 1997, zit.: Bearbeiter, in: Groeben / Thiesing / Ehlermann, EGV (EWGV).

Gruson, Michael: Die Bedürfnisklausel, Inhalt und Justitiabilität des Art. 72 Abs. 2 GG, Berlin 1967.

Gürbüz, Sabahat: Zur Strafbarkeit von Amtsträgern im Umweltstrafrecht, Frankfurt am Main 1997.

Gusy, Christoph: Der Vorrang des Gesetzes, JuS 1983, S. 189 ff.

Haaß, Bernhard: Handlungsspielräume gemeindlicher Umweltpolitik am Beispiel des Abfallrechts, Berlin 1992.

Habel, Wolfgang / Kuckuck, Bernd: Wassergesetz für Baden-Württemberg, Kommentar, Stuttgart 1982.

Häberle, Peter: Das Prinzip der Subsidiarität aus der Sicht der vergleichenden Verfassungslehre, AöR 119 (1994), S. 169 ff.

Hahn, J.: Klärschlamm ist Abfall, KA 1990, S. 175 ff.

Hailbronner, Kay: Der "nationale Alleingang" im Gemeinschaftsrecht am Beispiel der Abgasstandards für Pkw, EuGRZ 1989, S. 101 ff.

Hamann, Andreas / Lenz, Helmut: Das Grundgesetz für die Bundesrepublik Deutschland v. 23. Mai 1949, 3. Aufl., Neuwied, Berlin 1970.

Hanning, August: Umweltschutz und überbetriebliche technische Normung, Köln 1976.

Hansmann, Klaus: Die Umsetzung von EG-Umweltschutzrichtlinien durch Verwaltungsvorschriften - Probleme und Alternativen im Anschluß an die Entscheidungen des EuGH zu den Richtlinien über die Grenzwerte für Schwefeldioxid / Blei, UTR 17 (1992), S. 21 ff.

ders.: Schwierigkeiten bei der Umsetzung und Durchführung des europäischen Umweltrechts, NVwZ 1995, S. 320 ff.

Hartenfels, Holger: Die Maastricht-Entscheidung des Bundesverfassungsgerichts, WM 1994, S. 529 ff.

Haupt, Johann-Albrecht / Reffken, Hermann / Rhode, Erich (Hrsg.): Niedersächsisches Wassergesetz (NWG), Kommentar, Wiesbaden 1990, Stand September 1996, zit.: Bearbeiter, in: Haupt / Reffken / Rhode, NdsWG.

Heberlein, Horst: Der Schutz der kommunalen Selbstverwaltung in der europäischen Integration - eine Replik, BayVBl. 1993, S. 676 ff.

ders.: Subsidiarität und kommunale Selbstverwaltung, NVwZ 1995, S. 1052 ff.

Heinrichs, Helmut: Gemeinschaftsrecht und nationale Verfassungen - Eine Konfliktstudie, EuGRZ 1989, S. 237 ff.

Heintzen, Markus: Subsidiaritätsprinzip und Europäische Gemeinschaft, JZ 1991, S. 317 ff.

Hendler, Reinhard: Die Befugnis der Gemeinden zum Erlaß satzungsrechtlicher Beschränkungen und Verbote für Indirekteinleitungen, VBlBW 1992, S. 401 ff.

ders.: Umweltrechtliche Grenzwerte in der Gerichts- und Verwaltungspraxis, DÖV 1998, S. 481 ff.

ders.: Verwaltungsvorschriften zur Konkretisierung technischer Standards im Umweltrecht, UTR 40 (1997), S. 55 ff.

Henneke, Hans-Günter: Kommunale Eigenverantwortung bei zunehmender Normdichte, ZG 1994, S. 212 ff.

Henseler, Paul: Das Recht der Abwasserbeseitigung, Köln 1983.

ders.: Die indirekte Einleitung von Abwasser als Regelungsobjekt des Wasserrechts, DVBl. 1981, S. 668 ff.

ders.: Grundstrukturen des Rechts der Abwasserbeseitigung nach der Vierten Novelle zum Wasserhaushaltsgesetz und dem Abwasserabgabengesetz, Bonn 1981.

Herdegen, Matthias: Die Belastbarkeit des Verfassungsgefüges auf dem Weg zur Europäischen Union, EuGRZ 1992, S. 589 ff.

Héritier, Adrienne: Subsidiaritätsprinzip im Bereich Umweltpolitik, in: Hrbek, Rudolf (Hrsg.): Das Subsidiaritätsprinzip in der Europäischen Union - Bedeutung und Wirkung für ausgewählte Politikbereiche, S. 87 ff., Baden-Baden 1995.

Herzog, Roman: Subsidiaritätsprinzip und Staatsverfassung, Der Staat 2 (1963), S. 399 ff.

Hesse, Konrad: Grundzüge des Verfassungsrechts der Bundesrepublik Deutschland, 20. Aufl., Heidelberg 1995.

Heun, Werner: Funktionell-rechtliche Schranken der Verfassungsgerichtsbarkeit, Baden-Baden 1992.

Hilf, Meinhard: Die Richtlinie der Europäischen Gemeinschaft - ohne Richtung, ohne Linie?, EuR 1993, S. 1 ff.

Himmel, Birgitt / Sanden, Joachim: Straf- und haftungsrechtliche Verantwortung der Industrie bei Indirekteinleitungen, wap 1994, S. 62 ff.

dies. / ders.: Undichte Abwasserkanäle als strafrechtliches Risiko, ZfW 1994, S. 449 ff.

Himmel, Joachim: Kommentar zum Landeswassergesetz Rheinland-Pfalz und zum Wasserhaushaltsgesetz, Neuwied 1988.

Himmelmann, Steffen: Gemeinschaftsrechtliche Vorgaben für die Umsetzung von EG-Recht - Zu den Auswirkungen der neuesten Rechtsprechung von EuGH und Bundesverwaltungsgericht auf die nationale Umsetzungspraxis, DÖV 1996, S. 145 ff.

ders.: Kompetenzen der Städte und Gemeinden auf dem Gebiet des Immissionsschutzes, DÖV 1993, S. 497 ff.

Höffe, Otfried: Subsidiarität als staatsphilosophisches Prinzip, in: Nörr, Knut Wolfgang / Oppermann, Thomas (Hrsg.): Subsidiarität: Idee und Wirklichkeit, S. 49 ff., Tübingen 1997.

Hoffschulte, Heinrich: Kommunale und regionale Selbstverwaltung im Europa der Regionen, in: Knemeyer, Franz-Ludwig (Hrsg.): Europa der Regionen - Europa der Kommunen, S. 135 ff., Baden-Baden 1994.

Hofmann, Josef: Verankerung der Grundvoraussetzungen kommunaler und regionaler Selbstverwaltung in einer Europäischen Verfassung, in: Knemeyer, Franz-Ludwig (Hrsg.):

Die Europäische Charta der kommunalen Selbstverwaltung, S. 221 ff., Baden-Baden 1989.

Hohmann, Harald: "Hochzonung", Subsidiarität der Abfallentsorgung und die kommunale Selbstverwaltung: Änderung der Kompetenzen ?, UPR 1989, S. 413 ff.

ders.: Wasserrechliche Pflichten und Strafbarkeit der Wasserbehörden für unbefugte Gewässerbenutzungen durch Unterlassen, NuR 1991, S. 8 ff.

Holtmeier, Ernst-Ludwig: Die 6. Novelle zum Wasserhaushaltsgesetz, gwf Wasser/Abwasser 1997, S. 377 ff.

ders.: Rechtsprobleme im Zusammenhang mit der Umsetzung von EG-Richtlinien im Bereich des Wasserrechts, in: Ministerium für Umwelt, Raumordnung und Landwirtschaft N-W (Hrsg.), Neue Entwicklungen im Umweltrecht, Umweltrechtstage 1996; S. 155 ff., Düsseldorf 1996.

Honert, Siegfried / Rüttgers, Jürgen / Sanden, Joachim: Landeswassergesetz Nordrhein-Westfalen, Kommentar, 4. Aufl., Köln 1996.

Hoppe, Werner: Der Einfluß des europäischen Binnenmarktes auf die kommunale Bauleitplanung und das Bauordnungsrecht, NVwZ 1990, S. 816 ff.

ders.: Probleme des verfassungsgerichtlichen Rechtsschutzes der kommunalen Selbstverwaltung, DVBl. 1995, S. 179 ff.

ders. / Otting, Olaf: Verwaltungsvorschriften als ausreichende Umsetzung von rechtlichen und technischen Vorgaben der Europäischen Union?, NuR 1998, S. 61 ff.

Hörstel, Reinhard: Welche Kosten dürfen unter Herrschaft des Kostendeckungsprinzips nach § 6 I 3 NWKAG in den Gebührensatz einer Entwässerungssatzung fließen?, NVwZ 1995, S. 1188 ff.

Hüglin, Thomas O.: Althusius - Vordenker des Subsidiaritätsprinzips, in: Riklin, Alois / Batlinger, Gerard (Hrsg.): Subsidiarität, S. 97 ff., Baden-Baden 1994.

Hüting, Ralf: Die Wirkung der behördlichen Duldung im Umweltstrafrecht, Berlin 1996.

Ilic, Predrag: Das neue Arbeitsblatt ATV-A 115 - ein Wegweiser zur Aktualisierung der Regelungen für Indirekteinleiter, in: ATV (Hrsg.), ATV Schriftenreihe 05, Indirekteinleiter - Erfassung und Überwachung, S. 47 ff., Hennef 1997.

Ipsen, Hans Peter: Als Bundesstaat in der Gemeinschaft, in: Caemmerer, Ernst v. / Schlochauer, Hans-Jürgen / Steindorf, Ernst (Hrsg.): Probleme des Europäischen Rechts, Festschrift für Walter Hallstein, S. 248 ff., Frankfurt am Main 1966.

ders.: Europäisches Gemeinschaftsrecht , Tübingen 1972.

ders.: Richtlinienergebnisse, in: Hallstein, Walter / Schlochauer, Hans-Jürgen (Hrsg.), Zur Integration Europas, Festschrift für Carl Friedrich Ophüls, S. 67 ff. , Karlsruhe 1965.

Ipsen, Jörn: Kommunale Selbstverwaltung im Spannungsfeld von Gemeinden und Kreisen, in: Juristische Gesellschaft Osnabrück-Emsland (Hrsg.), Vorträge zur Rechtsentwicklung der achtziger Jahre, S. 193 ff.; Köln 1991.

ders.: Schutzbereich der Selbstverwaltungsgarantie und Einwirkungsmöglichkeiten des Gesetzgebers, ZG 1994, S. 194 ff.

ders.: Staatsrecht I (Staatsorganisationsrecht), 9. Aufl., Neuwied, Kriftel, Berlin 1997.

Isensee, Josef: Der Föderalismus und der Verfassungsstaat der Gegenwart, AöR 115 (1990), S. 248 ff.

ders.: Idee und Gestalt des Föderalismus im Grundgesetz, in: Isensee, Josef / Kirchhof, Paul (Hrsg.): Handbuch des Staatsrechts der Bundesrepublik Deutschland, Band IV, § 198, Heidelberg 1990, zit.: Isensee, in: HStR IV, § 198.

ders.: Mit blauem Auge davongekommen - das Grundgesetz, NJW 1993, S. 2583 ff.

ders.: Subsidiaritätsprinzip und Verfassungsrecht, Berlin 1968.

Iven, Klaus: Anmerkung zu EuGH, Urt. v. 11. 8. 1995 - Rs. C-431/92-, NuR 1996, S. 105 f.

Jacobsen, U.: Situation und Perspektiven der landwirtschaftlichen Klärschlammverwertung in Niedersachsen, KA 1995, S. 1285 ff.

Jahn, Friedrich-Adolf: Empfehlungen der Gemeinsamen Verfassungskommission zur Änderung und Ergänzung des Grundgesetzes, DVBl. 1994, S. 177 ff.

Jarass, Hans D.: Der rechtliche Stellenwert technischer und wissenschaftlicher Standards, NJW 1987, S. 1225 ff.

ders.: Die Kompetenzverteilung zwischen der Europäischen Gemeinschaft und den Mitgliedstaaten, AöR 121 (1996), S. 173 ff.

ders.: EG-Kompetenzen und das Prinzip der Subsidiarität nach Schaffung der EU, EuGRZ 1994, S. 209 ff.

ders.: Folgen der innerstaatlichen Wirkung von Richtlinien im Bereich des Umweltschutzes, in: Jarass, Hans D. / Neumann, Lothar F. (Hrsg.): Umweltschutz und Europäische Gemeinschaften, S. 18 ff., Berlin 1992.

ders.: Grundfragen der innerstaatlichen Bedeutung des EG-Rechts, Köln 1994.

ders.: Regelungsspielräume des Landesgesetzgebers im Bereich der konkurrierenden Gesetzgebung und in anderen Bereichen, NVwZ 1996, S. 1041 ff.

ders.: Richtlinienkonforme bzw. EG-rechtskonforme Auslegung nationalen Rechts, EuR 1991, S. 211 ff.

ders.: Richtlinienkonforme bzw. EG-rechtskonforme Auslegung, insbesondere im Bereich des Umweltschutzes, in: Jarass, Hans D. / Neumann, Lothar F. (Hrsg.): Umweltschutz und Europäische Gemeinschaften, S. 35 ff., Berlin 1992.

ders.: Voraussetzungen der innerstaatlichen Wirkung des EG-Rechts, NJW 1990, S. 2420 ff.

ders. / Pieroth, Bodo: Grundgesetz für die Bundesrepublik Deutschland, Kommentar, 3. Aufl., München 1995, zit.: Bearbeiter, in: Jarass/Pieroth, GG.

ders. / Kloepfer, Michael / Kunig, Philip / Papier, Hans-Jürgen u. a.: UGB - Besonderer Teil -; UBA-Bericht 4/94, Berlin 1994.

ders. / *Schreiber, Frank:* Entfaltung des Subsidiaritätsprinzips im Umweltrecht, in: Jarass, Hans D. / Neumann, Lothar F. (Hrsg.): Leistungen und Grenzen des EG-Umweltschutzes, S. 124 ff., Bonn 1994.

Jaron, Andreas: Gewässerschutz in der EG-Kommission, WuB 1993, S. 64 ff.

Kahl, Wolfgang: Möglichkeiten und Grenzen des Subsidiaritätsprinzips nach Art. 3b EG-Vertrag, AöR 118 (1993), S. 414 ff.

ders.: Umweltprinzip und Gemeinschaftsrecht, Heidelberg 1993.

Kaltenmeier, Dieter: Die EG-Richtlinie über die integrierte Vermeidung und Verminderung der Umweltverschmutzung (IVU-Richtlinie) aus der Sicht des Gewässerschutzes, KA 1997, S. 1029 ff. (Teil 1), KA 1998, S. 685 ff. (Teil 2).

Kanowski, S.: Anforderungen nach § 7a WHG an Abwasser bei Direkt- und Indirekteinleitern, KA 1989, S. 562 ff.

Karpen, Ulrich: Verfassungsänderung und Föderalismus, ZG 1995, S. 356 ff.

Kenntner, Markus: Das Subsidiaritätsprinzip als Beweislastumkehrregel, ZRP 1995, S. 367 ff.

ders.: Zehn Jahre nach "Rastede" - Zur dogmatischen Konzeption der kommunalen Selbstverwaltung im Grundgesetz -, DÖV 1998, S. 701 ff.

Keune, Heinz: Bricht Bundes-Wasserrecht kommunales Abwassersatzungsrecht?, WLB 1990, S. 48 ff.

ders.: Kollision rechtlicher, politischer und wirtschafts-psychologischer Gesichtspunkte bei der Auswahl der Stoffe für die Liste I der EG-Gewässerschutz-Richtlinie, ZfW 1978, S. 193 ff.

Kind, Hansgeorg: Ist die gesetzliche Verpflichtung der Exekutive zur (letztverbindlichen) Auslegung eines "unbestimmten Rechtsbegriffs" durch Allgemeine Verwaltungsvorschriften verfassungswidrig ?, DÖV 1988, S. 679 ff.

Kipp, Heinrich: Zum Problem der Förderung der Wissenschaften durch den Bund, DÖV 1956, S. 555 ff.

Kirchner, Christian / *Haas, Joachim:* Rechtliche Grenzen für Kompetenzübertragungen auf die Europäische Gemeinschaft, JZ 1993, S. 760 ff.

Klein, Eckart: Der Verfassungsstaat als Glied einer europäischen Gemeinschaft, VVDStRL 50 (1991), S. 57 ff.

ders.: Unmittelbare Geltung, Anwendbarkeit und Wirkung von Europäischem Gemeinschaftsrecht, Saarbrücken 1988.

ders. / *Haratsch, Andreas:* Neuere Entwicklungen des Rechts der Europäischen Gemeinschaften, DÖV 1994, S. 131 ff.

Klein, Hans Hugo: Die Teilnahme des Staates am wirtschaftlichen Wettbewerb, Stuttgart 1968.

ders.: Kontinuität des Grundgesetzes und seine Änderung im Zuge der Wiedervereinigung, in: Isensee, Josef / Kirchhof, Paul (Hrsg.): Handbuch des Staatsrechts der Bundesrepublik Deutschland, Band VIII, § 198, Heidelberg 1995, zit.: Klein, in: HStR VIII, § 198.

Klein, Winfried: Der Entwurf des Wassergesetzes für das Land Mecklenburg-Vorpommern: Mecklenburg-Vorpommersches Wassergesetz - MVWG, WuB 1992, S. 677 ff.

Kloepfer, Michael: Das Umweltrecht in der deutschen Einigung, Berlin 1991.

ders.: Europäischer Umweltschutz ohne Kompetenz ?, UPR 1986, S. 321 ff.

ders.: Umweltrecht, 2. Aufl., München 1998.

ders.: Verfassungsänderung statt Verfassungsreform: Zur Arbeit der Gemeinsamen Verfassungskommission, Berlin, Baden-Baden 1995.

ders.: Zur Kodifikation des Besonderen Teils eines Umweltgesetzbuchs (UGB-BT), DVBl. 1994, S. 305 ff.

ders.: Zur Kodifikation des Umweltrechts in einem Umweltgesetzbuch, DÖV 1995, S. 745 ff.

ders. / Brandner, Thilo: Rechtsprobleme der Grenzwerte für Abwassereinleitungen, ZfW 1989, S. 1 ff.

ders. / Durner, Wolfgang: Der Umweltgesetzbuch-Entwurf der Sachverständigenkommission (UGB-KomE), DVBl. 1997, S. 1081 ff.

ders. / Rehbinder, Eckard / Schmidt-Aßmann, Eberhard unter Mitwirkung von Kunig, Philip: Umweltgesetzbuch - Allgemeiner Teil, Berichte des UBA 7/90, 2. Aufl., Berlin 1991.

ders. / Vierhaus, Hans-Peter: Umweltstrafrecht, München 1995.

Klüppel, Vera: Umweltschutz in Europa sowie auf Bundes- und Landesebene; Bericht über die Nordrhein-Westfälischen Umweltrechtstage am 26. / 27. 8. 1997 in Düsseldorf, NuR 1998, S. 129 ff.

Knemeyer, Franz-Ludwig: Das verfassungsrechtliche Verhältnis der Kommunen zueinander und zum Staat, DVBl. 1984, S. 23 ff.

ders.: Die Europäische Charta der kommunalen Selbstverwaltung, DÖV 1988, S. 997 ff.

ders.: Die verfassungsrechtliche Gewährleistung des Selbstverwaltungsrechts der Gemeinden und Landkreise, in: Mutius, Albert v. (Hrsg.), Festgabe für G. C. von Unruh, S. 209 ff., Heidelberg 1983.

ders.: Staat-Kommunen, Gemeinden-Landkreise, Der Staat 29 (1990), S. 406 ff.

ders.: Subsidiarität - Föderalismus - Regionalismus, Dezentralisation, kommunale Selbstverwaltung, in: Knemeyer, Franz-Ludwig (Hrsg.): Europa der Regionen - Europa der Kommunen, S. 37 ff., Baden-Baden 1994.

ders. (Hrsg.): Die Europäische Charta der kommunalen Selbstverwaltung. Entstehung und Bedeutung, Länderberichte und Analysen, Baden-Baden 1989.

Knopf, Peter: Europarecht und kommunale Selbstverwaltung, DVBl. 1980, S. 106 ff.

Knopp, Günther-Michael: Schwerpunkte der 6. Novelle zum Wasserhaushaltsgesetz, NJW 1997, S. 417 ff.

ders. / Manner, Reinhardt: Das Wasserrecht in Bayern, München 1987.

Koch, Hans-Joachim: Die IPPC-Richtlinie: Umsturz im deutschen Anlagenzulassungsrecht?, UTR 40 (1997), S. 31 ff.

Kollmann, Manfred: Das Landeswassergesetz Schleswig-Holstein nach der 5. Novellierung, WuB 1992, S. 321 ff.

ders.: Wassergesetz des Landes Schleswig-Holstein, Kommentar, Wiesbaden 1987, Stand März 1997.

Konow, Gerhard: Zum Subsidiaritätsprinzip des Vertrags von Maastricht, DÖV 1993, S. 405 ff.

Korte, Heinz W.: Die Aufgabenverteilung zwischen Gemeinde und Staat unter besonderer Berücksichtigung des Subsidiaritätsprinzips, VerwArch 61 (1970), S. 3ff., 141 ff.

Kössinger, Winfried: Die Durchführung des Europäischen Gemeinschaftsrechts im Bundesstaat, Berlin 1989.

Krämer, Ludwig: Aufgabenverflechtung zwischen Europäischer Gemeinschaft, Bund und Ländern, dargestellt am Beispiel des Umweltschutzes, in: Magiera, Siegfried / Merten, Detlef (Hrsg.): Bundesländer und Europäische Gemeinschaft, S. 189 ff., Berlin 1988.

ders.: Einheitliche Europäische Akte und Umweltschutz: Überlegungen zu einigen neuen Bestimmungen im Gemeinschaftsrecht, in: Rengeling, Hans-Werner (Hrsg.): Europäisches Umweltrecht und europäische Umweltpolitik, S. 137 ff., Köln 1988.

ders.: Europäisches Umweltrecht, Chronik vom 1. April 1995 bis 31. Dezember 1997, ZUR 1998, S. 70 ff.

Krauße, Hans-Peter: Das Prinzip begrenzter Ermächtigung im Gemeinschaftsrecht als Strukturprinzip des EWG-Vertrages, Berlin 1991.

Krebs, Walter: Abwasserbeseitigung und Gewässerschutz, in: Krebs, Walter / Oldiges, Martin / Papier, Hans-Jürgen, Aktuelle Probleme des Gewässerschutzes, S. 1 ff., Köln 1990.

Kreiner, Wilhelm: Europarecht und Selbstverwaltungsrecht der Gemeinden, RiA 1989, S. 141 ff.

Kreplin, Joachim: Die Richtlinie als Instrument der Rechtsangleichung nach Art. 100 EWGV, NJW 1965, S. 467 ff.

Kretschmer, Friedrich: Subsidiarität - Mehr als nur ein Wort, ZRP 1994, S. 157 ff.

Kreutzberger, Robert: Der Umweltschutz als Aufgabe der Europäischen Gemeinschaften, ZfU 1986, S. 169 ff.

Krieger, Stephan: Die Kompetenz des Bundes zur Regelung des Umgangs mit wassergefährdenden Stoffen und Möglichkeiten ihres Gebrauchs, DÖV 1996, S. 455 ff.

Kromarek, Pascale: Oberflächen- und Grundwasserschutz, in: Rengeling, Hans-Werner (Hrsg.): Europäisches Umweltrecht und europäische Umweltpolitik, S. 59 ff., Köln 1988.

ders.: Vergleichende Untersuchung über die Umsetzung der EG-Richtlinien Abfall und Wasser, in: Umweltbundesamt (Hrsg.): UBA-Forschungsbericht 85-121, Berlin 1987.

Kromer, Michael: Rechtlicher Rahmen der Restabfallbehandlung: Zur Bindungswirkung der TA Siedlungsabfall, NVwZ 1995, S. 975 ff.

Kronisch, Joachim: Aufgabenverlagerung und gemeindliche Aufgabengarantie, Baden-Baden 1993.

Krüger, Herbert: Allgemeine Staatslehre, 2. Aufl., Stuttgart 1966.

Küchenhoff, Günther: Bund und Gemeinde, BayVBl. 1958, S. 65 ff.

Kuckuk, Günther: Probleme des Vollzugs von Rahmengesetzen, DÖV 1978, S. 354 ff.

Kummer, Heinz Joachim / Giesberts, Ludger: Rechtsfragen der Privatisierung kommunaler Abfallentsorgung und Abwasserbeseitigung, NVwZ 1996, S. 1166 ff.

Kunz, P.: Die neue Indirekteinleiter-Verordnung Baden-Württemberg aus der Sicht eines neutralen Beobachters, KA 1990, S. 1480 ff.

Lahl, U. / Hillebrand, W. / Wende, H.: Industrielle und gewerbliche Abwasserindirekteinleitungen in die öffentliche Kanalisation, KA 1991, S. 614 ff.

ders. / ders. / ders.: Sind Entwässerungssatzungen noch zeitgemäß? Ein Erfahrungsbericht zur Indirekteinleiterreglementierung, gwf Wasser-Abwasser 1991, S. 432 ff.

ders. / Zeschmar-Lahl, B.: Klärschlammentsorgung - Die Spielregeln ändern, KA 1990, S. 164 ff.

Lambers, Hans-Jürgen: Subsidiarität in Europa - Allheilmittel oder juristische Leerformel?, EuR 1993, S. 229 ff.

Länderarbeitsgemeinschaft Wasser und Bundesumweltministerium: Thesenpapier, KA 1995, S. 1869 ff.

Langenfeld, Christine: Zur Direktwirkung von EG-Richtlinien, DÖV 1992, S. 955 ff.

Larenz, Karl: Methodenlehre der Rechtswissenschaft, 4. Aufl., Berlin 1979.

Lausch, Hannelore: Europäische Umweltpolitik auf dem Gebiet des Gewässerschutzes, Steinbach (Taunus) 1986.

Lecheler, Helmut: Das Subsidiaritätsprinzip, Strukturprinzip einer Europäischen Union, Berlin 1993.

Leisner, Walter: Effizienz als Rechtsprinzip, Tübingen 1971.

Lenz, Carl Otto: Die Rechtsprechung des Europäischen Gerichtshofs auf dem Gebiet des Umweltschutzes, in: Rengeling, Hans-Werner (Hrsg.): Umweltschutz und andere Politiken der Gemeinschaft, S. 15 ff., Köln 1993.

ders.: Entwicklung und unmittelbare Geltung des Gemeinschaftsrechts, DVBl. 1990, S. 903 ff.

Lietzmann, Kurt: Einheitliche Europäische Akte und Umweltschutz: Die neuen Umweltbestimmungen im EWG-Vertrag, in: Rengeling, Hans-Werner (Hrsg.): Europäisches Umweltrecht und europäische Umweltpolitik, S. 163 ff., Köln 1988.

Lindner, K.-H.: Aktuelle Entwicklungen im Klärschlammbereich auf europäischer Ebene, KA 1995, S. 1272 ff.

Lomas, Owen: Umweltrecht in Großbritannien: Ein Rechtsgebiet im Aufbau, DVBl. 1992, S. 949 ff.

Loschelder, Wolfgang: Gemeinde- und Kreisaufgaben: Überlegungen zu einem vorläufigen Resümee, der landkreis 1989, S. 380 ff.

Lübbe-Wolff, Gertrude: Abwassersatzung, in: Lübbe-Wolff (Hrsg.): Umweltschutz durch kommunales Satzungsrecht, 1. Aufl., Berlin 1993, 2. Aufl., Berlin 1997.

dies.: Das neue Landeswassergesetz, NWVBl. 1989, S. 353 ff.

dies.: Die neue Klärschlammverordnung, IUR 1992, S. 156 ff.

dies.: Die sechste Novelle zum Wasserhaushaltsgesetz, ZUR 1997, S. 61 ff.

dies.: Konstitution und Konkretisierung außenwirksamer Standards durch Verwaltungsvorschriften, DÖV 1987, S. 896 ff.

dies.: Wasserrecht und kommunale Entwässerungssatzung, NVwZ 1989, S. 205 ff.

Lühr, Hans-Peter : Schadenseinstufung durch undichte Kanäle unter besonderer Berücksichtigung der Abwässer aus privaten Haushalten und Gewerbebetrieben, in: Schuster, Franz (Hrsg.); Kommunale Abwasserpolitik als vorbeugender Gewässerschutz, S. 7 ff., Köln 1992.

ders. / Sterger, Olaf: Kommentar zur neuen Verordnung über Anforderungen an das Einleiten von Abwasser in Gewässer und zur Anpassung der Anlage des Abwasserabgabengesetzes, KA 1997, S. 1251 ff.

Magiera, Siegfried: Kommunale Selbstverwaltung in der Europäischen Union, in: Grupp, Klaus / Ronellenfitsch, Michael (Hrsg.): Kommunale Selbstverwaltung in Deutschland und Europa, S. 13 ff., Berlin 1995.

Mangoldt, Hermann v. / Klein, Friedrich: Das Bonner Grundgesetz, Kommentar, 3. Aufl., München 1996.

Manssen, Gerrit: Regelung der Baugestaltung und gemeindliche Selbstverwaltung, Die Verwaltung 24 (1991), S. 33 ff.

Marburger, Peter: Die Regeln der Technik im Recht, Köln 1979.

Martens, Claus-Peter / Lorenz, Marc-Andor: Die Ökonomisierung des Rechtsbegriffs "Stand der Technik" durch die sechste Novelle zum WHG, NVwZ 1998, S. 13 ff.

Martini, Alexander / Müller, Wolfgang: Der Schutz der kommunalen Selbstverwaltung in der europäischen Integration durch nationales Verfassungsrecht und gemeinschaftsrechtliche allgemeine Rechtsgrundsätze, BayVBl. 1993, S. 161 ff.

Maunz, Theodor / Zippelius, Reinhold: Deutsches Staatsrecht, 29. Aufl., München 1994.

ders. / Dürig, Günther / Herzog, Roman / Scholz, Rupert (Hrsg.): Grundgesetz Kommentar, München 1996, Stand Oktober 1996, zit.: Bearbeiter, in: Maunz / Dürig / Herzog / Scholz, GG.

Maurer, Hartmut: Allgemeines Verwaltungsrecht, 10. Aufl., München 1995.

ders.: Verfassungsrechtliche Grundlagen der kommunalen Selbstverwaltung, DVBl. 1995, S. 1037 ff.

Melsa, Armin K.: Die Klärschlammverbrennung vor dem Hintergrund des KrW-/AbfG - Standpunkte, KA 1997, S. 1752 ff.

Menger, Christian-F.: Entwicklung der Selbstverwaltung im Verfassungsstaat der Neuzeit, in: Mutius, Albert v. (Hrsg.): Selbstverwaltung im Staat der Industriegesellschaft, Festgabe für G. C. von Unruh, S. 25 ff., Heidelberg 1983.

Merkel, Wolfgang: Allgemein anerkannte Regeln der Technik (a. a. R. d. T.) Stand der Technik (SdT) und beste verfügbare Techniken (BVT), gwf Wasser-Abwasser 1996, S. 243 ff.

Merten, Detlef: Subsidiarität als Verfassungsprinzip, in: Merten, Detlef (Hrsg.): Die Subsidiarität Europas, 2. Aufl., Berlin 1994.

Meßerschmidt, Klaus: Der Grundsatz der Bundestreue und die Gemeinden - untersucht am Beispiel der "kommunalen Außenpolitik", Die Verwaltung 23 (1990), S. 425 ff.

Millgramm, Karl-Heinz: Föderalismus und Individuum, DVBl. 1990, S. 740 ff.

Möbs, Hans: Gewässerschutzrecht in Deutschland und in der Europäischen Gemeinschaft - Divergierende Zielsetzungen?, in: Behrens, Peter / Koch, Hans-Joachim (Hrsg.): Umweltschutz in der Europäischen Gemeinschaft, S. 112 ff., Baden-Baden 1991.

Mögele, Rudolf: Grundzüge der Rechtsordnung der Europäischen Gemeinschaften, BayVBl. 1989, S. 577 ff.

Möller, U.: Entseuchung von Klärschlämmen - Eine Standortbestimmung, KA 1988, S. 24 ff.

ders.: Schlammentsorgung im Lichte neuer Forderungen, KA 1989, S. 482 ff.

Mombaur, Peter Michael / Lennep, Hans Gerd v.: Die deutsche kommunale Selbstverwaltung und das Europarecht, DÖV 1988, S. 988 ff.

Möschel, Wernhard: Zum Subsidiaritätsprinzip im Vertrag von Maastricht, NJW 1993, S. 3025 ff.

Müller, Martha Dagmar: Auswirkungen der Grundgesetzrevision von 1994 auf die Verteilung der Gesetzgebungskompetenzen zwischen Bund und Ländern, Münster 1996.

Müller, Wolfgang: Die Entscheidung des Grundgesetzes für die gemeindliche Selbstverwaltung im Rahmen der europäischen Integration, Baden-Baden 1992.

Müller-Brandeck-Bocquet, Gisela: Perspektiven des deutschen Föderalismus nach der Verfassungsreform, Die Verwaltung 29 (1996), S. 143 ff.

Mumm, Karen: Indirekteinleiterüberwachung in der praktischen Umsetzung, in: ATV (Hrsg.), ATV-Schriftenreihe 05, Indirekteinleiter - Erfassung und Überwachung, S. 81 ff., Hennef 1997.

Münch, Ingo v. / Kunig, Philip (Hrsg.): Grundgesetz-Kommentar, 2. Aufl., München 1983 (Hrsg.: Münch, Ingo v.), zit.: Bearbeiter, in: v. Münch, GG (2. Aufl. 1983), 3. Aufl., München 1995, zit.: Bearbeiter, in: v. Münch / Kunig, GG.

Mutius, Albert v.: Grundfälle zum Kommunalrecht, JuS 1977, S. 455 ff.

ders.: Sind weitere rechtliche Maßnahmen zu empfehlen, um den notwendigen Handlungs- und Entfaltungsspielraum der kommunalen Selbstverwaltung zu gewährleisten?, Gutachten E für den 53. Deutschen Juristentag, München 1980.

Nell-Breuning, Oswald v.: Baugesetze der Gesellschaft. Solidarität und Subsidiarität, Freiburg 1963, NeuAufl. 1990.

ders.: Zur Sozialreform - Erwägungen zum Subsidiaritätsprinzip, Stimmen der Zeit 157 (1955/56), S. 1 ff.

ders. / Sacher, Hermann: Zur christlichen Gesellschaftslehre, Beiträge zu einem Wörterbuch der Politik, Heft I, Freiburg 1947.

ders. / ders.: Zur christlichen Staatslehre, Beiträge zu einem Wörterbuch der Politik, Heft II, Freiburg 1948.

Nicklisch, Fritz: Wechselwirkungen zwischen Technologie und Recht, NJW 1982, S. 2633 ff.

Nickusch, Karl-Otto: Die Normativfunktion technischer Ausschüsse und Verbände als Problem der staatlichen Rechtsquellenlehre, München 1964.

Nicolaysen, Gert: Europarecht, Band 1, Baden-Baden 1991.

Niebler, Engelbert: Die Rechtsprechung des Bundesverfassungsgerichts zum Verhältnis des Deutschen Rechts zum Recht der Europäischen Gemeinschaften, in: Leßmann, Herbert / Großfeld, Bernhard / Vollmer, Lothar (Hrsg.): Festschrift für Rudolf Lukes zum 65. Geburtstag, S. 495 ff., Köln 1989.

Nierhaus, Michael: Kurzkommentar zu VerfG Brandenburg, Urt. v. 19. 05. 1994, DVBl. 1994, 857, EWiR 1994, S. 1105 f.

Nisipeanu, Peter: Abwasserrecht, München 1991.

Nordrhein-Westfälischer Städte- und Gemeindebund: Muster einer Entwässerungssatzung, http://www.nwstgb.de/data/veroeff/satz/satz2.htm.

Offermann-Clas, Christel: Das Abfallrecht der Europäischen Gemeinschaften, DVBl. 1981, S. 1125 ff.

Oldekop, Dieter: Die Richtlinien der Europäischen Wirtschaftsgemeinschaft, JöR n. F. 1972, S. 55 ff.

ders.: Die Richtlinie der EWG, Göttingen 1968.

Oldenbourg, Andreas: Die unmittelbare Wirkung von EG-Richtlinien im innerstaatlichen Bereich, München 1984.

Oldiges, Martin: Gesetzgebungskompetenzen im Wasserwirtschaftsrecht - Zur Frage der Reformbedürftigkeit, in: Oldiges, Martin (Hrsg.): Aktuelle Probleme des Gewässerschutz- und Abwasserrechts, S. 51 ff., Leipzig 1998.

ders.: Verbandskompetenz, DÖV 1989, S. 873 ff.

Oppermann, Thomas: Subsidiarität im Sinne des Deutschen Grundgesetzes, Einige grundsätzliche Bemerkungen, in: Nörr, Knut Wolfgang / Oppermann, Thomas (Hrsg.): Subsidiarität: Idee und Wirklichkeit, S. 215 ff., Marburg 1997.

Ortlepp, Beate Christina: Das Vertragsverletzungsverfahren als Instrument zur Sicherung der Legalität im europäischen Gemeinschaftsrecht, Baden-Baden 1987.

Ossenbühl, Fritz: Diskussionsbeitrag, VVDStRL 39 (81), S. 189.

ders.: Maastricht und das Grundgesetz - eine verfassungsrechtliche Wende?, DVBl. 1993, S. 629 ff.

ders.: Maßhalten mit dem Übermaßverbot, in: Badura, Peter / Scholz, Rupert (Hrsg.): Wege und Verfahren des Verfassungsstaates, Festschrift für Peter Lerche zum 65. Geburtstag, S. 151 ff., München 1993.

ders.: Rechtsquellen und Rechtsbindungen der Verwaltung, in: Erichsen, Hans-Uwe (Hrsg.), Allgemeines Verwaltungsrecht, S. 111 ff., 10. Aufl., Berlin 1995.

ders.: Satzung, in: Isensee, Josef / Kirchhof, Paul (Hrsg.): Handbuch des Staatsrechts der Bundesrepublik Deutschland, Band IV, § 66, Heidelberg 1990, zit.: Ossenbühl, in: HStR IV, § 66.

Pagenkopf, Hans: Kommunalrecht, Band. I, 2. Aufl., Köln 1975.

Palandt, Otto (Hrsg.): Bürgerliches Gesetzbuch, Kommentar, 56. Aufl., München 1997, zit.: Bearbeiter, in: Palandt, BGB.

Papier, Hans-Jürgen: Bedeutung der Verwaltungsvorschriften im Recht der Technik, in: Leßmann, Herbert / Großfeld, Bernhard / Vollmer, Lothar (Hrsg.): Festschrift für Rudolf Lukes, S. 159 ff., Köln 1989.

ders.: Strafrechtliche Probleme des Gewässerschutzes, in: Krebs, Walter / Oldiges, Martin / Papier, Hans-Jürgen, Aktuelle Probleme des Gewässerschutzes, S. 61 ff., Köln 1990.

Pappermann, Ernst: Verwaltungsverbund im kreisangehörigen Raum, DÖV 1975, S. 181 ff.

Pechstein, Matthias: EG-Umweltrechtskompetenzen und nationale Alleingänge beim Umweltschutz, Jura 1996, S. 176 ff.

Pernice, Ingolf: Auswirkungen des europäischen Binnenmarktes auf das Umweltrecht - Gemeinschafts(verfassungs-)rechtliche Grundlagen, NVwZ 1990, S. 201 ff.

ders.: Kompetenzordnung und Handlungsbefugnisse der Europäischen Gemeinschaft auf dem Gebiet des Umwelt- und Technikrechtes, Die Verwaltung 22 (1989), S. 1 ff.

ders.: Kriterien der normativen Umsetzung von Umweltrichtlinien der EG im Lichte der Rechtsprechung des EuGH, EuR 1994, S. 325 ff.

Petz, Helmut: Aufgabenübertragung und kommunales Selbstverwaltungsrecht, DÖV 1991, S. 320 ff.

Pfohl, Michael: Strafbarkeit von Amtsträgern wegen Duldung unzureichender Abwasseranlagen, NJW 1994, S. 418 ff.

Pieper, Stefan Ulrich: Subsidiarität, Köln 1994.

ders.: Subsidiaritätsprinzip - Strukturprinzip der Europäischen Union, DVBl. 1993, S. 705 ff.

Pietzcker, Jost: Zuständigkeitsordnung und Kollisionsrecht im Bundesstaat, in: Isensee, Josef / Kirchoff, Paul (Hrsg.): Handbuch des Staatsrechts der Bundesrepublik Deutschland, Band IV, § 99, Heidelberg 1990, zit.: Pietzcker, in: HStR IV, § 99.

Pipkorn, Jörn: Das Subsidiaritätsprinzip im Vertrag über die Europäische Union - rechtliche Bedeutung und gerichtliche Überprüfbarkeit, EuZW 1992, S. 697 ff.

Pohl, Hans: Wurzeln und Anfänge der Selbstverwaltung, dargestellt am Beispiel der Städte, in: Mutius, Albert v. (Hrsg.): Selbstverwaltung im Staat der Industriegesellschaft, Festgabe für G. C. von Unruh, S. 3 ff., Heidelberg 1983.

Poymann, Peter: Das neue Wasserrecht aus kommunaler Sicht, BWGZ 1996, S. 271 ff.

Praml, Rolf: Anmerkungen zur Novellierung des Bundes-Wasserrechts, NuR 1986, S. 66 ff.

Püttner, Günter: Kommunale Selbstverwaltung, in: Isensee, Josef / Kirchhof, Paul (Hrsg.): Handbuch des Staatsrechts der Bundesrepublik Deutschland, Band IV, § 107, Heidelberg 1990, zit.: Püttner, in: HStR IV, § 107.

Rapsch, Arnulf: Wasserverbandsrecht, München 1993.

Rebentisch, Manfred: Die immissionsschutzrechtliche Genehmigung - ein Instrument integrierten Umweltschutzes?, NVwZ 1995, S. 949 ff.

Rehbinder, Eckard: Argumente für die Kodifikation des deutschen Umweltrechts, UPR 1995, S. 361 ff.

Reichert, Ronald: Grenzen kommunaler Grenzwertfestsetzungen bei Indirekteinleitern am Beispiel nordrhein-westfälischen Rechts, ZfW 1997, S. 141 ff.

ders.: Verfassungsmäßigkeit der Novelle zum Wasserhaushaltsgesetz? - Grenzen der Rahmengesetzgebung, NVwZ 1998, S. 17 ff.

Reinhardt, Michael: Abschied von der Verwaltungsvorschrift im Wasserrecht? Zu den Auswirkungen der neueren Rechtsprechung des EuGH auf den wasserrechtlichen Vollzug in der Bundesrepublik Deutschland, DÖV 1992, S. 102 ff.

ders.: Die Überwachung durch Private im Umwelt- und Technikrecht, AöR 121 (1996), S. 617 ff.

ders.: Die Umsetzung von Rechtsakten der Europäischen Gemeinschaften durch die Exekutive, UTR 40 (1997), S. 327 ff.

Rendtorff, Trutz: Kritische Erwägungen zum Subsidiaritätsprinzip, Der Staat 1 (1962), S. 405 ff.

Rengeling, Hans-Werner: Der Stand der Technik bei der Genehmigung umweltgefährdender Anlagen, Köln 1985.

ders.: Deutsches und europäisches Verwaltungsrecht - wechselseitige Einflüsse, VVDStRL 53 (1994), S. 202 ff.

ders.: Die Garantie der kommunalen Selbstverwaltung im Zeichen der europäischen Integration, DVBl. 1990, S. 893 ff.

ders.: Die Garantie der kommunalen Selbstverwaltung im Zeichen der europäischen Integration, in: Hoppe, Werner / Schink, Alexander (Hrsg.): Kommunale Selbstverwaltung und europäische Integration, S. 25 ff., Köln 1990.

ders.: Europäische Normgebung und ihre Umsetzung in nationales Recht, DVBl. 1995, S. 945 ff.

ders.: Gesetzgebungszuständigkeit, in: Isensee, Josef / Kirchhof, Paul (Hrsg.): Handbuch des Staatsrechts der Bundesrepublik Deutschland, Bd. IV, § 100, Heidelberg 1990, zit.: Rengeling, in: HStR IV, § 100.

ders. / Gellermann, Martin: Gestaltung des europäischen Umweltrechts und seine Implementation im deutschen Rechtsraum, UTR 36 (1996), S. 1 ff.

Rennert, Klaus: Der deutsche Föderalismus in der gegenwärtigen Debatte um eine Verfassungsreform, Der Staat 32 (1993), S. 269 ff.

Riegel, Reinhard: Die neuen Vorschriften des Wasserhaushaltsgesetzes, NJW 1976, S. 783 ff.

ders.: Gliedstaatkompetenzen im Bundesstaat und Europäisches Gemeinschaftsrecht, DVBl. 1979, S. 243 ff.

ders.: Notwendigkeiten und Probleme einer gemeinschaftsrechtlichen Integration des Umweltschutzrechts unter besonderer Berücksichtigung des Wasserrechts, NuR 1981, S. 90 ff.

ders.: Überlegungen zum Problem EG-Richtlinien und nationale Rahmenkompetenz, EuR 1976, S. 79 ff.

ders.: Umweltschutzaktivitäten der Europäischen Gemeinschaften auf dem Gebiete des Wasserrechts und deren Bedeutung für das innerstaatliche Recht, DVBl. 1977, S. 82 ff.

Riklin, Alois: Schlußwort, in: Riklin, Alois / Batlinger, Gerard (Hrsg.): Subsidiarität, S. 441 ff., Baden-Baden 1994.

Rohn, Stephan / Sannwald, Rüdiger: Die Ergebnisse der Gemeinsamen Verfassungskommission, ZRP 1994, S. 65 ff.

Rosenzweig, Klaus: Kommunale Abwassersatzungen als wirksames Instrument zur Regelung von Indirekteinleitungen, in: ATV (Hrsg.), ATV Schriftenreihe 05, Indirekteinleiter - Erfassung und Überwachung, S. 37 ff., Hennef 1997.

Rothschild, Kurt W.: Subsidiarität aus ökonomischer Sicht, in: Riklin, Alois / Batlinger, Gerard (Hrsg.): Subsidiarität, S. 193 ff., Baden-Baden 1994.

Ruchay, Dietrich: Europäische Anforderungen an Abwasserbehandlung und Gewässergüte - Stand und Perspektiven, WuB 1989, S. 274 ff.

ders.: Gewässerschutz aus deutscher Sicht, KA 1988, S. 530 ff.

Rudolphi, Hans-Joachim: Probleme der strafrechtlichen Verantwortung von Amtsträgern für Gewässerverunreinigungen, in: Hanack, Ernst-Walter (Hrsg.): Festschrift für Hans Dünnebier, S.561 ff., Berlin, New York 1982.

Ruffert, Matthias: Dogmatik und Praxis des subjektiv-öffentlichen Rechts unter dem Einfluß des Gemeinschaftsrechts, DVBl. 1998, S. 69 ff.

ders.: Kontinuität oder Kehrtwende im Streit um die gemeinschaftsrechtlichen Umweltschutz-kompetenzen?, Jura 1994, S. 635 ff.

Rüttgers, Jürgen: Rechte und Pflichten im Zusammenhang mit der Abwasserbeseitigungs-pflicht nach § 53 LWG NW, ZfW 1987, S. 1 ff.

Ryback, Hubertus / Hofmann, Hans: Verteilung der Gesetzgebungsrechte zwischen Bund und Ländern nach der Reform des Grundgesetzes, NVwZ 1995, S. 230 ff.

Sachs, Michael (Hrsg.): Grundgesetz, Kommentar, München 1996, zit.: Bearbeiter, in: Sachs, GG.

Salzwedel, Jürgen: Probleme der Umsetzung europäischen Gemeinschaftsrechts in das Um-welt- und Technikrecht der Mitgliedstaaten - Das Beispiel des Gewässerschutzes -, UTR 7 (1989), S. 65 ff.

ders.: Richtlinien der Europäischen Gemeinschaften auf dem Gebiet des Gewässerschutzes und neue Entwicklungen im deutschen Recht, in: Rengeling, Hans-Werner (Hrsg.): Europäi-sches Umweltrecht und europäische Umweltpolitik, S. 77 ff., Köln 1988.

ders.: Wassergesetzgebung im Superwahljahr, KA 1994, S. 682 ff.

ders. / Reinhardt, Michael: Neuere Tendenzen im Wasserrecht, NVwZ 1991, S. 946 ff.

Sander, Eberhard: Von der Teilstromregelung zur Indirekteinleiterverordnung, WuB 1993, S. 961 ff.

ders.: Die Indirekteinleiterverordnungen der Länder, Köln 1993.

ders.: Ein eigener Stand der Technik im Wasserrecht? Anmerkungen zu dem geänderten § 7a WHG, ZfW 1998, S. 405 ff.

ders.: Konsequenzen für Indirekteinleiter aus der Novellierung des § 7a WHG, ZfW 1996, S. 510 ff.

ders.: Mit dem Stand der Technik leben - Das Recht der Abwasserbeseitigung nach der 6. No-velle zum WHG, KA 1997, S. 712 ff.

Sander, Horst P.: Haftung des Kanalisationsbenutzers, in: ATV (Hrsg.), ATV-Schriftenreihe 05, Indirekteinleiter - Erfassung und Überwachung, S. 129 ff., Hennef 1997.

Sannwald, Rüdiger: Die Neuordnung der Gesetzgebungskompetenzen und des Gesetzgebungs-verfahrens im Bundesstaat, Bundesanzeiger Jahrgang 48 Nr. 11a v. 17. 01. 1996.

ders.: Die Reform der Gesetzgebungskompetenzen nach den Beschlüssen der Gemeinsamen Verfassungskommission von Bundestag und Bundesrat, DÖV 1994, S. 629 ff.

ders.: Die Reform der Gesetzgebungskompetenzen und des Gesetzgebungsverfahrens nach den Beschlüssen der Gemeinsamen Verfassungskommission von Bundestag und Bundesrat, ZG 1994, S. 134 ff.

ders.: Die Reform des Grundgesetzes, NJW 1994, S. 3313 ff.

Schäfer, Rüdiger: Probleme der EWG-Richtlinie, Freiburg 1973.

Schaffarzik, Bert: Das Gebot der Gleichberechtigung im Spannungsfeld staatlicher Organisati-onsgewalt und kommunaler Organisationshoheit, DÖV 1996, S. 152 ff.

Scharpf, Fritz W.: Europäisches Demokratiedefizit und deutscher Föderalismus, StWiss u. StPrax 1992, S. 293 ff.

Schatz, Ulrich: Zur rechtlichen Bedeutung von Art. 189 Abs. 3 EWGV für die Rechtsangleichung durch Richtlinien, NJW 1967, S. 1694 ff.

Schaub, Günter: Arbeitsrechtshandbuch, 8. Aufl., München 1996.

Schelter, Kurt: Subsidiarität - Handlungsprinzip für das Europa der Zukunft, EuZW 1990, S. 217 ff.

Scherzberg, Arno: Mittelbare Rechtsetzung durch Gemeinschaftsrecht, Jura 1992, S. 572 ff.

Scheuing, Dieter H.: Deutsches Verfassungsrecht und europäische Integration, EuR-Beiheft 1/1997, S. 7 ff.

ders.: Die Einheitliche Europäische Akte als Grundlage umweltrechtlicher Aktivitäten der Europäischen Gemeinschaft, in: Behrens, Peter / Koch, Hans-Joachim (Hrsg.): Umweltschutz in der Europäischen Gemeinschaft, S. 46 ff., Baden-Baden 1991.

ders.: Umweltschutz auf der Grundlage der Einheitlichen Europäischen Akte, EuR 1989, S. 152 ff.

Scheuner, Ulrich: Diskussionsbeitrag, VVDStRL 20 (1963), S. 125.

ders.: Zur Neubestimmung der kommunalen Selbstverwaltung, AfK 12 (1973), S. 1 ff.

Schima, Bernhard: Das Subsidiaritätsprinzip im Europäischen Gemeinschaftsrecht, Wien 1994.

Schink, Alexander: Gesetzliche Kreiszuständigkeiten und Subsidiaritätsprinzip, in: Schmidt-Jortzig, Edzard / Schink, Alexander: Subsidiaritätsprinzip und Kommunalordnung, S. 25 ff., Köln1982.

ders.: Kommunale Selbstverwaltung im kreisangehörigen Raum, VerwArch 26 (1990), S. 385 ff.

Schlaich, Klaus: Das Bundesverfassungsgericht - Stellung, Verfahren, Entscheidung, 4. Aufl. München 1997.

Schleifenbaum, Reinold / Kamphausen, Peter: Selbstverwaltung der Gemeinden in Rheinland-Pfalz - im Bereich der Wasserversorgung und Abwasserbeseitigung nur noch Utopie?, VR 1983, S. 9 ff.

Schmehl, Arndt: Die erneuerte Erforderlichkeitsklausel in Art. 72 Abs. 2 GG, DÖV 1996, S. 724 ff.

Schmeken, Werner / Müller, Wolf: Umweltstrafrecht in den Kommunen, 3. Aufl., Tönisvorst 1993.

Schmidhuber, Peter M.: Das Subsidiaritätsprinzip im Vertrag von Maastricht, DVBl. 1993, S. 417 ff.

ders. / Hitzler, Gerhard: Die Verankerung des Subsidiaritätsprinzips im EWG-Vertrag - ein wichtiger Schritt auf dem Weg zu einer föderalen Verfassung der Europäischen Gemeinschaft, NVwZ 1992, S. 720 ff.

Schmidt, Gerold: Die neue Subsidiaritätsprinzipregelung des Art. 72 GG in der deutschen und europäischen Wirtschaftsverfassung, DÖV 1995, S. 657 ff.

Schmidt-Aßmann, Eberhard: Der Rechtsstaat, in: Isensee, Josef / Kirchhof, Paul (Hrsg.): Handbuch des Staatsrechts der Bundesrepublik Deutschland, Band I, § 24, Heidelberg 1987, zit.: Schmidt-Aßmann, in: HStR I, § 24.

ders.: Der Umweltschutz im Spannungsfeld zwischen Staat und Selbstverwaltung, NVwZ 1987, S. 265 ff.

ders.: Die kommunale Rechtsetzung im Gefüge der administrativen Handlungsformen und Rechtsquellen, München 1981.

ders.: Die Rechtsetzungsbefugnis der kommunalen Körperschaften, in: Mutius, Albert v. (Hrsg.): Selbstverwaltung im Staat der Industriegesellschaft, Festgabe für G. C. von Unruh; S. 607 ff., Heidelberg 1983.

ders.: Grundfragen des Städtebaurechts, Göttingen 1972.

ders.: Kommunale Selbstverwaltung "nach Rastede", in: Franßen, Everhard (Hrsg.): Bürger, Richter, Staat, Festschrift für Horst Sendler, S. 121 ff., München 1991.

ders.: Kommunalrecht, in: Münch, Ingo v. / Schmidt-Aßmann, Eberhard (Hrsg.): Besonderes Verwaltungsrecht, 9. Aufl., Berlin 1992.

Schmidt-Bleibtreu, Bruno / Klein, Franz: Kommentar zum Grundgesetz, 8. Aufl., Neuwied 1995.

Schmidt-Eichstaedt, Gerd: Bundesgesetze und Gemeinden, Stuttgart 1981.

Schmidt-Jortzig, Edzard: Gemeinde- und Kreisaufgaben, DÖV 1993, S. 973 ff.

ders.: Gemeindliche Selbstverwaltung und Entwicklungszusammenarbeit, DÖV 1989, S. 142 ff.

ders.: Kommunalrecht, Stuttgart 1982.

ders.: Soll das kommunale Satzungsrecht gegenüber staatlicher und gerichtlicher Kontrolle gestärkt werden?, DVBl. 1990, S. 920 ff.

ders.: Subsidiaritätsprinzip und Grundgesetz, in: Schmidt-Jortzig, Edzard / Schink, Alexander, Subsidiaritätsprinzip und Kommunalordnung, S. 3 ff., Köln 1982.

Schmitt, Carl: Verfassungslehre, 7. unveränderte Aufl. (unveränderter Nachdruck der 1. Aufl. 1928), Berlin 1983.

*Schöbel, von:** Neue Noten - mangelhaft?, BayVBl. 1983, S. 321 ff.

Schoch, Friedrich: Zur Situation der kommunalen Selbstverwaltung nach der Rastede-Entscheidung des Bundesverfassungsgerichts, VerwArch 81 (1990), S. 18 ff.

Scholz, Rupert: Die Gemeinsame Verfassungskommission von Bundestag und Bundesrat, ZG 1994, S. 1 ff.

ders.: Europäische Union und deutscher Bundesstaat, NVwZ 1993, S. 821 ff.

---

* Vorname in der Veröffentlichung nicht enthalten.

ders.: Europäische Union und Verfassungsreform, NJW 1993, S. 1690 ff.

ders.: Grundgesetz und europäische Einigung, NJW 1992, S. 2593 ff.

Schönke, Adolf / Schröder, Horst: Strafgesetzbuch, Kommentar, 25. Aufl., München 1997, zit.: Bearbeiter, in: Schönke / Schröder, StGB.

Schrenk, Gundolf: Mitgliedstaatliche und gemeinschaftliche Handlungsebene in der europäischen Umweltpolitik, NuR 1990, S. 391 ff.

Schröder, Meinhard: Aktuelle Entwicklungen im europäischen Umweltrecht - Unter besonderer Berücksichtigung des Vertrages von Amsterdam -, NuR 1998, S. 1 ff.

ders.: Grundlagen und Anwendungsbereich des Parlamentsrechts, Baden-Baden 1979.

Schröer, Andreas: Kommunaler Umweltschutz in Europa, Frankfurt am Main 1992.

Schröer, Thomas: Die Kompetenzverteilung zwischen der Europäischen Wirtschaftsgemeinschaft und ihren Mitgliedstaaten auf dem Gebiet des Umweltschutzes, Berlin 1992.

Schulte, Thomas: EG-Richtlinie Kommunales Abwasser, Berlin 1996.

Schulz, P.-M.: Privatisierung der kommunalen Abwasserbeseitigung durch Beleihung?, ZfW 1998, S. 277 ff.

Schuppert, Gunnar Folke: Self-restraints der Rechtsprechung, in: Hoppe, Werner / Krawietz, Werner / Schulte, Martin (Hrsg.): Rechtsprechungslehre, Zweites Internationales Symposium, S. 129 ff., Köln 1992.

Schwan, Hartmut Heinrich: Die deutschen Bundesländer im Entscheidungsverfahren der Europäischen Gemeinschaften, Berlin 1982.

Schwarz, Kyrill-Alexander: Finanzverfassung und kommunale Selbstverwaltung, Baden-Baden 1996.

ders.: Zum Verhältnis der Landkreise und der kreisangehörigen Gemeinden (zu BVerwG, Beschl. v. 24. 4. 1996, NVwZ 1996, S. 1222), NVwZ 1996, S. 1182 ff.

Schweitzer, Michael / Fixson, Oliver: Subsidiarität und Regionalismus in der Europäischen Union, Jura 1992, S. 579 ff.

Seele, Günter: Der Kreis aus europäischer Sicht: Die übergemeindliche Kommunalverwaltung im Spiegel der nationalstaatlichen Verwaltungsstrukturen und der europäischen Gemeinschaftspolitik, Köln 1991.

Sellner, Dieter / Schnutenhaus, Jörn: Die geplante EG-Richtlinie zu "Integrated Pollution Prevention and Control", NVwZ 1993, S. 828 ff.

Sendler, Horst: Stand der Überlegungen zum Umweltgesetzbuch, NVwZ 1996, S. 1145 ff.

Siebelt, Johannes: Die unmittelbare Wirkung von Rahmengesetzen am Beispiel des § 46 BRRG, NVwZ 1996, S. 122 ff.

Siedentopf, Heinrich: Europäische Gemeinschaft und kommunale Beteiligung, DÖV 1988, S. 981 ff.

Sieder, Frank / Zeitler, Herbert (Hrsg.): Bayerisches Wassergesetz, München 1995, Stand 1. Juli 1995, zit.: Bearbeiter, in: Sieder / Zeitler, BayWG.

ders. / ders. / Dahme, Heinz / Knopp, Günther-Michael (Hrsg.): Wasserhaushaltsgesetz und Abwasserabgabengesetz, Kommentar, München, Stand 19. Ergänzungslieferung 1998, zit.: Bearbeiter, in: Sieder / Zeitler / Dahme / Knopp, WHG.

Soell, Hermann: Überlegungen zum europäischen Umweltrecht, NuR 1990, S. 155 ff.

Sommermann, Karl-Peter: Die Stärkung der Gesetzgebungskompetenzen der Länder durch die Grundgesetzreform von 1994, Jura 1995, S. 393 ff.

ders.: Staatsziel "Europäische Union", DÖV 1994, S. 596 ff.

Spannowsky, Willy: Der Einfluß europäischer Rechtsentwicklung auf den kommunalen Handlungsrahmen, DVBl. 1991, S. 1120 ff.

Spilleke, Hermann: Die 6. Novelle zum WHG und die Fortentwicklung des Wasserrechts in den Bundesländern, in: Ministerium für Umwelt, Raumordnung und Landwirtschaft N-W (Hrsg.): Neue Entwicklungen im Umweltrecht, Umweltrechtstage 1996, S. 179 ff., Düsseldorf 1996.

ders.: Erfassung und Kontrolle der Indirekteinleitungen, Vollzugsprobleme zu § 7a Abs. 3 WHG, in: Ministerium für Umwelt, Raumordnung und Landwirtschaft N-W (Hrsg.): Das neue Wasserrecht, Umweltrechtstage 1990, S. 125 ff., Düsseldorf 1990.

Sproll, Hans-Dieter: Grundlagen zur Gestaltung des Klärschlammverwertungsvertrages, NVwZ 1993, S. 1140 ff.

Städte- und Gemeindebund Mecklenburg - Vorpommern e. V.: Satzungsmuster über die Entwässerung der Grundstücke und den Anschluß an die öffentliche Abwasseranlage -Abwassersatzung-, http://www.mvnet.de/inmv/stgt/satzung.html.

Stange, Albert: Die strafrechtliche Verantwortung von Klärwerksbetreibern, in: ATV-Dokumentation 3, Störfälle bei der Abwasserbeseitigung - Vorbeugung, Beseitigung sowie Vermeidung strafrechtlicher Folgen, S. 65 ff., St. Augustin 1986.

Stauffenberg, Franz L. / Langenfeld, Christine: Maastricht - ein Fortschritt für Europa?, ZRP 1992, S. 252 ff.

Steger, Christian O.: Die Kommunen in der europäischen Gemeinschaft, in: Blümel, Willi / Hill, Hermann (Hrsg.): Die Zukunft der kommunalen Selbstverwaltung, S. 237 ff., Berlin 1991.

Stein, Torsten: Subsidiarität als Rechtsprinzip, in: Merten, Detlef (Hrsg.): Die Subsidiarität Europas, 2. Aufl., Berlin 1994.

Steinberg, Rudolf: Probleme der Europäisierung des deutschen Umweltrechts, AöR 120 (1995), S. 549 ff.

ders. / Kloepfer, Isabell: IVU-Richtlinie und immissionsschutzrechtliche Genehmigung, DVBl. 1997, S. 973 ff.

Stern, Klaus: Das Staatsrecht der Bundesrepublik Deutschland, Band. I, 2. Aufl., München 1984, zit.: Stern, Staatsrecht I, Band II, München 1980, zit.: Stern, Staatsrecht II.

ders.: Europäische Union und kommunale Selbstverwaltung, in: Nierhaus, Michael (Hrsg.): Kommunale Selbstverwaltung: europäische und nationale Aspekte, S. 21 ff., Berlin 1996.

ders.: Zur Entstehung und Ableitung des Übermaßverbotes, in: Badura, Peter / Scholz, Rupert (Hrsg.): Wege und Verfahren des Verfassungsstaates, Festschrift für Peter Lerche zum 65. Geburtstag, S. 165 ff., München 1993.

Stetten, Wolfgang v.: Ein neues Föderalismusverständnis in der Bundesrepublik durch die Arbeit der Gemeinsamen Verfassungskommission?, in: Letzgus, Klaus (Hrsg.): Für Recht und Staat, Festschrift für H. Helmrich, S. 303 ff., München 1994.

Stettner, Ruppert: Europäisches Gemeinschaftsrecht als Quelle der Rechtsfindung deutscher Gerichte 1974-1984, AöR 111 (1986), S. 359 ff. und S. 537 ff.

ders.: Grundfragen einer Kompetenzlehre, Berlin 1983.

Stewing, Clemens: Das Subsidiaritätsprinzip als Kompetenzverteilungsregel im Europäischen Recht, DVB. 1992, S. 1516 ff.

ders.: Subsidiarität und Föderalismus in der Europäischen Union, Köln 1992.

Stöber, I.: EG-Gewässerschutzrichtlinie: Stand der Umsetzung, KA 1988, S. 554 ff.

Stober, Rolf: Kommunalrecht in der Bundesrepublik Deutschland, 3. Aufl., Stuttgart 1996.

Streinz, Rudolf: Bundesverfassungsgerichtlicher Grundrechtsschutz und Europäisches Gemeinschaftsrecht, Baden-Baden 1989.

ders.: Der Vertrag von Amsterdam, EuZW 1998, S. 137 ff.

ders.: Der Vollzug des Europäischen Gemeinschaftsrechts durch deutsche Staatsorgane, in: Isensee, Josef / Kirchhof, Paul (Hrsg.): Handbuch des Staatsrechts der Bundesrepublik Deutschland, Bd. VII, § 182, Heidelberg 1992, zit.: Streinz, in: HStR VII, § 182.

ders.: Europarecht, 3. Aufl., Heidelberg 1996.

Stüer, Bernhard: Achtzehnte Umweltrechtliche Fachtagung der Gesellschaft für Umweltrecht - Tagungsbericht -, DVBl. 1995, S. 27 ff.

Tetzlaff, F. / Form, M. / Näher, G. / Seydler, B.: Ökobilanz der Klärschlammentsorgung, KA 1993, S. 990 ff.

Thiem, Hans: Landewassergesetz Schleswig-Holstein, Kommentar, Köln 1985.

Thierfelder, Rainer: Die Entscheidung im EWG-Vertrag, Hamburg 1968.

Uhlenküken, H. L.: Die gemeindliche Selbstverwaltung im europäischen Gemeinschaftsrecht nach Maastricht I, NWVBl. 1995, S. 421 ff.

Ullrich, Konrad: Das Bundesverfassungsgericht stärkt die Selbstverwaltung der Gemeinden, VR 1989, S. 289 ff.

Umweltbundesamt: Stellungnahme zur Anhörung des Ausschusses für Umwelt, Naturschutz und Reaktorsicherheit des Deutschen Bundestages zum Gesetzentwurf des Bundesrates: Entwurf eines Gesetzes zur Änderung des Wasserhaushaltsgesetzes (WHG) BT-Drucksache 13/1207, A-Ds. 13/119, Teil I, S. 75 ff.

Umweltministerium Baden - Württemberg (Fuhrmann, Peter): Stellungnahme zur Anhörung "Änderung des Wasserhaushaltsgesetzes" - BT-Drucksache 13/1207 - am 25. September 1995, A-Ds. 13/119, Teil III.

Unruh, Georg Christoph v.: Dezentralisation der Verwaltung des demokratischen Rechtsstaates nach dem Grundgesetz, DÖV 1974, S. 649 ff.

ders.: Regionalismus in Europa - Realität und Probleme, BayVBl. 1993, S. 10 ff.

Vedder, Christoph: Die TA-Luft vor dem EuGH, Richtliniendurchführung durch normkonkretisierende Verwaltungsvorschriften, EWS 1991, S. 293 ff.

Veh, Gerhard M. / Knopp, Günther-Michael: Gewässerschutz nach EG-Recht, Stuttgart 1995.

Veltwisch, D. / Bosbach, W.: Der Einzelstoff- und Summenparameteransatz für Emissionsnormen bei Abwasserregelungen in Europa und Deutschland, KA 1994, S. 2275 ff.

Vietmeier, Hans: Die staatlichen Aufgaben der Kommunen und ihrer Organe, Berlin 1992.

Vogelsang, Klaus / Lübking, Uwe / Jahn, Helga: Kommunale Selbstverwaltung, Berlin 1991.

Vogl, Markus: Das neue Arbeitsschutzgesetz, NJW 1996, S. 2753 ff.

Vorwerk, Axel: Die umweltpolitischen Kompetenzen der Europäischen Gemeinschaft und ihrer Mitgliedstaaten nach Inkrafttreten der EEA, München 1990.

Waechter, Kay: Einrichtungsgarantien als dogmatische Fossilien, Die Verwaltung 29 (1996), S. 47 ff.

ders.: Kommunalrecht, 3. Aufl., Köln 1997.

Wägenbaur, Rolf: Die Umsetzung von EG-Recht in deutsches Recht und ihre gesetzgeberische Problematik, ZG 1988, S. 303 ff.

Wasielewski, Andreas: Die geplante IPC-Richtlinie der EU, UPR 1995, S. 90 ff.

Weber, Albrecht: Zur Umsetzung von EG-Richtlinien im Umweltrecht - Zugleich eine Anmerkung zu den Urteilen des EuGH vom 30. 05. 1991 (TA-Luft) und vom 28. 2. 1991 (Grundwasser), UPR 1992, S. 5 ff.

Weber, Beate: Gewässerschutz in der Europäischen Gemeinschaft, KA 1988, S. 534 ff.

Wiebusch, Bernd / Seyfried, Carl Franz / Johnke, Bernt / Credo, Silke: Stand der Mono-Klärschlammverbrennung in Deutschland, KA 1997, S. 473 ff.

Wiegand, Bodo: Bestmöglicher Umweltschutz als Aufgabe der Europäischen Gemeinschaften, DVBl. 1993, S. 533 ff.

Winter, Gerd: Direktwirkungen von EG-Richtlinien, DVBl. 1991, S. 657 ff.

ders.: Subsidiarität und Deregulierung, EuR 1996, S. 247 ff.

Wolff, Hans J. / Bachof, Otto: Verwaltungsrecht, Band I. 9. Aufl., München 1974, zit.: Wolff / Bachof, Verwaltungsrecht I, Band III, 4. Aufl., München 1978, zit.: Wolff / Bachof, Verwaltungsrecht III.

Würtenberger, Thomas: Das Subsidiaritätsprinzip als Verfassungsprinzip, StWiss u. StPrax 1993, S. 621 ff.

Zitzelsberger, Walter: Das neue Wasserrecht für die betriebliche Praxis, Fünf Bände, Augsburg 1993, Stand Dezember 1993.

Zöllner, Wolfgang / Loritz, Karl-Georg: Arbeitsrecht, 4. Aufl., München 1992.

Zöttl, Johannes: Die EG-Richtlinie über die integrierte Vermeidung und Verminderung der Umweltverschmutzung, NuR 1997, S. 157 ff.

Zuleeg, Manfred: Der Umweltschutz in der Rechtsprechung des Gerichtshofs der Europäischen Gemeinschaften, Bonn 1992.

ders.: Deutsches und europäisches Verwaltungsrecht - wechselseitige Einflüsse, VVDStRL 53 (1994), S. 154 ff.

ders.: Die Kompetenzen der Europäischen Gemeinschaften gegenüber den Mitgliedstaaten, JöR n. F. 20 (1971), S. 1 ff.

ders.: EG-Richtlinien auf dem Gebiete des Wasserrechts und ihre innerstaatlichen Auswirkungen, ZfW 1975, S. 133 ff.

ders.: Justitiabilität des Subsidiaritätsprinzips, in: Nörr, Knut Wolfgang/ Oppermann, Thomas (Hrsg.): Subsidiarität: Idee und Wirklichkeit, S. 185 ff., Tübingen 1997.

ders.: Selbstverwaltung und Europäisches Gemeinschaftsrecht, in: v. Mutius, Albert v. (Hrsg.): Selbstverwaltung im Staat der Industriegesellschaft, Festgabe für G. C. von Unruh, S. 91 ff., Heidelberg 1983.

ders.: Umweltschutz in der Rechtsprechung des Europäischen Gerichtshofs, NJW 1993, S. 31 ff.